LES GRANDS PENSEURS
DU MONDE
OCCIDENTAL

DU MÊME AUTEUR

La pensée politique de Gramsci, Paris, Éd. Anthropos, 1970, Montréal, Éd. Parti Pris, 1970, et VLB Éd., 1987.

Sur Lénine, Éd. Parti Pris, 1972.

Le syndicalisme de combat, Éd. Albert St-Martin, 1977.

Marxisme et pays socialistes, VLB Éd., 1979.

Un parti pris politique, VLB Éd., 1979.

La communauté perdue, VLB Éd., 1987.

Sens et politique, VLB Éd., 1990.

Du combat au partenariat. Interventions critiques sur le syndicalisme québécois, Éd. Nota bene, 1998.

Jean-Marc Piotte

LES GRANDS PENSEURS
DU MONDE
OCCIDENTAL

L'éthique et la politique
de Platon à nos jours

Nouvelle édition

FIDES

Données de catalogage avant publication (Canada)

Piotte, Jean-Marc
Les grands penseurs du monde occidental:
l'éthique et la politique de Platon à nos jours

Nouv. éd.
Comprend des réf. bibliogr. et un index

ISBN 2-7621-2111-6

1. Philosophes.
2. Philosophie – Histoire.
3. Civilisation occidentale.
4. Morale
5. Idées politiques.
I. Titre.

B77.P56 1999   190'.92'2   C99-940247-1

Dépôt légal: 1ᵉʳ trimestre 1999
Bibliothèque nationale du Québec
© Éditions Fides, 1997.

Les Éditions Fides remercient le ministère du Patrimoine canadien du soutien
qui leur est accordé dans le cadre du Programme d'aide au développement
de l'industrie de l'édition. Les Éditions Fides remercient également le Conseil des Arts
du Canada et la Société de développement des entreprises culturelles du Québec (SODEC).

À ma fille Julia

Nouvelle édition

J'ai ajouté, à la précédente et première édition, un chapitre sur le stoïcien et empereur romain Marc Aurèle. J'ai apporté quelques modifications à certains chapitres, dont ceux sur saint Augustin, Locke et Cicéron. J'ai enrichi la bibliographie de Platon, saint Augustin, Cicéron, Locke et Kant. J'ai complété l'index.

Remerciements

À Venant Cauchy, professeur émérite du département de philosophie de l'Université de Montréal, à Béla Egyed, professeur de philosophie à Carleton University, à Georges Leroux, professeur de philosophie à l'UQAM et à Lise Monette, psychanalyste, pour avoir commenté telle ou telle partie de cet ouvrage; à Thierry Hentsch et à Jean-Guy Prévost, collègues du département de science politique de l'UQAM, et à Gilles Dostaler, du département d'économie de la même université, pour leur lecture attentive de l'ensemble du manuscrit; aux étudiants qui ont suivi mes cours durant la dernière décennie et dont les interventions ont stimulé mes réflexions; enfin à Marie Leahey, qui m'a accompagné, soutenu et aidé pendant ces longues années de recherche.

Évidemment, l'interprétation est mienne et aucun commentateur ou lecteur ne peut en être tenu responsable.

Présentation

Fruit de près de dix ans d'enseignement et de recherche, cet ouvrage présente la pensée politique et éthique des grands auteurs, de Platon jusqu'à Hannah Arendt. La pensée politique interroge les fondements et les modes de fonctionnement des États. La pensée politique, comme l'éthique, comprend toujours, implicitement ou explicitement, une conception de la nature de l'homme et de la femme, une vision de leurs conduites et de leurs comportements. La pensée politique est souvent liée à une éthique, à une évaluation de ce que devrait être la conduite humaine, tout comme l'éthique comprend habituellement un jugement sur ce que devrait être la conduite politique de l'individu. J'interroge donc les auteurs retenus sur leur vision de l'homme, sur leur éthique et sur leur pensée politique.

Ce choix, comme tout choix, exclut: je n'ai pas interrogé les auteurs sur les très importants problèmes métaphysiques ou ontologiques et sur les problèmes épistémologiques. Je n'ai pas non plus retenu les auteurs dont la réfexion ne porte pas directement sur la politique ou l'éthique, même s'ils sont essentiels d'un point de vue épistémologique ou métaphysique. Ainsi est absent le grand Descartes qui a créé le paradigme au fondement de la modernité (tout l'univers est repensé en fonction de la raison d'un individu isolé).

Chaque auteur retenu est questionné sur les mêmes thèmes suivants: la politique; l'éthique ou la morale; les rapports entre éthique et politique, y compris ceux où ils s'excluent; les rapports entre les deux thèmes majeurs et la société; enfin, les rapports entre ces deux thèmes et la religion. J'ai retenu, comme thèmes subsidiaires, la question juive et la question féminine, questions qui, à la marge de la pensée occidentale, peuvent nous en indiquer les limites.

Je ne cherche pas à découvrir les intentions des auteurs, ni à comprendre comment les questions éthiques et politiques s'inscrivent à l'intérieur de l'ensemble de leurs projets philosophiques. Seules me retiennent leurs réponses aux questions posées. Chaque auteur est interrogé sur les thèmes éthique et politique, même lorsqu'un de ceux-ci est perçu comme tout à fait secondaire par l'auteur considéré (par exemple, la politique chez Pascal et Kierkegaard). Les autres thèmes ne sont pas abordés lorsque les auteurs s'en sont désintéressés (par exemple, la question féminine chez Arendt).

Mon interprétation est fondée sur la lecture des textes éthiques et politiques des auteurs. Même si je situe brièvement le contexte culturel et politique dans lequel s'inscrit chaque auteur, mon étude n'a rien d'historique, s'intéressant plutôt à montrer ce que chaque auteur écrit sur les questions posées. En conclusion, je situe souvent un auteur par rapport à un autre, non pour les évaluer, mais en vue de montrer des différences ou des ressemblances pertinentes d'un point de vue didactique. Évidemment, chaque auteur a été interprété diversement par plusieurs commentateurs dont les analyses ont enrichi notre compréhension. Mes brèves analyses tranchent dans ces débats, sans renvoyer à ces interprétations divergentes. Aussi, après l'exposé sur chaque auteur, j'indique les livres de l'auteur que j'ai étudiés et je présente en quelques lignes les livres des commentateurs qui ont pu m'influencer — soit positivement, certaines de leurs thèses étant reprises, soit négativement, en m'y opposant implicitement.

Les auteurs retenus proviennent tous de la civilisation occidentale dont les trois sources sont la Grèce antique, la civilisation romaine et le judéo-christianisme. Certains de ces auteurs sont d'origine juive, mais aucun d'entre eux ne pense à l'intérieur du judaïsme. Je n'ai pas non plus conservé d'auteurs de tradition musulmane. Enfin, aucun auteur ne provient des civilisations étrangères à la nôtre fondée sur le monothéisme et le théocentrisme qui nous viennent de la religion juive. Évidemment, des intellectuels de religion juive ou musulmane et des intellectuels provenant de civilisations marquées par l'hindouisme, le bouddhisme ou le confucianisme ont pensé le rapport de l'homme avec la morale et la politique. Mon ouvrage se limite toutefois aux penseurs occidentaux.

L'Occident, comme toute civilisation, a été pensé par des hommes provenant généralement des classes intellectuellement dominantes: ce recueil minimise les penseurs contestataires, donc nécessairement marginaux par rapport au courant intellectuel dominant, et ne comprend pas, sauf une exception, de femmes auxquelles l'accès à la culture et à la publication a été, jusqu'à tout récemment, refusé. Les auteurs retenus ont franchi la barrière du temps en ce qui concerne leurs réflexions sur la politique ou sur l'éthique. Cela est incontestable pour les plus anciens (Platon et Aristote) et plus contestable pour ceux du XIXᵉ siècle. J'ai appliqué pour le XXᵉ siècle le même critère que celui, implicite, utilisé pour les auteurs des siècles précédents: les auteurs choisis n'ont pas été nécessairement les plus influents à leur époque, mais ceux qu'aujourd'hui on juge généralement les plus importants. Pour choisir les auteurs du XXᵉ siècle, dont j'ai exclu ceux encore vivants, j'ai cherché à prévoir, donc à imaginer, lesquels seraient reconnus dans cent ans: j'admets volontiers que mes prévisions ne sont pas plus crédibles que celles de n'importe quel autre spécialiste. En ce qui concerne les autres siècles, des penseurs jugés importants ont forcément été ignorés. Toutefois, on ne saurait contester ni la profondeur et l'originalité de pensée des auteurs choisis, ni l'influence immense qu'ils ont exercée sur la pensée occidentale.

Cet ouvrage n'est pas une histoire de la pensée politique et éthique et n'a pas pour but de donner une autre interprétation du sens de cette histoire. Plus modestement, je cherche à présenter le plus clairement possible la pensée politique ou éthique de trente auteurs, de l'Antiquité grecque à nos jours. Le lecteur pourra y confronter sa pensée et sans doute acquérir une meilleure compréhension de notre temps, du passé qui l'a préparé et des avenirs possibles. Pour ma part, je serais entièrement satisfait si mon ouvrage incitait le lecteur à lire directement les quelques auteurs qui l'auraient enthousiasmé, étonné ou inquiété dans la présentation que j'en fais.

PLATON

(427-348/7 av. J.-C.)

Platon est encore jeune homme lorsque, en 404, la guerre du Péloponèse prend fin par la victoire des armées spartiates sur celles d'Athènes.
Il n'a pas encore 30 ans lorsque, en 399, son maître, Socrate, accusé
d'enseigner aux jeunes l'impiété envers les dieux, est condamné à
mort par le tribunal (*dicasteria*) de la démocratie athénienne[1].

La défaite d'Athènes détruit son empire maritime mais n'épuise
pas la profonde rivalité qui oppose, depuis Solon, les partisans de la
démocratie dirigés par les artisans et les grands commerçants à ceux
de l'aristocratie dominés par les grandes et vieilles familles de propriétaires terriens. Athènes entre alors dans une période d'instabilité
politique qui marquera Platon.

Athènes est composée de trois cent à cinq cent mille habitants:
elle forme donc une Cité démographiquement modeste si on la compare aux États modernes. Les esclaves constituent le tiers ou les trois
cinquièmes de sa population et les métèques, c'est-à-dire des étrangers socialement libres mais sans droits politiques, y sont de vingt à
cinquante mille[2].

Seuls les mâles adultes d'origine athénienne ont des droits
politiques, soit moins d'un dixième de la population d'Athènes. Contrairement à certains préjugés, la très grande majorité de ces citoyens

---

1. Les membres du tribunal (*dicasteria*) étaient tirés au sort, pour chaque litige,
parmi une liste permanente de six mille volontaires. Au procès de Socrate, le nombre de
jurés était de cinq cent un: deux cent quatre-vingt-un se prononcèrent pour la peine de
mort, deux cent vingt votèrent contre.

2. Ces données approximatives varient d'un auteur à l'autre.

ne sont pas oisifs comme les vieilles familles aristocratiques: leur revenu provient de leur travail de commerçants, d'artisans ou de fermiers. À Athènes, la majorité des citoyens travaillent, même s'ils ont des esclaves à leur service.

La Grèce est une société esclavagiste et Athènes exerce un empire lucratif sur les peuples environnants qu'elle domine. Certains spécialistes de la Grèce ancienne affirment que les revenus de l'empire, permettant de payer la participation des plus pauvres à la vie de l'État, et l'esclavage, libérant les autres de la nécessité d'un travail continu, constituent deux conditions nécessaires de la démocratie athénienne. Mais, même s'ils ont raison, il faut encore rendre compte de cette démocratie dont l'esclavage et l'impérialisme ne peuvent constituer des conditions suffisantes: beaucoup d'autres sociétés ont été impérialistes et esclavagistes, seule Athènes a reposé sur la démocratie.

Athènes est à la fois une ville, un pays et une sorte d'État. La distinction que nous faisons, du moins depuis les premiers penseurs libéraux, entre État et société civile, n'a pas, comme celle entre État et culture, de signification dans la pensée grecque. Le terme grec *polis* recouvre bien cette réalité polymorphe que nous avons appris à penser sous des concepts différents.

De plus, chez le Grec, il n'y a pas d'opposition entre la loi et la liberté de l'individu. Au contraire, c'est la loi qui rend le citoyen libre. La place et la fonction de l'individu dans la *polis* déterminent ses droits et ses obligations: ceux-là ne sont pas les prérogatives de l'individu et celles-ci ne sont pas imposées de l'extérieur par l'État. En d'autres mots, les Grecs ne séparent pas, comme nous, éthique et politique: ce qui est bon pour l'individu est bon pour la *polis* et vice-versa. La vertu n'est pas attachée à un individu mais à une fonction au sein de la communauté: l'aptitude à commander est la qualité du chef, le courage, la qualité du guerrier, etc. Chez Platon, le rang et la fonction de l'individu dans la société définissent sa vertu dans une conception où l'harmonie est assujettissement à la hiérarchie. L'esclave, évidemment, est hors de cet ordre moral et politique: il est du domaine du cheptel.

La démocratie grecque implique que chaque mâle adulte peut participer également aux affaires publiques, indépendamment de ses origines et de sa fortune. Le tirage au sort pour choisir certains représentants est perçu comme la forme la plus élevée de cette égalité démocratique: le hasard, et non la réputation ou l'art oratoire, désigne alors le représentant. On estime que, chaque année, un citoyen sur six occupait une fonction publique, fût-ce comme simple membre d'un jury, et que tous pouvaient théoriquement participer à l'assemblée générale des citoyens où se discutaient les questions politiques. Cette participation est à la fois un droit, un devoir et un plaisir.

Platon n'est pas démocrate: seuls ceux qui savent doivent diriger la Cité. Platon ne s'occupe pas directement des affaires publiques, si on excepte les tentatives qu'il fait pour convaincre le tyran Denys de Syracuse (Sicile), puis son fils Denys le Jeune, d'appliquer ses théories. Platon fonde à Athènes l'Académie où il enseigne sa philosophie, qui est recherche de la vérité et d'un ordre politique fortement unitaire structuré par l'idée de Justice.

Origines de la société et de l'État

L'origine de la société est, pour Platon, économique. Les hommes se réunissent en société parce que chacun a besoin des autres pour satisfaire ses besoins fondamentaux (la nourriture, le gîte et le vêtement). Ces hommes, ni pauvres (leurs besoins étaient satisfaits) ni riches, étaient bienveillants les uns envers les autres. Naïfs et croyants, ils étaient naturellement bons.

La recherche du superflu, le désir d'acquérir plus qu'autrui, entraîne la chute de cette société idyllique. La richesse crée la luxure, la mollesse, l'oisiveté et la fainéantise, tandis que la pauvreté engendre le manque d'outils, l'absence de conscience artisanale, la bassesse morale et le travail mal fait. L'une et l'autre produisent le goût du changement, évidemment néfaste, les riches désirant acquérir encore plus, les pauvres enviant ce que possèdent les riches. Le problème du juste et de l'injuste était inexistant dans la société antérieure, naïvement bonne: le désir du superflu le pose. L'économie encore, le besoin de posséder davantage, est à la base de la société politique, de l'État et des guerres. Platon cherchera donc à contrer la cause de cette dégénérescence en séparant le pouvoir politique du pouvoir économique dans *La république* (les gardiens ne jouiront pas de propriétés privées) et en réduisant les écarts économiques dans *Les lois* (chaque famille terrienne aura un lot de même grandeur dont le rendement devra se maintenir à l'intérieur d'une fourchette de 1 à 4). Il voudra préserver la *polis* des guerres, en l'éloignant des mers pour contrer le désir d'acquérir des grands commerçants, en limitant sa richesse pour ne pas susciter la convoitise des autres États et en éduquant des gardiens disciplinés et courageux.

Classes et vertus

La conception morale ou religieuse grecque comprend cinq vertus principales: le courage, la tempérance, la piété, la justice et la sagesse ou connaissance. La piété, qui manifeste l'attachement des hommes aux dieux, n'est guère abordée dans *La république*, quoique Platon commence son ouvrage en leur rendant hommage par l'intermédiaire du vieillard Céphale se retirant du souper pour s'occuper du sacrifice à la déesse. (Dans *Les lois*, qui accorde au contraire une grande place à la religion, l'État doit encadrer les exercices de piété en légiférant.) L'articulation des quatre autres vertus dans l'individu et dans l'État apporterait le bonheur en réalisant la nature de l'homme et de l'État.

La société serait divisée en deux grandes classes, les gardiens et les artisans, la première se subdivisant aussi en dirigeants et en soldats. Ces trois classes correspondent à trois fonctions différentes de l'âme, à trois aptitudes et trois vertus distinctes de l'individu. Les dirigeants, dotés de sagesse ou savoir, ayant l'aptitude de prendre les décisions fondamentales concernant les fins et les moyens, exercent la fonction rationnelle de l'âme. Les soldats, hommes courageux, ayant l'aptitude de contrôler sous la direction des sages ou philosophes, exercent la fonction exécutive de l'âme. Les artisans, appelés à la tempérance, ayant l'aptitude au travail, exercent la fonction d'appétence de l'âme. La justice est la résultante de ces trois vertus, de la correcte relation entre classes au sein de la société, de la relation correcte entre les fonctions de l'âme au sein de l'individu.

De même que, chez l'individu, c'est la fonction rationnelle de l'âme qui doit diriger, dans l'État, ce sont les sages, les philosophes, qui doivent en être la tête: «Ainsi donc c'est par ce qu'il y a en lui, groupe ou partie, de plus restreint, c'est par la connaissance qui y est comprise, c'est par ce qui tient la tête et commande, qu'un État fondé selon la nature doit, dans son ensemble, être sage; et il est, à ce qu'il semble, dans la nature des choses que la classe la moins nombreuse soit celle à laquelle il sied de participer à cette connaissance, pour laquelle, seule entre toutes les autres connaissances, le nom de Sagesse doit être réservé [3].»

Le courage, *thymos*, est l'ardeur de sentiment d'où dérivent la colère, le dévouement ou le remords. Chez l'individu, le courage consiste à subordonner les peines et les plaisirs aux prescriptions de la raison. Les gardiens, les soldats, défendent courageusement les lois conçues par les sages et craignent avec justesse le plaisir, la peine, la peur et la convoitise qui cherchent à entraver le pouvoir de la raison.

La tempérance est la subordination des désirs à la raison. Dans l'État, la tempérance est la subordination des artisans, dont la fonction de l'âme est appétence, à la direction des sages. Si la sagesse est la vertu propre des dirigeants et le courage, celle des gardiens, les artisans sont tempérants dans leur subordination consentie à la domination des sages: «Ce serait par conséquent tout ce qu'il y a pour nous de plus correct de dire qu'il y a tempérance dans cette concorde, qui est accord selon la nature entre les voix du moins bon et du meilleur, sur le point de savoir à qui doit appartenir le commandement, aussi bien dans l'État que dans chaque individu [4].»

La sagesse, le courage et la tempérance font que chaque fonction de l'âme a sa place dans l'individu et chaque classe, sa fonction dans l'État. Le fait que chaque classe a sa place et sa fonction dans la *polis*, et non plusieurs, engendre la justice, l'harmonie au sein de la société. La justice est cette qualité de chaque classe de faire la besogne qui est la sienne et non d'être une touche-à-tout. Comme chaque fonction de l'âme dans l'individu, chaque individu doit accomplir la seule tâche à laquelle sa nature le prédispose. À l'égalité arithmétique prônée par les partisans de la démocratie, Platon oppose l'égalité géométrique, l'égalité proportionnelle à la nature, la fonction, la vertu de chaque classe. À chaque classe son devoir et son dû afin que la justice soit réalisée au sein de l'État.

---

3. *La république*, IV, 428e et 429a. Je cite ici la pagination de l'édition grecque standard (Estienne). La traduction française utilisée est celle de Léon Robin parue dans La Pléiade.

4. *Ibid.*, IV, 432 a et b.

Sages et gardiens

Reprenant le parallélisme d'Hésiode entre hiérarchie des hommes et hiérarchie des métaux, Platon identifie les dirigeants à l'or, leurs auxiliaires à l'argent et les artisans au fer et au bronze. Chaque classe engendre généralement des enfants à sa ressemblance et se reproduit ainsi naturellement. Mais il peut arriver que des dirigeants donnent naissance à des enfants dont l'âme est de bronze ou de fer tandis que des artisans ou des cultivateurs ont des rejetons dont l'âme est d'or ou d'argent: la nature de classe d'un enfant peut ne pas correspondre à son origine de classe. Les dirigeants doivent donc évaluer la nature de l'âme de chaque nouveau-né afin de l'orienter vers la classe qui lui convient.

Les femmes grecques, comme les esclaves, les métèques et les enfants, n'étaient pas citoyennes de la *polis*. Leur nature était celle de mère et leur fonction, celle de ménagère (cuisine, tissage...). Dans la perspective de Platon, la justice consiste en ce que chacun accomplisse la fonction de sa nature. Platon admet la différence de nature entre l'homme et la femme eu égard à la procréation, mais cette différence n'entraîne aucune différence de nature eu égard à l'organisation de l'État: les femmes peuvent être autant douées de sagesse et de courage que les hommes[5]. Les hommes et les femmes de même nature de classe recevront, tant dans *La république* que dans *Les lois*, la même éducation. Platon va donc à contre-courant de l'opinion commune et affirme que l'État ne devient qu'une moitié d'État en se privant de l'apport des femmes: «Rien n'est plus déraisonnable que ce qui a lieu à cette heure dans notre pays, où l'on ne voit pas hommes et femmes pratiquer de toutes leurs forces, d'un même cœur, les mêmes exercices; au lieu de l'État doublé qui, dans ces conditions, existerait toujours ou viendrait toujours à exister, issu des mêmes fins poursuivies par les mêmes travaux, peu s'en faut en effet que l'on ait seulement alors quasiment la moitié d'un État[6]!»

---

5. Ce jugement de *La république*, sur l'égalité naturelle qui devrait prévaloir entre les hommes et les femmes, va donc à l'encontre de l'opinion commune des Grecs que reproduisent Socrate et les autres intervenants des dialogues platoniciens, en comparant les femmes aux enfants et aux esclaves.

6. *Les lois*, VII, 805 a. La participation des femmes à l'État doublerait le nombre de gardiens.

La propriété privée entraîne des rivalités, de la haine, des complots et conduit l'État à sa ruine: «Aussitôt qu'ils posséderont individuellement une terre leur appartenant en propre, des maisons, des pièces de monnaie, alors, au lieu d'être gardiens, ils seront administrateurs de leur bien et propriétaires fonciers; ils deviendront des maîtres détestés au lieu de rester des alliés pour les autres citoyens, haïssant d'ailleurs aussi bien que haïs; fauteurs et victimes de complots, ils passeront ainsi toute leur existence, craignant plus souvent, et davantage, les ennemis du dedans que ceux du dehors, emportés alors dans une course qui déjà les mène, eux et l'État tout entier, tout au bord de la ruine[7].» Afin d'empêcher que le désir d'acquérir entraîne des rivalités entre gardiens et entre ceux-ci et les artisans, Platon propose un communisme intégral pour les dirigeants et les gardiens. L'habitation, la nourriture, les femmes, les enfants, tout sera commun: «En premier lieu, aucun d'eux ne possédera en propre aucun bien, à moins d'absolue nécessité. En second lieu, pour ce qui est de l'habitation et du grenier à provisions, aucun n'aura rien de tel où ne puisse entrer quiconque le désire. En ce qui concerne maintenant toutes les choses nécessaires à satisfaire les besoins [...] après en avoir eux-mêmes fixé la quotité, ils recevront des autres citoyens une rémunération de leur travail de gardien, assez bien calculée, et pour qu'il ne reste rien à reporter sur l'autre année, et pour qu'elle ne soit pas insuffisante; allant prendre tous ensemble leurs repas, ils vivront en commun à la façon des soldats qui se sont installés en campement[8].»

Rapport de classes et savoir

Aux trois classes correspondent les trois fonctions de l'âme, dont la plus élevée est celle que régit le savoir et la plus basse, celle que domine le désir: «Une de ces fonctions, disions-nous, est celle par laquelle l'homme acquiert la connaissance; une autre est celle par laquelle il brûle d'ardeur; quant à la troisième, en raison de la multiplicité de ses aspects, nous n'avons pas été à même de la désigner par un seul nom, la dénommant toutefois par ce qu'il y a en elle de

---

7. *La république*, III, 417 a et b.
8. *Ibid.*, III, 476 d et e.

plus important et de plus fort; nous l'avons appelée désirante, en raison de l'intensité des désirs relatifs à la nourriture, à la boisson, aux plaisirs de l'amour, à tout ce qui pour les désirs est un accompagnement; évidemment amoureuse aussi de la richesse, parce que la richesse est le principal moyen de réaliser ces sortes de désirs[9].» Platon nomme ces trois parties de l'âme: amie-du-connaître ou amie-de-la-sagesse pour la plus élevée, amie-du-triomphe ou amie-des-honneurs pour la seconde et amie-de-richesse ou amie-du-gain pour la dernière.

La seconde, laissée à elle-même, non encadrée par la raison, conduit à tous les débordements: «N'est-il pas fatal que cela ne se passe pas d'une manière différente en ce qui concerne l'ardeur des sentiments, quand il arrive qu'on donne carrière à cette fonction même: jalousie déterminée par l'amour des honneurs, violence déterminée par l'amour du triomphe, irascibilité déterminée par la difficulté d'humeur, faisant poursuivre, sans réflexion, sans intelligence, la pleine satisfaction de l'honneur, du triomphe, de l'irascibilité[10]?»

La dernière, soumise au corps, matière périssable, ne nous distingue guère de l'animal. Voilà pourquoi le travailleur manuel, porteur de cette fonction de l'âme, est déconsidéré. Incapable «de commander aux bêtes qui sont en dedans de lui», il est préférable, pour son propre bien et celui de la communauté, qu'il soit régi par les sages: «Il est préférable d'être commandé par une autorité divine et sage: principalement certes quand c'est en lui-même qu'il la possède comme une chose à lui, mais, sinon, quand elle s'impose du dehors en vue de nous rendre tous, dans la mesure du possible, semblables et amis, du fait d'être tous gouvernés par le même principe[11].»

En plus de sélectionner les nouveau-nés et de leur attribuer la classe qui leur convient, les dirigeants doivent strictement encadrer la formation des futurs dirigeants et gardiens. Tant en éducation que dans l'ensemble de la société, ils exerceront un contrôle absolu sur le contenu et la forme de la musique et de la littérature afin de bannir toute forme qui amollit l'âme et tout contenu qui propage le vice: «Nous autres, lui dirions-nous, c'est d'un poète plus sévère et moins

---

9. *Ibid.*, IX, 580 d et e, 581 a.
10. *Ibid.*, IX, 586 c et d.
11. *Ibid.*, IX, 590 d.

aimable que nous aurions besoin, faiseur de fiction pour un motif d'utilité; qui pour nous imiterait la façon de s'exprimer de l'homme de bien; qui, lorsqu'il parle, ferait entrer ses paroles dans le cadre de ces formes que nous avons en commençant promulguées en lois, lorsque nous entreprenions de faire l'éducation de nos soldats[12].» Cette censure ne doit pas seulement s'exercer sur les poètes et les musiciens, mais sur tous ceux dont la profession peut influencer la manière de vivre et de penser: «Ce contrôle ne doit-il pas s'exercer sur les autres professionnels? ne devons-nous pas les empêcher de réaliser cette condition vicieuse du moral, ce manque de retenue, cette bassesse, cette inélégance, et dans les images d'êtres vivants, et dans des bâtiments, et dans tout autre ouvrage de leur profession[13]?»

Les amants-du-savoir peuvent mentir aux dirigés en vue du bien de l'ensemble de la communauté; les dirigés ne doivent jamais chercher à tromper leurs dirigeants: «C'est donc aux gouvernants de l'État qu'il appartient, comme à personne au monde, de recourir à la fausseté, en vue de tromper, soit les ennemis, soit leurs concitoyens, dans l'intérêt de l'État [...] Tout membre particulier de l'équipage de l'État, pris en flagrant délit de tromperie [...] sera châtié[14].»

Mouvement circulaire des États

La succession des États dans le temps reproduit un mouvement circulaire semblable à celui des révolutions astrales[15]. Il y a cinq types d'État: le gouvernement des meilleurs ou, à un moindre titre, l'aristocratie; la timocratie; l'oligarchie; la démocratie; la tyrannie. À chaque type d'État correspond un comportement de l'âme, un caractère dominant chez les habitants. Dans leur dégénérescence, les États suivent le modèle décroissant des cinq races chez Hésiode: les races d'or, d'argent, de bronze, la race divine des héros, celle de fer. L'origine de la dégénérescence de l'État est double: la dissension parmi les détenteurs des charges de l'État; les enfants qui héritent du pouvoir, mais non de la vertu des parents.

---

12. *Ibid.*, III, 398 a et b.
13. *Ibid.*, III, 401 b.
14. *Ibid.*, III, 389 b à d.
15. Remarquons que le cercle n'est pas complet: Platon ne présente pas le passage de la tyrannie au gouvernement des meilleurs ou à l'aristocratie.

Le gouvernement des meilleurs est celui des sages, des philosophes. Mais les dirigeants, ne respectant pas les règles de procréation et se trompant dans la sélection des nouveau-nés, choisissent comme futurs dirigeants des êtres dont la nature est mixte, dont l'or est mélangé d'argent ou de bronze. Ces nouveaux dirigeants donneront naissance à la timocratie, à la domination des guerriers, férus d'honneur, dont la vertu est le courage ou l'ardeur. Ces guerriers accumulent des biens, de l'or, mais en cachette. Leurs fils subordonneront la recherche de l'honneur à celle de l'accumulation: ils créent l'oligarchie. Les oligarques subordonnent tous les désirs à celui de la richesse. Mais tandis que les parents poursuivent l'accumulation, leurs enfants se vautreront dans les dépenses somptuaires. Devenus de riches amollis, ils seront renversés par la révolte du peuple frustré. Le peuple met sur pied la démocratie reposant sur l'égalité arithmétique, «distribuant aux égaux aussi bien qu'aux inégaux une manière d'égalité». La liberté démocratique conduit à la licence, chacun pouvant dire ou se comporter comme il le désire, indépendamment des principes, de la vertu, du savoir. La démocratie est le règne de la domination des désirs. Cette licence conduit à de tels désordres que le peuple se choisira un dirigeant qui l'asservira et deviendra un tyran. Si la démocratie est la domination des désirs de la multitude, la tyrannie est la domination des désirs d'un seul.

Les lois *et la vertu*

Dans *La république*, ce sont les sages, les philosophes qui dominent et régissent la société. Dans *Les lois*, chacun, y compris les dirigeants, est soumis aux lois. La première constitue un paradigme qui permet de juger les États existants, mais comme elle n'existe nulle part, le vieux Platon accepte, comme second choix, la prédominance des lois.

Les lois se substituent à la raison. Elles ne la contredisent pas: c'est Platon lui-même qui dicte les lois. Elles poursuivent le même objectif, la vertu dans l'individu et dans l'État, le bonheur. Dans *La république*, Platon mettait l'accent sur l'éducation des gardiens: il proposait même de ne conserver que les enfants de moins de dix ans afin d'être capable de combattre les mauvaises mœurs des parents. À l'éducation, Platon ajoute dans *Les lois* la religion et insiste sur le pouvoir contraignant des lois pour parfaire la nature humaine.

Platon affirme dans *Les lois* qu'il ne connaît aucun athée qui n'ait renoué avec la croyance aux dieux dans sa vieillesse. Platon n'est pas athée lors de la rédaction de *La république*, mais il ignore presque complètement la religion qui devient un élément essentiel de son ouvrage de vieillesse. Étrangement, ni dans un ouvrage ni dans l'autre, il ne situe la piété parmi les vertus nécessaires au bonheur de l'individu et de l'État.

Les biens humains sont, par ordre d'importance décroissante: la santé, la beauté, la vigueur physique, la richesse contrôlée par la raison. Les biens humains dépendent, eu égard au bonheur, des biens divins qui sont dans le même ordre décroissant: la raison, la tempérance, la justice et le courage. Il y a donc un changement dans la hiérarchie des valeurs depuis *La république*: le courage, vertu des gardiens, passe de la deuxième place à la dernière; la tempérance, vertu des artisans qui acceptent de se soumettre aux sages, passe de la troisième à la deuxième; la raison, elle, conserve évidemment sa prééminence. Platon n'a plus le besoin qu'il avait dans *La république* de faire coïncider les vertus et les classes. Il justifie sa nouvelle hiérarchie en affirmant que la tempérance dépend de la raison, alors que le courage est une vertu commune aux hommes et aux animaux: «Le courage a rapport à la crainte, en sorte que les bêtes elles-mêmes y ont part, et aussi, à vrai dire, le tempérament des tout petits enfants; car, indépendamment de la possession de la raison, et par nature, une âme naît courageuse[16].» La justice, qui reprend son sens strict de rendre à chacun son dû, se situe maintenant entre la subordination des désirs à la raison (la tempérance) et le pur courage animal: elle n'est plus le résultat de l'exercice différencié socialement des trois vertus.

Les lois *et l'aristocratie*

À défaut d'un gouvernement des sages, Platon opte pour une aristocratie à base agraire, reposant sur les chefs de 5040 familles dont le nombre doit rester stable. Les métiers et le commerce sont confiés aux métèques et les travaux agricoles, aux esclaves. Les aristocrates,

---

16. *Les lois*, XII, 963 e.

après avoir supervisé les travaux agricoles de leurs esclaves, peuvent donc se consacrer à leur tâche fondamentale: les affaires de l'État.

Contrairement au mode communiste de vie des gardiens et des sages, Platon fait, dans *Les lois*, une concession à la propriété privée: chacune des familles terriennes jouira d'un lot de même grandeur dont le rendement pourra osciller de 1 à 4. Ce rendement différentiel donnera lieu à quatre catégories d'aristocrates dont le pouvoir d'élection et de représentation aux magistratures différera.

Platon se méfie donc toujours de la richesse, principale source de discorde au sein de la communauté: il éloigne la *polis* de la mer et du grand commerce extérieur; il exclut les citoyens du commerce et de l'artisanat; il limite les écarts de revenu entre les citoyens, les aristocrates.

Il affirme que ce régime aristocratique combine l'intelligence propre à la royauté et la liberté propre à la démocratie. Les aristocrates choisissent leurs magistrats par élection ou tirage au sort et tous sont soumis aux lois. Mais dans cette «démocratie» sont exclus du «peuple» tous ceux qui ne sont pas chef d'une des 5040 familles d'aristocrates terriens.

Le droit de commander à autrui structure sept types de relations qualitativement différentes: parents/enfants; haute naissance/basse extraction; vieux/jeunes; maître/esclave; fort/faible (qualité d'ordre animal); sage/ignorant; gagnant/perdant au tirage au sort[17]. L'autorité est nécessaire et chacun dans sa vie quotidienne doit s'en imprégner: «Que jamais personne, ni homme ni femme, ne doive être sans chef; que personne non plus, ni dans ses occupations sérieuses, ni dans ses divertissements, ne laisse son âme prendre l'habitude de faire quoi que ce soit par elle seule, en ne prenant conseil que de lui-même[18].» Il est impossible de légiférer sur les fréquents et menus incidents de la vie privée qui ont des effets néfastes sur la vertu du citoyen. Néanmoins, la solidité du système de lois implique, selon Platon, que la vie privée soit sévèrement réglementée.

À la fin de son ouvrage, Platon manifeste un manque de confiance face à cette magistrature dont il a traité longuement. Il institue

---

17. Notons que le rapport homme/femme n'est pas mentionné dans les sept relations légitimes d'autorité.

18. *Les lois*, XII, 942 a.

un Conseil nocturne, sorte d'obscur aréopage antique, dont le rôle est de contrôler, de censurer et de veiller sur la constitution de l'État.

Platon, métaphysicien et aristocrate

Pour Platon, le gouvernement des meilleurs, celui des philosophes ou, dans une moindre mesure, celui des aristocrates, prend la première place. La démocratie vient au quatrième rang, tout juste avant celui de la tyrannie. Il y a un écart considérable entre les dirigeants et les artisans, qui est celui de l'âme et du corps. Les premiers doivent commander les seconds comme l'âme, en contact avec les vérités éternelles (le Beau, le Juste) grâce à l'exercice dialectique et à l'ascèse philosophique, doit dominer le corps, réalité transitoire en proie aux appétits et aux désirs multiples.

Pour Platon, on ne peut vraiment comprendre et analyser l'univers changeant des hommes et des États si on n'en comprend pas les fondements, qui se situent au-delà de l'univers matériel, dans le monde des Idées, des Formes. On sait la dette de Platon envers Parménide: l'être, le réel, l'existant est ce qui ne change pas, le permanent, l'immuable. Pour Platon, ce réellement existant est l'univers des Idées, dont celle de Justice, qui se sépare radicalement de l'univers changeant des opinions et des coutumes. (D'ailleurs, le titre grec de *La république* signifie «l'État ou de la Justice». L'objet spécifique de ce livre est la nature de la Justice et de l'injustice ainsi que ses effets sur l'homme et l'État.) Mais, contrairement à Parménide, Platon ne réduit pas le devenir et l'opinion au non-être, au non-existant: l'opinion est l'intermédiaire entre l'existant, l'Idée, objet de savoir, de connaissance, de philosophie, et le non-existant, objet de non-savoir, de non-connaissance. Cette position métaphysique entraîne un certain nombre de conséquences. Platon s'intéresse moins à l'univers changeant des réalités humaines, sociales et politiques qu'à la nature, l'essence des réalités terrestres, les Idées. Les lois qu'il défendra devront être comme l'idée de Justice: immuables. Il s'intéresse moins aux «conventions» humaines qu'à ce qu'elles devraient être pour se conformer à la «nature» de la Justice. Enfin, seuls les philosophes, les amants du savoir, peuvent apporter le bonheur aux hommes et aux États en les dirigeant et en les modelant selon la forme Justice.

BIBLIOGRAPHIE

PLATON, *La république*, t. I, et *Les lois*, t. II, *Œuvres complètes*, Gallimard, «La Pléiade», 1950.

(Dans les entrées bibliographiques, le nom de la ville où a été publié le livre ne sera mentionné que pour le villes autres que Paris.)

ABOUT, Jean-Pierre, *Platon: Textes choisis et présentés*, Bordas, 1967.
> Ouvrage d'introduction aux concepts élémentaires de la philosophie de Platon. Selon About, Platon est le créateur de la manière occidentale de philosopher, et le but global de son œuvre est d'identifier le fondement de la vie sociale et de l'organisation de la Cité. Pour ce faire, Platon a inscrit ses réflexions à l'intérieur d'un système de normes logiques capables de servir de base à son discours philosophique.

ANNAS, Julia, *Introduction à la* République *de Platon*, PUF, 1994.
> Livre qui a comme objectif de présenter l'ensemble des propositions complexes développées dans *La république*. L'ouvrage est complété par un plan général et un résumé analytique de *La république*, suivis d'un index des notions.

BORDES, Jacqueline, *Politeia dans la pensée grecque jusqu'à Aristote*, Les Belles Lettres, 1982.
> La *politeia* d'une cité définit, au-delà de son régime ou de sa constitution, un mode de vie comprenant tout ce qui fait une société: pouvoirs, lois, mœurs, morale, culture...

CANTARELLA, Eva, *Selon la nature, l'usage et la loi: la bisexualité dans le monde antique*, Éd. La Découverte, coll. «Textes à l'appui», 1991.

CHAIX-RUY, *La pensée de Platon*, Bordas, 1966.
> Ouvrage général sur la vie et l'œuvre de Platon. L'auteur oppose deux thèses sur la place de Socrate dans la pensée de Platon, l'une voulant que Platon ne soit qu'un «commentateur scrupuleux» de la pensée de Socrate et l'autre qui fait de Socrate une «fiction littéraire créée et démesurément grossie». Selon Chaix-Ruy, il est futile de tenter de dresser une «doctrine» de Platon, celui-ci voyant la philosophie comme une recherche sans fin, sans cesse en devoir de résoudre des problèmes nouveaux.

CHÂTELET, François, *Platon*, Gallimard, coll. «Folio», 1965.
> Platon a fondé la philosophie et défini le cadre conceptuel à l'intérieur duquel la pensée occidentale s'est développée.

DE ROMILLY, Jacqueline, *La Grèce antique et la découverte de la liberté*, Fallois, 1989.
> L'auteur, grande spécialiste de la civilisation grecque, affirme que l'origine de la liberté moderne se trouve chez les Grecs, en mettant en évidence la liberté de la Cité face aux puissances étrangères, la liberté du citoyen dans sa seule soumission à la loi et, enfin, la liberté intérieure.

——, *Pourquoi la Grèce?*, Fallois, 1992.
> Par une étude minutieuse de textes grecs de genres divers, l'auteur montre que l'influence de la Grèce sur notre civilisation repose sur son aspiration à s'éle-

ver du concret à l'abstrait, du particulier au général et à l'universel, des hommes existants à l'idée d'homme.

DROZ, Geneviève, *Les mythes platoniciens*, Seuil, 1992.
Présentation, contextualisation et explication des grands mythes utilisés par Platon.

EDMOND, Michel-Pierre, *Le philosophe-roi. Platon et le politique*, Payot, 1991.
L'auteur veut dévoiler un Platon pré-chrétien, un Platon autre que sa lecture à travers Plotin et saint Augustin. Platon chercherait à susciter, contre l'univers des désirs, le courage politique des citoyens afin de les orienter vers la recherche du bien commun.

FINLEY, Moses I., *Démocratie antique et démocratie moderne*, Payot, 1990.
Par ces trois conférences, données en 1972, cet éminent spécialiste de la civilisation grecque cherche à démarquer la démocratie athénienne de celle d'aujourd'hui. L'auteur affirme que la civilisation grecque était fondée sur l'esclavage et que l'empire fut une condition nécessaire de la démocratie athénienne. L'auteur contextualise le procès de Socrate au sein de cette démocratie.

FOSTER, M.B., *The Political Philosophies of Plato and Hegel*, Oxford, The Clarendon Press, 1968.
Ce classique, publié en 1939, montre que la différence entre la pensée politique de Platon et celle de Hegel ne repose pas sur la différence entre un petit État (*polis*) et un grand (État-nation), mais plutôt que ces deux formes d'association politique renvoient à deux conceptions du monde différentes.

GUTHRIE, W.K.C., *A History of Greek Philosophy*, vol. IV: *Plato, the Man and his Dialogues: Earlier Period*, Cambridge, Cambridge University Press, 1975.
——, *A History of Greek Philosophy*, vol. V: *The Later Plato and the Academy*, Cambridge, Cambridge University Press, 1979.
Présentation des grands enjeux de la philosophie platonicienne à travers une analyse détaillée des dialogues. De l'*Apologie de Socrate* aux *Lois*, en passant par *Ion* et *Gorgias*, tous les dialogues sont datés, résumés et commentés de manière remarquable. Le second volume présente aussi la pensée des principaux successeurs de Platon à l'Académie.

HANSEN, Mogens Herman, *La démocratie athénienne*, Les Belles Lettres, 1993.
Ouvrage exhaustif et incontournable sur la démocratie athénienne, particulièrement à l'époque de Démosthène (IVe siècle av. J.-C.).

KLOSKO, George, *The Development of Plato's Political Theory*, New York, Methuen, 1986.
L'auteur étudie l'évolution de la pensée politique de Platon en montrant les rapports qu'elle entretient avec les transformations de son épistémologie et de sa psychologie morale.

POPPER, Karl, *L'ascendant de Platon*, Seuil, 1979.
Popper présente plus ou moins Platon comme l'ancêtre spirituel de la dictature communiste.

MOSSÉ, Claude et Annie SCHNAPP-GOURBEILLON, *Précis d'histoire grecque*, Armand Colin, 1990
Présentation de l'évolution de la civilisation grecque de ses origines à son déclin.

ROBIN, Léo, *Platon*, PUF, 1988.

L'ouvrage de Robin repose sur un double postulat: Platon est un philosophe et il a cherché à fonder une doctrine. Contrairement à Chaix-Ruy, Robin cherche donc à établir cette doctrine. Il procède d'abord à un exposé de l'œuvre de Platon, donc de ses idées, puis nous livre une histoire de ces idées. On y trouve une bibliographie et un index excellents.

REEVE, C.D.C., *Philosopher-Kings: the Argument of Plato's Republic*, Princeton, Princeton University Press, 1988.

L'auteur développe une interprétation non orthodoxe de *La république* en présentant les quatre dimensions suivantes: la métaphysique ou l'épistémologie (le mythe de la caverne); la psychologie des désirs; la politique (le philosophe-roi, les gardiens et les producteurs); la théorie éthique de la justice.

STRAUSS, Leo, *La cité et l'homme*, Agora, 1987.

Ce recueil présente l'analyse de trois œuvres de la pensée politique grecque: *La république* de Platon, *La politique* d'Aristote et l'*Histoire de la guerre de Péloponèse* de Thucydide. D'après Strauss, la compréhension de la philosophie politique antique, dans ce qu'elle présente de plus spécifique, est le point de départ nécessaire au renouvellement de la pensée politique contemporaine.

——, *Argument et action des* Lois *de Platon*, Vrin, 1990.

Dans ce dernier ouvrage où il commente chacun des livres des *Lois*, Strauss veut montrer que le livre *Les lois* présente le meilleur ordre politique possible, tandis que *La république* expliquerait la nature et les limites de la politique réelle.

VERNANT, Jean-Pierre, *L'individu, la mort, l'amour: soi-même et l'autre en Grèce ancienne*, Gallimard, «Bibliothèque des histoires», 1989.

Série de textes de cet éminent spécialiste de la Grèce ancienne dont je retiens particulièrement le chapitre sur Éros, qui éclaire la conception de l'amour à l'œuvre dans *Le banquet* et dans *Phèdre*, le chapitre sur le jeune Spartiate qui montre l'influence exercée par Sparte sur la conception de *La république* et de *Les lois*, et, enfin, le dernier chapitre sur la signification de l'individu en Grèce.

VLASTOS, Gregory, *Socrates Ironist and Moral Philosopher*, Ithaca, Cornell University Press, 1991.

L'auteur oppose le Socrate des premiers dialogues de Platon, philosophe des valeurs, au Socrate des dialogues postérieurs, dont *La république*, où Socrate est transformé en métaphysicien.

WOOD, E.M. et N., *Class Ideology and Ancient Political Theory*, Oxford, Basil Blackwell, 1978.

Dans le chapitre consistant qui lui est consacré, la philosophie de Platon est présentée comme une ingénieuse tentative de repenser la *polis* grecque à travers le principe aristocratique de la hiérarchie.

ARISTOTE

(384-322 av. J.-C.)

Aristote est né en Thrace, à la périphérie de la Macédoine (péninsule des Balkans partagée aujourd'hui entre la Turquie, la république de Macédoine de l'ex-Yougoslavie et la Bulgarie) qui, depuis le ve siècle, intervient dans les affaires grecques tout en reconnaissant l'indépendance des Cités. Philippe II — dont le père d'Aristote fut le médecin personnel — prend le pouvoir en Macédoine en 356, rétablit la monarchie absolue et organise une armée puissante qui vainc Athènes en 338. Au lieu de subjuguer la Grèce, Philippe II convoque un congrès de toutes les Cités où est constituée une ligne panhellénique sur la base de l'autonomie des Cités et de la liberté des mers. La Macédoine, étroitement liée à la fondation de cette ligne, n'en devient cependant pas membre. Alexandre le Grand, fils de Philippe II, assume, en 336, le pouvoir à l'âge de 20 ans, réalise le rêve de son père de conquérir l'empire perse et fait de Babylone le centre de ce nouvel empire. Alexandre le Grand meurt en pleine gloire, en 323, peu avant ses 33 ans.

Aristote, à l'âge de 17 ans, entre à l'académie de Platon où il étudie durant dix-neuf ans, jusqu'à la mort de son fondateur. Il quitte alors Athènes, séjourne dans divers endroits, devient le précepteur d'Alexandre le Grand, avant de revenir à Athènes treize ans plus tard pour fonder sa propre «académie», le Lycée. Il s'est entre-temps affranchi de la pensée du maître et a développé sa propre philosophie.

Pour Platon, tout découle de l'Idée du Bien: l'éthique et la politique relèvent de la métaphysique dont elles dépendent. Aristote introduit une coupure épistémologique entre la métaphysique, qui étudie l'immuable, et l'éthique et la politique qui analysent les activités humaines. Cette coupure épistémologique recoupe la coupure ontologique entre le monde divin et le monde terrestre.

Pour Aristote, l'éthique et la politique, étudiant l'univers changeant des réalités humaines, ne peuvent avoir la précision et la rigueur des sciences mathématiques. Mais l'univers changeant n'est pas celui des tromperies de Parménide ni ce mélange de vérités et de faussetés que Platon attribue à l'opinion. Au contraire, pour Aristote, les traditions, l'opinion — non pas l'opinion populaire, mais celle des sages, des poètes si critiqués par Platon — conservent un noyau de vérité dont doit s'inspirer le philosophe. L'attention apportée à la diversité humaine, l'observation soignée des faits éthiques et politiques rend compte de plusieurs des critiques adressées par Aristote à son mentor, dont celle du cycle des changements constitutionnels: non seulement chaque constitution a plusieurs formes, mais chacune peut donner suite à plus d'un type de constitution.

Aristote reprend la dichotomie courante entre Grecs et barbares, et fonde la politique sur la *polis*. En éthique et en politique, il défend comme Platon des positions de classe favorables à l'aristocratie. Mais cette conformité à la pensée du maître n'entrave pas le développement original d'une pensée éthique et politique dont nous nous inspirons encore aujourd'hui.

Le bonheur

Chacun recherche le bonheur, mais la masse, les politiques et les philosophes le définissent différemment. Les masses recherchent le bonheur dans les jouissances corporelles et, ainsi, ne se distinguent guère des esclaves et des bêtes. L'élite politique identifie le bonheur non aux plaisirs, mais aux honneurs, tandis que les philosophes le placent à un plus haut niveau encore, dans la pensée, la contemplation.

Il faut distinguer les biens que nous recherchons et aimons pour eux-mêmes (biens en soi) de ceux que que nous désirons en vue des premiers (biens relatifs). Les artisans et les commerçants, qui placent le bonheur dans la richesse, ne poursuivent qu'un bien relatif car elle n'est qu'un instrument pour se procurer les biens nécessaires au plaisir. Les plaisirs, les honneurs et la contemplation sont recherchés pour eux-mêmes (biens en soi), mais aussi pour le bonheur en fonction duquel ils sont instrumentaux. Le bonheur n'est jamais un moyen: il est la fin de l'éthique et du politique et prend ainsi la place qu'occupait le Bien chez Platon.

Le bonheur dépend de biens extérieurs à l'âme. On ne peut être parfaitement heureux si on est malade, pauvre, sans amis, sans affection: «Car bien des actes exigent, comme moyen d'exécution, des amis, de l'argent, un certain pouvoir politique. Faute de ces moyens, le bonheur de l'existence se trouve altéré, par exemple si l'on ne jouit pas d'une bonne naissance, d'une heureuse descendance et de beauté. On ne saurait, en effet, être parfaitement heureux si l'on est disgracié par la nature, de naissance obscure, seul dans la vie ou dépourvu d'enfants; moins encore, peut-être, si l'on a des enfants et des amis complètement mauvais ou si, après en avoir eu de bons, on les a perdus[1].» Mais le bonheur ne réside pas dans ces considérations extérieures: il dépend de l'*arétè* spécifique de l'homme, de sa vertu, de son excellence. Le bonheur consiste à accomplir ce qui distingue l'homme des autres animaux, à réaliser sa fonction propre qui est d'agir en conformité avec le *logos*, la raison. L'homme vertueux est heureux: des conditions extérieures défavorables, si elles peuvent lui ravir la félicité, ne peuvent le rendre durablement misérable.

Les vertus

Aristote distingue les vertus morales des vertus intellectuelles. Les premières, *tou éthos*, sont des tendances inhérentes au caractère des hommes bien nés et bien éduqués, tandis que les secondes appartiennent à l'une ou l'autre des deux parties de l'âme rationnelle, l'intellect spéculatif et l'intellect pratique. L'intellect spéculatif, dont relève la philosophie, s'intéresse à démarquer le vrai du faux. Il travaille sur l'universel, le nécessaire. Sa vertu particulière est la sagesse et son bonheur réside dans la contemplation. L'intellect pratique, dont la vertu centrale est la prudence, nous dit comment appliquer les principes généraux dans les situations particulières, comment agir pour donner une forme concrète aux principes. Il fusionne, dans l'agir, les principes généraux avec les tendances au sein de circonstances nécessairement particulières et contingentes.

1. *Éthique de Nicomaque*, GF-Flammarion, 1990, livre 1, p. 32-33.

La vertu est une «disposition» de l'homme acquise par l'exercice. Elle n'est donc pas un devoir-être ou un devoir-faire: elle est l'état normal, naturel, de l'homme bien né et bien éduqué.

Chez l'homme vertueux, le désir, façonné par de bonnes habitudes, est en pleine harmonie avec la raison. Il n'y a pas d'actes vertueux sans choix réfléchi, sans raison, sans conscience: «Les produits des arts ont en eux-mêmes leur mérite intrinsèque. Mais dans le cas des vertus, il ne suffit pas pour qu'elles existent que l'homme agisse en juste et en tempérant; il faut que l'agent sache comment il agit; ensuite, que son acte provienne d'un choix réfléchi, en vue de cet acte lui-même; en troisième lieu qu'il accomplisse son acte avec une volonté ferme et immuable[2].»

La vertu étant une disposition acquise conforme à la raison, il ne saurait y avoir de vertu sans plaisir. Celui qui souffre de sa tempérance n'est pas vertueux; celui qui en jouit l'est: «C'est le signe d'une disposition acquise que le plaisir et la peine viennent s'ajouter aux actes. En effet, l'homme qui s'abstient des plaisirs des sens et qui se complaît dans cette privation est vraiment tempérant; au contraire celui qui en souffre est intempérant[3].» Le plaisir est inhérent aux actes de l'homme vertueux: la pensée d'Aristote est tout à fait étrangère à la dichotomie puritaine entre agir bien et se sentir bien.

La vertu est modération, juste milieu, moyen terme entre les extrêmes, tant au niveau de l'action que de la disposition de l'homme vertueux. Le courage sera ainsi le juste milieu entre la témérité (l'excès) et la lâcheté (le manque ou défaut): «La vertu est donc une disposition acquise volontaire, consistant par rapport à nous, dans la mesure, définie par la raison conformément à la conduite d'un homme réfléchi. Elle tient la juste moyenne entre deux extrémités fâcheuses, l'une par excès, l'autre par défaut. Disons encore ceci: tandis que dans les passions et les actions, la faute consiste tantôt à se tenir en deçà, tantôt à aller au-delà de ce qui convient, la vertu trouve et adopte une juste mesure[4].»

---

2. *Op. cit.*, livre 2, p. 50.
3. *Op. cit.*, livre 2, p. 48.
4. *Op. cit.*, livre 2, p. 54.

Les non-vertueux

Le bonheur est l'apanage du vertueux. Or la vertu est une disposition, fruit d'une bonne naissance et d'une bonne éducation. Elle implique la domination de l'âme sur le corps, de la partie rationnelle de l'âme sur les désirs: «L'être vivant tout d'abord est composé d'une âme et d'un corps, que la nature a destinés, l'une à commander, l'autre à obéir [...] Il est donc possible, disons-nous, d'observer d'abord dans tout vivant l'autorité d'un maître d'esclaves et celle d'un homme d'État, car l'âme commande au corps avec l'autorité d'un maître et l'intellect commande à l'appétit avec l'autorité d'un homme d'État ou d'un roi[5].» Pour Aristote, la question du bonheur ne peut se poser que pour le Grec mâle et adulte pourvu suffisamment de biens matériels pour pouvoir se consacrer à une vie de loisirs. Le bonheur est l'apanage des gens vertueux qui sont généralement d'origine aristocratique[6]. En sont exclus l'enfant, la femme, les esclaves, les travailleurs manuels (artisans, salariés, paysans), les commerçants et les barbares.

La femme possède comme l'homme la faculté de délibérer, faculté essentielle à la vertu. Mais son âme est inférieure. Pour Aristote, l'âme rationnelle est la forme du corps dans l'unité de l'être humain. Or le corps féminin étant de force et de perfection moindres que le corps masculin, l'âme de la femme est inférieure à celle de l'homme. L'organisme féminin, arrêté dans sa croissance embryonnaire par quelque facteur défavorable, n'atteint pas la plénitude de l'organisme masculin. Même dans la procréation, la femme est inférieure: la mère, passive, ne fournit que le lieu de croissance à une semence paternelle qui contient virtuellement tout l'enfant. Aussi la femme est par fonction, par nature, tant chez les Grecs que chez les barbares, comme chez tous les animaux, sans autorité, soumise au commandement du

---

5. *Politique*, 1, 5, 1254a 4-6. Pour ce livre, je donne la pagination de l'édition grecque standard (Bekker). La traduction française est celle de Jean Aubonnet publiée par Les Belles Lettres.

6. Au XVIIIe siècle, certains analystes distingueront aristocratie «traditionnelle» (définie par son origine) d'aristocratie «naturelle» (définie essentiellement par ses vertus), la première constituant toutefois le centre de référence et le modèle de la seconde. Dans ce sens, Aristote serait partisan de l'aristocratie naturelle même si cette distinction est absente de ses analyses.

plus fort, de l'homme. Sous l'autorité du mâle, elle n'a pas l'indépendance requise à l'exercice de la vertu.

L'enfant possède de façon incomplète la vertu de délibérer. Il sera donc sous l'autorité du père qui lui fera acquérir les habitudes nécessaires à l'exercice de la vertu. L'enfant étant inachevé, sa vertu propre se définit par rapport à celui qui le gouverne, le père.

L'esclave est, comme tout animal, un bien acquis animé. Même s'il est un homme, même s'il est doué d'intelligence, par sa fonction, par sa nature, il appartient à un autre dont il est l'instrument. L'esclave est dépourvu de la faculté de délibérer qui appartient en propre à son maître. Délesté de l'usage de cette faculté et réduit à des travaux manuels, «il a besoin de peu de vertu, et seulement autant qu'il lui en faut pour ne pas être inférieur à sa tâche par inconduite ou lâcheté[7]».

Aristote distingue esclavage naturel et esclavage conventionnel. La relation naturelle maître/esclave ressemble d'une certaine façon à celle d'aristocrate/paysan. Les maîtres et les nobles, plus forts et plus vertueux, transmettent généralement, par les lois de l'hérédité et par l'éducation, leurs vertus à leurs descendants comme les esclaves et les paysans transmettent leurs faiblesses et leurs vices. Certains hommes sont donc, par nature, appelés à être maîtres et d'autres, esclaves.

La relation naturelle maître/esclave diffère toutefois de celle d'aristocrate/paysan dans la mesure où elle reprend et théorise la coupure radicale qu'instaurent les Grecs entre eux et les barbares. Les barbares des régions froides, de l'Europe, sont courageux, dotés de *thymos*, mais dépourvus d'intelligence: ils vivent libres, mais sont incapables de s'organiser en *polis* et de commander à leurs voisins. Les barbares d'Asie sont intelligents, mais sans courage: ils vivent déjà dans l'esclavage. La race des Hellènes, occupant une région intermédiaire, est intelligente et courageuse. Organisée en *polis,* elle peut dominer ses voisins et se laisser conduire à la vertu par une sage législation.

L'esclavage conventionnel, lui, n'est que la conséquence d'une défaite militaire. Il est juste s'il sanctionne la faiblesse des perdants, leur nature d'esclave; il est injuste si la défaite relève du destin et non des vices des vaincus (l'esclavage de Grecs, par exemple).

---

7. *Politique*, 1, 13, 1260a 12.

L'esclave est soumis à l'autorité despotique du maître. L'époux exerce sur sa femme une autorité politique de type aristocratique sans qu'il y ait cependant alternance de pouvoir entre gouvernant et gouverné. Le père, ayant un pouvoir fondé sur l'âge et l'affection, exerce une autorité royale sur ses enfants. Le pouvoir de l'époux sur sa femme et du père sur ses enfants s'exerce sur des êtres libres, ce qui le distingue du pouvoir despotique du maître sur ses esclaves. Le pouvoir despotique s'exercerait surtout à l'avantage du maître; le pouvoir familial s'exercerait plutôt au profit de ceux qui y sont soumis: «L'autorité du maître, bien qu'il y ait, à la vérité, un même intérêt pour l'esclave par nature et pour le maître par nature, ne s'en exerce pas moins dans l'intérêt du maître [...] L'autorité sur les enfants, sur la femme et sur toute la maison, que nous appelons précisément le gouvernement domestique, s'exerce soit dans l'intérêt de ceux qui y sont soumis, soit en vue de quelque bien commun aux deux parties, mais essentiellement dans l'intérêt de ceux qui y sont soumis[8].»

Les artisans, les hommes de peine, les paysans et les pâtres, même s'ils peuvent être, dans certaines constitutions, des hommes libres, sont réduits, comme les esclaves, au travail manuel. Ils n'ont donc pas le loisir requis pour l'exercice et la pratique de la vertu. Les commerçants, dont l'objectif est l'accumulation de l'argent, qui n'est qu'un moyen d'acquérir les biens nécessaires au plaisir du corps, sont donc, de par leur fonction, leur nature, fort éloignés d'une vie vertueuse.

La très grande majorité des Grecs est donc exclue de la pratique de la vertu, du bonheur. Tous les non-Grecs sont aussi extérieurs à la vertu. Le bonheur est, en règle générale, le privilège d'une toute petite élite de gens bien nés, d'aristocrates. Deux des vertus décrites par Aristote, la magnanimité et la magnificence, l'indiquent bien. La première se situe dans un juste milieu entre la pusillanimité et la vantardise. La grandeur dans l'exercice de chaque vertu caractérise le magnanime. Le magnanime se juge, avec raison, en état d'accomplir de grandes et glorieuses actions. Le magnanime sait sa supériorité, ses mouvements sont lents, sa voix est grave et sa parole posée. La seconde, la magnificence, s'exerce par des dépenses très généreuses

---

8. *Op. cit.*, 3, 6, 1278b 6-7.

dans de grandes occasions. La magnificence se distingue de la générosité par la grandeur et la beauté du don. Pour être magnifique, il
faut être fortuné et avoir du goût. La magnificence est le juste milieu
entre la mesquinerie et la vulgarité. Le riche commerçant peut être
généreux mais, poursuivant des biens extérieurs au corps et à l'âme,
n'ayant pas acquis comme l'aristocrate le sens de la beauté, ne peut
être que vulgaire en cherchant à imiter la magnificence de l'aristocrate.

La morale d'Aristote n'est accessible qu'aux gens bien nés et
bien éduqués. La foule n'est pas régie par la morale, par la crainte du
déshonneur, mais par la peur des châtiments: «La nature en effet
porte la foule à obéir aux lois, moins par sentiment de l'honneur que
par crainte, et si la multitude s'abstient de commettre des actes honteux, ce n'est pas par crainte du déshonneur, mais par peur des châtiments[9].» Il faut donc que les gouvernants contraignent la foule au
respect de la morale par la loi.

Contemplation, éthique et politique

Le souverain bonheur de l'homme réside dans l'activité de la partie
supérieure de l'âme rationnelle, l'intellect spéculatif, par lequel il
entre en contact avec les vérités, avec ce qui a un caractère nécessaire
et immuable. Aristote nomme contemplation cette activité par laquelle ce qu'il y a de divin en l'homme entre en communication avec
les réalités éternelles. Évidemment, seuls les philosophes, les sages,
peuvent atteindre ce bonheur parfait dont sont exclus tous les autres.

Les vertus morales sont secondes, eu égard au bonheur, par
rapport à la vertu intellectuelle spéculative, la sagesse, qui s'exprime
dans la contemplation. Mais elles ne sont pas pour cela moins nécessaires. Car si l'homme est par nature un animal rationnel, il est aussi
par nature un animal social et politique. Or les vertus morales, qui
dépendent de l'intellect pratique, sont aussi en liaison étroite avec la
politique.

L'éthique et la politique constituent deux sciences pratiques
distinctes, mais inséparables. Pour Aristote, la politique est la science
architectonique dont dépendent les autres sciences pratiques, y com-

---

9. *Éthique de Nicomaque*, livre 10, p. 282.

pris l'éthique. Seule une petite élite de gens bien nés et bien éduqués peut être vertueuse: les autres, la multitude, doivent être contraints à la bonne conduite par la crainte du châtiment, par la loi. Même l'éducation de l'élite par le pouvoir familial du père a besoin de s'appuyer sur de bonnes lois issues d'une bonne constitution. Le bien de l'individu s'identifie à la *polis*, qui est la fin de toutes les associations humaines, qui constitue de toutes les façons une fin supérieure à celle de l'individu: «Même si le bien de l'individu s'identifie avec celui de l'État, il paraît bien plus important et plus conforme aux fins véritables de prendre en main et de sauvegarder le bien de l'État. Le bien certes est désirable quand il intéresse un individu pris à part; mais son caractère est plus beau et plus divin, quand il s'applique à un peuple et des États entiers[10].»

Polis, *justice et amitié*

Le communisme de *La république* de Platon relève, selon Aristote, d'une importance excessive accordée à l'unité de la *polis*. L'individu est un; même la famille est une. Mais la *polis* est constituée d'éléments différents, et vouloir la réduire à l'un consiste à la ramener à des associations sociales antérieures, primitives. La Cité est un ensemble déterminé de citoyens. Le citoyen est défini par sa faculté de participer au pouvoir délibératif, à la magistrature et au pouvoir judiciaire. Contrairement au pouvoir despotique, celui du maître sur l'esclave, le pouvoir politique s'exerce sur des gens du même genre que ceux qui commandent: «Le bon citoyen doit savoir et pouvoir obéir et commander.»

La fin de la *polis* est la vie parfaite et autarcique de familles, de lignages et de villages réunis en communauté; la fin de la *polis* est le bonheur. L'autarcie, tant pour le philosophe dans la contemplation que pour la communauté dans la *polis*, est un critère de perfection et une condition de bonheur. La Cité doit être assez grande pour assurer l'autarcie, mais assez petite pour que tous les citoyens se connaissent mutuellement dans l'agir des gouvernants et des gouvernés, dans le fonctionnement des magistratures et dans les procès.

---

10. *Op. cit.*, livre 1, p. 20.

La justice, avec l'amitié, assure le bonheur de la communauté politique. La justice n'est pas, comme dans *La république* de Platon, la résultante de la pratique des autres vertus: elle est une vertu complète, accomplie, non par rapport à soi, mais par rapport à autrui. La justice fait respecter la légalité et accepter de ne pas posséder plus que son dû: «Le juste nous fait nous conformer aux lois et à l'égalité; l'injuste nous entraîne dans l'illégalité et l'inégalité[11].» Comme Platon, Aristote ne fait donc pas de différence entre loi et égalité.

Comme Platon aussi, Aristote défend, non une égalité arithmétique, mais une égalité géométrique, proportionnelle au mérite: «Le juste, c'est une chose qui a rapport à des personnes; et à personnes égales, il faut, dit-on, chose égale. Mais, en quoi y a-t-il égalité et en quoi inégalité, voilà ce qu'on ne doit pas laisser de côté, car cette question soulève une difficulté et fait appel à de la philosophie politique [...] En effet, des hommes différents ont des droits et des mérites différents[12].»

Mais qu'est-ce que le mérite? Tout le monde est d'accord, dit Aristote, que le partage doit se faire selon le mérite, mais on ne s'entend pas sur la nature de ce mérite. Ainsi, au niveau de la constitution du pays, les démocrates le placent dans la liberté, les oligarques dans l'argent et les aristocrates dans la vertu.

Mais la *polis*, plus que de la justice, a besoin de *philia* (terme qu'on traduit par amitié, mais qui a un sens beaucoup plus étendu, comme nous le verrons): «D'ailleurs, si les citoyens pratiquaient entre eux l'amitié, ils n'auraient nullement besoin de la justice; mais, même en les supposant justes, ils auraient encore besoin de l'amitié[13].»

L'amitié se manifeste par une *bienveillance réciproque reconnue* entre ceux qui éprouvent cette sympathie. Il y a trois sortes d'amitié. Les deux premières, fondées sur l'utilité ou sur le plaisir, sont instrumentales, éphémères et ne constituent pas véritablement l'amitié: «Ainsi ceux qui se témoignent mutuellement de l'amitié, en se fondant sur l'utilité qu'ils peuvent retirer, ne s'aiment pas pour eux-mêmes, mais dans l'espoir d'obtenir l'un de l'autre quelque avantage.

---

11. *Éthique de Nicomaque*, livre 5, p. 124.
12. *Politique*, 3, 12, 1282b 2-3.
13. *Éthique de Nicomaque*, livre 8, p. 208.

Il en va de même de ceux dont l'amitié est inspirée par le plaisir; ce n'est pas pour leur nature profonde qu'ils ont du goût pour les gens d'esprit, mais uniquement pour l'agrément qu'ils trouvent en eux. Ainsi donc aimer à cause de l'utilité, c'est s'attacher en autrui à ce qui est personnellement agréable; bref on n'aime pas son ami, parce qu'il est lui, on l'aime dans la mesure où il est utile ou agréable. Ce n'est donc que de circonstances accidentelles que naissent de pareilles amitiés; ce n'est donc pas pour ce qu'il est vraiment que l'on aime son ami, mais en tant qu'il est susceptible de procurer ici quelques avantages, là quelque plaisir. Il en résulte que des amitiés de cette sorte sont fragiles, ceux qui les éprouvent changeant eux aussi; le jour où les amis ne sont plus utiles, ni agréables, nous cessons de les aimer[14].»

L'amitié parfaite est celle qui rassemble les bons, ceux qui pratiquent les vertus intellectuelles et morales. On veut le bien de son ami pour lui-même et non de façon instrumentale. L'ami est un autre soi-même. L'amitié parfaite est une vertu: elle conjoint une bonne disposition et un choix délibéré, rationnel. Comme toutes les autres vertus, elle est accessible aux gens bien nés et bien éduqués.

Les associations humaines se distinguent, elles aussi, selon ces trois types d'amitié[15]. Certaines sont fondées sur des intérêts partagés tandis que d'autres sont motivées par la recherche du plaisir. Mais toutes les associations fondées sur l'utile ou l'agréable sont dépendantes de la *polis,* dont la fin est le bonheur. L'amitié politique, ce choix réfléchi de vivre ensemble, en *polis*, implique une limite au nombre de citoyens afin de rendre possible la «bienveillance réciproque reconnue». L'amitié politique s'exprime alors par la concorde: une même manière de voir des intérêts généraux qu'on défend d'un commun accord dans le domaine de l'action.

L'amitié véritable s'exerce entre égaux, entre hommes pourvus de semblables vertus intellectuelles et morales. Il peut cependant exister une amitié entre inégaux, par exemple celle qui unit le père à ses enfants ou l'époux à sa femme. Mais dans ces cas, l'égalité est,

---

14. *Op. cit.*, livre 8, p. 210.
15. Platon, dans *La république*, transforme le concept de justice, vertu sociale, pour rendre compte de la hiérarchie des vertus chez l'individu. Aristote entreprend une démarche inverse et étend le champ d'application du concept d'amitié pour comprendre, sous le modèle de relations inter-individuelles, l'ensemble des relations sociales.

comme dans la justice, proportionnelle au mérite. Ainsi l'amitié paternelle est similaire à celle du roi pour ses sujets. L'autorité, qui y est personnelle, s'exerce en vue du bien des subordonnés: «L'amitié qui unit le roi à ses sujets montre un degré éminent de bienfaisance: il leur fait du bien; s'il est vertueux, il se préoccupe de leur bonheur [...] Telle est aussi l'affection paternelle, mais elle se distingue par l'importance des bienfaits, car le père donne l'existence, le plus important des biens, semble-t-il; il se préoccupe également de l'entretien et de l'éducation de ses enfants[16].» L'affection qui lie l'époux à sa femme est proportionnée à la vertu et chacun obtient ce qui lui convient, comme dans l'aristocratie: «Le pouvoir du mari sur la femme paraît être de caractère aristocratique; c'est proportionnellement à son mérite que le mari exerce l'autorité, et dans les domaines où il convient que l'homme commande; les questions qui sont de la compétence de la femme, le mari les lui abandonne[17].»

La justice et l'amitié sont les gages du bonheur dans la *polis*. La constitution, déterminant qui exerce et comment s'exerce le pouvoir dans les magistratures et les tribunaux, définissant surtout l'organisation prédominante du pouvoir délibératif, est l'âme de la *polis*. Quelles sont les diverses constitutions et comment les évaluer eu égard à la justice et à l'amitié, à la vertu, au bonheur?

Les constitutions

Aristote oppose les constitutions droites, dont la fin est l'avantage des gouvernants et des gouvernés, aux constitutions déviées qui privilégient les intérêts des gouvernants: «Quand cet individu ou le petit nombre ou la masse gouverne en vue de l'intérêt général, ces constitutions sont nécessairement correctes, mais quand les régimes ont en vue l'intérêt particulier ou d'un seul individu ou du petit nombre ou de la masse, ce sont des déviations[18].» Il y a trois constitutions droites (la monarchie, l'aristocratie et la *politia*) dont les déviations respectives sont la tyrannie, l'oligarchie et la démocratie.

---

16. *Éthique de Nicomaque*, livre 8, p. 224.
17. *Op. cit.*, livre 8, p. 223.
18. *Politique*, 3, 7, 1279a 2.

La monarchie et la tyrannie reposent toutes deux sur des pouvoirs personnels très étendus, mais dont les origines de classe sont différentes: le roi provient de l'élite en vue de la protéger des excès du peuple, tandis que le tyran provient souvent de celui-ci en réaction contre les excès des riches. La royauté repose sur un lignage dont la vertu excède celle de tous les autres: le pouvoir, proportionnel au mérite, y est donc juste: «Lors donc qu'il arrive à une famille entière, ou même à un individu quelconque, de se distinguer entre les autres par une vertu supérieure au point de l'emporter sur celle de tous les autres, alors il est juste que cette famille obtienne la royauté et le pouvoir suprême en tout, ou que cet individu unique devienne roi[19].» Le tyran, exerçant un pouvoir despotique semblable à celui du maître sur l'esclave, ne poursuit que ses propres plaisirs, tandis que le roi cherche le bien de ses sujets: «Le but du tyran, c'est le plaisir; celui du roi, le bien. C'est aussi pourquoi, en fait d'avantages, le tyran ambitionne la richesse, tandis que le roi préfère ce qui contribue à son honneur[20].» Aussi la protection du royaume reposera sur des sujets armés, tandis que le tyran devra faire appel à une garde personnelle formée d'étrangers.

L'aristocratie et l'oligarchie constituent toutes deux le gouvernement d'un petit nombre, celui des vertueux dans le premier et celui des riches dans le second. Les riches pratiquent l'échange en vue du profit et érigent l'acquisition en fin, même si l'acquisition et l'échange n'ont comme fonction naturelle que la satisfaction des besoins du corps. L'argent, objectif suprême des riches, n'est qu'un moyen de sa fin naturelle, les plaisirs, qui sont eux-mêmes inférieurs à l'honneur, objectif des vertueux en politique. Seuls les hommes bien nés et bien éduqués peuvent être vertueux. Les paysans et les artisans n'ont ni le loisir ni l'instruction pour devenir vertueux. Les riches recherchent l'argent au lieu de la vertu. Les aristocrates, généralement vertueux, assumeront pour le bien de tous les pouvoirs délibératifs, judiciaires, militaires et religieux, tandis que l'oligarchie subordonne l'État aux intérêts des riches.

La *politia* et la démocratie sont gouvernées par une majorité, les pauvres en démocratie et une classe moyenne en *politia*. Ce n'est pas

19. *Politique*, 3, 17, 1288a 5.
20. *Politique*, 5, 10, 1310b 9-10.

fondamentalement le nombre, la majorité, qui caractérise la démocratie, mais le gouvernement des pauvres. En démocratie, indépendamment de son mérite, tout le monde est libre et égal: le riche et le
pauvre, les vertueux et les rustres, les hommes bien nés et les autres:
«Le principe fondamental du régime démocratique, c'est la liberté;
voilà ce que l'on a coutume de dire, sous prétexte que dans ce régime
seul on a la liberté en partage: c'est là, dit-on, le but de toute démocratie. Une des marques de la liberté, c'est d'être tour à tour gouverné et gouvernant. La justice démocratique consiste dans l'égalité
selon le nombre, mais non selon le mérite: si la justice, c'est cela, le
souverain, c'est forcément la masse populaire; et la volonté de la
majorité, ce doit être la fin, ce doit être la justice[21].» En démocratie,
la liberté consiste à «vivre comme on veut» et non à conformer sa vie
à la vertu; la démocratie conduit donc à la licence.

Chaque *polis* est constituée de différentes parties dont certaines
relèvent du corps et les autres de l'âme. Les paysans, les artisans, les
commerçants, les hommes de peine et les soldats satisfont des besoins matériels indispensables de la *polis*. Mais les fonctions remplies
par ces hommes de métier sont subordonnées à celles relevant de
l'âme: magistratures militaires et judiciaires, pouvoir délibératif. Or
la démocratie tend à subordonner les fonctions de l'âme à celles du
corps en accordant le pouvoir à la majorité des pauvres.

La *politia* constitue le juste milieu entre deux extrêmes, deux
constitutions déviées, le gouvernement des riches, l'oligarchie, et le
gouvernement des pauvres, la démocratie: elle constitue le juste milieu entre les riches qui, comme les despotes, savent commander mais
ne savent obéir et les pauvres qui, comme les esclaves, savent obéir
mais ignorent le commandement. La *politia* est exercée par une classe
moyenne capable de se payer l'armement lourd de l'hoplite, jouissant
du loisir nécessaire pour recevoir l'entraînement militaire et ayant
des revenus suffisants pour payer un cens discriminant. Les membres
de cette classe sont aptes à gouverner et à être gouvernés en alternance, conformément à la loi. La répartition des charges s'y effectue
selon le mérite mesuré par la vertu et la richesse.

La monarchie absolue, où le roi, tel Zeus, est au-dessus des lois,
est la constitution la plus divine: le roi s'y distingue tellement par sa

---

21. *Op. cit.*, 6, 2, 1317a 1.

vertu qu'il est plus proche des dieux que des hommes. La monarchie et l'aristocratie, dans lesquelles le pouvoir est exercé par celui ou ceux qui pratiquent les vertus morales et intellectuelles, forment les deux constitutions idéales. La *politia* est vertueuse eu égard aux deux classes opposées dans l'acquisition (les riches et les pauvres) et aux deux constitutions viciées (l'oligarchie et la démocratie) dont elle est le juste milieu. La classe moyenne qui, dans la *politia*, pratique une vertu particulière, la vertu guerrière, n'est évidemment pas vertueuse au même titre que l'aristocratie ou le monarque. La *politia*, qui est moins fréquente que les constitutions déviées, est cependant moins rare, plus accessible, que les constitutions monarchiques ou aristocratiques: elle est, après les deux constitutions idéales, la meilleure des constitutions.

Compte tenu des circonstances de lieu et de temps, sont tolérables les régimes des constitutions déviées qui reposent sur la recherche d'un juste milieu dans l'application du principe constitutionnel, sont tolérables les régimes qui se rapprochent le plus des constitutions droites. Ainsi est tolérable le régime démocratique qui n'exclut pas les riches et qui assure la prédominance de la campagne (paysans et pâtres) dont le mode de vie rude et austère crée des habitudes relativement plus vertueuses que celui contaminé des villes (artisans, salariés et commerçants).

Raison *et* polis

La société et la politique peuvent être l'objet de connaissances et d'actions rationnelles: Platon et Aristote sont à l'origine de cette conviction occidentale. Mais tous deux pensent la politique à l'intérieur de la *polis*, petite communauté où chacun se connaît, petite communauté où l'amitié est possible entre gens vertueux, entre aristocrates, petite communauté qui recoupe la division entre Grecs et barbares. Alexandre le Grand, le propre élève d'Aristote, remit toute cette vision en question: en étendant l'empire à l'Asie, il se donna peu à peu comme objectif de créer une concorde inter-raciale et une affection commune en favorisant des liens du sang par des mariages mixtes (il maria la même journée, en 324, 10 000 de ses soldats à des Perses), des fusions de Cités et des transferts de population d'un continent à l'autre.

BIBLIOGRAPHIE

ARISTOTE, *Éthique de Nicomaque*, GF-Flammarion, 1990.

——, *Politique*, Les Belles Lettres, livres 1 et 2, 1968, livres 3 et 4, 1971, livres 5 et 6, 1973, livre 7, 1986, et livre 8, 1989.
La société d'édition Les Belles Lettres a publié plusieurs ouvrages d'Aristote, la traduction française accompagnant le texte original. On trouve aussi d'excellentes traductions chez Vrin.

AUBENQUE, Pierre (dir.), *Aristote politique*, PUF, 1993.
Recueil de textes qui étudient les diverses facettes de la *Politique* d'Aristote (Cité, citoyens, liberté, démocratie...) en montrant parfois leurs rapports avec d'autres parties de l'œuvre. Les divers auteurs de ce recueil, voulant prouver l'actualité de la pensée aristotélicienne, trient souvent, en fonction du présent, ce qu'ils retiennent de la *Politique*.

GAUTHIER, R. A., *La morale d'Aristote*, PUF, 1973.
Gauthier présente la morale d'Aristote comme étant d'abord et avant tout une morale de l'esprit, donc rationnelle dans sa nature. C'est la sagesse, c'est-à-dire la rationalité, qui doit commander notre vie. L'auteur défend également la thèse que le bien et le mal chez Aristote relèvent de l'intelligence et non de la volonté. L'auteur ajoute cependant que les efforts d'Aristote pour établir la sagesse comme base de notre comportement échouent dans la mesure où il n'offre pas d'explication quant à l'origine de la rationalité de notre conduite.

GUTHRIE, W.K.C., *A History of Greek Philosophy*, vol. VI: *Aristotle, an Encounter*, Cambridge, Cambridge University Press, 1981.
Présentation générale très complète de la pensée d'Aristote, suivie d'une imposante bibliographie. Guthrie expose avec une grande clarté les principes fondamentaux de la métaphysique, de la physique et de l'éthique, ce qui fait regretter encore davantage l'absence d'un chapitre consacré au politique.

HARDIE, W. F. R., *Aristotle's Ethical Theory*, Oxford, Clarendon Press, 1968.
Hardie analyse la doctrine éthique d'Aristote telle qu'elle apparaît dans l'*Éthique de Nicomaque*. Il invite ses lecteurs à prendre l'*Éthique de Nicomaque* comme le «mot final» de la théorie éthique d'Aristote, malgré la présence d'autres textes sur le même sujet. Contrairement à Kraut, Hardie croit que la contradiction qui existe entre les deux définitions du bonheur qu'offre Aristote soulève des problèmes qui ne sont pas résolus. L'ouvrage d'Hardie est accessible et ne nécessite pas une connaissance préalable d'Aristote et de ses textes. On y trouve également une bibliographie thématique.

KRAUT, Richard, *Aristotle on the Human Good*, Princeton, Princeton University Press, 1989.
Kraut cherche à comprendre la définition du bonheur telle qu'Aristote l'expose dans l'*Éthique de Nicomaque*. Plus précisément, Kraut tente de réconcilier ce qu'Aristote dit du bonheur dans le dixième livre de l'*Éthique de Nicomaque*, où il laisse entendre que le bonheur réside dans la contemplation, alors que dans le livre premier il offre une définition qui comprend un grand

nombre «d'activités pratiques vertueuses» (magnanimité, courage, justice, tempérance, sagesse) à l'œuvre chez l'homme d'État.

MacIntyre, Alasdair, *Quelle justice, quelle rationalité?* PUF, 1993.

Dans la partie du livre consacrée à Aristote, MacIntyre affirme que, chez lui, la justice ne peut se comprendre indépendamment de la notion d'intellect pratique (que l'auteur appelle aussi théorie de l'action), et que ces deux concepts doivent être insérés dans le cadre plus large de la *polis*.

Strauss, Leo, *La Cité et l'homme*, Agora, 1987.

Comprend, entre autres, des analyses sur la politique chez Platon et Aristote.

Vergnières, Solange, *Éthique et politique chez Aristote. Physis, êthos, nomos*, PUF, 1995.

L'auteur veut démontrer l'originalité éthique et politique d'Aristote en définissant ce qu'est l'*êthos* et en montrant les liens qu'il entretient avec les constitutions politiques et la loi.

Wood, E.M. et N., *Class Ideology and Ancient Political Theory*, Oxford, Basil Blackwell, 1978.

Dans la partie du livre qui lui est consacré, les auteurs critiquent l'idée selon laquelle la philosophie politique aristotélicienne propose une description sereine et détachée des institutions grecques. Les idées sociales et politiques d'Aristote, loin de se situer en marge des luttes politiques de son époque, constituent des arguments incisifs en faveur de l'aristocratie.

Épicure

(341/2-270 av. J.-C.)

Les philosophes grecs, dont Platon et Aristote, pensent le monde à travers la Cité: l'humanité se divise en Grecs et en barbares; la liberté de l'individu est celle du citoyen; l'autonomie de l'individu s'identifie à celle de la Cité; l'éthique est foncièrement politique. La défaite de la Grèce aux mains de la Macédoine (338 av. J.-C.), puis surtout la mort d'Alexandre le Grand (323 av. J.-C.) marquent la fin de cette période centrée sur la Cité.

Philippe II et son fils, qui a cherché à unir Occident et Orient, reconnaissent une certaine indépendance aux Cités grecques. À la mort de ce dernier, ses généraux, les diadoques, se disputant son empire, Athènes déclenche à nouveau la guerre contre la Macédoine. Elle est vaincue un an après, en 322, et subit l'humiliation d'être occupée par une garnison macédonienne. Athènes devient alors un des enjeux des rivalités entre diadoques, particulièrement celles qui opposent les rois de Macédoine, dominant la Grèce, à Ptolémée et à ses descendants d'Égypte.

Comment penser le rapport entre les hommes et entre ceux-ci et la politique alors que les fiers Grecs deviennent sujets des disputes entre diadoques, dont les décisions leur échappent? Deux réponses originales de type moral seront apportées à cette situation de désarroi: le stoïcisme et l'épicurisme.

Zénon de Cittium, né à Chypre, fondateur du stoïcisme, est un des hellénistes, sujets de l'empire macédonien, qui ont appris la langue grecque et assimilé sa culture. Il enseigne sur la place publique à Athènes, au Portique (*Stoa*, d'où dérive le nom de stoïcisme). Zénon (335-264) et Chrysippe (281-205), s'identifiant à l'État étendu de la

Macédoine, étendent la Cité au cosmos auquel chaque individu, quelle que soit sa citoyenneté ou son ethnie, participe par la raison. Le logos divin régit l'univers auquel le sage a accès grâce à sa raison. La sagesse (ou utilisation de la raison) comprend les autres vertus dont la justice, le courage et la tempérance. Par sa vertu, par son mépris des plaisirs et des douleurs qu'il maîtrise, par la domination de l'âme immortelle sur le corps matériel, par la domination de la raison sur les passions, le sage, par définition vertueux en tout, se met à l'abri des aléas de la vie[1].

Épicure, fils de colon, est d'Athènes, quoique élevé dans l'île de Samos située au large de l'actuelle Turquie. Épicure réduit la Cité au «jardin» qu'il achète à Athènes, lieu privé où, à l'écart de la politique, il vit en sécurité parmi ses amis. Le sage, sachant que l'âme et le corps sont matériels (comme chez Démocrite, les atomes sont constitutifs de tout ce qui existe), ne craignant ni les dieux (qui n'interviennent pas dans l'univers humain) ni la mort (qui n'a aucun rapport avec la vie), sera heureux en vivant selon le plaisir et en évitant la douleur.

Plaisirs et douleurs

La nature de chaque animal, fût-il ou non raisonnable, le pousse, dès sa naissance, vers le plaisir et loin de la douleur. Pour Épicure, le plaisir est le bien tandis que la douleur est le mal, contrairement aux stoïciens pour qui le plaisir et la douleur ne relèvent pas de l'éthique. Pour le premier, le bonheur réside dans le plaisir; pour les seconds, dans la vertu.

La douleur est le manque, le vide. Le plaisir est le plein, l'absence de douleur: «La limite de la grandeur des plaisirs est l'élimination de tout ce qui provoque la douleur. Là en effet où se trouve le plaisir, et aussi longtemps qu'il s'y trouve, il y a absence de douleur ou de chagrin, ou les deux à la fois[2].» Le plaisir est le critère qui nous permet de déterminer ce qu'il faut choisir et ce qu'il faut éviter: il est aussi l'objectif recherché.

---

1. On étudiera le stoïcisme à travers la pensée de l'empereur Marc Aurèle.
2. *Doctrines et maximes*, «Maxime fondamentale n° 3», Hermann, 1965, p. 107-108.

Le plaisir se définit négativement: il est absence de douleur ou de trouble. L'*aporia* est ce plaisir qui est absence de douleur dans le corps; l'ataraxie est ce plaisir qui est absence de trouble dans l'âme.

L'*aporia* et l'ataraxie sont le souverain bien, le plaisir catastématique qui est repos ou équilibre dans l'absence de douleur ou de trouble. Épicure accepte comme bien secondaire le plaisir cinétique, en mouvement. Pour certains commentateurs, le plaisir cinétique fait partie du mouvement par lequel advient le plaisir catastématique. Pour d'autres, le plaisir catastématique est lié à la satisfaction des désirs naturels et nécessaires, comme la soif et la faim, tandis que le plaisir cinétique serait lié à la satisfaction des désirs naturels non nécessaires comme la variation des boissons pour la soif ou des mets pour la faim.

Épicure distingue dans la douleur des variations d'intensité et de durée. Plus elle est intense, plus elle est courte. Plus elle se prolonge — comme ce fut le cas pour Épicure, malade toute sa vie — plus elle permet au corps d'éprouver du plaisir au lieu de la souffrance: «La douleur ne dure pas d'une façon continue dans la chair. Celle qui est extrême dure très peu de temps, et celle qui surpasse à peine le plaisir corporel ne persiste pas longtemps. Quant aux maladies qui se prolongent, elles permettent à la chair d'éprouver plus de plaisir que de douleur[3].»

L'*aporia* n'entraîne pas nécessairement l'ataraxie: les besoins fondamentaux du corps peuvent être satisfaits (la soif, la faim, la protection contre le froid et les intempéries) et l'âme, demeurer troublée. Les plaisirs du corps constituent le fondement du bonheur. Cependant les plaisirs et les douleurs de l'âme, moins brefs et fugaces que ceux du corps, ont plus de poids que ces derniers. L'âme peut se tourmenter en se rappelant des douleurs ou des souffrances passées, en se rongeant de regrets: le sage ensevelit volontairement ces adversités dans un perpétuel oubli. L'âme peut aussi se tourmenter en craignant des douleurs ou des souffrances à venir: le sage rejette les fausses craintes reliées aux dieux ou à la mort et vit en sécurité dans le présent en philosophant avec des amis. Le sage peut aussi combattre la douleur actuelle en se remémorant des plaisirs passés ou en anticipant un plaisir futur. La remémoration et l'imagination de plai-

---

3. *Ibid.*, «Maxime fondamentale n° 4», p. 108.

sirs constituent ainsi la meilleure arme contre la présence de la douleur physique.

Les désirs

Tout plaisir est un bien. Toute douleur est un mal. Cependant un plaisir peut entraîner une douleur plus grande que lui; une douleur peut engendrer un plaisir qui la dépasse. Le sage ne peut se limiter au temps présent, à l'instant. Il doit prévoir et évaluer les conséquences de ces douleurs ou plaisirs présents, puis choisir le plus grand plaisir compte tenu du présent *et* du futur: «Parce que le plaisir est le bien primitif et conforme à notre nature, nous ne recherchons pas tout plaisir, et il y a des cas où nous passons par-dessus beaucoup de plaisirs, savoir lorsqu'ils doivent avoir pour suite des peines qui les surpassent; et, d'autre part, il y a des douleurs que nous estimons valoir mieux que des plaisirs, savoir lorsque après avoir longtemps supporté les douleurs, il doit résulter de là pour nous un plaisir qui les surpasse[4].»

Il faut évaluer les plaisirs à la lumière des désirs, dont certains sont naturels et nécessaires pour la vie, le corps ou le bonheur, d'autres naturels mais non nécessaires, d'autres vains.

Les désirs naturels et nécessaires à la vie de tout animal sont la faim et la soif. Les désirs naturels et nécessaires à la tranquillité du corps humain sont les vêtements et les abris qui nous protègent du froid, des intempéries et des attaques des autres animaux carnivores. Les désirs naturels et nécessaires au bonheur de l'homme sont la philosophie, qui nous enseigne comment vivre pour être heureux, et l'amitié qui nous met en sécurité face à nos semblables. La satisfaction de ces désirs assure notre autarcie, notre liberté et est tout à fait indispensable à une vie heureuse.

Les désirs naturels mais non nécessaires sont ceux qui répondent à un plaisir du corps, mais sans que leur non-satisfaction engendre de douleur. Un croûton de pain et un verre d'eau apportent nécessairement le plaisir lorsqu'ils suppriment la douleur de la faim et de la soif. Des mets raffinés peuvent satisfaire en plus les papilles gustatives, mais ils ne sont pas nécessaires à une vie heureuse. Le sage

---

4. *Lettres*, «Lettre à Ménécée», Nathan, p. 78.

doit fonder sa vie sur les désirs naturels et nécessaires qui sont relativement faciles à combler. Il apprécie aussi, lorsqu'elle se présente, la satisfaction des désirs naturels non nécessaires, tout en demeurant autonome, libre face à ces désirs plus difficiles à réaliser. Les plaisirs esthétiques et sexuels relèveraient de ces désirs naturels non nécessaires.

Les désirs vains sont par nature insatiables. L'immortalité est un désir irréalisable: l'âme, comme le corps, est mortelle. Le désir de richesse est aussi un désir vain, un désir qu'aucun bien n'arrivera à assouvir. La passion amoureuse, à distinguer du désir sexuel, fait aussi partie des désirs vains, car elle engendre nécessairement plus de douleur que de jouissance. La gloire est aussi un désir vain dans la mesure où elle apporte plus de craintes, de troubles que de sécurité face aux autres hommes et au hasard dont elle nous rend dépendants.

Les désirs naturels et nécessaires du corps sont des désirs limités dont la nature assure les bornes. Ainsi la soif peut être satisfaite par une certaine quantité d'eau. Au contraire, les désirs vains sont des désirs illimités de l'âme qui apportent trouble et crainte au lieu de la paix, de l'ataraxie. Le sage doit préférer les plaisirs simples et naturels du présent à la folle poursuite des objets de ces désirs sans frontière.

La sagesse, fruit de la philosophie qui nous enseigne à respecter nos désirs naturels et nécessaires, à réguler nos désirs naturels non nécessaires, à fuir les désirs vains et à nous entourer d'amis, nous apporte l'*autarkeïa,* l'autarcie, la liberté, condition essentielle à la paix de l'âme, à l'ataraxie.

La justice favorise notre sécurité tandis que l'injustice, même si elle n'entraîne pas nécessairement des châtiments, engendre la crainte de ceux-ci et empêche l'ataraxie. Le courage, en nous libérant de la crainte et de l'inquiétude, favorise aussi l'ataraxie. La tempérance, en combattant les excès, rend possible l'*aporia.*

La sagesse, la justice, le courage et la tempérance, les quatre vertus chères à Platon, n'ont donc qu'un objectif chez Épicure: éviter la douleur et conduire au plaisir.

La crainte des dieux et de la mort

Épicure ne s'intéresse pas à la connaissance pour la connaissance. Le but de la connaissance n'est pas la sagesse. La science est en vue de l'éthique: libérer l'homme des mythes, des superstitions et des fausses craintes qui l'empêchent de vivre une vie de plaisir, de vivre heureux. Les plus grandes craintes qui empoisonnent la vie de l'homme sont celles des dieux et de la mort. Or l'étude de la nature démontre que les hommes n'ont à craindre ni les uns ni l'autre.

L'existence des dieux est une évidence qu'Épicure ne questionne pas. Il remet cependant en question leur intervention dans les affaires humaines, la providence si chère aux stoïciens. Il s'oppose radicalement à la pratique religieuse de son temps qui se résumait souvent à un échange de bons services: les hommes apaiseraient la colère ou obtiendraient la protection des dieux par des offrandes, des sacrifices, des rites, des prières. Pour Épicure, les dieux et les hommes vivent dans deux mondes distincts qui ne communiquent pas. Les dieux, heureux et indestructibles, ne peuvent se soucier des hommes. Leur béatitude les rend complètement autarciques face à nos offrandes et libres de toute préoccupation: «L'être bienheureux et immortel est libre de soucis et n'en cause pas à autrui, de sorte qu'il ne manifeste ni colère ni bienveillance: tout cela est le propre de la faiblesse[5].»

Épicure semble cependant animé d'un réel sentiment religieux et voue un culte aux dieux. Mais il n'attend rien des dieux en échange de son culte. La communion du sage avec les dieux a pour but sa propre félicité: elle lui permet d'imiter la béatitude divine et de s'éloigner de toute crainte.

On ne doit pas craindre des châtiments éternels: l'âme meurt avec le corps. On ne doit pas craindre la mort qui est sans rapport avec la vie, qui est non-vie: la vie est plaisir ou douleur; la mort est absence de sensation, d'affection: «Tout bien et tout mal résident dans la sensation: or la mort est privation de toute sensibilité. Par conséquent, la connaissance de cette vérité que la mort n'est rien pour nous, nous rend capables de jouir de cette vie mortelle, non pas en y ajoutant la perspective d'une durée infinie, mais en nous enlevant le désir de l'immortalité […] Ainsi celui de tous les maux qui nous donne le plus d'horreur, la mort, n'est rien pour nous, puisque tant que nous existons nous-mêmes, la mort n'est pas, et que, quand

---

5. *Ibid.*, «Maxime fondamentale n° 1», p. 107.

la mort existe, nous ne sommes plus. Donc la mort n'existe ni pour les vivants ni pour les morts, puisqu'elle n'a rien à faire avec les premiers, et que les seconds ne sont plus[6].» L'argumentation d'Épicure ne répond évidemment pas à la crainte de la mort comme privation des plaisirs de cette vie ou de la présence d'amis.

La politique et l'amitié

Pour la plupart des philosophes grecs, dont Platon et Aristote, l'éthique était essentiellement politique, le bonheur de l'individu se réalisait dans et à travers la Cité. Épicure, qui enseigne dans une Athènes dominée par la Macédoine, désinvestit du politique et préconise le retrait du politique, source de troubles et d'inquiétudes. Il ne conteste pas le pouvoir établi ni ne veut le réformer: le sage respecte au contraire les lois et les institutions en place pour ne pas aliéner sa sécurité. Mais le bonheur de l'individu, but de l'éthique, doit être recherché à l'extérieur du politique. Épicure introduit donc une séparation radicale entre l'éthique et la politique.

Le bonheur de l'individu ne peut être poursuivi sans un lien social fort: Épicure n'est pas individualiste. Ce lien social ne repose ni sur la politique, ni sur la religion, ni sur une langue ou une ethnie, ni sur une classe, ni sur la famille: il se fonde sur l'amitié qui unit dans un même lieu, le «jardin», une petite communauté qui partage la même philosophie, celle d'Épicure. Cette communauté comprenait des esclaves qui, tout en assurant les tâches matérielles, dont la culture potagère, participaient aux discussions philosophiques. Elle comprenait aussi des femmes, dont Themista, épouse de Léontus, et d'anciennes hétaïres dont le métier permettait l'accès à la culture. Cette petite communauté de vie et de pensée, cette communauté philosophique, brisait donc avec deux des principaux fondements de la ségrégation sociale alors en usage: l'esclavage et le sexe.

L'amitié est essentielle à l'ataraxie, à la paix de l'âme. C'est elle, et non l'État, la religion ou la famille, qui assure notre sécurité contre les aléas de la vie. Nous n'avons pas tellement besoin, dit Épicure, des services présents de l'ami, mais nous devons être assurés de son soutien dans l'éventualité de l'infortune.

---

6. *Lettres*, «Lettre à Ménécée», *op. cit.*, p. 76-77.

Si l'utilité est à la base de l'amitié, Épicure affirmerait aussi, si ces paroles sont bien rapportées, que l'amitié est le plus grand des biens et doit être recherchée pour elle-même: «Toute amitié doit être recherchée pour elle-même; elle a cependant l'utilité pour origine[7].» Le besoin de sécurité ne serait donc pas le moteur unique de l'amitié. Il y a aussi le sentiment qu'Épicure renoncerait à réduire au principe d'utilité: «Ni celui qui cherche partout l'utilité ne peut être ami, ni celui qui ne l'associe jamais à l'amitié, car le premier fait marché de ses sentiments et le dernier nous prive de tout bon espoir pour l'avenir[8].»

Le retrait épicurien

La métaphysique et la connaissance de la nature n'ont qu'une fonction instrumentale eu égard à l'éthique. Celle-ci est aussi radicalement isolée de la religion et de la politique.

Les dieux et l'âme existent. Mais ils ont pour base la matière, la combinaison de différents atomes. Les dieux n'ont rien à voir avec l'univers humain. L'âme est mortelle. L'éthique doit donc être pensée à l'intérieur d'une vie humaine, de façon immanente.

Toutes les vertus se ramènent à favoriser le plaisir, qui est le bien, et à éviter la douleur, qui est le mal. Une vie de plaisir requiert l'autarcie, dont l'une des conditions essentielles est l'amitié.

Épicure, en identifiant le bien au plaisir, en n'opposant pas le corps à l'âme ni les plaisirs animaux à ceux de la raison, se démarque de ses prédécesseurs Platon et Aristote, et de son contemporain Zénon, le philosophe du Portique, pour lesquels le bonheur et la vertu résidaient dans la raison en opposition au corps, dans la nature divine de l'homme en opposition à sa nature animale.

---

7. *Doctrines et maximes*, «Sentence vaticane nº 23», *op. cit.*, p. 124.
8. *Ibid.*, «Sentence vaticane nº 39», *op. cit.*, p. 126.

BIBLIOGRAPHIE

Epicurea, Usener, Hermann Karl (dir.), Dubuque, W.C. Brown, 1967.
Édition de référence pour les textes d'Épicure en langue originale.

ÉPICURE, *Lettres et maximes*, PUF, 1987.
Comprend les trois lettres, dont celle à Ménécée, les maximes fondamentales ou capitales et les paroles d'Épicure ou sentences vaticanes, le texte grec accompagnant la traduction française de Marcel Conche.

——, *Lettres*, Nathan, 1982.
Ouvrage didactique de Jean Salem qui comprend les trois lettres d'Épicure.

——, *Doctrines et maximes*, Hermann, 1965.

BAILEY, Cyril, *Epicurus*, Oxford, Clarendon Press, 1970.
Il s'agit principalement d'une traduction commentée des principaux textes (les trois lettres à Hérodote, Pythoclès et Ménécée) qui nous restent d'Épicure. Dans une première partie, Bailey offre la version originale avec sa traduction. Par la suite, il reprend certains des passages les plus litigieux des lettres et présente son analyse des différentes interprétations.

BOLLACK, Jean (dir.), *La pensée du plaisir*, Minuit, 1975.
Édition savante qui comprend notamment la version grecque et une traduction française de la lettre à Ménécée, des maximes capitales et des sentences vaticanes. J. Bollack a aussi publié, chez le même éditeur, en 1971, *La lettre d'Épicure*, qui comprend, entre autres, la lettre à Hérodote dans sa version grecque et une traduction française.

DUVERNOY, Jean-François, *L'épicurisme et sa tradition antique*, Bordas, 1990.
Il s'agit d'un bref ouvrage d'initiation, synthétique et clair, exposant à grands traits les principes fondamentaux de l'épicurisme antique. L'intérêt de l'ouvrage est rehaussé par un utile lexique des notions essentielles de cette philosophie.

FESTUGIÈRE, André-Jean, *Épicure et ses dieux*, PUF, 1985.
L'auteur situe les conceptions théologiques d'Épicure dans le cadre général de la religion grecque de l'époque. L'idéal de sagesse proposé par Épicure est inséparable de son rejet de certaines croyances de son temps. La négation de toute intervention divine dans la sphère humaine, qui n'est en rien un athéisme, serait la clé de ce qu'il est convenu de nommer la «religion d'Épicure».

JONES, Howard, *The Epicurean Tradition*, Londres, T. J. Press, 1989.
Jones vise d'abord et avant tout à étudier l'impact de la philosophie d'Épicure sur le développement des pensées scientifiques et intellectuelles. Selon Jones, l'essentiel de la pensée d'Épicure ne peut être compris sans la situer à l'intérieur du contexte politique, social et culturel de son époque, époque qui se différencie fortement de la période classique. D'après l'auteur, la pensée d'Épicure forme un système logique et cohérent, bien qu'Épicure n'ait pas été grandement préoccupé par ce système en tant que tel. Il s'agissait plutôt, pour lui, de permettre à l'homme d'être heureux dans un monde sombre et hostile.

Rist, J.M., *Epicurus: An Introduction*, Londres, Cambridge University Press, 1972. Introduction générale à la pensée d'Épicure. L'ouvrage ne prétend pas défendre une thèse en particulier, mais plutôt présenter les plus importantes caractéristiques de la philosophie d'Épicure. Rist affirme que l'objectif d'Épicure est pragmatique et vise à éviter les douleurs, but premier de l'humanité. Épicure insiste sur la vie privée et conteste la place prépondérante accordée à la vie publique. On trouve également dans cet ouvrage une bibliographie détaillée.

Rodis-Lewis, Geneviève, *Épicure et son école*, Gallimard, coll. «Idées», 1975. Rodis-Lewis commente avec minutie et clarté les grands textes de l'école épicurienne en les situant dans l'ensemble de la tradition antique. Réaliser la vie heureuse, «ici et maintenant», en supprimant les fausse croyances qui angoissent l'homme, voilà le fondement du message universel véhiculé par l'épicurisme.

Salem, Jean, *Tel un Dieu parmi les hommes. L'éthique d'Épicure*, Vrin, 1989. Pénétrante analyse de l'éthique épicurienne. L'auteur circonscrit la conception épicurienne du plaisir à partir de son fondement physique, ce qui permet de saisir l'articulation de l'atomisme et de l'éthique. Les certitudes fournies par la science des atomes constituent un antidote efficace contre les craintes qui, en troublant l'âme, détournent l'homme du plaisir, du bonheur.

Cicéron

(106-43 av. J.-C.)

Cicéron naît dans une période politique où la République romaine est traversée de conflits entre les tribuns, représentants du peuple, le sénat, chasse gardée des grandes familles terriennes et des chevaliers, et les consuls. Cicéron ne provient pas d'une grande famille terrienne. Il fait partie de la classe des chevaliers, citoyens riches qui étaient cavaliers dans l'armée et recevaient de l'État une indemnité pour leur monture et son entretien. La fortune de cette classe de nouveaux riches est reliée à l'empire et se fonde sur le commerce, les fournitures à l'armée, la collecte des taxes, etc., même si, par désir de ressembler aux vieilles familles patriciennes, elle investit ses profits dans l'achat de terres.

Les luttes à Rome n'opposent pas seulement la plèbe aux patriciens et aux chevaliers, elles divisent aussi en clans rivaux la classe dirigeante. Cicéron, avocat, orateur éloquent, participe activement aux luttes politiques de son temps, occupe divers magistères et devient même consul. Partisan du sénat, il combat l'agitation de la plèbe et cherche à s'opposer aux réactions dictatoriales des consuls.

Sauf pour ses lettres et ses discours, les principaux écrits de Cicéron se situent entre son retour d'exil en 57 (exil auquel l'avaient condamné les triumvirs César, Pompée et Crassus qui avaient accepté les accusations portées par son ennemi, le tribun Claudius) et 43 av. J.-C. (Antoine, membre d'un nouveau triumvirat au pouvoir, le fait égorger). Durant les dernières années de sa vie, la réflexion succède à l'action politique, désormais réduite. «Alors, ainsi que j'avais accoutumé de faire au temps où il y avait encore une république, c'est à agir plutôt qu'à écrire que je m'appliquerais et j'ajoute qu'ensuite je ne mettrais point par écrit des dissertations philosophiques mais des discours publics; cela m'est arrivé bien des fois. Mais cette république, mon unique souci, vers qui allaient toutes mes pensées et pour qui je dépensais toute mon activité, n'existe plus, le silence règne au prétoire et au sénat. Mon âme se refusant à l'inaction, j'ai cru, ayant commencé par m'adonner à ces études, que je pouvais très légitimement alléger mes peines en revenant à la philosophie[1].»

Même si Cicéron juge les Romains supérieurs dans à peu près tous les domaines (gouvernement de l'État, lois, conduite de la guerre, mœurs et coutumes, gestion familiale, commerce), il admet la supériorité culturelle des Grecs auprès desquels, jeune, il avait étudié la philosophie. À travers l'objectif avoué de rendre accessible la philosophie grecque à ses compatriotes, Cicéron poursuit sa lutte politique en défendant ses propres positions.

Cicéron ne veut pas, comme Aristote, étudier la politique à travers diverses constitutions ni, comme Platon, décrire une Cité imaginaire: il veut étudier la république romaine posée comme modèle. Mais cette république n'est pas celle dont les lois et la constitution ont été bafouées par César (dictateur de Rome de 49 à 44 alors qu'il fut assassiné par Brutus) et qui était déjà divisée et déchirée durant toute la vie politique active de Cicéron. La république, dont Cicéron a la nostalgie et qu'il idéalise, est celle d'avant la réforme agraire par laquelle le tribun Tiberius Gracchus répartit entre les citoyens pauvres les terres publiques occupées par les grandes familles terriennes, celle où ces familles, par l'intermédiaire du sénat, dominaient incontestablement la vie politique en exerçant une tutelle paternaliste sur les assemblées populaires soumises.

La république de Cicéron reposerait sur des vertus, une morale de type stoïcien, qu'auraient incarnés les artisans de la grandeur romaine, dont les Scipion (Paul Émile, l'Africain et Émilien) et le vieux Caton.

Cicéron ne croit pas, comme Platon ou Aristote, qu'on puisse atteindre la vérité. Mais il s'oppose aussi aux sophistes dont le relativisme est si étranger à sa morale rigoureuse et si contraire à son modèle républicain. Entre le dogmatisme des uns et le scepticisme

---

1. *Des devoirs*, in *De la vieillesse, de l'amitié, des devoirs*, Garnier-Flammarion, 1967, p. 174.

des autres, Cicéron définit une position probabiliste: «Pour moi, à la différence de ceux qui disent qu'il y a des propositions certaines et d'autres incertaines, je dis qu'il y en a de probables et d'autres qui ne le sont pas[2].» Cette position l'entraîne à amalgamer, sans grand souci de rigueur, les disciples de Platon, les péripatéticiens et les stoïciens dans une vision romaine et aristocratique imprégnée avant tout de stoïcisme.

La république

S'inspirant d'Aristote, Cicéron affirme que c'est d'abord un instinct grégaire, une sociabilité naturelle qui pousse les hommes à s'organiser en sociétés.

Trois conditions sont nécessaires pour fonder une république: un groupe nombreux d'hommes (*multitudo*); une législation commune (*juris consensus*); une communauté d'intérêts (*utilitatis communio*). L'identification de la chose publique (*res publica*) à la chose du peuple (*res populi*) ne signifie pas que le peuple doit exercer le pouvoir: Cicéron n'est pas un démocrate, comme nous le verrons. La première condition de cette union politique distingue la conception romaine de celle qui prévalait en Grèce: l'empire romain requiert un peuple nombreux pour maintenir son hégémonie, tandis que Platon et Aristote défendaient une *polis* dont le fonctionnement exigeait un nombre limité de citoyens. L'acceptation par les membres du peuple d'un même système de lois est la deuxième condition de la société politique. Elle signifie que dirigeants politiques et dirigés sont soumis à la même loi; elle ne signifie pas, comme nous le verrons plus loin, que tous exercent les mêmes droits politiques. Enfin, la troisième condition, la communauté d'intérêts, sera définie, comme chez les maîtres grecs, en termes de vertus qui rendent possible une vie heureuse.

Chose publique, chose du peuple, l'État implique l'organisation du pouvoir, un gouvernement. Cicéron reprend grosso modo les catégories aristotéliciennes des constitutions. Il y a trois constitutions acceptables, préférables: la royauté; le gouvernement par quelques personnes choisies, l'aristocratie; le gouvernement populaire. Ces

---

2. *Ibid.*, p. 175.

trois constitutions sont républicaines car, en plus de regrouper de nombreux hommes, elles soumettent dirigeants et dirigés à une législation commune et tiennent compte des intérêts communs aux dirigeants et au peuple. Cicéron, comme l'élitiste Aristote, préfère la royauté et juge que le gouvernement populaire est le moins digne d'approbation. Mais la royauté peut facilement se transformer en tyrannie, le gouvernement aristocratique, devenir la dictature d'une faction, et le gouvernement populaire une dictature de la multitude. La domination de la multitude est celle de l'opinion, de la licence, du refus de l'autorité, de l'égalitarisme méprisant les mérites et le talent. La domination de la multitude, comme la tyrannie ou la dictature d'une faction, ne constitue pas une république: «Il n'y a de peuple [...] que s'il y a une loi établie d'un consentement commun. Cette masse assemblée est un tyran tout autant que le serait un homme; elle est même plus odieuse, parce qu'il n'est pas d'animal plus monstrueux qu'une multitude prenant l'aspect d'un peuple et en usurpant le nom[3].»

Cicéron reprend à l'historien grec Polybe l'idée que la vieille république romaine aurait la meilleure constitution, une constitution mixte, qui combinerait les avantages des trois constitutions les plus supportables: la royauté, l'aristocratie et la démocratie. Polybe partage la conception historique de son temps, conception cyclique où une constitution succède à une autre, partant de la monarchie pour y revenir à la fin du cycle. Polybe ne songe pas à l'impensable — briser ce cercle —, mais désire retarder cette inévitable dégénérescence en compensant la faiblesse de chaque régime par la force des deux autres, en maintenant un équilibre entre les principes de ces trois constitutions opposées. Dans la république romaine, les consuls, nommés pour un temps limité et se contrôlant mutuellement, seraient les successeurs des rois en étant souverains pour diriger les guerres; le sénat, formé d'une aristocratie, contrôlerait les consuls, en veillant au ravitaillement des armées; enfin, la démocratie s'exercerait par le peuple qui, par la voix de leurs tribuns, arrêtent des décrets dont dépendrait le sénat pour les traités.

---

3. *De la république*, in *De la république. Des lois*, Garnier-Flammarion, 1965, p. 93.

La description de la distribution des pouvoirs par Polybe attribue au peuple une autorité qu'il n'aurait pas exercée au début de la république: le pouvoir aurait appartenu au sénat, chasse gardée des aristocrates. Cicéron est partisan de cet ordre romain où la vertu du peuple consiste à se soumettre aux directives du sénat: «S'il est entendu que les décisions intéressant l'État sont du domaine du sénat, qu'elles sont soutenues par tout le monde, que les ordres inférieurs acceptent que la république soit gouvernée par les conseils de l'ordre le plus élevé, on pourra, par un partage des droits, donner la puissance au peuple, l'autorité au sénat; et la cité se maintiendrait ainsi dans un juste milieu et dans la concorde, surtout si l'on obéit à la loi qui vient ensuite[4].» Le peuple s'incline devant le sénat, constitué d'aristocrates et de chevaliers, lui-même guidé par de grands hommes vertueux tels que se percevait Cicéron. La décadence de Rome ne dépend pas que du peuple mais aussi des chefs qui, comme César, ne respectent pas la vertu, les lois, les règles de la république.

L'appui qu'accorde Cicéron au tribunat est restreint et tout négatif. La puissance des tribuns est, dit-il, excessive et comporte en elle-même quelque chose de mauvais. Mais le peuple est trop attaché à l'exercice de ce pouvoir: tenter de le lui enlever créerait trop de désordres. En outre, même si la violence populaire est plus redoutable lorsqu'elle a un chef, elle est aussi plus facile à apaiser que s'il n'y en avait pas, d'autant plus que les chefs peuvent, mieux que les masses, évaluer les risques de la confrontation. Enfin, les masses étant encadrées par dix tribuns, la raison de l'un peut s'opposer avec succès à la démagogie de l'autre.

La constitution de Servius accordait aux aristocrates et aux chevaliers 98 suffrages sur 193 dans les *comices centuriates*[5]. Cicéron est tout à fait d'accord avec cette répartition inégale des voix: «Il s'arrangea de façon que la majorité des suffrages fût au pouvoir, non de la multitude, mais des riches, précaution qui doit toujours être observée dans un État afin que le nombre n'y fasse pas la loi[6].»

---

4. *Des lois, in De la république. Des lois, op. cit.*, p. 195.

5. Les assemblées du peuple étaient essentiellement celles des centuries (subdivisions militaires et fiscales) et celles des tribus (subdivisions territoriales). Les premières élisaient les magistrats supérieurs. Les dernières élisaient les magistrats inférieurs et les tribuns. Vers la fin de la république, celles-ci votaient, sans qu'il y ait délibération, la plupart des lois, généralement présentées par le tribun.

6. *De la république, op. cit.*, p. 61.

Même le secret du vote introduit dans les *comices tributes* à la fin du IIᵉ siècle avant J.-C., pour mieux garantir la liberté du citoyen, ne reçoit pas le soutien de Cicéron: le peuple doit montrer son vote aux citoyens les meilleurs: «Je consens à laisser au peuple son bulletin comme instrument de liberté, pourvu qu'il le montre aux citoyens les meilleurs et méritant le plus de considération, et qu'ensuite il le leur offre: la liberté consisterait ainsi dans le pouvoir donné au peuple d'agir de façon à satisfaire les bons citoyens[7].»

Le peuple, constitué surtout de paysans, comprend aussi les artisans et les affranchis. Ces derniers, esclaves libérés, possèdent le statut de citoyens, mais n'ont pas le droit de porter des armes ou d'occuper des postes de magistrature. Les esclaves, environ le tiers de la population de l'Italie romaine, les femmes et les enfants n'ont pas les droits du citoyen ordinaire.

Les lois

La morale, les coutumes et les lois varient d'un pays à l'autre et, dans un même pays, d'une époque à l'autre. Cicéron ne peut se contenter de ce relativisme qu'il constate, car il justifierait n'importe quelle morale, n'importe quelle législation, n'importe quelle politique. L'existence d'une loi naturelle, qu'il postule plus qu'il ne la démontre, en se référant à la tradition stoïcienne, devient une nécessité pour contrer ce constat relativiste.

L'univers est la patrie commune aux dieux et aux hommes. L'homme, par la raison (*ratio*), participe au logos qui est le principe divin qui anime le monde. La loi naturelle, la droite raison, qui prescrit ce qu'il faut faire et ce qu'il faut éviter, est inscrite dans l'univers et dans chaque homme. Cette loi naturelle est antérieure à toute loi positive, toute coutume, toute morale.

Fondamentalement, tous les hommes participent à la même Cité, au même logos divin, et partagent donc la même nature: Cicéron, dans la lignée des stoïciens, rompt avec la vision ethnique d'Aristote. La conception grecque de la *polis*, réduite à un petit nombre de citoyens ayant les mêmes qualités supérieures, est ainsi dépas-

---

7. *Des lois, op. cit.*, p. 199.

sée. Ce qui n'empêche pas Cicéron d'être profondément patriotique. Après Dieu lorsqu'il en tient compte, avec nos parents ou avant selon les oscillations de Cicéron, et avant toute autre relation sociale, notre allégeance doit aller à la patrie, à laquelle nous devons tout sacrifier: «Pour elle, nous devons savoir mourir, nous devons nous donner à elle tout entiers, tout ce qui est de nous lui appartient, il faut tout lui sacrifier[8].»

Par rapport aux étrangers et aux autres peuples de l'empire, les Romains doivent se comporter avec justice: «Pour ceux qui disent qu'il faut tenir compte des citoyens, mais non des étrangers, ils abolissent la société que forme le genre humain et causent ainsi la ruine complète de la bienfaisance, de la libéralité, de la bonté, de la justice[9].» Polybe, l'historien grec si sympathique aux Romains, voit pourtant clairement leur politique qui consistait à asservir les peuples en se donnant les apparences de la vertu. Cicéron, sur ce point, ne suit pas le jugement de Polybe et justifie l'empire au nom d'une protection paternaliste: «Aussi longtemps que le peuple romain a maintenu sa domination non par l'injustice, mais par une conduite généreuse, on faisait la guerre pour la protection des alliés ou pour reculer les limites de l'empire [...] Rome exerçait moins un empire qu'elle n'étendait sa protection sur le monde[10].»

Chez Cicéron, les peuples étrangers ne sont pas, comme chez Aristote et les Grecs, esclaves par nature. Ils peuvent être réduits à l'esclavage en menant des guerres injustes contre Rome ou ses alliés. La responsabilité est alors collective, les membres de ce peuple étant aussi responsables et coupables que leurs États criminels. C'est la nature injuste de leurs actions, et non la nature de leur être, qui explique et justifie leur esclavage. Aussi, n'étant pas par nature esclaves, ils peuvent se racheter, être affranchis, être intégrés et devenir citoyens romains. Par cette explication morale de l'esclavage, Cicéron justifie la politique de conquête de Rome et la pratique assimilatrice de son empire.

Pas plus qu'elle n'annule l'esclavage et la suprématie romaine sur les autres nations de l'empire, la commune participation des

---

8. *Des devoirs, op. cit.*, p. 132.
9. *Des devoirs, op. cit.*, p. 220.
10. *Ibid.*, p. 182-183.

hommes au logos ne supprime pas la hiérarchie au sein de la patrie romaine. Il existe une hiérarchie naturelle qui va de Dieu à la loi, puis aux magistrats, avant de descendre au peuple. Les occupations de la patrie humaine sont, elles aussi, hiérarchisées. En haut, l'agriculture, seule occupation digne pour s'enrichir. Ensuite les professions qui exigent un grand savoir ou ont une grande utilité: la médecine, l'architecture, l'enseignement et le grand commerce sont honorables si le rang social de l'occupant le permet. Enfin succèdent les métiers non libéraux, plus ou moins avilissants. En premier lieu, les employés, chargés du travail odieux de recouvrement pour les chevaliers. Puis les salariés et les artisans qui exercent un travail servile; les commerçants de détail dont les profits ne peuvent reposer que sur la tromperie; et, tout au bas de l'échelle sociale, ceux qui satisfont les plaisirs du corps comme les bouchers, les cuisiniers, les parfumeurs, les danseurs...

La prédominance de la loi sur tous les hommes ne supprime pas l'inégalité de fortune. Au contraire, l'État, garant de la propriété privée, ne doit pas empiéter sur les biens des particuliers et doit veiller à ce que nul ne soit dépouillé de son bien. Il doit s'opposer à toute mesure qui, telle la loi agraire, vise un nivellement des biens, la pire des calamités: «Quant à ceux qui, pour se rendre populaires, proposent audacieusement des lois agraires, veulent exproprier les légitimes propriétaires, faire remise de leurs dettes aux débiteurs, ils sapent les fondements de l'État. Comment d'abord la concorde régnerait-elle, quand on prend aux uns leur avoir et le distribue à d'autres? Que devient l'équité si le grand principe de justice: *À chacun le sien* n'est plus toléré? C'est, comme je l'ai déjà dit, la fonction propre de la société politique, de la cité, d'assurer aux citoyens la possession franche d'inquiétude de tout ce qui leur appartient[11].» Si l'État doit protéger la propriété privée des citoyens, les magistrats ne doivent pas considérer la chose publique comme leur propriété privée, comme source de profit: Cicéron condamne comme laide, criminelle et impie cette pratique courante à son époque.

Malgré l'inégalité de fortune et de talent, chaque citoyen doit être égal devant la loi. Mais cette égalité juridique dans les rapports

---

11. *Des devoirs, op. cit.*, p. 205.

entre individus ne s'étend pas au domaine politique: les affranchis n'ont pas les mêmes droits que les citoyens nés libres, le peuple n'a pas les mêmes droits de vote et d'exercice de la magistrature que les aristocrates et les chevaliers, la femme et l'enfant n'ont, comme d'ailleurs les esclaves, aucun droit politique. Cicéron est, au niveau politique, pour une égalité juridique proportionnelle au mérite de chaque classe et de chaque sexe.

Les quatre vertus

La vertu, bien de l'âme, assure à l'homme son bonheur ici-bas et dans l'éternité. Le bien moral, la vertu, a quatre aspects (la connaissance, le maintien du lien social, la grandeur d'âme et la mesure dans la conduite) qui se ramènent tous, pour les stoïciens stricts, à une seule vertu: la sagesse.

La connaissance, la sagesse, l'habile perception du vrai est la vertu première chez les stoïciens comme chez la majorité des philosophes grecs. Cicéron, qui recherche le probable au lieu de l'inaccessible vrai, valorise au contraire le dirigeant politique au détriment du philosophe, affirme que la connaissance a comme fin première, non l'éthique comme chez Épicure, mais le maintien des liens sociaux: «La connaissance et la contemplation de la nature seraient manchotes en quelque sorte, non achevées, s'il n'en découlait quelque conséquence pratique. Et cette conséquence pratique, c'est dans le maintien de conditions favorables aux hommes qu'on l'aperçoit le mieux; elle se rapporte donc aux liens sociaux qui unissent les hommes et doit être mise conséquemment au-dessus de la connaissance[12].» D'ailleurs, dans *Des devoirs*, Cicéron ne consacre que quelques paragraphes à la sagesse avant d'insister longuement sur les deux vertus qui maintiennent le lien social: la libéralité et, surtout, la justice.

La libéralité et la justice sont les deux parties d'une même vertu qui permet d'assurer la permanence du lien social, la qualité de la vie en commun. La libéralité est la bonté, la bienfaisance manifestée envers les autres. La justice est respect de l'autre, de ses biens et des biens publics. Le lien social est fondé sur la raison et sur la parole.

---

12. *Des devoirs, op. cit.*, p. 169.

La justice se manifeste donc par la sincérité du langage et le maintien des engagements pris. L'action injuste s'exprime dans l'usage de la force ou de la ruse: «Puisque d'ailleurs il y a deux façons de commettre une action injuste, la force et la ruse, et qu'on peut être lion ou renard, ajoutons que ces deux façons sont l'une ou l'autre très contraires à la nature humaine mais que l'action frauduleuse est la plus haïssable[13].»

La force peut être utilisée, en entreprenant une guerre par exemple, lorsque l'objectif est de vivre en paix, sans injustice, et que cet objectif ne peut être atteint par la parole. Mais jamais, selon Cicéron, on ne peut atteindre une paix durable et la justice par le mensonge, la feinte, la dissimulation.

La justice ne supprime pas les inégalités de fortune, de rang, de classe. Le juste donne à chacun selon son mérite. Ainsi l'esclave recevra, en échange du travail exigé, logement, habillement et nourriture convenables.

Cicéron fait remarquer que les temples consacrés par Rome à l'Intelligence, la Piété, le Courage et la Bonne Foi rappellent aux gens de bien la nature divine de leur âme. Mais Cicéron, s'inspirant des stoïciens, oublie la piété dans ses quatre vertus. Cicéron tend, comme Polybe, à avoir une vision de la religion comme pur instrument étatique, comme simple institution politique. La piété et la religion sont au service du lien social, comme en fait foi le passage suivant inspiré de Platon: «Ces opinions sont utiles, nul ne le niera, qui connaîtra combien d'affaires humaines doivent leur valeur au serment, comment salutaire est le caractère religieux des traités, combien de gens la crainte des châtiments infligés par les dieux a détournés du crime, quelle chose sainte est la société des membres d'une même cité, quand elle a les dieux immortels à la fois pour juges et pour témoins[14].»

Le troisième aspect de la vertu, la grandeur d'âme, le courage, force civique au service de l'équité, comporte deux aspects. Le courageux regarde de haut, avec mépris, les plaisirs du corps et ne laisse pas troubler son âme par les quatre passions décrites par les stoïciens: le plaisir, le désir, la crainte et le chagrin. Le courageux, au service de

---

13. *Ibid.*, p. 127.
14. *Des lois*, *op. cit.*, p. 158.

l'équité, s'attaque à des entreprises grandes et utiles[15] pour autrui, pour la république. Le courage peut aussi bien s'exprimer dans d'autres tâches que la guerre, dans des tâches civiles, affirme Cicéron qui a été consul, mais jamais chef militaire. Le courage est ainsi le respect des devoirs, *officium*, qui recoupent l'ensemble des obligations inhérentes à une fonction civique.

Le courage est une vertu virile dont sont exclues les femmes comme elles le sont du discours de Cicéron: «Vertu a la même racine que viril. Or ce qui caractérise essentiellement une âme virile, c'est le courage, et le courage a deux attributions essentielles qui sont le mépris de la douleur et le mépris de la mort. Il faut donc pratiquer ce mépris si nous voulons être vertueux ou, mieux, si nous voulons être des hommes, puisqu'aussi bien vertu vient de viril[16].»

Le quatrième aspect de la vertu est la mesure dans la conduite, la *temperantia,* qui est, chez les stoïciens, ordre, décence, réserve modeste, maîtrise de soi. Cicéron subsume ces caractéristiques sous le terme de *decorum* qui est harmonie dans la conduite sociale.

Les quatre passions

L'âme, partie immortelle de l'homme, doit dominer le corps, partie périssable. Et en bon stoïcien, Cicéron condamne les plaisirs du corps, valorisés par les épicuriens, qui tendent des pièges à l'âme.

Les passions qui troublent l'âme non courageuse sont au nombre de quatre et peuvent être réparties en deux classes: le bien goûté (le plaisir) ou espéré (le désir); le mal redouté (la crainte) ou présent (le chagrin). Cicéron explique par la suite que, dans la crainte ou le chagrin, celui qui souffre estime qu'il doit souffrir, qu'il est logique de se tourmenter au sujet du mal appréhendé ou présent.

Le plaisir, la *voluptas,* qui est un bien du corps, n'est pas un véritable bien pour le stoïcien Cicéron. La passion du plaisir délirant, la volupté, consiste à entretenir délibérément son plaisir et à le prolonger complaisamment au détriment de l'essentiel, l'âme et sa vertu.

---

15. La réalisation d'entreprises grandes et *glorieuses* définit la magnanimité chez Aristote.

16. *Tusculanes*, 2, XVIII, 43. Les Belles Lettres, 1960, tome I, p. 101.

Le désir, la *cupiditas*, est un élan fiévreux qui emporte l'âme. Elle se manifeste dans la colère — qui, chez les stoïciens, contrairement à Platon, est une sous-espèce du désir — dans la passion amoureuse, dans l'ambition aveugle de pouvoir ou de richesses chez les grands, dans la passion de la liberté, de la licence, chez le peuple, etc.

La crainte est dépression devant le mal ou la douleur redoutés tandis que le chagrin est dépérissement, tourment, accablement, désespoir devant ce qui est jugé un mal. Dans le chagrin, il y a un jugement erroné de la raison, mais aussi une décision de la volonté: il faut s'affliger. Contrairement au Socrate de Platon qui avait une conception intellectuelle de la vertu, des stoïciens, dont Cicéron est tributaire, distinguent l'acte de jugement de l'acte de volonté dans la vertu comme dans la passion. Les passions «ont leur origine dans des jugements fondés sur des idées fausses et dans le parti pris d'agir en conséquence[17]».

La pauvreté, la misère, la maladie et la mort sont les principales causes de la crainte ou du chagrin. Or tous ces maux n'ont affaire qu'au corps, matière périssable, tandis que l'essentiel est l'âme, partie du logos universel, immortel et divin qui anime l'univers.

Les devoirs

Le sage stoïcien vise la moralité parfaite, a la volonté tendue vers la rectitude de sa vie entière: ses «actions droites», qui font la beauté de sa vie, ont une valeur en soi, qu'elles soient ou non utiles aux autres hommes. Cicéron, lui, s'intéresse à la moralité moyenne qui vise les actions convenables et qui est accessible aux honnêtes gens.

Chaque animal tend à la défense, à la conservation et au développement de sa vie conformément à sa nature. Or la nature de l'homme est la raison par laquelle il participe à sa patrie, à la communauté humaine et à la nature animée par le logos divin. Les actions convenables sont donc celles qui seront conformes à la raison et utiles à la société. Pour Cicéron, il ne peut y avoir de contradiction entre ce qui est moralement bon et ce qui est utile, entre ce qui est utile pour les autres et ce qui est utile pour soi: «C'est entre le moral

---

17. *Tusculanes*, 4, XXXVIII, 82. *Op. cit.*, tome II, p. 98.

et ce qui a l'apparence de l'utile qu'il peut y avoir conflit [...] Rien n'est utile qui ne soit en même temps moral, rien n'est moral qui ne soit utile[18].» Les actions convenables s'incarnent, pour Cicéron, dans des devoirs, *officium*, qui recoupent l'ensemble des obligations inhérentes à une fonction civique.

Pour Cicéron, chaque individu doit évaluer ses forces et ses faiblesses afin de pouvoir adapter sa vie à la raison en exerçant une fonction convenant à ses aptitudes naturelles: «Il faut savoir qu'il y a en nous deux caractères en quelque sorte, l'un commun à toute l'humanité: il tire son origine de la raison à laquelle nous avons part et qui fait notre supériorité sur les bêtes; c'est de là que se déduit tout ce qui a trait à la moralité, à la belle ordonnance de la vie; nous partons de ce principe dans la recherche des règles de conduite. L'autre est notre caractère propre et individuel [...] Il ne convient pas, en effet, de répudier sa nature et de vouloir être ce que nous ne pouvons pas être [...] Il convient d'avoir égard à tout cela, d'examiner de quoi l'on est capable et de discipliner ses inclinations, non de tenter de faire ce qui n'appartient qu'à d'autres: la manière qui convient le mieux à chacun, c'est celle qui est proprement la sienne[19].»

Un stoïcisme romanisé

Chaque homme, par la raison (*ratio*), participe au logos qui est le principe divin animant le monde par lequel est dictée la loi naturelle, la droite raison, qui prescrit ce qu'il faut faire et ce qu'il faut éviter. Cette loi naturelle est antérieure à toute loi positive, toute coutume, toute morale qui varient, comme on le sait, d'un pays à l'autre, d'une époque à l'autre.

Cette conception stoïcienne est reprise par Cicéron, à l'encontre de la vision aristotélicienne qui opposait les Grecs aux barbares et qui réduisait la politique à la *polis*. Mais cette conception est adaptée à la culture romaine: Cicéron, grand patriote, défend l'empire au nom d'un protectionnisme paternaliste. Les quatre aspects de la vertu stoïcienne deviennent quatre vertus distinctes, elles aussi, romanisées: la justice prévaut sur la sagesse, le courage s'exerce dans les fonctions

---

18. *Des devoirs, op. cit.*, p. 222.
19. *Ibid.*, p. 151-153.

civiques (*officium*) et la tempérance prend la forme du *decorum*. Les quatre vertus servent donc chez Cicéron à maintenir le lien social.

Cicéron affirme que la chose publique (*res publica*) est la chose du peuple (*res populi*), même si le peuple n'exerce pas le pouvoir, et il préfère la royauté et l'aristocratie à la troisième forme de république (la démocratie). Comme Platon et Aristote, il défend le pouvoir aristocratique, mais au sein de cette constitution mixte qui aurait prévalu dans la vieille république romaine. Enfin, contrairement à ces derniers et à la plupart des penseurs, sa réflexion politique se nourrit de sa propre et longue expérience politique.

BIBLIOGRAPHIE

CICÉRON, *De la république, in De la république. Des lois*, Garnier-Flammarion, 1965 ou encore *La république*, t. I, livre 1, 1989, t. II, livres 2-6, 1980, Les Belles Lettres.

——, *Des lois, in De la république. Des lois*, Garnier-Flammarion, 1965 ou encore *Traité des Lois*, Les Belles Lettres, 1959.

——, *Des termes extrêmes des biens et des maux*, t. I, livres 1 et 2; t. II, livres 3 et 4, Les Belles Lettres, 1955.

——, *Des devoirs, in De la vieillesse. De l'amitié. Des devoirs*, Garnier-Flammarion, 1967 ou encore *Les devoirs*, t. I, livre 1, Les Belles Lettres, 1965; t. II, livres 2 et 3, Les Belles Lettres, 1970.

——, *Tusculanes*, t. I, livres 1 et 2; t. II, livres 3 et 4, Les Belles Lettres, 1960.
La société d'édition Les Belles Lettres a publié la plupart des écrits de Cicéron, la traduction française voisinant le texte original.

ANDRÉ, Jean-Marie, *La philosophie à Rome*, PUF, 1977.
Étude de l'évolution de la philosophie romaine cherchant à montrer son unité et sa relative originalité à travers trois de ses grands penseurs: Cicéron, Lucrèce et Sénèque.

COLISH, Marcia L., *The Stoic Tradition from Antiquity to the Early Middle Ages*, 2 vol., Leiden, E. J. Brill, 1985.
Étude minutieuse du stoïcisme et de l'influence qu'il a exercée de l'Antiquité jusqu'au début du Moyen Âge. L'auteur consacre à Cicéron et à saint Augustin une centaine de pages chacun.

GRIMAL, Pierre, *Cicéron*, PUF, coll. «Que sais-je?», 1984.
Introduction à la pensée de Cicéron. Celui-ci ne serait pas un opportuniste et un vaniteux comme l'ont soutenu plusieurs auteurs. Une analyse rigoureuse, non seulement de ses écrits mais aussi de sa vie publique, démontre que son ambition n'était pas fondée sur la vanité, mais se comprend aisément par le climat romain de l'époque.

——, *Cicéron*, Fayard, 1986.

Reprenant la thèse présentée dans son ouvrage de 1984, Grimal la développe de façon beaucoup plus détaillée et méticuleuse. Il insiste une fois de plus sur la nécessité d'étudier Cicéron, l'homme et son œuvre, dans trois domaines essentiels: son activité politique, sa réflexion philosophique et son art de la parole.

——, *Les erreurs de la liberté dans l'Antiquité*, Les Belles Lettres, coll. Pluriel, 1990.

Ouvrage touffu qui analyse la liberté chez les Grecs et, surtout, chez les Romains. La liberté aurait été, au point de départ, l'envers de l'esclavage dans la civilisation grecque. Elle serait devenue liberté civique chez les Romains. Elle se serait intériorisée en liberté de conscience chez les stoïciens.

NICOLET, Claude, *Le métier de citoyen dans la Rome républicaine*, Gallimard, coll. Tel, 1976.

Ce grand spécialiste de la Rome ancienne laisse de côté l'étude de la classe politique romaine, qui fonctionnait comme une oligarchie, pour analyser minutieusement la participation du citoyen romain à l'armée, à la fiscalité et au système électoral sous la République.

ROBERT, Jean-Noël, *Eros romain*, Les Belles Lettres, 1997.

VALENTE, P. Milton, *L'éthique stoïcienne chez Cicéron*, Fribourg, Éd. Saint-Paul, 1956.

Présentation complète de la morale de Cicéron. Analysant l'influence exercée par le stoïcisme grec sur la pensée de Cicéron, Valente éclaire le problème de l'assimilation de l'héritage grec par la pensée latine. L'éthique de Cicéron, loin d'être une reprise littérale de la tradition grecque, romanise cet apport, le rend conforme à la société romaine en le transformant.

WOOD, Neal, *Cicero's Social and Political Thought*, Berkeley, University of California Press, 1988.

La pensée de Cicéron analysée du point de vue de son idéologie de classe. Le conservatisme politique de Cicéron s'inspire de celui de Platon et d'Aristote, mais relève surtout de son admiration pour la constitution et le style de vie de la vieille république romaine. Pour Cicéron, la conservation de cet héritage, voire sa renaissance, est une obligation morale et politique.

Marc Aurèle

(121-180)

Né en 121 à Rome, dans une famille très riche liée au pouvoir politique, Marc Aurèle perd son père lorsqu'il est jeune. L'empereur Hadrien, qui avait adopté Antonin pour lui succéder (cette pratique d'adoption n'est pas inusitée à Rome et remonte, au niveau de l'Empire, à l'empereur Auguste lui-même), lui demande d'adopter à son tour Marc Aurèle, qu'il avait remarqué. À la mort d'Antonin, en 161, son fils, Marc Aurèle, devient empereur de l'empire romain, à l'âge de 39 ans.

Contrairement à Hadrien qui avait connu un règne calme, le nouvel empereur est confronté à de graves difficultés. Marc Aurèle passe pratiquement dix-neuf des vingt et une années, où il est à la tête de l'empire, dans des camps militaires, repoussant les attaques barbares qui se succèdent à l'Est et au Nord. L'empire est de plus confronté à des catastrophes naturelles: des inondations (161), des tremblements de terre (165 et 178) et la peste que ramènent d'Asie les armées romaines victorieuses (166).

Marc Aurèle, surtout durant les dernières années de sa vie, écrit pour lui-même, au jour le jour, des pensées, des sentences et des réflexions personnelles qui s'inscrivent au sein de la tradition stoïcienne. Ses méditations sont surtout influencées par l'esclave affranchi, Épictète, dont les *Entretiens*, recueil de notes de cours publié par un de ses étudiants, avait été procuré à Marc Aurèle par son maître Junius Rusticus.

Les *Pensées* de Marc Aurèle est un ouvrage essentiellement moral. Il ne contient aucune réflexion sur le politique ou sur l'empire. La pensée stoïcienne n'a pas non plus conditionné la politique de l'empereur, dont les paramètres sont ceux de l'empire romain de son temps, quoique son attitude intérieure a pu influencer, de manière très générale, son comportement politique, comme la morale de Cicéron aurait influencé son comportement politique au sein de la république romaine, sans déterminer le contenu de cette politique.

La pratique de la philosophie est pour Marc Aurèle une oasis où il se repose de l'aridité des devoirs de sa charge d'empereur: «Si tu avais en même temps une marâtre et ta mère, tu rendrais tes devoirs à la première, mais c'est néanmoins à ta mère que reviendraient tes incessantes visites. Il en est de même pour toi en ce moment, de la cour et de la philosophie. Reviens à celle-ci fréquemment, repose-toi en elle, car c'est elle qui te rend la vie supportable là-bas et qui te rend toi-même supportable parmi eux[1].»

De l'homme à l'univers

Chaque homme est composé de deux parties: la chair et le *pneuma* ou le souffle. La première est faite de terre et d'eau. La seconde comprend le souffle qui vient du dehors (l'air environnant, élément froid) et le *pneuma* psychique (le feu subtil, élément chaud) corporel comme le premier, qui est l'âme chez les stoïciens. Marc Aurèle se distingue de ses prédécesseurs, en différenciant le corps, le *pneuma* qui serait la partie irrationnelle de l'âme humaine et le guide intérieur, le *daimon*, qui en serait la partie rationnelle. Cependant, rien chez Marc Aurèle ne permet d'affirmer qu'il aurait considéré ce dernier comme immatériel.

Le *pneuma* organise la chair en fonctions spécifiques et hiérarchisées. Il lui donne le mouvement, en se mouvant lui-même. Il lui donne vie, en l'animant.

L'univers est composé sur le même modèle. Il est un tout harmonieux, un être vivant dont le principe moteur et organisateur est le *pneuma*, nommé aussi Zeus ou Dieu suprême. Le *pneuma*, éternel, est doté d'une énergie interne et d'un mouvement spontané qui structurent la matière, elle aussi, éternelle. Le *pneuma*, qui anime le corps de chaque individu, n'est qu'une partie du souffle divin qui

---

1. *Pensées*, VI, 12.

pénètre les moindres éléments du cosmos. Contrairement à Aristote, il n'y a pas d'opposition chez les stoïciens entre le monde terrestre et la perfection céleste. Le *pneuma* divin, immanent à l'ensemble de l'univers, est sa raison, son *logos*, sa perfection. Il organise et dirige tout, rationnellement et de l'intérieur. Il est destin providentiel. Il est raison parfaite.

Les stoïciens sont moins éloignés des épicuriens qu'on ne le croit. Chez tous deux, la conception de la nature, la physique, est au service de la morale. Tous les deux sont matérialistes, l'âme n'y étant formée que d'une matière plus subtile. Ils poursuivent l'un et l'autre l'autarcie et le bonheur, les premiers, en rejetant tout désir, les seconds, en les réduisant à ceux qui sont indispensables.

La démarcation entre ces deux philosophies vient de leur conception différente de l'univers. Pour Épicure, disciple de Démocrite, l'univers est le résultat de la rencontre fortuite d'atomes. L'individu y sera autarcique dans la mesure où, entouré d'amis, il centrera sa vie sur les désirs naturels et nécessaires. Les stoïciens, disciples d'Héraclite, affirment que l'univers est trop ordonné et harmonieux pour être le fruit du hasard. Il faut qu'il y ait un principe d'ordre, un *logos*, un Dieu inhérent à l'univers. L'individu doit mépriser ce qui est de l'ordre du plaisir et de la douleur pour s'identifier à cette raison universelle, à ce Dieu immanent à l'univers, à ce destin providentiel qui l'anime.

Pour les épicuriens, les dieux sont trop parfaits pour se préoccuper de ce qui se passe dans le monde des hommes. Chez les stoïciens, les dieux multiples qui interviennent chez les humains sont la personnification des multiples fonctions du *pneuma* unificateur, de Zeus, du Dieu suprême. Dieu, un et pluriel, est éternellement présent à l'univers qu'il ne transcende pas et qu'il organise rationnellement.

Le destin

Épictète, que reprend Marc Aurèle, attribue au sage ou à celui qui aspire à la sagesse trois règles d'action: accepter avec sérénité les événements qui relèvent de l'ordre de l'univers, du destin; agir en respectant la raison commune aux hommes; juger du point de vue de la raison universelle.

Il n'y a pas de hasard. Tout est déterminé. Le passé, le présent et le futur de chacun sont fixés avant même sa naissance. Chaque être, chaque événement s'inscrit au sein d'un ordre universel auquel il ne peut échapper.

Cet ordre est rationnel. Le destin est providentiel. Dieu ne peut être injuste. Si quelqu'un juge les biens et les maux inégalement répartis, c'est que son échelle d'évaluation est erronée. Dieu «n'aurait pas, par impuissance ou incapacité, commis cette si lourde faute de faire échoir les biens dans la même mesure que les maux aux bons et aux méchants indistinctement. Or la mort et la vie, la gloire et l'obscurité, la douleur et le plaisir, la richesse et la pauvreté, tout cela échoit dans la même mesure aux hommes de bien et aux méchants, n'étant ni beau ni laid; donc ce ne sont ni des biens ni des maux[2].» Non seulement tout ce qui relève de la passion (pouvoir, richesse et gloire) sont des faux biens, mais tout ce qui est du domaine du plaisir ou de la douleur est sans importance, indifférent, sinon Dieu, qui a réparti inégalement ces choses, serait irrationnel et injuste, ce qui est impossible.

Si quelqu'un poursuit des faux biens, il entrera nécessairement en conflit avec les autres, soit qu'il craigne qu'ils les lui enlèvent, soit qu'il envie lui-même des gens plus fortunés. Il sera toujours en état de lutte, porté à commettre des injustices pour protéger ou accroître son butin. Il sera aussi poussé à critiquer les dieux qui ne l'ont pas protégé ou favorisé. Il vivra craintif, insatisfait, envieux et dans l'impiété.

Les hommes sont malheureux parce qu'ils poursuivent et craignent de perdre des biens (le plaisir, la jeunesse, la santé) qui n'en sont pas et parce qu'ils fuient ce qu'ils considèrent, à tort, comme des maux, d'ailleurs souvent inévitables. L'homme, qui aspire à la sagesse et au bonheur, doit apprendre à renoncer à ses désirs et à ses aversions. Sa raison doit apprendre à dominer ses instincts et ses sens qui sont de nature animale. Il doit traiter avec indifférence ses plaisirs et ses douleurs qui ne sont ni bons, ni mauvais, qui sont indifférents, et doit même s'habituer à ne pas faire de différence entre ces choses indifférentes.

Le stoïcien se satisfait de la place qui lui est assignée et du sort auquel il est confronté, car Dieu l'a voulu, en poursuivant le bien du

2. *Ibid.*, II, 11.

tout, dont chacun n'est qu'une partie. En consentant à ce que Dieu a décidé, il manifeste sa piété, contrairement à la foule qui, recherchant les plaisirs et fuyant les douleurs, se plaint, se lamente et proteste. Elle fait ainsi non seulement preuve d'impiété, mais poursuivant de faux biens, elle se rend malheureuse, tandis que le stoïcien, aspirant à la sagesse, atteint une certaine sérénité.

L'individu, particule dérisoire et éphémère de l'univers, s'ouvre à celui-ci et à son devenir universel, dans la mesure où il quitte son point de vue particulier, partial et limité pour se hausser à la dimension cosmique de la raison universelle.

Des choses, qui, isolées, peuvent sembler laides et imparfaites, retrouvent leur caractère de beauté et de perfection, en étant inscrites au sein de l'harmonie universelle: «C'est ainsi encore que les figues bien mûres s'entrouvrent et, dans les olives mûres qu'on laisse sur l'arbre, ce sont justement les approches de la pourriture qui donnent au fruit une beauté toute spéciale. De même les épis qui penchent vers la terre, les plis qui sillonnent la peau du front chez le lion, l'écume qui file au groin du sanglier, beaucoup d'autres choses encore, si on les considère isolément, sont loin d'être belles. Néanmoins, du fait qu'elles accompagnent les œuvres de la nature, elles contribuent à les embellir et sont attrayantes[3].»

Le sage stoïcien accepte le rôle que lui a réservé le metteur en scène divin au sein de l'univers. Ce faisant, il reconnaît être une partie du *pneuma* divin, adhère à l'univers entier dans son éternel recommencement et s'identifie à la raison universelle.

La raison commune

Est indifférent ce qui ne dépend pas de nous. Les autres hommes ne dépendent pas de nous. Or nous avons, insiste Marc Aurèle, des devoirs, des obligations envers eux. Il y a donc des indifférents, les hommes, que nous différencions des autres indifférents et pour lesquels nous éprouvons des responsabilités. Il y a des actions, dépendant de nous, qui doivent porter sur d'autres êtres, les autres hommes, qui ne dépendent pas de nous. Comment rendre compte de ce paradoxe?

---

3. *Ibid.*, III, 2.

L'homme est le seul être qui, par sa raison, peut participer à la raison universelle. Dans l'univers structuré hiérarchiquement, il est, par sa raison, tout près des dieux, dont il peut comprendre la sagesse. La raison universelle, qui pénètre chaque réalité, se manifeste chez lui sous la forme d'une raison commune. Nous sommes tous, dit Marc Aurèle, des membres d'une même famille, celle du *logos*, de Zeus, de Dieu. Dieu a constitué les êtres raisonnables les uns pour les autres et a voulu qu'ils s'entraident.

Aussi, pour les stoïciens, l'homme est à la fois un indifférent (ses actions ne peuvent affecter son identification sereine à la raison universelle) et un être envers lequel ils se sentent obligés: «À un point de vue, l'homme est un être qui nous est intimement lié, en tant que nous devons leur faire du bien et les supporter. Mais en tant que certains d'entre eux m'empêchent d'accomplir les actes qui sont en rapport intime avec moi, l'homme passe au rang des êtres qui me sont indifférents, non moins que le soleil, le vent, une bête sauvage. Ceux-ci peuvent bien entraver quelque chose de mon activité; mais mon vouloir spontané, mes dispositions intérieures ne connaissent pas d'entraves[4].»

Le stoïcien est maître de son intention, qui est droite et ferme. Attentif, il veille à ce que son action s'inscrive adéquatement dans la situation afin d'obtenir le résultat voulu. Mais celui-ci ne dépend pas de lui. Il relève du destin. Le stoïcien vise avec détermination le but, tout en sachant que sa réalisation dépend du destin providentiel. Aussi, pour le stoïcien, le résultat ne compte pas: seule a de l'importance l'intention sur laquelle il exerce une pleine maîtrise. Si le résultat est autre que celui poursuivi, le stoïcien y consent, sachant que la raison universelle, le *pneuma*, Dieu, en a décidé ainsi.

Le devoir envers autrui prend trois formes: la justice, la bienveillance et l'amour. La justice consiste à distribuer ce qui est perçu comme des biens — mais qui sont des indifférents pour les stoïciens — en fonction du mérite de chacun. Chez Marc Aurèle, la justice doit être proportionnelle au mérite de chaque classe et de chaque individu. Il n'y a pas d'égalité entre l'empereur, les aristocrates, les chevaliers et le peuple, entre les citoyens romains, les esclaves et les barbares, entre l'homme, la femme et les enfants. La justice de

---

4. *Ibid.*, V, 20.

l'homme doit se conformer au principe de la hiérarchie qui structure l'univers animé par la justice divine.

La justice chez Marc Aurèle, comme chez Cicéron, se manifeste aussi par la franchise, l'honnêteté intellectuelle. L'homme qui ment commet une injustice envers celui qu'il trompe. Même le mensonge involontaire est condamné par Marc Aurèle. Chaque homme a reçu la faculté de distinguer le vrai du faux. S'il en est incapable aujourd'hui, s'il attente ainsi à l'ordre rationnel de l'univers, c'est qu'il a négligé de développer la faculté du jugement qui lui avait été donnée. Il a fait ainsi preuve d'impiété envers les dieux, envers le *logos*.

La bienfaisance consiste à faire du bien à autrui, en sachant que, ce faisant, on contribue au bien du tout dont cet autrui fait partie. Marc Aurèle distingue trois types de bienfaiteurs: celui qui considère que le bienfait transforme l'autre en son débiteur; celui qui pense intérieurement que l'autre devrait se sentir obligé; enfin, le véritable bienfaiteur, qui agit naturellement, sans compter: «Ce troisième ne sait plus, en un sens, ce qu'il a fait; il ressemble à la vigne qui produit du raisin et ne réclame rien de plus, une fois qu'elle a produit son fruit propre[5].»

Le stoïcien cherchera à aimer chaque chose dans la mesure où s'y exprime nécessairement la présence du tout. Cet amour se manifestera davantage envers les hommes dont la raison les rend si proches de la raison universelle. Évidemment, il sera difficile d'aimer les hommes qui délaissent la raison, en se vautrant dans les plaisirs comme les animaux. Le sage doit aimer les hommes, tout en détestant les plaisirs vulgaires qui les animent. Il doit être juste envers les injustes, sincère avec les menteurs, bienfaisant avec les malfaisants. Il doit aimer même ses ennemis, car ils sont ses frères: «Le propre de l'homme, c'est d'aimer même ceux qui l'offensent. Le moyen d'y parvenir, c'est de te représenter qu'ils sont tes parents, qu'ils pèchent par ignorance et involontairement; que, dans un instant, les uns et les autres, vous serez morts; et surtout qu'on ne t'a pas nui, car on n'a pas lésé ta faculté directrice, restée ce qu'elle était[6].»

---

5. *Ibid.*, V, 6.
6. *Ibid.*, VII, 22.

L'intention

Le mal n'a aucune réalité objective. Il n'existe pas dans la nature. Il n'existe que dans l'homme. Il dépend de nous. Il est un jugement erroné, une manière fausse de se représenter la nature qui affecte notre corps, une déviation par rapport à la raison commune qui nous relie aux autres hommes. Le vice est ignorance de ce qu'est le bien et le mal, le vicieux valorisant ce qui est indifférent (le plaisir et la douleur) et ne reconnaissant pas le bien dans le jugement droit. Le mal, chez Marc Aurèle, provient donc, comme chez Socrate, de l'ignorance, et n'entretient pas, comme chez Épictète et d'autres stoïciens, un rapport avec la volonté.

L'homme peut mouvoir son corps, mais l'essentiel échappe à sa maîtrise: les sensations de plaisir et de douleur, les mouvements des organes internes, les maladies, la naissance, le vieillissement et la mort. L'homme peut rechercher la gloire par le pouvoir politique, mais son obtention dépend des appréciations justes ou fausses des autres hommes. L'homme peut viser l'accumulation des richesses, mais le succès n'est jamais assuré, ni à l'abri des vicissitudes de la vie. D'ailleurs, tous les événements de la vie de chacun sont déjà déterminés. Seul notre propre jugement dépend de nous. Le sage se préoccupe de ce qu'il maîtrise: sa pensée, son adhésion intellectuelle à l'ordre du monde.

L'âme reçoit une foule d'images provenant des sensations produites sur le corps par des objets et événements extérieurs. L'homme juge si cette représentation correspond à la réalité et, surtout, ce qu'elle signifie pour lui. Ce qui est important, pour un stoïcien, ce ne sont pas les choses extérieures, ni vraiment leurs images, mais l'idée que nous nous en faisons. Si nous recherchons le plaisir, c'est parce que nous jugeons à tort que le plaisir est un bien; si nous sacrifions l'autre, c'est que nous jugeons à tort que l'autre est moins important que notre honneur ou nos richesses.

Toutes nos passions, nos désirs et nos impulsions à l'action proviennent des représentations et, surtout, de l'idée que nous nous faisons des choses représentées. Tous les drames sont la conséquence de jugements erronés portés sur les événements par les acteurs du drame. Sans ce jugement, les mêmes événements ne constitueraient pas une tragédie. Aussi le sage travaille sur ses représentations pour en extirper les jugements faux.

Les choses existent en tant que partie d'un univers dont le destin est providentiellement fixé. Les jugements portés par les hommes ne peuvent affecter ni les choses, ni les événements. Ils ne peuvent donc affecter Dieu. Le stoïcien ne se sent jamais coupable d'avoir, par un jugement erroné, offensé Dieu. Comment offenser ce qui anime l'univers, nous détermine et est hors de notre portée? Le stoïcien ne se sent coupable que par rapport à lui-même. C'est à lui-même qu'il fait mal en jugeant mal, en accordant de l'importance à ce qui est indifférent.

Les choses sont ce qu'elles sont. Le citron est amer. Tout vivant est né, va vieillir puis mourir. Voilà des jugements qui correspondent à la réalité. Mais si on affirme, en plus de ces jugements, que l'amertume du citron est désagréable, que vieillir est malheureux, on projette sur les choses de fausses valeurs, en refusant de les voir dans leur réalité, leur nudité. Les choses (la mort, par exemple) ne troublent pas les hommes; ce sont les jugements de valeur des hommes sur ces choses qui les perturbent. Le stoïcien s'efforce donc d'éliminer tout jugement de valeur porté sur des choses qui ne dépendent pas de nous, de dépouiller l'univers des prédicats que nous lui attribuons. L'univers est. Le sage s'y conforme: «Représente-toi que quiconque s'afflige de quoi qu'il arrive ou l'accueille de mauvais gré, ressemble au petit cochon qu'on sacrifie, regimbant et criant [...] Représente-toi encore que, seul, l'être raisonnable a reçu le pouvoir de suivre les événements de bon gré. Quant à les suivre, sans plus, c'est une nécessité pour tous[7].»

Tout relève d'un jugement droit qui distingue ce qui dépend de nous de ce qui n'en dépend pas. Le stoïcien soumet ses désirs aux réalités de la nature guidée par la providence. Il régit ses rapports à autrui, en suivant ce que lui prescrit la raison commune. Les trois règles du stoïcisme — accepter le destin providentiel, agir en conformité avec la raison commune aux hommes et juger selon la raison universelle — se ramènent toutes à la troisième, à une question de jugement. Les quatre vertus que reprennent de Platon les stoïciens — la sagesse, le courage, la tempérance et la justice — s'impliquent

---

7. *Ibid.*, X, 28.

mutuellement et sont comprises, en définitive, dans la première, qui distingue le vrai du faux, qui est la vertu du jugement adéquat.

La majorité des gens subordonnent leur propre évaluation au jugement d'autrui dont ils sont dépendants: «Maintes fois je me suis demandé avec étonnement: Comment se fait-il que chacun, malgré qu'il se préfère à tous les autres, fasse moins de cas de sa propre opinion sur lui-même que de l'opinion d'autrui à son endroit[8]?» Le sage, lui, demeure indifférent à l'égard des opinions d'autrui qui font partie des choses indifférentes. Le sage soumet son jugement à la raison universelle qui anime le tout dont il est une infime partie. Le sage sera ainsi indépendant et durablement heureux.

Le temps et la mort

Le cosmos, né du feu originel et retournant au feu originel, répète indéfiniment le même cercle, avec le même déroulement des événements qui se situent entre ces deux moments. Chaque chose, chaque événement et chaque vie sont soumis au retour éternel. Chacun revivra la même vie, dans une même conjoncture et à des périodes toutes identiques. Regarder chaque chose, chaque vie et chaque événement du point de vue du tout, c'est les relativiser, c'est accepter qu'ils sont condamnés à disparaître, puis à renaître à intervalles réguliers.

La mort n'est pas une privation. Pour chaque individu, la mort est, pour le corps, retour à ses éléments matériels, et pour l'âme, fusion dans la raison universelle dont elle est issue. À chaque instant, le sage peut se placer du point de vue du cosmos, qui exprime la quintessence de chaque existant. La mort est naturelle. Le sage accepte la mort, voulue par Dieu et par l'intermédiaire de laquelle le monde sauvegarde sa jeunesse, en se renouvelant constamment: «Ce qui est avantageux pour l'ensemble est toujours beau et de saison. Donc la cessation de la vie pour l'individu n'est pas un mal [...] C'est au contraire un bien, puisqu'elle est opportune pour l'ensemble, qu'elle comporte pour lui un avantage et qu'elle est emportée dans le mouvement général[9].»

---

8. *Ibid.*, XII, 4.
9. *Ibid.*, XII, 23.

Le suicide est une issue possible lorsque la conjoncture rend impossible l'identification sereine à la raison universelle. Dans ce cas, le stoïcien peut quitter son corps pour se fusionner directement au *logos*.

Stoïcisme et christianisme

Il y a beaucoup de convergences entre le stoïcisme et le christianisme: valorisation de l'âme et dépréciation des plaisirs corporels, Dieu perçu comme providence, amour d'autrui, morale d'intention... Certains ont cru que l'un avait influencé l'autre, mais les recherches tendent à démontrer que saint Paul n'a pas connu le stoïcisme et que les stoïciens de l'empire — Sénèque, Épictète et Marc Aurèle — n'ont pas été influencés par le christianisme naissant. La philosophie stoïcienne et la religion chrétienne semblent donc faire partie d'un courant culturel commun et important qui se développe dans l'empire romain au Ier siècle après Jésus-Christ, même si, évidemment, le stoïcisme remonte loin en arrière, au IIIe siècle avant Jésus-Christ, avec Zénon de Cittium, Cléanthe et Chrysippe.

Malgré les convergences, des différences significatives opposent le Dieu unique et l'immortalité de l'âme des chrétiens au Dieu immanent, pluriel, voire matériel des stoïciens. L'âme matérielle des stoïciens, qui se fond dans Dieu lors de sa séparation avec le corps, se démarque de l'âme immatérielle des chrétiens qui conserve éternellement sa singularité et qui retrouvera son corps à la fin des temps. De plus, le christianisme est une religion avec une révélation, un culte, une communauté et un clergé naissant. Cette religion s'adresse au peuple tandis que le stoïcisme est une philosophie accessible à la raison de quelques-uns.

Les chrétiens, ne respectant pas le culte des Romains pour les dieux et pour un empereur divinisé, suscitent l'hostilité populaire. Sous le règne de Marc Aurèle, à Lyon, en 177, des chrétiens, qui ne veulent pas renier leur foi en un Dieu unique, sont torturés puis exécutés. Marc Aurèle, comme ses prédécesseurs, dont Trajan, juge obstinés les chrétiens et irrationnel leur comportement face aux supplices.

Un idéal pratique

La sagesse, pour un stoïcien, est, comme la sainteté pour un chrétien, un idéal qu'il doit toujours poursuivre, tout en sachant qu'il est inaccessible. Le stoïcien se situe entre les dieux, qui sont sages et le savent, et la majorité des hommes qui ignorent leur ignorance. Le stoïcien aime la sagesse, aspire à la sagesse, parce qu'il sait qu'elle est un bien dont il est privé.

BIBLIOGRAPHIE

MARC AURÈLE, *Pensées*, Les Belles Lettres, 1953.
  La traduction française de A I. Trannoy côtoie le texte grec.

BODSON, Arthur, *La morale sociale des derniers stoïciens, Sénèque, Épictète et Marc Aurèle*, Les Belles Lettres, 1967.
  Bref ouvrage qui, après avoir présenté les origines et les fondements de la pensée stoïcienne, cherche à démontrer le caractère social de la morale des stoïciens de la période impériale.

FONTAINE, François, *Marc Aurèle*, Fallois, 1991.
  Récit, qui se veut accessible, de la vie de Marc Aurèle.

GRIMAL, Pierre, *Marc Aurèle*, Fayard, 1991.
  Présentation de l'empire romain sous Marc Aurèle par un spécialiste de l'antiquité romaine.

HADOT, Pierre, *La citadelle intérieure*, Fayard, 1992.
  Excellente étude, quoiqu'apologétique, qui introduit à la lecture des *Pensées*, en situant cet ouvrage dans le courant stoïcien — particulièrement dans ses rapports de dépendance avec les réflexions d'Épictète — et en situant le stoïcisme au sein de l'univers culturel grec.

PARAIN, Charles, *Marc Aurèle*, Bruxelles, Éd. Complexe, 1982.
  Biographie de Marc Aurèle dont le stoïcisme serait le reflet d'un empire en crise et sur son déclin.

RENAN, Ernest, *Marc Aurèle ou la fin du monde antique*, Le livre de poche, 1984.
  Dans son septième livre, publié en 1882, et dernier volet de son ambitieuse *Histoire des origines du christianisme*, Ernest Renan cherche à montrer que le règne de Marc Aurèle, orienté par une philosophie morale non religieuse, marque le triomphe du christianisme et la fin du monde antique.

Saint Augustin

(354-430)

Citoyen romain, saint Augustin est né aux frontières de l'empire, à Thagaste, en Afrique, maintenant nommé Souk-Ahras, en Algérie. D'origine relativement modeste, il entreprend des études classiques, moyen privilégié d'ascension sociale pour les gens de sa condition. Il se destine à l'enseignement, mais sa conversion au christianisme, grâce entre autres à l'influence de sa mère, femme passionnément religieuse, l'orientera plutôt vers les œuvres de Dieu: il deviendra évêque d'Hippone, en Afrique.

L'empire romain s'est beaucoup transformé depuis César et le tissu social s'est dégradé: armée impériale de plus en plus en butte aux attaques victorieuses des peuples barbares; empereur quasi divinisé dont le règne repose sur une administration corrompue et brutale; impôt de plus en plus lourd; inflation qui réduit les petits à la pauvreté et accroît la convoitise et l'exploitation des grands.

L'empire romain tremble sur ses fondements lorsque Rome, la capitale du monde, est envahie en 410 par les Wisigoths et saccagée durant trois longues journées. On accuse la religion chrétienne d'être responsable du déclin de l'empire: les dieux tutélaires, qui protégeaient Rome, ont été remplacés par le Dieu chrétien dont l'universalisme l'empêche de protéger un État particulier. Saint Augustin répond aux détracteurs du christianisme dans *La cité de Dieu*, œuvre écrite sur vingt ans. En 430, Augustin meurt, juste avant que sa ville, Hippone, soit investie par les Vandales qui avaient déjà assiégé, pillé, ravagé et rasé l'Afrique romaine.

Saint Augustin ne connaît pas le mouvement chrétien militant et persécuté. En 312, soit plus de 40 ans avant sa naissance, le christianisme est reconnu, à côté de la religion traditionnelle romaine, comme une des deux religions officielles de l'empire par Constantin. En 380, l'empereur Theodosius le Grand impose le christianisme comme seule religion officielle. Par la suite, Augustin, devenu évêque d'Hippone, justifiera la répression politique exercée contre les chrétiens jugés hérétiques et schismatiques tandis qu'il réservera une place à part aux juifs.

Augustin est non seulement le penseur d'une Église triomphante, dominante et impériale, mais aussi de la religion officielle d'un empire moribond. À ce titre, il contribue à déterminer l'orthodoxie qui dominera l'Église après la chute de l'empire romain.

Le péché originel

Adam, en consommant le fruit de l'arbre du bien et du mal, en désobéissant à Dieu, se révolte contre sa subordination au Principe suprême et institue ses propres désirs, sa propre volonté, en maîtres de sa vie. Par le péché originel, l'homme se place au centre de l'univers au lieu de se soumettre à Dieu, son Créateur, le Maître de l'univers. Le péché originel en est un d'orgueil. Si l'orgueil est la faute fondatrice de l'humanité pécheresse, l'humilité, la soumission amoureuse de la créature à son Créateur, est la vertu fondamentale du bon chrétien. Le bon chrétien est humble, non seulement par rapport à Dieu, mais aspire à le devenir par rapport à son prochain qui est à l'image de Dieu. Le bon chrétien ne se compare pas à l'autre pour affirmer sa supériorité: comme le Christ, il veut être humble et doux de cœur[1].

L'homme, en se détournant de Dieu, bien suprême, déchoit dans le mal. Le mal n'a aucune réalité substantielle: il est privation ou perte du bien. Saint Augustin s'inspire ici de Plotin pour qui la contemplation amoureuse de l'Un est bonheur tandis que son éloignement est malheur: l'homme, se préférant à Dieu, choisit sa déchéance. La croissance du mal est directement proportionnelle à la distanciation prise par rapport à Dieu.

Conséquence de leur chute, Adam et Ève sont chassés du paradis terrestre par Dieu. Ils sont désormais, avec leurs descendants, soumis au travail, à la souffrance, à la misère, aux conflits entre eux

---

1. *Matthieu* 11, 27-29.

(crimes et guerres), à la maladie, au vieillissement et à la mort. Mais, pis encore, ils ne sont plus capables de choisir le bien; ils ne peuvent, par eux-mêmes, que choisir entre deux fautes; ils sont devenus esclaves du péché.

Depuis le péché originel, la volonté, sans la grâce, est incapable de vouloir ce qu'elle veut. Dans de très belles pages de ses *Confessions*, Augustin décrit comment, avant la grâce, deux volontés se disputaient son âme: l'une ancienne, la volonté pervertie, mère de la passion qui engendre l'habitude dans sa nécessité; l'autre nouvelle, son désir de jouir de Dieu: «L'âme donne à l'âme l'ordre de vouloir; l'une ne se distingue point de l'autre, et pourtant elle n'agit pas. D'où vient ce prodige? quelle en est la cause? Elle lui donne l'ordre, dis-je, de vouloir; elle ne le donnerait pas si elle ne voulait pas, et ce qu'elle ordonne ne se fait pas [...] Ce n'est donc pas un prodige de vouloir partiellement et partiellement de ne pas vouloir: c'est une maladie de l'âme. Celle-ci soulevée par la vérité, mais entraînée par le poids de l'habitude, ne peut se mettre tout à fait debout. Il y a donc deux volontés, toutes deux incomplètes et ce que l'une possède fait défaut à l'autre[2].»

Saint Augustin sait pourquoi il veut s'unir à Dieu, mais sa volonté ne suit pas. Tout le mal vient de l'homme; tout le bien vient de Dieu. La reconversion de la volonté pervertie vers Dieu requiert l'intervention mystérieuse de la grâce par laquelle Dieu nous choisit. Le chrétien ne peut être fier d'aimer Dieu: l'amour de Dieu vient de Dieu. Le péché originel, le péché d'orgueil, ne peut être surmonté que par la grâce divine. Le pécheur doit reconnaître humblement que tout ce qu'il fait de bien vient de Dieu.

À la suite du péché originel, Dieu aurait pu en toute justice condamner éternellement toute l'humanité à l'enfer. Qu'il ait décidé d'en sauver une partie, fort limitée selon l'évêque d'Hippone, est le fruit de sa miséricorde et de sa bonté.

---

2. *Les confessions*, VIII, IX, 21. La pagination est celle de la Bibliothèque augustinienne. La traduction est celle de Joseph Trabucco publiée chez GF-Flammarion.

Saint Augustin s'inspire ici de saint Paul: «Nous savons en effet que la loi est spirituelle; mais moi je suis charnel, vendu et asservi au péché [...] Car je ne fais pas le bien que je veux; mais je fais le mal que je ne veux pas.» (*Épître aux Romains*, 7,14-19)

Le péché originel détermine aussi le rapport entre les sexes. Le démon, sous la forme du serpent, s'est adressé à Ève plutôt qu'à Adam parce qu'il savait la femme plus faible et plus crédule que l'homme: «Il commença par la partie la plus faible du couple humain afin de parvenir au tout par degrés, ne jugeant pas l'homme facilement crédule ni capable de se laisser induire en erreur, à moins de céder à l'erreur d'autrui[3].» Adam, lui, accepte les paroles d'Ève, participe au péché, par amour pour Ève: «Ainsi, semble-t-il, pour en venir à transgresser la loi de Dieu, le premier homme n'a pas subi de séduction, croyant à la vérité des paroles de sa femme: s'il a cédé, c'est par affection pour elle, son unique compagne, sa semblable, son épouse[4].» La femme, ayant clairement démontré sa faiblesse à l'occasion de la Chute, doit dorénavant être soumise à l'homme.

Les passions

La convoitise (*cupiditas*), le désir de dominer (*libido dominandi* ou *ambitio sæculi*) et la concupiscence (*concupiscencia*) sont les trois passions qui préoccupent saint Augustin.

La convoitise, désir immodéré des biens terrestres, consiste à préférer un objet, bon en lui-même, à Dieu. Augustin ne condamne pas les réalités terrestres: créées par Dieu, elles ne peuvent être que bonnes. Mais pour le chrétien authentique, pour le citoyen de la cité de Dieu, les biens de ce monde ne doivent être qu'un moyen de rendre hommage au Créateur.

La convoitise, dans le sens restreint, est désir des biens matériels, de la richesse. La convoitise n'est pas, selon saint Augustin, une passion propre aux riches: les pauvres, en enviant les riches et en ressentant de l'amertume pour leur pauvreté, manifestent une semblable convoitise. Tout est question d'intention: un riche dont les biens lui servent à honorer Dieu ne souffre pas de convoitise, contrairement aux pauvres qui l'envient.

Le désir de dominer est une passion distincte de la convoitise. L'accumulation des biens matériels peut être poursuivie comme moyen de mieux dominer les hommes, comme la domination de

---

3. *La cité de Dieu*, XIV, XI, Desclée de Brouwer, 1959, p. 407.
4. *Ibid.*

ceux-ci peut être recherchée en vue de s'enrichir. Ces deux passions, conséquences de la Chute originelle, entraînent la lutte des hommes les uns contre les autres, les vols, les crimes et les guerres.

Le fondement du désir de dominer est souvent un désir de gloire. Celui qui désire la domination sur les autres recherche la louange ou l'approbation d'autrui: il est mû par la complaisance en soi-même, par le péché d'orgueil. Mais la domination peut être convoitée sans que la gloire soit poursuivie. La poursuite de la domination pour elle-même ou pour accumuler des biens matériels implique l'utilisation de la ruse et de la cruauté qui ne peuvent apporter qu'une fausse gloire.

La passion de domination est inhérente à toute activité politique. Et il est préférable, dans l'ordre terrestre, qu'elle repose sur le désir de gloire plutôt que sur la convoitise et le brigandage, même si le désir de gloire est un vice eu égard de Dieu: «Mais les hommes vraiment pieux n'en sont pas moins unanimes à affirmer que sans la vraie piété, c'est-à-dire sans le véritable culte du vrai Dieu, personne n'est capable de posséder la vraie vertu et que la vertu n'est pas vraie quand elle se met au service de la gloire humaine, toutefois les hommes, qui ne sont pas citoyens de la cité éternelle, appelée par nos Saintes Lettres Cité de Dieu, sont plus utiles à la cité de la terre quand ils possèdent même une telle vertu, plutôt que de n'en pas avoir[5].»

La concupiscence est convoitise charnelle, poursuite du plaisir sensuel. Boire et manger, par exemple, deviennent un plaisir au lieu d'être fonctionnellement subordonnés au maintien du corps en vie. Augustin livrera une guerre quotidienne contre ces plaisirs par le jeûne. La raison doit, comme chez les stoïciens, dominer les sens au lieu d'être à la remorque du plaisir: «Mais le plaisir des sens, par quoi il ne faut pas laisser énerver l'âme, me trompe souvent: la sensation ne s'en tient pas à accompagner la raison en la suivant modestement, mais elle, qui tient de la raison tous ses titres à être admise, cherche à la précéder et à la conduire[6].» Ainsi, dans *Les confessions*, Augustin s'accusera d'être parfois davantage ému par la musique des chants religieux que par la signification des paroles chantées.

---

5. *La cité de Dieu*, V, XIX, Desclée de Brouwer, p. 735.
6. *Les confessions*, X, XXXIII, 49. Cependant les éjaculations nocturnes, n'étant pas intentionnelles, ne constituent pas un péché, même s'il faut s'en purifier au réveil. V. *Le bien du mariage*, XX, 23.

L'art repose sur les sens. Il tombe donc dans le domaine de la sensualité, de la volupté, de la concupiscence. La musique, la danse, le théâtre, la peinture, la sculpture, l'architecture charment les sens et détournent l'homme de Dieu. Augustin de Thagaste s'en méfie. Il faut centrer notre regard sur le Créateur de toutes formes et craindre les œuvres artistiques qui, en sollicitant dangereusement nos sens, nous en détournent.

Mais l'ennemi principal pour Augustin demeure le désir sexuel, désir qu'il avait entretenu durant son adolescence et sa jeunesse, désir qui sera le dernier obstacle à surmonter avant sa conversion. La concupiscence sexuelle est la pire des passions, car si les autres passions sont la manifestation d'une volonté viciée, la passion sexuelle révèle l'incapacité de la volonté de commander à l'organe sexuel: on peut décider d'assouvir un désir sans que le sexe réponde à cette volonté, tandis qu'inversement le sexe peut se mettre en mouvement malgré le refus de la volonté. Le mouvement du membre sexuel, contrairement aux autres membres, ne répond pas à l'appel de la volonté. La volonté peut refuser de suivre l'appel de la volupté, mais elle ne peut commander à son organe génital. Augustin demandera l'aide de Dieu pour que la concupiscence arrête de le tourmenter, même dans son sommeil: «Votre main, Dieu qui pouvez tout, ne peut-elle point guérir tous les maux de mon âme, abolir aussi, par une surabondance de grâce, les mouvements lascifs de mon sommeil [...] afin que mon âme ne se rebelle plus contre elle-même, et que, même pendant le sommeil, non seulement elle ne consomme pas, sous l'influence d'images bestiales, des turpitudes dégradantes jusqu'à l'émission charnelle, mais qu'elle n'y consente même pas[7]?»

Adam et Ève, ayant désobéi à Dieu lors du péché originel, sont punis par la désobéissance de leurs organes sexuels. Dorénavant honteux que l'âme, pourtant supérieure au corps, ne commande plus au sexe, dorénavant honteux de leur nudité, ils se couvrent le corps de feuilles de figuier: «Non que leur nudité leur fût inconnue, mais elle n'était pas encore honteuse. Car la passion n'ébranlait pas encore leurs membres sans leur consentement, et la désobéissance de la chair

---

7. *Les confessions*, X, XXX, 42.

ne portait pas encore en quelque sorte témoignage contre la désobéissance de l'homme pour la confondre[8].»

Le mariage est un bien qui repose sur la fidélité de l'homme et de la femme, et sur la sacralité d'une union indissoluble dont la fin est la procréation. Dans un texte de jeunesse sur le mariage, saint Augustin affirme que l'acte sexuel entre conjoints en vue de la procréation ne constitue pas un péché; il constituerait un péché véniel lorsqu'il est accompli en vue de la concupiscence.

Toutefois l'acte sexuel en vue de la procréation implique nécessairement un certain degré de concupiscence qui exige, de la part des conjoints, une purification après l'acte. Seul le Christ, fruit de l'opération du Saint-Esprit dans la Vierge Marie, a été engendré sans aucune luxure: «La concupiscence charnelle, source de la procréation et de la conception des autres hommes qui traînent avec eux le péché originel, n'eut ici aucune part; sans la moindre atteinte de la concupiscence, la virginité fut saintement fécondée par la foi, non par l'union charnelle; de cette façon, ce qui naissait du lignage du premier homme descendait de sa race sans hériter de sa faute[9].»

Même si les prêtres pouvaient à cette époque se marier, Augustin choisit le célibat pour mieux se consacrer à Dieu. Dans le mariage, forme de vie bonne mais inférieure au célibat religieux, l'activité sexuelle en vue de procréer est acceptée. Hors de cet objectif, elle constitue un péché, même si Augustin, à la suite de saint Paul, la tolère si elle peut empêcher un des deux conjoints de commettre l'adultère, qui est sévèrement condamné quel que soit le sexe du coupable. Aussi la virginité par laquelle un fidèle choisit Dieu comme époux est préférable au mariage. La sainteté des vierges, qui ne songent qu'aux moyens de plaire à Dieu, est supérieure à celle des époux qui doivent penser, en plus de plaire à Dieu, aux moyens de plaire au conjoint. Les premières auront droit à une plus belle récompense dans l'au-delà que les seconds.

Augustin partage avec les néo-platoniciens et les stoïciens le refus des plaisirs charnels, la condamnation de toutes les formes de convoitise, dont la concupiscence. Il se distingue de Plotin, en affirmant que le mal ne vient pas du corps mais de l'âme. Et il est

---

8. *La cité de Dieu*, XIV, XVII, Desclée de Brouwer, p. 427.
9. *La Trinité*, XIII, XVIII, 23, Desclée de Brouwer, 1955.

influencé par Plotin qui, en révisant Platon à la lumière du mysticisme oriental, affirme que l'âme, par la conversion, peut atteindre l'extase dans la contemplation de l'Un. Pour Augustin, contrairement aux stoïciens, la passion n'est pas mauvaise en soi: la passion de Dieu, qui prend la place de l'Un plotinien, est bonne.

Augustin reprend à Cicéron la distinction des quatre passions (le désir, la joie, la crainte et le chagrin) et affirme qu'elles sont bonnes si elles sont orientées vers Dieu et mauvaises si elles convoitent des biens terrestres. Et lorsque l'élu sera appelé auprès de Dieu, il vivra dans la joie et l'amour éternels sans plus aucune tristesse et aucune crainte.

Saint Augustin s'oppose aux sages stoïciens, non seulement parce que la pratique de la vertu les rend fiers et orgueilleux, mais aussi parce que leur idéal d'impassibilité devant les plaisirs et les souffrances les rend inhumains. Il se moque de ces sages stoïciens qui, affirmant trouver le bonheur ici-bas, se suicident lorsque les maux deviennent incontournables, transgressant ainsi ce qu'ils reconnaissent comme le premier instinct de tout animal: se maintenir en vie.

Les deux cités

Avant la Chute, il n'y avait qu'une cité, le paradis, où Adam et Ève vivaient en paix, en harmonie, heureux, sans être soumis au travail, à la maladie, au vieillissement et à la mort. Mais leur désobéissance a entraîné la dépravation de la nature humaine et la soumission de leurs descendants à la mort physique et spirituelle. Or Dieu, dans sa miséricorde, a décidé de délivrer, par une grâce imméritée, un certain nombre d'hommes du péché, de la deuxième mort, de la damnation éternelle. Aussi existe-t-il maintenant deux cités: l'une terrestre où les hommes recherchent la paix au sein des biens de la terre; l'autre, céleste, où les élus aspirent à la paix de la béatitude éternelle.

La cité de Dieu comprend, en plus des anges restés fidèles à Dieu, une petite minorité d'élus appelés, à la fin des temps, après la résurrection des corps, à vivre éternellement dans la joie de la présence de Dieu. La cité des hommes comprend, en plus des démons — anges déchus par leur désobéissance — la majorité de l'humanité condamnée au châtiment éternel. La vision de saint Augustin est double: optimiste pour la miséricorde, la justice et la providence de

Dieu qui permet le salut de certains; pessimiste pour la nature humaine dépravée depuis la Chute.

Augustin oppose l'amour des biens terrestres poursuivis dans la cité terrestre à l'amour de Dieu poursuivi dans la cité de Dieu. Augustin ne rejette pas les biens de la terre: ils ont été créés par Dieu. Mais ces biens, dans la cité de Dieu, sont subordonnés à l'amour du créateur, Dieu.

La cité terrestre est mue par le désir de gloire, la passion de dominer, la convoitise des biens matériels, l'amour de soi. Elle est refus de reconnaître sa dépendance par rapport à Dieu qui est objet d'amour dans la cité de Dieu: «Deux amours ont donc fait deux cités: l'amour de soi jusqu'au mépris de Dieu, la cité terrestre; l'amour de Dieu jusqu'au mépris de soi, la Cité céleste. L'une se glorifie en elle-même, l'autre dans le Seigneur. L'une demande sa gloire aux hommes; pour l'autre, Dieu témoin de sa conscience est sa plus grande gloire [...] L'une dans ses chefs ou dans les nations qu'elle subjugue, est dominée par la passion de dominer; dans l'autre, on se rend mutuellement service par charité, les chefs en dirigeant, les sujets en obéissant[10].»

Les cités et les États existants sont formés surtout de pécheurs mais aussi de quelques élus tandis que l'Église comprend non seulement les prédestinés mais aussi des pécheurs condamnés au feu éternel. Les deux cités sont donc ici-bas enchevêtrées jusqu'au jugement dernier qui les séparera.

La cité de Dieu

S'inspirant d'Aristote et de Cicéron, Augustin affirme que tous les hommes recherchent le bonheur, mais ne s'entendent sur les moyens d'atteindre cette fin: «Il est étrange que si l'on trouve chez tous les hommes cette même volonté de saisir et de posséder le bonheur, il y ait en revanche tant de volontés diverses et variées touchant le bonheur même: non que tel ou tel ne le veuille, mais tous ne le connaissent pas. Car si tous le connaissaient, les uns ne le placeraient pas dans la vertu de l'âme, d'autres dans le plaisir du corps, d'autres dans les deux à la fois, d'autres en ceci, d'autres en cela. C'est en effet en

---

10. *La cité de Dieu*, XIV, XXVIII, Desclée de Brouwer, p. 465.

ce qui à ses yeux présentait le plus de charmes que chacun a mis la vie heureuse[11].»

Même si le sage stoïcien réussissait à être heureux de façon durable ici-bas, la mort viendrait inévitablement mettre un terme à ce bonheur. Ce qui est essentiel dans l'éphémère existence terrestre, ce n'est pas le bonheur ou le malheur, mais la béatitude ou la damnation éternelle qui est l'enjeu de la cité de Dieu. Aussi, celui qui subordonne sa vie terrestre à la poursuite de la béatitude éternelle est heureux, non pas nécessairement par l'expérience d'ici-bas, mais dans l'espérance de l'au-delà.

Dieu est au centre de la cité de Dieu. Chacun doit aimer Dieu plus que lui-même. Cet amour, et non pas la crainte de l'enfer, est le moteur de la bonne conduite du chrétien. Pour Augustin, on ne peut être vraiment vertueux, on ne peut être membre de la cité de Dieu, si on ne pratique pas la vertu par amour de Dieu. Il faut aimer Dieu jusqu'au mépris de soi-même et il faut aimer le prochain comme soi-même parce que soi et l'autre sont à l'image de Dieu. L'amour du prochain, la charité (*caritas*), comme l'amour de soi, passe par Dieu. Qui aime Dieu et son prochain est nécessairement humble et doux de cœur.

Il faut même aimer ses ennemis. Ceux-ci ne peuvent s'attaquer qu'aux biens terrestres ou à la vie du corps. Et ils sont ennemis, non pas dans leur ressemblance à Dieu, mais dans le péché qui les éloigne de Dieu. Il ne faut pas sacrifier ce souverain bien, la santé de son âme, à la sauvegarde de ce bien inférieur qu'est le corps: il faut rechercher et aimer, même dans l'ennemi, la ressemblance avec Dieu.

Depuis la Chute, fruit de l'orgueil, la nature de l'homme est dépravée. Personne ne peut vivre l'exigeant amour de Dieu et du prochain sans l'intervention de la grâce divine. Cette grâce est rendue possible par l'incarnation du fils de Dieu, le Christ, mort sur la croix pour effacer la condamnation éternelle qu'appelait le péché originel. Par cette grâce, une petite partie de l'humanité sera sauvée, tandis que la majorité continuera de se complaire dans l'amour de soi et des biens terrestres.

Dans la cité de Dieu, toutes les vertus, dont la justice, sont animées par l'amour de Dieu et du prochain. La justice, qui est équité

---

11. *La Trinité*, XIII, IV, 7.

et respect des biens d'autrui, est transformée par un réel souci de l'autre, par l'amour de l'autre. La cité de Dieu est la seule vraie république, car elle est la seule où tous les citoyens sont vraiment justes en aimant Dieu et le prochain. L'amour, comme l'amitié chez Aristote, dépasse et englobe la justice.

Cependant, les membres de la cité de Dieu sont ici-bas, eux aussi, soumis à la tentation et au péché. Mais la grâce, qui les unit amoureusement à Dieu, fait que leurs défaillances les entraînent à implorer la miséricorde de Dieu en reconnaissant que, sans lui, ils ne sont rien, que tout ce qu'ils font de bien, ils le doivent à Dieu et, tout ce qu'ils font de mal, à eux-mêmes.

La cité de Dieu et l'Église, étroitement enchevêtrées ici-bas, demeurent des réalités distinctes. La cité de Dieu comprend, entre autres, les patriarches de la Bible et les anges, qui n'ont jamais été membres de l'Église, tandis que celle-ci comprend tous ceux qui ont reçu les sacrements, qu'ils soient élus ou non. Aux donatistes qui voulaient réduire l'Église aux élus, Augustin répond qu'elle doit comprendre la masse de ceux qui veulent recevoir les sacrements et qu'il faut laisser à Dieu le soin de démarquer les élus des condamnés. Contre cette masse dont la foi est souvent défaillante, il faut, en s'inspirant du Dieu de l'Ancien Testament qui faisait ployer le peuple d'Israël sous son joug, utiliser la discipline, la sévérité éducative, l'éducation par la contrainte, la coercition, même si celle-ci ne peut jamais remplacer une volonté droite orientée par la grâce.

La cité des hommes

La cité des hommes est mue par la recherche de la fortune, du pouvoir ou de la gloire. Même si la gloire humaine est vaine et dérisoire face à celle de Dieu, Augustin préfère que l'État soit, comme dans la vieille république romaine imaginée par Cicéron, animé par le désir de gloire plutôt que par la convoitise menant au brigandage ou par la passion de dominer conduisant à la cruauté.

Les dirigeants peuvent obtenir l'adhésion des dirigés aux lois et aux coutumes, soit par leur identification à la gloire de la république, soit par la crainte des punitions. Les citoyens de la cité des hommes privilégiant les biens de la terre, l'État obtiendra leur soumission en menaçant leurs biens, leur liberté, leur citoyenneté ou leur vie s'ils ne respectent pas la propriété, la liberté, les droits ou la vie de leurs concitoyens. La crainte est dans la cité de l'homme ce qu'est l'amour dans la cité de Dieu: le fondement de l'ordre, de l'harmonie, de la paix.

Chacun, qu'il soit citoyen ou étranger, doit respecter les lois et les coutumes de la société où il vit afin que la concorde soit assurée. Tout pouvoir vient de Dieu: le chrétien doit obéir à ses dirigeants, même s'ils sont des tyrans sanguinaires. L'authentique chrétien non seulement se soumet aux dirigeants, mais il les aime car, à travers eux, c'est à Dieu qu'il obéit, c'est Dieu qu'il aime.

Avant la Chute, l'homme, s'il devait dominer les animaux, ne devait pas dominer un autre homme: la domination de l'homme sur l'homme est la conséquence punitive du péché originel. Mais la domination et l'obéissance ne sont pas seulement une punition: elles sont aussi le remède à la nature pervertie de l'homme. Sans elles, il n'y aurait pas d'ordre, de paix, d'harmonie: chacun, mû par ses passions (convoitise, concupiscence, désir de dominer, amour de soi), entrerait en lutte avec les autres et créerait du désordre. Le rapport de maître à esclave, lui aussi, relève de cette punition et constitue un remède. Dans l'optique de la cité de Dieu, il n'y a qu'un seul vrai esclavage, la dépendance par rapport aux vices: «Le juste, fût-il esclave, est libre; tandis que le méchant, fût-il roi, est esclave, et non d'un homme, mais, chose plus grave, d'autant de maîtres qu'il a de vices[12].» Dans la cité de l'homme, l'esclave chrétien obéira à son maître et l'aimera, fût-il inéquitable et cruel, tandis que le maître chrétien traitera avec bienveillance les esclaves sur lesquels il exercera une complète et salutaire domination.

Tout ce qui se produit sur terre, que ce soit un événement heureux ou malheureux, que le dirigeant soit tyrannique ou bienveillant, est voulu par Dieu et entre dans l'économie générale de la Providence. La vie ici-bas est une vallée de larmes où les souffrances ne sont que la punition pour nos péchés et où les élus se fortifient dans leur amour de Dieu. Le chrétien se soumet aux aléas bons ou mauvais de l'histoire car ils sont voulus par Dieu.

Le chrétien doit désobéir à son dirigeant seulement lorsque l'ordre donné contredit la volonté de Dieu, lorsque, par exemple, on

---

12. *La cité de Dieu*, IV, III, Desclée de Brouwer, p. 541.

veut l'obliger à adorer plusieurs dieux. Mais même dans ce cas, le chrétien doit, comme n'importe quel criminel, se soumettre au châtiment infligé par le dirigeant. Le chrétien authentique doit être prêt à perdre ses biens terrestres, y compris la vie de son corps, pour sauver son seul véritable bien, son âme. La punition du dirigeant pour une désobéissance juste est alors l'instrument providentiel pour fortifier sa foi.

Aimer l'autre comme soi-même, aimer même son ennemi, rendre le bien pour le mal, offrir l'autre joue à celui qui nous frappe ne signifie pas que le chrétien en autorité (le père, le mari, le maître, le juge, le dirigeant politique, l'évêque) ne doit pas punir celui qui désobéit. Au contraire, par amour pour l'autre, pour le corriger ou pour en faire un exemple, il doit le châtier.

Les guerres sont inévitables, qu'elles soient mues par la convoitise des biens matériels, la passion de domination ou le désir de gloire. L'objectif de la guerre est la paix, c'est-à-dire l'ordre, mais pas n'importe quel ordre, celui du dominant: «Tout le monde donc désire la paix avec les siens, mais en exigeant qu'ils organisent leur vie d'après sa volonté. De ceux-là mêmes auxquels on fait la guerre, on veut, si possible, faire ses propres sujets et leur imposer les lois de sa propre paix[13].» La paix, quel que soit l'objet sur lequel elle porte, est ordre: «La paix de la cité, c'est la concorde bien ordonnée des citoyens dans le commandement et l'obéissance; la paix de la cité céleste, c'est la communauté parfaitement ordonnée et parfaitement harmonieuse dans la jouissance de Dieu et dans la jouissance mutuelle de Dieu; la paix de toutes choses, c'est la tranquillité de l'ordre. L'ordre, c'est la disposition des êtres égaux et inégaux, désignant à chacun la place qui lui convient[14].»

La guerre peut être humainement juste si elle a pour objectif de défendre l'existence d'un État ou si elle veut contraindre un État à remettre ce qu'il s'est approprié injustement. Quoi qu'il en soit, c'est toujours le dirigeant qui décide de la nature de la guerre, et le citoyen doit obéir au commandement, quel que soit son jugement personnel sur les objectifs de la guerre.

---

13. *La cité de Dieu*, XIX, XII, Desclée de Brouwer, p. 101-103.
14. *La cité de Dieu*, XIX, XIII, Desclée de Brouwer, p. 111.

Les chrétiens et les autres

Saint Augustin s'oppose, dans un premier temps, à la coercition contre les donatistes qui ne voulaient accepter au sein de l'Église que les purs et qui constituèrent un mouvement hérétique et schismatique au sein de l'Église africaine. Il faut se fier à la raison et à la persuasion, appuyées par la grâce de Dieu. Plus tard, il fait appel au pouvoir coercitif de l'État impérial pour combattre ses frères ennemis par des amendes, la confiscation de biens, l'emprisonnement et l'exil. La vertu relève de la volonté guidée par la grâce. La coercition ne rend personne vertueux. Mais en forçant les hérétiques et les schismatiques à renoncer à leurs erreurs par crainte des sanctions de l'État, la coercition les oriente vers la vraie Église où ils pourront entendre la vraie parole de Dieu. La coercition est bonne ou mauvaise selon le but visé. L'Église utilise les pouvoirs de l'État pour punir les hérétiques de la même façon que le père utilise son autorité pour corriger son fils: par amour et pour les orienter dans le droit chemin.

Les positions de saint Augustin sur les juifs remontent aux écrits conservés des premiers chrétiens. Saint Matthieu affirme que le peuple juif, face au romain Pilate qui s'en était lavé les mains, aurait assumé la responsabilité de la crucifixion de Jésus: «Que son sang soit sur nous et sur nos enfants[15].» Saint Jean, les rendant responsables du même crime, conclut que les juifs sont les fils du Mal: «Jésus leur dit: "Si vous étiez les enfants d'Abraham, vous feriez les œuvres d'Abraham. Or vous voulez me tuer [...] Vous avez pour père le diable et ce sont les désirs de votre père que vous voulez accomplir[16]."» Saint Paul, dont saint Augustin reconnaîtra toute l'importance, affirme, dans son *Épître aux Romains*, que le peuple juif n'est pas rejeté par Dieu: «Ne suis-je pas moi-même Israélite, de la race d'Abraham, de la tribu de Benjamin? Dieu n'a pas rejeté le peuple que d'avance il a discerné[17].» Par la suite, dans sa *Première épître aux Thessaloniciens*, exaspéré du refus des juifs d'accepter son prosélytisme auprès des gentils, il accuse de déicide le peuple dont il est originaire. Saint Augustin, sur cette question comme sur bien d'autres, clarifie, explicite et justifie la position de ses prédécesseurs.

---

15. Matthieu, *Évangile*, 27, 25.
16. Jean, *Évangile*, 8,39; 8,40 et 44.
17. Paul, *Épîtres aux Romains*, II,1-2.

L'évêque d'Hippone reconnaît le caractère exceptionnel du peuple juif, conservateur des livres sacrés, comblé de bienfaits par Dieu, monothéiste, annonciateur du Messie. Mais comment expliquer que ce peuple d'où est issu le Christ le refuse? Comment expliquer que l'expansion chrétienne se bute à la permanence du judaïsme? Comment expliquer la stabilité et le dynamisme des communautés juives?

Les juifs, dont le refus de reconnaître dans le Christ le Messie a conduit à son assassinat, auraient mérité de disparaître comme peuple. Mais Dieu, dans sa Providence, a voulu que le peuple juif persévère dans ses erreurs et dans l'histoire pour témoigner du caractère divin de l'Église. On ne peut accuser les chrétiens d'avoir fabriqué les livres sacrés et d'avoir inventé les prophéties qui annoncent, entre autres, la venue du Messie: leurs pires ennemis, les juifs, témoignent de l'ancienneté des prophéties et des livres saints.

Le peuple juif est coupé en deux: d'un côté, le peuple, les charnels, les injustes; de l'autre, les quelques justes, les spirituels, les saints, les prophètes. Le peuple juif comprend sous une forme littérale les métaphores terrestres (banquet, victoire, terre promise...) des bienfaits spirituels qu'annonce Dieu par ses prophètes. Le peuple juif défend la lettre des Écritures et n'en comprend pas le sens caché. Il attend un libérateur politique: il ne reconnaît pas la messianité du Christ. Mû par la convoitise et la cupidité, imbu d'un orgueil qui fait dépendre le salut de la Loi et non de la grâce, le peuple juif, damné, n'est que le témoin de la vérité du christianisme.

Le renversement augustinien

Platon combat les poètes, ces chantres de la mythologie, au nom de la raison. Toute la philosophie se construit depuis lors, sinon contre la mythologie, du moins de façon autonome, en ne suivant que les préceptes de la raison. Augustin renverse cette perspective: la raison doit être soumise à la foi. Les philosophes (Cicéron, Sénèque, Plotin...) sont lus à la lumière de la Bible et des Évangiles, à la lumière de ses prédécesseurs chrétiens, dont saint Paul. La raison éclaire la foi, mais celle-ci dicte la vérité, y compris dans les mystères inaccessibles à la raison comme la trinité de Dieu, la double nature du Christ et la résurrection des corps. Avec Augustin, la théologie se substitue à la philosophie.

Pour les Anciens, le but de la société, de l'État, est de rendre les hommes heureux, donc vertueux. Augustin, lui, introduit une scission entre la cité de Dieu, où les élus connaîtront la béatitude éternelle, et la cité terrestre qui ne peut assurer la paix que par la répression des hommes dont la nature est fondamentalement viciée. Le domaine de l'esprit est ainsi ontologiquement séparé du domaine politique tandis qu'ils étaient étroitement liés dans la civilisation gréco-romaine. Avec Augustin, la vertu et le bonheur sont pratiquement exclus de la cité des hommes et se réfugient dans la cité de Dieu.

Pour les stoïciens, la passion est fondamentalement mauvaise car elle s'oppose à la raison. Augustin, lui, juge les passions non pas par opposition à la raison, mais en fonction de l'objet sur lequel elles portent. La passion devient un moyen, un instrument, bon si la volonté l'oriente vers Dieu, mauvais si la volonté se soumet aux biens terrestres.

Pour les Anciens, le sage pouvait par lui-même atteindre la vertu tandis que pour Augustin, l'homme, de par sa volonté — faculté de l'âme distincte de la raison — est, sans la grâce, incapable de faire le bien. Pour les stoïciens, les passions sont le mal qui empêche la pratique de la sagesse. Pour Augustin, l'amour de Dieu et du prochain, en tant qu'image de Dieu, prend la place occupée par la sagesse ou la raison chez les philosophes grecs. Les passions et les vertus sont évaluées, chez Augustin, à la lumière de l'amour de Dieu pour qui le pire vice est l'orgueil, la complaisance en soi-même, et la plus grande vertu, l'humilité face au Créateur et au prochain.

Enfin les Anciens, surtout les stoïciens, cherchaient dans l'ordre de l'univers, dans le cosmos, le sens de la vie. Augustin, en décrivant dans *Les confessions* le cheminement intérieur qui le conduit vers Dieu, détourne le regard vers le moi, vers ce lieu de la subjectivité où peut se révéler la présence de la Transcendance.

BIBLIOGRAPHIE

Saint Augustin, *Le maître. Le libre arbitre*, Institut d'Études Augustiniennes, 1993.

____, *Le bien du mariage. La virginité consacrée*, Institut d'Études augustiniennes, 1992.

——, *Les confessions*, 1 tome, 13 livres, Garnier-Flammarion, 1964 et Desclée de Brouwer, 2 tomes, 1962.

——, *La Trinité*, 2 tomes, 15 livres, Desclée de Brouwer, 1955.

——, *La cité de Dieu*, 5 tomes, 22 livres, Desclée de Brouwer, 1959 et 1960.

——, «Tractatus adversus Judæos» in *Patrologiæ Cursus Completus*, Tomus XLII: Sancti Aurelii AUGUSTINI Hipponeensis Episcopi *Opera Omnia*, post Lovaniensum Theologorum Recensionem, Tomus octavus, J.-P. Migne, Bibliothecæ Cleri Universæ, Petit-Montrouge, 1841, p. 51-64.

——, «Sermo contra Judæos, Paganos et Arianos», *Appendix* du tome VIII de *Patrologiæ Cursus Completus, op. cit.*, p. 1117-1130.

La plupart des ouvrages de saint Augustin sont parus chez Desclée de Brouwer dans la collection «Bibliothèque augustinienne», la traduction française accompagnant la version latine.

ARENDT, Hannah, *Le concept d'amour chez Augustin*, Éd. Deuxtemps Tierce, 1991.
En deçà de la soumission progressive d'Augustin aux dogmes chrétiens et indépendamment de son évolution biographique, l'auteur cherche à éclairer les trois points de vue différents qu'Augustin aurait développés sur le rapport du moi avec Dieu et le prochain.

BOCHET, Isabelle, *Saint Augustin et le désir de Dieu*, Études augustiniennes, 1982.
Exposé de la conception du désir chez saint Augustin. Selon Bochet, le désir, orienté par un amour excessif de soi, détourne le pécheur de Dieu et le conduit à la désillusion. Cette situation pénible peut lui permettre toutefois de reconnaître en Dieu la source et la fin de son désir. C'est en Dieu, et seulement en Dieu, que le désir peut se métamorphoser et être comblé. Pour ce faire, l'homme doit cultiver «l'amour de Dieu jusqu'au mépris de soi».

BØRRESEN, Kari Elisabeth, *Subordination et équivalence*, Maison Mame, 1968.
La nature et le rôle de la femme d'après Augustin et Thomas d'Aquin.

BROWN, Peter Robert, *La vie de saint Augustin*, Seuil, 1971.
Biographie intellectuelle exemplaire qui retrace l'itinéraire de saint Augustin, en l'éclairant par les grands bouleversements de son époque. Remarquablement documenté, l'ouvrage de Brown facilite notre compréhension d'une œuvre complexe et engagée dans les événements de son temps.

BROWN, Peter, *Le renoncement à la chair*, Gallimard, 1988.

CLARK, Elisabeth et Herbert RICHARDSON, *Women and Religion*, New York, Harper & Row, 1977.
Analyse féministe de la pensée chrétienne, dont celle de saint Augustin.

COLISH, Marcia L., *The Stoic Tradition from Antiquity to the early Middle Ages*, 2 vol., Leiden, E. J. Brill, 1985.
Étude minutieuse du stoïcisme et de l'influence qu'il a exercée de l'Antiquité jusqu'au début du Moyen Âge. L'auteur consacre à Cicéron et à saint Augustin une centaine de pages chacun.

DEANE, Herbert Andrew, *The Political and Social Ideas of St. Augustine*, New York, Columbia University Press, 1966.
L'auteur montre que les idées sociales et politiques de l'auteur sont structurées par les deux Cités, la divine et la terrestre. Saint Augustin se démarque donc des auteurs grecs et romains, en critiquant leur idéal de l'État.

DEMAN, Thomas, *Le traitement scientifique de la morale chrétienne selon saint Augustin*, Vrin, 1957.

Selon Deman, saint Augustin est à l'origine d'une théologie scientifique que développera par la suite Thomas d'Aquin. La contribution d'Augustin a été double. En premier lieu, il a relié aux vérités de la foi des positions morales; en deuxième lieu, il a intégré au christianisme des considérations morales provenant de l'Antiquité.

DONNELY, Dorothy F. et Mark A. SHERMAN, *Augustine's* De Civitate Dei*: An Annotated Bibliography of Modern Criticism, 1960-1990*, New York & Bern, Per Lang, «Augustinian Historical Institute», vol. II, 1991.

Bibliographie minutieuse des recherches consacrées à *La cité de Dieu* dans les dernières décennies.

FERRIER, Francis, *Saint Augustin*, PUF, 1989.

Dans cet ouvrage, qui se veut un juste compromis entre une étude savante et une vulgarisation excessive, Ferrier présente une bonne introduction à la vie et aux écrits de saint Augustin. La philosophie de saint Augustin relèverait d'une quête de la vérité et d'une forte préoccupation quant aux raisons pour lesquelles nous faisons du mal. L'auteur ajoute que, pour comprendre saint Augustin, il est essentiel d'aborder sa philosophie comme toujours ouverte, en développement.

GILSON, Étienne, *Introduction à l'étude de saint Augustin*, Vrin, 1931.

Selon Gilson, saint Augustin n'aurait pas exalté la foi aux dépens de la rationalité philosophique. Il aurait indivisiblement uni philosophie, théologie et mysticisme, en comprenant que la sagesse parfaite et la béatitude se trouvent dans l'amour de Dieu.

MARROU, Henri, *Saint Augustin et l'augustinisme*, Seuil, 1955.

Dans ce grand classique, Marrou soutient que saint Augustin a eu une influence qui a largement dépassé le domaine de la théologie, en tirant profit de son unique position dans l'histoire, son siècle ayant été témoin de l'épanouissement du christianisme aux plans démographique, social, spirituel et intellectuel. Tenant compte de son influence, l'auteur est d'avis que saint Augustin mérite le titre de «Père de l'Occident».

PRZYWARA, Erich, *Augustin*, Cerf, 1987.

Selon Przywara, saint Augustin est le penseur génial capable d'intégrer les deux puissances, l'Antiquité et le christianisme, qui ont déterminé l'esprit européen. La force de l'œuvre de saint Augustin réside dans sa capacité de résoudre les contradictions en les dépassant au sein d'un christianisme repensé.

TAYLOR, Charles, *Sources of the Self*, Cambridge, Cambridge University Press, 1992.

Dans son ouvrage sur les fondements philosophiques de la modernité, Taylor consacre le chapitre VII à Augustin de Thagaste qui découvre Dieu à *l'intérieur* de lui-même au lieu de chercher, comme les Grecs, la raison ou Dieu dans le cosmos.

TRACHE, Étienne, *L'enfance du christianisme*, Noèsis, 1997.

Thomas d'Aquin

(1224/5-1274)

Au XIIIᵉ siècle se poursuit la lutte entre les partisans de la prédominance du pouvoir papal et ceux qui favorisent le pouvoir impérial allemand, lutte commencée deux siècles plus tôt sous Grégoire VII. À l'époque de Thomas d'Aquin, Innocent IV est élu pape (1243-1254) après une vacance de pouvoir de deux ans qui a laissé Rome en proie à l'anarchie. Devant en partie son élection à l'empereur Frédéric II (1212-1250), il entre par la suite en lutte contre lui et son successeur Conrad IV (1250-1254). Le XIIIᵉ siècle est aussi celui où se terminent les grandes croisades commencées deux siècles plus tôt (1095-1270), où se créent les ordres mendiants qui renoncent à toute propriété individuelle et collective (dominicains, franciscains...), où se déploie dans les cathédrales l'art gothique apparu au siècle précédent et où se fondent les premières universités (Paris, 1209-1215).

Thomas d'Aquin, né dans la campagne romaine qui faisait alors partie du royaume de Sicile, est membre d'une famille noble qui le destine à devenir prieur de l'abbaye du Mont-Cassin. La famille espère ainsi participer, comme le permettaient les coutumes de l'époque, aux bénéfices qu'apportent les terres sous servage de l'abbaye. Thomas, malgré l'opposition de sa famille, choisit plutôt l'ordre des Dominicains, ordre mendiant qui se consacre à l'étude et à la diffusion de la Vérité.

Thomas d'Aquin devient l'élève d'Albert le Grand, dominicain d'origine allemande, qui lui enseigne à l'Université de Paris (1245-1248), puis à Cologne, et par l'intermédiaire duquel il entre en contact avec les œuvres d'Aristote, condamnées par l'Église, mais redécouvertes en Occident grâce aux traductions latines faites en Espagne par des philosophes arabes. Il enseigne ensuite successivement à l'Université de Paris (1212-1259) où il devient maître en théologie en 1256, au *studium* de la curie romaine, de nouveau à l'Université de Paris (1269-1272) et enfin à Naples.

Thomas d'Aquin repense l'ensemble des croyances chrétiennes à la lumière d'Aristote. Pour ce faire, il divise chaque problème en questions. Et chaque question est analysée en suivant la méthode d'argumentation scolastique alors en usage: la question est suivie d'un certain nombre d'objections (*videtur quod*) qui sont closes par un argument d'autorité (*sed contra*) provenant des Écritures, des pères de l'Église, dont Augustin, ou des philosophes, dont Aristote; l'auteur développe alors les raisons (*responsio*) appuyant l'argument d'autorité puis répond à chacune des objections formulées au début (*ad primum dicendum*). Thomas d'Aquin construit ainsi une somme théologique et philosophique, une synthèse impressionnante des connaissances et des croyances de son temps. Dans ce travail, Thomas d'Aquin est tributaire des penseurs musulmans, particulièrement d'Averroès, et ses préoccupations, visant à concilier foi et raison, correspondent à des soucis identiques de l'autre côté de la Méditerranée.

Thomas d'Aquin est avant tout un théologien comme l'indique le titre de son ouvrage principal: la *Somme théologique*. D'ailleurs le plan de la *Somme* — plus inspiré de Plotin que d'Aristote — le révèle bien: le premier livre traite de Dieu (son existence et ses attributs) et de son émanation (la hiérarchie des créatures) tandis que les deuxième et troisième abordent le retour de l'homme vers Dieu (la béatitude et les moyens de l'atteindre, les vertus théologales et cardinales, le Christ et les sacrements).

La théologie part de Dieu et est fondée sur les vérités révélées par les prophètes dans la Bible et par les apôtres dans le Nouveau Testament, tandis que la philosophie argumente, selon le modèle d'Aristote, à partir des essences des choses, de leurs causes propres. Il ne peut y avoir de contradiction entre la raison et la foi, toutes deux venant de Dieu. La raison naturelle étant limitée, la foi complète la raison: la philosophie est la servante de la théologie.

La hiérarchie

Sous la diversité apparente, il faut rechercher l'unité. Tout part de Dieu et revient à Dieu. La nature, œuvre de Dieu, est à son image: la loi naturelle y règne conformément à la loi éternelle divine. La raison humaine doit suivre la loi naturelle pour imiter Dieu. Le raisonnement analogique qu'utilise Thomas d'Aquin renvoie donc à des ressemblances réelles dont le garant est Dieu lui-même.

La fonction de chaque être est déterminée par son essence qui définit sa fin, son degré de perfection et sa place dans l'univers. L'univers part de Dieu et est structuré hiérarchiquement, l'homme étant l'intermédiaire entre l'ange et les animaux. Dans cette hiérarchie de fins et de moyens, le plus bas sert le plus haut tandis que celui-ci guide ou dirige celui-là. Chaque être, en occupant sa place et sa fonction, participe à la perfection de l'ensemble de l'univers créé par Dieu.

La société est aussi structurée comme une hiérarchie. Thomas d'Aquin partage l'opinion de saint Augustin sur l'absence de rapports de domination et d'esclavage dans le Paradis terrestre. Cependant, influencé par Aristote et contrairement à son prédécesseur, il affirme qu'il y régnait des rapports d'autorité: toute société, fût-elle celle de l'innocence, implique pour fonctionner une organisation, un gouvernement; le supérieur, en connaissances et en vertu, doit diriger l'inférieur pour le plus grand bien du tout social.

L'esclavage ne relève pas de la loi naturelle, mais du droit des gens qui est commun à tous les peuples. Cette institution favorise le bien commun: elle sauve la vie des vaincus dans la guerre et assure aux vainqueurs les services des vaincus.

Thomas d'Aquin reprend les positions de saint Augustin sur l'infériorité de la femme révélée par la création et les justifie en suivant les explications d'Aristote.

Les passions

L'homme partage avec les animaux une inclination instinctive, un appétit sensitif, qui le porte vers les objets aptes à le maintenir en vie, à satisfaire ses besoins. En plus de cet appétit dont l'inclination est déterminée par l'objet appréhendé, l'homme possède un appétit rationnel, la volonté, par lequel il se détermine lui-même et peut même aller à l'encontre de ses désirs instinctifs.

Les passions relèvent de l'appétit sensitif qui se divise lui-même en concupiscible et en irascible. L'objet du concupiscible est l'agréable ou le douloureux, le bien ou le mal perçu par les sens; l'objet de l'irascible est le même que celui du concupiscible, mais en tant qu'il est ardu à atteindre ou à éviter. L'irascible est le protecteur du concupiscible auquel il est ordonné. Mais il est d'une nature supérieure au concupiscible dans la mesure où l'homme doit oublier ce dont il jouit pour poursuivre une victoire dont la douleur est le prix.

L'amour et la haine, le désir et l'aversion, le plaisir et la douleur sont les six passions relevant du concupiscible. L'amour, le désir et le plaisir inclinent l'animal vers le bien perçu instinctivement tandis que la haine, l'aversion et la douleur l'éloignent du mal, de ce qui est nuisible. L'amour est la force qui pousse chaque être vers sa fin, vers le bien; le désir est la forme de l'amour en l'absence de son objet; le plaisir est la jouissance de l'objet aimé. Chez l'animal raisonnable, le plaisir prend le nom de joie lorsque l'objet possédé est spirituel. La haine est refus du mal; l'aversion est répulsion devant un mal imaginé; la douleur est perception de la présence du mal. Si ce mal est, chez l'homme, spirituel, la douleur prend le nom de tristesse.

Comme chez saint Augustin, l'amour est chez Thomas d'Aquin la passion dont toutes les autres dépendent, y compris la haine, car nous haïssons les ennemis des objets de notre amour: «C'est de l'amour que naissent le désir, la tristesse et le plaisir, et par suite toutes les autres passions. Il s'ensuit que toute action qui procède d'une passion quelconque, procède aussi de l'amour comme de sa première cause[1].»

L'espoir et le désespoir, la crainte et l'audace, ajoutés à la colère, constituent les cinq passions de l'irascible. L'espoir est la poursuite d'un bien dont l'acquisition est difficile tandis que le désespoir est l'abandon de la poursuite de ce bien. L'espoir et le désespoir ont donc le même objet que le désir; ils s'en distinguent par l'effort exigé dans la réalisation du désir. La crainte est la fuite devant un mal futur

---

1. *Somme théologique. Les passions de l'âme*, Question 28, article 6, Desclée & Cie, 1949, t. I, p. 135-136.

tandis que l'audace est la position d'attaque face au péril menaçant. La crainte et l'audace impliquent un effort particulier devant un objet d'aversion. La colère tend vers la vengeance contre un mal présent. Elle partage donc le même objet que la douleur; elle s'en distingue par le combat mené contre elle.

Les passions, qui sont le fait de l'union de l'âme avec un corps, ne sont ni bonnes ni mauvaises eu égard à la morale. Mais l'homme étant doté d'une raison, l'âme, faculté supérieure, doit dominer le corps et ordonner ses passions en vue de sa fin ultime: la béatitude.

Les vertus naturelles

L'habitus est une disposition du sujet formée par l'accumulation de l'expérience. Un habitus est bon ou mauvais selon la fin qu'il poursuit. La vertu est un habitus qui dispose de manière durable à rechercher le vrai (vertus intellectuelles) ou à accomplir le bien (vertus morales). La vertu requiert la maîtrise et le contrôle des passions qui doivent être subordonnées à la raison. S'inspirant d'Aristote, Thomas d'Aquin affirme que les vertus consistent en un juste milieu, également éloigné de l'excès et du défaut dans chaque cas considéré.

L'objet de l'intellect est le vrai ou l'être tandis que celui de la volonté est le bien. Or le bien suppose l'être. La volonté est donc subordonnée à l'intellect. La vertu morale ne peut se passer de la vertu intellectuelle: l'intelligence doit délibérer sur les moyens aptes à atteindre le bien et doit les juger avant que la volonté puisse consentir aux moyens et en choisir un.

Dans l'ordre du penser, il y a trois vertus intellectuelles: l'intelligence dont l'objet est les vérités immédiatement évidentes ou les principes; la science dont l'objet est les vérités déduites des premiers principes; la sagesse dont l'objet est les causes premières. La science dépend de l'intelligence et toutes deux sont ordonnées à la sagesse: «Ainsi que nous l'avons dit, c'est par l'objet que l'on mesure la grandeur spécifique d'une vertu. Or parmi les objets de toutes les vertus intellectuelles celui de la sagesse est le premier en excellence. Elle considère la cause la plus haute qui est Dieu, comme il est marqué au début des Métaphysiques. Et comme on juge des effets par la cause supérieure, il s'ensuit que la sagesse a le jugement sur toutes les autres vertus intellectuelles, et c'est à elle de les ranger toutes, et qu'elle a pour ainsi dire un rôle d'architecte à l'égard de toutes[2].»

S'éloignant de la classification aristotélicienne, Thomas d'Aquin s'inspire de Platon et de Cicéron, pour réduire les vertus à quatre principales (la prudence, la justice, la force et la tempérance) qu'il nomme cardinales et dont toutes les autres dépendent.

La prudence, première des vertus cardinales, est une vertu intellectuelle, la vertu intellectuelle dans l'ordre de l'agir: elle détermine les moyens de la fin voulue. La prudence guide la justice, la force et la tempérance dans le choix de leurs moyens. Elle implique la mémoire de l'expérience passée, une raison apte à juger les diverses données d'un problème concret, les diverses circonstances d'une situation précise, un esprit habile à prévoir les conséquences probables d'une action et la capacité d'éviter les pièges des bonnes intentions. La luxure, qui aveugle la faculté de juger, est le pire ennemi de la prudence, la mère de l'imprudence.

La justice est une disposition permanente de la volonté à rendre à chacun son dû. Elle ne porte pas sur les passions pour les maîtriser ou les contrôler, mais sur le contenu des opérations, sur les actes, sur les actions de ce qui est dû et de ce qui n'est pas dû. La justice vise le juste milieu entre un acte et la personne concernée par cet acte.

La justice peut viser une personne en particulier, mais dans la mesure où l'individu fait partie d'un corps social et où le tout est plus important que ses parties, la justice vise le bien de l'ensemble de la société. Si on exclut le rapport avec Dieu, si on regarde les vertus d'un point de vue strictement terrestre, la justice, dont la fin est le bien social, comprend toutes les autres vertus.

À la suite d'Aristote, Thomas d'Aquin distingue la justice distributive de la justice commutative. La justice distributive poursuit une égalité géométrique qui tient compte des mérites de chacun, tandis que la justice commutative vise l'égalité arithmétique dans les échanges économiques. Thomas d'Aquin, vivant dans une société reposant surtout sur l'économie domestique, est fort critique du commerce dont le but est le gain pour le gain. Pour être justes, les

---

2. *Somme théologique. La vertu*, Question 66, article 5, Desclée et Cie, 1933, t. II, p. 152.

échanges économiques doivent être ordonnés à la satisfaction des besoins, des nécessités de la vie de chacun, et non au profit.

La force confirme la raison dans ses résolutions malgré la passion de la crainte, de la peur devant les difficultés à vaincre ou les périls à surmonter dont, ultimement, la menace de la mort. La force permet de maintenir le cap voulu par la raison malgré les souffrances et les douleurs.

La tempérance réfrène les passions qui entraînent des actes contraires à la raison. Elle introduit de la mesure, de l'équilibre dans les plaisirs que nous partageons avec les animaux, les plaisirs reliés au boire, au manger et au sexe. Le plaisir du boire et du manger doit être subordonné à la conservation de l'individu, au maintien du corps en bonne santé. Le plaisir du sexe, plaisir le plus dangereux car le plus intense, doit être subordonné à la procréation, au maintien de l'espèce. La chasteté est la tempérance dans l'acte sexuel, tandis que la pudicité est la tempérance dans les paroles, les gestes et les attitudes reliés à l'acte sexuel. La luxure, domination de la passion sexuelle sur la raison, est le vice opposé. Parmi les actes luxurieux, ceux qui ne respectent pas l'ordre voulu par Dieu (la procréation) sont les plus graves: l'onanisme, la bestialité et l'homosexualité sont des vices pires que la fornication, l'adultère et le viol.

Les quatre vertus principales sont elles-même hiérarchisées. La prudence, étant une vertu intellectuelle, est plus parfaite que les vertus strictement morales. La justice, dont la fin est le bien commun, encadre la force et la tempérance qui portent sur les seules passions de l'individu. La force, qui contrôle surtout des passions de l'irascible et qui exige donc un effort, se révèle supérieure à la tempérance qui maîtrise surtout des passions du concupiscible.

Les vertus théologales

Les vertus théologales sont des vertus surnaturelles, surhumaines, divines, qui ont Dieu pour objet. La foi en la vérité de Dieu, l'espérance d'obtenir de Dieu la béatitude éternelle et l'amour de Dieu constituent les trois vertus théologales. L'amour de Dieu est, chez saint Thomas comme chez saint Augustin, la vertu surnaturelle la plus parfaite.

Les vertus théologales se distinguent des vertus cardinales non seulement par leur fin (béatitude éternelle au lieu de béatitude terrestre), mais aussi par leur origine. L'homme peut, par une bonne éducation et en développant de bonnes habitudes, acquérir les vertus cardinales tandis que les vertus théologales sont infuses, viennent de Dieu, sont le fruit de la grâce. De plus, la vertu cardinale réside dans un juste milieu alors que la vertu théologale souffre toujours de manque, jamais d'excès: «Aussi ne peut-on jamais aimer Dieu autant qu'il doit être aimé, ni croire ou espérer en lui autant qu'on le doit; dès lors, on peut encore beaucoup moins y mettre de l'excès[3].»

Les vertus cardinales peuvent exister sans la charité, sans les vertus théologales, «comme elles ont existé de fait chez beaucoup de païens». Mais pour que ces vertus atteignent toute leur perfection, elles ont besoin d'être subordonnées aux vertus théologales, comme l'indique l'exemple suivant sur la tempérance: «Ainsi, dans l'acte de s'alimenter, la raison humaine établit pour mesure qu'il ne nuise pas à la santé du corps et n'empêche pas l'usage de la raison; mais la règle de la loi divine demande *que l'on châtie son corps et qu'on le réduise en servitude* par l'abstinence du boire, du manger et des autres choses du même genre. D'où il est évident que la tempérance infuse et la tempérance acquise sont d'espèce différente. Et il en est de même pour les autres vertus[4].»

Les lois

La loi est une ordination de la raison, une prescription de la raison pratique qui réglemente des actions. Le droit (*jus*) prescrit ce qui est juste (*justum*), ce qui est l'objet de la vertu de justice (*justitia*). La loi, comme la justice, vise le bonheur, le bien commun de la société à laquelle l'individu comme la famille doivent être subordonnés: «On dira que, comme l'homme est partie de la famille, ainsi la famille est partie de la cité: mais la cité est la communauté parfaite. Et, par suite, comme le bien d'un seul homme n'est pas la fin ultime, mais est ordonné au bien commun, de même aussi le bien d'une famille est ordonné au bien d'une cité, qui est la communauté parfaite[5].» La loi,

---

3. *Somme théologique. La vertu*, Question 64, article 4, *op. cit.*, p. 94.
4. *Somme théologique. La vertu*, Question 63, article 4, *op. cit.*, p. 74-75.
5. *Somme théologique. Des lois*, Question 90, article 3, Egloff, 1946, p. 36.

la justice, doit être proclamée par celui qui a le pouvoir d'ordonner le bien commun. Enfin, quatrième et dernière condition, la loi doit être rendue publique.

Il y a diverses sortes de lois (loi divine, loi naturelle, loi humaine) qui, toutes, dépendent de la loi éternelle. L'univers — l'ensemble des choses, des animaux, des hommes créés par Dieu — est gouverné par la raison divine qui est sa règle et sa fin et qui, comme Dieu, est éternelle.

La loi divine est la loi éternelle telle que révélée dans l'Ancien et le Nouveau Testament. Par la loi divine, l'homme, en tant que chrétien, est appelé par Dieu à la béatitude éternelle.

La loi naturelle est la loi inscrite en chaque être de l'univers. Elle est donc commune aux païens et aux chrétiens. Par elle, l'homme participe à la loi éternelle. La loi naturelle est constituée de trois préceptes. Le premier, que l'homme partage avec toute réalité existante, est la tendance à persévérer dans son être ou l'instinct de conservation. L'homme partage le deuxième précepte avec les autres animaux: se reproduire et élever sa progéniture. Le troisième précepte est propre à l'homme et relève de sa nature raisonnable: l'homme cherche à connaître l'univers et son principe suprême, Dieu; il cherche aussi à subordonner ses passions à la raison et à subordonner sa vie au bien de la communauté.

La loi humaine vise le bien de la communauté et comprend le droit des gens (*jus gentium*) et le droit civil (*jus civile*). Le premier dérive des principes de la loi naturelle tandis que le second consiste dans l'application de ces principes à des circonstances particulières.

Ainsi, si la procréation et l'éducation font partie de la loi naturelle, le mariage et la famille sont les institutions qui assurent ces fonctions au sein de tous les peuples (droit des gens) tandis que les formes particulières de ces institutions varient avec les États (droit civil).

Le droit de propriété des biens nécessaires à la vie fait partie de la loi naturelle. Créé à l'image de Dieu, créateur et possesseur de l'univers, l'homme, doué de raison, a le pouvoir d'user des choses naturelles pour satisfaire ses besoins. Ce droit d'usage, droit naturel, doit être distingué du droit à la propriété privée. Ce dernier droit, qui permet un usage plus soigné des choses et des relations plus ordonnées entre les hommes, fait partie du droit des gens. Le larcin et la rapine sont condamnés parce qu'ils remettent en question un des fondements de la société. Cependant, la loi naturelle prévoit que la nature doit pourvoir aux besoins de tous: les riches doivent, selon le droit de la nature, distribuer leurs surplus pour subvenir aux besoins des pauvres; en cas de nécessité, ce n'est pas une faute de voler ce dont on a besoin pour se conserver en vie.

Seule une minorité peut être vraiment vertueuse: la loi, le droit civil, a pour fonction de contraindre la multitude au respect de l'ordre social, du bien commun. Celui-ci requiert la vertu de ceux qui commandent et l'obéissance des autres: «En conséquence, il est impossible que le bien commun de la cité prospère, si les citoyens ne sont pas vertueux, au moins ceux à qui il revient de commander. Mais il suffit, en ce qui concerne le bien de la communauté, que les autres aient la mesure de vertu suffisante pour obéir aux ordres du prince[6].»

Pour être juste, le droit civil doit poursuivre le bien commun, ne pas outrepasser les pouvoirs de celui qui commande et respecter la justice distributive dans la répartition des charges. Si la loi ne remplit pas une de ces trois conditions, si par exemple le législateur poursuit son intérêt particulier, la loi est inique. En tant qu'injuste, elle ne relève alors pas de la loi éternelle, mais en tant que loi, elle en dérive: «Mais dans la mesure où elle s'écarte de la raison, elle est ce qu'on appelle une loi inique; et ainsi, elle n'a pas tant raison de loi que de violence. — Et pourtant, dans la mesure où une telle loi garde en elle quelque semblant de loi, parce qu'émanant du pouvoir du législateur, en cela encore elle dérive de la loi éternelle[7].»

Si la loi inique contredit la loi divine, il faut lui désobéir. Dans les autres cas, même si elle implique habituellement la soumission extérieure, elle n'oblige pas la conscience sauf pour éviter le scandale ou le désordre: «Aussi de telles lois n'obligent pas au for de la conscience, sinon peut-être pour éviter le scandale ou le désordre; car, pour cette raison, l'homme est tenu à renoncer à son droit[8].»

La loi assure l'ordre social et la paix en retenant du mal, par la force et la crainte, la grande masse des non-vertueux. De plus, en contraignant par la crainte cette masse à un comportement vertueux,

---

6. *Somme théologique. Des lois*, Question 92, article 1, *op. cit.*, p. 83.
7. *Somme théologique. Des lois*, Question 93, article 3, *op. cit.*, p. 106.
8. *Somme théologique. Des lois*, Question 96, article 4, *op. cit.*, p. 189.

elle crée une accoutumance à la vertu: «Celui qui commence à s'accoutumer à éviter le mal et à accomplir le bien par crainte de la peine, est parfois amené à le faire avec plaisir et de son propre gré. En ce sens, la loi, même en punissant, aboutit à ce que les hommes soient bons[9].»

Le royaume

La multitude requiert, pour former une société, un gouvernement qui la dirige. Thomas d'Aquin reprend à son compte la classification aristotélicienne qui oppose trois bonnes formes de gouvernement (royauté, aristocratie et *politia*) à trois mauvaises (tyrannie, oligarchie et démocratie).

La meilleure forme de gouvernement est celle qui assure l'unité de la multitude, la paix. Celle-ci est une condition nécessaire à la poursuite du bien commun et à la production des biens nécessaires pour satisfaire les besoins matériels: «Ainsi donc, pour instituer la vie bonne de la multitude, trois conditions sont requises. D'abord que la multitude soit établie dans l'unité de la paix. Ensuite, que la multitude unie par le lien de la paix soit dirigée au bien-agir. Car, comme un homme ne peut bien agir en rien si l'on ne suppose d'abord l'unité de ses parties, ainsi la multitude des hommes, privée de l'unité de la paix, est empêchée de bien agir, étant en lutte contre elle-même. En troisième lieu, il est requis que, par l'application du gouvernement, il y ait une quantité suffisante de choses nécessaires au bien-vivre[10].»

La royauté, qui par soi est une, peut mieux réaliser l'unité que les gouvernements qui reposent sur plusieurs (aristocratie et *politia*). La royauté respecte d'ailleurs le principe d'unité à l'œuvre dans la nature: «Or le gouvernement commun de la nature est exercé par un seul. En effet, parmi le grand nombre de membres, il en est un qui les meut tous: le cœur. Et entre les parties de l'âme, une seule force commande principalement: la raison. De même, les abeilles n'ont qu'un seul roi. Et dans tout l'univers, il n'y a qu'un seul Dieu, créateur et gouverneur de toutes choses[11].» L'expérience et la Bible mon-

---

9. *Somme théologique. Des lois*, Question 92, article 2, *op. cit.*, p. 86.
10. *Du royaume.* Egloff, 1946, I, XV, p. 126.
11. *Ibid.*, I, II, p. 37.

trent d'ailleurs que, contrairement aux États gouvernés par plusieurs, les royautés «jouissent de la paix, fleurissent dans la justice et sont heureuses dans l'abondance».

La tyrannie s'oppose à la royauté. Mais faut-il craindre davantage la tyrannie d'un seul ou celle de plusieurs (oligarchie et démocratie)? La démocratie est un gouvernement plus supportable que l'oligarchie ou la tyrannie parce qu'elle est plus faible: «Il est donc avantageux qu'un gouvernement juste soit exercé par un seul, dans ce but qu'il soit plus fort. Mais si ce gouvernement tombe dans l'injustice, il est préférable qu'il soit aux mains d'un grand nombre, pour qu'il soit plus faible et que les gouvernements s'entravent les uns les autres[12].» De plus, la tyrannie, qui poursuit le bien d'un seul, est plus éloignée du bien commun que l'oligarchie, qui recherche le bien d'un petit nombre, et celle-ci plus éloignée du bien commun que la démocratie axée sur le bien d'un grand nombre. Cependant, l'unité étant le bien le plus utile à une société, la tyrannie peut mieux la réaliser que l'oligarchie ou la démocratie.

Comment doit-on réagir à la tyrannie? Si la tyrannie est modérée, il faut la tolérer, de crainte d'engendrer des maux plus graves. Le tyrannicide, contrevenant aux enseignements des apôtres, n'est pas acceptable, même si la tyrannie est excessive. Si le tyran relève d'une autorité publique, c'est à elle de le destituer. Dans les autres cas, la tyrannie étant une punition de nos péchés, il faut se repentir pour mériter d'obtenir de Dieu la libération du tyran.

La stabilité de la royauté repose sur l'amour que le peuple porte à son roi; le pouvoir du tyran se fonde sur la crainte qu'il inspire. Or la crainte est plus fragile que l'amour comme soutien du pouvoir: «Car ceux qui sont sous l'emprise de la crainte, s'il arrive une occasion qui leur laisse espérer l'impunité, se révoltent contre ceux qui les commandent, avec d'autant plus d'ardeur que leur volonté était plus contrainte par cette seule crainte[13].» Les rois aimés du peuple obtiennent ici-bas une stabilité politique, des richesses, des honneurs et une renommée et, au-delà, la béatitude éternelle tandis que les tyrans, dont les biens terrestres sont précaires, sont en plus privés de cette dernière béatitude.

---

12. *Ibid.*, I, III, p. 44.
13. *Ibid.*, I, X, p. 96.

Dans la *Somme théologique*, Thomas d'Aquin propose aussi un régime mixte combinant un chef unique à la tête de tous, quelques chefs au-dessous de lui et un peuple qui élit en son sein ces quelques chefs. Mais ce régime mixte de Thomas d'Aquin se rapproche beaucoup plus de la royauté que de la *politia* d'Aristote qui reposait sur la classe moyenne, ou du régime mixte de Cicéron qui reposait sur le pouvoir aristocratique. Quoi qu'il en soit, la monarchie soutenue par Thomas d'Aquin s'inspirait de celle de son temps et se différenciait du pouvoir monarchique absolu qu'inaugura Louis XIV et que défendit son précepteur, Bossuet.

La royauté poursuit le bonheur ici-bas en donnant à la multitude la paix, en l'organisant en fonction du bien commun et en lui permettant de se procurer les biens nécessaires aux besoins du corps. Mais ce bonheur terrestre est subordonné à un bonheur plus élevé, la béatitude auprès de Dieu. Aussi, dans une époque où des guerres opposaient le pape et l'empereur, Thomas d'Aquin affirme que le pouvoir temporel doit être subordonné au pouvoir spirituel comme le bonheur terrestre l'est à la béatitude éternelle: «Donc le ministère de ce royaume, afin que le spirituel soit distingué du temporel, est confié non aux rois terrestres mais aux prêtres, et principalement au Grand-Prêtre, successeur de Pierre, Vicaire du Christ, le Pontife Romain, auquel tous les rois de la Chrétienté doivent être soumis comme à Notre Seigneur Jésus-Christ lui-même. Car à celui à qui revient la charge de la fin ultime, doivent être soumis ceux qui ont la charge des fins antécédentes, et ils doivent être dirigés par son *imperium*[14].»

Le royaume et les infidèles

Thomas d'Aquin distingue trois cas d'infidélité ou d'incroyance: les païens, dont les Sarrasins ou musulmans (ils n'ont pas reçu la foi); les juifs (ils ont la préfiguration de la Vérité dans l'Ancien Testament, mais ils l'interprètent mal); les différents types d'hérétiques (ils ont connu la foi, mais s'y opposent). La gravité du péché d'incroyance varie selon les cas: «À ce point de vue, les hérétiques qui professent la foi à l'Évangile, et qui résistent à cette foi en la détruisant, pèchent

---

14. *Ibid.*, I, XIV, p. 120.

plus gravement que les juifs qui n'ont jamais reçu la foi à l'Évangile. Mais parce qu'ils en ont reçu la préfiguration en l'interprétant mal, leur infidélité est plus grave que celle des païens qui n'ont aucunement reçu la foi à l'Évangile[15].»

En règle générale, on ne peut contraindre à croire ceux qui n'ont jamais reçu la foi (les musulmans et les juifs) tandis que les hérétiques, les apostats et les schismatiques doivent y être contraints. Ceux qui ont embrassé la Vérité doivent nécessairement la conserver. Les hérétiques, après un ou deux avertissements, sont excommuniés et, s'ils persistent dans leur erreur, sont abandonnés au jugement séculier pour être mis à mort: «En effet, il est beaucoup plus grave de corrompre la foi qui assure la vie de l'âme que de falsifier la monnaie qui sert à la vie temporelle. Par conséquent, si les faux-monnayeurs ou autres malfaiteurs sont immédiatement mis à mort en bonne justice par les princes séculiers, bien davantage les hérétiques, aussitôt qu'ils sont convaincus d'hérésie, peuvent-ils être non seulement excommuniés mais très justement mis à mort[16].» Les hérétiques qui se repentent reçoivent le sacrement de la confession et la pénitence, mais s'ils sont plus d'une fois relaps, ils sont condamnés à mort afin d'éviter qu'une autre rechute en contamine d'autres. Les peines pour hérésie se sont donc aggravées depuis Augustin, l'exécution se substituant aux amendes, à la confiscation des biens, à l'emprisonnement ou à l'exil préconisés par celui-ci.

Les païens et les juifs ne doivent pas être soumis à des contraintes physiques, dont la peine de mort, sauf s'ils entravent la foi chrétienne par des «suggestions mauvaises», des «blasphèmes» et des «persécutions ouvertes». Les Croisades pour libérer les Lieux saints, dont la première commence à la fin du XIe siècle et dont la dernière, la huitième, se déroule à l'époque d'Aquin, répondaient-elles à des entraves à la foi chrétienne? Nous ne savons malheureusement pas si Thomas d'Aquin a abordé cette question.

Doit-on discuter de la foi avec les infidèles, quels qu'ils soient? Oui, si on est compétent en la matière, si on connaît la théologie, si on est membre du clergé. Mais on doit le faire uniquement lorsque

---

15. *Somme théologique. La foi*, Question 10, article 6, Éd. du Cerf, t. III, 1985, p. 80.

16. *Ibid.*, Question 11, article 3, p. 91.

des croyants sont entraînés au doute par les arguments des infidèles. Sinon, il faut s'abstenir de discuter de ces questions devant des simples gens dont la «foi est d'autant plus forte qu'ils n'ont rien entendu dire qui soit différent de ce qu'ils croient».

Doit-on entrer en relation avec les infidèles? Thomas d'Aquin distingue encore ceux qui ont déjà cru au Christ des autres. Les premiers, excommuniés, sont privés de la communion des fidèles pour protéger ceux-ci de leur mauvaise influence et pour les punir. La communication avec les autres, pour les gens simples, est aussi interdite, sauf en cas de nécessité. En ce qui concerne particulièrement les juifs, Thomas d'Aquin partage les positions du quatrième concile de Latran (1215): les juifs doivent porter un signe distinctif (un chapeau conique dans les pays germaniques et un disque jaune cousu sur les vêtements dans les pays latins) afin qu'ils soient facilement reconnus et évités par les chrétiens.

On ne peut contraindre les païens et les juifs à adhérer à la religion chrétienne, car l'acte de foi doit être libre pour valoir auprès de Dieu. On ne peut non plus baptiser des enfants contre la volonté de leurs parents. Thomas d'Aquin condamne cette pratique de l'Église espagnole du VIIᵉ siècle: elle irait à l'encontre du droit naturel mettant les enfants sous la tutelle des parents.

Les rites des infidèles, à l'exception des juifs, ne doivent pas être tolérés car ils sont faux et inutiles. Cependant, ils doivent être tolérés par souci de prudence, si leur interdiction entraîne un mal, si elle suscite du dissentiment ou si elle nuit à la conversion des infidèles. Il ne faut pas empêcher les juifs de pratiquer leur culte qui témoigne, malgré eux et comme l'affirmait saint Augustin, de la vérité du christianisme: «Du fait que les juifs observent leurs rites, qui préfiguraient jadis la réalité de la foi que nous professons, il en découle ce bien que nous recevons de nos ennemis un témoignage en faveur de notre foi, et qu'ils nous représentent comme en figure ce que nous croyons. C'est pourquoi les juifs sont tolérés avec leurs rites[17].»

Les chrétiens peuvent-ils être soumis à l'autorité d'infidèles? Non, si cette autorité n'est pas encore instituée; oui, si elle l'est, car elle respecte la différence entre souveraineté fondée sur le droit naturel et fidélité qui relève du droit divin. Cependant, ce dernier

---

17. *Ibid.*, Question 10, article 11, p. 86.

droit prévalant sur l'autre, l'Église peut décider de respecter ou non cette différence. Pour la même raison et pour protéger ses fidèles de la corruption, tout sujet est délié de son obéissance à un gouvernant qui est excommunié pour apostasie.

À l'époque médiévale, du moins dans la pensée de Thomas d'Aquin, le temporel doit être subordonné au spirituel, l'État à l'Église. On ne peut être citoyen si on n'est chrétien. Le juif, déicide et ennemi de la foi chrétienne, est nécessairement aussi un ennemi de l'ordre social. Aussi l'accès aux fonctions publiques, aux professions libérales et à la propriété immobilière est-il interdit aux juifs, dont le troisième concile de Latran (1179) a proclamé la «servitude perpétuelle» en raison de leurs crimes. L'activité productive des juifs est ainsi limitée au commerce et aux prêts. Les chrétiens, même s'ils doivent parfois emprunter, ne peuvent, en règle générale, pratiquer le prêt avec intérêt qui est considéré comme un vol, un péché. L'identité du juif est alors réduite par les chrétiens à celle d'usurier, de voleur, auquel ils doivent malheureusement avoir recours en cas de nécessité. Aussi Thomas d'Aquin affirmera qu'il est juste de taxer particulièrement les juifs pour les contraindre à rembourser l'argent volé aux chrétiens par le prêt, par l'usure.

Une somme

Saint Augustin, en lutte contre les païens, tend à réduire la philosophie à la théologie, les valeurs morales aux vertus théologales et est porté à dénigrer le bonheur terrestre au nom de la béatitude éternelle. Saint Thomas d'Aquin, qui vit au sein d'une Église au summum de sa gloire, même s'il subordonne la philosophie à la théologie, les vertus cardinales aux vertus théologales, le bien commun à la béatitude éternelle, reconnaît l'autonomie des premiers.

La somme qu'il construit sera combattue durant sa vie par les théologiens de tradition augustinienne, particulièrement par des franciscains. Mais cinquante ans après sa mort, il sera canonisé. Son système de pensée deviendra l'armature de l'orthodoxie catholique à la fin du XIXᵉ siècle, sous Léon XIII. Pourtant, la synthèse thomiste, articulant philosophie et théologie, avait commencé à être désarticulée durant la Renaissance quand la raison avait remis en question l'autorité de la Révélation et demandé des comptes à la théologie.

BIBLIOGRAPHIE

THOMAS D'AQUIN, *Les passions de l'âme*, t. I, questions 22-30 de la *Somme théologique*, Desclée & Cie, 1949.

——, *La foi*, questions 1-16 du second volume de la seconde partie de la *Somme théologique*, Cerf, 1985, t. III, p. 18-111.

——, *La charité*, questions 23-46 du même volume, Cerf, 1985, t. III, p. 151-313.

——, *La vertu*, t. II, questions 61-70 de la *Somme théologique*, Desclée et Cie, 1933.

——, *Des lois*, questions 90-97 de la *Somme théologique*, Egloff, 1946.

——, *Du royaume*, Egloff, 1946.

——, «De regimine judæcorum ad ducissam Brabantiæ» *in De regimine principum*, Romæ, Marietti, 1948, p. 99-101.

La plupart des ouvrages de Thomas d'Aquin sont parus chez Desclée de Brouwer, la traduction française accompagnant la version latine.

BRETON, Stanislas, *Saint Thomas d'Aquin*, Seghers, 1965.

Selon Breton, l'œuvre d'Aquin représente de prime abord une réunion de contraires entre, d'une part, une philosophie marquée par sa théologie et, d'autre part, une théologie montrant des signes de sa philosophie. Cependant, bien que la séparation entre philosophie et théologie constitue un point de départ pour comprendre Aquin, c'est dans leur synthèse, dans son «encyclopédie chrétienne du savoir», qu'il est possible de saisir toute la signification de son œuvre.

BØRRESEN, Kari Elisabeth, *Subordination et équivalence*, Maison Mame, 1968.

La nature et le rôle de la femme d'après Augustin et Thomas d'Aquin.

CLARK, Elisabeth et Herbert RICHARDSON, *Women and Religion*, New York, Harper & Row, 1977.

Analyse féministe de la pensée chrétienne, dont celle de Thomas d'Aquin.

COPLESTON, F.C., *Aquinas*, Harmondsworth, Penguin Books, 1963.

Analyse de l'œuvre d'Aquin qui se concentre sur sa philosophie, en cherchant à établir une série de propositions qui constitueraient l'essence même du thomisme. Copleston est d'avis que les philosophes du Moyen Âge n'ont pas reçu dans l'histoire de la philosophie toute l'attention qu'ils méritent à cause de l'impression répandue que leur philosophie était subordonnée à leur théologie.

GILSON, Étienne, *Le thomisme*, J. Vrin, 1947.

Ouvrage classique d'un éminent spécialiste de la pensée médiévale, véritable instigateur du néothomisme. Gilson présente la philosophie de saint Thomas comme une philosophie à part entière qui donne des réponses rationnelles aux problèmes purement philosophiques.

JUGNET, Louis, *La pensée de saint Thomas d'Aquin*, Bordas, 1964.

Ouvrage d'initiation proposant une reconstitution systématique de la pensée de saint Thomas. Selon Jugnet, le thomisme, loin de se réduire à une simple juxtaposition d'éléments hétérogènes, représente une doctrine originale et unifiée, comparable et même supérieure aux grands systèmes de la philosophie moderne.

PIEPER, Joseph, *Introduction to Thomas Aquinas*, Londres, Faber and Faber, 1962.
Dans cette introduction à la pensée et à la vie de Thomas d'Aquin, Pieper tente de démontrer qu'il est impossible de réduire la philosophie d'Aquin, comme le soutiennent certains thomistes, à un système contenant certaines maximes et propositions générales qu'il nous serait possible d'apprendre. Bien au contraire, Aquin en a contre toute tentative d'expliquer le monde par le biais d'un système donné, non parce que le monde serait fermé à notre compréhension, mais parce qu'il déborde nécessairement toute explication qu'on pourrait en donner.

ROLAND-GOSSELIN, Bernard, *La doctrine politique de saint Thomas d'Aquin*, Marcel Rivière, 1928.
L'auteur expose les principes essentiels de la philosophie politique de Thomas d'Aquin. La justice, qu'elle soit commutative (basée sur une égalité arithmétique) ou distributive (fondée sur l'égalité géométrique), est la fin de l'État. Selon Roland-Gosselin, bien que la philosophie politique d'Aquin ait une ressemblance avec la philosophie d'Aristote, elle serait surtout fortement influencée par la théologie de saint Augustin.

WALTZ, Angelus, *Saint Thomas d'Aquin*, Louvain, Publications universitaires, 1962.
Cette brève biographie propose une vue d'ensemble de la vie de saint Thomas. Replacé dans le contexte universitaire et scolastique de son époque, son cheminement intellectuel se trouve bien éclairé.

MACHIAVEL

(1469-1527)

Nicolas Machiavel est un produit de la Renaissance, ce grand mouvement culturel qui, précédé par un bas Moyen Âge influencé par la pensée et la science arabes, a été marqué par la mondialisation (découverte de l'Amérique et de la route des Indes), par l'élargissement de l'accès aux œuvres écrites (l'imprimerie remplace les copistes) et par un retour à l'Antiquité classique sans l'intermédiaire obligé de l'interprétation chrétienne et médiévale. L'imprimerie permet de se passer des clercs et ouvre la porte à une interprétation autonome, «humaniste», de l'Antiquité grecque et romaine. Mais pour Machiavel, l'étalon de mesure n'est pas l'homme mais bel et bien, comme nous le verrons, l'État.

Machiavel écrit à l'aube de la grande réforme protestante qui déchirera la chrétienté et entraînera des guerres de religion qui ensanglanteront l'Europe durant deux siècles. L'auteur, qui fut durant une brève période haut fonctionnaire de la république de Florence et qui aspira toujours à réoccuper une fonction similaire, est contemporain du pape Alexandre VI qui utilise son pouvoir pour installer ses quatre fils putatifs dont le plus célèbre est César Borgia. La foi des fidèles n'est qu'une arme supplémentaire dans la panoplie des moyens (la force, la ruse, la corruption, l'assassinat...) servant à Alexandre VI dans la défense de ses intérêts. L'exemple de ce pape permet à Machiavel de développer une lecture profane de la chrétienté et de se démarquer radicalement de la tradition médiévale.

En France, en Espagne et en Angleterre, la montée du pouvoir royal, appuyé par la classe grandissante des commerçants, réduit l'importance de la noblesse et des institutions féodales (les corporations, les cités autonomes, l'Église). L'Italie, au contraire, est divisée en cinq États: le royaume de Naples au sud, le duché de Milan au nord-ouest, la république aristocratique de Venise au nord-est et enfin, au centre, l'État papal et la république de Florence. Ces États sont en lutte les uns contre les autres et deviennent des proies faciles pour les pays voisins.

Florence, riche cité commerçante, à l'avant-garde du développement intellectuel et artistique de l'Europe, est le chef de file de la Renaissance. Mais elle est aussi une société en crise: dégradation des mœurs et des coutumes du Moyen Âge entraînée par la domination de la mentalité marchande, corruption politique, instabilité politique, etc. Durant la vie de Machiavel, Florence connaîtra six constitutions et des gouvernements fort différents.

Le rêve animant Machiavel est la création d'un État italien fort et durable. Ce patriotisme, s'inspirant de Pétrarque, entraîne la rupture de l'auteur avec l'imaginaire moyenâgeux, avec l'idée d'une communauté chrétienne hiérarchisée et unifiée par son assujettissement à Dieu. Ce patriotisme étatique brise toutes les contraintes morales traditionnelles: «S'il s'agit de délibérer sur le salut de la patrie, il ne doit être arrêté par aucune considération de justice ou d'injustice, d'humanité ou de cruauté, de honte ou de gloire. Le point essentiel qui doit l'emporter sur tous les autres, c'est d'assurer son salut et sa liberté[1].» Sous la couverture du patriotisme étatique, Machiavel reprend à son compte la morale effectivement pratiquée par les dirigeants politiques de la péninsule italienne, dont le pape Alexandre VI et son fils César Borgia.

La raison d'État

La fin, ou encore mieux les résultats, justifie les moyens. Or l'objectif poursuivi est la fondation ou la consolidation d'un État solide et durable. Les moyens permettant de réaliser cet objectif sont *virtuosi*.

Pour Thomas d'Aquin, l'unité et la durabilité de l'État, objectifs recherchés, ne pouvaient se réaliser sans la poursuite du bien commun. La raison, dans la société comme ailleurs, doit respecter la loi

---

1. *Discours sur la première décade de Tite-Live*, Flammarion, 1985, p. 337-338.

naturelle qui, elle-même, trouve son fondement en Dieu. Cette adéquation entre État, vertu et bonheur a son origine chez les Anciens et se retrouve autant chez Platon et Aristote que chez Cicéron. Machiavel rompt avec cette tradition. Tout est rapport de forces. La raison d'État, qui reconnaît cette réalité et qui subordonne tout à la puissance de l'État, est *virtuoso*. Elle est au-delà du bien et du mal, de la vertu et du vice définis par le christianisme. Ce qui est vice dans la morale chrétienne devient *virtù* dans l'ordre public s'il garantit l'ordre étatique et ce qui est vertu, *vizio*, s'il déstabilise l'État.

La *virtù* machiavélienne n'a évidemment rien à voir avec la vertu aristotélicienne définie comme un moyen terme entre deux vices opposés. Mais la *virtù* chez Machiavel entretient avec la *fortuna* un rapport qui se rapproche de celui que la forme a avec la matière chez Aristote: la *virtù* actualise la possibilité inscrite dans la conjoncture historique comme la forme rend effectif ce qui était déjà là comme possible dans la matière. La *fortuna* est le donné historique; la *virtù*, la capacité d'influer sur ce donné. La première relève du domaine du destin, la seconde dépend de la liberté humaine. Machiavel emploie une métaphore pour illustrer cette distinction: «Je compare la fortune à l'une de ces rivières torrentueuses qui, dans leur colère, noient à l'entour les plaines, détruisent les arbres et maisons, dérobent d'un côté la terre pour la porter ailleurs; chacun fuit devant elles, tout le monde cède à leur fureur, sans y pouvoir mettre rempart aucun. Malgré cela, les hommes, quand le temps est paisible, ne laissent pas d'avoir la liberté d'y pourvoir par digues et par levées, de sorte que, si elles croissent une autre fois, ou elles se dégorgeront dans un canal, ou leur fureur n'aura point une si grande licence et ne sera pas si ruineuse[2].»

La *virtù* nécessaire à l'ordre politique repose soit sur la force et la ruse, soit sur les lois. La première manière d'être *virtuoso*, d'origine animale, est surtout développée dans *Le Prince* qui pose la question de la fondation de l'État. La seconde, propre aux hommes, est exposée dans les *Discours sur la première décade de Tite-Live* qui démontrent comment la république permet de mieux assurer le maintien d'un État déjà fondé. Renversant l'opinion de Cicéron pour qui la fondation et le maintien d'un État étaient impensables sans justice,

---

2. *Le Prince et autres textes*, Gallimard, 1980, p. 138-139.

ne pouvaient reposer sur l'utilisation de la force ou de la ruse, sur l'imitation du lion ou du renard, Machiavel affirme que l'homme politique doit imiter ces deux bêtes pour fonder et maintenir un État solide et stable. L'usage de la force seule est insuffisant; l'utilisation de la ruse, surtout pour ceux qui sont dans une position de faiblesse, est indispensable.

Dans une république, les lois et les tribunaux empêchent les citoyens ambitieux et puissants d'attenter à l'État ou, s'ils le font, permettent de les châtier immédiatement. Ils assurent aussi le règlement pacifique des litiges qui surviennent entre citoyens. Ils interdisent que des individus se coalisent ou fassent appel à des forces étrangères pour régler leurs querelles par la violence. Des individus peuvent être opprimés par l'État, des injustices peuvent être commises, mais cette oppression, cette injustice, étant opérée par une autorité légale, n'entraîne pas pour Machiavel le principal mal: le désordre dans l'État.

Politique effective et nature de l'homme

Machiavel ne veut pas, comme Platon par exemple, décrire la république idéale. Il ne s'intéresse pas à l'idéal, à un État qui n'a jamais existé: il veut s'en tenir à la vérité effective du politique. Il ne se préoccupe pas de ce que l'homme devrait être, de la morale: il veut fonder ses réflexions sur les comportements effectifs des hommes: «Plusieurs se sont imaginé des républiques et des principautés qui ne furent jamais vues ni connues pour vraies. Mais il y a si loin de la manière dont on vit à celle selon laquelle on devrait vivre, que celui qui laisse ce qui se fait pour ce qui devrait se faire, apprend plutôt à se perdre qu'à se conserver[3].»

Pour Platon, les hommes se réunissent au départ en société pour satisfaire, grâce à la division du travail, leurs besoins de nourriture, de vêtements et de gîte. Pour Thomas d'Aquin, comme pour Aristote et Cicéron, la société repose d'abord sur un instinct grégaire. Pour Machiavel, au contraire, les hommes se réunissent en société essentiellement pour des raisons de sécurité.

---

3. *Ibid.*, p. 98.

Mais quelle est la nature effective de l'homme chez Machiavel? Les hommes sont ingrats, changeants, menteurs et dupes, ennemis du danger et avides du gain. Les désirs de l'homme sont insatiables. Il veut toujours plus et ne se contente jamais de ce qu'il a: «La nature nous a créés avec la faculté de tout désirer et l'impuissance de tout obtenir; en sorte que le désir se trouvant toujours supérieur à nos moyens, il en résulte du dégoût pour ce qu'on possède et de l'ennui de soi-même[4].» L'homme est le même, quelles que soient la société et l'époque. La nature de l'homme est immuable: il ne peut y avoir de progrès moral de l'humanité. Les mœurs peuvent changer, mais ces changements s'inscrivent au sein de cycles historiques qui ne remettent pas en question la nature humaine. C'est parce que les hommes sont essentiellement méchants qu'ils doivent être contraints à la bonté, soit par la force ou la ruse, soit par des lois.

Les hommes se laissent facilement tromper par les apparences. Ce jugement s'applique évidemment au peuple, mais vaut aussi grosso modo pour les grands: «L'universalité des hommes se repaît de l'apparence comme de la réalité; souvent même l'apparence les frappe et les satisfait plus que la réalité même[5].» Pour obtenir l'appui des sujets ou des citoyens, le dirigeant politique doit paraître vertueux, sans l'être nécessairement car le maintien et la consolidation de l'État peuvent requérir l'emploi de moyens condamnés par la morale traditionnelle. Machiavel donne l'exemple du pape Alexandre VI qui paraissait avoir toutes les vertus, mais utilisait la force et la ruse pour défendre ses intérêts: «Alexandre VI ne fit jamais rien que piper le monde, jamais il ne pensa à rien d'autre, trouvant toujours sujet propre à tromper. Jamais homme ne fut plus ardent à donner des assurances, à promettre sa foi avec plus grands serments, mais à moins l'observer[6].» Paraître vertueux, et surtout religieux, est un instrument nécessaire à la ruse.

---

4. *Discours...*, *op. cit.*, p. 107. Voir aussi p. 155.
5. *Ibid.*, p. 89.
6. *Le Prince...*, *op. cit.*, p. 108.

L'utilité de la religion

La tradition scolastique subordonnait le monde terrestre au monde céleste dans une conception hiérarchique d'un univers structuré par la Transcendance, Dieu. Machiavel n'analyse la religion que du point de vue terrestre, celui de l'État. Les peuples religieux craignant plus Dieu que leurs dirigeants politiques, il est utile, dit Machiavel, de recourir à la religion, même si on en reconnaît la fausseté, pour soutenir l'État.

La force de l'État papal repose sur la religion qui fait que des papes comme Alexandre VI peuvent rester sur le trône quelle que soit la façon dont ils se comportent et vivent réellement. Machiavel reprochera à cet État de combattre l'unification de l'Italie et affirmera aussi que ses pratiques effectives rendent irréligieux les peuples qui l'entourent: «On ne peut donner de plus forte preuve de sa décadence et de sa chute prochaine que de voir les peuples les plus voisins de l'Église romaine, qui en est le chef, d'autant moins religieux qu'ils en sont plus près. Quiconque examinera les principes sur lesquels elle est fondée, et combien l'usage et l'application qu'on en fait sont changés, altérés, jugera que le moment n'est pas loin ou de sa chute ou des plus grands orages[7].»

À la religion chrétienne, même non dégénérée, Machiavel préfère la religion des Anciens. La première privilégie le salut éternel, la contemplation et l'humilité, tandis que la religion païenne insiste sur la gloire de ce monde, l'action des chefs d'armée et des chefs d'État, le courage redoutable et la force corporelle des combattants. La religion chrétienne produit une éducation «efféminée» tandis que les Anciens favorisaient le développement des vertus «viriles» nécessaires à la fondation et au maintien d'un État durable.

Principauté ou république

On a souvent opposé *Le Prince*, où l'insistance est mise sur la principauté, au républicanisme soutenu dans le *Discours sur la première décade de Tite-Live*. Mais cette opposition n'est pas si tranchée. Comme nous le verrons plus loin, la république défendue par

---

7. *Discours...*, *op. cit.*, p. 67.

Machiavel est une république mixte où domine le prince. On pourrait d'ailleurs la qualifier de princière pour bien la distinguer de la république mixte de Cicéron où aurait prévalu l'aristocratie. De plus, Machiavel lui-même affirme implicitement que la supériorité du prince pour fonder un État ne contredit pas la supériorité de la république pour maintenir un État déjà fondé: «Si les Princes se montrent supérieurs pour créer des lois, donner une constitution à un pays, établir une nouvelle forme de gouvernement, les peuples sont si supérieurs pour maintenir l'ordre établi, qu'ils ajoutent sans peine à la gloire de leurs législateurs[8].»

Une république ne peut reposer que sur des mœurs saines par lesquelles les citoyens manifestent leur attachement à la chose publique. Or une société corrompue, comme l'était l'Italie, ne peut être réformée de l'intérieur par la libre activité du peuple. Elle requiert un prince imposant l'État et une législation qui peu à peu transformeront les mœurs pour les rendre conformes à l'intérêt public. Le fondateur de l'État engendre donc aussi la société dans ses composantes morales, religieuses et économiques.

Mais une fois l'État fondé et soutenu par la pratique de vertus civiques, la république, reposant sur le peuple, permet plus aisément la poursuite du bien général, du bien public: «C'est le bien général et non l'intérêt particulier qui fait la puissance d'un État; et, sans contredit, on n'a en vue le bien public que dans les républiques: on ne s'y détermine à faire que ce qui tourne à l'avantage commun et si, par hasard, on fait le malheur de quelques particuliers, tant de citoyens y trouvent de l'avantage qu'ils sont toujours assurés de l'emporter sur ce petit nombre d'individus dont les intérêts sont blessés[9].» De plus, dans une république, chaque individu, en poursuivant ses propres intérêts, travaille au bien-être général: «Chaque individu ne met volontiers au monde que les enfants qu'il croit pouvoir nourrir, sans crainte de voir enlever son patrimoine; et lorsqu'il sait que non seulement ils naissent libres, et non esclaves, mais qu'ils peuvent avec du talent, devenir chefs de leur république, on y voit se multiplier à l'infini et les richesses de l'agriculture, et celles de l'industrie. Chaque citoyen s'empresse d'accroître et d'acquérir des biens qu'il est assuré

---

8. *Ibid.*, p. 146.
9. *Ibid.*, p. 161.

de conserver; et tous, à l'envi les uns des autres, travaillant au bien général par là même qu'ils s'occupent de leur avantage particulier, les font élever l'un et l'autre au plus haut point de prospérité[10].»

L'homme *virtuoso* adapte ses moyens à la conjoncture, aux changements de la *fortuna*. Mais l'homme ne peut changer son caractère, sa personnalité, ce qui le rend parfois inapte à réagir à un changement conjoncturel. La république, reposant sur des citoyens aux personnalités variées, a sur la monarchie l'avantage de pouvoir mieux s'accommoder aux transformations de situations.

Le temps politique

Il n'y a pas de progrès moral de l'humanité; il n'y a pas non plus de progrès politique de l'humanité. L'idée de progrès, création du siècle des lumières, est totalement étrangère à la pensée de Machiavel. Celui-ci reprend la conception cyclique du temps d'Hésiode. La succession des générations explique les changements d'États: monarchie, tyrannie, aristocratie, oligarchie tyrannique, démocratie, licence, tyrannie, monarchie.

Machiavel accepte la réalité indépassable de ce cercle. Il veut seulement retarder le plus longuement possible la déchéance inévitable de tout État, assurer le plus longtemps sa solidité et sa durabilité. En s'inspirant librement du gouvernement mixte décrit par Polybe et repris par Cicéron, il soutient une république qui unit le pouvoir du prince, des grands et du peuple, il propose sa version de la mixité de l'État, il défend sa propre combinaison de ce qu'il y a de meilleur dans la monarchie, l'aristocratie et la démocratie.

L'identité du peuple

Le peuple ne comprend ni le prince ni les grands. Ceux-ci, nobles et riches banquiers ou commerçants ennoblis, se situent au-dessus du peuple dont ils veulent se démarquer. Le peuple ne comprend pas non plus, au bas de l'échelle sociale, les manœuvres (les *ciompi*), les serviteurs (très nombreux à l'époque) et les serfs. Ces sujets du noble ou du maître sont aussi assujettis au plan politique: le non-possédant n'est pas citoyen.

---

10. *Ibid.*, p. 164.

Le peuple ne comprend pas non plus les femmes. Machiavel associe femmes et esclaves, et oppose continuellement féminité à virilité et force. La ruse, vertu politique des faibles, est aussi importante que la force, mais la femme ne serait pas porteuse de cette vertu politique. Les femmes seraient cependant responsables de calamités publiques et politiques, conséquences des vengeances et des vendettas qu'entraînent leur séduction avant le mariage, leur adultère ou leur viol. La femme est non seulement sujet de l'homme, son maître: elle aime qu'il la batte et la maltraite[11].

Luttes de classes

Le peuple et les grands sont animés par deux désirs opposés: le premier déteste être l'objet du désir des seconds qui est de commander et d'opprimer. Tous les maux viennent de cette opposition lorsqu'elle ne débouche pas sur des compromis. À Florence, par exemple, le désir du peuple de gouverner seul, sans les grands, conduit la société à la licence, à l'anarchie. Un prince devra alors s'imposer pour protéger les grands contre la fronde du peuple tout en mettant celui-ci à l'abri des trop grands appétits des gros. Mais cette opposition est la source des libertés républicaines lorsqu'elle donne lieu à des arrangements. Ainsi, à Rome, les querelles du peuple et du sénat permirent le maintien d'une république puissante et libre: «Dans toute république, il y a deux partis: celui des grands et celui du peuple; et toutes les lois favorables à la liberté ne naissent que de leur opposition[12].»

Les consuls exercent la fonction du prince dans la république romaine. Les princes doivent s'appuyer surtout sur le peuple, car leur sécurité dépend du poids numérique du peuple et parce qu'il est plus facile de satisfaire son désir de ne pas être opprimé que l'appétit insatiable des grands. Les princes doivent davantage se méfier des grands, même si leur petit nombre rend leur contrôle plus aisé, car ils

---

11. «Je crois aussi qu'il vaut mieux être hardi que prudent, car la fortune est femme, et il est nécessaire, pour la tenir soumise, de la battre et de la maltraiter. Et l'on voit communément qu'elle se laisse plutôt vaincre de ceux-là, que des autres qui procèdent froidement. Ce pourquoi elle est toujours amie des jeunes gens comme une femme qu'elle est, parce qu'ils sont moins respectueux, plus violents et plus audacieux à la commander.» (*Le Prince...*, *op. cit.*, p. 141)

12. *Discours...*, *op. cit.*, p. 44.

sont plus ambitieux et plus astucieux que le peuple. Les princes ont donc doublement intérêt à protéger le peuple contre l'appétit des grands.

Le peuple, désirant ne pas être opprimé, est un meilleur garant de la liberté que les grands animés par le désir d'opprimer: «Le peuple préposé à la garde de la liberté, moins en état de l'usurper que les grands, doit en avoir nécessairement plus de soin, et ne pouvant s'en emparer, doit se borner à empêcher que d'autres ne s'en emparent[13].» Les luttes et les divisions sont plus souvent créées par les riches dont la convoitise est insatiable et dont les richesses suscitent l'envie des moins nantis: «L'homme ne croit s'assurer ce qu'il tient déjà qu'en acquérant de nouveau; et d'ailleurs ces nouvelles acquisitions sont autant de moyens de force et de puissance pour abuser; mais, ce qui est encore plus terrible, les manières hautaines et l'insolence des riches et des grands excitent dans l'âme de ceux qui ne possèdent pas, non seulement le désir d'avoir, mais le plaisir secret de dépouiller ceux-ci de cette richesse et de ces honneurs dont ils les voient faire un si mauvais usage[14].»

Pour Thomas d'Aquin, comme pour Cicéron, la force et la longévité du pouvoir reposent sur l'amour du peuple et non sur sa crainte. Pour Machiavel, il est préférable pour un prince d'être craint que d'être aimé, car les hommes sacrifient volontiers leurs liens affectifs à leur intérêt, tandis que la crainte du châtiment ne les quitte jamais.

Une république bien constituée doit reposer sur un État riche et doit empêcher qu'un trop grand écart se creuse entre les grands et les petits. Les hommes étant plus animés par les richesses que par les honneurs[15], leur ambition doit être réprimée afin d'empêcher que la lutte entre petits et grands entraîne la destruction de l'État. Une seconde raison milite en faveur d'une restriction des richesses. Si, en temps de guerre, les citoyens et les grands doivent faire appel aux gens de mérite pour sauver la république, en temps de paix, l'envie et

---

13. *Ibid.*, p. 46.
14. *Ibid.*, p. 47-48.
15. Machiavel vit dans une république, Florence, dont la puissance repose sur le commerce: le désir de richesse, comme valeur dominante, y remplace, dans la pratique, l'honneur cher à la vieille noblesse.

un désir d'égalitarisme les porteront vers ces individus qui ont les moyens de les corrompre. En vue de remédier à cette faiblesse de la république, il faut, en plus d'entretenir un climat de guerre, limiter la richesse des individus. La trop grande richesse étant interdite et la route à la magistrature étant ouverte à tout citoyen, le goût de servir la république et la soif de l'honneur peuvent alors dominer toute autre passion.

Conduites de classe

Tous les hommes, qu'ils soient grands ou petits, nobles ou pas, princes ou simples particuliers, ont la même nature: ils sont légers, inconstants, mobiles et ingrats. Cependant, placés dans des situations de classe différentes, ils vont développer des conduites de classe différentes.

Les grands sont plus astucieux que le peuple et prévoient mieux les conséquences des décisions. Ayant de plus grandes connaissances, ils sont plus aptes à comprendre une société et à percevoir ses transformations. Machiavel montre que le peuple romain se laisse beaucoup plus facilement tromper que le sénat par les *apparences* de pertes ou de gains immédiats: «S'il y a apparence de la fierté ou de la richesse, rien de plus aisé de persuader la multitude, même si la perte de la république et la ruine de l'État se trouvent cachées sous ces belles apparences. Rien de plus difficile, au contraire, s'il y a faiblesse ou pertes apparentes, quoique l'avantage et le salut réels de l'État y soient attachés[16].»

Cependant, en ce qui concerne l'attribution des charges publiques, le peuple est meilleur juge que les grands: «Je crois aussi qu'on peut en conclure que jamais un homme sage ne doit fuir le jugement du peuple sur tels objets particuliers comme la distribution des places et des dignités. C'est la seule chose sur laquelle le peuple ne se trompe jamais; ou, s'il se trompe, c'est bien moins souvent que ne ferait un petit nombre d'hommes chargés de ces distributions[17].» Le peuple, contrairement aux grands, n'est pas happé par la convoitise (il est pauvre) et par l'ambition du pouvoir (il désire sa non-

---

16. *Discours...*, *op. cit.*, p. 135.
17. *Ibid.*, p. 127.

domination). Le peuple peut donc attribuer ces charges en ayant à l'esprit le bien commun, tandis que les grands vont tendre à y poursuivre leurs intérêts particuliers.

Les apparences peuvent tromper le peuple, non seulement sur les questions d'ordre général, mais aussi dans l'attribution des charges publiques. Voilà pourquoi le peuple, comme les princes, a besoin de conseillers: «À la vérité, le peuple peut être trompé par la réputation, l'opinion et les actions sur lesquelles il porte quelquefois un jugement plus avantageux qu'elles ne le méritent, ce qui n'arriverait point à un Prince, parce qu'il serait prévenu et détrompé par les conseils qui l'environnent. Mais les fondateurs des républiques sagement organisées n'ont point voulu que les peuples fussent privés de ces sortes de conseils [...] afin que le peuple, plus instruit, pût mieux diriger ses suffrages[18].»

Le prince est supérieur pour fonder une constitution et imposer des lois auxquelles le peuple peu à peu se conforme, tandis que le peuple est supérieur pour maintenir l'ordre établi, car il respectera les lois qui le préservent d'une domination impitoyable. Un peuple peut se révolter, mais de sages conseillers le ramèneront facilement à l'ordre tandis qu'un prince tyrannique ne peut être contraint au respect de la loi que par la force. On craint moins les révoltes présentes d'un peuple que le tyran qu'elles peuvent engendrer; sous un tyran, on craint le présent et on aspire à un avenir autre.

État et morale

Nicolas Machiavel, comme les Anciens et les penseurs du Moyen Âge, a comme objectif la création ou le maintien d'un État solide et durable. Comme ces derniers, l'individu fait partie d'une société, d'un État, à l'intérieur d'une conception où le tout est plus important que ses parties. Pour Machiavel, il y a, dans la république, la liberté pour chaque famille de satisfaire ses besoins sans être spoliée par un tyran, et la liberté politique de ne pas être dominée par un régime tyrannique ou un État étranger.

Les penseurs du Moyen Âge subordonnaient la vie ici-bas à la béatitude éternelle. Il y a, chez Machiavel, un certain retour aux

---

18. *Ibid.*, p. 326.

Anciens dans la mesure où il fait disparaître toute référence à la double échelle chrétienne des valeurs. Mais il coupe radicalement avec tous les penseurs qui le précèdent en supprimant tout lien entre vie politique et vie vertueuse. La politique relève d'une stricte analyse de rapports de forces — dans lesquels la morale n'entre que comme instrument de l'ordre de la ruse — en fonction de l'objectif ultime, et nouveau lui aussi: l'État national. Il n'y a qu'une raison: celle de l'État qui est au-delà du bien et du mal.

Dans son analyse de la république, Machiavel s'inspire de Cicéron. Mais si celui-ci accorde le pouvoir effectif à l'aristocratie, au sénat, Machiavel le voit aux mains du Prince. Cicéron craint le peuple et vénère l'aristocratie tandis que Machiavel craint les grands et affirme que le Prince doit s'appuyer sur le peuple. D'ailleurs Machiavel fonde la liberté de la république sur les luttes qui opposent le peuple aux grands tandis que ses prédécesseurs, dont Cicéron, voyaient dans ces luttes un des fondements de la dégénérescence des États. Dans cette reconnaissance de l'utilité de l'opposition entre grands et peuple, dans la valorisation politique du peuple par rapport aux grands, Machiavel continue d'innover.

BIBLIOGRAPHIE

MACHIAVEL, *Le Prince et autres textes*, Gallimard, Folio, 1980.

——, *Discours sur la première décade de Tite-Live*, Flammarion, 1985.

——, *Œuvres complètes*, Gallimard, La Pléiade, 1952.

ALLARD, Gérard, *Machiavel sur les princes*, Québec, éd. Le Griffon d'argile, 1989.
Traduction du *Prince* et de deux petits textes suivie de commentaires élaborés.

BONDANELLA, Peter et Mark MUSA (dir.), *The Portable Machiavelli*, New York, Penguin Books, 1979.
Recueil des principaux textes de Machiavel, incluant *Le Prince* et *Discours sur la première décade de Tite-Live*. Dans leur introduction, les auteurs présentent une brève biographie de Machiavel et critiquent l'analyse traditionnelle qui fait de Machiavel le père de l'approche «réaliste» en relations internationales.

CASSIRER, Ernst, *The Myth of the State*, New Haven, Yale University Press, 1946.

——, *Individu et cosmos dans la philosophie de la Renaissance*, Minuit, 1983.
L'auteur montre comment les idées nouvelles étaient étroitement liées aux idées moyenâgeuses durant la Renaissance.

GIL, Christiane, *Machiavel: fonctionnaire honnête*, Perrin, 1993.
Machiavel, secrétaire consciencieux d'une époque qu'il reflète, serait un homme plutôt ordinaire qui n'a pas engendré une pensée ou un système de pensée original. Machiavel est donc tout sauf un philosophe politique inventif. Contrairement à une conception répandue, il ne serait pas le «Galilée de la science politique».

GRAMSCI, Antonio, *Note sul Machiavelli, sulla politica e sullo stato moderno*, Torino, Einaudi, 1949.
Gramsci montre que Machiavel a pensé la république sur le mode d'une alliance de classe avec la paysannerie.

LEFORT, Claude, *Le travail de l'œuvre Machiavel*, Gallimard, 1972.
Excellent ouvrage qui, à la fois, analyse diverses interprétations de Machiavel, réfléchit sur la question de l'interprétation et interprète le rôle nouveau de la notion de peuple chez Machiavel.

MESNARD, Pierre, *L'essor de la philosophie politique au XVIe siècle*, Vrin, 1969.
Le long chapitre consacré à Machiavel présente, dans un style limpide, les grands thèmes de sa doctrine politique. Éclairée par son fondement métaphysique et sa situation historique, l'œuvre du secrétaire florentin apparaît comme une réponse logique à la crise morale et politique qui secouait son époque. Ce type de crise étant sujet à se reproduire de façon plus ou moins régulière, la pensée de Machiavel risque encore et toujours de susciter de nouveaux disciples.

MOUNIN, Georges, *Machiavel. Sa vie, son œuvre*, PUF, 1964.
Court ouvrage qui présente la vie et la philosophie de Machiavel, en plus d'offrir certains des extraits les plus marquants de son œuvre. Mounin considère comme essentiel que l'on tienne compte de l'ensemble de l'œuvre de Machiavel pour bien évaluer sa pensée. Sa philosophie cyclique de l'histoire,

empruntée à Polybe, conditionne sa philosophie politique dans la mesure où celle-ci est soumise à un «éternel recommencement».

SKINNER, Quentin, *Machiavel*, Seuil, 1989.

Dans ce bref ouvrage d'introduction à la vie et à l'œuvre de Machiavel, Skinner éclaire les aspects les plus neufs de cette pensée en les situant par rapport aux valeurs humanistes de son temps. Machiavel est présenté comme le porte-parole d'une tradition humaniste fondée sur une nouvelle conception de la liberté et du politique.

STRAUSS, Leo, *Pensées sur Machiavel*, Payot, 1982.

Strauss présente une analyse de la pensée de Machiavel en accord avec l'interprétation «classique», qui voit en ce dernier un apôtre du mal. Il soutient que sa pensée prend sa source chez des Anciens (Thucydide, Calliclès, Thasymaque), dont Machiavel a jusqu'à un certain point récupéré des idées enseignées auparavant clandestinement. Sa pensée se démarque toutefois des grands auteurs, dont Platon et Aristote, pour lesquels la politique avait nécessairement un fondement éthique. Strauss montre aussi que sa pensée demeure fondamentalement irréligieuse et immorale dans la mesure où elle considère la morale et la religion comme des moyens et non comme des fins.

VEYNE, Pierre, *Machiavel*, Gallimard, 1980.

Ouvrage contenant une traduction en français des principaux textes de Machiavel. Dans son introduction, Veyne présente Machiavel comme un «technicien borné» dont l'intérêt réside dans le portrait qu'il trace de la politique telle qu'elle fut exercée du xvᵉ au xviiiᵉ siècle. Machiavel n'apporterait rien à la philosophie politique même.

BODIN

(1529/30-1596)

Le début du XVIᵉ siècle est marqué par la lutte de François Iᵉʳ (1515-1547) contre l'empereur germanique Charles Quint (1519-1556), lutte qui se perpétue sous Henri II (1547-1559). À travers la guerre se renforce la monarchie française qui annexe au domaine royal différentes parties du territoire qui constituera la France. Le roi François Iᵉʳ gouverne selon son «bon plaisir», en domestiquant la noblesse d'épée par une vie de cour fastueuse et en développant l'appareil gouvernemental. Il rend vénals les offices — qu'Henri II transformera en charges héréditaires — et obtient ainsi le dévouement de la noblesse de robe issue de la bourgeoisie. Le protestantisme pénètre en France comme ailleurs. D'abord toléré par François Iᵉʳ, il est ensuite sévèrement réprimé. Sous la forme du calvinisme, il se répand, à partir de 1540, non seulement parmi la bourgeoisie, mais aussi dans la noblesse, malgré les persécutions. La France entre alors dans des guerres de religion qui dureront 30 ans (1562-1598) et dont un moment crucial est le massacre de la Saint-Barthélemy que permet Charles IX (1560-1574) et qui, dans la nuit du 23 au 24 août 1572, fait des milliers de victimes à Paris, sans oublier tous ceux qui seront massacrés en province dans les mois suivants[1].

Jean Bodin, bourgeois d'origine, juriste de formation, praticien de la politique (il a été député du tiers état et haut fonctionnaire dans l'administration royale), vit à cette époque troublée. Accusé à tort de protestantisme, il échappe de justesse au massacre de la Saint-Barthélemy.

---

1. *Cf.* l'introduction à Montaigne, qui vit dans le même pays à la même époque.

Contre la noblesse et le clergé, Bodin défend la puissance de l'État, la souveraineté royale — entre autres, en tolérant l'existence sur son territoire de diverses religions — et dans la mesure où elle respecte la propriété privée, si chère à la classe des nouveaux riches.

À cheval entre le Moyen Âge, dont il partage la vision cosmologique, et les temps modernes auxquels il apporte la notion de souveraineté de l'État, Jean Bodin reflète bien les luttes, les contradictions et les ambiguïtés du XVIᵉ siècle.

République et famille

Quatre éléments entrent dans la définition de la république. Elle repose sur une communauté naturelle, la famille, qui doit être composée d'au moins trois personnes; elle s'occupe de ce qui est commun à ces familles; sa fin est la justice; sa principale caractéristique est la souveraineté.

Le ménage est le droit gouvernement du chef de famille sur les siens (femme, enfants, serviteurs et esclaves) et l'obéissance respectueuse et aimante de ceux-ci envers leur chef. La république est à l'image de ce droit gouvernement de la famille et repose sur des familles bien gouvernées.

Pour bien commander aux membres de sa famille, l'homme doit apprendre à se commander, à soumettre ses appétits à la domination de la raison. Il pourra alors exercer une juste autorité comme mari sur sa femme, comme père sur ses enfants, comme seigneur sur ses esclaves, comme maître sur ses serviteurs.

La domination de l'homme sur la femme est, selon Bodin, à l'origine de toute société humaine. Toutes les lois divines et humaines affirment que la femme doit obéissance à son mari, sauf s'il lui commande des actions contraires aux lois de la nature. Ce pouvoir du mari s'exerce sur les actions, les biens et les recours juridiques de sa femme. Mais le mari ne devrait pas utiliser de violence physique contre son épouse: la parole devrait suffire pour la corriger. Bodin admet que la haine peut déchirer un couple. Cette haine peut même conduire au meurtre du conjoint. Bodin préconise donc le droit à la séparation.

Jean Bodin définit comme suit les obligations respectives du père et de l'enfant: «Et tout ainsi que nature oblige le pere a nourrir l'enfant, tant qu'il est impuissant, et l'instruire en tout honneur et vertu: aussi l'enfant est obligé, mais beaucoup plus estroitement, d'aimer, reverer, servir, nourrir le pere, et ployer sous ses mandements en toute obeissance: supporter, cacher et couvrir toutes ses infirmitez et imperfections, et n'espargner jamais ses biens, ni son sang, pour sauver et entretenir la vie de celuy, duquel il tient la sienne[2].» La loi divine et la loi naturelle donnent au père tous les pouvoirs sur les enfants, y compris le droit de vie et de mort, comme dans le vieux droit romain. L'amour du père pour ses enfants est si fort qu'il n'en tuerait pas un sans juste raison: la magistrature ne doit pas s'immiscer dans les rapports père/enfants. Il peut arriver qu'un père abuse de ce droit de vie et de mort, Bodin l'admet. Mais toute bonne législation peut prêter à des abus: il ne faut donc pas la condamner en fonction des cas marginaux.

Bodin, qui appartient à la classe nouvelle dont les revenus reposent sur le travail de salariés et non pas sur celui des esclaves, condamne l'esclavage qui n'est justifié, selon lui, par aucune loi naturelle, est une pratique peu charitable et se révèle une coutume guère utile. L'expérience historique de l'esclavage est celle des vilenies commises par les seigneurs contre les esclaves, vilenies auxquelles ont répondu des rébellions. L'ordre, la paix et l'harmonie des familles et des républiques seraient mieux assurés sans esclavage.

Les serviteurs domestiques ne sont pas des esclaves: ils ont tous les droits du citoyen. Ils ne sont pas des mercenaires ou des journaliers sur lesquels n'a aucun pouvoir de correction celui qui a loué leur force de travail. Les serviteurs domestiques doivent, tant qu'ils sont au service du maître, le respecter et l'honorer; celui-ci peut les châtier et les corriger, pourvu que ce soit avec discrétion et modération.

La république, s'appuyant sur des ménages ou familles, a comme fin le droit chemin ou la justice. Bodin admet, comme Machiavel, que la force et la violence sont à l'origine de chaque république. Mais une fois fondée, la république a comme fin la justice. Bodin critique les Anciens qui prennent le bonheur pour finalité de la république, même si le bonheur est évidemment préférable au malheur: «C'est pourquoy les Anciens appelloyent Republique, une société d'hommes assemblés, pour bien et heureusement vivre:

2. *Les six livres de la république*, Fayard, 1986, t. I, p. 63-64.

laquelle definition toutesfois a plus qu'il ne faut d'une part, et moins d'une autre: car les trois points principaux y manquent, c'est à sçavoir, la famille, la souveraineté, et ce qui est commun en une Republique: joinct aussi que ce mot, heureusement, ainsi qu'ils entendoyent, n'est point necessaire: autrement la vertu n'auroit aucun prix, si le vent ne souffloit tousjours en poupe: ce que jamais homme de bien n'accordera: car la Republique peut estre bien gouvernee, et sera neantmoins affligee de povreté, delaissee des amis, assiegee des ennemis, et comblee de plusieurs calamités[3].»

La république s'occupe de ce qui est commun à plusieurs ménages, de ce qui est public: le domaine public, le trésor public, les routes, les places, les marchés, les lois, la justice... Pour qu'il y ait république et famille, il faut que le public et le privé, le commun et le propre soient distincts et séparés. Bodin critique le communisme de *La république* de Platon qui confond ces deux ordres de réalité. Tout mettre en commun ne peut entraîner que haines et dilapidation du bien public: «Encores plus s'abusent ceux la qui pensent que par le moyen de la communauté, les personnes et les biens communs seroyent plus soigneusement traictés: car on void ordinairement les choses communes et publiques meprisees d'un chacun, si ce n'est pour en tirer proffit en particulier: d'autant que la nature d'amour est telle, que plus elle est commune, et moins a de vigueur[4].» L'affection est plus forte entre ceux qui sont proches qu'entre des êtres éloignés et chacun, comme l'affirmait déjà Thomas d'Aquin, prend davantage soin de ce qui lui est propre que de ce qui est commun: la république a besoin de reposer sur des familles fortes et bien constituées.

La souveraineté est le fondement de la république dont dépendent les magistrats, les lois et les ordonnances et qui unit en un seul corps parfait les familles, les ordres et les particuliers.

La souveraineté

La notion de souveraineté reflète la montée du pouvoir royal en France, renvoie aux luttes de prééminence entre le pouvoir impérial et le pouvoir papal durant le Moyen Âge, s'inspire du *summum*

---

3. *Ibid.*, p. 30.
4. *Ibid.*, p. 46.

imperium romain et prend racine dans l'autorité suprême de la Cité chez Aristote. Nonobstant ces influences, Jean Bodin est le premier à définir clairement la notion de souveraineté et à en faire la principale caractéristique de l'État. Le souverain qui, après Dieu, ne reconnaît rien de plus grand que soi, est la puissance de commander publique, absolue et perpétuelle.

Étant la puissance publique de commander, la souveraineté se distingue de la puissance domestique, celle du père, qui s'exerce dans la famille, le ménage, le particulier.

La souveraineté de la république, ou de l'État, est perpétuelle. Elle ne saurait être interrompue. Il faut différencier l'instance souveraine de celui ou de ceux qui en sont les porteurs. Ainsi, tel roi meurt, mais la royauté — qu'elle soit héréditaire ou se transmette par élection — est perpétuelle. Il faut aussi distinguer la puissance souveraine et perpétuelle de ceux auxquels elle aurait délégué un pouvoir nécessairement temporaire: «Il se peut faire qu'on donne puissance absoluë à un ou plusieurs à certain temps, lequel expiré, ils ne sont plus rien que subjects: et tant qu'ils sont en puissance, ils ne se peuvent appeler Princes souverains, veu qu'ils ne sont que depositaires, et gardes de cette puissance, jusques à ce qu'il plaise au peuple ou au Prince la revoquer[5].»

La souveraineté est absolue. L'instance souveraine n'est liée ni par les lois antérieures ni par les coutumes et elle peut modifier ses propres lois. Elle s'exerce sur toutes les forces intérieures à la république: les ordres, les villes, les familles, les particuliers... Le tiers état, dont Bodin fut un des délégués, peut conseiller le roi: seul celui-ci décide. La souveraineté absolue de l'État se manifeste aussi au plan international, face aux volontés hégémoniques d'un pouvoir impérial ou du pouvoir papal. Si tous les citoyens sont sujets de la république, la république n'est, à l'intérieur comme à l'extérieur, sujet de personne.

La souveraineté de l'État est aussi absolue face aux religions. Comme la plupart de ses prédécesseurs, Bodin affirme que la religion constitue le principal fondement de la puissance de l'État dans la mesure où elle apprend aux sujets l'amour, le respect et la crainte de l'autorité. Mais que faire lorsque la société est divisée par des luttes

---

5. *Ibid.*, p. 179-180.

religieuses comme la France de son époque? Bodin affirme que la république ne doit pas utiliser la force contre une des factions et — en conformité avec le courant catholique modéré, les «politiques», dont Michel de l'Hôpital fut le représentant le plus connu — que la royauté française doit faire preuve de tolérance pour les huguenots.

Le premier attribut du souverain est le pouvoir de légiférer sans l'accord de qui que ce soit. Ce droit législatif de l'État prédomine sur toute autre législation (celle d'une seigneurie, d'une cité, d'un ordre...): Bodin défend donc le pouvoir législatif de l'État central contre les pouvoirs législatifs décentralisés de la féodalité. De plus, la souveraineté législative peut contrecarrer des coutumes ancestrales: «Je respons que la coustume prend sa force peu à peu, et par longues annees d'un commun consentement de tous, ou de la plus part: mais la loy sort en un moment, et prend sa vigueur de celuy qui a puissance de commander à tous: la coustume se coule doucement, et sans force: la loy est commandee et publiee par puissance, et bien souvent contre le gré des sujects [...] davantage la loy peut casser les coustumes, et la coustume ne peut deroger à la loy[6].» Ce pouvoir législatif suprême comprend tous les autres attributs de la souveraineté: la déclaration de guerre ou de paix, la nomination des magistrats, la décision en dernier recours, la commutation d'une peine, le pouvoir d'imposition, la valeur de la monnaie...

Les magistrats sont les officiers, les personnes publiques, qui ont le pouvoir de commander, tandis que les simples officiers ne font qu'exécuter les décisions prises par les magistrats ou par l'instance législative souveraine. Le magistrat tient du souverain, dont il est le sujet et à qui il doit obéissance, l'autorité et le pouvoir de commander aux citoyens.

Le chef de famille, lorsqu'il quitte la maison où il commande souverainement, devient, avec d'autres chefs de famille, citoyen d'une république. Une obligation mutuelle définit le lien qui unit le citoyen au souverain: le premier doit obéissance au second qui lui doit protection. L'étranger peut profiter de certains avantages juridiques et être soumis à une taxation, mais il est extérieur au lien juridique qui unit l'obéissance du citoyen à la protection du souverain. L'esclave, comme le citoyen, est sujet de la république mais, contrairement au

---

6. *Ibid.*, p. 307-308.

citoyen, il n'est pas «franc», il n'est pas libre: il ne peut donc être franc sujet de la république, citoyen.

La citoyenneté est une abstraction juridique qui recouvre des sujets de coutumes, de langue et de religion différentes, des sujets des trois ordres (clergé, noblesse et tiers état) et de diverses classes sociales, des sujets de bourg, de faubourg et de campagne, de divers âges et des deux sexes, qui n'ont pas non plus les mêmes privilèges devant la loi. Le citoyen, libre sujet d'un souverain, se définit essentiellement par opposition à l'esclave et à l'étranger.

Limitation de la souveraineté

La souveraineté est absolue face aux législations anciennes et aux coutumes, mais elle doit respecter, conformément à la tradition du Moyen Âge, la loi divine et la loi naturelle.

Bodin ne définit pas clairement ce qu'il entend par loi divine et naturelle. Il y intègre toutefois, contrairement à Thomas d'Aquin, le droit de propriété privée, fondement de la classe dont il provient. L'instance souveraine ne peut s'emparer de la propriété de ses sujets ni leur réclamer des impôts sans le consentement de leurs représentants, sauf lorsque l'État est en péril.

Il existe sept façons de subvenir aux besoins financiers de l'État: les revenus du domaine public qui devraient normalement couvrir les dépenses ordinaires de la république; les conquêtes militaires; les dons des amis; les tributs payés par les pays alliés pour leur protection; l'activité commerciale du souverain, guère encouragée par Bodin; la taxation des marchandises importées et exportées; l'imposition des sujets.

Bodin admet que la principale cause de sédition est un écart excessif de richesse entre les plus riches et les plus pauvres. Tout en insistant sur le respect intégral de la propriété privée, Bodin préconise que l'imposition, comme les amendes, tienne compte des revenus de chacun et que la république taxe les biens de luxe: «Mais si on demande les moyens de lever imposts qui soyent à l'honneur de Dieu, au profit de la Republique, au souhait des gens de bien, au soulagement des povres, c'est de le mettre sur les choses, qui ne servent sinon à gaster et corrompre les subjects, comme font toutes les friandises, et toutes les sortes d'affiquets, perfums, draps d'or et d'argent, soyes, crespes, canatilles[7]…» De plus, les gens de bien combattront la pauvreté par la charité.

Enfin, la souveraineté est limitée par les lois fondamentales du royaume. Bodin en mentionne deux. La première est l'inaliénabilité du domaine public, principale source des revenus de l'État: «Aussi n'est-il pas licite aux Princes souverains d'abuser des fruicts, et revenus du domaine, ores que la Republique soit en bonne paix, et quitte envers tous: attendu qu'ils ne sont pas usufruitiers, ains usagers seulement, qui doyvent (la Republique et leur maison entretenuë) garder le surplus pour la necessité publique[8].» La seconde est la loi salique, selon laquelle seuls les descendants mâles peuvent accéder au trône royal.

Les deux limitations de la souveraineté clairement exprimées par Bodin sont donc le respect de la propriété privée (et du domaine public, dont la saine gestion permet de ne pas imposer la propriété privée) et le respect de la domination du mâle.

Les trois types de république

Les vertus et les vices, la richesse ou la pauvreté, la noblesse ou l'état de roturiers sont des qualités, des accidents dans le sens aristotélicien du terme, qui ne peuvent définir les républiques dans leurs différences essentielles, formelles, dans leur nature: seul le nombre le peut. Il y a trois sortes de républiques: la monarchie où un seul exerce la souveraineté; l'aristocratie, quand une minorité exerce le pouvoir; la démocratie, ou État populaire, quand le peuple ou sa majorité possède la puissance souveraine.

La souveraineté est indivisible. Son attribut premier — le pouvoir de légiférer — réside ou dans le roi, ou dans l'aristocratie, ou dans le peuple. Bodin ne croit pas en un régime mixte. La république romaine, qui constituait un régime mixte pour Polybe, Cicéron et Machiavel, est une démocratie selon Bodin: le pouvoir de décision y reposait, en dernière instance, sur le peuple, «tellement que toute l'autorité du Senat dependoit du peuple, qui avoit accoustumé de confirmer ou infirmer, ratifier ou casser à son plaisir les arrest du

---

7. *Op. cit.*, t. VI, p. 81.
8. *Ibid.*, p. 42.

Senat[9]». Les régimes prétendument mixtes masquent, pour Bodin, une lutte de pouvoir qui se terminera par la victoire de l'un des trois protagonistes: le roi, l'aristocratie ou le peuple.

Le régime démocratique est la pire forme de république car, s'appuyant sur le peuple constitué surtout de vicieux, il ne peut respecter le mérite et la vertu, être conforme à la loi de la nature: «On seroit aussi contre la loy de nature, qui a faict les uns plus advisez et plus ingenieux que les autres, a aussi ordonné les uns pour gouverner, et les autres pour obeïr: les uns sages et discrets, les autres fols et insensez, aux uns la force de l'esprit pour guider et commander, aux autres la force du corps seulement pour executer les mandements[10].»

La royauté est la meilleure forme de république. Elle peut réaliser la sagesse alors que le peuple n'est jamais sage et que seule une minorité d'aristocrates peut accéder à la sagesse. Elle est aussi plus forte car elle est une, comme le disait Thomas d'Aquin, tandis que l'aristocratie et le peuple, face à des ennemis de l'extérieur ou de l'intérieur, se divisent souvent en factions opposées. Enfin, la république royale respecte la loi de la nature: elle est à l'image de la famille dirigée par le père et de l'ensemble de la nature dont Dieu est le souverain.

La monarchie royale héréditaire est supérieure à la monarchie élective. À l'image de la famille, elle respecte la suite naturelle de la lignée et assure ainsi une plus grande stabilité. Bodin soutient en outre que la monarchie doit respecter la loi salique: «J'ay dit aussi que la Monarchie doit seulement estre devoluë aux masles, attendu que la Gynecocratie est droitement contre les loix de nature, qui a donné aux hommes la force, la prudence, les armes, le commandement, et l'a osté aux femmes: et la loy de Dieu a disertement ordonné que la femme fust subjecte à l'homme [...] Et mesmes la loy a defendu à la femme toutes les charges et offices propres aux hommes comme de juger, postuler et autres choses semblables [...] d'autant que les actions viriles sont contraire au sexe, et à la pudeur et pudicité feminine[11].»

9. *Op. cit.*, t. II, p. 18.
10. *Op. cit.*, t. VI, p. 147-148.
11. *Ibid.*, p. 232-233.

Bodin distingue aussi trois formes de monarchie: la monarchie royale, la monarchie seigneuriale et la monarchie tyrannique. La première, appelée aussi monarchie légitime, est celle où les sujets obéissent aux lois du monarque et celui-ci aux lois de la nature, dont celle du respect de la propriété privée des sujets. La monarchie seigneuriale est celle où un monarque, ayant vaincu ses ennemis dans une juste guerre, devient, selon le droit de guerre, seigneur des biens et des personnes du pays conquis, gouvernant ses nouveaux sujets comme le maître ses esclaves. Le tyran est un monarque qui ne respecte pas la loi de la nature et subordonne le bien public et les biens de ses sujets à ses intérêts particuliers. Bodin distingue le tyran dont l'origine est royale ou seigneuriale du tyran qui a usurpé le pouvoir. Le premier, comme tout détenteur légitime du pouvoir, tient son autorité de Dieu seul: il est donc criminel et impie de le tuer, tandis que le tyrannicide de l'autre est licite.

Bodin distingue, quoique confusément, État et gouvernement. Une monarchie sera gouvernée démocratiquement si le roi attribue les offices et les magistratures à des membres du peuple, et aristocratiquement s'ils sont alloués à des membres de l'aristocratie.

L'État gouverné aristocratiquement repose sur la justice distributive, proportionnelle au mérite de chacun (égalité géométrique) tandis que l'État gouverné démocratiquement se base sur la justice commutative, égale pour chacun (égalité arithmétique). La monarchie royale, dont le gouvernement serait aristocratique et populaire, repose sur la justice harmonique qui combine justice distributive et justice commutative.

Bodin donne plusieurs exemples de justice harmonique. Ainsi, le juge tiendra compte, dans sa condamnation, de l'égalité arithmétique (même délit, même peine) et de l'égalité géométrique (différences de circonstances, de lieux, de personnes). La justice harmonique liera le riche roturier avec la pauvre mais belle demoiselle, ou le pauvre noble avec une riche roturière, tandis que la justice aristocratique nie le mariage inter-classes et que la justice démocratique préconise une égalité qui n'harmonise pas les qualités de chaque conjoint. La loi de l'héritage tient compte de la justice arithmétique (égalité entre les puînés, et entre les filles) et la justice distributive (double portion à l'aîné par rapport au puîné; quelques meubles pour le mariage des filles, les immeubles aux mâles).

La monarchie royale, gouvernée ou administrée aristocratiquement et démocratiquement, harmonise le peuple dans ses aspirations égalitaires et la noblesse dans ses exigences hiérarchiques, en tenant compte des intérêts de chaque classe (les nobles, les roturiers et les pauvres).

Vision moyenâgeuse du cosmos

Bodin se réfère souvent aux Anciens — dont le maître Aristote, contre qui il cherche à affirmer son originalité — mais très peu aux penseurs du Moyen Âge perçus comme des obscurantistes. Pourtant, sa conception du politique s'inscrit dans la vision du cosmos que soutenait Thomas d'Aquin. Ainsi la famille et la république doivent être structurées conformément à la hiérarchie de domination qui prévaut au sein de la nature: «Car tout ainsi que le grand Dieu de nature, tressage et tresjuste, commande aux Anges, ainsi les Anges commandent aux hommes, les hommes aux bestes, l'ame au corps, le Ciel à la terre, la raison aux appétits: afin que ce qui est moins habile à commander, soit conduit et guidé par celuy qui le peut guarentir, et preserver pour loyer de son obeissance[12].» Ainsi, les femmes obéiront aux hommes, les particuliers aux magistrats, les magistrats aux princes, comme ceux-ci doivent obéir à la loi divine. Le père de famille et le roi sont à l'image de Dieu: désobéir aux deux premiers consiste à mépriser le troisième.

Dans son *Methodus ad facilem historiarum cognitionem* (1566), Bodin distingue l'histoire humaine, l'histoire naturelle et l'histoire divine. Il libère l'histoire civile de l'autorité religieuse et rend ainsi possible une étude laïque de l'histoire, en inscrivant l'étude de la loi et de l'État au sein des divers environnements climatiques et topographiques. Mais cette conception «moderne» du politique et de l'histoire s'insère dans la vision d'un cosmos régi par Dieu et influencé par les astres, les nombres et une musique.

Tout en subordonnant le souverain à Dieu et à la loi de la nature, Bodin préconise la tolérance du souverain aux diverses religions. Mais il développe aussi une longue argumentation pour démontrer que les sorcières et les sorciers, contrevenant à Dieu et à

---

12. *Op. cit.*, t. I, p. 13.

la loi de la nature, commettent le plus grave des délits et doivent subir les châtiments les plus sévères: la lapidation, la roue, l'écartèlement, le feu...

Bodin et Machiavel

Bodin, comme Machiavel, affirme que la violence et la force sont à l'origine de l'État. Mais le premier, vivant au sein d'une royauté établie, insiste sur les fondements légaux du pouvoir souverain; le second, habitant un pays éclaté, préconise la force et la ruse pour fonder un État unitaire. Tous deux sont donc portés par l'État «national», Bodin pour l'appuyer sur des lois, Machiavel pour le créer par la violence.

Bodin affirme la souveraineté indivise de l'État. Machiavel, comme Polybe et Cicéron, croit possible un régime mixte. Bodin partage l'opinion traditionnelle sur le peu de vertu du peuple; Machiavel accorde au peuple, dans *Le discours sur la première décade de Tite-Live*, un rôle que n'aurait pas reconnu Cicéron. Le premier insiste sur la loi et le jeu des institutions dans l'étude du politique; le second, surtout dans *Le Prince*, accorde de l'importance aux luttes entre princes, condottieres et dirigeants. Bodin, fils de roturier, accorde une grande place à l'économie; Machiavel, pourtant citoyen de la riche et commerçante république de Florence, ignore pratiquement le sujet.

Bodin et Machiavel voient la religion comme un fondement de l'État. Mais le premier, ayant connu, contrairement au second, la réforme protestante et les guerres religieuses qu'elle entraîne, préconise la tolérance de l'État aux diverses religions. Enfin, Bodin croit que l'État doit se soumettre à la loi divine et naturelle; Machiavel réduit la politique à un pur rapport de forces et de ruses dans lequel n'intervient aucune loi morale de nature humaine ou divine.

Les deux auteurs ouvrent, de façon différente, la voie à la modernité: Bodin en justifiant le caractère souverain de l'État, tant à l'intérieur du pays qu'au plan international, et Machiavel, en justifiant la raison d'État.

BIBLIOGRAPHIE

BODIN, Jean, *Les six livres de la république*, 6 t., Fayard, 1986.

BAUDRILLART, Henri, *Bodin et son temps*, Aalen, Scientia, 1964.
Réimpression de l'édition parue à Paris en 1853. Analyse et commentaire de *Les six livres de la république*, précédés d'une biographie de Bodin et d'un tableau des idées politiques et économiques du XVIe siècle. L'auteur voit en Bodin le fondateur de la science politique, dans la mesure où son analyse comprend une étude comparative des systèmes politiques, l'examen de l'histoire et la reconnaissance de l'impact de l'économie sur la politique.

FRANKLIN, Julian H., *Jean Bodin et la théorie de l'absolutisme*, PUF, 1993.
Alors que dans *Methodus* Bodin avait soutenu que la souveraineté de l'État ne saurait être absolue, il défend la position opposée dans *Les six livres de la république*. Pourquoi? Franklin soutient que la nouvelle position de Bodin découle de sa volonté de combattre l'interprétation de la constitution française avancée par les huguenots et que «l'absolutisme royal» du nouveau Bodin n'a pas plus de précédents que la thèse huguenote.

GOYARD-FABRE, Simone, *Jean Bodin et le droit de la république*, PUF, 1989.
Cette excellente étude souligne l'ambiguïté de la pensée de Bodin en montrant comment il lie la souveraineté, concept de l'État moderne, à une conception moyenâgeuse de la nature. La modernité de la pensée de Bodin repose sur son étude de l'histoire et sur sa conviction que des institutions démodées sont la cause de l'instabilité et de la faiblesse politiques de l'Italie. Son conformisme est issu de son respect pour l'ordre de l'univers et la volonté de Dieu.

Jean Bodin: actes du Colloque interdisciplinaire d'Angers, 24 au 27 mai 1984, Angers, Presses de l'Université d'Angers, 1985.
Rapport des conférences du colloque, comprenant des textes français, anglais et italiens, sur diverses facettes de la pensée de Bodin.

MESNARD, Pierre, *L'essor de la philosophie politique au XVIe siècle*. Vrin, 1969.
Dans un chapitre circonscrivant les enjeux fondamentaux de *Les six livres de la république*, Mesnard présente Bodin comme le véritable fondateur de la méthode comparative et de la politique expérimentale. Bodin élabore aussi, contrairement à Machiavel et en continuité avec les Anciens, une pensée orientée par une quête de justice et marquée par un profond sens religieux.

MONTAIGNE

(1533-1592)

Michel de Montaigne vit à la même époque et dans le même pays que Bodin[1]. Il est l'ami de Henri de Navarre qui séjournera à deux reprises à son château (1584 et 1587). Henri, roi de Navarre (1572-1610) et, sous le nom d'Henri IV, roi de France (1589-1610), est élevé dans le calvinisme par sa mère. Lors du massacre de la Saint-Barthélemy, il sauve sa vie en abjurant le protestantisme. Retenu à demi-captif à la cour de France durant trois ans, il s'échappe en 1576 et rejette le catholicisme accepté sous la menace. Après l'assassinat d'Henri III, il devient *de jure* roi de France. En 1593, afin de consolider son pouvoir, il abjure solennellement et définitivement le calvinisme. L'édit de Nantes (1598) met fin aux guerres religieuses en reconnaissant le catholicisme comme religion d'État, tout en tolérant l'existence des églises protestantes.

Michel de Montaigne, né Michel Eyquem, est d'origine roturière par son arrière-grand-père qui avait acheté la terre noble de Montaigne, fief des archevêques de Bordeaux. Le père de Michel, châtelain, qui porte les armes et vit en noble, envoie son fils dans un collège où il reçoit une formation de gentilhomme. Destiné à la magistrature, carrière de la noblesse de robe, Michel étudie le droit et devient conseiller au parlement de Bordeaux.

À la mort de son père, il hérite du château et des terres de Montaigne. Deux ans plus tard, en 1570, ses ambitions politiques sans doute déçues, il vend sa charge de conseiller au parlement, se retire sur ses terres qui pouvaient le faire vivre très agréablement,

---

1. *Cf.* l'introduction à Jean Bodin.

renonce au nom de son père, Eyquem, et se fait dorénavant appeler de Montaigne.

Retiré de la politique, sauf pour deux mandats comme maire de Bordeaux de 1581 à 1585, Montaigne consacre les 20 dernières années de sa vie à ses *Essais*, rédigés sous forme de trois livres, dont le dernier écrit entre 1585 et 1588, et chacun, modifié au cours des années par des amendements et des ajouts. Ces textes disparates, où Montaigne multiplie les points de vue sur un même sujet dans ce qu'on pourrait appeler un discours pluriel, ne se résument pas sans trahison. Nous allons tout de même tenter de synthétiser la vision du monde de Montaigne peu avant sa mort.

Le moi

Montaigne ne s'intéresse vraiment ni à la science ni à la théologie. Ses écrits ne cherchent à dévoiler ni les réalités divines, ni les lois de la nature, ni le fonctionnement politique. Il se prend lui-même pour sujet de méditation et d'écriture.

Que découvre Montaigne dans son introspection? La vanité, la faiblesse et l'inconstance de ses sentiments, de ses pensées et de ses actions qui varient selon son état de santé, ses passions, le climat et les circonstances extérieures. L'individu est un tissu de contradictions sans cohérence. Montaigne renonce à rechercher en soi ce qui serait du domaine de l'essence, de l'être. Entre la naissance et la mort, l'individu n'est que changements.

L'individu est non seulement un devenir sans structure déterminante, dépourvu de sens transcendant, sa raison elle-même est sans consistance, le jugement sur un même sujet variant selon l'interlocuteur, le point de vue et le moment.

En se décrivant, Montaigne ne se présente pas comme un modèle à imiter, même s'il sait que la publication de ses études peut sans doute servir à la réflexion du lecteur. La description de son moi reflète la condition humaine dans son inconstance, ses ambiguïtés, sa vanité: «Chaque homme porte la forme entière de l'humaine condition.»

La condition humaine est la même quelle que soit la classe sociale. Chacun est mû par des passions, des intérêts, des opinions et des circonstances similaires dans leurs variations: «Considérant l'importance des actions des princes et leur pois, nous nous persuadons qu'elles soyent produites par quelques causes aussi puissantes et importantes: nous nous trompons […] La mesme raison qui nous fait tanser avec un voisin, dresse entre les Princes une guerre; la mesme raison qui nous faict foïter un lacquais, tombant en un Roy, luy fait ruiner une province[2].»

Montaigne, châtelain et seigneur, n'est pas animé par la passion de l'accumulation comme la bourgeoisie marchande: il se contente de maintenir son bien tel que reçu de son père. Comme les hommes de fortune «moyenne», il jouit, dit-il, des mêmes commodités fondamentales que les princes. Au-delà de ce «fondamental», il condamne l'abondance qui ne peut qu'émousser les désirs et les plaisirs: «Il n'est rien si empeschant, si desgouté, que l'abondance.»

La plupart des hommes jugent les autres sur leur avoir, sur ce qui leur est extérieur. Or ce qui compte pour Montaigne, c'est l'intériorité de chacun, ce qu'il sent, pense et imagine. Il préconise une communication qui s'exercerait d'individu à individu, indépendamment de la classe sociale ou de la profession.

Montaigne ne se décrit ni comme noble, ni comme ancien magistrat, ni comme philosophe, mais comme simple individu: «Les autheurs se communiquent au peuple par quelque marque particuliere et estrangere; moy le premier par mon estre universel, comme Michel de Montaigne, non comme grammairien ou poëte ou jurisconsulte. Si le monde se plaint de quoy je parle trop de moy, je me plains de quoy il ne pense seulement pas à soy[3].» Or, dit Montaigne, il y a autant de différences de soi à soi-même que d'un individu à un autre, et il y a plus de différences entre deux individus qu'entre un homme et un animal.

Comme tout homme, Montaigne possède des caractéristiques qui l'individualisent. Ainsi, il ne veut dépendre de personne et fuit toute contrainte, y compris celle qu'il aurait la velléité de s'imposer. Cette soif de liberté et de spontanéité nourrit tous ses écrits, du premier au dernier. Cette liberté implique un désir de franchise et de sincérité, même s'il n'est pas toujours réalisé: «Mais, outre ce que je suis ainsi faict, je n'ay pas l'esprit assez souple pour gauchir à une

---

2. *Les essais*, Pierre Villey (dir.), PUF, 1965, livre 2, chap. 12, p. 476.
3. *Ibid.*, livre 3, chap. 2, p. 805.

prompte demande et pour en eschaper par quelque destour, ny pour feindre une verité, ny assez de memoire pour la retenir ainsi feinte [Montaigne revient souvent sur la faiblesse de sa mémoire], ny certes assez d'assurance pour la maintenir[4].» Montaigne, qui avait reçu de son père une éducation faite de douceur et de respect de sa liberté, rejette tout comportement cruel (nous y reviendrons). Enfin, Montaigne, qui se jugeait laid, valorise la beauté du corps, si utile pour entrer en communication avec autrui.

Nature et raison

Il n'y a aucune constance dans la raison et dans la nature. Montaigne est confronté, comme tous les hommes de la Renaissance, à la découverte d'un nouveau monde, l'Amérique, et à la redécouverte des écrivains de l'Antiquité rendus accessibles grâce à l'imprimerie. Pour lui, contrairement aux métaphysiciens grecs ou aux théologiens du Moyen Âge, il n'y a pas une raison ou un principe qui pourrait rendre compte de la diversité de la nature, qui est différences.

L'univers hiérarchique du Moyen Âge, que justifiait Thomas d'Aquin, vole en éclats. Même l'homme perd sa place centrale. Montaigne lui dénie l'exclusivité de la raison que lui avait attribuée Aristote: «Comment [l'homme] cognoit il, par l'effort de son intelligence, les branles internes et secrets des animaux? par quelle comparaison d'eux à nous conclud il la bestise qu'il leur attribue? Quand je me jouë à ma chatte, qui sçait si elle passe son temps de moy plut que je ne fay d'elle[5].» Pour Montaigne, il n'y a aucune différence essentielle entre l'homme et les animaux. Comme lui, ils ont un langage, une raison, des sentiments, une société et une morale. Ils sont même sur certains points supérieurs à l'homme, leur nature n'étant pas pervertie par la vaniteuse raison humaine. Ainsi, contrairement à nous, aucune espèce animale ne s'entretuerait.

La nature n'est pas non plus soumise à la Providence des stoïciens ou des chrétiens. Ce qui se produit dans la nature, comme chez Épicure, relève du hasard ou de la fortune sans qu'on puisse recourir à une causalité quelconque.

---

4. *Ibid.*, livre 2, chap. 17, p. 649.
5. *Ibid.*, livre 2, chap. 12, p. 432.

La raison est inconsistante, qu'elle porte sur soi, la société ou la nature. Ainsi Montaigne ne condamne pas, comme Bodin, la révolution copernicienne. Mais il ne l'approuve pas non plus. Pour lui, comme toute affirmation scientifique, elle est une hypothèse qu'une autre découverte pourrait anéantir.

Les lois naturelles existent sans doute comme on peut les voir à l'œuvre chez les animaux. Mais la raison a dénaturé l'homme de sorte que chacun suit ses passions et contrevient aux lois et coutumes de son peuple qui, elles-mêmes, varient d'un pays à l'autre.

Les lois naturelles sont suivies par les animaux et par les êtres humains les plus éloignés de la civilisation: les barbares (les Amérindiens) et les paysans. Montaigne oppose les mœurs saines des Indiens d'Amérique aux cruautés commises par les Espagnols et les Portugais durant la colonisation. Il admire l'étonnement des Amérindiens devant un peuple dirigé par un enfant et leur incompréhension devant l'acceptation des inégalités sociales: «Ils avoient aperçeu qu'il y avoit parmy nous des hommes pleins et gorgez de toutes sortes de commoditez, et que leurs moitiez estoient mendiants à leurs portes, décharnez de faim et de pauvreté; et trouvoient estrange comme ces moitiez icy necessiteuses pouvoient souffrir une telle injustice, qu'ils ne prinsent les autres à la gorge, ou missent le feu à leurs maisons[6].» Il admire aussi les paysans de sa région qui, sans avoir jamais réfléchi à la mort, s'y résignèrent avec sagesse lorsque la peste l'imposa. Contrairement aux philosophes, dit-il, la nature leur apprend à vivre et à ne penser à la mort que lorsqu'elle se présente.

Le scepticisme de Montaigne l'entraîne à la tolérance pour les peuples dont les mœurs et coutumes diffèrent des siennes et pour les individus dont les opinions divergent. Non seulement Montaigne défend la tolérance, mais il aime la variété, la diversité et les différences.

Les plaisirs

Les plaisirs sont vains, comme nous le sommes. Néanmoins, ils sont le but de la vie. Dans toute activité — travail, étude, chasse... — il faut rechercher le plaisir. Montaigne veut jouir de ce que lui apportent son être et la nature, il veut jouir de la vie, de sa vie.

---

6. *Ibid.*, livre 1, chap. 31, p. 214.

Quoi qu'en disent les stoïciens, le but même de la vertu est la volupté, le plaisir. La vertu n'est pas austère: «J'ayme une sagesse gaye et civile, et fuis l'aspreté des meurs et l'austérité, ayant pour suspecte toute mine rebarbative [...] La vertu est qualité plaisante et gaye[7].»

Montaigne admet que la joie peut parfois se mêler de tristesse et le plaisir, de douleur. Mais il n'en prend pas prétexte pour condamner le plaisir. Au contraire. En règle générale, il faut fuir une activité lorsque le plaisir se transforme en douleur. Face à celle-ci, Montaigne ne préconise pas l'évasion par l'imagination, comme Épicure dont il se sent proche, mais plutôt la diversion par l'action: «Tousjours la variation soulage, dissout et dissipe. Si je ne puis la combatre, je luy eschape, et en la fuyant je fourvoye, je ruse: muant de lieu, d'occupation, de compaignie, je me sauve dans la presse d'autres amusemens et pensées, où elle perd ma trace et m'esgare[8].» Ainsi, lors de la mort de son grand ami Étienne de La Boétie, Montaigne fuira le chagrin dans des amours.

Des plaisirs du corps, le plus puissant est le plaisir sexuel. Montaigne l'admet, même à la fin de sa vie, lorsqu'il doit se contenter des plaisirs du palais: «La chaleur naturelle, disent les bons compaignons, se prent premierement aux pieds: celle là touche l'enfance. De là elle monte à la moyenne region, où elle se plante long temps et y produit, selon moy, les seuls vrais plaisirs de la vie corporelle: les autres voluptés dorment au pris. Sur la fin, à la mode d'une vapeur qui va montant et s'exhalant, ell'arrive au gosier, où elle faict sa derniere pose[9].» Comme tous les plaisirs, l'amour est une vaine occupation, mais il la conseille pour se tenir éveillé et se conserver en forme.

Montaigne décrit les altérations du jugement par les passions, mais il montre aussi qu'elles fournissent à nos activités une énergie indispensable. Il ne loue pas la passion, mais il ne la condamne pas non plus. Dans ses passions comme dans la poursuite de ses plaisirs, l'homme doit pratiquer la mesure, la modération. Ainsi, dans ses amours, Montaigne s'est abandonné au plaisir sans sacrifier sa raison:

---

7. *Ibid.*, livre 3, chap. 5, p. 844-845.
8. *Ibid.*, livre 3, chap. 4, p. 836.
9. *Ibid.*, livre 2, chap. 2, p. 344.

«Il ne faut pas se precipiter si esperdument apres nos affections et interests. Comme, estant jeune, je m'opposois au progrez de l'amour que je sentoy trop avancer sur moy, et estudiois qu'il ne me fut si aggreable qu'il vint à me forcer en fin et captiver du tout à sa mercy[10].»

Amitié, amour et mariage

Comme pour plusieurs Anciens (Aristote, Épicure, Cicéron...), l'amitié est pour Montaigne le lien le plus profond et le plus puissant entre deux êtres humains. Il a vécu, avec La Boétie, cette grande complicité intellectuelle et affective par laquelle il devint lui-même, à travers l'ami, par laquelle son moi fusionna avec l'autre, tout en restant libre. Cette amitié parfaite est exclusive.

Contrairement aux liens de parenté, l'amitié est un choix, une affection élective, caractéristique qu'elle partage avec l'amour et le mariage. L'amour, reposant sur la liaison du corps et de l'affection, est plus intense mais moins constant que l'amitié qui combine partage intellectuel et affection. L'amitié, comme relation, se distingue aussi du mariage qui poursuit une autre fin, la procréation, et qui repose sur des liens surtout économiques.

Conformément aux Anciens, Montaigne ne croit pas que les femmes aient les aptitudes et la constance affective nécessaires à un tel rapport. Cependant, à la fin de sa vie, il rencontre Marie Le Jars de Gournay, jeune autodidacte de Picardie, qui lui voue une grande admiration. Selon un usage du XVIᵉ siècle, il la nomme «fille d'alliance», peut-être en souvenir de La Boétie qui avait été son «frère d'alliance», et écrit que «cette ame sera quelque jour capable des plus belles choses, et entre autres de la perfection de cette tressainte amitié où nous ne lisons point que son sexe ait pu monter encores[11]».

---

10. *Ibid.*, livre 3, chap. 10, p. 1014. Montaigne dira cependant ailleurs que seule l'expérience lui a appris à brider la folie amoureuse qui l'habitait dans sa jeunesse: «Je m'y eschauday en mon enfance, et y souffris toutes les rages que les poëtes disent advenir à ceux qui s'y laissent aller sans ordre et sans jugement. Il est vray que ce coup de fouet m'a servi depuis d'instruction.» (Livre 3, chap. 3, p. 824-825)

11. *Ibid.*, livre 2, chap. 17, p. 661.

Si l'amitié est un plaisir de l'intelligence, l'amour est surtout un plaisir du corps. Montaigne ne réprouve pas la sexualité. Il reprendra presque textuellement l'image de saint Augustin sur l'indocilité du membre sexuel, non pour le condamner, mais pour banaliser cette indocilité: tous nos membres peuvent se refuser à notre volonté. Le plaisir sexuel est le plus puissant plaisir corporel. Il ne faut pas le refuser. Il faut en jouir avec modération, avec franchise, sans le couper de l'affection, de l'amour: «C'est folie d'y attacher toutes ses pensées et s'y engager d'une affection furieuse et indiscrette. Mais, d'autre part, de s'y mesler sans amour et sans obligation de volonté, en forme de comédiens, pour jouer un rolle commun de l'aage et de la coustume et n'y mettre du sien que les parolles, c'est de vray pourvoyer à sa seureté, mais bien lâchement[12].»

Le mariage et l'amour sont pour Montaigne deux relations de nature différente. La base du mariage est économique (Montaigne valorise avant tout, chez une femme mariée, les vertus de gestionnaire) et son but est la procréation: la beauté et le désir amoureux y sont accessoires et inessentiels. Montaigne met les maris en garde contre la recherche des plaisirs amoureux avec leurs femmes: «Je veux donc, de leur part, apprendre cecy aux maris, s'il s'en trouve encore qui y soient trop acharnez: c'est que les plaisirs mesmes qu'ils ont à l'acointance de leurs femmes, sont reprouvez, si la modération n'y est observée; et qu'il y a de quoi faillir en licence et desbordement, comme en un subjet illegitime. Ces encheriments deshontez que la chaleur premiere nous suggere en ce jeu, sont, non indecemment seulement, mais dommageablement employez envers nos femmes. Qu'elles apprennent l'impudence au moins d'une autre main. Elles sont toujours assés esveillées pour nostre besoing. Je ne m'y suis servy que de l'instruction naturelle et simple[13].» D'ailleurs, dit Montaigne, les mariages fondés sur l'amour ont le plus haut taux d'échec. Le mariage — reposant sur l'utile, la famille et la constance — est un plaisir plus plat que l'amour, mais, dit-il, plus universel.

Le mariage ne doit pas se confondre avec l'amour. Il peut toutefois chercher à imiter l'amitié: «Un bon mariage, s'il en est, refuse la compaignie et conditions de l'amour. Il tache à representer celles

---

12. *Ibid.*, livre 3, chap. 3, p. 825.
13. *Ibid.*, livre 1, chap. 30, p. 198.

de l'amitié. C'est une douce société de vie, pleine de constance, de fiance et d'un nombre infiny d'utiles et solides offices et obligations mutuelles[14].»

Montaigne, qui préférait engendrer des livres plutôt que des enfants, se laisse marier par convenance, le célibat n'étant guère prisé à son époque. C'est un mariage de raison, sans doute concocté par son père qu'il aime beaucoup. Il est parfaitement favorable à l'intervention d'un tiers pour organiser un mariage. L'épouse, fille d'un magistrat, apporte une belle somme comme dot, tandis que l'époux obtient de son père la jouissance du quart des revenus de la seigneurie de Montaigne.

Montaigne, qui aura une fille qui lui survivra, n'est pas animé par un grand désir de procréation. Il se contente de jouir de son être et déclare qu'être sans enfant a aussi ses avantages. Par rapport à l'amour parental, contrairement à ses affirmations habituelles, il soutient qu'il ne faut pas suivre les inclinations de la nature, mais laisser la raison dicter notre conduite: «Je ne puis recevoir cette passion dequoy on embrasse les enfans à peine encore nez, n'ayant ni mouvement en l'ame, ny forme reconnoissable au corps, par où ils se puissent rendre aimables[15].» Cependant, en opposition aux coutumes de son temps et conformément à la pratique de son père, il préconise une éducation sans contrainte et sans punition corporelle, axée sur la liberté de l'enfant.

Montaigne chérit sa liberté et est fort porté sur l'amour, même s'il affirme qu'il a été, dans le mariage, plus fidèle qu'il ne l'aurait imaginé. Les hommes, dit-il, demandent aux femmes d'être chastes, «froides» dans le mariage et voluptueuses, «chaudes» comme amantes. L'homme, comme mari, a peur avant tout d'être cocu: «Confessons le vray: il n'en est guere d'entre nous qui ne craingne plus la honte que luy vient des vices de sa femme que des siens; qui ne se soigne plus (charité esmerveillable) de la conscience de sa bonne espouse que de la sienne propre; qui n'aymast mieux estre voleur et sacrilege, et que sa femme fust meurtriere et heretique, que si elle n'estoit plus chaste que son mary[16].» Or ce sont les hommes qui

---

14. *Ibid.*, livre 3, chap. 5, p. 851.
15. *Ibid.*, livre 2, chap. 8, p. 387.
16. *Ibid.*, livre 3, chap. 5, p. 860.

imposent leur loi, leur double morale, à leurs épouses: «Les femmes n'ont pas tort du tout quand elles refusent les reigles de vie qui sont introduites au monde, d'autant que ce sont les hommes qui les ont faicte sans elles. Il y a naturellement de la brigue et riotte entre elles et nous[17].» Montaigne ne prêche pas aux hommes, comme saint Augustin, la fidélité, le plaisir sexuel étant trop grand et trop puissant. Il demande plutôt aux hommes d'assouplir leur attitude à l'égard de leurs épouses: «C'est donc folie d'essayer à brider aux femmes un desir qui leur est si cuysant et si naturel [...] Il faut concevoir nostre loy soubs parolles generalles et incertaines[18].»

L'amitié d'abord, puis l'amour, sont les deux types de relation humaine les plus puissants et les plus agréables, mais la première est fort rare et l'autre se flétrit avec l'âge. Seule la lecture accompagne Montaigne toute sa vie. Le livre «costoie tout mon cours et m'assiste par tout. Il me console en la vieillesse et en la solitude. Il me descharge du pois d'une oisiveté ennuyeuse; et me deffaict à toute heure des compaignies qui me faschent [...] Pour me distraire d'une imagination importune, il n'est que de recourir aux livres; ils me détournent facilement à eux et me la desrobent. Et si ne se mutinent point pour voir que je ne les recherche qu'au deffaut de ces autres commoditez, plus reelles, vives et naturelles; ils me reçoivent tousjours de mesme visage[19].»

La politique

Montaigne était sans doute animé par l'ambition politique lorsqu'il était conseiller au parlement de Bordeaux et membre de la Chambre des Enquêtes. Il fut sans doute déçu de ne pas accéder à la prestigieuse Grand-Chambre. Aussi, lorsqu'il hérite de la seigneurie à la mort de son père, il renonce à la vie publique et choisit la vie privée. À l'époque, pour un noble comme Montaigne, il était relativement facile de rester à l'écart de l'État sans que celui-ci intervienne dans sa vie: «A la verité, nos lois sont libres assez, et le pois de la souveraineté ne touche un gentil-homme François à peine deux fois en sa vie.

---

17. *Ibid.*, livre 3, chap. 5, p. 854.
18. *Ibid.*, livre 3, chap. 5, p. 866 et 868.
19. *Ibid.*, livre 3, chap. 3, p. 827.

La subjection essentielle et effectuelle ne regarde d'entre nous que ceux qui s'y convient et qui ayment à s'honorer et enrichir par tel service: car qui se veut tapir en son foyer, et sçait conduire sa maison sans querelle et sans procès, il est aussi libre que le Duc de Venise[20].»

Les deux motifs de l'engagement politique sont le désir de s'enrichir (l'héritage met Montaigne à l'abri de ce désir) et l'aspiration à la gloire ou à l'honneur. Là-dessus, Montaigne croit ce que son expérience confirme: la gloire dépend beaucoup plus du hasard, de la fortune, que du mérite et subordonne l'évaluation d'un individu à la masse ignorante. Montaigne s'engage là où les résultats dépendent de son activité, de sa pensée, de sa liberté: sa propre vie.

En 1581, à la demande expresse du roi, il accepte la charge de la mairie de Bordeaux, mandat qu'il renouvellera pour deux ans en 1583. Mais il le fait par devoir, en ne poursuivant aucun intérêt individuel et sans passion politique. Il refuse aussi d'imiter son père qui se dévoua à la chose publique en mettant, dans un esprit de charité chrétienne, le bien commun au-dessus du bien privé. Montaigne fils ne veut pas sacrifier la gestion de ses terres, sa vie familiale, ses amis, sa santé ni, surtout, son écriture au bien commun: il s'occupe avec responsabilité de sa charge de maire, mais sans s'y perdre.

Montaigne a tenté d'appliquer à la chose publique sa morale privée faite de franchise, de rectitude et de rigueur. Il a par la suite jugé sa conduite inepte et dangereuse. Dans une époque comme la sienne, troublée par des guerres religieuses, où les mœurs et les opinions sont corrompues, la politique, dit-il, ne peut se réduire à la morale. Cette position a autorisé certains commentateurs à rapprocher l'auteur de Machiavel. Mais Montaigne ne défend pas, comme Machiavel, la raison d'État. Il refuse de subordonner l'intérêt privé à l'intérêt public. Il soutient une morale personnelle centrée sur la liberté et la franchise, et préfère laisser les affaires publiques à ceux qui sont prêts aux compromissions morales.

Montaigne est contre la nouveauté en politique: il est conservateur. Les nouveautés relèvent d'opinions aussi peu fondées les unes que les autres et renvoient, en dernière analyse, à des passions obscures ou à des ambitions privées. Chacun doit juger librement la vie publique mais, en l'absence de tout critère de validité de ces juge-

---

20. *Ibid.*, livre 1, chap. 42, p. 266.

ments, il doit se soumettre extérieurement aux lois et coutumes établies qui assurent l'ordre contre le désordre porteur de tant de maux. Ce jugement est évidemment influencé par les guerres religieuses qui déchirent alors la France.

La meilleure constitution politique est celle qui existe et qui a la durée pour fondement, même si notre vanité nous porte à critiquer ce que nous avons et connaissons: «Non par opinion mais en verité, l'excellente et meilleure police est à chacune nation celle soubs laquelle elle s'est maintenuë. Sa forme et commodité essentielle despend de l'usage. Nous nous desplaisons volontiers de la condition presente. Mais je tiens pourtant que d'aller desirant le commandement de peu en un estat populaire, ou en la monarchie une autre espece de gouvernement, c'est vice et folie[21].»

Les lois, comme les coutumes et les mœurs, ne tirent leur autorité ni de leur origine, ni des lois naturelles, ni de la justice, mais de leur existence et de leur durée: «Or les loix se maintiennent en credit, non par ce qu'elles sont justes, mais par ce qu'elles sont loix. C'est le fondement mystique de leur authorité; elles n'en ont poinct d'autre. Qui bien leur sert. Elles sont souvent faictes par des sots, plus souvent par des gens qui, en haine d'equalité, ont faute d'equité, mais tousjours par des hommes, autheurs vains et irresolus[22].»

Avocat et juge, s'il respecte les lois, Montaigne s'oppose à la cruauté communément exercée par les tribunaux contre les accusés et les condamnés à mort. Il ne croit pas que la torture puisse nécessairement contraindre un accusé à confesser la vérité. Il ne voit pas non plus l'utilité de supplicier les condamnés à mort.

La religion

Pour Thomas d'Aquin, certaines vérités étaient accessibles à la raison humaine (l'existence de Dieu), tandis que d'autres relevaient de la Révélation (la trinité de Dieu). Montaigne, en fidéiste, sépare entièrement la foi de la raison: les vérités de celle-là ne sont pas accessibles à celle-ci. Les croyances chrétiennes ont été révélées par Dieu, à qui nous devons avant tout obéissance.

---

21. *Ibid.*, livre 3, chap. 9, p. 957.
22. *Ibid.*, livre 3. chap. 13, p. 1072.

Montaigne croit, à tort, que Luther et Calvin cherchaient à fonder la foi surtout sur la raison. Aussi, son scepticisme, sa conviction que la raison ne peut découvrir la vérité, l'amènent à rejeter l'ensemble des pratiques des protestants, dont celle qui repose sur la lecture de la Bible par chaque chrétien: «Ce n'est pas l'estude de tout le monde, c'est l'estude des personnes qui y sont vouées, que Dieu y appelle. Les meschans, les ignorans s'y empirent. Ce n'est pas une histoire à compter, c'est une histoire a reverer, craindre, et adorer. Plaisantes gens, qui pensent l'avoir rendue maniable au peuple, pour l'avoir mise en langage populaire[23].»

Montaigne est contre la Réforme qu'il rend responsable des guerres civiles en France. En religion, comme en politique, il est conservateur: il appuie le catholicisme, religion traditionnelle de la France. La fidélité à la religion officielle et ancestrale n'a rien à voir avec la raison ou la connaissance. Elle consiste plutôt à défendre l'ordre contre le désordre. Membre d'une famille religieusement divisée (deux de ses sœurs et un de ses frères s'étaient ralliés à la Réforme), vivant dans une région où le protestantisme est florissant, Montaigne n'est ni dogmatique ni sectaire. Il s'opposera à toutes les attaques des huguenots contre la royauté et défendra, contre les embûches de la Ligue catholique, le réformé Henri de Navarre lorsqu'il deviendra Henri IV, légitime successeur de la couronne de France. En religion et en politique, la pratique conservatrice de Montaigne est donc modérée par tempérament et tolérante par conviction.

Certains ont remis en question la profondeur des convictions religieuses de Montaigne, qui affirme être chrétien au même titre que périgourdin. Mais, dans ses professions de foi comme dans sa pratique religieuse, il a constamment fait preuve de fidélité au catholicisme. Le domaine de la foi est toutefois complètement séparé de ses réflexions et de sa morale, qui sont laïques, profanes. Ses *Essais* portent sur soi vu à travers la raison vacillante, sans la lumière de la foi.

---

23. *Ibid.*, livre 1, chap. 16, p. 321.

La modernité de Montaigne

Pour les Anciens, la connaissance de soi comme être moral passait par la Cité car l'homme était essentiellement un animal politique. La morale de Montaigne, privée et individuelle, est complètement détachée de la politique. Pour Thomas d'Aquin, la connaissance de soi passait par la compréhension de sa place dans un univers hiérarchisé et dominé par Dieu. Cette hiérarchie de l'univers n'existe plus chez Montaigne où l'homme n'est guère différent de l'animal.

Montaigne se réfère souvent à Socrate et à son «connais-toi toi-même». Mais Socrate cherche, par la maïeutique, à définir les vertus dont la pratique permettrait à tout homme d'être heureux. Montaigne, à travers la description de la condition humaine marquée de précarité, d'incertitudes et d'illusions, ne cherche pas à définir une morale universelle. Son «connais-toi toi-même» vise la connaissance de Montaigne dans son individualité.

Montaigne part du moi comme saint Augustin dans ses *Confessions*. Mais le récit autobiographique d'Augustin est traversé de part en part par une vision théologique et vise à démontrer comment le salut de tout homme, pauvre pécheur, relève entièrement de la grâce et de la miséricorde de Dieu. Montaigne, lui, décrit la précarité de son moi hors de toute Transcendance et sans aucune volonté d'indiquer la voie d'un quelconque salut; le moi est décrit dans son immanence, hors de toute normativité transcendantale.

Montaigne ouvre la porte à la modernité en partant de soi, comme individu, pour juger l'univers.

BIBLIOGRAPHIE

MONTAIGNE, Michel de, *Les Essais* (éd. Pierre Villey), PUF, 1965.
Pierre Villey, en 1922, renouvelle radicalement les études des *Essais* en datant et en interprétant les ajouts et les modifications apportés par Montaigne au fil des ans.

——, *Œuvres complètes*, «La Pléiade», 1965.

BRODY, Jules, *Lectures de Montaigne*, Lexington, French Forum Publishers, 1982.
Selon Brody, la pensée fluide de Montaigne, qui peut donner l'impression d'un manque de cohérence, ne fait que masquer sa maîtrise des mots et des idées. Ces apparences de changement doivent plutôt être vues comme des signes visant à attirer l'attention du lecteur sur le sens profond de tel ou tel passage. Brody consacre un chapitre à cette lecture «philologique» d'un essai de Montaigne, pour se pencher par la suite sur la notion de littérature et sur la conception de la mort dans l'œuvre de Montaigne.

BROWN, Frieda S., *Religious and Political Conservatism in the Essais of Montaigne*, Genève, Droz, 1963.
L'auteur veut démontrer que le conservatisme de Montaigne est pratiquement et théoriquement lié à des positions libérales.

CHABAN-DELMAS, Jacques, *Montaigne*, Michel Lafond, 1992.
Montaigne, comme les autres humanistes l'ayant précédé, s'élèverait contre le mode d'enseignement du Moyen Âge, axé sur le commentaire de textes religieux à l'intérieur d'une orthodoxie définie par l'Église. Montaigne verrait plutôt dans l'éducation la possibilité de permettre aux étudiants de s'adapter et de se maintenir dans un monde en changement. L'enseignement devrait donc être centré sur l'individu, qui est la clé du progrès dans la quête constante du savoir.

DUMONET, Marie-Luce, *Michel de Montaigne. Les Essais*, PUF, 1985.
Présentation didactique des *Essais* insistant plus particulièrement sur leur spécificité textuelle.

FRIEDRICH, Hugo, *Montaigne*, Gallimard, 1984.
Prenant au sérieux la pensée de Montaigne, parfois interprétée comme un pur jeu de l'esprit, Friedrich dévoile la «science morale» élaborée dans les *Essais*. Au-delà de sa valeur proprement littéraire, l'œuvre de Montaigne, véritable anticipation de l'anthropologie moderne, apparaît dans son actualité philosophique.

GLAUSER, Alfred, *Montaigne paradoxal*, A.G. Nizet, 1972.
Selon Glauser, en identifiant sans cesse les limites de l'écriture et en rappelant qu'il préfère l'action aux paroles, Montaigne écrit presque malgré lui un ouvrage d'une force et d'une portée qu'il se refuse cependant à reconnaître. C'est cette «transformation» de limites et de défauts en forces et en qualités qui représente l'aspect fondamentalement paradoxal de l'œuvre de Montaigne.

PLATTARD, Jean, *Montaigne et son temps*, Genève, Slatkine Reprints, 1972.
Bonne biographie de Montaigne dont la première édition remonte à 1933.

RIVELINE, Maurice, *Montaigne et l'amitié*, Librairie Félix Alcan, 1939.

La conception de l'amitié dans les *Essais,* analysée entre autres sous l'angle de l'amitié de Montaigne pour de La Boétie.

SCHAEFER, David Lewis, *The Political Philosophy of Montaigne*, Ithaca, Cornell University Press, 1990.

Disciple de la méthode exégétique de Leo Strauss, l'auteur cherche à démontrer que le projet de Montaigne est essentiellement politique et viserait, en libérant les lecteurs des superstitions religieuses, à les orienter vers un gouvernement de type républicain.

HOBBES

(1588-1679)

L'Angleterre de l'époque est déchirée par des guerres civiles et religieuses. Charles Iᵉʳ (1625-1649), aux prises avec des difficultés financières, doit, en 1629, convoquer le parlement (constitué surtout de nobles) qui lui impose le *Petition of Right* limitant l'arbitraire du pouvoir royal. Le parlement ne sera pas convoqué durant les dix années suivantes. Avec l'accord de Charles Iᵉʳ, l'Église anglicane cherche à imposer ses prières et ses rites aux presbytériens écossais et suscite la révolte armée de l'Écosse. Pour obtenir les crédits nécessaires à la guerre, le roi se résigne en 1640 à convoquer le parlement dominé par les puritains. S'ensuivent des luttes qui conduisent à la guerre civile (1642-1646) entre les partisans du roi (anglicans, haute noblesse et paysans) et les partisans du parlement (puritains, petite noblesse terrienne et bourgeoisie urbaine). Cromwell, chef de l'armée parlementaire, vainc les forces de Charles Iᵉʳ et réussit à obtenir sa décapitation en 1649. Sous couvert de la souveraineté du parlement, Cromwell impose à l'Angleterre une dictature militaire qui lui survit deux ans (1649-1660). En 1660, lassées de la dictature, les classes dirigeantes anglaises font appel à Charles II (1660-1685) qui restaure la monarchie.

Thomas Hobbes, dont le père était pasteur, fait ses études à l'université d'Oxford. Royaliste, il est très lié à la grande famille aristocratique Cavendish où il fut précepteur. Craignant que les tenants du parlementarisme n'attentent à sa vie, il quitte l'Angleterre en 1640 et sera professeur de mathématiques de Charles II à Paris durant plus de deux ans. Après onze ans d'exil volontaire à Paris, redoutant le clergé français irrité par ses attaques contre le catholicisme, Hobbes retourne en Angleterre, ayant dans son nouveau livre, le *Léviathan*, reconnu le pouvoir de fait de la nouvelle république (*commonwealth*) et accepté la souveraineté conquise par le parlement.

Face aux guerres civiles et religieuses, Hobbes, comme Bodin, défend la souveraineté absolue, indivisible et inaliénable de l'État, de préférence royaliste. Mais, contrairement à Bodin, il fonde ce pouvoir sur une conception de l'homme comme individu libre, égal et rationnel.

Hobbes n'a eu que des opposants, même chez les royalistes et dans l'Église d'Angleterre dont il était partisan. Les premiers lui reprochent de faire reposer le pouvoir du roi, non sur Dieu, mais sur un pacte entre individus, et critiquent son ralliement au nouveau pouvoir parlementaire en Angleterre. Les seconds condamnent son irrespect de l'orthodoxie dans ses commentaires des saintes Écritures.

La nature de l'homme

Chacun, par l'introspection, peut connaître les passions qui sont similaires chez tous les êtres humains. Un individu ne diffère donc pas de l'autre par ses passions, mais par leur degré d'intensité et par les objets sur lesquels elles portent, degré et objets qui varient avec le caractère de chacun et l'éducation reçue.

L'action de l'homme, comme celle de tout animal, est déterminée par ses désirs et ses aversions. L'amour et la haine portent sur les mêmes objets que le désir et l'aversion, mais dans ceux-là, les objets sont présents, tandis que dans ceux-ci, ils sont absents. L'homme ne se distingue donc pas de l'animal par ses passions primaires, mais par sa raison qui lui permet de calculer les effets probables de ses actions sur la satisfaction de ses désirs ou sur l'évitement des objets d'aversion.

Le bon et le mauvais ne relèvent pas de la nature des objets eux-mêmes, mais de la subjectivité de chacun, qui détermine les objets aptes à satisfaire les passions partagées avec les autres hommes. Le bon est tout objet de mon désir; le mauvais est tout objet de mon aversion.

Le plaisir est l'apparition, la sensation de ce qui est bon, tandis que l'incommodité, ou déplaisir, accompagne ce qui est mauvais. Les plaisirs sensibles naissent de la sensation d'un objet présent et agréable à un de nos cinq sens, tandis que la douleur consiste dans la présence d'un objet désagréable. Les plaisirs mentaux, ou la joie, relèvent de la prévision d'un aboutissement heureux tandis que le chagrin réside dans l'attente de conséquences malheureuses.

Le désir et l'aversion, l'amour et la haine, la joie et le chagrin forment les passions simples à la base de tout agir humain[1]. Le bonheur provient du fait de prospérer sans cesse, du succès continuel dans l'obtention des objets agréables aux désirs sans cesse renaissants: «La félicité est une continuelle marche en avant du désir, d'un objet à un autre, la saisie du premier n'étant encore que la route qui mène au second[2].» Chez l'homme, comme dans l'ensemble de la nature, tout est mouvement: le bonheur ne peut consister ici-bas dans la tranquillité perpétuelle de l'esprit, que Dieu réserverait aux élus, ni dans l'ataraxie préconisée par Épicure. La définition du bonheur par Hobbes, axée sur l'acquisition, est conforme aux valeurs économiques de la société marchande qui émerge peu à peu en Angleterre au XVIIᵉ siècle. Elle s'oppose à celle des Anciens, orientée vers l'équilibre et le repos, qui renvoyait à la stabilité de l'aristocratie foncière.

Le droit naturel

La passion des richesses, du savoir et des honneurs se ramène en définitive à la plus forte des passions, celle du pouvoir. Les richesses sont le pouvoir sur les moyens de satisfaction de nos désirs. La curiosité, la passion de connaître le pourquoi et le comment — qui distinguent l'homme des animaux chez qui prédominent les plaisirs sensibles — est aussi un instrument de pouvoir sur les choses et sur les êtres. L'honneur est la passion pour tout (possession, action ou qualité) ce qui est preuve ou signe de pouvoir. Manifestation de pouvoir, l'honneur n'a donc rien à voir — contrairement à ce que pensaient les Anciens — avec la notion de justice.

Contrairement à l'animal dont la vie est réduite à la satisfaction des besoins présents, l'homme est mû aussi par la prévision des besoins futurs. Il cherche non seulement à acquérir les objets de ses

---

1. La classification des passions chez Hobbes reprend celle des passions concupiscibles chez Thomas d'Aquin, quoique la joie et le chagrin ne renvoient pas, chez Hobbes, à des objets présents, mais à des objets prévisibles, à venir.

2. *Léviathan*, Éd. Sirey, 1971, p. 95.

désirs présents et à venir, mais aussi les instruments d'acquisition de ces objets. Les désirs de l'homme étant infinis, sa passion d'acquisition est aussi sans limite. Le pouvoir d'un homme consiste donc dans les instruments qui permettent d'acquérir quelque bien futur ou quelque instrument nouveau et supérieur d'accumulation.

La valeur d'un homme est déterminée par son prix sur le marché, par ce qu'un acheteur est prêt à débourser pour acquérir son travail, ses biens ou ses instruments d'acquisition: «La *valeur* ou l'IMPORTANCE d'un homme, c'est, comme pour tout objet, son prix, c'est-à-dire ce qu'on donnerait pour disposer de son pouvoir[3].»

L'humanité, dit Hobbes, est animée par un désir perpétuel d'acquérir pouvoir après pouvoir. Ce désir nous met en concurrence avec les autres, qui désirent eux aussi plus de pouvoir. Ce désir insatiable résulte moins de l'espoir d'un plaisir plus intense ou de l'impossibilité de se satisfaire d'un pouvoir modéré que d'un besoin de sécurité: acquérir davantage de pouvoir est le seul moyen de préserver ce qui est déjà acquis contre la convoitise des autres. La compétition pour les richesses et les honneurs entraîne le désir de repousser l'autre, de l'évincer, de l'assujettir, voire de le tuer. L'honneur, la méfiance de la convoitise d'autrui et la lutte en vue du profit engendrent l'usage de la violence pour se rendre maître «de la personne d'autres hommes, de leurs femmes, de leurs enfants, de leurs biens».

La rivalité repose aussi sur l'égalité entre les hommes. L'être le plus faible physiquement, la femme la plus faible, peut vaincre l'homme le plus fort, peut le tuer, soit par la ruse, soit en s'alliant avec d'autres, soumis au même pouvoir. La sagesse, qui est la prudence, fruit de l'expérience, est généralement assez bien partagée, de sorte que chacun s'attribue une sagesse au moins équivalente à celle de la majorité. Enfin, dit Hobbes, chacun peut aspirer à obtenir ce qu'il désire.

Cette égalité entre les hommes et leur désir commun de pouvoir engendrent la lutte des uns contre les autres. Chacun est en guerre contre chacun. Chacun est un loup pour l'autre. Le monde est une

---

3. *Ibid.*, p. 83. Peu à peu, et clairement chez Bentham, la valeur, dont l'origine est économique, se substitue à la vertu dans les conceptions modernes de la morale: cette substitution n'est évidemment pas sans conséquences.

jungle. La guerre ne consiste pas uniquement dans l'affrontement violent, mais aussi dans cet état de nature où la tranquillité n'est pas assurée, où l'individu doit se prémunir contre des agressions éventuelles. La paix, elle, réside dans l'assurance que la violence d'autrui n'est pas à craindre. Toute autre situation, même si aucune violence ne s'extériorise, est une situation de guerre.

Cet état de nature anarchique, où chaque individu est un ennemi pour l'autre, est l'état qui précède la morale. Les passions, les désirs et les actions humaines qui en découlent ne peuvent être jugés selon les critères du bien et du mal, même si la morale devra être fondée en tenant compte de cette réalité humaine.

Dans l'état de nature existe le droit naturel (*jus naturale*) qui est «la liberté qu'a chacun d'user comme il le veut de son pouvoir propre, pour la préservation de sa propre nature, autrement dit de sa propre vie, et en conséquence de faire tout ce qu'il considérera, selon son jugement et sa raison propres, comme le moyen le mieux adapté à sa fin[4]». Ce droit de l'individu repose sur la liberté de chacun de poursuivre l'objet de ses passions (le bon) et sur l'égalité de chacun face à la menace de mort provenant de l'autre (le mauvais). Ce droit, conforme à la raison, justifie tous les pouvoirs et toutes les acquisitions que l'individu cumule pour préserver sa vie et satisfaire ses passions.

Les droits de nature ne relèvent plus de Dieu comme chez les théologiens du Moyen Âge, ni de la nature comme chez certains philosophes anciens, mais reposent, chez Hobbes, sur une conception anthropologique des besoins de l'individu. Le droit de l'individu prend chez lui la place que le bien occupait dans la connaissance de l'homme chez les théologiens et les Anciens. Ce droit est antérieur à la loi et à la morale: il est l'énergie que chacun déploie pour se maintenir en vie malgré les autres. Si le libéralisme est la conception politique dont le fondement est la liberté de l'individu face aux autres et antérieurement à toute société, Thomas Hobbes est bel et bien l'un des pères de cette doctrine.

---

4. *Ibid.*, p. 128.

La loi naturelle

Le désir insatiable de pouvoir entraîne, dans l'état de nature, une situation de guerre où chacun est à la merci d'un autre plus fort ou plus rusé, où la vie de personne n'est en sécurité. Cette crainte de la mort provoquée par autrui ou, l'envers de cette crainte, le désir de sa propre conservation, est la passion qui incline les hommes vers la paix. Si nos passions de conquête et de domination nous poussent à la guerre, la raison nous convainc que la préservation de notre existence est la condition indispensable pour jouir de nos acquisitions et que la paix, mieux que la guerre, peut permettre l'atteinte de ce but: «Les passions qui inclinent les hommes à la paix sont la crainte de la mort, le désir des choses nécessaires à une vie agréable, l'espoir de les obtenir par leur industrie[5].» La crainte d'une mort violente est première et fondatrice des lois naturelles. Le désir des objets agréables pousse l'homme autant à la guerre qu'à la paix, tandis que leur jouissance requiert cette dernière. L'espoir de les obtenir par le travail ou l'industrie est essentiel au désir de paix: les ambitieux insatisfaits seront portés, en vue d'améliorer leur situation, à susciter des discordes civiles, porteuses de guerres. Hobbes note également que la passion de savoir, peu fréquente par rapport à celle d'acquérir, exige aussi la paix, car elle implique des loisirs à l'abri de l'insécurité.

La peur d'une mort violente ou de blessures infligées par autrui est à la base des lois naturelles. «UNE LOI DE NATURE (*lex naturalis*) est un précepte, une règle générale, découverte par la raison, par laquelle il est interdit aux gens de faire ce qui mène à la destruction de leur vie, et en conséquence de faire tout ce qu'il considérera, selon son jugement et sa raison propres, comme le moyen le mieux adapté à cette fin[6].» Si le droit de nature consiste dans la liberté, la possibilité de faire ce qu'on veut ou ce qu'on peut, la loi de nature impose un devoir, une obligation qui limite ce droit.

Chacun, s'il n'est pas obnubilé par ses passions, peut, par sa propre raison, découvrir les lois de nature qui obligent tous les sujets sans exception. Dans le *De Cive*, Hobbes fait remonter la loi naturelle à Dieu, mais toute sa démonstration, notamment dans le *Lévia-*

---

5. *Ibid.*, p. 127.
6. *Ibid.*, p. 128.

than, est purement rationaliste et relève d'une logique déductive dont le point de départ est une vision des hommes fondamentalement en guerre, mais que la crainte de la mort entraîne à la paix. Avec Hobbes, les lois de la nature ne sont plus déterminées par une fin qui serait la société juste et ne sont plus la norme pour juger le droit positif: elles sont tout simplement un système de règles que l'individu raisonnable devrait suivre pour préserver sa vie et en maximiser les avantages.

Qui veut sa conservation, veut la paix: «Tout homme doit s'efforcer à la paix, aussi longtemps qu'il a un espoir de l'obtenir.» La paix est non seulement l'objectif de la première loi naturelle, mais circonscrit l'ensemble des lois de la nature. Cette loi ne supprime pas le droit de nature: chacun peut se défendre par tous les moyens à sa disposition s'il ne peut obtenir la paix. Personne ne peut renoncer à son droit de résister à quiconque veut attenter à sa vie ou aux moyens qui rendent sa vie agréable. Aussi, cette première loi comprend, comme corollaire, qu'il est loisible à tout homme «de rechercher et d'utiliser tous les secours et tous les avantages de la guerre» lorsqu'il ne peut pas obtenir la paix.

De cette première loi, de cette recherche de la paix découle la seconde: «Que l'on consente, quand les autres y consentent aussi, à se dessaisir, dans toute la mesure où l'on pensera que cela est nécessaire à la paix et à sa propre défense, du droit qu'on a sur toute chose; et qu'on se contente d'autant de liberté à l'égard des autres qu'on en concèderait aux autres à l'égard de soi-même[7].»

Cette seconde loi de nature suppose que chacun renonce à son droit de faire tout ce qu'il désire, limite ses droits naturels, s'oblige lui-même, s'impose des devoirs, assume en définitive une morale. La limitation de droits par lequel chacun s'engage face à l'avenir par une sorte de contrat exige une confiance mutuelle. Si cette confiance vient à être trahie, le corollaire de la première loi naturelle s'impose: liberté d'utiliser tous les moyens pour préserver sa vie et les objets essentiels à une vie agréable.

Les lois naturelles obligent donc chacun, leur transgression est un vice, mais nous ne sommes pas tenus de les mettre en pratique si les autres ne les respectent pas: «Les lois de nature obligent *in forno*

---

7. *Ibid.*, p. 128.

intorno; autrement dit: nous sommes tenus par elles de désirer qu'elles prennent effet; mais elles n'obligent pas toujours *in foro externo*, c'est-à-dire à les mettre en application. Car celui qui serait mesuré et accommodant, et qui exécuterait toutes ses promesses, en un temps ou un lieu où nul autre n'agirait de même, celui-là ferait de lui-même la proie des autres, et provoquerait avec certitude sa propre ruine, contrairement au fondement de toutes les lois de nature, qui tendent à la préservation de la nature[8].»

Dans le *Léviathan*, Hobbes décrit plusieurs autres lois naturelles, mais toutes ont pour objectif la sécurité apportée par la paix et sont contenues en définitive dans la sentence suivante: «*Ne fais pas à autrui ce que tu estimes déraisonnable qu'un autre te fasse.*»

Le pouvoir absolu de l'État

La paix requiert un pacte reposant sur la confiance mutuelle. Mais, dans l'état de nature qui est un état de guerre, comment croire que l'autre respectera sa parole, sa promesse donnée? Comment être assuré que le pacte n'est pas pour l'autre une ruse par laquelle il me piège? Comment le pacte — acte rationnel — peut-il prévaloir sur les passions de domination, d'acquisition et d'honneur des individus? La confiance réciproque devient un marché de dupes, sauf s'il existe un pouvoir établi dont la force suscite une crainte suffisante pour contraindre les individus au respect des lois naturelles[9].

Les individus doivent donc transférer leurs droits naturels et leurs pouvoirs à une instance souveraine, apte à inspirer la frayeur aux individus et à modeler leur volonté en vue d'assurer la paix à l'intérieur et leur unité contre les ennemis extérieurs. La république est ce léviathan, ce dieu mortel, à qui nous cédons nos droits et qui nous procure la paix et la protection, en nous unissant tous sous une seule personne ou une assemblée. Chacun abandonne à l'instance souveraine son droit de gouverner, de telle sorte que la république est «une personne unique telle qu'une grande multitude d'hommes se

---

8. *Ibid.*, p. 158.

9. Hobbes a de l'homme la même vision pessimiste que Luther et saint Augustin. Chez ceux-ci, seule la grâce peut permettre à l'homme de vaincre le mal et d'être bon. Hobbes remplace, d'une certaine façon, la grâce par l'État: seul celui-ci peut convaincre l'homme d'agir conformément à la loi naturelle.

sont faits, chacun d'entre eux, par des conventions mutuelles qu'ils ont passées l'un avec l'autre, l'auteur de ses actions, afin qu'elle use de la force et des ressources de tous, comme elle le jugera expédient, en vue de leur paix et de leur commune défense[10].»

Si l'anarchie, la guerre de tous contre tous, est naturelle, la société organisée par l'État souverain, fruit de la raison et de l'art de l'homme, est artificielle. L'État, résultat de la renonciation mutuelle et contractuelle des individus à leurs droits, organise la société en imposant la paix à des individus naturellement en lutte, en compétition, en guerre les uns contre les autres. L'État tutélaire a un objectif strictement utilitaire centré sur la protection de la vie d'individus séparés par leurs intérêts: il est une police de protection pour la vie, la propriété privée et le respect des contrats entre une multitude d'individus concurrents.

Comme chez Bodin, le pouvoir souverain, chez Hobbes, est absolu, indivisible et inaliénable. Il n'est pas divisé entre un parlement et un roi ou entre un État et une ou des Églises, divisions à l'origine des guerres civiles. Le pouvoir est un: «Le pouvoir du souverain ne peut pas, sans son consentement, être transféré à quelqu'un d'autre; il ne peut pas s'en trouver déchu; il ne peut pas être accusé d'injustice par un de ses sujets; il ne peut pas être châtié par eux; il est juge de ce qui est nécessaire à la paix, et juge des doctrines; il est seul législateur, et juge suprême des litiges, ainsi que du moment et de l'occasion de la guerre et de la paix; c'est à lui qu'il appartient de choisir les magistrats, conseillers, officiers, et tous les autres fonctionnaires et ministres; à lui aussi, de déterminer les récompenses, les punitions, l'honneur et le rang[11].» L'instance souveraine réunit donc tous les pouvoirs législatifs, exécutifs, judiciaires, militaires, doctrinaux et de succession. Elle est le juge de tous ses sujets en étant à l'abri de tout jugement.

Hobbes reprend la division classique entre républiques et n'utilise, comme Bodin, qu'un critère numérique pour les distinguer: l'instance souveraine est exercée par un seul homme (la monarchie), par une assemblée formée par une partie de la population (l'aristocratie) ou par une assemblée ouverte à tous ceux qui veulent participer

---

10. *Léviathan, op. cit.*, p. 178.
11. *Ibid.*, p. 208.

(la démocratie). Il critique l'opposition aristotélicienne entre les types de gouvernement juste, tenant compte des intérêts des gouvernants et des gouvernés (royauté, aristocratie et démocratie) et les types de gouvernement injuste, axés sur les seuls intérêts des dirigeants (tyrannie, oligarchie et anarchie). Chacun utilise les dénominations de type de gouvernements «injustes» pour dénigrer les républiques qu'il n'aime pas: cette division éthique n'a aucun fondement dans la réalité. Car, quelle que soit la forme de la république, les dirigeants vont toujours préférer leurs intérêts particuliers à l'intérêt public lorsque ceux-ci s'opposent. Hobbes est d'ailleurs royaliste parce qu'il juge que l'intérêt privé et l'intérêt public tendent à se confondre dans la personne du roi, tandis qu'ils entreraient plus facilement en conflit dans les deux autres formes de république: «Et si nous comparons la monarchie aux deux autres formes de République, nous pouvons remarquer, premièrement, que quiconque est dépositaire de la personnalité du peuple, ou appartient à l'assemblée qui en est dépositaire, est aussi dépositaire de sa propre personne naturelle; et, même s'il est attentif, dans sa personnalité politique, à favoriser l'intérêt commun, il est néanmoins plus attentif encore, ou en tout cas pas moins, à favoriser son bien privé, celui de sa maison, de sa parenté, de ses amis; et, en général, si l'intérêt public vient à s'opposer à l'intérêt privé, il donne la préférence à celui-ci: les passions des hommes, en effet, sont communément plus puissantes que leur raison. Il s'ensuit que c'est là où l'intérêt public et l'intérêt privé sont le plus étroitement unis que l'intérêt public est le plus avantagé. Or, dans une monarchie, l'intérêt privé est le même que l'intérêt public: la richesse, le pouvoir, l'honneur d'un monarque ne reposent que sur la richesse, la force et la réputation de ses sujets [...] Dans une démocratie, en revanche, ou dans une aristocratie, la prospérité publique n'ajoute pas autant à la fortune privée d'un homme corrompu ou ambitieux que ne le fait, bien souvent, une recommandation perfide, une action traîtresse, une guerre civile[12].»

L'origine d'une république, quelle que soit sa forme, est institutionnelle ou acquise. Elle est institutionnelle lorsque les individus, se craignant mutuellement, transmettent leurs droits à la république. Elle est acquise lorsque les individus, craignant la mort ou l'empri-

---

12. *Ibid.*, p. 195.

sonnement aux mains de la république qui les a conquis, se soumettent, soit individuellement, soit majoritairement, au nouveau pouvoir. La peur de la mort est donc le fondement de l'assujettissement de l'individu à l'État dans les deux cas.

Les relations entre républiques relèvent de l'état de nature: chacune utilise la ruse et la force dans sa lutte avec les autres. La crainte de la destruction poussera des républiques à signer des pactes de paix entre elles ou d'union face à d'autres républiques. Mais en l'absence d'un «super-État» qui aurait conquis par la force les autres républiques ou aux mains duquel les autres républiques auraient renoncé à leurs droits, les ententes inter-étatiques ne peuvent supprimer l'incertitude des périodes de paix, l'état de guerre des relations entre républiques.

L'État et la justice

Dans l'état de nature, où les individus n'ont que des droits, il n'y a pas de morale. La morale intervient lorsque les hommes, craignant la mort, renoncent mutuellement à leurs droits et font un pacte pour la paix. La justice est ainsi une des valeurs naturelles découvertes par la raison de l'homme: «La justice, c'est-à-dire le respect des conventions, est donc une règle de cette raison qui nous interdit de faire quoi que ce soit qui puisse détruire notre vie: c'est donc une loi de nature[13].» Mais dans l'état de nature, personne ne peut être assuré que l'autre respectera sa partie du contrat: l'obéissance aux lois naturelles y est donc subordonnée au droit fondamental qui est de préserver sa vie, droit d'ailleurs inscrit dans la première loi de la nature. Aussi la morale ne s'impose vraiment qu'avec le pouvoir souverain, garant du pacte, qui définit la loi, donc la justice: «Là où il n'est pas de pouvoir commun, il n'est pas de loi; là où il n'est pas de loi, il n'est pas d'injustice[14].»

L'instance souveraine, fruit du pacte entre les individus, ne fait pas partie de ce pacte. Le pouvoir souverain est au-dessus du pacte, de la loi, donc de la justice. L'instance souveraine ne peut être définie comme injuste, même lorsqu'elle ne suit pas ses propres lois qui définissent la justice. Le pouvoir souverain peut être cependant iné-

---

13. *Ibid.*, p. 147.
14. *Ibid.*, p. 126.

quitable, s'il va à l'encontre de la loi de la nature qu'il devrait respecter. Mais qui est l'interprète des lois de nature? Chaque homme, régi par sa raison, peut découvrir ces lois. Mais elles demeurent obscures et requièrent un interprète qualifié, les hommes étant presque toujours dominés par leurs passions. Dans une république, ce ne sont pas les philosophes, même s'ils ont raison, qui sont les interprètes légitimes des lois de la nature, mais l'instance souveraine elle-même: «*Autoritas, non veritas facit legem.*»

Dans l'état de nature, il n'existe ni justice, ni propriété, ni communauté: toute possession est disputée et incertaine, toute chose appartient à celui qui la conquiert par la force et demeure sienne aussi longtemps qu'il peut la conserver de la même façon. Or la justice, déterminée par la loi produite par le pouvoir souverain, est non seulement le respect des contrats, mais aussi la remise à chacun de ce qui lui est dû, de ce qui lui appartient. La république, par la loi, détermine donc la propriété en distinguant le mien du tien et du sien.

Le respect des lois naturelles, dont faisait partie la propriété privée, limitait le pouvoir absolu du souverain chez Bodin. Hobbes supprime cette limitation: si chaque sujet a sur sa propriété des droits excluant le droit de tout autre sujet, il n'obtient ces droits que par le pouvoir souverain, qui n'est donc pas lié par les droits qu'il octroie. Bodin voulait limiter le pouvoir de taxation du souverain qui devait obtenir l'approbation des sujets par l'intermédiaire de leurs représentants. Le pouvoir de taxation de l'instance souveraine ne supporte, chez Hobbes, aucune entrave.

L'État devrait traiter également tous ses sujets indépendamment de leur rang social ou de leur fortune. Il devrait rendre justice en rétablissant dans leurs droits ceux qui sont lésés, même si ce sont des riches et des puissants qui ont causé des torts à des gens pauvres et simples. Cette égalité doit s'étendre à l'imposition: chacun doit être taxé selon ce qu'il consomme et non pas selon sa richesse, ce qui consisterait à taxer injustement ceux qui travaillent beaucoup et épargnent davantage. Enfin, l'État doit prendre en charge ceux qui ne peuvent subvenir à leurs besoins par le travail et forcer les autres à travailler. Bodin, lui, suggérait, dans la mesure où l'État avait des besoins financiers que les domaines publics n'arrivaient pas à combler, de taxer davantage les biens de luxe, et laissait les pauvres aux bons soins de la charité privée.

L'État et l'Église

Entre l'État, résultat du pacte, et la multitude des individus, il n'existe pas d'organisation autonome. L'Église, comme toute autre organisation, doit être, pour Hobbes comme pour Bodin, subordonnée au pouvoir de l'État. L'auteur consacre deux des quatre parties du *Léviathan* à des questions religieuses, non pas pour développer la théologie, mais pour défendre la prééminence de l'État.

Hobbes reprend l'argumentation d'Aristote pour prouver l'existence de Dieu: tout a une cause, et si nous remontons de cause en cause, on en arrive à une première cause qui est Dieu. Mais ce Dieu, infini, inaccessible à notre esprit fini, demeure incompréhensible. Et il n'est pas la cause de la religion dont l'origine se situe, elle aussi, chez l'individu: la peur encore, la peur des puissances invisibles, cette fois, est le germe de la religion et de la superstition. La distinction entre celles-ci est soit subjective (chacun nomme chez lui religion la crainte qu'il appelle superstition chez ceux qui ne pratiquent pas le même culte), soit définie par le pouvoir souverain (la religion est la crainte qui bénéficie de la permission officielle de l'État).

Hobbes récuse la distinction entre pouvoir civil et pouvoir religieux. L'instance souveraine (roi, ou assemblée aristocratique, ou assemblée démocratique) a tous les pouvoirs: elle décrète les lois en matière de foi et de discipline, exerce directement ou par l'intermédiaire de son ministère toutes les activités pastorales et est, en définitive, chef de l'Église.

La république exerce le pouvoir sur les actions *extérieures* des hommes, tant en politique qu'en religion. Aussi un chrétien peut, contrairement à ce qu'affirmait saint Augustin, renier *publiquement* le Christ, s'il y est contraint par son souverain, tout en demeurant chrétien, si *intérieurement* il continue d'y croire. Hobbes accepte, comme exception, les martyrs répondant aux trois conditions suivantes: avoir reçu la vocation de prêcher ouvertement le royaume du Christ; être envoyé auprès des infidèles; sacrifier sa vie pour témoigner que Jésus est le Christ. Tout autre chrétien tué pour avoir désobéi à un souverain n'est pas un martyr s'il n'a pas reçu la mission de prêcher, ou s'il prêche parmi les chrétiens, ou s'il est condamné à mort pour témoigner d'un autre point de doctrine. Évidemment, Hobbes pense à l'Angleterre: aucun chrétien ne devrait y jouer au martyr en s'opposant au pouvoir souverain.

L'individu et l'État

Le pouvoir souverain, n'étant pas partie prenante du pacte entre individus dont il est le résultat, a tous les pouvoirs. Quelle est alors la liberté du sujet face à l'État auquel il s'est assujetti légalement et moralement? Hobbes définit la liberté (*liberty* ou *freedom*) comme l'absence d'obstacle extérieur ou intérieur au pouvoir de se mouvoir. Un homme libre sera donc «celui qui, s'agissant des choses que sa force et son intelligence lui permettent d'accomplir, n'est pas empêché de faire celles qu'il a la volonté de faire[15]». La liberté du sujet résidera dans les choses non réglementées par la république: «Dans tous les domaines d'activité que les lois ont passés sous silence, les gens ont la liberté de faire ce que leur propre raison leur indique comme leur étant le plus profitable[16].» Ces domaines sont, par exemple, le commerce, les contrats entre individus, le choix de la nourriture, du métier et de la résidence, la pensée (l'État ne réglemente que la conformité extérieure des sujets aux lois), etc.

L'individu transmet tous ses droits au souverain en vue de protéger sa vie: la raison pour laquelle l'individu renonce à ses droits aux mains du pouvoir souverain trace la limite de son assujettissement. Le souverain a tous les droits d'attenter à la vie d'un de ses sujets, mais celui-ci n'est pas obligé de lui obéir, peut refuser de se tuer, peut lui résister: «Si le souverain ordonne à un homme (même justement condamné) de se tuer, de se blesser, ou de se mutiler; ou bien de ne pas résister à ceux qui l'attaquent; ou bien de s'abstenir d'user de la nourriture, de l'air, des médicaments, ou de toute autre chose sans laquelle il ne peut vivre: cet homme a néanmoins la liberté de désobéir[17].» L'individu est excusé d'un acte illégal, s'il y est contraint sous la menace de la mort. L'individu affamé, ne pouvant se procurer légalement des aliments, peut, comme chez Thomas d'Aquin, voler autrui pour se maintenir en vie.

La protection de la vie, fondement du pacte et droit auquel aucun individu ne peut renoncer, indique aussi la limite de l'allégeance à une république: «L'obligation qu'ont les sujets envers le souverain est réputée durer aussi longtemps, et pas plus, que le pou-

---

15. *Ibid.*, p. 222.
16. *Ibid.*, p. 224.
17. *Ibid.*, p. 230.

voir par lequel celui-ci est apte à les protéger[18].» Ainsi, quand dans une guerre civile (l'armée de Cromwell contre celle de Charles Ier, par exemple) ou dans une guerre étrangère, l'ennemi remporte la victoire finale, la république instituée est dissoute et chaque individu a la liberté de se protéger lui-même ou d'adhérer à la nouvelle république.

La domination paternelle

Le père domine habituellement la famille. D'où vient cette domination? Elle ne s'acquiert pas par la procréation: les parents, étant tous deux nécessaires à cette fonction, devraient exercer conjointement une domination sur les enfants. Or la souveraineté étant indivisible, nul ne peut être soumis à deux maîtres. Elle ne provient pas non plus de la supériorité physique du sexe masculin. Une femme peut, par ruse ou en s'alliant à d'autres, tuer un homme: «En effet, il n'existe pas toujours, entre l'homme et la femme, une différence de force ou de prévoyance telle que le droit puisse être déterminé sans guerre[19].»

Dans l'état de pure nature, la domination de l'enfant appartient à la mère: elle seule connaît le père et la vie de l'enfant dépend de ses soins. Or l'enfant — comme l'individu dans la république — s'assujettit à celui qui préserve sa vie.

Dans les républiques, à quelques exceptions près dont celle des Amazones, l'homme domine: «Dans les Républiques, ce litige est tranché par la loi civile; et dans la plupart des cas (pas tous, cependant) la sentence est favorable au père, parce que dans la plupart des cas les Républiques ont été fondées par les pères, et non par les mères de famille[20].» Mais pourquoi les républiques ont-elles été habituellement fondées par les mâles? Pourquoi y dominent-ils? Hobbes ne le dit malheureusement pas.

Enfin, les droits et les pouvoirs de la domination paternelle dans la famille sont exactement les mêmes que ceux de l'instance souveraine dans la république: absolus, indivisibles et inaliénables. L'individu (femme ou enfants) peut cependant résister à toute atteinte à son existence.

---

18. *Ibid.*, p. 233.
19. *Ibid.*, p. 209.
20. *Ibid.*, p. 209.

Un des pères du libéralisme

Comme Bodin, Hobbes est royaliste et, face aux guerres religieuses et civiles, il soutient un pouvoir étatique absolu, indivisible et inaliénable, quoique avec plus de constance et de rigueur que son prédécesseur. Son originalité n'est donc pas dans sa défense de l'absolutisme de l'État, mais consiste à fonder sa conception de l'État et de la société sur des individus séparés et en lutte, parce que libres, égaux et rationnels. L'individu n'est plus une partie d'un tout nécessairement hiérarchisé. Il n'est plus un élément d'une société reposant naturellement sur l'inégalité de ses composantes. Il n'est plus compris à partir de la société, de la nature ou de Dieu, ni expliqué par une éthique dont le fondement serait transcendantal. C'est au contraire la nature de l'individu libre, égal et rationnel — soumis à ses passions, dont celle du pouvoir, et à ses craintes, dont celle de la mort de la main d'autrui — qui constitue la base pour comprendre la société, l'État, la religion, l'éthique... En plaçant l'origine de la société dans l'individu libre, égal, et rationnel, Hobbes se révèle un des fondateurs du libéralisme.

Le postulat de l'égalité, de la liberté et de la rationalité de l'individu entraîne aussi à poser différemment la question du rapport homme/femme. Auparavant, celui-ci s'inscrivait au sein d'un univers nécessairement et naturellement inégalitaire: il ne s'agissait alors que de rendre compte de ce cas particulier d'inégalité. Il s'agit, à partir de cette période, de passer du principe d'égalité à la réalité d'une inégalité qu'il faut expliquer, voire justifier. Ce passage s'avère parfois abrupt, comme chez Hobbes.

Peu de temps auparavant, Montaigne partait de l'individu, comme être distinct, pour juger la société, la politique, l'éthique et la religion. Mais Montaigne, sceptique, ne cherchait pas à reconstruire intellectuellement le monde. Hobbes, en s'appuyant sur l'individu, dans la lignée de Descartes dont le point de départ est «je pense donc je suis», reprend à son compte la volonté ancestrale de comprendre la place de l'homme dans l'univers. Mais le tout devra dorénavant s'expliquer à partir de l'individu.

BIBLIOGRAPHIE

HOBBES, Thomas, *De la nature humaine*, Vrin, 1971.
Première partie de *Elements of Law*, 1640.
——, *Le citoyen*, GF-Flammarion, 1982.
De Cive, 1642, comprend l'essentiel de l'ouvrage fondamental de Hobbes, le *Léviathan*.
——, *Léviathan*, Sirey, 1971.
——, *Traité de l'homme*, A. Blanchard, 1974.
Traduction de *De Homine*, 1658.
——, *Behemoth ou Le long parlement*, Vrin, 1990.
Sur la guerre civile en Angleterre, texte écrit entre 1660 et 1664.

BOSS, Gilbert, *La mort du Léviathan*, Zurich, Éd. du Grand-Midi, 1984.
Réflexion sur la situation politique contemporaine, à partir de Hobbes et de Rawls.
GAUTHIER, David P., *The Logic of Leviathan*, Oxford, Oxford University Press, 1969.
Étude de la morale et de la politique de Hobbes, en distinguant définition formelle et définition matérielle. Dans cette présentation générale de la pensée de Hobbes, Gauthier veut démontrer comment l'auteur du *Léviathan* élabore une théorie politique du pouvoir illimité fondée sur les postulats d'un individualisme radical.
KAVKA, Gregory S., *Hobbesian Moral and Political Theory*, Princeton, Princeton University Press, 1986.
Plus qu'une simple présentation de la philosophie politique de Hobbes, le commentaire de Kavka constitue une tentative de redonner toute son actualité à cette philosophie. En réfutant les arguments de Hobbes en faveur de l'absolutisme, Kavka, qui utilise les ressources de la philosophie analytique et de la théorie des jeux, élabore une théorie hobbesienne de l'État libéral contemporain.
LESSAY, Franck, *Souveraineté et légitimité chez Hobbes*, PUF, 1988.
En étudiant la souveraineté comme pouvoir légitime par opposition à pouvoir absolu, Lessay se propose de saisir la signification profonde de la philosophie politique de Hobbes. D'après Lessay, qui avance une critique des principales interprétations de cette philosophie, la théorie hobbesienne de la souveraineté anticipe les caractéristiques fondamentales de la conception moderne de la légitimité de l'État.
MACPHERSON, C.B., *The Political Theory of Possessive Individualism*, Oxford, Oxford University Press, 1962. (Traduction française parue chez Gallimard en 1971.)
Macpherson éclaire, grâce à une grille marxiste, la conception hobbesienne de l'état de nature, en soulignant sa profonde convergence avec les principes de l'économie du marché. L'idée d'une compétition permanente entre les indivi-

dus — qui prévaudrait dans l'état de nature — témoigne d'une tentative de réduction de la société au marché capitaliste naissant.

MALHERBE, Michel, *Thomas Hobbes ou l'œuvre de la raison*, Vrin, 1984.

Présentation des grandes articulations de cet enchaînement de déductions qu'est la philosophie hobbesienne. De la philosophie de la nature aux ultimes conséquences de la philosophie politique, la pensée de Hobbes est présentée dans sa cohérence, sans que soient occultées ses ambiguïtés.

RAPHAEL, David Daiches, *Hobbes: Morals and Politics*, Londres, G. Allen & Unwin, 1977.

Excellente introduction didactique à l'œuvre de Hobbes, suivie d'un résumé des principales interprétations de cette œuvre. Ce livre contient aussi un chapitre proposant une critique sommaire des principaux aspects de la philosophie de Hobbes.

STRAUSS, Leo, *La philosophie politique de Hobbes*, Belin, 1991.

Cet essai, publié vingt ans avant *Droit naturel et histoire*, présente à grands traits l'évolution de la pensée de Hobbes, afin de circonscrire ses présupposés moraux originels. C'est à l'aide des premiers textes de Hobbes que l'auteur rend compte de la profonde originalité de cette pensée fondée sur une nouvelle conception de l'homme et du pouvoir, la conception bourgeoise.

——, *Droit naturel et histoire*, Flammarion, 1986.

Dans le bref chapitre qui lui est consacré, l'auteur montre que Hobbes substitue au devoir de la philosophie classique (la loi naturelle comme fin) un droit (le droit à la vie) comme fondement de l'État.

PASCAL

(1623-1662)

Blaise Pascal vit en France à l'époque de Louis XIII (1610-1643) dont la politique subit l'emprise du cardinal Richelieu (de 1624 à sa mort en 1642). Pascal ne s'intéresse pas à la politique. Il s'intéresse aux sciences: il fait des découvertes en physique et surtout en mathématique. Il se passionne pour la philosophie dans une France marquée par Montaigne et Descartes. Enfin, il adhère au mouvement religieux de Port-Royal, abbaye de femmes fondée au XIIIᵉ siècle, qui est gagnée aux doctrines jansénistes par Saint-Cyran qui devient confesseur des religieuses en 1636, puis nouveau directeur un an plus tard. Jansénius, préconisant un retour à saint Augustin, insiste sur la nature déchue de l'homme depuis le péché originel et sur la miséricorde de Dieu qui accorde sa grâce à certains élus. Port-Royal et le jansénisme sont persécutés. Richelieu fait emprisonner Saint-Cyran à Vincennes (1638-1642). Le traité de Jansénius, l'*Augustinus*, est condamné par le pape Urbain VIII en 1642. Les jansénistes se défendent en affirmant que les cinq propositions condamnées sont effectivement hérétiques, mais qu'elles ne sont pas conformes à la pensée de Jansénius.

Pascal découvre le mouvement religieux de Port-Royal en 1646 et, en 1654, après avoir vécu, une nuit, une expérience mystique, se convertit définitivement à l'augustinisme et transforme sa vie en conséquence.

L'œuvre majeure de l'auteur, les *Pensées*, est composée de huit cents fragments trouvés chez Pascal à sa mort qui met fin à une longue et pénible maladie. Quatre-vingts pour cent de ces fragments se rattachent au projet d'une *Apologie de la religion chrétienne*, projet qui habita Pascal durant ses dernières années.

Utilisant l'ironie socratique qui part du point de vue de l'interlocuteur pour mieux l'entraîner vers le sien, maniant le paradoxe pour provoquer l'étonnement et la réflexion, Blaise Pascal cherche, dans les *Pensées,* à convaincre l'honnête homme de son temps de renoncer à ses plaisirs et à ses passions afin de se tourner vers Dieu.

L'honnête homme

Pascal préfère la conversation avec un honnête homme à la conversation avec un géomètre. La conversation de géomètres porte sur des questions géométriques et, même si elle repose sur des raisonnements rigoureux, elle a un objet plus étroit et de moindre grandeur que la connaissance de soi ou de l'homme recherchée par les honnêtes hommes.

La conception de l'*honnête homme* qui se répand au XVIIe siècle s'inspire souvent de réflexions de Montaigne: l'honnête homme plaît, charme et se fait aimer par son art de la parole, par son art de converser; ses propos sont orientés vers l'humaine condition à travers les différences individuelles; sa vertu s'exprime par la modération, par le juste milieu et par le respect de l'humanité. Le modèle de l'honnête homme s'oppose à celui du héros qui surpasse les autres par sa vaillance militaire (l'exemple romain) ou par sa totale domination des plaisirs et des passions (le stoïcien). L'honnête homme peut facilement devenir un libertin de la pensée, un agnostique qui se complaît dans l'incroyance, dans les doutes, au lieu d'être animé par une inquiétude qui le pousse à la recherche de Dieu.

L'interlocuteur de Pascal est cet «honnête homme». Pascal part fréquemment des jugements de ce dernier sur la condition humaine — par exemple, des propos de Montaigne sur la vanité humaine — pour tenter d'entraîner les honnêtes hommes sur un autre terrain, pour semer en eux l'inquiétude, pour les soustraire à ce qu'il considère comme une paresse intellectuelle dans laquelle ils se complairaient.

L'honnête homme ne considère pas l'autre comme un ennemi, il ne veut pas l'asservir, le tyranniser: Pascal le reconnaît. Il lui reproche plutôt, en bon augustinien, de vouloir se faire aimer des autres en cherchant à plaire, de ne viser que soi-même à travers l'autre, de se faire le centre de tout, d'être animé par l'amour de soi, l'amour-propre, alors qu'il n'y a qu'un seul amour qui tienne, celui de Dieu.

Misère et grandeur

Pascal insiste sur la vanité de l'esprit humain qui prend l'apparence pour la réalité et sur la misère de la volonté humaine qui accorde de la valeur à ce qui n'en a pas. S'inspirant de Montaigne qui mine les prétentions intellectuelles de l'homme, Pascal montre que l'esprit de l'homme est incapable de distinguer la vérité, objet de la raison, des fruits de son imagination. Comme chez Montaigne encore, la vanité préside aux institutions sociales et politiques. Celles-ci ne reposent pas sur la justice et, encore moins, sur l'amour de l'autre, mais sur la coutume façonnée par la concupiscence et par l'usage de la force.

L'homme, tout en étant vain par son esprit, est grand. Il connaît les premiers principes, non toutefois par la raison, mais par le cœur. Pascal oppose aussi, dans une perspective cartésienne, l'espace de l'univers, dont l'homme n'est qu'un petit point, à la pensée qui permet de le comprendre et de le dire. L'homme est un roseau pensant, le plus faible de la nature en tant que roseau, le plus grand, en tant qu'il la pense. La grandeur de l'homme résiderait, en définitive, dans la conscience de sa misère, conscience inexistante chez les autres êtres de l'univers.

Si Pascal utilise Montaigne pour décrire la bassesse de l'homme leurré par ses opinions, il se sert d'Épictète, le stoïcien, pour ridiculiser ceux qui attendent leur bonheur des plaisirs et des passions: «Je trouve dans Épictète un art incomparable pour troubler le repos de ceux qui le cherchent dans les choses extérieures, et pour forcer à reconnaître qu'ils sont de véritables esclaves et de misérables aveugles [...] Montaigne est incomparable pour confondre l'orgueil de ceux qui, hors la foi, se piquent d'une véritable justice; pour désabuser ceux qui s'attachent à leurs opinions, et qui croient trouver dans les sciences des vérités inébranlables[1].» L'erreur d'Épictète est de croire — en ignorant la bassesse de l'homme — que celui-ci peut, par lui-

---

1. «Entretien avec M. de Sacy», *Œuvres complètes*, t. III, Desclée de Brouwer, 1991, p. 156.

même, être vertueux et trouver Dieu. Épictète est donc vicié par l'orgueil. L'erreur de Montaigne est d'ignorer la grandeur enfouie sous la bassesse de l'homme, ce qui le conduit, selon Pascal, à l'absence d'espoir, au désespoir. Montaigne est vicié par la nonchalance face au salut, par la paresse intellectuelle face aux exigences divines. Il faut donc voir, dit Pascal, et la bassesse et la grandeur de l'homme: «Il est dangereux de trop faire voir à l'homme combien il est égal aux bêtes, sans lui montrer sa grandeur. Et il est encore dangereux de lui trop faire voir sa grandeur sans sa bassesse. Il est encore plus dangereux de lui laisser ignorer l'un et l'autre, mais il est très avantageux de lui représenter l'un et l'autre[2].»

L'homme est un tout face au néant et un rien face à l'infini, «un milieu entre rien et tout». Pascal insiste sur cette contradiction pour montrer que l'homme est un «monstre incompréhensible» pour celui qui n'est pas habité par la foi chrétienne, pour celui qui ne comprend pas que la double nature de l'homme trouve son origine dans la Chute: la grandeur d'Adam dans le paradis terrestre, puis sa déchéance avec le péché originel. L'homme qui, par la Chute, s'est fait vanité et misère, conserve la nostalgie de cette grandeur passée. Seul le Christ, par la grâce, peut permettre à certains hommes de renouer avec leur grandeur d'avant la faute.

Le divertissement

La misère et la grandeur de l'homme renvoient à sa double nature tandis que le divertissement pose la question de sa fin, la question du bonheur. Tous les hommes désirent être heureux: où et comment peuvent-ils l'être?

Montaigne était épicurien: le but de la vie est le plaisir. Il fallait fuir les inévitables douleurs, non par l'imagination comme chez Épicure, mais par la diversion, par l'action. Pour Pascal, la diversion est une lâche fuite. Le divertissement, beaucoup plus large que la diversion, n'est pas seulement une réaction à la douleur, il est toute activité (passions, jeux, guerre, politique, métiers, arts, sciences...) qui empêche de penser à soi, qui conduit l'homme insensiblement à sa perte en évitant la confrontation avec sa misère et sa vanité.

---

2. *Pensées*, Garnier, 1991, n° 153, p. 206.

Se divertir consiste à refuser l'ennui qui saisit chacun lorsqu'il est renvoyé à sa solitude, l'ennui n'étant que la tristesse insupportable de sa propre vacuité: «Rien n'est si insupportable à l'homme que d'être dans un plein repos, sans passion, sans affaire, sans divertissement, sans application. Il sent alors son néant, son abandon, son insuffisance, sa dépendance, son impuissance, son vide. Incontinent il sortira du fond de son âme l'ennui, la noirceur, la tristesse, le chagrin, le dépit, le désespoir[3].»

La cupidité de l'homme, sa poursuite de biens périssables, est insatiable. Aussitôt un désir comblé, le vide fondamental de l'homme se manifeste par l'émergence d'un nouveau désir. Le divertissement est agitation en vue d'un repos qui, aussitôt atteint, engendre l'ennui qui propulse encore vers l'agitation. Le divertissement est une agitation perpétuelle dont le leurre est le repos.

Le désespoir de Montaigne, selon Pascal, consiste dans son renoncement à déboucher sur le véritable Bien et sa paresse consiste à se satisfaire de plaisirs, de diversions, de divertissements, d'agitations au lieu de rechercher Dieu. Les stoïciens, au contraire, mettent le bonheur dans le refus des plaisirs et des passions, dans le refus de l'agitation, dans le repos, dans l'ataraxie. La morale de Pascal, dans son rejet des plaisirs et des passions terrestres, est très proche de celle des stoïciens. Mais il ne croit pas que le solitaire et orgueilleux stoïcien, confronté comme chacun à la maladie et à la mort, puisse atteindre le bonheur, même en croyant en un Dieu. Contrairement aux affirmations stoïciennes, le refus de l'agitation conduit — en l'absence de l'amour de Dieu et de la grâce du Christ — non au bonheur mais à l'ennui, à la conscience de son néant, au désespoir.

Le Bonheur est en Dieu qu'on ne peut atteindre par la raison, comme l'affirment les prétentieux stoïciens. Le bonheur en Dieu exige la médiation du Christ. En Lui, l'homme renoue avec sa nature d'avant la Chute, l'homme trouve le vrai repos, l'homme accède à la béatitude éternelle.

---

3. *Ibid.*, n° 515, p. 392.

Le pari

La finitude de l'homme fait qu'il ne peut connaître l'Infini, ni prouver son existence, contrairement à l'infini mathématique. Pascal ne suit pas Descartes ou Thomas d'Aquin: il n'y a pas de preuve de l'existence de Dieu. Il n'y a pas non plus de preuve de son inexistence. Théoriquement, rationnellement, la position de l'agnostique, du «je ne sais pas», se défend fort bien. Mais pratiquement, cette position est intenable. La question de l'existence de Dieu ne relève pas seulement du vrai et du faux, de la raison, mais aussi du bonheur et du malheur, de la volonté.

Il faut parier: notre bonheur l'exige. Si Dieu existe, il récompense par la béatitude éternelle celui qui lui a sacrifié le bonheur terrestre et punit par un malheur éternel celui qui lui a préféré ce bonheur. L'agnostique, pratiquement, choisit ce dernier et est donc condamné éternellement, si Dieu existe. Or, pour Pascal, le repos stoïcien comme l'agitation «épicurienne» ne peuvent contrevenir au néant de la vie marquée par la maladie et la mort. Le choix réel est entre la béatitude éternelle et un petit bonheur terrestre misérable. La probabilité que Dieu existe ou n'existe pas étant égale, il est donc logique de parier pour le bonheur le plus grand en étendue et en durée, de miser sur l'existence de Dieu.

En plus du pari, Pascal avance des raisons de croire. Le christianisme est la seule religion apte à rendre compte de la double nature de l'homme, de sa vanité et de sa grandeur, de sa misère et de son aspiration au bonheur. Les miracles du Christ et surtout les prophéties réalisées de l'Ancien Testament, dont celle de la venue du Messie, constituent autant de preuves de la véracité du christianisme. Pascal insiste sur les prophéties et sur la solution chrétienne au paradoxe de l'être humain afin de convaincre les honnêtes hommes de se soumettre à la foi, de croire.

Les enjeux du pari et les raisons de croire se révèlent cependant insuffisantes. L'homme n'est pas seulement un esprit, il est aussi un corps, une machine, un automate façonné par des habitudes et des coutumes, par un dressage à base de répétitions. Depuis la Chute, ce dressage est dévié, la volonté de l'homme est pervertie, l'homme se tourne vers soi au lieu de s'orienter vers Dieu. On ne peut vaincre l'accoutumance pervertie par la contrainte ou la terreur, solution qu'adopte saint Augustin contre les donatistes. C'est seulement de l'intérieur que l'homme peut combattre ses vieux mécanismes, ses habitudes, ses routines enchaînées aux plaisirs, aux passions et à l'amour de soi. Faites comme moi, dit Pascal, rompez avec vos plaisirs et vos passions, donnez-vous de nouvelles habitudes, mettez-vous à genoux, priez et vous croirez: «Mais apprenez au moins que votre impuissance à croire, puisque la raison vous y porte et que néanmoins vous ne le pouvez, [vient] de vos passions [...] Apprenez de ceux qui ont été liés comme vous et qui parient maintenant tout leur bien [...] Suivez la manière par où ils ont commencé: c'est en faisant tout comme s'ils croyaient, en prenant de l'eau bénite, en faisant dire des messes, etc.[4]»

Évidemment, le pari, les raisons de croire, le remplacement d'habitudes fondées sur les plaisirs par des habitudes de croyant n'entraînent pas obligatoirement la foi. Mais elles préparent le cœur à recevoir la grâce — condition indispensable à la foi — si Dieu veut l'y déposer.

Les trois ordres

Pascal distingue chez l'être humain trois ordres (corps, esprit, volonté ou cœur) qui recoupent les trois concupiscences (richesse et domination politique, curiosité, amour de soi par opposition à l'amour de Dieu).

Le premier ordre est celui du corps, de la chair, des sens. Il renvoie au concept d'étendue chez Descartes et fait signe au pouvoir qui repose sur l'argent et la force politique. On ne peut opposer aux plaisirs sensuels la richesse et le pouvoir politique, car ceux-ci sont les moyens les plus sûrs de se procurer ceux-là. La richesse n'est qu'un bien extérieur pour satisfaire les besoins du corps, tandis que les dirigeants politiques, tels les rois, sont entourés de gens qui veillent à satisfaire leurs moindres désirs: «Il ne manque jamais d'y avoir auprès des personnes des rois un grand nombre de gens qui veillent à faire succéder le divertissement à leurs affaires, et qui observent tout le temps de leur loisir pour leur fournir des plaisirs et des jeux, en sorte qu'il n'y ait point de vide[5].»

---

4. *Ibid.*, nº 680, p. 471.
5. *Ibid.*, nº 169, p. 221.

On sait, par la biographie écrite par sa sœur Gilberte, comment Pascal, dans les dernières années de sa vie, renonce aux commodités et aux plaisirs, donne généreusement aux pauvres et se mortifie en portant une «ceinture de fer pleine de pointes». Pascal, tout en écrivant les *Pensées*, conduit une guerre impitoyable à la première concupiscence.

Le deuxième ordre est celui de l'esprit. Il renvoie à la pensée chez Descartes et recoupe la concupiscence de l'esprit chère aux curieux et aux savants. En fait, la position de Pascal est fort nuancée. Il faut douter en certaines choses, connaître en d'autres (géométrie et physique) et croire en d'autres: «Il faut [avoir ces trois qualités: pyrrhonien, géomètre, chrétien. Soumis. Doute. Et elles s'accordent] savoir douter où il faut, assurer où il faut, en se soumettant où il faut [...] Il y en a qui faillent contre ces trois principes, ou en assurant tout comme démonstratif, manque de se connaître en démonstration, ou en doutant de tout, manque de savoir où il faut se soumettre, ou en se soumettant à tout, manque de savoir où il faut juger[6].»

La géométrie et la physique, ayant pour objet d'étude l'espace et la matière, relèvent d'un ordre supérieur à celui du corps, tout comme les savants sont supérieurs aux riches et aux puissants: «Le pouvoir des rois sur leurs sujets n'est, ce me semble, qu'une image du pouvoir des esprits sur les esprits qui leur sont inférieurs, sur lesquels ils exercent le droit de persuader, qui est parmi eux ce que le droit de commander est dans le gouvernement politique. Ce second empire me paraît même d'un ordre d'autant plus élevé que les esprits sont d'un ordre plus élevé que les corps, et d'autant plus équitable qu'il ne peut être départi et conservé que par le mérite, au lieu que l'autre le peut être par la naissance ou par la fortune[7].» De plus, Pascal reconnaît la progression des sciences d'une génération à l'autre et affirme que l'autorité religieuse ne saurait prévaloir sur les vérités relevant de la raison ou des expériences.

Pascal combat la curiosité intellectuelle vaine et critique ceux qui, comme Descartes, accordent «trop» d'importance aux sciences, ou qui, comme Descartes encore, veulent soumettre à la raison des objets qui relèvent de la foi (l'existence de Dieu, par exemple).

---

6. *Ibid.*, n° 201, p. 237.
7. «Lettre à Christine de Suède», *Œuvres complètes*, t. II, Desclée de Brouwer, 1970, p. 924.

La «distance infinie» entre l'esprit et la matière est infiniment plus petite qu'entre l'esprit et Dieu. Pascal, qui fut géomètre, physicien et ingénieur, se reproche sans doute, dans les dernières années de sa vie, d'avoir, comme Descartes, trop approfondi, dans sa jeunesse, les sciences au détriment de la foi. Préférer le travail scientifique au rapport à Dieu, voilà la faute, le péché de curiosité, la concupiscence de l'esprit. Dans les *Pensées*, Pascal prend pour modèles les saints, se tourne radicalement vers Dieu et délaisse les activités inférieures de la science.

Le troisième ordre est celui de la volonté ou, plus profondément, du cœur, qui oriente le corps et l'esprit vers Dieu (charité) ou vers soi-même (amour de soi ou amour-propre). Cet amour-propre est mû par la paresse chez l'épicurien Montaigne et par l'orgueil chez les stoïciens. À la fin de sa vie, Pascal combat l'attachement affectueux de l'ami ou des personnes aimées qui détourne du seul amour qui compte, celui, surnaturel, de Dieu.

Pascal, après saint Augustin et saint Jean, trace la frontière entre les trois concupiscences — qui nous rattachent à la terre — et l'amour de Dieu. C'est cette frontière, démarquant les saints des autres, les vertueux des vicieux, qui est importante, essentielle. Mais les trois auteurs ne définissent pas exactement de la même façon les trois concupiscences. Saint Jean distingue les plaisirs sensuels, la curiosité et l'orgueil lié à la richesse: «N'aimez ni le monde, ni rien de ce qui est dans le monde. Si quelqu'un aime le monde, l'amour du père n'est pas en lui. Car tout ce qui est dans le monde — la convoitise de la chair, la convoitise des yeux et l'orgueil de la richesse — vient non du Père, mais du monde[8].» Saint Augustin distingue la convoitise — désir immodéré des richesses qui peut être, pour lui, aussi bien la passion des pauvres que celle des riches — le désir de dominer — passion des dirigeants politiques — et la concupiscence, plaisir des sens. La première concupiscence de Pascal recoupe les trois passions de saint Augustin ainsi que la première et la troisième de saint Jean. La deuxième reflète la deuxième de saint Jean tandis que la troisième renvoie à l'amour de soi, fondement de toute concupiscence chez saint Augustin, dont la base est l'orgueil chez Augustin et l'orgueil ou la paresse chez Pascal.

---

8. Jean, *Première épître*, II,15-16.

Corps, esprit et volonté ou cœur: trois éléments constitutifs de l'être humain. Le corps, domaine de l'étendue ou de la matière pour Descartes, n'est mû que par des causes extérieures. La pensée permet de comprendre le corps et peut éclairer la foi, mais elle ne permet pas d'aimer Dieu. La volonté ou le cœur, principe d'action, source dynamique de l'homme, source de mouvement, tire l'homme, par la charité, vers les réalités surnaturelles ou le rabaisse à lui-même. Les trois ordres sont donc de nature et de valeur différentes: «De tous les corps ensemble on ne saurait en faire réussir une petite pensée, cela est impossible et d'un autre ordre. De tous les corps et esprits on n'en saurait tirer un mouvement de vraie charité, cela est impossible et d'un autre ordre, surnaturel[9].» La tyrannie consiste à confondre les trois ordres, à demander à un niveau ce qui relève de l'autre. Ainsi est tyrannique le dirigeant politique qui voudrait être aimé au lieu d'être craint, ou le savant qui voudrait être aimé au lieu d'être respecté pour ses connaissances, ou tout homme qui confondrait l'amour de Dieu avec son amour-propre.

Les trois concupiscences recoupent trois philosophies. La première, dont l'objet est le corps et le vice fondamental, la paresse, est celle des épicuriens reprise par Montaigne et dont le vice fondamental est la paresse. La seconde, celle des curieux et des savants, est celle de Descartes. La troisième renvoie à la philosophie des orgueilleux stoïciens.

La raison peut éclairer la foi. Pascal le montre en expliquant la double nature de l'homme et le sens caché, spirituel, des prophéties de l'Ancien Testament. Mais la raison ne peut expliquer les réalités surnaturelles. Descartes a tort de croire qu'on peut démontrer l'existence de Dieu. Dieu est une réalité incompréhensible pour la raison. La conception philosophique de Dieu est vaine et fausse. Le Dieu stoïcien est stérile. Dieu relève de la foi, du cœur, de l'amour, de la charité, de la grâce, de la médiation du Christ. Cela est si vrai que des hommes simples peuvent croire sans raison tandis que la raison, seule, ne conduit jamais à la foi: «Je sais qu'il [Dieu] a voulu qu'elles [les vérités divines] entrent du cœur dans l'esprit, et non pas de l'esprit dans le cœur, pour humilier cette superbe puissance du rai-

---

9. *Pensées, op. cit.*, n° 339, p. 299. Tous les fragments du n° 339 portent sur les trois ordres et sont remarquables par leur clarté.

sonnement, qui prétend devoir être juge des choses que la volonté choisit, et pour guérir cette volonté infirme, qui s'est toute corrompue par ses sales attachements. Et de là vient qu'au lieu qu'en parlant des choses humaines on dit qu'il faut les connaître avant que de les aimer, ce qui a passé en proverbe, les saints au contraire disent en parlant des choses divines qu'il faut les aimer pour les connaître, et qu'on n'entre dans la vérité que par la charité, dont ils ont fait une de leurs plus utiles sentences[10].»

La politique

Les lois ne reposent pas sur la justice ou sur des principes rationnels, mais sur la coutume, et ont pour but la paix sociale. Pascal suit ici Montaigne.

La raison humaine ne peut discriminer ce qui est juste de ce qui ne l'est pas. Entre l'homme et Dieu, l'écart est incommensurable: la justice humaine n'a pas plus de rapport avec la justice divine que la raison humaine avec la raison de Dieu, que la paix terrestre avec la paix céleste. Ici-bas, la force détermine la justice, la force s'unit, dans l'imagination du peuple, avec la justice et engendre la paix sociale.

La concupiscence est, avec la force, l'autre source de la loi et du pouvoir politique. Pascal entend ici la concupiscence des sens, qui est l'enjeu de l'acquisition des richesses et de la domination politique. Le roi qui serait «honnête homme», ne règnerait pas par l'usage de la force, mais en satisfaisant les besoins de ses sujets. Mais cette conduite demeure insuffisante pour lui assurer l'accès à la Cité céleste: «C'est la concupiscence qui fait leur force, c'est-à-dire la possession des choses que la cupidité des hommes désire [...] Ne prétendez donc point les dominer par la force, ni les traiter avec dureté. Contentez leurs justes désirs; soulagez leurs nécessités; mettez votre plaisir à être bienfaisant; avancez-les autant que vous pourrez, et vous agirez en vrai roi de concupiscence. Ce que je vous dis ne va pas bien loin; et si vous en demeurez là, vous ne laisserez pas de vous perdre, mais au moins vous vous perdrez en honnête homme[11].»

---

10. «De l'esprit géométrique; 2- De l'art de persuader», *Œuvres complètes*, t. III, Desclée de Brouwer, 1991, p. 413-414.

11. «Trois discours sur la condition des grands», *Œuvres complètes*, Seuil, 1963, p. 368.

L'opinion n'est pas la «reine du monde», mais la force qui, elle, «fait l'opinion». Ainsi le monde attribuera une force naturelle au roi, ne voyant pas que cette attribution vient de la coutume de le voir accompagné de gardes, d'officiers, etc. La force et la concupiscence des sens sont la base de la coutume et de l'opinion.

Le peuple n'obéit pas seulement aux lois parce qu'elles sont des lois et parce qu'elles reposent sur la coutume. Le peuple obéit aux lois parce qu'il croit que leur ancienneté est une preuve de leur justice et de leur rationalité. Il est donc dangereux de lui dire la vérité, qu'elles ne sont ni justes ni rationnelles, car il peut facilement s'enflammer, devenir séditieux, être utilisé au profit des grands, en s'imaginant pouvoir instaurer un ordre social juste et rationnel. Il faut dire au peuple qu'il faut respecter la loi parce qu'elle est loi et coutumes, parce qu'il faut respecter l'autorité, en le laissant dans l'illusion sur son équité et sa vérité, en parlant comme le peuple sur la justice des lois: «pour le bien des hommes, il faut souvent les piper».

Pascal oppose la grandeur d'établissement, la grandeur artificielle, la grandeur créée par l'homme à la grandeur venant de la nature. L'état de noblesse, qui dépend du hasard de la naissance, est une grandeur d'établissement, tandis que l'esprit de géométrie est une grandeur naturelle. Le roi «habile», «honnête homme», agit avec le peuple comme si sa grandeur était naturelle, tout en sachant qu'elle ne l'est pas.

Pascal distingue peuple, semi-habile, habile, dévot et chrétien. Le peuple honore les grands parce qu'il les croit naturellement grands. Il a raison de les honorer, mais il le fait pour une mauvaise raison. Les demi-habiles les méprisent parce qu'ils savent l'artificialité de cette grandeur. Ils ont tort de les mépriser, même si c'est pour une bonne raison, parce qu'ils vont à l'encontre de la paix sociale. Les habiles, ou les honnêtes hommes, respectent extérieurement la grandeur de la noblesse, tout en conservant une «pensée de derrière», tout en sachant intérieurement le caractère conventionnel de cette grandeur. Les dévots, «qui ont plus de zèle que de science, les méprisent». Le dévot ignore ce que l'honnête homme sait: il faut respecter les grandeurs conventionnelles pour assurer la paix sociale. Mais il dépasse celui-ci car il sait que ces honneurs ne sont rien face à la Cité céleste. Le chrétien parfait respecte, comme l'honnête homme, les grandeurs terrestres, tout en sachant comme le dévot qu'elles sont un néant face à Dieu.

Chute et grâce

La double nature de l'homme (aspiration à la vérité et au bonheur/ situation d'incertitude et de misère) s'explique par la Chute d'Adam. Avant la Chute, dans le paradis terrestre, Adam et Ève, totalement sains d'esprit et de cœur, immortels, étaient dans la vérité et vivaient heureux. Par le péché originel, ils sont précipités dans l'incertitude, dans une vie vouée à la maladie et à la mort. Par la Chute, la volonté de l'homme est pervertie et recherche naturellement et librement le bonheur dans les concupiscences, dans l'amour de soi, tandis qu'auparavant la volonté d'Adam et d'Ève se portait spontanément vers le bien qu'ils percevaient clairement, vers Dieu. Aujourd'hui, la volonté perturbe la raison en la soumettant à l'imagination, en l'asservissant aux objets de ses plaisirs et de ses passions. Heureusement le Christ, par sa double nature (homme et Dieu), par sa crucifixion et sa rédemption, vient sauver un certain nombre d'hommes en leur apportant la grâce, en leur permettant de renouer avec leur nature d'avant la Chute. Tout le mal vient de l'homme, tout le bien vient de Dieu, dans cette histoire en trois temps marquée par la Création, la Chute et la Rédemption.

L'augustinisme, tel que pensé et sans doute radicalisé par Jansénius et Port-Royal, constitue indéniablement la structure de pensée de «l'apologie du christianisme», apologie qui anime la majorité des fragments réunis sous le titre des *Pensées*. Les positions politiques de Pascal se révèlent, elles aussi, congruentes avec celles des deux Cités de saint Augustin tandis que ses remarques sur les juifs se situent dans le prolongement des commentaires de ce Père de l'Église.

Les juifs

Pascal reprend la théorie du peuple témoin de saint Augustin: les juifs, dont le refus de reconnaître le Messie dans le Christ culmine dans sa crucifixion, auraient mérité l'extermination. Mais Dieu les conserve pour qu'ils témoignent — à travers les prophéties des textes bibliques — de la vérité du christianisme.

Le peuple d'Israël transcende historiquement tous les autres peuples de l'Antiquité pour les raisons qu'invoque saint Augustin: sagesse de ses Livres et ancienneté de son peuple, miracles de Dieu faits en sa faveur, monothéisme et annonce prophétique d'un libéra-teur envoyé par Dieu, d'un Messie. À ses arguments, Pascal ajoute la solidarité de ce peuple et insiste sur la sagesse de la loi juive (Torah).

Mais ce peuple, incapable de comprendre que le royaume an-noncé n'est pas de ce monde, est un peuple charnel constitué d'une communauté de damnés. Ce peuple, cupide, axé sur la concupiscence et l'amour de soi, esclave des biens de la terre, orgueilleux, injuste, pécheur s'oppose aux élus, aux saints, aux justes, aux spirituels, aux purs. Pascal admet qu'il y a quelques juifs spirituels (les saints et les patriarches), quelques païens monothéistes (les sages philosophes) et un certain nombre de chrétiens spirituels, de vrais chrétiens. Mais il insiste généralement sur ce qui distingue ces trois catégories: «Les juifs charnels tiennent le milieu entre les chrétiens et les païens. Les païens ne connaissent point Dieu et n'aiment que la terre, les juifs connaissent le vrai Dieu et n'aiment que la terre, les chrétiens con-naissent le vrai Dieu et n'aiment point la terre. Les juifs et les païens aiment les mêmes biens, les juifs et les chrétiens connaissent le même Dieu[12].» Les juifs seraient donc pires que les païens: ils demeurent tournés vers les biens terrestres tout en connaissant le vrai Dieu.

Pascal radicalise l'opposition entre la transcendance du peuple d'Israël et sa déchéance dans la concupiscence. Et, contrairement à saint Paul ou à saint Augustin, il ne croit pas que le peuple d'Israël se convertira après les autres peuples. Il croit plutôt que sa damna-tion est définitive et éternelle.

Renaissance augustinienne

Pascal utilise le scepticisme de Montaigne pour critiquer le rationa-lisme cartésien, sa philosophie fondée sur l'ego, sa prétention à prou-ver l'existence de Dieu. Pascal ne nie pas la portée et la valeur de la science valorisée par Descartes et pratiquée dans sa jeunesse. L'acti-vité scientifique est supérieure aux activités dont le domaine est l'étendue, le corps (richesse et domination politique). Mais l'activité scientifique, qui ne reconnaît pas son néant face à l'amour de Dieu, relève de la concupiscence, de l'amour de soi.

---

12. *Pensées, op. cit.*, n° 321, p. 292.

Dans les *Pensées*, Pascal prône un retour à saint Augustin dans un siècle et une France marqués par Montaigne et Descartes. Montaigne surtout et même Descartes sont utilisés pour mieux les subvertir, pour démontrer que saint Augustin a toujours raison, que lui seul rend compte du tragique de la condition humaine.

BIBLIOGRAPHIE

PASCAL, *Pensées*, Bordas, 1991.
——, *Œuvres complètes*, Desclée de Brouwer, t. I, 1964; t. II, 1970; t. III, 1991.
——, *Œuvres complètes*, Seuil, 1963.

CROQUETTE, Bernard, *Pascal et Montaigne*, Genève, Droz, 1974.
Utilisant le critère de mots communs, l'auteur identifie et, sous forme de tableau, met en parallèle les passages des *Essais* de Montaigne avec ceux des *Pensées* de Pascal. L'auteur montre ensuite comment Pascal modifie les énoncés des *Essais* et les inscrit dans un contexte différent.
GARRAUD, Vincent, *Pascal et la philosophie*, PUF, 1992.
Analyse d'un triple rapport à la philosophie dans les *Pensées*: subversion des concepts cartésiens (évidence, premiers principes...); rejet des philosophies épicuriennes, sceptiques et stoïciennes; destitution de la métaphysique cartésienne (ego et preuves de l'existence de Dieu).
GOLDMANN, Lucien, *Le Dieu caché*, Gallimard, 1959.
La vision du monde de Pascal se situerait entre le théocentrisme de Thomas d'Aquin et le rationalisme mécaniste de Descartes. En réaction à celui-ci, Pascal dénonce le caractère amoral, a-religieux du monde et parie pour un Dieu qui demeure caché et qui est seule source de valeurs. Le jansénisme, exprimé entre autres par Pascal et Racine, refléterait la vision tragique du monde de la noblesse de robe.
GOYET, T., T. HASEKURA, J. MESNARD, P. SELLIER et I. SHIOKAWA (dir.), *Pascal, Port-Royal, Orient, Occident*, Klincksieck, 1991.
Actes d'un colloque de l'Université de Tokyo (septembre 1988) portant sur le dialogue Orient — particulièrement Japon — et Occident à travers des lectures de l'œuvre de Pascal. Je retiens particulièrement les communications de L. Thirouin sur la double pensée morale, de M. Hirota sur l'instinct et l'imagination, de P. Sellier sur les études pascaliennes récentes et de J. Mesnard sur l'absence de valeur relative.
HARRINGTON, Thomas More, *Pascal philosophe*, SEDES, 1982.
L'auteur cherche à dégager les principes philosophiques à l'œuvre dans les textes scientifiques de Pascal, principes qui permettraient de comprendre l'ensemble de sa philosophie dans son rapport avec le christianisme. À la fin, dans

un appendice, il situe sa position par rapport à d'autres analyses de la pensée pascalienne.

HELLER, L.M. et I.M. RICHMOND (dir.), *Pascal: thématique des pensées*, Vrin, 1988.
Recueil de communications présentées au colloque de l'Université de Western Ontario (avril 1984) sur Pascal. À retenir particulièrement le remarquable article de Jean Mesnard sur les trois ordres.

MESNARD, Jean, *Les pensées de Pascal*, SEDES, 1976.
Situant Pascal par rapport à Descartes, Montaigne et saint Augustin, analysant — surtout à partir de la liasse-table de juin 1658 des *Pensées* — trois grands groupes de contraires (misère et grandeur, homme sans et avec Dieu, figure et vérité), l'auteur trace le portrait d'un Pascal à la fois ironique, tragique et mystique.

SCHMITZ DU MOULIN, Henri, *Blaise Pascal: une biographie spirituelle*, Assen, Van Gorcum, 1982.
L'auteur trace la vie de Pascal en montrant comment celui-ci trouve dans le catholicisme, et particulièrement dans la tradition augustinienne, le sens de l'homme, son origine et sa fin. Cette spiritualité marquerait toutes les manifestations de son rapport au monde.

SELLIER, Philippe, *Pascal et saint Augustin*, Armand Colin, 1970.
Dans une analyse minutieuse et documentée, l'auteur montre ce que le disciple Pascal doit au maître saint Augustin, notamment sur les thèmes de la misère de l'homme sans Dieu, de la puissance de la grâce et des preuves du caractère divin du christianisme. Pascal exprime dans un langage nouveau la théologie augustinienne dont il enrichit et modifie certaines vues partielles.

Spinoza

(1632-1677)

Le XVIIe siècle est le «siècle d'or» des Pays-Bas (Hollande) qui constituent une riche puissance commerciale disputant, sur mer, l'hégémonie à l'Angleterre et, sur le continent, le pouvoir à la France de Louis XIV. Même si le calvinisme est la religion officielle de l'État, la liberté religieuse y est respectée et la Hollande devient une terre d'accueil pour ceux qui sont persécutés à cause de leur foi. Tant le milieu chrétien que le milieu juif sont traversés de débats qui opposent différents courants religieux, différentes sectes. Spinoza, qui se destinait à l'origine au rabbinat, est exclu de la communauté juive pour son absence d'orthodoxie et se lie à des chrétiens dont la foi repose sur des bases peu dogmatiques. Cette position singulière de Spinoza éclaire sans doute, quoique partiellement, la place originale qu'il occupera dans le débat religieux.

Les luttes politiques hollandaises opposent le parti orangiste — dont la famille princière occupe traditionnellement la fonction exécutive de l'État («stathouder») et la direction de l'armée — au groupe des «Régents» qui détient l'administration des villes et la gestion des finances publiques. Le parti orangiste — appuyé par les Églises calvinistes — et les régents seraient issu d'un même milieu social, quoique les premiers seraient plus représentatifs de la vieille noblesse terrienne, tandis que les seconds le seraient de la grande bourgeoisie urbaine et commerçante. En 1672, lors de l'invasion française, les frères de Witt, dirigeants du parti des «Régents» — dont Spinoza se sentait proche — sont massacrés par la foule en furie. Guillaume III, d'Orange, futur roi d'Angleterre, reprendra les prérogatives politiques de «stathouder» traditionnellement dévolues à sa famille et dont elle avait été dépouillée en 1650 par les frères de Witt, puis les élargira.

Influencé par la méthode cartésienne (la connaissance repose, à la manière de la géométrie, sur des idées «adéquates et communes» qui n'ont aucun rapport avec les connaissances sensibles) et par la description de Hobbes du passage de l'état de nature à la société politique, Baruch de Spinoza défend une théorie des passions, qui l'oppose à Descartes, et se démarque de Hobbes en préconisant la démocratie et en soutenant la liberté de l'individu face à l'État.

Les passions

Chaque chose, y compris évidemment l'être humain, s'efforce de persévérer dans son être. Cet effort, rapporté à l'essence de l'homme, est appelé appétit (*appetitus*) ou désir (*cupiditas*).

Le désir est un des sentiments, une des affections du corps par lesquelles sa puissance d'agir, de persévérer dans son être, est augmentée ou diminuée. L'âme étant, chez Spinoza, l'idée du corps qui est, comme chez Descartes, étendue, sa puissance de penser est augmentée ou diminuée selon que la puissance d'agir du corps est accrue ou restreinte.

Du désir découle la joie (passion par laquelle l'homme passe à une perfection plus grande) et la tristesse (passion par laquelle l'homme passe à une perfection moins grande), puis l'amour (joie accompagnée d'une cause extérieure) et la haine (tristesse accompagnée d'une cause extérieure). Ces affections sont, comme les six passions relevant du concupiscible chez Thomas d'Aquin (amour et haine, désir et aversion, plaisir et douleur), la source de tous les autres sentiments. Mais le désir est premier chez Spinoza tandis que l'amour prédominait chez Thomas d'Aquin.

La joie et la tristesse ne sont pas un état, un équilibre ou un repos comme chez Aristote ou Épicure, mais un passage, une transition d'un état à un autre qui implique le temps, la durée. La joie est jugée bonne, utile, car elle accompagne la satisfaction d'un désir et l'augmentation de notre puissance d'agir, tandis que la tristesse est dite mauvaise pour les raisons inverses.

Il y a autant d'espèces de sentiments qu'il y a d'espèces d'objets par lesquels nous sommes affectés. Le sentiment d'amour, par exemple, variera avec l'objet qui l'engendre. Et il n'y a aucun lien nécessaire entre une affection et son objet. La passion amoureuse, qui donne l'impression d'affinité élective, repose elle aussi sur le hasard de rencontres, sur la contingence. Nous vivons des passions dans la mesure où nous sommes une partie de la Nature qui nous affecte. La force de nos passions n'est pas déterminée par notre propre effort de persévérer dans l'existence, mais par la puissance de causes extérieures. L'homme se croit libre, mais la cause adéquate de ses actes est le plus souvent extérieure à lui-même. Il vit des passions où il manifeste son impuissance à se gouverner, où il est asservi aux objets de ses passions: «Ainsi, nous sommes agités de bien des façons par les causes extérieures et, pareils aux flots de la mer agités par des vents contraires, nous flottons, inconscients de notre sort et de notre destin[1].»

Spinoza distingue trois genres de connaissance: l'imagination, la raison, qui est connaissance par idées «adéquates et communes», et la science intuitive, qui est intuition de Dieu. L'imagination comprend les perceptions et les notions générales tirées de l'affectation de notre propre corps par les objets extérieurs. Cette connaissance sensible, confuse, partiale, incertaine, contingente est la connaissance du premier genre dont relèvent les passions.

Chacun, d'après son propre sentiment, juge ce qui est bon et mauvais, ce qui est utile ou nuisible. L'avare valorise l'argent; l'orgueilleux, la gloire; le gourmand, la nourriture... Les sentiments fondent les différences individuelles et expliquent même les changements qui affectent un individu dans sa vie. Le désir définissant l'essence de l'homme, le désir de chaque individu diffère du désir d'un autre autant que l'essence de l'un diffère de celle de l'autre. De même, l'essence d'un même individu se transforme dans le temps lorsque la transformation de ses désirs entraîne des modifications de son jugement sur le bon et le mauvais.

La raison

Les affections ou sentiments sont passifs, sont des passions, dans la mesure où l'homme est déterminé par la Nature dont il est une des parties, dans la mesure où il a une idée inadéquate de la cause de ses affections, dans la mesure où il en est la cause inadéquate. La même affection, la joie par exemple, qui accroît la puissance de notre être,

---

1. *L'éthique, in Œuvres complètes*, La Pléiade, 1954, p. 468.

est une passion lorsque sa cause est un objet extérieur, mais un sentiment actif lorsque nous en sommes la cause adéquate[2]. Seules les affections négatives découlant de la tristesse ne peuvent être des sentiments actifs: nous ne pouvons désirer consciemment la diminution de notre puissance d'être.

La raison ne peut supprimer les passions. Tout homme, y compris le philosophe, est une partie de la Nature: il est nécessairement soumis à des passions. Le philosophe sait ses passions, reconnaît qu'il n'en est pas la cause adéquate, voit qu'elles le rendent dépendant d'objets qui lui sont extérieurs. La connaissance du bon et du mauvais ne peut supprimer une passion: seule une affection plus forte peut contrarier ou annihiler une affection plus faible. Mais la connaissance du bon et du mauvais n'est pas seulement connaissance, elle est aussi désir, sentiment, et c'est en tant que tel qu'elle peut combattre un autre sentiment qui serait moins fort.

Le bien est tout effort qui vise à persévérer dans son être. Cet effort bénéfique est commun aux passions joyeuses venant de l'extérieur et aux sentiments de joie qui découlent de la raison: l'éthique de Spinoza est donc fort éloignée de la morale stoïcienne qui oppose raison et passions. Mais la vertu, au sens strict, est la poursuite *consciente* de ce qui nous est utile. La joie, comme passion, même si elle accroît notre puissance d'être, n'est pas véritablement une vertu, dans la mesure où elle dépend, non de nous-mêmes, mais de l'extérieur.

Les passions relèvent du premier genre de connaissance, l'imagination, tandis que les sentiments actifs dépendent du second genre de connaissance, la raison, qui opère par des notions communes et des idées adéquates. Les notions communes sont radicalement différentes des idées générales qui ne sont que la généralisation de sensations, de perceptions. Spinoza, dans la foulée de Descartes, récuse la théorie de la connaissance aristotélicienne: le concept ne provient pas plus de la sensation qu'une idée adéquate d'une passion.

Les hommes diffèrent entre eux parce qu'ils sont dominés par des passions: «Les hommes peuvent différer par nature, en tant qu'ils sont dominés par des sentiments qui sont des passions; et dans cette

---

2. La distinction de Spinoza entre passions déterminées par une cause extérieure et affections dont nous sommes la cause adéquate recoupe la distinction thomiste entre appétit sensitif (passion) dont l'inclination est déterminée par l'objet appréhendé et appétit rationnel (volonté) par lequel l'homme se détermine lui-même.

même mesure un seul et même homme est divers et inconstant³.» Les passions engendrent d'ailleurs les oppositions et les luttes entre hommes. Mais les hommes, qui vivent sous la conduite de la raison, s'accordent naturellement parce qu'ils font nécessairement ce qui est objectivement bon pour la nature de chaque homme, pour la nature humaine. Dans la mesure où les hommes vivent selon la raison, ils sont semblables et constants.

Toute joie et tous les sentiments qui en découlent, dont l'amour et la générosité, sont bons. Toute tristesse et toutes les affections qui en découlent, dont la haine et la pitié, sont mauvaises. Mais Spinoza rejette, comme Épicure, les joies et les plaisirs excessifs, les désirs immodérés. Il faut évaluer les plaisirs à la lumière du temps et de l'ensemble de notre corps: un plaisir présent qui entraînera une douleur plus grande est à rejeter. Et une douleur présente peut être utile si elle empêche un excès de plaisir. La crainte, qui est une tristesse, est mauvaise; l'espoir aussi, car il n'y a pas d'espoir sans crainte. Mais ces sentiments deviennent bons s'ils s'opposent à des excès de joie.

La morale de Spinoza est une morale affirmative, une morale de la joie. Cette joie peut provenir de nous, être un sentiment actif, ou provenir de l'action sur nous de causes extérieures, être une passion. Mais cette passion joyeuse, pour être bonne, doit concerner la *totalité* de notre être dans la *durée*, doit accroître la puissance de notre être.

Toutes les actions menées par des passions joyeuses et modérées, par des passions qui accroissent notre puissance d'être, pourraient être tout aussi bien déterminées par notre raison: «Enfin, dans la mesure où la joie est bonne, elle s'accorde avec la Raison (car elle consiste en ce que la puissance d'agir de l'homme est augmentée ou aidée); et elle n'est passion qu'en tant que la puissance d'agir de l'homme n'est pas augmentée jusqu'à se concevoir lui-même et ses actions de façon adéquate. [...] Donc toutes les actions auxquelles nous sommes déterminés par un sentiment qui est une passion, nous pouvons être amenés à les faire sans lui, par la seule Raison⁴.»

L'homme libre n'est pas conduit par la crainte, fut-elle celle de la mort: la sagesse est méditation sur la vie, sur ce qu'il faut chercher d'utile à la croissance de notre être propre, et non méditation morose

3. *L'éthique, op. cit.*, p. 514.
4. *Ibid.*, p. 540-541.

sur la mort. La liberté consiste à comprendre, à vivre selon la raison qui n'est pas acceptation ou soumission, mais acte joyeux.

L'état de nature

Spinoza suit assez fidèlement la description de l'état de nature chez Hobbes, mais il éclaire la lutte de pouvoirs de ce dernier par sa théorie des passions, plus compréhensive et plus complexe que celle de son prédécesseur.

Le droit naturel de chaque être, y compris l'homme, correspond au degré de sa puissance d'exister et d'agir. La limite de sa puissance est la limite de son droit; seul Dieu, la Nature, a une puissance illimitée: «Mais la puissance globale de la nature entière n'étant rien de plus que la puissance conjuguée de tous les types naturels, il s'ensuit que chaque type naturel a un droit souverain sur tout ce qui est en son pouvoir; autrement dit, le droit de chacun s'étend jusqu'aux bornes de la puissance limitée dont il dispose. Nous formulerons donc ici la loi suprême de la nature: toute réalité naturelle tend à persévérer dans son état, dans la mesure de l'effort qui lui est propre, sans tenir compte de quelque autre que ce soit[5].»

Dans l'état de nature, le sage jouit évidemment du droit d'agir conformément à la raison et le non-sage, la multitude, jouit aussi du pouvoir souverain de suivre toutes les passions qu'il juge utiles à la conservation de son être.

Dans l'état de nature, chaque individu juge ce qui est bon et ce qui est mauvais, ce qui lui est utile et ce qui lui est nuisible. Ses désirs, ses affections de joie et de tristesse, bref ses passions déterminent son agir. Ses passions, qui le différencient des autres individus, vont aussi engendrer des oppositions, des conflits, des luttes. Par ses passions, l'individu manifeste sa différence et entre en lutte avec les autres dans un rapport de forces fluctuant dont il est dépendant.

Le droit de nature inclut tout ce que peut faire un individu pour préserver et accroître la puissance de son être. Le droit de nature n'implique aucun devoir. Dans l'état de nature, il n'y a pas de juste et d'injuste, de mérite et de faute, de morale: la norme de chaque individu est ses passions.

---

5. *Traité des autorités théologique et politique*, in *Œuvres complètes*, La Pléiade, 1954, p. 825.

Le pacte social

L'état de nature limite la puissance de l'homme. L'homme y vit — dans l'angoisse — la rivalité, les inimitiés, les colères et les ruses des autres. Son indépendance, la force de son droit, est plus formelle que réelle: «Pourtant l'indépendance d'un individu, à l'état de nature, voit sa durée limitée au temps pendant lequel il est capable d'empêcher un autre de l'écraser. Or les efforts d'un homme isolé, pour se méfier des actions dont tous les autres le menacent, seraient d'avance condamnés à l'échec. Aussi le droit naturel humain, déterminé par la puissance de chacun et propre à chacun, est-il pratiquement inexistant. Il demeure plus théorique que réel, puisque nul n'est assuré de pouvoir en profiter. De toute évidence, enfin, la puissance et le droit de chacun diminuent, à mesure que le motif de crainte s'accroît[6].»

Les hommes, pour vivre, ont autant besoin d'hommes que de choses. L'entraide est indispensable à une vie non misérable: «Ce n'est pas seulement parce qu'elle protège contre les ennemis que la Société est très utile et même nécessaire au plus haut point, c'est aussi parce qu'elle permet de réunir un grand nombre de commodités[7].» La société est aussi nécessaire au développement des arts et des sciences, au développement de notre compréhension du monde. Les autres sont indispensables à la croissance de l'entendement, de la raison.

L'homme tire plus d'avantages que d'inconvénients à être, selon l'expression d'Aristote, un animal politique. L'homme n'est donc pas, comme Hobbes l'affirmait, un loup pour l'homme: il serait plutôt un Dieu dont il dépend.

Si les hommes ne désiraient que ce qu'enseigne la raison, la société n'aurait pas besoin de lois ni de pouvoirs coercitifs. Mais la très vaste majorité des hommes suivent les intérêts que leur dictent leurs passions. Ils sont dépendants de leur imagination, de leur connaissance du premier genre; ils sont esclaves de leurs passions: «Tout observateur familiarisé, en particulier, avec la mobilité d'humeur de la masse désespère presque d'elle [...] Les individus qui la composent se croient chacun seul à tout savoir, chacun veut trancher de tout à

---

6. *Traité de l'autorité politique*, in *Œuvres complètes*, La Pléiade, 1954, p. 929.
7. *Traité des autorités théologique et politique*, *op. cit.*, p. 684.

son gré, et les événements lui paraissent équitables ou iniques, désirables ou funestes, selon qu'ils vont entraîner pour lui un avantage ou un désavantage. Par vanité, il méprise ses semblables, dont il ne veut accepter aucun conseil; il envie la réputation ou le sort de ceux — il en trouvera toujours — qui sont plus favorisés; il souhaite le malheur des autres et y prend plaisir[8].»

L'État répond à un certain désir rationnel: l'entraide qu'il instaure permet de mieux satisfaire les besoins économiques et intellectuels. Mais ce désir est loin d'être suffisant pour fonder l'État qui provient d'hommes majoritairement enchaînés à leurs passions.

Aux passions dangereuses pour la vie de chacun (mépris, envie, haine, mensonge, cruauté), l'État oppose non pas la raison, mais une autre passion, la crainte du châtiment, car une passion ne peut être vaincue que par une passion plus forte: «Nul sentiment ne peut être contrarié que par un sentiment plus fort et opposé au sentiment à contrarier, et que chacun s'abstient de faire du mal de crainte d'un mal plus grand. Par cette loi donc, la Société pourra se rendre ferme, pourvu qu'elle revendique pour elle-même le droit que chacun a de se venger et de juger du bon et du mauvais, et qu'elle ait par conséquent le pouvoir de prescrire une règle de vie commune, de faire des lois et de les affermir, non par la Raison qui ne peut réprimer les sentiments, mais par des menaces[9].»

Dans l'état de nature, chacun craint les autres; dans la société politique, tous craignent l'État. On n'est donc pas sorti de la crainte qui est une passion qui relève de la tristesse. Pour les individus, la tristesse, comme toutes les passions apparentées, est toujours mauvaise, car elle diminue la puissance d'être. Pour l'État, au contraire, la crainte devient un élément essentiel et fondamental pour contraindre les sujets passionnés à une conduite qui respecte la raison.

L'État ne peut être fondé sur la vertu des dirigeants et des dirigés. Il doit être organisé en tenant compte du fait que gouvernants et gouvernés sont, comme individus, soumis à leurs passions: «Aussi, l'organisation d'un État [...] représente-t-elle une œuvre laborieuse entre toutes: il s'agit d'empêcher tout jeu de malhonnêteté et de créer les institutions qui porteront les hommes — quelle que soit leur

---

8. *Ibid.*, p. 845.
9. *L'éthique, op. cit.*, p. 522.

disposition personnelle — à mettre toujours le droit de la collectivité au-dessus de leur avantage particulier[10].»

Même si l'État repose sur la crainte, son objectif n'est pas la répression, ni la domination, mais la paix sociale, la sécurité individuelle, de sorte que chacun puisse développer au maximum sa propre puissance: «Ce à quoi l'on a visé par un tel système, c'est à libérer l'individu de la crainte — de sorte que chacun [...] conserve au plus haut point son droit naturel de vivre et d'accomplir une action (sans nuire à soi-même, ni à autrui)[11].»

Le droit de l'instance souveraine sur tous les sujets est, comme chez Hobbes, aussi étendu que son pouvoir de faire exécuter les lois, et dure aussi longtemps que celui-ci: «Le droit dont elles jouissent de commander tout ce qu'elles veulent n'appartient aux souveraines Autorités, que si elles détiennent bien effectivement la puissance souveraine; l'ont-elles perdue? le droit de tout commander leur échappe du même coup pour venir échoir à l'homme ou au groupe qui aura acquis cette puissance et sera capable de la conserver[12].»

Nul ne peut accepter de plein gré de devenir esclave. Nul ne peut accepter la négation de son droit de penser et d'exprimer ses jugements. Nul, contrairement aux affirmations de Hobbes, ne saurait renoncer à la totalité de son droit naturel. Un État peut chercher à supprimer la liberté d'expression, mais il est alors déraisonnable, en ne reconnaissant pas la réalité de l'individu. La négation de la liberté d'expression nuit à la communauté entière et crée un monde de fourberies en opposant ce que chacun pense en son for intérieur à ce qu'il peut exprimer sur la place publique: «Les sujets poursuivraient quotidiennement des pensées sans rapport aucun avec leurs paroles; la bonne foi, si indispensable à la communauté publique, se corromprait[13].» Elle nuit aussi à la paix intérieure en suscitant la résistance de ceux qui voient leurs opinions interdites, en les poussant sur les voies de la sédition perçue comme seul moyen de libérer la parole.

Dans l'état de nature, chacun, sauf les quelques sages animés par la raison, suit l'utile déterminé par ses passions. Il n'y a pas de morale

---

10. *Traité des autorités théologiques et politique, op. cit.*, p. 845-846.
11. *Ibid.*, p. 899.
12. *Ibid.*, p. 831.
13. *Ibid.*, p. 903.

liant les individus dans l'état de nature. C'est l'État qui, par le droit, déterminera le juste et l'injuste, le bien et le mal, le mérite et la faute. En transférant à l'État le pouvoir de juger leurs actes, les individus acceptent d'agir conformément à la raison ou à la morale inhérente à la législation.

Le sage, l'homme libre, ne vit pas selon ses passions, mais selon les seules exigences de la raison. L'homme libre ne désire rien pour lui-même qu'il ne désire pour les autres. Il est juste, de bonne foi et honnête. Il accepte de se soumettre aux lois de l'État car il sait que celui-ci, dans un monde où la majorité est dominée par les passions, est indispensable pour maintenir la paix sociale et préserver la sécurité individuelle, et il sait que la croissance des biens matériels et spirituels exige la présence de l'État: «L'homme qui est conduit par la Raison est plus libre dans l'État où il vit selon le décret commun, que dans la solitude où il n'obéit qu'à lui seul[14].»

Les rapports entre nations relèvent, comme chez Hobbes, de l'état de nature. Une nation est indépendante dans la mesure où cette indépendance dépend d'elle-même. Elle est dépendante si elle craint la puissance d'une autre nation ou si sa prospérité ou son agir dépend de la volonté d'une autre nation. Deux nations peuvent s'allier pour accroître leur puissance. Mais aucune ne voulant renoncer à son indépendance, cette alliance ne dure que le temps où l'une et l'autre en tirent bénéfice. Les relations internationales ne sont donc pas soumises à la raison, mais à des rapports de force et de ruse.

Le meilleur régime

Des tyrannies — comme celle de la lointaine et mythique Turquie — peuvent durer paisiblement plus longtemps que les démocraties agitées. Cette paix durable est cependant celle du «désert», reposant sur l'asservissement des sujets au tyran, lui-même asservi à ses passions. La paix civile, la concorde doit reposer sur l'articulation entre puissance de l'État et puissance de l'individu, entre droit de l'État de légiférer et droit de l'individu de penser et de s'exprimer librement. L'État doit sanctionner les actes contraires à la législation, non les

---

14. *L'éthique, op. cit.*, p. 552.

paroles de l'individu, non son droit de porter des jugements, non son pouvoir d'honorer Dieu comme bon lui semble.

Le fondement de l'État n'est pas l'homme libre, l'homme dirigé par la raison, mais la majorité asservie à ses passions. Cet asservissement est commun aux dirigeants et aux dirigés, aux gouvernants et aux gouvernés. Spinoza condamne ceux qui réduisent le peuple aux passions et à l'ignorance et qui attribuent la vertu et la connaissance aux dirigeants. La nature humaine est identique; tous les dominants deviennent redoutables s'ils ne sont pas maintenus dans la crainte; la passion des dirigeants est souvent masquée par leur prestige; l'élite reproche souvent au peuple l'ignorance dans laquelle elle le maintient; etc. Spinoza tire deux conséquences du commun asservissement aux passions: on ne saurait attribuer les maux d'une société (actes irrespectueux de la loi, séditions, guerres...) à la méchanceté humaine, mais aux défauts de l'organisation politique de cette société; la structure de l'État doit empêcher que les gouvernants ou les gouvernés soumettent le droit collectif à leurs propres intérêts.

La liberté de penser, de juger et d'affirmer ce que l'on pense est un droit naturel. Mais l'opinion de chaque individu est dictée par ses propres passions. Comment concilier le droit naturel de chacun à la libre parole avec la nécessité de dégager un intérêt commun, une opinion commune? Seul le débat public, la discussion au sein d'une assemblée, permet aux individus de dépasser leurs intérêts particuliers en dégageant un intérêt commun, une décision majoritaire à laquelle chacun devra se conformer.

Trois constitutions peuvent être raisonnables: la démocratie, l'aristocratie et la monarchie. La démocratie est le meilleur régime, car il est le plus respectueux de la liberté et de l'égalité naturelles des individus. Les deux autres régimes seront évalués à l'aune de la démocratie: l'aristocratie dégagera une opinion publique par ses débats en assemblée, tandis que la royauté sera acceptable pourvu qu'elle soit orientée par un conseil consultatif.

Dans une démocratie, tous les citoyens — qu'ils recoupent la totalité ou une partie du peuple — ont le droit d'être candidats aux différentes magistratures et de participer à l'élection des dirigeants. La démocratie ne se distingue pas de l'aristocratie par le nombre de citoyens impliqués, mais par le mode de désignation du gouvernement, élu en démocratie, coopté en aristocratie.

Spinoza exclut de la citoyenneté les étrangers (gens soumis à une autorité différente de celle de la patrie), les esclaves (dépendants du maître), les serfs, les serviteurs et peut-être les salariés (dépendants de l'employeur), les enfants (au pouvoir des parents), les femmes (dépendantes des hommes auxquels elles sont inférieures en force de caractère et en intelligence, donc en puissance et en droits humains), les criminels (déshonorés par leur conduite) et, enfin, les fous et les muets (irraisonnables).

Spinoza ne termina pas le *Traité de l'autorité politique*, dont la troisième partie devait être consacrée à la démocratie. Nous ne connaissons donc pas les structures politiques qu'il envisageait pour la démocratie, contrairement à celles de l'aristocratie et de la royauté qu'il a soigneusement décrites.

Dans le régime aristocratique, le pouvoir est exercé exclusivement par l'aristocratie ou le patriarcat par l'intermédiaire de son assemblée. Celle-ci, exerçant le pouvoir suprême, légifère et choisit en son sein les responsables du pouvoir exécutif (le sénat), les gestionnaires quotidiens de ce pouvoir (le comité sénatorial restreint), les juges et, enfin, ceux qui doivent contrôler l'intégrité, la loyauté et l'équité des sénateurs, juges et autres fonctionnaires de l'État (les syndics). Le peuple, les plébéiens, n'a aucun pouvoir. Il ne sera généralement pas armé afin de lui enlever toute velléité de s'opposer au pouvoir aristocratique. Il jouira de biens fonciers afin de l'attacher à la patrie malgré son exclusion de toute participation à la vie politique. Le régime aristocratique est supérieur à la royauté dans la mesure où il ressemble à la démocratie par sa large assemblée qui, par la discussion, dégage une opinion commune majoritaire. Le pouvoir aristocratique est aussi régulé par les syndics, dont la fonction est d'empêcher les sénateurs, les juges et les administrateurs publics de faire prévaloir leurs intérêts particuliers au détriment des intérêts communs définis dans la législation. Enfin Spinoza préfère l'aristocratie fédérale à l'aristocratie centralisée: la fédération entraîne, entre l'aristocratie de chaque ville, une concurrence qui la force à gagner l'appui des masses; elle favorise l'accès à la liberté d'une plus grande partie de la population; elle rend plus difficile l'usurpation de l'autorité politique par un tyran en créant plusieurs lieux de pouvoir.

La royauté absolue est un mythe. Toute royauté est une aristocratie déguisée: le fardeau du pouvoir étant trop lourd pour une seule personne, le roi doit s'entourer de conseillers à qui il confie son salut et celui de sa patrie.

Spinoza encadre soigneusement le pouvoir de la monarchie afin de le rendre raisonnable. Le peuple, unifié par le régime de propriété (le sol et les maisons sont du domaine public), peut se protéger contre les tendances tyranniques du roi en étant armé. De plus, les citoyens choisissent parmi eux des gens instruits et expérimentés qui forment une assemblée dont la fonction est de conseiller le roi et de veiller au respect des lois constitutionnelles: «Le roi, soit qu'il redoute la masse, soit qu'il veuille s'attacher la majorité d'une population qui a des armes à sa disposition, soit enfin qu'emporté par sa générosité il se consacre à l'intérêt public, appuiera toujours l'opinion ayant réuni le plus grand nombre de voix[15].»

État et religion

La philosophie se distingue de la religion par son objet, sa méthode et ses disciples, même si toutes deux cherchent à rendre compte de la totalité du réel et jugent que cette explication est essentielle à la conduite humaine. La philosophie, connaissance du second genre, a pour objet la vérité et fonctionne, comme la géométrie, à partir de notions communes et d'idées adéquates. Seule une faible fraction de la population peut accéder à la raison, à la philosophie. La religion relève de la connaissance du premier genre. Elle repose sur l'opinion et l'imagination, sur les perceptions et les notions générales qui, elles-mêmes, renvoient à l'univers des passions. Son objet est l'obéissance du peuple et elle est évidemment à la portée de tous.

Mieux vaut être sage que croyant. Mais mieux vaut être religieux qu'impie. Les passions négatives, reliées à la tristesse et qui manifestent l'impuissance de l'homme (la crainte, l'humilité, le remords, la honte...), si elles sont néfastes pour le sage, deviennent utiles pour tous ceux qui ne peuvent vivre selon la raison, car elles leur enseignent, malgré tout, la soumission à la morale, à une conduite raisonnable.

Derrière la diversité des récits, des dogmes, des Églises et des sectes, il n'y a qu'une règle pratique à laquelle tous doivent se sou-

---

15. *Traité de l'autorité politique, op. cit.*, p. 974.

mettre: la pratique de la justice et de la charité. «Il existe un Être suprême aimant la justice et la charité, auquel tous, pour être sauvés, sont dans l'obligation d'obéir et auquel ils doivent rendre un culte — qui consiste en la pratique de la justice et de l'amour[16].» La religion est donc socialement nécessaire pour amener, par la crainte, la multitude à respecter les autres.

L'État doit sanctionner les actes contraires à cette règle commune. Mais il doit respecter la liberté de chacun d'interpréter les Écritures comme il les comprend et d'honorer Dieu comme bon lui semble. C'est le non-respect de cette liberté qui transforme trop souvent les controverses religieuses en séditions.

L'intolérance religieuse est le produit des luttes de pouvoir entre clergés, mus par les passions de l'ambition, de l'argent et de la gloire: «Ce que la foule désormais prend pour la religion, c'est l'élévation injustifiée des fonctions ecclésiastiques, tenues pour des dignités et des emplois différents, tenues pour des prébendes. Des honneurs démesurés sont, en même temps, rendus au clergé. Depuis que cet abus a été introduit, une passion sans mesure d'exercer le sacerdoce s'est emparée du cœur des plus méchants et la pure ardeur à propager la religion de Dieu a été remplacée par une avidité, une ambition sordides. Les églises même ont dégénéré en théâtres, où l'on entend non des docteurs sacrés, mais des orateurs de profession, qui n'ont nullement le désir d'instruire le peuple; ce qu'ils veulent, c'est provoquer l'admiration, reprendre publiquement les dissidents, enfin imposer des enseignements nouveaux, inattendus, propres à frapper leur naïf auditoire d'étonnement. Cette situation a nécessairement produit de grandes luttes, des rivalités et une haine, que de longues années ne réussissent pas à apaiser[17].»

Spinoza combat surtout les pasteurs calvinistes de son pays qui demandaient au pouvoir politique de mettre sa force au service de leur propre orthodoxie. Tout en préconisant le respect complet de la liberté intérieure de chacun, Spinoza soumet la pratique des cultes religieux à la domination de l'État. Cette domination est fort étendue et s'exerce soit directement, soit par clergé interposé, sur l'adminis-

---

16. *Traité des autorités théologique et politique*, *op. cit.*, p. 309.
17. *Ibid.*, p. 610-611.

tration du domaine sacré, le choix des ministres du culte, l'interprétation de la doctrine religieuse[18], les sanctions des fidèles fautifs, etc.

Il n'y a pas de morale sans État. Aussi toute conduite religieuse valable ne peut-elle être préjudiciable à la collectivité politique, ni contrevenir à l'amour de la patrie, ni enfreindre les pouvoirs de l'État. La liberté intérieure de chacun mise à part, la position de Spinoza est l'exacte opposée de celle des calvinistes: la religion doit être au service de l'État. «Le culte religieux extérieur et toute pratique de dévotion doivent, dans l'esprit de véritable obéissance à Dieu, s'accorder à la conservation de la collectivité publique et à sa paix intérieure[19].»

Dieu

Descartes part du moi qui doute, donc qui pense, avant de déboucher sur Dieu. Spinoza, dans *L'éthique*, en cela fidèle à la tradition du Moyen Âge, part, après quelques préliminaires, de Dieu pour finir à Dieu. Son Dieu n'est cependant pas théocentrique: il est Nature et englobe tout ce qui existe. Le passage par la prise de conscience de soi dans son rapport au monde permet à Spinoza de démontrer que la vertu propre de l'homme est le comprendre et qu'elle se réalise vraiment dans la compréhension de Dieu.

À la connaissance du premier genre (perception, opinion, imagination), qui correspond à notre soumission au monde par l'intermédiaire des passions et à la connaissance du second genre (idées adéquates et notions communes), par laquelle nous comprenons le rapport de l'individu au monde, s'ajoute la connaissance du troisième genre (science intuitive), par laquelle nous saisissons Dieu dont chaque individu, comme tout ce qui existe, n'est qu'une partie.

L'homme libre et rationnel recherche ce qui augmente sa puissance et fuit ce qui la diminue. Il soutient la république dans la mesure où elle assure un certain nombre de conditions, dont la paix sociale, qui lui permettent de vivre selon les règles de la raison. Mais l'homme trouve la véritable joie, le souverain bien, dans la compré-

---

18. Spinoza ne dit pas comment le rôle de l'État, comme interprète de la doctrine religieuse, se concilie avec la liberté d'interprétation de chacun.

19. *Traité des autorités théologique et politique*, p. 886-887.

hension de Dieu: «Agir par la vertu, c'est agir sous la conduite de la Raison et tout ce que nous nous efforçons de faire d'après la Raison, c'est de comprendre; et par conséquent le souverain bien de ceux qui pratiquent la vertu, c'est de connaître Dieu[20].»

Le sens de l'existence humaine ne se trouve pas dans la politique ni dans la poursuite rationnelle de la joie. Le sens de l'existence de l'individu n'est ni dans la durée, ni dans l'histoire. Il est métaphysique: il est en Dieu qui est, comme chez les stoïciens, Nature.

Dieu est un comme chez les juifs, les chrétiens et les musulmans. Il n'est pas la somme de ce qui existe, le monde: il est leur unité. Mais ce Dieu, immanent à l'univers, est fort différent du Dieu transcendant des juifs, des chrétiens et des musulmans. Ceux-ci font Dieu à l'image de l'homme, en lui attribuant des intentions, des objectifs, des finalités. Pour Spinoza, Dieu, la Nature, est. Il n'y a ni perfection ni imperfection, ni bien ni mal, ni amour ni haine, ni condamnation ni récompense: Dieu est l'existant.

L'éthique et la politique

Spinoza est avant tout préoccupé par l'éthique dont il reprend la question traditionnelle: comment l'homme doit-il conduire sa vie pour être heureux? L'homme est un être de passions. Toutes les passions qui accroissent la puissance de l'être, qui apportent la joie, sont bonnes, même si elles nous rendent dépendants d'objets extérieurs. La vertu, elle, est la poursuite rationnelle, consciente, de la joie, de ce qui augmente notre puissance d'être. L'éthique de Spinoza, axée sur la compréhension, est donc rationaliste. Elle ne renie cependant pas les passions, dont certaines sont bonnes. Même le sage est sujet aux passions, mais il les sait, il en est conscient et poursuit librement la joie.

Spinoza, disciple de Hobbes, suit sa description du passage de l'état de nature à la société politique. Mais l'homme est, chez Spinoza, beaucoup plus riche et plus complexe que chez Hobbes: ses passions sont multiples; la raison est présente, du moins chez les sages, dans l'état de nature; l'État, réponse à la crainte de la mort, est aussi l'objet d'un désir rationnel. Spinoza ne débouche pas non plus

---

20. *L'éthique, op. cit.*, p. 518.

sur le léviathan: l'individu conserve, face à l'État, son droit naturel de pensée et d'expression, au plan tant politique que religieux. Spinoza est ainsi un des premiers penseurs à défendre la liberté de l'individu face à l'État.

L'intérêt politique de Spinoza est cependant dominé par sa préoccupation éthique: le meilleur État est celui qui permet aux sages de comprendre, d'agir vertueusement, de poursuivre librement la joie.

BIBLIOGRAPHIE

SPINOZA, Baruch de, *L'éthique*, le *Traité des autorités théologique et politique* et le *Traité de l'autorité politique, in Œuvres complètes*, La Pléiade, 1954.

ALQUIÉ, Ferdinand, *Le rationalisme de Spinoza*, PUF, 1981.
L'auteur étudie la genèse du système de Spinoza dont le rationalisme aboutit à un Dieu/Nature que questionne Alquié.

BALIBAR, Étienne, *Spinoza et la politique*, PUF, 1985.
L'auteur analyse à tour de rôle le *Traité des autorités théologique et politique*, le *Traité de l'autorité politique* et *L'éthique*, voulant dégager le point de vue de l'individu en partant de celui de l'État.

DELBOS, Victor, *Le problème moral dans la philosophie de Spinoza et dans l'histoire du spinozisme*, Presses de l'Université de Paris-Sorbonne, 1990.
Cet ouvrage fut publié en 1893, soit près de vingt ans avant le cours professé à la Sorbonne et publié plus tard sous le titre *Le spinozisme*. Celui-ci rectifie certaines positions de celui-là, notamment celles qui dérivent d'une interprétation idéaliste. Mais le premier ouvrage comprend, dans la première partie, des exposés très clairs, notamment sur la politique, qui disparaissent dans le second. Il comprend aussi une deuxième partie, absente du second, où l'auteur décrit l'influence historique de Spinoza, notamment sur la littérature et la philosophie allemandes, dont Goethe et Hegel.

——, *Le spinozisme*, Vrin, 1964.
Composé d'une série de cours professés à la Sorbonne en 1912-1913, ce livre, comme le précédent, est un classique de la littérature consacrée à Spinoza. Comparant souvent Spinoza à Descartes, il expose le système de *L'éthique* avec clarté.

DELEUZE, Gilles, *Spinoza: philosophie pratique*, Minuit, 1981.
Dans cette initiation à la philosophie de Spinoza, Deleuze, rapprochant celui-ci de Nietzsche, s'efforce de distinguer l'éthique spinozienne de la morale. Deleuze insiste sur l'importance du concept de «notions communes» pour comprendre la démarche philosophique de l'auteur. L'intérêt de l'ouvrage est

rehaussé par la présence d'une brève biographie et d'un index des concepts fondamentaux de *L'éthique*.

GUEROULT, Martial, *Spinoza*, 2 vol., Aubier-Montaigne, 1968.

Commentaire des deux premiers livres de *L'éthique* dont chaque proposition est examinée de façon exhaustive. La structure et le sens de la démonstration spinozienne sont ainsi mis en évidence.

MATHERON, Alexandre, *Le Christ et le salut des ignorants chez Spinoza*, Aubier, 1971.

Interprétation «spinoziste» du Christ qui aurait été le plus sage, le plus avancé dans la connaissance du troisième genre.

——, *Individu et communauté chez Spinoza*, Minuit, 1988.

Analyse complexe dévoilant une homologie de structure entre *L'éthique* et les deux essais politiques, homologie qui renverrait, en dernière instance, à l'arbre des kabbalistes séfarades.

STRAUSS, Leo, *La persécution et l'art d'écrire*, Presses-Pocket, 1989.

Dans le chapitre V consacré au *Traité des autorités théologique et politique*, Strauss étudie les ruses de l'écriture utilisées par Spinoza pour libérer la philosophie du servage de la théologie.

LOCKE

(1632-1704)

Après la dictature de Cromwell[1], Charles II (1660-1685), malgré un penchant pour le catholicisme, signe le *Test Act* de 1673 qui exclut pratiquement les catholiques de toutes les fonctions de l'État. En 1674, le parlement force le roi, beau-frère de Louis XIV, à abandonner l'alliance avec la France, contraire aux intérêts britanniques, et à conclure une paix séparée avec les Pays-Bas. En 1679, le parlement vote l'*Habeas Corpus Act* qui protège la liberté de l'individu, du moins le fortuné, contre l'arbitraire policier en précisant les garanties déjà formulées dans la *Magna Carta* (1215) et la *Petition of Right* (1628). La même année, l'adhésion au catholicisme de Jacques II, frère et héritier de Charles II, soulève tout un débat. La majorité du parlement rejette alors une loi proposée par Shaftesbury, qui vise à écarter du trône tout catholique. C'est à cette occasion que se cristallisent les deux grands partis anglais: les *tories*, partisans de la prédominance du pouvoir royal, et les *whigs*, partisans de la prérogative du parlement.

Jacques II (1685-1688) réussit à créer l'unanimité contre lui en ne respectant pas les lois du parlement, en nommant et en révoquant les juges selon son bon vouloir, en cherchant à imposer sa foi catholique à la population, en levant une vaste armée et en acceptant de l'argent de Louis XIV, roi de l'ennemi héréditaire de l'Angleterre. Perdant tous ses appuis, Jacques II doit s'enfuir en France en décembre 1688 lors d'une révolution fort peu sanglante. Guillaume III d'Orange, *stathouder* des Pays-Bas, est appelé tant par les partisans

---

1. *Cf.* l'introduction à Hobbes.

des prérogatives royales, les *tories*, que par leurs adversaires, les *whigs*, à remplacer sur le trône son beau-père, Jacques II. Le nouveau roi, nommé en janvier 1689, est encadré par un *Bill of Rights*, voté la même année, qui interdit à un catholique d'accéder au trône et qui assure la prédominance du parlement sur le roi (celui-ci ne peut lever de taxes ou une armée sans l'accord de celui-là), la neutralité du système judiciaire (les juges sont nommés à vie) et la suppression de la censure (liberté d'expression religieuse et politique pour les diverses confessions réformistes).

John Locke est le fils d'un notaire de province, d'un fervent puritain qui participa à la guerre civile en s'engageant dans l'armée parlementaire de Cromwell. Comme son prédécesseur Hobbes, Locke, issu de la classe moyenne, étudie à l'Université d'Oxford.

D'abord favorable à Cromwell, il salue, en 1660, la restauration de Charles II, espérant qu'elle mette fin aux querelles des diverses églises qui enveniment la vie politique. Mais il s'éloigne de Charles II, comme lord Ashley, futur comte de Shaftesbury, dont John Locke devint le médecin, avant d'en être l'homme de confiance. D'abord conseiller de Charles II, lord Ashley s'opposa vigoureusement à lui par la suite comme principal dirigeant des *whigs*. Il s'exile en Hollande en 1683 et y meurt la même année.

Locke vit aussi en exil en Hollande, durant cinq ans, jusqu'au début de 1689. Les *Deux traités du gouvernement civil*, publiés en 1690, mais commencés dix ans auparavant, justifient la «glorieuse révolution» de 1688-1689.

Dans le cours du texte qui suit, Locke sera souvent opposé à Hobbes, son prédécesseur, même si l'adversaire de Locke dans les *Deux traités* est un certain Sir Robert Filmer qui faisait reposer le pouvoir absolu du roi sur le pouvoir naturel et despotique du père.

Les droits naturels

Dans l'état de nature, l'homme, chez Locke comme chez Hobbes, est parfaitement libre de faire ce qui lui plaît et de disposer de soi et de ses possessions comme il lui convient. Les hommes sont aussi parfaitement égaux, tout pouvoir et toute juridiction étant réciproques. La liberté, l'égalité et la rationalité de l'individu, ces valeurs qui deviendront celles de la nouvelle société, contredisent évidemment les valeurs séculaires de l'aristocratie, reposant sur la hiérarchie et le principe d'autorité.

L'état de nature n'est pas chez Locke un état de guerre comme chez Hobbes. Au contraire, les hommes vivent naturellement en société conformément à la raison et entretiennent des relations fondées sur la bienveillance et l'assistance mutuelle. Des hommes, mus par des passions, peuvent transformer cet état de nature en état de guerre en substituant l'inimitié, la malice et la violence à la concorde. Les hommes sont à la fois raison et passions, grâce et péchés, diraient les théologiens chrétiens. Hobbes séparait l'état de nature, auquel s'ajoutait par la suite la loi naturelle. Pour Locke, comme nous le verrons, la loi de nature est inhérente à l'état de nature, les droits naturels impliquent déjà des devoirs, des obligations.

L'homme dans l'état de nature a deux droits, deux pouvoirs. Le premier est de faire tout ce qui lui plaît pour sa conservation et celle des autres. Le deuxième est de punir les gens corrompus et dépravés qui enfreignent les lois naturelles.

La propriété

Les droits naturels (protection de la vie, des libertés et des biens) sont, tant chez Locke que chez Hobbes, des attributs de l'individu. Mais alors que, chez Hobbes, cette protection met les hommes en lutte les uns contre les autres, elle est pour Locke, qui ne sépare pas droits naturels et lois naturelles, le fruit de la collaboration d'individus. Et si Hobbes insiste continuellement sur la protection de la vie menacée par l'autre, Locke met l'accent sur la protection des biens matériels, dont la terre agricole, principale source de revenus dans l'Angleterre du XVIIᵉ siècle.

Dieu a donné la terre en commun à l'ensemble du genre humain: Locke partage cette conviction avec les théologiens du Moyen Âge, dont Thomas d'Aquin. Mais comment passer de cette propriété commune à la propriété privée? Pour Thomas d'Aquin, le droit à la propriété privée, qui permet un usage plus soigné des choses et des relations mieux ordonnées entre les hommes, fait partie du droit des gens qui dérive logiquement des principes de la loi naturelle. Locke, lui, inscrit le droit de propriété dans la loi naturelle, en accordant au travail l'importance que les Anciens accordaient à la nature dans son rapport à l'homme: ce qui est source des biens, ce n'est plus fondamentalement la nature créée par Dieu, mais le travail humain.

Ce travail n'est pas le travail collectif du genre humain. Chacun, comme le fermier, transforme par le travail le bien commun, la nature, en son bien particulier, sa propriété: «Le travail de son corps et l'ouvrage de ses mains, nous le pouvons dire, sont son bien propre. Tout ce qu'il a tiré de l'*état de nature,* par sa peine et son industrie, appartient à lui seul: car cette peine et cette industrie étant sa peine et son industrie *propre* et *seule,* personne ne saurait avoir droit sur ce qui a été acquis par cette peine et cette industrie[2].» Le travail détermine la valeur des produits: «Certainement c'est le travail qui met différents prix aux choses[3].» Cette définition lockienne servira de base aux constructions théoriques des économistes classiques, dont Smith et Ricardo, et des socialistes, dont Marx.

Le travail qui crée la propriété n'est pas seulement celui du propriétaire, mais aussi celui de ses serviteurs: «Ainsi, l'herbe que mon cheval mange, les mottes de terre que mon valet a arrachées, et les creux que j'ai faits dans des lieux auxquels j'ai un droit commun avec d'autres, deviennent mon bien et mon héritage propre, sans le consentement de qui que ce soit[4].» Locke introduit entre le serviteur et l'esclave la distinction traditionnelle qu'avait reprise Hobbes: l'esclave est celui qui, ayant été fait prisonnier dans une juste guerre, devient le sujet de la domination absolue et arbitraire du maître tandis que le serviteur échange pour un temps donné un travail contre un salaire. Le serviteur est un homme libre qui, en échange d'une rétribution, se soumet à l'autorité du maître durant le temps déterminé dans le contrat intervenu entre eux. Le salariat, les contrats et même l'esclavage pour ceux qui ont transformé l'état de nature en état de guerre[5] font donc partie de l'état de nature chez Locke.

Locke trace deux limites à l'appropriation privée. Elle doit laisser aux autres les moyens de se procurer les objets nécessaires à leur

---

2. *Traité du gouvernement civil,* GF-Flammarion, 1984, p. 195.
3. *Ibid.,* p. 206.
4. *Ibid.,* p. 196.
5. Les esclaves étaient quasiment inexistants en Angleterre, mais fort nombreux dans les colonies d'Amérique. Locke le savait. Pourquoi conserve-t-il cette définition traditionnelle qui masque complètement la réalité et les fondements de la traite des Noirs?

existence (la préservation de sa vie et de celle des autres est la première loi de la nature). Cette première limite reprend, sur des bases différentes, une position de Thomas d'Aquin: un affamé, si on lui refuse la charité, a le droit de voler pour conserver sa vie. Locke condamne tout vol, préconise la charité et l'aide publique pour subvenir aux besoins essentiels des inaptes au travail et affirme que l'appropriation privée par le travail est accessible à tous les autres. Seconde limite, personne ne peut posséder plus qu'il ne peut protéger du gaspillage (par exemple, des terres qu'il ne cultive pas ou des fruits qu'il laisse pourrir). Le gaspillage remplace donc la cupidité, qui était le principal vice attaché à la possession chez les Anciens. Pour Locke, il est évident que la nature a toujours pourvu et pourra toujours pourvoir aux besoins de ses habitants, c'est-à-dire que la première limite ne sera jamais atteinte, si le gaspillage est évité.

Locke introduit, au sein de l'état de nature, un deuxième moment dans le processus du travail: l'utilisation, par consentement mutuel, de l'argent comme monnaie. Ce deuxième moment fait disparaître une des deux limites à l'appropriation privée, le gaspillage: «D'ailleurs, s'il veut donner ses noix pour une pièce de métal qui lui plaît, ou échanger ses brebis pour des coquilles, ou sa laine pour des pierres précieuses, pour un diamant; il n'envahit pas le droit d'autrui: il peut ramasser, autant qu'il veut, de ces sortes de choses durables; l'excès d'une propriété ne consistant point dans l'étendue d'une possession, mais dans la pourriture et dans l'inutilité des fruits qui en proviennent[6].» À la production des biens d'usage, valorisée par Aristote et que Locke décrit dans la première période, succède donc la production pour l'argent. La rationalité aristotélicienne du travail comme moyen de satisfaire ses besoins est remplacée par le désir d'accumulation. Ce désir accroît la productivité du travail, chacun n'étant plus contraint de limiter ses ambitions de possession à la satisfaction de ses besoins. Cette productivité accrue justifie tout, y compris les possessions inégales et disproportionnées entre individus qu'entraîne nécessairement cette course à l'argent. L'inégalité dans l'appropriation n'enlève à personne les moyens de se procurer les objets nécessaires à son existence; au contraire, la poursuite de l'argent augmente tellement la productivité qu'un journalier agricole

---

6. *Ibid.*, p. 211.

anglais vit, par exemple, mieux qu'un chef amérindien: «La *nature* leur a fourni, aussi libéralement qu'à aucun autre peuple, la matière d'une grande abondance, c'est-à-dire, qu'elle les a pourvus d'un territoire fertile et capable de produire abondamment tout ce qui peut être nécessaire pour la nourriture, pour le vêtement, et pour le plaisir: cependant, faute de travail et de soin, ils n'en retirent pas la centième partie des commodités que nous retirons de nos terres; et un Roi en *Amérique*, qui possède de très amples et de très fertiles districts, est plus mal nourri, plus mal logé, et plus mal vêtu, que n'est en *Angleterre* et ailleurs un ouvrier à la journée[7].»

La loi naturelle

Dans l'état de nature, l'individu est complètement libre, a tous les droits, y compris celui de propriété privée, pourvu qu'il se tienne dans les bornes de la loi de la nature.

La loi naturelle est voulue par Dieu et détermine nos devoirs. Dans l'état de nature, le pouvoir législatif relève de Dieu. L'homme recherche, découvre et interprète cette loi qu'il peut connaître par la raison, mais dont il n'est pas l'auteur.

La transgression ou le respect de la loi naturelle entraîne ou la damnation ou la béatitude éternelle. Mais cette crainte, utile lorsque la raison fait défaut, demeure insuffisante pour prévenir certains d'outrepasser la loi. Aussi, dans l'état de nature, l'individu a-t-il également le droit et le pouvoir de punir ceux qui enfreignent les lois de la nature, qui transforment l'état de nature en état de guerre. Les peines doivent alors être proportionnées à la faute et viser à réparer le dommage causé, à inspirer au coupable du repentir ou une crainte qui le retienne de récidiver ou, encore, à servir d'exemple à ceux qui voudraient l'imiter.

Pour Hooker, qui inspire Locke et qui est lui-même influencé par les théologiens médiévaux, la naturalité de la loi a trois sens distincts: conforme à la nature de l'homme; conforme à ses facultés naturelles, dont la raison; existant avec la création de l'homme, avant toute société et loi positive. Mais la nature de l'homme chez Locke, centrée sur les droits de l'individu (sa liberté, sa propriété, ses

7. *Ibid.*, p. 206.

plaisirs, ses intérêts), est fort différente de celle que soutenaient les Anciens. Locke reprend une formule des Anciens et affirme que la loi de la nature ne diminue pas la liberté, mais permet de la réaliser. Cependant, chez les Anciens, cette loi permet de réaliser la nature de l'homme en définissant le bien, dans son universalité et sa transcendance, tandis que, pour Locke, elle réalise la liberté de l'individu, en lui permettant de poursuivre ses propres intérêts à l'abri de la violence d'autrui: «En effet, une loi, suivant sa véritable notion, n'est pas tant faite pour limiter, que *pour faire agir un agent intelligent et libre conformément à ses propres intérêts* [...] la fin d'une loi n'est point d'abolir ou de diminuer la liberté, mais de la conserver et de l'augmenter [...] Car la liberté consiste à être exempt de gêne et de violence, de la part d'autrui[8].»

Locke reprend des expressions des Anciens dont celle de loi naturelle. Mais il postule beaucoup plus qu'il ne démontre l'unité du bien privé et du bien commun, des droits de l'individu et de la loi naturelle, comme si la poursuite des intérêts individuels entraînait nécessairement ceux de la société.

L'homme est à la naissance une *tabula rasa*: Locke, qui a découvert son intérêt pour la philosophie à travers Descartes, ne croit cependant pas aux idées innées. La loi naturelle n'est pas inscrite en nous à la naissance: elle doit être découverte. Locke a plusieurs fois affirmé qu'il était possible de déduire logiquement la loi naturelle, d'en faire une démonstration scientifique, géométrique, sans avoir recours à la Révélation. Mais il ne l'a jamais fait. Comment expliquer rationnellement une loi qui relève de la foi? Quel est le rapport entre la nature de l'homme, fort différente chez Locke et les Anciens, et la loi naturelle qu'ils partagent? Locke a tenté d'harmoniser, non sans problèmes, sa conception d'un individu, mû par ses plaisirs et ses intérêts, à sa foi en la loi naturelle dont le respect serait récompensé par la béatitude et la désobéissance, sanctionnée par la damnation éternelle.

---

8. *Ibid.*, p. 217-218.

L'État

Trois inconvénients de l'état de nature expliquent pourquoi les hommes en sortent pour fonder la société politique. Premièrement, les intérêts, les passions et l'ignorance font que la majorité des hommes, pourtant capables de connaître par la raison les lois de la nature, ne se révèlent guère disposés à les observer dans les cas particuliers les concernant. Deuxièmement, chacun, étant juge et bourreau dans sa propre cause, sera porté à identifier ses propres intérêts à la justice: «Car dans cet état-là, chacun étant juge et revêtu du pouvoir de faire exécuter les lois de la *nature*, et d'en punir les infracteurs, et les hommes étant partiaux, principalement lorsqu'il s'agit d'eux-mêmes et de leurs intérêts, la passion et la vengeance sont fort propres à les porter bien loin, à les jeter dans les funestes extrémités et à leur faire commettre bien des injustices; ils sont fort ardents lorsqu'il s'agit de ce qui les regarde, mais fort négligents et fort froids, lorsqu'il s'agit de ce qui concerne les autres: ce qui est source d'une infinité d'injustices et de désordres[9].» Enfin, dans l'état de nature, l'individu lésé n'a pas toujours le pouvoir nécessaire pour contraindre le coupable à se soumettre à une juste sentence.

Chaque individu, pour mieux protéger sa vie et sa propriété, consent, explicitement ou implicitement, à transférer ses pouvoirs législatifs, exécutifs et punitifs à la société politique: «Les hommes, ainsi qu'il a été dit, étant tous naturellement libres, égaux et indépendants, nul ne peut être tiré de cet état, et être soumis au *pouvoir politique* d'autrui, sans son propre consentement, par lequel il peut convenir, avec d'autres hommes, de se joindre et s'*unir en société* pour leur conservation, pour leur sûreté mutuelle, pour la tranquillité de leur vie, pour jouir paisiblement de ce qui leur appartient en propre, et être mieux à l'abri des insultes de ceux qui voudraient leur nuire et leur faire du mal[10].»

Chaque individu, en consentant à la société politique, accepte de se soumettre à la règle de la majorité (*majority rule*) sans laquelle une société politique ne pourrait fonctionner: les individus, préoccupés par de multiples intérêts privés, ne peuvent tous participer active-

9. *Ibid.*, p. 275.
10. *Ibid.*, p. 250.

ment à la vie politique et ne peuvent, étant divisés par leurs intérêts et leurs opinions, atteindre l'unanimité. L'unanimité est requise seulement au point de départ pour fonder la règle de la majorité: «Car lorsqu'un certain nombre d'hommes ont, par le consentement de chaque individu, formé une *communauté*, ils ont par là fait de cette *communauté*, un corps qui a le pouvoir d'agir comme un corps doit faire, c'est-à-dire, de suivre la volonté et la détermination du *plus grand nombre*[11].»

L'individu transfère ainsi à l'État ses droits naturels: pouvoir de faire des lois conformes aux lois naturelles; pouvoir de juger les infractions à ces lois; pouvoir de punir les hors-la-loi; pouvoir de régler les différends entre les membres; enfin, pouvoir de protéger leur création, cette communauté, leur État, contre les autres États.

Le bien public ou commun, qui est la fin de l'État pour Hooker ou pour Thomas d'Aquin, est identifié par Locke à l'intérêt de chaque individu pour sa vie, sa liberté et ses biens, comme s'il ne pouvait exister aucune opposition entre bien public et bien privé. Pour John Locke, bien public et bien privé sont dans la société politique des homonymes qu'il emploie continuellement l'un pour l'autre.

Le consentement de chaque individu, fût-il tacite, est requis pour fonder l'État, mais c'est la règle de la majorité qui prévaut pour déterminer la forme de gouvernement (démocratie, oligarchie ou monarchie), pour déterminer comment sera constitué le pouvoir législatif auquel chacun sera soumis. John Locke distingue clairement fondation de la société politique, de l'État ou du *commonwealth,* qui dépend, comme chez Hobbes, du consentement (*trust*) de chaque individu, de la forme de gouvernement qui relève du consentement de la majorité de la communauté politique.

Pouvoir législatif, pouvoir exécutif et pouvoir du peuple

Locke était un opposant au despotisme des Stuart, particulièrement celui du vieux Charles II et de son frère Jacques II, et un adepte de la révolution de 1688. Voilà pourquoi il sépare le pouvoir législatif, relevant du parlement, du pouvoir exécutif, qui est celui du roi, et subordonne le second au premier qui devient le pouvoir suprême.

---

11. *Ibid.*, p. 251.

La distinction lockienne a donc peu à voir avec le fonctionnement actuel du système parlementaire de type britannique, dans lequel le cabinet ministériel exerce le pouvoir exécutif et contrôle le
pouvoir législatif par l'intermédiaire de la majorité parlementaire. De
plus, le pouvoir exécutif, chez Locke, comprend le pouvoir judiciaire, ce qui n'est évidemment pas le cas pour les systèmes politiques
démocratiques contemporains.

Deux raisons militent, selon Locke, pour la séparation des pouvoirs législatif et exécutif, l'une qui relève de la durée et l'autre, de la
crainte du despotisme. Le pouvoir législatif vote, dans un court laps
de temps, des lois durables qui doivent être observées continuellement: le pouvoir exécutif doit s'exercer de façon permanente, tandis
que le pouvoir législatif se réunit nécessairement de façon intermit-
tente. La fusion de ces deux pouvoirs entraîne le danger que celui ou
ceux qui l'exercent subordonnent les intérêts de la communauté à
leurs propres intérêts dans la rédaction des lois ou dans leur exécution: «C'est, pour cette raison, que dans les États bien réglés, où le
bien public doit être considéré comme il doit être, le *pouvoir législatif*
est remis entre les mains de diverses personnes, qui dûment assemblées, ont elles seules, ou conjointement avec d'autres, le pouvoir de
faire des lois, auxquelles, après qu'elles les ont faites, et qu'elles se
sont séparées, elles sont elles-mêmes sujettes; ce qui est un motif
nouveau et bien fort pour les engager à ne faire de lois que pour le
bien public [12].»

Le pouvoir législatif est le pouvoir souverain dont dérivent et
dépendent toutes les autres instances du pouvoir étatique. Mais ce
pouvoir souverain repose sur le consentement des sujets, sur la confiance qu'il poursuivra la fin pour laquelle il a été créé: le bien public,
c'est-à-dire la protection de la vie, de la liberté et de la propriété de
ses sujets. La fin définit les limites du pouvoir souverain que le peuple a alloué à l'instance législative. En d'autres mots, le peuple a
toujours le pouvoir souverain, mais son exercice relève du pouvoir
législatif qu'il a constitutionnellement institué. Si la constitution n'est
pas respectée ou si l'exercice du pouvoir contrevient à sa finalité, le
peuple reprend tout son pouvoir face à l'instance législative ou à ceux
qui l'exercent.

---

12. *Ibid.*, p. 289.

Contrairement aux Anciens, qui croyaient généralement que le peuple devait se soumettre à l'autorité du pouvoir politique, fût-il despotique, John Locke affirme que le peuple peut utiliser la force contre ceux qui, détenant le pouvoir exécutif ou législatif, se mettent dans un état de guerre contre lui, utilisent une force injuste et illégitime, le violentent. L'autorité de ceux qui détiennent le pouvoir exécutif ou législatif est elle-même dépendante des lois, dont les lois constitutives de l'État. Le rebelle n'est pas le peuple qui se soulève, mais celui qui enfreint les lois et les constitutions: «En effet, la rébellion étant une action par laquelle on s'oppose, non aux personnes, mais à l'autorité qui est fondée uniquement sur les constitutions et les lois du gouvernement, tous ceux, quels qu'ils soient, qui, par force, enfreignent ces lois et justifient, par force, la violation de ces lois inviolables, sont véritablement et proprement des rebelles[13].» Ce droit du peuple à se défendre par la force contre les violences illégitimes du pouvoir politique est celui que peut exercer la majorité. Des individus, injustement lésés par le pouvoir, peuvent recourir à ce droit, mais ils seraient ridicules de le faire car, sans l'appui du peuple, ils sont condamnés à l'échec.

La puissance législative, qui attente à la vie, aux libertés et aux biens des individus constitutifs du peuple, devient illégitime et peut être déposée par le peuple. Mais Locke se méfie surtout du pouvoir exécutif, du pouvoir du roi, qui a cherché à usurper le pouvoir législatif remis par le peuple au parlement en ne respectant pas les lois votées par l'assemblée législative, en empêchant la convocation ou la délibération de l'assemblée législative, en remplaçant arbitrairement les élus ou en modifiant le mode d'élection... Le peuple est alors libéré de toute obéissance au roi.

Qui est le peuple dont tous les individus fondent, tacitement ou non, la société politique, dont la majorité détermine, tacitement ou non, l'organisation constitutionnelle du pouvoir et qui peut se défendre contre l'emploi illégitime du pouvoir? La notion de peuple chez Locke est loin d'être claire. Même s'il l'aurait probablement préférée plus radicale, il adhère à la révolution de 1688 où le pouvoir législatif est exercé par un parlement constitué de deux chambres, l'une, héréditaire, formée de nobles, l'autre, élue, formée de notables jouissant

---

13. *Ibid.*, p. 353. Cet argument sur l'identité du rebelle semble s'inspirer de celui de Thomas d'Aquin. *Cf.* p. 116, note 13.

d'une propriété immobilière. Les autres, la vaste majorité de la population, les enfants, les femmes, ceux qui dépendent de la charité privée ou de l'aide de l'État, les serviteurs, les salariés et les propriétaires non terriens ne font pas partie de ce peuple politiquement actif. D'ailleurs, pour Locke, si chacun à sa naissance est égal à l'autre dans ses potentialités rationnelles, très peu pourront, grâce à un environnement et à une éducation propices, exercer de façon rationnelle leur jugement durant leur vie et participer consciemment à l'activité politique: «Et il ne faut pas s'attendre à ce qu'un homme qui trime toute sa vie à une activité laborieuse soit beaucoup plus savant de la variété des choses faites dans le monde qu'un cheval de somme qui fait constamment le va-et-vient sur un chemin poussiéreux, sur la route du marché, n'est spécialiste de la géographie de son pays [...] Aussi une grande partie de l'humanité est-elle, en raison de la nature des affaires humaines, inévitablement vouée à une ignorance invincible, car, ayant fort à faire pour acquérir ses moyens de subsistance, elle n'est pas en état de s'occuper des moyens de connaître[14].»

L'obligation de travailler

Dès le XVIe siècle, en Angleterre, la transformation des terres arables en paturages pour les moutons et leur clôturage (*enclosures*) exproprient des paysans et leur enlèvent les moyens de subvenir aux besoins de leurs familles. Ils seront pris en charge par les paroisses qui doivent assurer leur entretien (loi sur les pauvres de 1601 et loi du domicile de 1662).

En 1697, Locke propose à une commission gouvernementale des mesures aptes à favoriser l'employabilité des pauvres. Dans son rapport, il affirme que l'extension de la pauvreté n'est pas due à une pénurie d'offres d'emploi, mais à une corruption des mœurs entraînée par un relâchement de la discipline sur la population laborieuse. Il faut, dit-il, appliquer avec rigueur les lois actuelles et les renforcer

---

14. *Draft A*, Vrin, 1974, p. 122.

pour remettre les pauvres au travail, les rendre utiles et alléger ainsi
le fardeau des payeurs de taxes.

Locke distingue, parmi les pauvres, les aptes au travail, les partiellement aptes et les inaptes.

Les aptes au travail doivent être contraints d'accepter tout travail, même s'ils sont payés au-dessous des normes établies, car s'ils
ont été incapables d'obtenir du travail conformément à celles-ci, c'est
parce qu'ils étaient moins habiles ou honnêtes que ceux qui ont été
engagés selon ces normes. Les aptes au travail de plus de quatorze
ans, qui mendient sans autorisation, seront envoyés dans des maisons
de redressement (*houses of correction*) pour y effectuer des travaux
forcés. Les enfants de moins de quatorze ans, se retrouvant dans la
même situation, seront placés dans des écoles de travail (*working-
schools*).

Les femmes à la maison regroupent une grande part des partiellement aptes au travail: elles disposent, entre leurs tâches de mère et
de ménagère, de temps libre qui pourrait être utilisé pour apporter
des revenus d'appoint à la famille. Afin de libérer les femmes et de
les rendre disponibles à un travail productif, les enfants, entre trois
et quatorze ans, devraient obligatoirement être envoyés à des écoles
de travail où ils apprendraient à filer et à tricoter la laine. Ces écoles
enseigneraient aux enfants la discipline du travail, tout en défrayant
par leur travail le coût de leur nourriture et de leur formation[15].
Enfin, un artisan ou un agriculteur peut retirer, à n'importe quel âge,
un enfant de ces écoles pour en faire un apprenti. Celui-ci est alors
lié à son patron jusqu'à l'âge de vingt-trois ans.

Les inaptes au travail devraient être regroupés dans des bâtiments publics afin de réduire le coût de leur entretien. Ils auraient le
droit de mendier, dans des lieux précis et à des heures convenues, en
arborant un écusson les autorisant.

État et libertés

L'individu, depuis l'état de nature, a non seulement des devoirs, dont
celui de travailler, mais aussi des droits. Contrairement à ce qu'on

---

15. Remarquons que cette formation est entièrement différente de l'éducation préconisée pour les *gentlemen* dans *Quelques pensées sur l'éducation*.

observait chez Hobbes, les droits de l'individu dans l'état de nature sont déjà encadrés par les lois de nature. L'individu ne peut donc transférer à l'État des droits voulus par Dieu: droit à la vie, à la liberté et à ses biens.

Comme Bodin et contrairement à Hobbes, Locke déclare que l'État ne pourra taxer des biens sans le consentement des propriétaires ou de leurs représentants: *no taxation without representation*. Il précise que ce consentement implique, ce qu'aurait nié Bodin, une assemblée législative représentative.

Enfin, le pouvoir législatif, assumé par une assemblée, s'exerce par des lois connues et publiées auxquelles tous sont soumis sans distinction d'origine ou de classe: riche ou pauvre, roi ou noble, noble ou bourgeois, bourgeois ou salarié.

Contrairement à Hobbes, Locke reconnaît l'existence de la tyrannie qu'il condamne. Le tyran est celui qui exerce un pouvoir outré et usurpé ou, selon la définition d'Aristote, l'exerce à son avantage au détriment de la communauté.

Pour mettre fin aux guerres civiles d'origine religieuse, Hobbes préconisait la subordination de l'Église à l'État, de telle sorte que l'appartenance à un État implique l'appartenance à une Église. Locke rompt avec cette façon de penser et affirme au contraire que les guerres religieuses ont été causées par un manque de tolérance face aux diverses opinions religieuses des individus, par le fait que les chefs religieux, les dirigeants politiques et le peuple ont mélangé deux réalités qui divergent par leur finalité et leurs moyens d'action: l'Église et l'État.

La fin de l'État est la préservation de la vie, de la liberté et des propriétés de ses sujets. Ses moyens sont le pouvoir législatif qui détermine les lois et le pouvoir exécutif qui veille à leur respect et règle les litiges entre individus. L'État n'a donc rien à voir avec les croyances des individus qui ne concernent ni la sécurité de l'individu et de ses biens, ni l'intégrité de l'État.

L'Église est une association volontaire dont le but est d'adorer publiquement Dieu en vue du salut de ses membres. La foi est une réalité intérieure hors de la portée des contraintes étatiques: «Mais comme la religion vraie et salutaire consiste dans la foi intérieure de l'âme, sans quoi rien ne vaut devant Dieu, telle est la nature de l'entendement humain qu'il ne peut être contraint par aucune force extérieure; que l'on confisque les biens, que l'on accable le corps par la prison et la torture, ce sera en vain, si l'on veut par ses supplices changer le jugement de l'esprit sur les choses[16].» L'exhortation, les conseils et les admonestations sont les armes de la religion, dont la force de conviction repose sur la récompense et la punition dans l'autre monde. L'Église, comme toute association, a besoin de règlements pour assurer son fonctionnement et doit accorder à ses dirigeants, le clergé, certains pouvoirs, mais ces règlements et ces pouvoirs ne peuvent s'exercer qu'au sein de l'Église et ne doivent pas s'étendre aux affaires civiles.

Les mœurs regardent l'Église, dont l'objectif est le salut des âmes, et l'État, dont relève la bonne conduite des sujets. Il n'y aura pas de conflit de pouvoir entre ces deux sociétés, même au niveau des mœurs, si chacune respecte sa juridiction, l'Église s'occupant des convictions internes des sujets (la morale), et l'État, de leur soumission extérieure aux lois.

Locke refuse la tolérance aux catholiques romains qui doivent obéir à un pape qui peut excommunier un roi et lui faire perdre son trône: le refus des catholiques est le refus de l'ingérence d'un pouvoir étranger dans les affaires civiles anglaises. Locke refuse aussi de tolérer les athées: on ne peut faire confiance à leur parole, à leur contrat ou à leur serment. La croyance en Dieu est le fondement de la loi naturelle, sans laquelle une société ne peut fonctionner. Locke refuse donc toute tolérance à l'athéisme, source potentielle d'anarchie, et au catholicisme qui implique la subordination de l'État à une Église qui est, de plus, une puissance étrangère.

Le pouvoir fédératif

Les individus, par l'État, sortent de l'état de nature et régularisent leurs rapports par un ensemble de lois qui obligent chacun. Mais les relations entre individus d'États différents, comme les relations entre États, ne sont pas assujetties à des lois positives, à un droit international et à un pouvoir capable de sanctionner les infractions. Elles relèvent plutôt de l'état de nature.

---

16. *Lettre sur la tolérance* (1689), publiée par Pierre MANENT *in Les libéraux*, t. I, Hachette, coll. «Pluriel», 1986, p. 70.

Le pouvoir ou droit fédératif concerne les compétences internationales de l'État, le domaine de ses relations extérieures: déclaration de guerre, conclusion d'alliances avec d'autres États, signature de traités de paix, etc. Le pouvoir fédératif et le pouvoir exécutif sont, pour l'auteur, deux pouvoirs distincts, même s'ils sont généralement assumés par les mêmes personnes afin de ne pas diviser et affaiblir l'État.

L'état de nature chez Locke n'est pas celui de Hobbes qui est conforme à la conception du monde de Machiavel: chaque homme est pour l'autre un ennemi potentiel. Droits naturels et loi naturelle coexistent pour Locke dans l'état de nature. Aussi les relations entre États devront-elles être soumises à la loi naturelle.

Locke distingue, comme Thomas d'Aquin, guerre juste et guerre injuste. La guerre injuste est une guerre d'agression dans laquelle la violence remplace la raison dans le règlement d'un différend; la guerre juste est une guerre de défense contre cette agression.

La guerre injuste n'accorde, selon la loi de la nature, aucun droit au conquérant sur les personnes et les biens conquis. Qu'en est-il de la juste guerre? Locke reprend d'abord la conception traditionnelle: les prisonniers, faits dans une juste guerre, deviennent des esclaves dont la vie, la liberté et les biens dépendent du pouvoir absolu et arbitraire de leurs maîtres. Puis, dans le cours du deuxième *Traité du gouvernement civil*, il nuance et limite le pouvoir du juste conquérant.

Ceux qui ont participé activement à une guerre injuste perdent leurs droits sur leurs propres personnes: les autres, qui n'ont pas participé, dont le peuple, conservent tous leurs droits. Ce droit du conquérant sur les guerriers vaincus ne s'étend pas à leurs enfants, ni à leurs femmes. Le droit du vainqueur ne recouvre pas non plus l'ensemble des biens des vaincus, mais seulement ceux qui lui permettent de se dédommager des pertes et des frais encourus durant la juste guerre. Enfin, le vainqueur doit renoncer à son dédommagement s'il met en péril la vie des enfants et des femmes des guerriers: «La *loi fondamentale de la nature* voulant que tout, autant qu'il est possible, soit conservé, il s'ensuit que s'il n'y a pas assez de bien pour satisfaire les prétendants, c'est-à-dire, pour réparer les pertes du vainqueur, et pour faire subsister les enfants, le vainqueur doit relâcher de son droit et ne pas exiger une entière satisfaction, mais laisser agir le droit seul de ceux qui sont en état de périr, s'ils sont privés de ce qui leur appartient[17].»

Une conquête peut dissoudre la société politique des conquis et, par conséquent, le gouvernement de cette société. Les conquis recouvrent alors leurs droits de l'état de nature. Mais la conquête ne peut, contrairement aux affirmations de Hobbes, créer une nouvelle société politique ou, encore, une nouvelle forme d'État: «Mais les *conquêtes* sont aussi éloignées d'être l'origine et le fondement des États, que la démolition d'une maison est éloignée d'être la vraie cause de la construction d'une autre en la même place[18].» La fondation d'une société politique puis d'un gouvernement exige le consentement du peuple, consentement qui n'a aucune valeur et n'oblige personne s'il est extorqué par la force. La destruction d'un État peut préparer la voie à un nouvel État: elle ne peut l'engendrer.

Le pouvoir paternel

Locke affirme que le père et la mère ont les mêmes droits et le même pouvoir sur les enfants. Mais le droit naturel impliquant la loi naturelle, le droit parental va de pair avec des devoirs: «Le pouvoir donc que les *pères* et les *mères* ont sur leurs *enfants,* dérive de cette obligation où sont les *pères* et les *mères* de prendre soin de leurs enfants durant l'état imparfait de leur enfance. Ils sont obligés de les instruire, de cultiver leur esprit, de régler leurs actions, jusqu'à ce qu'ils aient atteint l'âge de *raison,* et qu'ils puissent se conduire eux-mêmes[19].» Le pouvoir paternel n'est donc pas absolu comme chez Bodin: il est limité par la loi de la nature (le pouvoir ne s'étend pas sur la vie et les biens des enfants) et limité dans le temps (jusqu'à ce que l'enfant atteigne l'âge de raison). En retour, l'enfant a un devoir perpétuel de vénérer, d'honorer, de respecter, de défendre, d'assister et de consoler ses parents. Ce devoir est cependant proportionnel à ce qu'ont effectivement fourni les parents en dépenses, en éducation et en tendresse.

---

17. *Traité du gouvernement civil, op. cit.*, p. 322.
18. *Ibid.*, p. 315.
19. *Ibid.*, p. 218.

L'éducation des enfants est la principale, sinon la seule raison pour laquelle l'homme et la femme forment une société conjugale beaucoup plus longue et stable que celle des autres animaux. Leur union repose sur un pacte, un contrat, qui définit la propriété de chacun et auquel la femme ou l'homme peut mettre fin à certaines conditions.

Même si le père n'a pas, par nature, plus de pouvoir sur les enfants que la mère, Locke accorde *de facto* la suprématie au pouvoir paternel: en cas de conflit, le pouvoir revient au père ou au mari, car l'homme est par nature «plus fort et plus capable» que la femme. Le père a aussi le pouvoir de transmettre ses biens aux enfants proportionnellement au respect qu'ils lui auront démontré. Enfin le père, du moins celui qui a une certaine propriété, est le seul de la famille qui a des droits politiques et qui peut occuper des charges publiques.

Droit et devoir

Comme Hobbes, Locke part de l'individu rationnel, libre et égal aux autres, qui poursuit dans l'état de nature la défense de sa vie, de ses intérêts et de ses biens. Mais chez Hobbes, l'état de nature étant un état de guerre, l'individu, pour préserver sa vie, renonce à sa liberté et transmet tous ses droits à l'État. Locke craint beaucoup plus la puissance d'un État constitué de la puissance réunie de tous que la puissance dispersée d'une multitude d'individus. L'individu, même s'il transmet ses pouvoirs législatifs et exécutifs à l'État, ne renonce pas, chez Locke comme chez Spinoza, à tous ses droits: l'État ne peut contrevenir à la vie, aux libertés et aux biens de ses sujets[20]. Le peuple peut renverser un pouvoir exécutif ou législatif qui outrepasse ses prérogatives constitutionnelles ou qui enfreint les libertés individuelles. Locke préconise aussi la séparation de l'Église et de l'État, libérant l'individu du despotisme religieux de l'État.

Chez les Anciens, la liberté de l'individu — dans la mesure où ce concept a un sens chez eux ou qu'il peut leur être appliqué — n'était pas définie par ses intérêts, mais par l'essence de l'homme, par

---

20. Chez Hobbes, au contraire, l'État a tous les pouvoirs, y compris celui d'attenter à la vie d'un de ses sujets, mais l'individu conserve, dans ce seul cas et conformément à la loi naturelle, la liberté de résister.

sa finalité. Chez les penseurs chrétiens, comme Thomas d'Aquin, le contenu de la liberté de l'individu était déterminé transcendantalement par le bien de l'ensemble de la communauté (le bien commun) et par la volonté de Dieu. Être libre consistait à accomplir des devoirs. Locke essaie de concilier droits naturels, centrés sur la liberté intéressée de l'individu, et devoirs découlant de la loi naturelle, à laquelle chaque homme doit obéir s'il veut éviter la damnation éternelle et accéder à la béatitude. Locke peut donc lier l'individu moderne, poursuivant ses propres intérêts, à la loi naturelle, dans la mesure où l'homme obéirait à Dieu par intérêt pour sa vie dans l'audelà.

BIBLIOGRAPHIE

LOCKE, John, *Draft A*, Vrin, 1974.
  Première esquisse (1671) de l'*Essai philosophique concernant l'entendement humain*.
——, *Lettre sur la tolérance* (1689) reproduite presque intégralement dans *Les libéraux*, de Pierre MANENT, Hachette, coll. «Pluriel», 1986, t. I, p. 69-87.
——, *Traité du gouvernement civil*, trad. de David Manzel, GF-Flammarion, 1984 et trad. de Bernard Gilson, Vrin, 1967.
  Comprend le traité le plus important, le deuxième.
——, *Essai philosophique concernant l'entendement humain*, Vrin, 1972.
——, *Quelques pensées sur l'éducation*, Vrin, 1966.
——, *Draft of a Representation Containing a Scheme of Methods for the Employment of the Poor by Mr Locke, the 26th October 1697*. Reproduit dans David Wooton, ed., *Political Writings*, Londres, Penguin Books, 1993.
——, *Morale et loi naturelle*, J.-F. Spitz (dir.), Vrin, 1990.
  Choix de textes divers qui montrent l'influence chrétienne sur les réflexions morales de Locke.

ASHCRAFT, Richard, *La politique révolutionnaire et les «Deux traités de gouvernement» de John Locke*, PUF, 1995.
  Aschraft veut montrer, sur la base de documents historiques, que Locke serait un *whig* radical, proche des Niveleurs et partisan d'un suffrage quasi universel pour les mâles adultes.
DUNN, John, *La pensée politique de John Locke*, PUF, 1991.
  Dunn cherche à fonder la conception morale et politique de Locke sur sa conception religieuse. L'égalité de tous devant Dieu et la nécessité pour chacun d'œuvrer à son salut définiraient la liberté et l'égalité religieuses, préoccupations centrales chez Locke.

GOUGH, J. W., *John Locke's Political Philosophy*, Oxford, Oxford University Press, 1964.

Cet ouvrage, publié en 1950, comprend huit études sur des aspects controversés de la pensée politique de Locke.

MACPHERSON, C.B., *The Political Theory of Possessive Individualism*, Oxford, Oxford University Press, 1962. Traduction française parue chez Gallimard en 1971.

Selon Macpherson, la pensée politique de Locke constitue une justification en règle de l'appropriation individuelle illimitée par le travail (le sien ou celui de l'autre), véritable fondement de l'économie de marché. L'œuvre de Locke représente un compromis ambigu entre l'affirmation d'une égalité naturelle (de principe) et la légitimation de l'inégalité présente entre les classes.

SIMMONS, A. John, *The Lockean Theory of Rights*, Princeton, Princeton University Press, 1992.

L'auteur, se situant par rapport aux diverses interprétations de Locke, réinterprète ce dernier de façon à défendre la pertinence contemporaine de la théorie des droits qu'il lui attribue.

STRAUSS, Leo, *Droit naturel et histoire*, Flammarion, 1986.

Dans le chapitre consacré à Locke, Strauss insiste longuement sur la prudence politique qui aurait présidé à la rédaction du *Second Traité*, prudence qui s'expliquerait par la personnalité de Locke et le contexte sulfureux de l'époque. Cette prudence permet de comprendre les nombreuses contradictions que recèle le *Traité*. Locke y propose néanmoins, mais «prudemment», une morale axée sur le travail et l'acquisition, morale qui n'a plus rien à voir, malgré ses dires, avec la loi naturelle de la tradition chrétienne.

TULLY, James, *Droit naturel et propriété*, PUF, 1992.

Tully, se situant dans le prolongement de Dunn, cherche à montrer que Locke, en reprenant la conception thomiste d'une nature donnée en commun aux hommes par Dieu, ne serait pas l'intransigeant défenseur de la propriété privée, mais chercherait à contrecarrer Filmer qui défendait le pouvoir absolu, du roi comme du père, sur les personnes et les choses.

WOOD, Neal, *The Politics of Locke's Philosophy*, Berkeley, University of California Press, 1983.

L'*Essai philosophique concernant l'entendement humain*, influencé par Bacon, a des implications politiques que l'auteur dégage.

——, *John Locke and Agrarian Capitalism*, Berkeley, University of California Press, 1984.

La théorie politique de Locke se comprend mieux si l'on sait qu'il théorise le développement d'un capitalisme agraire au XVIIe siècle.

ZUCKERT, Michael P., *Natural Rights and the New Republicanism*, Princeton, Princeton University Press, 1994.

L'auteur critique l'interprétation révisionniste de Dunn, d'Ascraft et de Tully, et affirme que l'originalité de Locke repose sur la reconnaissance de l'individu comme propriétaire inaliénable de droits naturels.

MONTESQUIEU

(1689-1755)

Montesquieu naît durant le long règne de Louis XIV (1661-1715) qui centralise les pouvoirs dans un pays où les états généraux n'ont pas été réunis depuis 1614. Lui succède le non moins long règne de son arrière-petit-fils, Louis XV (1715-1774). Louis XV a cinq ans lorsqu'il accède au trône: le pouvoir est assumé par le régent Philippe d'Orléans de 1715 à 1723. Celui-ci convoque un parlement qui joue un rôle subalterne (Louis XV le dissoudra en 1770 et exilera les parlementaires trop influencés par le jansénisme toujours présent). Le régent fait appel à l'Écossais John Law pour régler les problèmes financiers de l'État (1716-1720). Dès cette époque se développe en France une anglophilie dont Montesquieu est l'un des premiers représentants et qui marquera les philosophes des Lumières.

Montesquieu est animé, non par le goût du droit ou de la politique, mais par des ambitions littéraires et intellectuelles qui se manifesteront, jeune, à l'âge de 23 ans, par la publication des *Lettres persanes*, qui lui ouvrent les salons littéraires de Paris. Il entreprend ensuite un voyage d'étude en Europe et en revient fasciné par l'organisation politique de l'Angleterre (1728-1731). À la fin de sa vie, il publie son œuvre maîtresse, *De l'esprit des lois*. Deux thèmes parcourent cet ouvrage. L'un — inspiré des considérations sociologiques et historiques d'Ibn Khabour, de Bodin et de Vico — où il décrit les différents facteurs dont la combinaison structure les trois ou quatre grands types de société politique. L'autre où il préconise la modération et la liberté politique en opposant la république et la monarchie au despotisme et, surtout, en faisant l'éloge de l'équilibre des pouvoirs qu'assurerait la constitution anglaise.

Face à l'absolutisme monarchique qui gagne l'Europe et épargne l'Angleterre, Montesquieu défend les prérogatives de la noblesse et la liberté politique des nobles et des riches.

L'esprit des lois

Montesquieu distingue la nature du gouvernement de son principe. La nature du gouvernement est «ce qui le fait être tel», sa structure constitutionnelle. Montesquieu identifie trois formes constitutionnelles dans l'exercice de la puissance souveraine, voire quatre si l'on tient compte de la différenciation entre république démocratique et république aristocratique: la puissance souveraine est exercée par le peuple en corps dans la république démocratique, un groupe de familles dans la république aristocratique, un prince respectueux des lois établies dans la monarchie et, enfin, un seul selon ses volontés et ses caprices dans un gouvernement despotique.

Le principe du gouvernement est sa vertu politique, la passion qui le fait mouvoir, «ce qui le fait agir». Ainsi, l'amour de la patrie ou des lois est la vertu de la république démocratique, la modération, la vertu de la république aristocratique, l'honneur, la vertu ou la passion de la monarchie et la crainte, la passion du despotisme.

Les lois découlent de la nature et, surtout, du principe de la constitution. Le principe est déterminant: «Lorsque les principes du gouvernement sont une fois corrompus, les meilleures lois deviennent mauvaises, et se tournent contre l'État: lorsque les principes en sont sains, les mauvaises ont l'effet des bonnes; la force du principe emporte tout[1].» Pour leur part, les lois renforcent la constitution lorsqu'elles en respectent le principe.

Les lois entretiennent aussi des «rapports nécessaires qui dérivent de la nature des choses». Elles sont associées à des facteurs (climat, mœurs, religion, etc.) avec lesquels elles constituent un tout social, l'esprit d'une nation: «Elles [les lois] doivent être relatives au *physique* du pays; au climat glacé, brûlant, ou tempéré; à la qualité du terrain, à sa situation, à sa grandeur; au genre de vie des peuples, laboureurs, chasseurs ou pasteurs: elles doivent se rapporter au degré de liberté que la constitution peut souffrir, à la religion des habitants,

---

1. *De l'esprit des lois*, GF-Flammarion, 1979, t. I, p. 251.

à leurs inclinaisons, à leurs richesses, à leur nombre, à leur commerce, à leurs mœurs, à leurs manières: enfin elles ont des rapports entre elles; elles en ont avec leur origine, avec l'objet du législateur, avec l'ordre des choses sur lesquelles elles sont établies[2].»

En rattachant les lois au principe de la constitution et en montrant les rapports qu'elles entretiennent avec des facteurs géographiques ou sociaux, Montesquieu prend le contre-pied du sceptique Montaigne, pour qui tout était diversité et différences, pour qui les lois, les mœurs et les coutumes, variant d'un pays à un autre, n'avaient aucun principe de cohérence, ne relevaient d'aucune rationalité.

Les lois dépendent des mœurs. Il paraîtrait trop tyrannique, dit Montesquieu, de vouloir modifier les mœurs, qui regardent la conduite intérieure des hommes, et les manières, qui concernent leur conduite extérieure, par des lois qui régissent les actions des citoyens. Cependant, «les lois peuvent contribuer à former les mœurs, les manières et le caractère d'une nation».

Le climat semble déterminer les caractères et les passions d'une nation et les lois, dit Montesquieu, devraient respecter ces caractères et ces passions. Mais «les mauvais législateurs sont ceux qui ont favorisé les vices du climat, et les bons sont ceux qui s'y sont opposés».

Le climat et la grandeur du territoire paraissent déterminer la nature des constitutions: la république, de petite étendue, se trouvera dans les régions froides du Nord, la monarchie, d'étendue moyenne, dans les climats tempérés du Midi, les gouvernements despotiques recouvreront les grands territoires des climats chauds du Sud. Mais Montesquieu ne privilégie pas les causes «physiques», matérielles (climat surtout, étendue du territoire et nature du terrain dont dépend la subsistance de la nation), par rapport aux causes «morales», sociales (les lois, la religion, les mœurs et les caractères). Ces causes multiples interagissent sans que l'une soit nécessairement déterminante.

Le législateur doit respecter le principe de la constitution et chercher à inscrire ses lois au sein de l'esprit de la nation, esprit qu'elles contribuent à former.

2. *Ibid.*, p. 128.

Lois positives et lois naturelles

Le livre XXVI de *L'esprit des lois* est consacré aux différents types de lois ou de droits: droit naturel; droit divin ou religieux; droit ecclésiastique ou canonique (police de la religion); droit des gens; droit politique général (sagesse commune à toutes les sociétés); droit politique particulier; droit de conquête (droit à la violence d'un peuple sur un autre); droit civil; droit domestique. Remarquons que Montesquieu distingue une «sagesse politique commune» du droit naturel et place celui-ci avant le droit divin. Contrairement à ses prédécesseurs du Moyen Âge, il n'est pas intéressé à hiérarchiser les différents types de lois et à montrer leur dépendance par rapport à la loi naturelle, voire à la loi de Dieu: il a comme préoccupation majeure de différencier les droits selon leur objet respectif afin d'éviter toute confusion.

Montesquieu sait que les relations entre États sont structurées par des rapports de force. Néanmoins, il défend un droit des gens — d'où découle un droit de conquête — fortement imprégné de préoccupations morales. Le droit des gens définit le rapport politique qu'ont les nations les unes avec les autres. Le principe de ce droit est que les nations, compte tenu de leurs intérêts véritables, doivent se faire le plus de bien possible dans la paix et le moins de mal possible dans la guerre.

Le droit naturel de défense implique la nécessité d'attaquer lorsque l'attaque est le seul moyen de se préserver contre la destruction: la conservation de soi est, pour la nation comme pour l'individu, la première loi de la nature.

«L'objet de la guerre, dit Montesquieu, c'est la victoire; celui de la victoire, la conquête; celui de la conquête, la conservation[3].» Le droit de conquête n'implique pas le droit à la destruction de la société conquise, ni le droit à son asservissement. La meilleure manière pour un État de respecter le droit de conquête est d'exercer le gouvernement politique et civil sur la nation conquise selon les lois de cette même nation. La servitude est acceptable seulement lorsqu'elle est nécessaire à la conservation de la conquête. Mais elle ne doit pas perdurer: la nation esclave doit redevenir sujet.

---

3. *Ibid.*, p. 127.

Le droit politique est clairement distingué du droit civil. Le premier définit les relations entre gouvernants et gouvernés, le bien public et la liberté du citoyen. Le droit civil régit les relations entre citoyens, plus particulièrement dans leurs rapports aux biens privés, à la propriété privée.

Les lois sont des «rapports nécessaires qui dérivent de la nature des choses». Mais elles sont aussi l'application à des cas particuliers de la loi naturelle accessible à la raison humaine. Le droit civil et politique ne dépend pas seulement du principe constitutionnel et ne renvoie pas uniquement à des facteurs sociaux et géographiques. Il relève aussi des prescriptions de la loi naturelle qui est antérieure aux lois positives: «Dire qu'il n'y a rien de juste ni d'injuste que ce qu'ordonnent ou défendent les lois positives, c'est dire qu'avant qu'on eût tracé le cercle, tous les rayons n'étaient pas égaux. Il faut donc avouer des rapports d'équité antérieurs à la loi positive qui les établit[4].» C'est sans doute ce droit prescriptif qui permet à Montesquieu d'opposer les régimes modérés (les républiques et la monarchie) au gouvernement despotique, les régimes qui assurent la liberté politique à celui qui asservit les individus. La modération, définie de façon aristotélicienne comme juste milieu entre un manque et un excès, devient ainsi la vertu politique centrale chez l'aristocrate Montesquieu.

Montesquieu, comme Locke d'ailleurs, considère la loi naturelle comme une vérité qu'on pourrait démontrer de façon géométrique, déductive: il ne questionne pas cette loi, qui fait partie de la tradition médiévale et qui remonte aux stoïciens. Cependant, il s'intéresse moins aux principes moraux qu'au principe (vertu ou passion) de chaque constitution, moins à la loi divine et à la loi naturelle qu'à la religion, aux mœurs et aux caractères constitutifs de l'esprit de chaque nation.

Pour Pufendorf, la loi était la volonté d'un supérieur imposée à l'agir des dépendants, tandis que pour Hobbes elle était le commandement dont le précepte contient la raison de l'obéissance. Montesquieu, en définissant la loi comme rapports, rompt avec cette tradition où la loi a une fin, relève d'une rationalité universelle et est pensée sur le mode d'une relation interpersonnelle. La loi, dans

---

4. *Ibid.*, p. 124.

l'analyse de Montesquieu comme chez Newton, cherche à rendre compte de la diversité des faits en montrant leurs rapports nécessaires.

Il est indéniable que Montesquieu se réfère parfois à des lois universelles qui définissent le devoir-être et indiquent la carence des lois positives. Mais la plus grande partie de son analyse porte sur les facteurs de l'esprit général, facteurs géographiques, sociologiques ou politiques qui agissent sans que les hommes en prennent conscience. Cette analyse des facteurs conduit parfois Montesquieu à des principes normatifs: les hommes devraient agir en tenant compte des facteurs objectifs de l'esprit des lois. Mais ce devoir-agir, qui reposerait sur la conscience des facteurs sociaux, géographiques et politiques, est fort différent du devoir-être qui relève de la loi naturelle.

La république démocratique

La souveraineté du peuple définit la république démocratique. Le peuple y est à la fois monarque et sujet: monarque par ses suffrages qui sont sa volonté; sujet en étant soumis à ses propres lois.

Le peuple, réuni en une assemblée de citoyens dont le nombre devrait être déterminé, exerce directement le pouvoir législatif: la république doit donc être de petite dimension. Comme tout monarque, le peuple est conduit par un conseil ou sénat dont il élit les membres. Seul le peuple a le pouvoir de faire des lois, mais il est souvent nécessaire que le conseil ou sénat statue pour qu'elles soient appliquées. Le peuple, comme l'affirmait Machiavel, a toutes les qualités requises pour choisir ses magistrats, ses ministres, mais il n'est pas doué pour conduire les affaires publiques: «Comme la plupart des citoyens, qui ont assez de suffisance pour élire, n'en ont pas assez pour être élus; de même le peuple, qui a assez de capacité pour se faire rendre compte de la gestion des autres, n'est pas propre à gérer par lui-même[5].»

Les hommes, dit Montesquieu, sont égaux dans la république démocratique comme sous un gouvernement despotique: dans la première, parce qu'ils sont tout; dans la seconde, parce qu'ils ne sont rien. L'égalité de la république démocratique doit être modérée: un

---

5. *Ibid.*, t. I, p. 133.

manque d'égalité la conduira à la république aristocratique; un excès d'égalité créera l'anarchie qui conduit au despotisme. L'esprit d'égalité extrême se manifeste lorsque le peuple veut exercer lui-même le pouvoir délibératif du sénat, le pouvoir exécutif des ministres et le pouvoir judiciaire. L'esprit d'égalité «ne consiste point à faire en sorte que tout le monde commande, ou que personne ne soit commandé; mais à obéir et à commander à ses égaux. Il ne cherche pas à n'avoir point de maître, mais à n'avoir que ses égaux pour maîtres[6].»

Dans une république démocratique, les lois qui règlent le suffrage (qui peut voter? comment? sur quoi?) sont fondamentales car elles déterminent ce qu'est effectivement la souveraineté du peuple.

La durée et la prospérité de la démocratie dépendent de la division du peuple en classes d'électeurs. Montesquieu donne l'exemple de Rome et d'Athènes. À Rome, le regroupement des électeurs en six classes allouait, à juste titre selon Montesquieu, la majorité des suffrages à la minorité des aristocrates et des chevaliers. Dans la démocratie athénienne, chaque citoyen pouvait voter et être nommé juge, mais les magistrats, les dirigeants politiques, ne pouvaient être choisis, selon Montesquieu, que parmi les «citoyens aisés».

Le suffrage par le sort, traitant chacun également, serait propre à la démocratie, tandis que le suffrage par choix, respectant le mérite, serait propre à l'aristocratie. Mais, dit Montesquieu, comme le choix par sort est en soi défectueux, les grands législateurs, comme le Grec Solon, l'ont corrigé et limité. Enfin, s'inspirant de Cicéron, l'auteur affirme que le vote doit être secret au sénat afin d'éviter les brigues, tandis que le vote du peuple doit être public afin qu'il soit éclairé par les grands. Ainsi, la loi fondamentale du suffrage démocratique chez l'aristocrate Montesquieu ne traite pas les citoyens également: il reconnaît des privilèges aux aristocrates et aux riches, tout en excluant selon la coutume les femmes du pouvoir politique.

Le principe de la république démocratique est la vertu politique que Montesquieu distingue — sans l'y opposer comme Machiavel — de la vertu morale et de la vertu religieuse. La vertu de la démocratie consiste à subordonner son intérêt particulier à l'intérêt général. Elle s'oppose à l'ambition, à l'avarice et à la licence. Cette vertu est amour de la patrie et de ses lois, amour que le père transmet à ses fils. Cet

6. *Ibid.*, p. 245.

amour est un sentiment, non une connaissance: tout citoyen, même le plus humble, peut l'entretenir. Le peuple, qui a de bonnes mœurs, manifeste souvent un attachement plus fort à la patrie que les gens cultivés. Amour de la patrie et bonnes mœurs se renforcent réciproquement. Les bonnes mœurs se caractérisent par l'amour de la frugalité et de l'égalité. La frugalité borne le désir de posséder à ce qui est nécessaire au bien-être de la famille et laisse le superflu à l'État. Elle est stimulée par l'égalité de fortune et l'encourage à son tour.

En république démocratique, les lois, comme les mœurs, doivent poursuivre l'égalité et empêcher le luxe. Elles doivent assurer le partage égal des terres. En fait, ce partage étant difficilement réalisable, il suffit que les lois limitent les écarts de fortune. La loi de succession doit reproduire ce partage. Si ce partage est impossible, il faut un corps fixe de sénateurs ou de censeurs qui impose le respect des mœurs, la probité et la frugalité.

La république démocratique de Montesquieu est donc l'idéalisation des républiques anciennes, dont la romaine que Cicéron immortalisa.

La république aristocratique

Dans la république aristocratique, un certain nombre de personnes, et non le peuple, exercent la puissance souveraine. Comme dans la monarchie, le peuple n'y est que sujet.

Le peuple, étant contenu par des lois, n'a pas besoin, comme dans la démocratie, de vertus particulières. Le principe de ce gouvernement est la modération eu égard aux inégalités entre l'aristocratie et le peuple, et entre les aristocrates eux-mêmes. La modération de l'aristocratie s'exprime entre autres par la modestie et la simplicité de ses manières vis-à-vis du peuple, du moins les riches de ce peuple.

Dans la république aristocratique, il est souvent nécessaire qu'un magistrat ait le pouvoir de mortifier l'orgueil de domination des aristocrates.

La monarchie

Dans la monarchie, comme dans l'État despotique, la souveraineté est exercée par une seule personne, caractéristique qui la démarque des deux types de république. Deux critères distinguent une monarchie d'un État despotique: les lois fondamentales du royaume, lois fixes et établies déterminant la constitution de l'État; l'existence de pouvoirs intermédiaires, subordonnés et dépendants, détenus par la noblesse surtout, le clergé ensuite et, enfin et d'une certaine façon, par les villes ou leurs corporations.

Un corps politique, distinct de la noblesse et du conseil du roi, a la garde des lois fondamentales, constitutionnelles, du royaume. Cet autre pouvoir intermédiaire rend aussi publiques les nouvelles lois et rappelle les anciennes pour qu'elles ne soient pas oubliées. Enfin, le pouvoir judiciaire doit lui aussi reposer en d'autres mains que celles du roi.

Comme la république aristocratique, la monarchie n'a pas besoin d'un peuple vertueux: la loi suffit à diriger ce peuple-sujet. Le principe de ce gouvernement ne se trouve pas dans celui qui a le pouvoir, le roi, mais réside encore, comme dans la république aristocratique, dans la noblesse, l'honneur remplaçant la modération comme vertu politique de cette classe.

L'honneur, la demande de privilèges et de distinctions, lie ensemble toutes les parties de la noblesse et fait que chacun, dit Montesquieu, poursuit le bien commun en croyant suivre ses intérêts particuliers. L'honneur ne s'apprend ni dans la famille ni à l'école. Cette éducation commence lorsque le jeune accède au monde de la noblesse. Il y apprend une certaine noblesse dans les vertus, une certaine franchise dans les mœurs et une certaine politesse dans les manières. Les actions des hommes y sont jugées vertueuses, non en tant qu'elles sont bonnes, justes et raisonnables, mais en tant qu'elles sont belles, grandes et extraordinaires. On veut la vérité dans les discours pour paraître hardi, libre et au-dessus de la façon dont un autre les reçoit, tout en méprisant la franchise du peuple qui n'a que la vérité et la simplicité pour objet. L'orgueil est le fondement de la politesse: on est flatté d'avoir des manières qui montrent qu'on n'est pas du peuple, y compris de sa fraction riche.

L'honneur a ses règles et ses lois: «Les principales sont, qu'il nous est bien permis de faire cas de notre fortune; mais qu'il nous est souverainement défendu d'en faire aucun de notre vie. La seconde est que, lorsque nous avons été une fois placés dans un rang, nous ne devons rien faire ni souffrir qui fasse voir que nous nous tenons inférieurs à ce rang même. La troisième, que les choses que l'honneur défend sont plus rigoureusement défendues, lorsque les lois ne concourent point à les proscrire; et que celles qu'il exige sont plus fortement exigées, lorsque les lois ne les demandent pas[7].»

Les lois relatives au principe de la monarchie doivent garantir les privilèges et les prérogatives de la noblesse, tant dans leurs personnes que dans leurs terres. La noblesse, ainsi démarquée du peuple, pourra servir de lien entre celui-ci et le roi.

La monarchie française s'était fort éloignée de ce modèle en centralisant — avec l'appui de la noblesse de robe et de la bourgeoisie marchande, et contre la vieille noblesse d'épée — les pouvoirs aux mains du roi. Montesquieu s'oppose à cette tendance qui corrompt la nature de la monarchie: «La monarchie se perd, lorsque le prince, rapportant tout uniquement à lui, appelle l'État à sa capitale, la capitale à sa cour, et la cour à sa seule personne[8].» Montesquieu préconise donc la restauration des pouvoirs de la noblesse contre l'absolutisme monarchique de son temps.

L'État despotique

Dans l'État despotique, la souveraineté est exercée par une seule personne, sans l'encadrement d'une loi constitutionnelle et en l'absence de tout pouvoir intermédiaire. Le despote, étant tout tandis que les autres ne sont rien, vit dans la volupté et abandonne l'exercice du pouvoir à un vizir: «Il résulte de la nature du pouvoir despotique, que l'homme seul qui l'exerce, le fasse de même exercer par un seul[9].»

L'État despotique ne repose ni sur la vertu politique, ni sur la modération, ni sur l'honneur. Son principe est la passion qui constituait pour Hobbes la cause de tout régime politique: la crainte. Celle-ci s'exerce surtout contre les grands, les nobles ou les riches, laissant le peuple plus ou moins à l'abri.

Le despotisme ne requiert ni vertu, ni éducation. Sous le despotisme, tout le monde, à l'exception du despote, est esclave. Or l'esclave, comme l'affirme Aristote, n'a aucune vertu propre: il n'a

7. *Ibid.*, p. 158.
8. *Ibid.*, p. 248.
9. *Ibid.*, p. 141.

donc pas besoin d'éducation. Le despote lui-même, n'ayant qu'à vouloir pour obtenir l'exécution, n'a pas non plus besoin d'éducation: «L'extrême obéissance suppose de l'ignorance dans celui qui obéit; elle en suppose même dans celui qui commande. Il n'a point à délibérer, à douter, ni à raisonner; il n'a qu'à vouloir[10].»

L'État despotique ne requiert ni droit politique, ni droit civil. Le peuple, esclave, n'a aucun droit face au despote. La terre appartenant au despote, le droit civil, qui règle les rapports des citoyens avec les biens, est lui aussi inutile. Enfin le pouvoir de la magistrature est limité en l'absence d'une volonté propre chez la plupart des sujets: «Il n'y a presque point de gens qui aient une volonté propre, et qui, par conséquent, doivent répondre de leur conduite devant un juge. La plupart des actions morales, qui ne sont que les volontés du père, du mari, du maître, se règlent par eux, et non par les magistrats[11].» Enfin, la sévérité des peines convient à l'État despotique dont le principe est la crainte, voire la terreur.

Les esclaves et les femmes

Dans l'esclavage, les biens et la vie de l'esclave sont à la complète merci du maître. Comme Bodin, Montesquieu juge l'esclavage mauvais en soi: il est inutile à l'esclave qui ne peut rien faire par vertu et il habitue le maître à tous les vices d'un despote cruel. Montesquieu critique le droit romain qui justifiait l'esclavage en arguant qu'il permettait de sauver la vie des prisonniers de guerre: «Il est faux qu'il soit permis de tuer dans la guerre, autrement que dans le cas de nécessité: mais dès qu'un homme en a fait un autre esclave, on ne peut pas dire qu'il a été dans la nécessité de le tuer, puisqu'il ne l'a pas fait. Tout le droit que la guerre peut donner sur les captifs, est de s'assurer tellement de leur personne, qu'ils ne puissent plus nuire. Les homicides faits de sang-froid par les soldats, et après la chaleur de l'action, sont rejetés de toutes les nations du monde[12].» L'esclavage n'est pas non plus productif. Montesquieu donne l'exemple du travail minier: des ouvriers, encouragés par l'appât du gain, produisent

---

10. *Ibid.*, p. 159.
11. *Ibid.*, p. 201.
12. *Ibid.*, p. 390.

maintenant plus et mieux que les esclaves antérieurement utilisés, même si on jugeait jadis que ce travail pénible et insalubre ne pouvait être exercé que par une main-d'œuvre servile.

Dans tous les régimes modérés (république démocratique, république aristocratique et monarchie), l'esclavage est inacceptable. Il est tolérable dans les pays despotiques où chacun est déjà sous l'esclavage politique: l'esclavage civil permet alors d'assurer la subsistance des esclaves et de protéger leur vie.

Le despotisme, dit Montesquieu en s'inspirant d'Aristote, se développe dans les pays chauds qui rendent les peuples lâches et les prédisposent à l'esclavage, tandis que les pays froids du nord suscitent le courage des peuples et le maintien de leur liberté.

Les femmes ne sont pas des esclaves: elles ont des droits. Montesquieu distingue la sphère domestique du domaine politique. Il est contre la raison et contre la nature, dit-il, que les femmes dominent dans la maison. Mais leur faiblesse leur permet parfois de gouverner un État avec plus de douceur et de modération que les hommes animés par des vertus viriles. Montesquieu, se référant à certaines expériences historiques, admettra que les femmes peuvent même réussir dans le gouvernement despotique — ce qui enlève toute valeur à son opposition entre gouvernement domestique et gouvernement politique.

L'attrait sexuel exercé par les femmes est, par rapport à la raison et à la force des hommes, le critère qui permet de distinguer les trois grands régimes politiques eu égard aux femmes: «La nature, qui a distingué les hommes par la force et par la raison, n'a mis à leur pouvoir de terme que celui de cette force et de cette raison. Elle a donné aux femmes les agréments, et a voulu que leur ascendant finît avec ses agréments[13].»

Dans une république démocratique, on exige des femmes la gravité des mœurs et une retenue dans le luxe, en échange de la reconnaissance de leur liberté. La retenue naturelle des femmes y est d'autant plus requise que les républiques démocratiques s'établissent dans des pays froids où les hommes sont portés vers les boissons fortes et l'intempérance. Dans les monarchies, les femmes, se distinguant par leur rang à la cour, utilisent le désir qu'elles suscitent pour

---

13. *Ibid.*, p. 410.

faire avancer leur fortune et vivre luxueusement. Dans les États despotiques, les femmes sont elles-mêmes objets de luxe et deviennent esclaves des hommes. Se mariant jeunes et vieillissant rapidement, elles sont incapables, comme les femmes nobles des pays tempérés, de combiner attrait sexuel et raison: «Les femmes sont nubiles, dans les climats chauds, à huit, neuf et dix ans: ainsi l'enfance et le mariage y vont presque toujours ensemble. Elles sont vieilles à vingt: la raison ne se trouve donc jamais chez elles avec la beauté. Quand la beauté demande l'empire, la raison le fait refuser; quand la raison pourrait l'obtenir, la beauté n'est plus. Les femmes doivent être dans la dépendance: car la raison ne peut leur procurer, dans leur vieillesse, un empire que la beauté ne leur avait pas donné dans la jeunesse même[14].»

La religion

Montesquieu s'intéresse à la religion, non comme théologien, non du point de vue de la foi, mais parce que l'enseignement de la morale par la religion a une portée sociale, une utilité sociale. Étant le meilleur garant de la probité des hommes, la religion tend, comme les lois qu'elle complète, à rendre les hommes bons.

Les lois religieuses, dit un Montesquieu influencé par Locke, sont immuables, reposent sur la foi, formulent des conseils et visent la bonté, voire la perfection de l'homme qui les observe, tandis que les lois humaines sont variables, se fondent sur la crainte, donnent des règles et ont comme fin, non seulement la bonté de l'homme, mais le bien général de la société où elles sont observées. Montesquieu condamne les tribunaux de l'inquisition qui demandent aux tribunaux humains de juger selon des maximes religieuses. Il critique les poursuites pour pratique magique ou hérétique: les accusations ne portent pas sur les actions du citoyen, mais sur l'idée que l'on s'est faite de son caractère. Les peines pour sacrilège religieux doivent être, dit-il, d'une autre nature que les peines pour non-respect des lois humaines: «Pour que la peine des sacrilèges simples soit tirée de la nature de la chose, elle doit consister dans la privation de tous les avantages que donne la religion; l'expulsion hors des temples; la pri-

---

14. *Ibid.*, p. 409.

vation de la société des fidèles, pour un temps ou pour toujours; la fuite de leur présence; les exécrations, les détestations, les conjurations[15].»

Comme plusieurs autres auteurs de l'époque, Montesquieu préfère qu'il n'y ait qu'une religion dans un État. Mais si plusieurs religions sont établies, l'État doit non seulement les tolérer, mais obliger les différentes Églises à se tolérer mutuellement afin d'assurer la paix sociale.

En plus de ces considérations normatives, Montesquieu cherche à établir des rapports nécessaires entre confessions religieuses et types de gouvernement. Dans les gouvernements despotiques, l'absence de lois constitutionnelles et d'un corps permanent des lois est comblée par l'omniprésence de la religion musulmane tandis que le christianisme serait plus conforme aux gouvernements modérés. Après la grande scission du christianisme, les peuples du Nord, plus portés vers l'indépendance et la liberté, optent pour le protestantisme et deviennent républicains tandis que les peuples du midi conservent le catholicisme et la monarchie.

L'équilibre des pouvoirs et la constitution anglaise

La liberté ne consiste pas «à faire ce que l'on veut»: elle est, définie de façon négative et moderne, le «droit de faire tout ce que les lois permettent». Montesquieu distingue la liberté dans son rapport avec la constitution et dans son rapport avec le citoyen. La seconde consiste dans la protection accordée par les lois à la vie et aux biens de chacun face aux caprices des autres tandis que la première doit empêcher les abus de pouvoir, non par le contrôle des gouvernés sur les gouvernants, mais par un juste équilibre des pouvoirs.

Les pouvoirs sont équilibrés par leur combinaison; la modération est obtenue par leur équilibre: «Pour former un gouvernement modéré, il faut combiner les puissances, les régler, les tempérer, les faire agir; donner pour ainsi dire, un lest à l'une, pour la mettre en état de résister à une autre[16].» Afin de contrer les abus d'autorité, les trois pouvoirs (législatif, exécutif et judiciaire) ne doivent pas être

---

15. *Ibid.*, p. 330.
16. *Ibid.*, p. 189.

exercés par une même personne ou un même corps: «Tout serait perdu, si le même homme, ou le même corps des principaux, ou des nobles, ou du peuple, exerçaient ces trois pouvoirs: celui de faire des lois, celui d'exécuter les résolutions publiques, et celui de juger les crimes ou les différends des particuliers[17].»

Le pouvoir judiciaire est distinct du pouvoir exécutif et ne doit pas être exercé par le pouvoir législatif, sauf dans trois cas, d'ailleurs favorables à la noblesse: les nobles ne peuvent être jugés que par leurs pairs de la chambre haute; la chambre haute peut accorder une amnistie; dans les procès politiques, l'accusation est portée par la chambre basse et jugée par le tribunal de la chambre haute.

Le pouvoir législatif est partagé entre deux puissances (la noblesse pour la chambre haute et le peuple pour la chambre basse) tandis que le pouvoir exécutif repose dans les mains d'une autre puissance, le monarque. Ces trois puissances sont contraintes de fonctionner de concert: «Le corps législatif y étant composé de deux parties, l'une enchaînera l'autre par sa faculté mutuelle d'empêcher. Toutes les deux seront liées par la puissance exécutrice, qui le sera elle-même par la législative[18].»

Le peuple ne peut pas exercer directement la puissance législative dans les grands États. Mais même dans les petits, il est préférable qu'elle soit exercée par des représentants, car le peuple lui-même est inapte à la discussion des affaires publiques. Dans la constitution anglaise dont s'inspire Montesquieu, le peuple — par l'intermédiaire de représentants élus par circonscription et libres de tout mandat particulier — partage avec la noblesse le pouvoir législatif. Les femmes et les non-propriétaires sont exclus de ce peuple électoral.

La constitution protège la noblesse dont est issu Montesquieu: elle partage avec le peuple des hommes propriétaires le pouvoir législatif; ses membres ne peuvent être jugés que par des pairs, ce qui les met à l'abri du roi et des bourgeois; la chambre haute, qu'elle contrôle, peut accorder l'amnistie, et c'est elle qui juge les délits politiques. Remarquons enfin que la constitution anglaise louangée par Montesquieu ne s'insère dans aucun des quatre types de société politique qu'il décrit (république démocratique, république aristocra-

17. *Ibid.*, p. 295.
18. *Ibid.*, p. 302.

tique, monarchie et despotisme). Certains lui ont reproché cette in-
cohérence.

À la défense de la noblesse

Montesquieu avait lu Bodin et Vico. Il doit au premier la séparation
de l'histoire humaine de l'histoire religieuse et l'importance accordée
au climat sur les affaires politiques. Il a sûrement été influencé par les
réflexions du second sur les causes des événements historiques et
partage avec lui le refus de penser la politique à travers les catégories
d'origine de la société politique, d'état de nature et de contrat social,
catégories récurrentes aux XVIIᵉ et XVIIIᵉ siècles. La découverte fondamentale de Montesquieu, du moins selon Durkheim, serait de décrire
«l'esprit des lois», de montrer les liens nécessaires qui unissent les
différents éléments du tout social. Toutefois, le rejet par Montesquieu
du postulat de l'égalité et de la liberté de l'homme dans l'état de
nature, lié à son maintien de la définition traditionnelle de la loi
naturelle, montre que ce rejet, au-delà des préoccupations «scientifiques», correspond étroitement aux intérêts et aux privilèges de la
noblesse qu'il soutenait.

Montesquieu, après Locke, fait l'éloge de la constitution anglaise qui assurerait la liberté politique, mais sa description de la
constitution diffère de celle de Locke. Celui-ci distinguait les pouvoirs exécutif, législatif et fédératif, et amalgamait le pouvoir judiciaire au pouvoir exécutif. Montesquieu distingue clairement le pouvoir judiciaire des pouvoirs exécutif et législatif. Locke insistait sur la
suprématie du pouvoir législatif afin d'assurer la liberté tandis que
pour Montesquieu — et cette différence est centrale — elle est assurée par l'équilibre des deux pouvoirs (législatif et exécutif) et des trois
puissances (roi, noblesse et peuple).

BIBLIOGRAPHIE

MONTESQUIEU, *De l'esprit des lois*, GF-Flammarion, 2 t., 1979; aussi *in Œuvres complètes*, Seuil, 1964.

ALTHUSSER, Louis, *Montesquieu. La Politique et l'Histoire*, PUF, 1964.
Montesquieu ne défend pas la séparation des pouvoirs, mais l'équilibre des trois puissances (le roi, la chambre haute et la chambre basse) dans le dessein de renforcer la noblesse face au roi et au «peuple».

BEYER, Charles Jacques, *Nature et valeur dans la philosophie de Montesquieu*, Klincksieck, 1982.
Analyse systématique de *L'esprit des lois*, en vue d'en dégager le caractère nécessaire de la notion de rapport.

GOYARD-FABRE, Simone, *Montesquieu: la nature, les lois, la liberté*, PUF, 1993.
Analyse des fondements métaphysiques de la pensée politique et juridique de Montesquieu. D'après Goyard-Fabre, l'idée de liberté, au cœur de cette philosophie, au lieu de s'opposer à l'idée de nature, comme c'est le cas dans la philosophie kantienne, est intimement associée à celle-ci. Une telle interprétation permettrait de mieux situer Montesquieu au sein de la pensée politique moderne et d'identifier son importante dette envers l'héritage antique.

SHACKLETON, Robert, *Montesquieu*, Grenoble, Presses universitaires de Grenoble, 1977.
Dans cette biographie critique, remarquablement bien documentée et particulièrement utile à la compréhension de *L'esprit des lois*, Shackleton s'efforce de saisir la genèse des idées de Montesquieu à travers ses lectures, ses voyages et ses fréquentations.

STAROBINSKI, Jean, *Montesquieu*, Seuil, 1989.
Cette présentation de la vie et de l'œuvre de Montesquieu fut d'abord publiée en 1953 sous le titre de *Montesquieu par lui-même*. Ce bref mais stimulant texte de Starobinski est complété par un intéressant choix de textes et une bibliographie mise à jour.

VERNIÈRE, Paul, *Montesquieu et l'esprit des lois ou la raison impure*, Société d'édition d'enseignement supérieur, 1977.
Montesquieu, qui voulait concilier la loi naturelle et l'interprétation objective des faits, aurait poursuivi une prudente politique réformiste.

HUME

(1711-1776)

Écossais de petite noblesse, David Hume naît peu après l'union de
son pays avec l'Angleterre (1707) pour former la Grande-Bretagne.
Georges Iᵉʳ (1714-1727) et Georges II (1727-1760), originaires de
Hanovre et rois de la Grande-Bretagne, parlent à peine l'anglais. Le
cabinet, formé par les *whigs* majoritaires aux Communes, devient de
fait le véritable pouvoir exécutif de l'État dominé par la noblesse, la
grande bourgeoisie et la *gentry* (bourgeoisie qui obtient le droit de
vote et d'éligibilité grâce à l'achat d'une terre). Georges III, véritable
Anglais qui ne songe jamais à aller visiter Hanovre dont il est toujours le souverain, lutte, avec succès durant les 20 premières années
de son règne, pour raffermir le pouvoir de la royauté, affaibli durant
le dernier demi-siècle. L'Angleterre est alors le berceau de la révolution industrielle qui s'étendra au Continent un demi-siècle plus tard.
Différents facteurs contribuent à cette révolution: une noblesse anglaise qui s'intéresse aux affaires; le développement de la propriété
rurale qui chasse vers les villes des petits paysans à la recherche d'un
travail; des découvertes techniques qui permettent le passage de l'artisanat à l'industrie (entre autres, le haut fourneau à coke, le *jenny*
pour filer le coton et la machine à vapeur de Watt); la suprématie
maritime qui offre aux marchands anglais un marché illimité; etc. La
Grande-Bretagne domine les relations mondiales et voit sa suprématie sur la France confirmée par le traité de Paris (1763) et l'annexion
du Canada.

David Hume exerce différentes fonctions politiques au service
de la Grande-Bretagne: secrétaire d'un général anglais; secrétaire de
l'ambassade anglaise à Paris (1763-1766), sous-secrétaire d'État à

Londres... Lors d'un premier séjour à Paris (1734-1737), il écrit son livre *Traité de la nature humaine*, publié avant même ses trente ans, qui passe inaperçu. Il contient toutefois l'essentiel de sa philosophie qu'il développera dans ses autres livres qui, eux, lui apporteront une reconnaissance.

Comme chez Locke, la connaissance part de l'observation et de l'expérience telles que perçues par les sens. Toutefois elle ne débouche pas, chez Hume, sur des certitudes, mais sur des probabilités. Comme Cicéron, disciple de la Nouvelle Académie, David Hume s'oppose au pyrrhonisme impraticable, à l'invivable scepticisme radical, et adhère à un scepticisme modéré — fortement combattu par le clergé – qui lui laisse la possibilité de développer une morale et une politique conformes aux intérêts dominants de son temps.

Contrairement à ce qu'affirmait la tradition stoïcienne, la morale et la politique ne sont pas fondées sur une raison qui régirait de haut les passions. La raison doit au contraire partir des passions qui sont la source de toute énergie humaine.

Raison et passions

Les passions, et non la raison, sont les causes de nos actions. Toute action provient ou dérive d'une sensation de plaisir ou de douleur. Le rôle de la raison sera de déterminer les objets aptes à satisfaire nos passions et les moyens les plus appropriés de se les procurer: «On a noté que la raison, au sens strict et philosophique du mot, peut influencer notre conduite de deux manières seulement: soit qu'elle éveille une passion, en nous informant de l'existence d'une chose qui est l'objet propre de cette passion; soit qu'elle nous découvre la connexion des causes et des effets de manière à nous apporter un moyen de satisfaire une passion[1].» La raison serait ainsi la servante des passions.

La raison, n'étant pas la cause de l'agir, se révèle impuissante à prévenir ou à empêcher une action. Elle ne peut donc produire la morale et ses règles. La morale est plus sentie que jugée et se rattache en dernière instance au sentiment de plaisir et de douleur. L'impression qui naît de la vertu est plaisante tandis que celle qui procède du

---

1. *Traité de la nature humaine*, livre 3, Aubier, 1968, t. II, p. 574.

vice est désagréable: «Une action, un sentiment, ou un caractère est vertueux ou vicieux; pourquoi, parce que sa vue cause un plaisir ou un malaise d'un genre particulier [...] Nous n'allons pas plus loin; nous ne rechercherons pas la cause de cette satisfaction. Nous n'inférons pas qu'un caractère est vertueux de ce qu'il plaît; mais, en sentant qu'il plaît de cette manière particulière, nous sentons affectivement qu'il est vertueux[2].»

Hume donne un sens très large à la passion et y englobe tout sentiment, toute émotion et toute passion qui dériveraient de façon directe ou oblique des sensations de plaisir ou de douleur.

L'orgueil et l'humilité

David Hume s'attache plus particulièrement aux passions de l'orgueil et de l'humilité qu'il définit ainsi: «Par *orgueil*, j'entends cette impression agréable qui naît dans l'esprit quand la vue de notre vertu, de notre beauté, de nos richesses et de notre pouvoir nous rend contents de nous-mêmes: et par *humilité*, je désigne l'impression contraire[3].» L'orgueil et l'humilité visent le même objet, soi-même, l'orgueil procurant du plaisir, l'humilité, de la peine. L'orgueil, source de plaisir, est une vertu tandis que l'humilité est un vice. Hume prend donc le contre-pied de la tradition chrétienne pour laquelle l'orgueil était un péché et l'humilité, une vertu.

Les motifs de s'enorgueillir sont de quatre ordres: les qualités intellectuelles et morales (l'esprit, le bon sens, la connaissance, la justice...); les qualités du corps, dont la beauté; la propriété; le pouvoir. On s'enorgueillira aussi, mais de façon moins intense, de ces mêmes qualités attribuées à des proches (famille, enfants et amis), voire à sa patrie. L'absence de ces qualités — chez soi ou, dans une moindre mesure, chez des personnes ou des pays à qui nous sommes liés — nous réduit à la triste passion de l'humilité.

La propriété est, parmi toutes ces causes, celle qui produit le plus souvent l'orgueil. Nous sommes orgueilleux, dit Hume, de nos richesses et honteux de nos amis et de nos relations qui sont pauvres. Nous écartons de nous les pauvres, même chez nos ancêtres,

---

2. *Ibid.*, p. 587.
3. *Op. cit.*, livre 2, t. II, p. 397.

en affectant de descendre d'une longue suite de pères riches et honorables.

L'amour et la haine sont apparentés à l'orgueil et à l'humilité: on aime un autre pour les mêmes motifs ou les mêmes qualités dont on s'enorgueillit; on hait ou méprise un autre pour les mêmes défauts ou les mêmes manques qui font qu'on s'humilie. L'amour et la haine ne se distinguent de l'orgueil et de l'humilité que par leur objet, un autre au lieu de soi.

La possession, ce grand motif d'orgueil qui est aussi motif d'amour, est un bien dont l'essence consiste dans la possibilité de se procurer des commodités de la vie, des plaisirs. La possession est donc un plaisir par anticipation.

Nous évaluons nos possessions et notre pouvoir toujours par rapport à ceux des autres: «La comparaison est, dans tous les cas, un procédé sûr pour augmenter notre estime de quoi que ce soit. Un riche sent mieux la félicité de sa condition s'il l'oppose à celle d'un mendiant. Mais, pour le pouvoir, il y a un avantage particulier, né du contraste qui, en quelque sorte, se présente à nous, entre nous et la personne que nous commandons[4].» L'orgueil, cette passion tout à fait égoïste, requiert donc le rapport avec l'autre comme point de comparaison.

Mais il y a plus. Les possessions sont non seulement un plaisir par anticipation de leur jouissance, elles sont aussi un plaisir par le sentiment de reconnaissance qu'elles suscitent chez les autres, par le sentiment de sympathie qu'elles provoquent chez autrui: «Mais le possesseur tire aussi une satisfaction secondaire de la richesse, celle qui naît de l'amour et de l'estime acquis grâce à elle [...] Cette satisfaction, ou cette vanité secondaire, devient l'un des principaux charmes de la richesse et c'est la principale raison qui nous la fait désirer pour nous-mêmes ou estimer en autrui[5].»

Évidemment, le principe par lequel le riche et le puissant s'enorgueillissent de leur richesse et de leur puissance en se comparant aux pauvres ou à ceux qu'ils commandent est différent, voire opposé au principe de sympathie par lequel les moins riches et les moins puissants estimeraient ceux qui le sont plus. David Hume n'insiste pas

---

4. *Ibid.*, p. 417.
5. *Ibid.*, p. 470.

sur cette caractéristique de classe de sa morale. Il développe plutôt la notion de sentiment de sympathie par lequel l'individu dépasserait ses propres intérêts de plaisir et de douleur en s'ouvrant aux autres.

La sympathie

Trois motifs peuvent expliquer la sympathie éprouvée pour les riches et les puissants: l'espoir de profiter d'une partie de leurs biens; le plaisir ressenti dans l'observation des belles possessions d'autrui (jardins, maisons...); la participation, par l'imagination, à la satisfaction du propriétaire. Le premier motif est insuffisant, car nous pouvons éprouver de la sympathie pour un riche si éloigné de nous qu'il est impossible d'en espérer un avantage particulier. Le deuxième ne s'applique pas lorsqu'on considère la richesse en elle-même, sans égard à des biens particuliers. De plus, même dans le cas de ces derniers, il faudrait expliquer le passage du plaisir suscité par la vue de ces biens à l'estime du propriétaire. Demeure donc le troisième motif, la sympathie par laquelle nous éprouvons les sentiments de plaisir du propriétaire pour ses propres biens.

La sympathie, qui nous fait sortir de nos propres plaisirs et douleurs en nous identifiant à ceux des autres, est donc une passion éminemment sociale. D'ailleurs tout désir, toute passion, même l'orgueil égoïste, sont ouverture sur l'autre dont ils sollicitent le regard admiratif, la sympathie: «Nous ne pouvons former aucun désir qui ne se réfère à la société [...] Quelles que soient les autres passions qui nous animent, orgueil, ambition, avarice, curiosité, désir de vengeance et luxure, leur âme, le principe de toutes, c'est la sympathie; elles n'auraient aucune force, si nous devions les dégager entièrement des pensées et des sentiments d'autrui[6].» Mais la sympathie, passion sociale, est toujours celle d'un inférieur pour un supérieur, jamais l'inverse.

Les passions ressenties de façon agréable peuvent être qualifiées de vertueuses, et de vicieuses celles qui apportent le désagrément. Mais tout sentiment de plaisir n'est pas nécessairement vertueux: un objet inanimé, tel un bon bordeaux, est agréable sans qu'on puisse qualifier de vertueux le plaisir qu'il procure. De plus, avec la sympa-

---

6. *Ibid.*, p. 467.

thie, notre sentiment et notre jugement ne sont plus déterminés par nos propres plaisirs et douleurs, mais par le plaisir et la douleur de celui auquel nous nous identifions. Par la sympathie, nous atteignons un point de vue non subjectif, désintéressé, seul véritable critère dont dépendent les distinctions morales. La sympathie est donc le sentiment sur lequel repose la morale proprement dite.

Hume admet que la comparaison avec autrui peut créer l'envers de la sympathie, qui est l'envie. C'est par rapport au bonheur ou au malheur d'autrui que nous évaluons notre propre état d'âme: «Le malheur d'autrui nous donne une idée plus vive de notre bonheur et son bonheur une idée plus vive de notre malheur [...] Ce raisonnement expliquera aussi bien l'origine de l'envie que celle de la méchanceté. La seule différence qui soit entre ces passions se trouve en ce que l'envie est éveillée par la joie actuelle d'autrui, laquelle, par comparaison, diminue notre idée de notre joie propre; la méchanceté, de son côté, est le désir de causer du mal à autrui sans provocation, de manière à éprouver un plaisir par comparaison[7].» Pourquoi les biens et le pouvoir des grands ne suscitent-ils pas l'envie au lieu de la sympathie? Pourquoi les hommes, toujours en train de se comparer et mus par l'orgueil, ne seraient-ils pas continuellement en lutte les uns contre les autres pour la possession des biens et pour la prééminence dans les rapports de pouvoir? Pourquoi le pessimiste Hobbes n'a-t-il pas raison? David Hume, l'optimiste, s'identifiant aux riches et aux nobles, espère qu'ils suscitent plus la sympathie que l'envie, davantage l'admiration que la haine.

La justice, qui est respect de la propriété, prend sa source dans la sympathie éprouvée pour les riches. Mais son existence requiert, comme pour les autres vertus artificielles, la présence d'autres conditions.

Vertus naturelles et vertus artificielles

Comment, en partant de son intérêt personnel, respecter la propriété d'autrui lorsqu'on a faim, rendre son dû à un être malfaisant ou être juste envers son ennemi? L'amour de soi, le souci de l'intérêt privé, non seulement ne peut être le motif de la justice, il entre au contraire

---

7. *Ibid.*, p. 480 et 482.

souvent en conflit avec lui: «L'amour de soi, quand il agit à sa guise, loin de nous engager à d'honnêtes actions, est la source de toute injustice et de toute violence; et l'on ne peut corriger ces vices, si l'on ne corrige et si l'on ne réprime les mouvements *naturels* de cette tendance[8].»

L'amour de ses proches (famille, enfants, amis, voisins), qui correspond à un instinct naturel, ne doit pas être confondu avec la justice. Le sentiment de sympathie, qui nous permet de transcender l'amour de soi, s'exerce plus facilement envers nos proches que vis-à-vis de l'étranger. L'amour des proches, généralement plus faible que l'amour de soi qui peut le contredire, est cependant plus intense que la justice avec laquelle il peut entrer en conflit. Notre sens du devoir suit naturellement l'intensité de nos passions: l'amour de soi d'abord; l'amour pour ses proches; la justice. L'homme est donc porté à subordonner la justice à ses devoirs naturels envers ses proches lorsque les intérêts de ceux-ci entrent en conflit avec les intérêts objectifs de la société.

L'amour chrétien du prochain, l'amour de l'humanité, n'existe pas. On aime et on estime toujours quelqu'un en particulier. La justice, qui renvoie à la société, à un ensemble de personnes dont la majorité nous demeure inconnue, ne peut donc se fonder sur une passion naturelle. La justice, par son impersonnalité, transcende la sympathie.

Le motif de la justice ne réside pas non plus dans l'intérêt public. Celui-ci présuppose les règles de la justice: il ne peut donc en être la cause. De plus, même dans leurs actions respectueuses des règles de la justice, la plupart des hommes ne se préoccupent pas de l'intérêt public qui est une notion trop abstraite et trop éloignée de leur vie quotidienne.

La justice n'est donc pas fondée sur les passions naturelles d'amour de soi et de sympathie pour ses proches. Celles-ci sont des vertus en quelque sorte privées tandis que la justice est une vertu publique, une vertu artificielle, mais non arbitraire, fondée sur des conventions humaines, appuyée par l'éducation et renforcée par les gouvernements. La justice peut contredire les intérêts à court terme de l'individu et de ses proches, mais non leurs intérêts fondamentaux

---

8. *Ibid.*, livre 3, t. II, p. 596-597.

dans la mesure où elle assure, par la paix sociale, la sécurité de leurs possessions.

Le problème éthique de Hume est non seulement de passer de l'amour de soi à l'amour de ses proches par l'intermédiaire de la passion de la sympathie, mais, en cas de conflit, de subordonner les vertus naturelles d'amour de soi et de ses proches aux vertus artificielles que sont la justice, la soumission à l'État, la loi des nations (justice dans les relations internationales), les bonnes manières et, enfin, la pudeur et la chasteté féminines.

Justice et propriété

L'homme est un être essentiellement social, la société lui étant nécessaire pour se protéger et pour prospérer: «L'union des forces accroît notre pouvoir; la division des tâches accroît notre capacité; l'aide mutuelle fait que nous sommes moins exposés au sort et aux accidents. C'est ce supplément de *force*, de *capacité* et de *sécurité* qui fait l'avantage de la société[9].» Même ses passions les plus personnelles, dont l'orgueil, mettent l'homme en rapport avec l'autre auquel il se compare ou dont il requiert le regard admiratif.

La société fonctionnerait de façon très harmonieuse, n'aurait besoin ni de règles de justice, ni de gouvernement, si les hommes étaient naturellement généreux. Or les hommes sont égoïstes, privilégiant l'amour de soi à celui des proches et préférant ceux-ci aux étrangers. Cet égoïsme naturel se combine avec la rareté des ressources pour créer des tensions qui nuisent à l'unité et à l'harmonie sociales, qui minent la société.

L'homme possède trois biens: la satisfaction intérieure de l'esprit, les avantages du corps et les jouissances des biens extérieurs. Il peut jouir de la première en toute autonomie. Les seconds peuvent lui être enlevés mais, contrairement à ce que croyait Hobbes, ils ne constituent pas un enjeu fondamental, car le criminel ne retire aucun avantage économique des blessures infligées ou du meurtre commis. Seuls les biens extérieurs peuvent être l'enjeu d'une rivalité d'intérêts destructrice pour la société. La justice se met donc au service de la propriété qu'elle protège de façon absolue. Elle assure la propriété

---

9. *Ibid.*, p. 602-603.

des biens de chaque personne en interdisant à tout autre la possession, l'usage et la jouissance de ces biens. En garantissant la propriété
privée, la justice rend possibles les échanges qui respectent les intérêts de chacun et apportent la prospérité économique à la société. La
justice tire donc son origine de l'égoïsme humain lié à la parcimonie
de la nature.

Toutes les passions humaines ne sont pas néfastes socialement.
Ainsi l'orgueil, dont le principal motif est la propriété, nous lierait
plutôt à l'autre en sollicitant sa sympathie. C'est l'égoïsme sous
forme d'avidité que la justice devra réfréner: «La *vanité* est plutôt,
faut-il estimer, une passion sociale et un principe d'union entre les
hommes. La *pitié* et l'*amour* sont à considérer sous le même jour.
Pour l'*envie* et la *vengeance*, malgré leur caractère pernicieux, elles
agissent seulement par intervalle et elles sont dirigées contre des
personnes particulières considérées comme nos supérieurs ou nos
ennemis. Seule, cette avidité d'acquérir des biens et des possessions
pour nous-mêmes et pour nos amis les plus intimes est insatiable,
perpétuelle, universelle et directement destructive de la société[10].»

Hume récuse Locke pour qui la propriété était fondée sur le
travail: plusieurs possessions n'impliquent pas de travail (ainsi une
prairie où paît un troupeau); le travail ne fait que modifier l'objet
préexistant; un état de fait ne s'explique pas uniquement par l'origine.
Pour David Hume, la propriété est une relation de fait qui relève de
cinq règles: la possession actuelle; la possession la première dans le
temps; la possession la plus longue dans le temps; la possession des
fruits de l'objet possédé; la possession par héritage. Ces règles font
que les biens et les besoins de l'homme sont souvent mal adaptés les
uns aux autres. L'échange, l'aliénation réciproque des biens par les
propriétaires consentants, assure cette concordance des biens et des
personnes. La justice garantit donc la stabilité de la propriété privée,
le transfert des biens par consentement et le respect des promesses
dans les échanges.

Des échanges désintéressés, qui n'impliquent ni promesse, ni
étroite réciprocité, s'exercent dans les rapports avec les proches. La
justice, elle, en garantissant les promesses d'échange, rend possible
une réciprocité de services sans lien d'affection.

---

10. *Ibid.*, p. 609.

Justice et gouvernement

L'homme est naturellement porté à sacrifier l'intérêt forcément lointain de la justice à un gain immédiat et injuste, à subordonner ses devoirs publics à ses devoirs privés. Toutefois, l'observation rigoureuse des règles de justice permet à chacun de profiter des avantages de la société tout en jouissant de ses biens dans la sécurité. Comment résoudre cette contradiction entre avantages immédiats, plus alléchants même s'ils sont injustes, et conséquences injustes nécessairement néfastes, mais moins présentes à l'esprit car plus éloignées?

On ne peut espérer changer la nature humaine. On peut cependant transformer la situation de quelques hommes de sorte qu'ils soient particulièrement intéressés à respecter la justice et à la faire respecter par les autres. Les gouvernants, ne connaissant pas la très grande majorité des citoyens, ne sont pas concernés par le sort de chacun pris individuellement et ne sont donc pas portés à commettre des injustices en leur faveur. De plus, jouissant du pouvoir suprême de par leur situation, ils sont naturellement portés à soutenir la justice qui est la fin de leur fonction. La solution de la contradiction entre les avantages immédiats de l'individu et son intérêt réel, quoique lointain, pour la justice se trouve donc dans le gouvernement qui, par l'éducation et des moyens de répression, entraîne l'individu à respecter son intérêt fondamental, celui de la justice.

L'intérêt de chacun dans la société et le sentiment moral développé à partir de cet intérêt constituent les deux bases de la justice: «l'*intérêt*, quand on remarque qu'il est impossible de vivre en société sans se restreindre par certaines règles: et celle de la *morale,* une fois qu'on a remarqué cet intérêt et qu'on éprouve un plaisir à voir des actions qui tendent à la paix de la société et un malaise à en voir d'autres qui lui sont contraires[11].» Ce sentiment moral, qui se développe en s'appuyant sur la sympathie et sur cet intérêt général pour la justice, doit cependant être renforcé par l'instruction publique des gouvernements et des magistrats maniant la louange et le blâme, par l'éducation et l'instruction parentales des enfants et, enfin, par l'opinion publique qui juge le mérite ou le démérite, fait ou défait la réputation de quelqu'un selon la justice ou l'injustice de ses actes. Le

---

11. *Ibid.*, p. 654.

renforcement de ce sentiment moral doit faire en sorte que l'obéissance aux règles de justice et au gouvernement devienne une habitude, une accoutumance, une coutume.

Le loyalisme

La société sans gouvernement persiste longtemps après le rassemblement de nombreuses familles. Le gouvernement n'est donc pas fondé sur l'extrapolation du pouvoir patriarcal sur plusieurs familles. Il faut du temps pour accumuler les richesses qui, créant la discorde sociale, conduiront à l'émergence du gouvernement. La force et le pouvoir militaire sont à l'origine de la plupart des gouvernements: le dirigeant de la guerre, ayant centralisé tout le pouvoir dans la défense ou la conquête d'un territoire, s'empare habituellement du gouvernement civil après sa victoire.

Des penseurs, partisans des *whigs* en Angleterre, fondent le gouvernement sur un prétendu contrat social, fruit du consentement de tous les individus. Ils veulent ainsi prouver le droit à l'insoumission lorsque le gouvernement se transforme en tyrannie. Mais hormis ces penseurs, aucun gouvernant ou gouverné ne conçoit les relations politiques à l'image des relations économiques, en termes de contrat. De plus, ces penseurs cherchent dans la nature le fondement de la soumission au gouvernement. Or le loyalisme, à l'instar de la justice, est une vertu artificielle et non naturelle.

Les sources de l'autorité politique, semblables à celles du droit de propriété, renvoient à une longue possession du pouvoir politique, à la possession présente de ce pouvoir, à la conquête victorieuse du territoire, au droit de succession et, enfin, aux lois constitutionnelles de l'État. Pour Hume, c'est l'état de fait du pouvoir qui fonde l'autorité politique, comme c'est l'état de fait de la propriété qui en fonde le droit.

Le loyalisme est une vertu artificielle par laquelle on obéit aux lois et à l'autorité légitime du gouvernement. Si la plupart des gouvernements reposent à l'origine sur la force de l'armée, ils ne peuvent subsister que par la loyauté des sujets: «Rien ne paraît plus surprenant à ceux qui contemplent les choses humaines d'un œil philosophique, que de voir la facilité avec laquelle le grand nombre est gouverné par le petit, et l'humble soumission avec laquelle les hommes sacrifient leurs sentiments et leurs penchants à ceux de leurs chefs. Quelle est la source de cette merveille? Ce n'est pas la FORCE; les sujets sont toujours les plus forts. Ce ne peut donc être que l'OPI-NION[12].» La règle commune et le bon sens exigent la soumission au gouvernement, car la justice, et donc la propriété, requièrent l'existence d'un État. Et le meilleur gouvernement, le plus stable, sera celui qui repose sur une longue possession, celui qui procède d'une longue accoutumance des sujets à l'obéissance, à la soumission, au loyalisme.

Les gouvernants, étant aussi des hommes, peuvent, malgré leur position qui favorise des attitudes de justice, sacrifier celle-ci à des excès d'ambition et de cruauté. Mais seuls les cas les plus extrêmes de tyrannie peuvent justifier l'insoumission. Comme règle générale, Hume, en bon *tory*, subordonne la liberté à l'ordre politique: «Ici j'avoue que je pencherai toujours du côté de ceux qui resserrent le plus qu'il est possible, les liens de soumission, qui ne permettent de les briser que dans les cas les plus désespérés, et qui regardent l'infraction de ce devoir comme le dernier asile contre les débordements de la tyrannie la plus affreuse, comme le dernier remède pour sauver l'État d'une ruine totale[13].»

La religion

L'immortalité de l'âme, la Providence, la nature et l'existence de Dieu sont, comme toute affirmation métaphysique, le fruit d'une imagination qui agence librement les idées indépendamment des faits. David Hume maintint son incroyance avec sérénité, jusqu'à son lit de mort, ce qui choqua fort ses contemporains.

L'homme rationnel, pour agir vertueusement, n'a pas besoin de croire en l'existence d'un Justicier suprême qui punirait les méchants et récompenserait les bons: «Je nie la providence [...] je ne nie pas le cours lui-même des événements, qui reste ouvert à la recherche et à l'examen de tous. Je le reconnais: dans l'ordre présent des choses, la vertu s'accompagne de plus de paix spirituelle que le vice et elle rencontre un accueil plus favorable du monde[14].» Aussi l'État doit-il

---

12. «Les premiers principes du Gouvernement», *Essais politiques*, Vrin, 1972, p. 70.
13. «L'obéissance passive», *Essais politiques*, *op. cit.*, p. 357.
14. *Enquête sur l'entendement humain*, Aubier, p. 194-195.

tolérer la liberté de penser des philosophes qui, ni superstitieux ni fanatiques, et ne cherchant pas à endoctriner le peuple, ne constituent pas un danger pour l'ordre social: «Aucune contrainte ne peut peser sur leurs raisonnements qui ne soit fatalement dangereuse pour les sciences et même pour l'État en ouvrant la route à la persécution et à l'oppression sur des points qui intéressent et affectent plus profondément la généralité des hommes[15].»

La religion, même si elle est fondée sur des préjugés, ne ferait-elle pas œuvre utile en endiguant les passions du peuple? Par la crainte de la damnation éternelle, ne serait-elle pas nécessaire pour orienter sa conduite vers le respect de la propriété, de la justice et de l'ordre politique? Hume ne le croit pas. La religion est source de superstitions, comme on le voit dans la tradition catholique, ou d'enthousiasme fanatique, comme on le remarque dans les sectes puritaines protestantes. La religion, sous des mobiles nobles, sert à masquer la poursuite d'avantages privés, de privilèges et d'ambitions par les clergés en compétition. Elle est source de désordres sociaux comme le révèle l'observation du christianisme des deux derniers siècles.

La religion est la réponse d'une imagination débridée à des craintes et des espérances communes à l'ensemble des hommes. Mais pourquoi deux êtres, professant deux religions différentes, sont-ils portés à se quereller? Pourquoi la religion engendre-t-elle le fanatisme? Si on excepte le rôle intéressé du clergé dans les disputes religieuses, la source de ce fanatisme se trouve dans le sentiment d'insécurité qu'engendre chez l'homme la différence: «Mais telle est la nature de l'esprit humain: il se prend à tout ce qui peut le flatter, il s'attache à tout ce qui a quelque ressemblance avec lui. Environnés de gens qui pensent comme nous, nous nous sentons plus fortifiés dans nos opinions; et par la même raison toute contradiction nous choque, et nous met mal à notre aise. De là vient cette aigreur qui règne dans la plupart des disputes: de là vient qu'on ne peut souffrir de se voir contrarié, fût-ce dans le sujet le plus spéculatif et le plus indifférent[16].»

---

15. *Ibid.*, p. 203.
16. «Les partis», *Essais politiques, op. cit.*, p. 129.

Le peuple

Tous les hommes, indépendamment de l'époque et du lieu où ils vivent, ont la même nature et sont habités par les mêmes passions, notamment l'orgueil et l'humilité. Les variations de cette même nature humaine relèvent des différences de tempérament entre individus, des différences dans l'origine de classe et de la diversité des coutumes.

Ainsi, l'esprit et le corps d'un journalier sont différents de ceux d'un noble ou d'un riche. L'État doit reconnaître ces différences qui sont nécessaires à l'industrie, au commerce et au progrès économique: «La peau, les pores, les muscles et les nerfs d'un journalier diffèrent de ceux d'un homme de qualité: de même ses sentiments, ses actions et ses manières. Les différentes conditions de vie influencent l'ensemble de la structure, l'extérieur et l'intérieur et ces différentes conditions naissent nécessairement, parce qu'uniformément, des principes nécessaires et constants de la nature humaine. Les hommes ne peuvent vivre sans société et ils ne peuvent s'associer sans un gouvernement. Un gouvernement fait des distinctions de propriété et il établit des classes différentes[17].»

Évidemment, Hume partageait l'opinion de son temps qui excluait les femmes et la très grande majorité des hommes du processus électoral. Le peuple, ignorant et pauvre, devait se résigner à son sort, respecter la propriété privée, travailler fort, admirer ses supérieurs riches et instruits, obéir à la loi et à l'État.

La chasteté des femmes

L'homme et la femme sont de même nature, mais ils occupent une position différente au sein de la société: l'homme œuvre dans l'espace public tandis que la femme a la charge du travail domestique. Cette différence de position sociale avantage le sexe mâle, y compris dans la société conjugale.

Hume, comme Grotius et Pufendorf, justifie l'avantage de l'homme dans le couple et la famille par l'incertitude ressentie par le mâle procréateur: l'homme ne peut jamais être certain de la paternité

---

17. *Traité de la nature humaine*, op. cit., livre 2, t. II, p. 510.

des enfants que la femme lui attribue. Or pour que l'homme travaille afin d'entretenir et élever ses enfants, il faut qu'il soit assuré qu'ils sont vraiment les siens. Grotius et Pufendorf trouvent cette garantie dans l'obéissance de la femme à l'homme tandis que, pour Hume, elle réside dans sa chasteté.

La chasteté n'est pas une vertu naturelle. La femme, autant, sinon plus que l'homme, est sollicitée par les plaisirs amoureux. La chasteté est, comme la justice ou le loyalisme, une vertu artificielle nécessaire au bon fonctionnement de la société.

Comment développer chez les femmes cette modestie dans les manières et les mœurs, cette pudeur, cette chasteté? Elle ne peut reposer uniquement sur la sévérité de la loi qui exige des preuves légales difficiles à avancer. Elle doit s'appuyer sur une opinion publique qui condamne plus sévèrement que justement tout soupçon d'infidélité de la femme: «Il semble qu'il n'y ait pas de contrainte possible, sinon par la punition de la mauvaise renommée et de la mauvaise réputation; punition qui a, sur l'esprit humain, une puissante influence et qui, en même temps, est infligée par le monde sur des soupçons et des conjectures, sur des preuves qui ne seraient jamais reçues en aucune cour de justice. Donc, afin d'imposer une contrainte convenable aux femmes, nous devons attacher un degré particulier de honte à leur infidélité, supérieur à celui qui naît uniquement de l'injustice de celle-ci et nous devons accorder à leur chasteté des louanges proportionnées[18].»

Cette opinion publique sur la chasteté féminine sera renforcée par une éducation qui s'emparera de l'esprit malléable de la femme dès sa plus tendre enfance. De plus, la règle de la chasteté sera étendue au-delà de sa nécessité, au-delà de la période où la femme est féconde, de sa naissance à sa mort.

L'homme, dans sa conduite sexuelle, n'est pas soumis aux mêmes exigences que la femme. Là comme ailleurs, Hume appuie son affirmation sur l'histoire, sur la pratique de l'humanité: «Il est contraire à l'intérêt de la société civile que les hommes aient une *entière* liberté de satisfaire leurs appétits de jouissance sexuelle; mais, comme cet intérêt est plus faible que dans le cas du sexe féminin, l'obligation morale, qui en naît, doit être plus faible à proportion. Pour le prou-

---

18. *Ibid.*, livre 3, t. II, p. 695.

ver, nous n'avons qu'à en appeler à la pratique et aux sentiments de toutes les nations et de tous les âges[19].»

Une défense de la propriété

Hume s'appuie sur les passions pour développer une morale. Mais il doit introduire une série de médiations pour passer de l'intérêt égoïste de l'individu à la sympathie, des vertus naturelles aux vertus artificielles, de l'amour de soi et des proches à la justice.

Dans les passions, Hume accorde une importance particulière à l'orgueil dont le motif principal est la propriété. La défense de la propriété chez Hume est absolue et n'a pas besoin, comme chez Locke, de trouver une justification dans le travail dont elle serait le résultat. La propriété est un état de fait. La justice est la servante de cette propriété et l'État est le garant de cette justice.

Hume développe donc rigoureusement une morale et une politique fondées sur la propriété privée, en se dégageant des développements métaphysiques (loi naturelle, contrat social, Dieu) qui servaient chez Locke à fonder la propriété sur le travail, le gouvernement sur le contrat social, la justice sur la loi naturelle et celle-ci sur Dieu. La morale bourgeoise de Hume est radicalement laïque.

---

19. *Ibid.*, p. 697.

BIBLIOGRAPHIE

HUME, David, *Traité de la nature humaine*, Aubier, 2 t., 1966.

——, *Enquête sur l'entendement humain*, Aubier, 1947.

——, *Quatre discours politiques*, Caen, Centre de philosophie politique et juridique de l'Université de Caen, 1986.

——, *Essais politiques*, Vrin, 1972.

JONES, Peter (dir.), *The «Science of Man» in the Scottish Enlightenment*, Édimbourg, Edinburgh University Press, 1989.

De ce recueil de textes, je retiens particulièrement celui de Harvey Chisick sur la vision du peuple chez Hume et celui d'Annette C. Baïer sur sa conception de la femme.

MACINTYRE, Alasdair, *Whose Justice? Which Rationality?* Notre Dame, University of Notre Dame Press, 1988.

L'auteur consacre deux chapitres à l'étude des présupposés de la conception de la justice chez Hume, entre autres les rapports entre propriété et passion d'orgueil.

MILLER, David, *Hume's Political Thought*, Oxford, Clarendon Press, 1981.

L'auteur analyse les liens entre la philosophie sceptique, la morale et les positions politiques de Hume, en accordant une attention spéciale aux jugements fondés sur l'imagination.

MOSSNER, Ernest Campbell, *The Life of David Hume*, Oxford, Clarendon Press, 1970.

Biographie détaillée de Hume.

STEWART, John B., *Opinion and Reform in Hume's Political Philosophy*, Princeton, Princeton University Press, 1992.

L'auteur cherche à montrer que Hume voulait infléchir, d'un point de vue libéral, l'opinion publique de son temps.

WHELAN, Frederick G., *Order and Artifice in Hume's Political Philosophy*, Princeton, Princeton University Press, 1985.

L'auteur analyse finement comment les vertus artificielles, dont la justice, rectifient les vertus naturelles et disciplinent les impulsions de la nature humaine.

ROUSSEAU

(1712-1778)

Jean-Jacques Rousseau passe les seize premières années de sa vie à Genève, république fondée en 1533. Calvin, qui a dirigé un gouvernement théocratique de 1541 à sa mort intervenue en 1564, a imposé à Genève une discipline morale pointilleuse et inflexible qui a imprégné durablement la mentalité des Genevois. Il ne faut donc pas se surprendre que la publication d'*Émile* y entraîne la condamnation des œuvres de Rousseau.

Rousseau idéalise Genève, cette Cité-État, dans ses premiers écrits. Si le puritanisme de la calviniste Genève peut correspondre à la vertu du citoyen qu'il préconise, son système politique oligarchique — où le pouvoir repose de fait dans le Petit conseil de 25 membres contrôlé par les grandes familles riches — n'a aucun rapport avec la souveraineté du peuple qu'il défendra.

Rousseau provient d'un milieu social modeste. Sa mère meurt peu après sa naissance et son père, artisan horloger, le place en apprentissage dès l'âge de 12 ans. Rousseau exercera mille métiers, mènera une vie de nomade et se donnera une formation d'autodidacte.

Rendu célèbre par sa réponse à l'Académie de Dijon sur la question de savoir si la science et les arts ont contribué à l'épuration des mœurs, Rousseau est reçu dans les grands salons parisiens dans la France de Louis XV[1]. Il est flatté de côtoyer les grands hommes de lettres, les bourgeois et les nobles français. Mais il développe peu à peu du ressentiment: il ne sera jamais des leurs. Il est genevois, ils

---

1. *Cf.* l'introduction à Montesquieu.

sont parisiens; il est pauvre, ils sont riches; il est timide et gauche, ils brillent par leurs manières et leurs discours. Cette situation en porte-à-faux éclaire, sans en rendre compte, sa critique de l'inégalité sociale ainsi que sa critique de la raison et du progrès défendus par les représentants de la philosophie des Lumières.

Il ne faut pas chercher une concordance étroite entre les écrits et la vie de Jean-Jacques Rousseau, lui qui abandonne ses cinq enfants — ce qu'il se reprochera amèrement — et qui écrit *Émile*, un traité sur l'éducation. Ses écrits sont plutôt portés par un idéal de soi et une Genève idéalisée.

L'état de nature

Il faut partir de l'homme naturel pour juger l'homme actuel, l'homme social, l'homme fait par la société, l'homme comme résultat de l'histoire. Les philosophes, dont Hobbes, ont projeté sur l'homme naturel l'homme fabriqué par la société. Or l'homme naturel est avant l'histoire, avant même les peuples sauvages si près de la nature. L'homme naturel n'a peut-être jamais existé: il est une hypothèse normative permettant d'évaluer l'homme que nous connaissons.

L'homme de la nature vit dans un milieu fertile et satisfait facilement des besoins simples. L'homme naturel a besoin de nourriture, d'eau, de repos et d'une femelle: il ne craint que la douleur et la faim. Il n'est donc pas contaminé par toutes les passions que lui attribue Hobbes. L'homme naturel, vivant simplement, est en bonne santé: les maladies de l'homme social proviennent le plus souvent de ses excès, de ses passions et de l'inégalité de la répartition des biens entre riches et pauvres.

Contrairement aux affirmations d'Aristote, l'homme n'est pas naturellement social. Les hommes de la nature vivent dispersés et ne se rencontrent qu'à l'occasion. Ne communiquant pas avec leurs semblables, ils n'ont pas développé l'usage de la parole ni celui de la raison. Contrairement aussi à ce qu'affirmait Locke, la famille n'est pas naturelle. Après avoir satisfait son appétit sexuel avec la femelle rencontrée au hasard, l'homme s'en va de son côté, et l'enfant qui naîtra de cette copulation ne restera avec la mère que le temps nécessaire à l'acquisition de son autonomie.

Ce qui distingue l'homme de l'animal, ce n'est pas la raison comme l'affirmait Aristote. L'homme naturel n'a pas développé sa raison, et l'animal, ayant des sens, a aussi des idées et peut les combiner jusqu'à un certain point. La liberté distingue l'homme de l'animal: celui-ci agit par instinct tandis que celui-là choisit, au risque de se tromper. La liberté de l'homme dans l'état de nature réside dans son indépendance face aux autres et à ses besoins. Il n'a pas besoin d'autrui pour satisfaire ses besoins relativement simples. Dans l'état de nature, tous les hommes sont égaux car tous sont solitaires et autonomes. Rousseau lie donc liberté à égalité, en les dissociant de la raison.

L'homme de la nature, n'ayant ni raison ni parole, ne s'intéresse ni aux sciences, ni aux arts, ni au progrès. N'ayant aucun commerce avec son semblable, il ne connaît ni le bien ni le mal, n'est ni bon ni méchant, ni vertueux ni vicieux. N'ayant pas de passions, il n'a pas de vices et ignore la morale.

Le premier principe, antérieur à la raison, qui guide l'homme naturel est son bien-être et sa propre conservation. Ce principe, qui est amour de soi-même, est en fait un sentiment. Il n'engendre pas la lutte entre les hommes comme l'affirmait Hobbes: c'est l'orgueil, la vanité, la cupidité, fruits de la société, qui créent les conflits. L'homme de la nature, en satisfaisant ses simples besoins physiques, est tout à fait heureux.

Le second principe est le sentiment de pitié qui inspire une répugnance naturelle à voir souffrir tout être sensible et principalement ses semblables. L'homme ne fait jamais de mal à un autre, à moins d'y être contraint pour assurer sa conservation. La pitié est si naturelle que même les animaux en manifestent parfois des signes sensibles.

Rousseau récuse le dogme chrétien du péché originel. L'homme de la nature est bon, non parce qu'il connaît le bien, mais par les sentiments d'amour de soi et de pitié qui l'animent.

L'inégalité sociale

Rousseau distingue l'inégalité naturelle fondée sur l'âge, la santé, la force physique ou les qualités de l'esprit de l'inégalité conventionnelle, sociale, fondée sur des privilèges de richesse, de rang, d'honneur ou de puissance. On ne peut justifier la seconde en affirmant qu'elle découle inéluctablement de la première: les puissants ne valent pas nécessairement mieux que ceux qu'ils dominent.

Comment les hommes peuvent-ils passer de l'égalité naturelle — car les différences de santé, de force physique, etc. ne suppriment pas cette égalité fondée sur leur indépendance dans l'état de nature — à l'inégalité sociale? La faculté de se perfectionner — qui, distinguant l'homme de l'animal, permet sa sortie de l'état de nature où il vit comme un animal — promeut le progrès à travers l'inégalité, assure en même temps sa socialisation et sa dépravation: «Les hommes sont méchants; une triste et continuelle expérience dispense de preuve; cependant l'homme est naturellement bon, je crois l'avoir démontré; qu'est-ce donc qui peut l'avoir dépravé à ce point sinon les changements survenus dans la constitution, les progrès qu'il a faits et les connaissances qu'il a acquises? Qu'on admire tant qu'on voudra la société humaine, il n'en sera pas moins vrai qu'elle porte nécessairement les hommes à s'haïr à proportion que leurs intérêts se croisent, à se rendre mutuellement des services apparents et à se faire en effet tous les maux imaginables[2].»

L'amour de soi, qui vise notre propre conservation par la satisfaction de nos besoins physiques, se transforme en amour-propre[3] qui est une passion factice par laquelle on s'évalue en se comparant à l'autre, où on juge ses biens selon ce qu'en pense le voisin, où on recherche les honneurs, les richesses ou la puissance pour être au-dessus des autres. Cette passion insatiable entraîne la prédominance du paraître sur l'être, le regard de l'autre étant le critère de notre propre valeur. Le désir de reconnaissance ne suscite donc pas la sympathie comme chez Hume, mais la honte et l'envie chez les pauvres en réponse à la vanité et au mépris des riches.

L'amour-propre, première des passions sociales, est la source de tous les progrès et de toutes les dépravations. L'amour-propre fait que l'homme s'acharne au travail pour accroître les commodités de sa vie et obtenir la considération des autres: «L'amour de soi, qui ne regarde qu'à nous, est content quand nos vrais besoins sont satisfaits; mais l'amour-propre, qui se compare, n'est jamais content et ne

---

2. *Discours sur l'origine et les fondements de l'inégalité parmi les hommes*, GF-Flammarion, 1971, p. 172, note 1.

3. Contrairement à Hume, Rousseau distingue et oppose l'amour de soi à l'amour-propre.

saurait l'être, parce que ce sentiment, en nous préférant aux autres, exige aussi que les autres nous préfèrent à eux; ce qui est impossible[4].»

La propriété est le fondement de la société civile: «Le premier qui, ayant enclos un terrain, s'avisa de dire: *Ceci est à moi*, et trouva des gens assez simples pour le croire, fut le vrai fondateur de la société civile[5].» Mais l'émergence de la propriété privée est précédée d'un certain nombre d'étapes. Pour éclairer ce passage de l'état de nature à l'état social, Rousseau esquisse une généalogie dont je retiendrai certains moments.

L'homme arrive peu à peu à dominer les autres animaux. De cette domination naît une première comparaison et un premier sentiment d'orgueil, sentiment issu de l'identification de l'individu à sa propre espèce. Ce premier sentiment d'orgueil amènera par la suite les humains à se comparer entre eux.

Après avoir échangé certains services, construit des abris sous forme de huttes et constitué des familles, les hommes et leurs familles s'établissent peu à peu les uns près des autres. De cette proximité naît la comparaison entre individus: «Celui qui chantait ou dansait le mieux; le plus beau, le plus fort, le plus adroit ou le plus éloquent devint le plus considéré, et ce fut le premier pas vers l'inégalité, et vers le vice en même temps: de ces premières préférences naquirent d'un côté la vanité et le mépris, de l'autre la honte et l'envie[6].» La pitié fait place à la vengeance pour qui s'est senti méprisé et humilié, et la vengeance engendre des luttes et des guerres. Cette étape, se situant entre l'indolence de l'état de nature et la présente pétulance de notre amour-propre, correspond à l'époque des sauvages, la plus heureuse et la plus durable selon Rousseau.

L'invention de la métallurgie et l'application de celle-ci à l'agriculture conduisent à la division du travail et à la création de la propriété foncière. Reprenant Locke, Rousseau affirme que c'est le travail qui donne au cultivateur le droit sur les produits de la terre et par conséquent sur le fonds de terre labouré. Cette possession devient avec le temps une propriété. Jean-Jacques Rousseau montre que cette division du travail et cette propriété conduisent à l'inégalité, à la

---

4. *Émile ou de l'éducation*, GF-Flammarion, 1966, p. 276-277.
5. *Discours sur l'origine et les fondements de l'inégalité parmi les hommes, op. cit.*, p. 205.
6. *Ibid.*, p. 210.

division de l'humanité en riches et en pauvres, à la prédominance du sentiment d'orgueil ou de vanité sur celui, naturel, de pitié.

Des richesses sont nés le luxe et l'oisiveté, et de ceux-ci le théâtre, la littérature, les sciences, la philosophie... Rousseau ne nie pas que les arts et les sciences ont apporté aux hommes des commodités, des agréments et une certaine touche d'élégance dans leurs rapports. Toutefois, il leur reproche de dépraver les mœurs en ayant contribué à la création de deux classes où une minorité de riches domine une majorité de pauvres, en ayant collaboré à créer une classe de riches où le sens du devoir est sacrifié aux richesses et aux plaisirs.

Les riches ne peuvent justifier leurs richesses. La force ne crée aucun droit, et si leurs biens ont été acquis par la force, la force des pauvres peut les leur ravir sans qu'ils aient le droit de s'en plaindre. Même si leurs richesses sont le fruit de leur travail, celui-ci ne justifie pas les excédents de leurs moyens de subsistance tandis que les pauvres manquent du strict nécessaire.

Les riches, puissants face aux particuliers, mais divisés entre eux par l'envie, se révèlent faibles pour défendre leur richesse contre la multitude des pauvres. Les riches conçoivent alors le projet d'offrir à chacun la paix, la protection de sa vie et la sauvegarde de sa propriété par l'intermédiaire d'un État. Les pauvres acceptent cet établissement politique, y voyant les avantages, mais incapables d'en déceler les dangers. Cette offre, cette ruse permet aux riches d'employer en leur faveur les forces mêmes des pauvres qui les assaillaient, de créer un État à leur service, de légaliser leur usurpation, de remplacer l'égalité et la liberté naturelles par la servitude et l'injustice sociales: «Il y a dans l'État civil une égalité de droit chimérique et vaine, parce que les moyens destinés à la maintenir servent eux-mêmes à la détruire, et que la force publique ajoutée au plus fort pour opprimer le faible rompt l'espèce d'équilibre que la nature avait mis entre eux [...] L'esprit universel des lois de tous les pays est de favoriser toujours le plus fort contre le faible, et celui qui a contre celui qui n'a rien [...] Toujours la multitude sera sacrifiée au petit nombre, et l'intérêt public à l'intérêt particulier; toujours ces noms spécieux de justice et de subordination serviront d'instruments à la violence et d'armes à l'iniquité[7].»

_____

7. *Émile, op. cit.*, p. 307.

Rousseau ne préconise pas, comme solution à la dégradation de l'humanité, un utopique retour à l'état de nature ou à l'état sauvage. Dans les États de petite dimension, il défend une solution communautaire qu'il expose dans *Du contrat social*. Dans les grands, il propose des mécanismes pour accroître le pouvoir du peuple sur ses représentants. Enfin, dans toute société, il préconise une vie familiale et champêtre axée sur la satisfaction des besoins naturels.

Le contrat social

Rousseau croit, comme les théoriciens de l'école du Droit naturel, dont Grotius et Pufendorf, que la légitimité de l'autorité politique ne vient pas de Dieu, mais repose sur la liberté naturelle de l'homme. Mais contrairement à ceux-ci et à Hobbes, il ne croit pas que l'autorité légitime puisse provenir de la force, la force ne produisant, comme chez Locke, aucun droit. Contrairement à eux, il ne croit pas que l'homme puisse aliéner sa liberté ou même, comme chez Locke, une partie de celle-ci. La liberté, non la raison, distingue l'homme de l'animal. La liberté est inaliénable.

Par sa théorie du pacte social, Rousseau estime fonder une association politique où les individus demeurent aussi libres que dans la nature. Tous les individus y aliènent également leur liberté, non pas à un souverain comme chez Hobbes ou à une assemblée représentative comme chez Locke, mais à la communauté elle-même.

Il y a chez Rousseau, comme chez Hobbes, la même aliénation totale de l'individu à la personne morale, à la volonté générale, au corps politique, à la Cité, République ou État. Mais cette personne morale n'est pas un individu ou une institution comme chez Hobbes: elle est le peuple constitué de l'ensemble des citoyens — ce qui assurerait la liberté de chacun. Chez Hobbes, chaque individu conclut un pacte avec chacun en vue de transférer ses pouvoirs à l'État; chez Rousseau, les individus font un pacte avec le corps politique, le peuple, qu'ils sont en voie de constituer. Hobbes aurait évidemment récusé la validité d'une partie contractante encore inexistante: le peuple, résultat de l'association politique, ne saurait, selon lui, être un fondateur de cette association.

La volonté générale n'est pas la somme des volontés particulières d'individus, d'associations, de factions ou de classes. La volonté générale est un tout qui transcende les intérêts particuliers. La volonté générale correspond à la volonté des citoyens, dans le sens grec ou romain du mot: le citoyen est celui dont la vertu assure la prédominance du bien de la communauté sur celui des particuliers.

Rousseau reconnaît que chaque homme peut avoir, comme individu privé, des intérêts particuliers différents de l'intérêt commun qu'il a comme citoyen. Mais le pacte social renferme l'engagement que quiconque refusera d'obéir à la volonté générale y sera contraint par le corps politique. Cette contrainte ne nie pas la liberté. Au contraire, en le contraignant au respect de la volonté générale, on le rend libre. La liberté conserve ici son sens ancien: est libre qui vit selon la vertu et le bien commun.

Le passage de la liberté naturelle à la liberté civile est l'acceptation de l'intégration de l'individu dans le tout social qui est aussi bien commun: «L'homme naturel est tout pour lui; il est l'unité numérique, l'entier absolu, qui n'a de rapport qu'à lui-même ou à son semblable. L'homme civil n'est qu'une unité fractionnaire qui tient au dénominateur, et dont la valeur est dans son rapport avec l'entier, qui est le corps social[8].» Le passage de l'homme naturel à l'homme civil est donc aussi le passage des sentiments instinctifs d'amour de soi et de pitié à la moralité, à la vertu.

Rousseau affirme aussi, comme Hobbes, que la loi, dans son universalité et sa généralité, libère l'homme de sa dépendance face à d'autres individus. Enfin, comme chez Hobbes encore, l'instance souveraine ne s'accapare que des droits nécessaires au bien de la communauté et laisse les autres à l'usage des individus, l'instance souveraine demeurant le seul juge de ce partage. Se côtoient donc chez Rousseau, sans qu'elles soient reliées organiquement, une conception ancienne de la liberté — la liberté de l'individu comme citoyen et comme vertueux — et une conception moderne — la liberté de l'individu au fondement de l'État et comme résultat de sa non-ingérence.

Le pacte social n'assure pas seulement la liberté, mais aussi l'égalité. L'égalité sociale est même supérieure à l'égalité de l'état de nature dans la mesure où la loi y prévaut sur les inégalités naturelles

---

8. *Émile, op. cit.*, p. 39.

de force ou d'intelligence. Mais pour que cette égalité juridique ne devienne pas illusoire, il faut qu'elle repose sur une certaine égalité économique qui est celle d'une société organisée sous forme de petites propriétés paysannes et familiales.

Comme chez Bodin et Hobbes, le pouvoir souverain est absolu, indivisible et inaliénable. Mais ce pouvoir souverain est celui qu'a le peuple de faire des lois. Le pouvoir législatif ne peut être exercé que par le peuple, directement, et non, comme chez Locke, par une assemblée représentative. Ce pouvoir législatif doit être clairement distingué du pouvoir exécutif qui est celui du gouvernement. Le gouvernement, quelle que soit sa nature, n'est pas le fruit d'un contrat entre le peuple et celui ou ceux qui exercent la puissance exécutive, mais le résultat d'une loi votée par le peuple.

Il y a trois types de gouvernement: la royauté, l'aristocratie et la démocratie. Le gouvernement démocratique est, pour le paradoxal Rousseau, le pire dans la mesure où il confond la puissance législative, dont l'objet est la loi dans sa généralité, et la puissance exécutive, dont l'objet est l'application de la loi dans des situations particulières. Le gouvernement aristocratique, juste milieu entre le pouvoir d'un seul, la royauté, et le pouvoir du peuple ou de sa majorité, la démocratie, est le meilleur type de gouvernement.

Mais le peuple, qui exerce la puissance législative, n'a pas l'initiative des lois. Le pouvoir de présenter au peuple des projets de lois relève de la magistrature, c'est-à-dire du pouvoir exécutif. Rousseau croit, comme les Anciens, que le temps est la meilleure preuve de la validité d'une loi. Il craint les nouveautés qu'entraînerait le droit de tout citoyen de présenter des projets de lois. La tâche du peuple, du pouvoir législatif, ne consiste pas essentiellement à voter de nouvelles lois, mais à contrôler le pouvoir exécutif qui tend nécessairement à usurper son pouvoir.

Seul le pacte social requiert, comme chez Locke, l'unanimité des votes: les opposants, s'il y en a, deviennent alors des étrangers parmi les citoyens. Ensuite, le règne de la majorité prévaut et, dans la mesure où il exprime la volonté générale et non la volonté de tous, chacun doit s'y conformer. En règle générale, plus l'objet de la loi est important, plus la majorité doit être près de l'unanimité, mais si l'objet de la loi est le règlement d'une affaire urgente, l'excédent d'une voix devrait suffire.

Le contrat social peut être réalisé dans un petit État comme l'étaient les Cités grecques, petits États autarciques où tous les citoyens se seraient connus, auraient pratiqué la vertu et auraient été animés par le bien de la communauté. La Corse ou encore un État de Genève rénové pourrait réaliser l'idéal du contrat social. Dans un grand État, comme celui de la Pologne, le peuple ne peut exercer directement le pouvoir législatif. Aussi Rousseau préconise-t-il, dans son projet constitutionnel pour ce pays, les compromis suivants: élections fréquentes, limites à la capacité d'être élu plusieurs fois et mandats impératifs liant le vote des élus.

Qui est ce peuple qui devrait exercer directement le pouvoir législatif? La notion de peuple, chez Rousseau, est plus vaste que celle de l'époque, qui limitait le peuple aux membres du tiers état (marchands, banquiers, hommes de droit, notables). Mais sont exclus de ce peuple, en plus des enfants, les femmes et sans doute la canaille des grandes villes. Rousseau n'a pas une confiance inconditionnelle dans le peuple: «Comment une multitude aveugle qui souvent ne sait ce qu'elle veut, parce qu'elle sait rarement ce qui lui est bon, exécuterait-elle d'elle-même une entreprise aussi grande, aussi difficile qu'un système de législation? De lui-même le peuple veut toujours le bien, mais de lui-même il ne le voit pas toujours[9].» Il faut donc un Législateur qui apprendra au peuple à connaître le bien commun qu'il poursuit inconsciemment. Ce Législateur s'appuiera sur l'autorité d'une religion civile qui engendrera chez les citoyens les sentiments requis par la préséance du bien de la communauté sur les intérêts des particuliers.

Une vie champêtre

Dans toute société, qu'elle soit réformable ou non, Rousseau préconise, dans *Émile* et dans *La nouvelle Héloïse*, une vie privée et familiale proche de la nature, une vie champêtre loin de la vie dégénérée des villes ou des salons parisiens.

L'homme dépend de l'ordre des choses, de l'ordre de la nature. La nature impose des contraintes à l'univers des besoins et des désirs de l'homme. Il doit accepter de restreindre ses appétits, de se

---

9. *Du contrat social*, GF-Flammarion, 1992, p. 64.

soumettre aux inévitables souffrances, de se résigner à la mort ou à la perte d'êtres chers... Cette dépendance naturelle, saine, éduque l'homme.

La dépendance naturelle doit être distinguée de la dépendance sociale qui, elle, pervertit. L'homme ne devrait dépendre d'un autre ni comme maître ni comme esclave. L'homme rousseauiste est autarcique: «Le seul qui fait sa volonté est celui qui n'a pas besoin, pour la faire, de mettre les bras d'un autre au bout des siens: d'où il suit que le premier de tous les biens n'est pas l'autorité, mais la liberté[10].» Robinson Crusoë — quoiqu'il obtînt l'aide de Vendredi — est d'ailleurs le héros du seul livre confié à Émile par son précepteur. L'homme peut vivre de façon autarcique dans la mesure où il réduit ses désirs à la satisfaction des besoins essentiels.

Le monde des villes est celui de l'indifférence (l'homme de lettres qui fréquente les salons parisiens se préoccupe du sort du monde, tout en ne manifestant aucune compassion pour l'indigent qu'il rencontre dans la rue), du paraître, donc de la prétention et du mensonge, des mœurs légères (les parisiennes, n'ayant aucune pudeur, sont dépouillées selon l'auteur du caractère essentiel de la féminité), de l'inégalité, de l'asservissement à l'opinion et aux modes: la ville est le lieu de la dépravation. Il faut fuir les villes et vivre à la campagne, des soins de la terre, comme ces Montagnons dont Rousseau dresse un portrait idyllique dans la *Lettre à d'Alembert*.

Rousseau donne une autre image de cette vie rustique lorsqu'il dépeint la vie domestique de Julie et de M. de Wolmar dans *La nouvelle Héloïse*. Ils vivent sur des terres où ils produisent à peu près tout ce qu'ils consomment. Ils ont des serviteurs payés selon une double échelle de salaire, l'une déterminée par le prix courant dans la région et l'autre, par le rendement. Mais Julie et M. de Wolmar ne sont pas des maîtres comme les autres: ils deviennent libres en gagnant l'affection de leurs domestiques et en devenant en quelque sorte leurs parents. Les héros champêtres de Rousseau ne visent pas l'acquisition ou le profit, mais le bien-être de ceux sur lesquels ils exercent un pouvoir paternaliste, à commencer par leurs propres enfants.

---

10. *Émile, op. cit.*, p. 99.

Sentiment, conscience et raison

Jean-Jacques Rousseau oppose la conscience, voix de la nature qui nous guide, à la raison qui nous égare. Cette raison est celle des philosophes de son temps, des encyclopédistes, des philosophes des Lumières. La raison est trop faible pour rendre compte de la diversité des usages, des croyances et des cultes: elle conduit au scepticisme et à l'agnosticisme alors que la conscience nous dicte avec certitude les valeurs à respecter. Les hommes de lettres sont plus portés par la volonté de se distinguer, par l'orgueil, que par le désir de vérité: «Où est le philosophe qui, pour sa gloire, ne tromperait pas volontiers le genre humain? Où est celui qui, dans le secret de son cœur, se propose un autre objet que se distinguer? Pourvu qu'il s'élève au-dessus du vulgaire, pourvu qu'il efface l'éclat de ses concurrents, que demande-t-il de plus? L'essentiel est de penser autrement que les autres[11].» Enfin la raison des philosophes n'est qu'un masque où l'apparence de vérité cache leurs intérêts: «On y apprend à plaider avec art la cause du mensonge, à ébranler à force de philosophie tous les principes de la vertu, à colorer de sophismes subtils ses passions et ses préjugés, et à donner à l'erreur un certain tour à la mode selon les maximes du jour [...] Le zèle apparent de la vérité n'est jamais en eux que le masque de l'intérêt[12].»

La conscience, qui est innée, nous permet de juger infailliblement ce qui est bien ou mal dans nos actions ou celles d'autrui. La conscience est un instinct divin. Rousseau n'insiste cependant pas sur l'origine divine de cette conscience. La conscience morale, chez Rousseau, ne relève pas de la raison; elle n'est pas un jugement de la raison ou de l'entendement; elle est antérieure à la pensée, aux idées et à la raison; elle est sentiment.

Cet instinct divin, cette conscience repose sur les deux sentiments naturels de l'homme: l'amour de soi et la pitié. Toutes les vertus personnelles seront le développement du premier, tandis que les vertus sociales seront la conséquence du second.

La conscience, ce sentiment, est donc commune à tous les hommes, qu'ils soient simples ou éduqués. Elle se fait d'ailleurs entendre

---

11. *Émile, op. cit.*, p. 348.
12. *Julie ou La nouvelle Héloïse, op. cit.*, p. 209.

plus facilement de l'homme de la campagne, proche de la nature, que de l'intellectuel parisien égaré par les arguties des salons littéraires.

La vertu et les passions

De toutes les passions, l'amour est celle qui fascine le plus Jean-Jacques Rousseau. L'amour implique la réciprocité des sentiments comme le montrent Julie et Saint-Preux dans *La nouvelle Héloïse*. Mais ce sentiment réciproque ne repose pas sur la connaissance de l'autre, mais sur son image idéalisée: «On aime bien plus l'image qu'on se fait que l'objet auquel on l'applique. Si l'on voyait ce qu'on aime exactement tel qu'il est, il n'y aurait plus d'amour sur la terre[13].»

Rousseau vénère l'amour parce qu'il nous élève au-dessus de l'appétit sexuel pour lequel tout objet de désir est interchangeable. Par l'amour, deux êtres se choisissent et tous les autres deviennent sexuellement indifférents. Rousseau oppose cet amour, d'origine courtoise, aux mœurs dépravées de Paris: «Tout n'est qu'illusion dans l'amour, je l'avoue; mais ce qui est réel, ce sont les sentiments dont il nous anime pour le vrai beau qu'il nous fait aimer. Ce beau n'est point dans l'objet qu'on aime, il est l'ouvrage de nos erreurs. Eh! qu'importe? En sacrifie-t-on moins tous ses sentiments bas à ce modèle imaginaire? En pénètre-t-on moins son cœur des vertus qu'on prête à ce qu'il chérit? […] Nous nous moquons des paladins? c'est qu'ils connaissaient l'amour, et que nous ne connaissons plus que la débauche[14].»

Rousseau s'oppose à la coutume de son temps selon laquelle les parents choisissent l'époux de leur fille. Ce choix relève des futurs époux qui doivent suivre le penchant de leur cœur. Les parents doivent, tout au plus, être consultés sur ce mariage d'amour. Le choix amoureux doit être indépendant des préjugés d'origine et de rang, quoiqu'un homme, s'il veut conserver son autorité naturelle, ne doive pas épouser une femme d'un rang plus élevé: «Comme la famille ne tient à la société que par son chef, c'est l'état de ce chef qui règle celui de la famille entière. Quand il s'allie dans un rang plus bas,

---

13. *Émile, op. cit.*, p. 431.
14. *Ibid.*, p. 513.

il ne descend point, il élève son épouse; au contraire, en prenant une femme au-dessus de lui, il l'abaisse sans s'élever[15].»

Toutes les passions, comme celle de l'amour, sont bonnes si elles respectent la conscience, mais elles doivent s'harmoniser avec la vertu. La double position de Rousseau face à l'amour (la passion amoureuse est naturelle, mais elle doit être subordonnée à la vertu) nous permet de comprendre la morale de *La nouvelle Héloïse*. Julie, qui, comme femme, est la maîtresse du jeu dans sa relation amoureuse avec Saint-Preux, vit son amour naissant dans l'innocence. Mais peu à peu, cet amour se mêle de culpabilité. Sa pudeur — caractéristique de la féminité — se perd dans les bras de Saint-Preux. Sa mère, déchirée entre l'amour de sa fille et la volonté du père, meurt de chagrin. Le père, qui a promis sa fille à un noble anglais qui lui a sauvé la vie, refuse le mariage de sa fille avec un roturier: elle doit respecter l'honneur de son rang d'aristocrate et la parole donnée du père. La fille, par amour de la vertu et de son père, renonce à son amour pour Saint-Preux et épouse le choix du père. La description idéalisée de l'amour de Julie et de Saint-Preux bascule alors dans une description aussi idéalisée de l'amour conjugal et familial. L'aveu final de Julie réconcilie les deux parties du livre: le mariage vertueux de Julie n'a jamais réussi à éteindre complètement sa passion pour Saint-Preux, mais cet amour est sans remords car la fidélité du mariage est respectée. La passion amoureuse perdure et s'harmonise avec la vertu qui domine.

La religion naturelle

Les diverses révélations ne sont que la manière particulière qu'ont les peuples de faire dire à Dieu ce qu'ils veulent. Toutes les religions, se différenciant par le culte public par lequel chacun honore Dieu, sont bonnes si on y sert Dieu convenablement. On doit normalement suivre et aimer la religion de son pays. Mais si chaque homme écoutait ce que Dieu dit en son cœur, il n'y aurait qu'une seule religion sur la terre.

---

15. *Ibid.*, p. 535.

Rousseau combat l'intolérance religieuse et défend la religion naturelle contre les philosophes agnostiques de son temps. Il est incontestable que le fanatisme religieux est plus pernicieux que l'athéisme mais, dit Rousseau, ce «qui n'est pas moins vrai, c'est que le fanatisme, quoique sanguinaire et cruel, est pourtant une passion grande et forte, qui élève le cœur de l'homme, qui lui fait mépriser la mort, qui lui donne un ressort prodigieux, et qu'il ne faut que mieux diriger pour en tirer les plus sublimes vertus: au lieu que l'irréligion, et en général l'esprit raisonneur et philosophique, attache à la vie, effémine, avilit les âmes, concentre toutes les passions dans la bassesse de l'intérêt particulier, dans l'abjection du *moi* humain, et sape ainsi à petit bruit les vrais fondements de toute société[16].» L'intolérance religieuse, qui arme les hommes les uns contre les autres et les rend ennemis du genre humain, est inséparable de l'intolérance civile: elle est inadmissible. Rousseau s'oppose aussi, par l'intermédiaire de Saint-Preux dans *La nouvelle Héloïse*, aux lois qui condamnent les athées à la peine capitale.

La profession de foi du vicaire savoyard, dans *Émile*, décrit bien la religion naturelle qui repose sur deux dogmes positifs (reconnaissance de l'existence de Dieu, garant de la morale, et reconnaissance de l'immortalité de l'âme) et un dogme négatif (la tolérance religieuse). Rousseau sent l'existence de Dieu: il y croit. Mais il ne connaît pas sa nature ni la nature de sa création. Il croit aussi à l'immortalité de l'âme, mais il doute que les méchants soient condamnés à une peine éternelle, à l'enfer, le jugement de Dieu n'impliquant pas nécessairement l'éternité des condamnations.

Dans *Du contrat social*, Rousseau distingue trois types de religion qu'il critique du point de vue de la société: la religion évangélique, la religion de type romain et la religion de type catholique. La première, dont la morale n'entretient aucune relation particulière avec les lois du pays, n'aide pas à consolider la société. Au contraire, en détachant les hommes des choses de la terre, elle n'encourage pas

---

16. *Ibid.*, p. 408-409, note de l'auteur.

l'affection des citoyens pour l'État. La religion de type romain est bonne car elle réunit l'amour des lois et le culte divin. Mais elle est mauvaise dans la mesure où elle affirme que le service de l'État sert son dieu tutélaire (elle est mensongère) et dans la mesure où elle est exclusive et tyrannique (elle réduit les autres peuples à l'infidélité). Enfin la religion catholique, en opposant le croyant et le citoyen, en divisant le corps social par la reconnaissance de deux législations et de deux chefs, est fondamentalement mauvaise.

Rousseau préconise une religion civile qui combine les quelques dogmes de sa religion naturelle (croyance en l'existence de Dieu, garant de la morale, croyance en l'immortalité de l'âme, tolérance religieuse) avec deux dogmes civils (sainteté du contrat social et sainteté des lois). Hors de ces dogmes, chacun peut professer les opinions religieuses de son choix.

La femme dépendante et gouvernante

L'homme et la femme sont égaux quant à l'espèce, mais se différencient par leur sexe. L'activité, la force, l'audace et l'attaque définissent le sexe de l'homme; la passivité, la faiblesse, la pudeur et la défense, celui de la femme. L'homme plaît par sa force, la femme par ses charmes. La femme excite la force de l'homme en la rendant nécessaire par la résistance. De ces différences sexuelles naturelles découlent toutes les autres par lesquelles les deux sexes compensent leurs faiblesses réciproques et se révèlent égaux dans leurs différences.

L'homme, de par sa force, domine la relation, et la femme lui doit obéissance. Mais la femme, par l'amour qu'elle suscite, par le désir qu'elle entretient, gouverne le cœur de l'homme: «c'est que le plus fort soit le maître en apparence, et dépende en effet du plus faible; et cela [...] par une invariable loi de la nature, qui, donnant à la femme plus de facilité d'exciter les désirs qu'a l'homme de les satisfaire, fait dépendre celui-ci, malgré qu'il en ait, du bon plaisir de l'autre, et le contraint à son tour à lui plaire pour obtenir qu'elle consente à le laisser être le plus fort[17].» Aussi Rousseau conseille-t-

---

17. *Ibid.*, p. 468.

il à l'homme de ne pas épouser une femme d'un rang supérieur ou une femme trop belle de crainte d'en devenir l'esclave. Et, réciproquement, il conseille à Sophie d'exercer l'autorité sur l'élu de son cœur en devenant l'arbitre de ses plaisirs: «Vous régnerez longtemps par l'amour, si vous rendez vos faveurs rares et précieuses, si vous savez les faire valoir[18].» La passion amoureuse s'éteindra nécessairement, mais si elle a été bien gérée par la femme, une douce affection se substituera à la passion disparue: «Quelque précaution qu'on puisse prendre, la jouissance use les plaisirs, et l'amour avant tous les autres. Mais, quand l'amour a duré longtemps, une douce habitude en remplit le vide, et l'attrait de la confiance succède aux transports de la passion. Les enfants forment entre ceux qui leur ont donné l'être une liaison non moins douce et souvent plus forte que l'amour même. Quand vous cesserez d'être la maîtresse d'Émile, vous serez sa femme et son amie; vous serez la mère de ses enfants[19].»

La mutuelle dépendance des hommes et des femmes n'est pas égale. Les hommes dépendent des femmes pour leurs désirs; les femmes dépendent, pour leurs désirs et leurs besoins, du jugement des hommes: «Par la loi même de la nature, les femmes tant pour elles que pour les enfants, sont à la merci du jugement des hommes: il ne suffit pas qu'elles soient estimables, il faut qu'elles soient estimées; il ne leur suffit pas d'être belles, il faut qu'elles plaisent [...] leur honneur n'est pas seulement dans leur conduite, mais dans leur réputation [...] Il suit de là que le système de son éducation doit être contraire à celui de la nôtre: l'opinion est le tombeau de la vertu parmi les hommes, et son trône parmi les femmes[20].»

Rousseau condamne l'esprit d'égalité qui, comme Platon dans *La république*, confond les deux sexes dans le même devoir, les mêmes fonctions et les mêmes travaux. Platon se vit d'ailleurs forcé, dit Rousseau, de faire des femmes des hommes parce qu'il avait supprimé la famille.

L'intelligence de l'homme est théorique, celle de la femme pratique. Si la femme apprend de l'homme ce qu'il faut voir (la fin),

18. *Ibid.*, p. 627.
19. *Ibid.*, p. 627.
20. *Ibid.*, p. 475.

l'homme apprend de la femme ce qu'il faut faire (les moyens). L'homme a besoin de connaissances pour choisir des choses utiles; la femme a besoin de goût pour choisir des choses agréables. La présence d'esprit et les observations fines sont des caractères distinctifs du sexe féminin. Dépendant du jugement des hommes, la femme doit apprendre à concilier sa propre conscience avec l'opinion des autres et à choisir la première lorsqu'elles s'opposent. En plus des connaissances nécessaires à ses devoirs d'épouse et de mère, la femme doit étudier les hommes, leurs passions, afin de mieux les gouverner: «Tout ce que son sexe ne peut faire par lui-même, et qui lui est nécessaire ou agréable, il faut qu'elle ait l'art de nous le faire vouloir; il faut donc qu'elle étudie à fond l'esprit de l'homme, non par abstraction l'esprit de l'homme en général, mais l'esprit des hommes qui l'entourent, l'esprit des hommes auxquels elle est assujettie, soit par la loi, soit par l'opinion. Il faut qu'elle apprenne à pénétrer leurs sentiments par leurs discours, par leurs actions, par leurs regards, par leurs gestes. Il faut que, par ses discours, par ses actions, par ses regards, par ses gestes, elle sache leur donner les sentiments qu'il lui plaît, sans même y paraître y songer. Ils philosopheront mieux qu'elle sur le cœur humain; mais elle lira mieux qu'eux dans le cœur des hommes[21].»

Toute l'éducation des femmes doit être relative aux hommes: elles devront, comme mères, les éduquer avec leurs filles quand ils seront jeunes; elles devront charmer leurs maris comme épouses. À ce double titre, en tant qu'elles gouvernent le cœur des hommes comme mères et comme épouses, elles sont les gardiennes des bonnes mœurs nécessaires à un sain fonctionnement de l'État.

Si l'éducation du garçon doit être orientée vers le développement de la force, celle de la fille doit viser le développement de la grâce. Les garçons, privilégiant le mouvement et le bruit, préfèrent les tambours et les petits carrosses tandis que les filles, aimant la parure et la fonction que la nature leur alloue, s'amusent avec des miroirs, des bijoux et des poupées. Les filles préfèrent l'apprentissage de l'aiguille (couture, broderie et dentelle) à l'apprentissage de la lecture et de l'écriture, car elles sentent que cet apprentissage particulier leur servira plus tard à mieux se parer. Enfin les femmes, de-

---

21. *Ibid.*, p. 507.

vant être soumises aux hommes et à leurs opinions, doivent apprendre l'obéissance, la docilité et la douceur: «La première et la plus importante qualité d'une femme est la douceur: faite pour obéir à un être aussi imparfait que l'homme, souvent si plein de vices, et toujours si plein de défauts, elle doit apprendre de bonne heure à souffrir même l'injustice et à supporter les torts d'un mari sans se plaindre; ce n'est pas pour lui, c'est pour elle qu'elle doit être douce. L'aigreur et l'opiniâtreté des femmes ne font jamais qu'augmenter leurs maux et les mauvais procédés des maris; ils sentent que ce n'est pas avec ces armes-là qu'elles doivent les vaincre[22].»

Dans le mariage, le plaisir n'est légitime que lorsqu'il est partagé: l'homme ne doit pas imposer par la force son désir à la femme. L'homme, comme la femme, doit être fidèle. Mais l'adultère de la femme est pire, «en donnant à l'homme des enfants qui ne sont pas à lui, elle trahit les uns et les autres, elle joint la perfidie à l'infidélité[23]».

L'héritage de Rousseau

Rousseau part de l'hypothèse, commune à Grotius, Hobbes, Locke et Pufendorf, que l'homme est libre et égal dans l'état de nature. L'homme primitif et indépendant, mû par les sentiments d'amour de soi et de pitié, serait naturellement bon. Mais comment alors expliquer l'inégalité présente sinon par la société qui l'engendre et pervertit l'homme? C'est elle qui rend l'homme mauvais. Elle substitue, à l'amour de soi et à la pitié, l'amour-propre, le mépris, l'envie et la haine; elle engendre l'inégalité sociale qui assujettit les pauvres aux riches; elle crée un État qui justifie l'oppression des pauvres par les riches au nom d'une égalité de droits chimérique.

Rousseau ne préconise pas un impossible retour à la nature. Il propose une solution communautaire dans les petits États et un contrôle des élus dans les grands États. Dans les petits États, le peuple devrait exercer directement, sans intermédiaire et sans représentant, le pouvoir législatif. Les citoyens seraient alors tous égaux et libres, Rousseau jouant sur le double sens (ancien et moderne) de liberté.

---

22. *Ibid.*, p. 482-483.
23. *Ibid.*, p. 471.

Dans les grands, il propose d'accroître le contrôle sur l'assemblée représentative par un certain nombre de mécanismes. Enfin, dans toute société, Rousseau défend une vie privée et familiale proche de la nature, une vie champêtre axée sur la satisfaction des besoins essentiels.

Remarquons aussi que Rousseau introduit, par rapport aux auteurs déjà étudiés, un nouveau discours dans lequel l'infériorité traditionnelle de la femme serait compensée par une supériorité jusqu'ici inédite, de telle sorte que, la force de l'un renvoyant à la faiblesse de l'autre, l'homme et la femme seraient égaux dans et par leurs différences.

Retenons enfin qu'en plein siècle des Lumières, Rousseau détrône, sans la rejeter, la raison qu'il subordonne au sentiment.

BIBLIOGRAPHIE

ROUSSEAU, Jean-Jacques, *Discours sur l'origine et les fondements de l'inégalité*, précédé par *Discours sur les sciences et les arts*, GF-Flammarion, 1971.

——, *Du contrat social*, GF-Flammarion, 1992.

——, *Émile ou de l'éducation*, GF-Flammarion, 1966.

——, *Julie ou La nouvelle Héloïse*, Garnier, 1960.

DERATHÉ, Robert, *Jean-Jacques Rousseau et la science politique de son temps*, Vrin, 1992.

Dans cet excellent ouvrage publié en 1950, l'auteur éclaire la théorie du contrat social en situant Rousseau par rapport aux théoriciens de l'École du droit naturel, dont Grotius et Pufendorf.

HOROWITZ, Asher, *Rousseau, Nature and History*, Toronto, University of Toronto Press, 1987.

S'inspirant de Lukács, de l'école de Francfort et de Marcuse, l'auteur interprète Rousseau comme l'anthropologue d'une humanité qui se fait en s'aliénant à travers le processus social du travail.

MOREAU, Joseph, *Jean-Jacques Rousseau*, PUF, 1973.

Introduction philosophique à Rousseau qui, en le rapprochant de Platon et de Malebranche, en fait un rationaliste.

MORNET, Daniel, *Rousseau, l'homme et l'œuvre*, Hatier-Boivin, 1950.

Étude historique qui situe les œuvres de Rousseau dans sa vie et dans son époque.

STRAUSS, Leo, *Droit naturel et histoire*, Flammarion, 1986.

Dans le chapitre qui lui est consacré, Strauss analyse la contradiction chez Rousseau entre la liberté naturelle et la liberté vertueuse de la Cité.

Tilleul, Anne, *La vertu du beau*, Montréal, Humanitas-Nouvelle optique, 1989.

À l'amour-passion succède, dans *La nouvelle Héloïse*, la pratique de la vertu qui détruirait la passion tout en conservant un amour spiritualisé.

Vinh-De, Nguyen, *Le problème de l'homme chez Jean-Jacques Rousseau*, Québec, PUQ, 1991.

L'auteur cherche à expliquer la conception rousseauiste de l'homme naturel, de l'homme dénaturé par la société et de l'homme du contrat social, par une analyse centrée sur les deux *Discours* (sur les sciences et les arts, et sur l'inégalité parmi les hommes) et sur *Émile*.

En collaboration, *Jean-Jacques Rousseau*, Neuchâtel, éd. de la Baconnière, 1962.

Ouvrage qui comprend une série de leçons et d'exposés donnés à l'Université ouvrière de Genève pour commémorer le 250ᵉ anniversaire de Jean-Jacques Rousseau. Parmi ces études, je retiens plus particulièrement celles de Derathé, de Lévi-Strauss et de Starobinski.

BURKE

(1729-1799)

Edmund Burke entre en politique sous le règne de Georges III
(1760-1820). Voulant raffermir le pouvoir royal, le roi lutte contre
l'opposition parlementaire. Sa politique autoritaire et vexatoire conduit au soulèvement des colonies américaines dont l'indépendance est
reconnue en 1783. Le *tory* William Pitt le Jeune (1783-1801), appelé
par Georges III à la tête du gouvernement, réussit à écarter du
pouvoir le roi qui commençait à manifester des signes de troubles
mentaux et restaure les prérogatives du régime parlementaire (responsabilité ministérielle et prépondérance des Communes sur le
pouvoir royal). La Révolution française (1789) entraîne la Grande-
Bretagne à jouer un rôle déterminant dans les différentes coalitions
qui se dressent dès 1793 contre la France et conduit le gouvernement
Pitt à multiplier les mesures répressives contre tous ceux qui, en
Angleterre, voulaient suivre l'exemple français.

Edmund Burke est un Irlandais dont la mère et la sœur sont
catholiques et dont le père, protestant, exerce, de façon lucrative, la
fonction d'avocat. Edmund adhère à la religion de son père puis,
après s'être intéressé aux lettres, devient secrétaire particulier de Lord
Rockingham en 1765. Afin de pouvoir être membre du parlement, il
s'achète une terre, devient *gentleman* et est élu, pour les *whigs*, à la
Chambre des Communes en 1766.

Le *whig* Burke se fait connaître par sa défense intransigeante des
libertés anglaises et du système représentatif, contre la politique intérieure et extérieure du roi Georges III. Il défend les privilèges du
parlement contre l'ingérence de ce dernier, soutient la tolérance religieuse vis-à-vis des catholiques en Irlande, appuie les treize colonies

anglaises d'Amérique contre l'oppression de l'Angleterre et combat les abus de la Compagnie des Indes orientales dans ce dernier pays. En 1790, un an après la Révolution française, il condamne celle-ci et sa déclaration des droits de l'homme au nom de l'ordre constitutionnel anglais et des libertés anglaises. Il y a donc, dans la pensée de Burke, une continuité qui est celle de la défense de la tradition anglaise telle qu'il la perçoit. Mais cette constance ne devrait pas masquer un changement d'orientation: à partir de la Révolution française, il combat les idées démocratiques au nom de l'ordre représenté par la noblesse, l'Église et la monarchie tandis qu'auparavant il défendait les libertés au nom de la tradition anglaise. Ses contemporains ne se sont d'ailleurs pas trompés: ses amis *whigs*, dont le parlementaire Cox, rompent avec lui tandis que ses ennemis d'antan font l'éloge de son livre qui devient la bible des émigrés français et des pouvoirs établis d'Europe. La constance dans la pensée de Burke se manifeste donc moins par la défense de la liberté que par l'appui indéfectible à l'aristocratie à laquelle il consacra sa vie.

La Révolution française

L'énorme endettement de la France depuis Louis XIV a favorisé l'enrichissement et l'ascension sociale de la bourgeoisie financière, des porteurs de la *monied interest*, de ceux dont la richesse dépend du crédit et donc de la dette publique. La noblesse française, contrairement à celle d'Angleterre, a pourtant continué de maintenir un écart quasi infranchissable entre elle et les bourgeois ou les nouveaux ennoblis. À travers les biens de l'Église, la bourgeoisie française s'attaque, lors de la Révolution française, aux porteurs du *landed interest*, à la noblesse qui la méprise: «Cette classe d'hommes ne supportait qu'avec ressentiment une infériorité dont elle ne reconnaissait pas les fondements [...] À travers la Couronne et l'Église, c'est la noblesse que visaient ces hommes. Aussi ont-ils dirigé leurs coups surtout du côté où la noblesse leur paraissait la plus vulnérable, c'est-à-dire contre les biens de l'Église, dont la protection de la Couronne assurait communément la jouissance à la noblesse[1].»

---

1. *Réflexions sur la révolution de France*, Hachette, 1989, p. 140.

Les gens de lettres, dont la fortune a été liée à celle de la Cour, prennent leur distance par rapport à la monarchie depuis son déclin amorcé à la fin du régime de grandeur de Louis XIV. Grâce aux académies, aux clubs et à cette vaste entreprise de l'*Encyclopédie*, maîtrisant l'ensemble des institutions des lettres, ils combattent l'Église et les traditions au nom de la raison, des individus et de la lumière, dénigrent leurs opposants et unissent le peuple et la bourgeoisie financière dans leurs attaques contre le pouvoir établi: «Devenus une espèce de démagogues, ils servirent de chaînon pour unir, au service d'une même entreprise, l'opulence et la misère, le faste odieux des uns et la turbulence affamée des autres[2].» L'association des gens de lettres et des gens d'argent explique la protection des intérêts de la bourgeoisie financière et la furie des attaques contre la noblesse à travers le patrimoine foncier de l'Église. Cette association — au-delà de la raison, des principes ou du droit invoqués — est la cause de la révolution.

L'assemblée française n'est limitée ni par le passé, ni par des contre-pouvoirs (monarchie et chambre des lords en Angleterre), ni par la loi naturelle. Elle n'est pas composée d'hommes dont l'autorité repose sur la Providence, l'origine de classe, l'éducation et les habitudes de vie comme l'est celle de la noblesse. La confiance du peuple ne confère aucune de ces qualités aux membres de l'assemblée. La majorité des membres du tiers état est d'ailleurs formée, non de *gentlemen* et d'hommes politiques expérimentés, mais d'avocats et d'hommes de loi de rang subalterne. L'Église est représentée à l'assemblée surtout par le bas clergé ignorant dont les intérêts le rattachent aux adversaires de la noblesse terrienne: «L'élection fut si bien menée qu'elle fit entrer dans la représentation du clergé une très forte proportion de simples vicaires de village; on faisait ainsi participer à l'immense et difficile besogne qu'est la refonte d'un État des hommes qui n'avaient pas une moindre idée de ce qu'est un État; qui ignoraient tout du monde, passé les bornes de leur obscure paroisse; qui, plongés dans une pauvreté sans espoir, ne pouvaient éprouver, à l'égard de toute forme de propriété, tant séculière qu'ecclésiastique, d'autre sentiment que l'envie[3].» Cette assemblée d'ignorants et

---

2. *Ibid.*, p. 143.
3. *Ibid.*, p. 58.

d'envieux a l'appui des juifs — associés à l'argent par Burke comme par Montesquieu — qu'elle placera sous sa protection dès septembre 1789.

Despotique, l'assemblée française s'attaque aux mœurs et aux pratiques religieuses établies au nom d'une liberté et d'une égalité qui ne sont en fait que licence. Burke se moque d'ailleurs de cette égalité qui exclut du droit de vote les domestiques[4], nombreux à l'époque, de crainte qu'ils n'appuient massivement leurs maîtres, de cette égalité qui se base encore sur un droit de propriété: «Il est clair que, dans tout ce système que l'on prétend fonder uniquement sur des considérations de droit naturel et de représentation de la *population*, on accorde beaucoup d'attention à la *propriété*. Dans une constitution qui s'inspirerait d'autres principes, il n'y aurait là rien d'injuste ni de déraisonnable; mais dans la leur, c'est parfaitement inadmissible[5].»

Au nom des droits de l'homme et de la froide raison, l'assemblée introduit le désordre, sème la licence et engendre le chaos social en attaquant l'affection naturelle qui reliait le peuple à la noblesse, à l'Église et à la monarchie, en détruisant la base naturelle de l'autorité morale et politique par la suppression de la personnification du pouvoir.

La constitution anglaise

Certains *whigs* anglais, dont Price, louangent la Révolution française qui reconnaît le principe de la souveraineté populaire et qui défend les droits de l'homme. Pour combattre cette tendance qui menace de perturber l'ordre social anglais, Burke attaque la Révolution française, défend l'intégralité de la constitution issue de 1688 et défend les quatre piliers du pouvoir (monarchie, chambre des lords, chambre des communes et Église anglicane).

Burke ne compare pas la Révolution française de 1789 à la sanglante rébellion anglaise de 1640 qui mena à l'exécution du roi Charles Iᵉʳ. Il préfère la comparer à la glorieuse et tranquille révolution de 1688 qu'il réinterprète d'ailleurs de façon conservatrice. La révolution de 1688 n'aurait pas transféré au parlement et de façon

---

4. Burke ne mentionne pas l'exclusion des femmes de ce droit de vote.
5. *Réflexions sur la révolution de France, op cit.*, p. 224.

définitive la souveraineté du roi et, encore moins, n'aurait reposé, comme l'affirme Locke, sur la reconnaissance de la souveraineté du peuple. Le remplacement de Jacques II par Guillaume III d'Orange n'aurait que sanctionné le non-respect par celui-là du contrat primitif, n'aurait que sauvegardé une constitution déjà inscrite dans l'histoire anglaise. 1688 n'a innové en rien: 1688 restaure la constitution et les libertés anglaises du passé.

Le roi ne tient pas son pouvoir du peuple. Le roi anglais fait partie intégrante du parlement dont le pouvoir ne repose pas sur la souveraineté populaire. La Révolution française transfère la souveraineté du roi à la nation, tandis qu'en Angleterre le pouvoir héréditaire du roi fait que le peuple ne peut ni ne veut déposer un roi et encore moins supprimer la monarchie. Le peuple anglais, dit Burke, considère la transmission héréditaire de la couronne comme un droit, un avantage, un gage de stabilité et une garantie de liberté.

La chambre des communes, élue non par le peuple, mais par une minorité de la population, est constituée par des nobles et des *gentlemen*, par ce que Burke considère comme une aristocratie naturelle: «On sait que notre chambre des communes, sans fermer ses portes à aucune espèce de mérite dans aucune classe sociale, rassemble, de par l'effet certain de plusieurs causes adéquates, tout ce que la nation compte d'illustre par le rang, la naissance, la fortune héréditaire ou acquise, le renom militaire, civil ou politique[6].» Le député, élu par la minorité riche de la population d'un comté, représente les intérêts de l'ensemble de la nation, n'est le mandataire de personne et est encore moins contrôlé par le peuple dont il doit, au contraire, brider les appétits inconstants et indisciplinés.

La chambre des lords partage le pouvoir avec la chambre des communes et avec le monarque. La représentation à cette chambre ne repose que sur la propriété et la distinction héréditaires de la noblesse. Cette chambre permet à l'aristocratie de protéger ses légitimes intérêts et privilèges.

La religion est le fondement de la société civile. Elle est le premier des préjugés, celui qui renferme la sagesse la plus profonde, contrairement à la raison des philosophes des lumières. Burke défend l'union de l'Église anglicane et de l'État anglais. Cette Église est

---

6. *Ibid.*, p. 56.

structurée à l'image de la société traditionnelle anglaise: en haut de la hiérarchie, les évêques et les archevêques qui siègent à la chambre des lords; au milieu, des cadres religieux intermédiaires dont le niveau social correspond à celui de *gentleman*; en bas, la masse pauvre des vicaires et des prêtres.

Burke affirme que la Révolution française était évitable, que la France aurait pu suivre la voie anglaise. Pour ce faire, il minimise les différences entre l'Angleterre de 1688 et la France de 1789: la noblesse française est pleine de vertus, même si elle a eu tort de ne pas s'ouvrir davantage aux fortunes et aux talents récents; la monarchie en France, malgré son caractère absolu, avait plus l'apparence que la réalité du despotisme. Burke oublie que la royauté française, contrairement à celle d'Angleterre, régissait depuis fort longtemps la vie publique sans la participation de la noblesse. Pour Burke, la croissance de la population et la richesse du pays prouvent que la constitution monarchique française, malgré des lacunes, était fondamentalement bonne et amendable dans le sens modéré qui était le sien.

La Révolution française constitue non seulement un danger pour l'ordre constitutionnel anglais, elle met en péril l'ensemble de la civilisation européenne qui repose sur la chrétienté, la monarchie et la noblesse. Burke deviendra un ardent défenseur de la croisade armée pour écraser l'infâme république.

Noblesse et peuple

Burke reprend la position médiévale sur l'égalité: elle réside dans la seule pratique de la vertu, source de bonheur. Pour le reste, socialement, économiquement, politiquement et culturellement, les hommes sont foncièrement inégaux.

L'inégalité sociale est dans l'ordre de la nature et voulue par Dieu. Dans toute société, il faut qu'il y ait une classe qui, par ses qualités, son expérience et sa fortune, domine et dirige les autres classes. Les Anciens tenaient compte, chez les hommes, des différences essentielles provenant de «leur naissance, leur instruction, leur profession, leur âge, leur résidence à la ville ou à la campagne, les divers moyens dont ils disposent pour acquérir et conserver la propriété, et enfin la nature même de cette propriété — toutes choses qui les divisent pour ainsi dire en autant d'espèces différentes. C'est pourquoi ces sages se crurent obligés de grouper les citoyens par classes, en réservant à chaque catégorie des fonctions conformes à sa manière d'être et à ses aptitudes, ainsi que les droits et privilèges nécessaires pour lui permettre de satisfaire ses besoins particuliers et d'assurer sa propre protection au milieu des conflits qui, dans toute société complexe, naissent inévitablement de la diversité des intérêts[7].» Dans le Paris révolutionnaire, oubliant cette sagesse ancienne, on pervertit l'ordre naturel des choses en mettant en haut ce qui est socialement et naturellement en bas.

Burke ne veut pas limiter l'exercice du pouvoir à ceux qui se distinguent par le sang, les noms et les titres nobiliaires. À l'image que se donne d'elle-même l'aristocratie de son pays, il la conçoit comme ouverte à tous ceux qui ont du talent et de la vertu. Burke lui-même, Irlandais d'origine bourgeoise, fait aussi partie — grâce à ses vertus, à ses talents et à l'achat d'une terre — de cette aristocratie «élargie», «naturelle». Mais il est clair que l'aristocratie traditionnelle demeure le cœur, la tête et le modèle de cette classe dirigeante, et Burke sait fort bien qu'il en sera toujours exclu.

La constitution anglaise limite à 400 000 le nombre des personnes aptes à élire les membres de la chambre des communes, soit à une minorité d'hommes jouissant de richesse, de loisirs et de culture. La masse, elle, est incompétente pour exercer des fonctions électives. Facilement manipulable par des démagogues, lui accorder le pouvoir électoral ne peut conduire qu'à l'anarchie ou à la tyrannie. Les dirigeants ne doivent pas suivre sa volonté, s'ils veulent défendre les intérêts de l'ensemble de la nation, dont les véritables intérêts des masses.

La subordination politique du peuple à l'aristocratie est liée, par Burke, à la défense du marché capitaliste. La main invisible du marché instaure, comme l'affirmait Smith, un ordre providentiel auquel sont soumis pauvres et riches. L'État doit respecter la liberté du marché; il ne doit pas chercher à rectifier l'ordre du marché qui est de nature providentielle. L'État doit s'abstenir d'attaquer le droit naturel de propriété en imposant les riches pour aider les pauvres. Les riches sont, de par leur richesse, les fidéicommis (*trustees*) des pauvres. Les travailleurs sont pauvres parce qu'ils sont nombreux. La

---

7. *Ibid.*, p. 235-236.

redistribution des avoirs des riches n'éliminerait pas cette pauvreté. Les riches doivent, dans une perspective chrétienne, pratiquer la charité, mais cette pratique ne peut ni ne doit modifier l'ordre hiérarchique naturel entre riches et pauvres.

L'égalité sociale est une fiction monstrueuse qui, suscitant des espérances vaines, ne peut qu'envenimer l'incontournable inégalité de fait qui est au fondement de l'ordre social et dont dépendent les intérêts des riches et des pauvres. L'ordre social est la condition de tout bien. Le peuple doit se montrer maniable et docile; il doit apprendre à obéir aux lois et à respecter les autorités. On doit lui recommander la patience, le travail, la frugalité, la sobriété et la pratique religieuse: «Il ne faut pas que les principes d'une subordination naturelle, si profondément ancrés dans la masse du peuple, soient artificiellement détruits. Cette masse doit respecter la propriété à laquelle elle ne peut accéder. Elle doit travailler pour obtenir ce qui peut s'acquérir par le travail; et si elle estime, comme c'est généralement le cas, que les fruits de son labeur ne sont pas à la mesure de son effort, il faut lui apprendre à trouver sa consolation dans la perspective d'une justice éternelle qui saura reconnaître les siens[8].»

Même si les masses ne choisissent pas les dirigeants politiques, Burke affirme que ceux-ci sont leurs *trustees*, qu'ils les représentent «virtuellement». Le rapport des masses avec leurs élites reposerait fondamentalement sur un sentiment inné de sympathie — que Hume avait développé dans ses œuvres — par lequel les masses admireraient leurs dirigeants. Burke fait appel à l'esprit de «chevalerie» qui subordonne le cœur au rang et au noble sexe, qui entretient la loyauté envers les dignitaires. Les institutions doivent être incarnées dans des personnes — nobles, roi ou reine — qui suscitent attachement, amour et vénération. En retour, l'esprit de «chevalerie» fait que les nobles et les souverains se courbent sous le joug bienveillant de l'estime sociale, des bonnes manières et des règles de l'élégance. Les philosophes des Lumières et les matérialistes économistes veulent remettre en question ce lien affectif qui est à la base de tout ordre social: «Toutes les plaisantes fictions qui allégeaient l'autorité et assouplissaient l'obéissance, qui assuraient l'harmonie des différents aspects de la vie, et qui faisaient régner dans la vie politique, par une

---

8. *Ibid.*, p. 312.

assimilation insensible, les mêmes sentiments qui embellissent et adoucissent la vie privée, toutes ces douces illusions vont se dissiper sous l'assaut irrésistible des Lumières et de la raison [...] Toutes les idées surajoutées par notre imagination morale, qui nous viennent du cœur mais que l'entendement ratifie parce qu'elles sont nécessaires pour voiler les défauts et la nudité de notre tremblante nature et pour l'élever à nos propres yeux à la dignité — toutes ces vieilles idées vont être mises au rebut comme on se défait d'une mode ridicule, absurde et désuète[9].»

Les droits de l'homme

Burke critique systématiquement les droits de l'homme qui ne tiennent pas compte de l'histoire et de l'expérience, qui ne partent pas des hommes concrets et réels, qui sont le fruit d'une pure déduction abstraite, d'une spéculation métaphysique, contrairement aux droits reconnus en Angleterre, qui seraient des droits acquis, reçus des ancêtres, du passé, de la tradition. Les droits anglais sont, pour Burke, un héritage et, en tant que tel, sont légitimes.

Burke reconnaît un certain nombre de droits: droit à la sécurité; droit aux avantages économiques du marché dans les échanges des biens (les lois du commerce sont des lois de la nature, donc, dit-il, des lois divines); droit à la justice et à être jugé par ses pairs; droit à la propriété privée et à la transmission de ses biens par héritage; droit à l'instruction de ses propres enfants; droit à la liberté religieuse. L'État doit respecter cette dernière liberté, y compris en Irlande, et doit même s'empêcher de réprimer les athées. Burke distingue, par rapport aux diverses opinions, la tolérance de l'indifférence: la véritable tolérance consiste à affirmer ses préférences idéologiques tout en respectant le choix des autres. À travers sa dénonciation des droits de l'homme, Burke ne vise donc pas tous les droits et toutes les libertés: il s'attaque plutôt à l'esprit d'égalité qui pourrait remettre en question les privilèges de classe de la noblesse, les privilèges économiques, sociaux et politiques liés à la richesse et à la noblesse.

Le peuple n'a aucun droit politique. Il ne peut élire les membres de la chambre des communes, et aucun membre de la nation ne peut

---

9. *Ibid.*, p. 97.

choisir le roi dont le pouvoir se transmet selon les lois de l'hérédité. Le peuple, comme toute autre partie de la nation, ne peut non plus choisir la constitution du pays qui est un héritage des aïeux. L'autorité politique ne provient pas du peuple, mais de l'histoire et de Dieu.

La constitution d'un pays n'est pas un problème arithmétique. Il n'y a pas d'égalité arithmétique entre les hommes qui se différencient économiquement, socialement, culturellement et politiquement par leurs fonctions et leurs positions dans la société. L'autorité politique ne vient pas du nombre, mais repose sur ceux qui le méritent, sur ceux que la Providence a pourvus d'une bonne naissance, d'une propriété terrienne, d'une éducation saine et de bonnes habitudes de vie.

Rousseau croyait que l'homme, naturellement bon, était perverti par la société. Au contraire, Burke, comme Hobbes d'ailleurs, partage la version pessimiste de saint Augustin: l'homme est fondamentalement vicieux, mauvais. C'est à la société, à l'Église, à l'État de l'encadrer et de le dresser.

Les hommes ont droit à un bon gouvernement, un gouvernement qui satisfait leurs besoins de sécurité, d'échanges économiques, de justice, etc. Pour ce faire, le peuple requiert un gouvernement qui discipline ses passions. Voilà pourquoi le pouvoir doit être indépendant et au-dessus du peuple. Voilà pourquoi, en morale, en religion et en politique, les droits ne peuvent être prioritairement conçus en termes modernes de libertés mais, à la façon des Anciens, en termes de devoirs: «Parmi ces besoins, il faut compter celui d'exercer sur les passions humaines une contrainte suffisante — cette contrainte qui fait défaut hors de la société civile. Mais celle-ci n'existe pas seulement pour que soient maîtrisées les passions individuelles; elle veut aussi, bien souvent, que soient contrecarrées les inclinations des hommes agissant collectivement et en masse, que soit dominée cette volonté collective, et subjuguée cette passion de masse. Le pouvoir à cet effet ne peut résider dans les intéressés eux-mêmes; ce doit être un *pouvoir indépendant,* un pouvoir qui, dans l'exercice de ses fonctions, échappe à cette volonté et à ces passions qu'il est de son devoir de dompter et de soumettre. Dans ce sens, les contraintes font partie, au même titre que les libertés, des droits de l'homme[10].»

---

10. *Ibid.*, p. 76.

Les hommes n'ont droit qu'à ce qui est raisonnable, qu'au bien. La véritable liberté consiste, comme chez les Anciens, dans la pratique de la vertu.

Les préjugés

La philosophie des Lumières oppose la raison aux préjugés, la liberté aux autorités établies, l'individu aux corporations, l'égalité à la hiérarchie, le progrès aux traditions. Burke défend des positions diamétralement opposées: il y a plus de sagesse dans les préjugés que dans la raison individuelle, fût-elle celle d'un philosophe. Il faut chérir, dit-il, les préjugés qui sont les opinions communes du présent provenant du passé, qui sont les opinions transmises par les traditions, les coutumes et les mœurs, qui sont les sentiments archaïques nous reliant aux autres: «Dans ce siècle des lumières, je ne crains pas d'avouer que chez la plupart d'entre nous les sentiments sont restés à l'état de nature; qu'au lieu de secouer tous les vieux préjugés, nous y tenons au contraire tendrement; et j'ajouterai même, pour notre plus grande honte, que nous les chérissons *parce que* ce sont des préjugés — et que plus longtemps ces préjugés ont régné, plus ils se sont répandus, plus nous les aimons[11].»

Les préjugés jouent chez Burke une fonction analogue à celle des habitudes chez Hume. Mais alors que celui-ci voit dans la religion le fruit condamnable d'une imagination débridée, celui-là juge qu'elle est le plus grand et le plus beau des préjugés et que, en se combinant avec ceux de la noblesse, elle est au fondement des sentiments, des mœurs et des opinions morales de la civilisation européenne.

Les sentiments sont constitutifs des préjugés, y compris des préjugés publics. Nos affections privées fondent nos affections publiques. Nous chérissons notre roi comme notre père, nous aimons notre constitution comme nos ancêtres, nous affectionnons l'héritage public comme notre héritage privé. Contrairement à Hume, Burke croit qu'il y a une chaîne ininterrompue qui conduit de l'amour du prochain à l'amour du lointain.

---

11. *Ibid.*, p. 110.

La constitution est un héritage public qui nous engage comme elle le fera pour notre postérité: «Cet acte nous engage, jusqu'à la fin des temps "nous, nos *héritiers* et notre *postérité*, envers eux, leurs *héritiers* et leurs *postérités* "[12].» On ne choisit pas plus sa constitution qu'on ne choisit l'héritage de son père. Elle n'est donc pas une affaire de volonté dépendant d'une décision d'un peuple, comme l'affirment les révolutionnaires français. Elle n'est pas le fruit d'un contrat social reliant différents individus, mais le produit d'une succession de générations. La valeur d'une constitution ne repose pas sur son origine, mais sur sa durée.

Les révolutionnaires français veulent étendre le *tabula rasa* philosophique de Descartes à l'ensemble des traditions. Ils opposent un progrès incertain aux certitudes du passé. Ils préconisent des innovations, dont on ne connaît pas les lendemains, à la sagesse accumulée par l'expérience. Pour Burke, l'usage et la jouissance immémoriale d'une chose, qu'elle soit une propriété ou une constitution, en font la valeur: nous devons jalousement en conserver l'héritage.

Burke ne s'oppose pas aux changements. Il faut changer pour conserver: «Je ne m'oppose pas au changement; mais je ne voudrais rien changer que pour mieux préserver le tout[13].» Deux exemples peuvent éclairer la différence entre changement et innovation. Ainsi le remplacement de Jacques II par Guillaume III d'Orange préserverait, sans innover, la constitution que le premier bafouait. Au contraire, une réforme qui élargirait le corps électoral serait une innovation à laquelle s'oppose Burke au nom de la prescription et parce qu'elle augmenterait la vénalité qui marquait déjà le processus électoral britannique.

En plus du changement pour protéger le passé, Burke préconise le juste milieu comme garant de la vertu, la prudence comme vertu primordiale. Il est ainsi tributaire d'Aristote. Mais par ses attaques contre la théorie et la métaphysique, il se rapproche de l'empiriste Hume et s'éloigne d'Aristote, pour lequel la pratique dépendait de la théorie, pour lequel la prudence consistait à appliquer à des cas particuliers des grands principes relevant de l'intellect spéculatif. Le refus de la métaphysique n'empêche cependant pas Burke de se

---

12. *Ibid.*, p. 30.
13. *Ibid.*, p. 316.

référer à la loi naturelle dont le fondement ne reposerait pas sur la raison, mais sur la religion.

La loi naturelle

Burke ne critique pas la raison moderne au seul nom de la sagesse accumulée par l'expérience de l'humanité — ce qui en ferait un empiriste. Il la condamne au nom de la conception religieuse, de type médiéval, qu'il se fait de la société.

La religion est au fondement de toutes les institutions humaines, car tout vient de Dieu, y compris le pouvoir de l'homme sur l'homme. Voilà pourquoi les gouvernants sont les mandataires de Dieu, et non du peuple.

La conception hiérarchique de la société, où les devoirs de chaque individu sont définis par sa place et sa fonction sociales, s'inscrit au sein de la même conception médiévale d'un univers hiérarchisé par Dieu: «Le contrat propre à chaque État particulier n'est qu'une clause dans le grand contrat primitif de la société éternelle — cet ordre universel qui rattache les natures les plus basses à celles qui sont plus élevées et qui relie le monde visible au monde invisible, conformément au pacte immuable, sanctionné par un serment inviolable, qui maintient toutes les natures physiques et morales chacune à sa place assignée[13].»

Dieu détermine la loi naturelle à laquelle chacun est soumis. C'est d'ailleurs au nom de cette loi naturelle, qui interdit l'exercice tyrannique du pouvoir, et non pas au nom d'un hypothétique droit du peuple indien à l'autodétermination politique, que Burke mènera sa campagne pour obtenir l'*impeachment* de Hastings, gouverneur général de l'Inde. Les lois positives des gouvernements et leur application relèvent de la loi naturelle dont elles sont dépendantes: elles reposent en dernière instance sur Dieu et non sur le peuple.

La loi naturelle définit la morale sous la forme du droit naturel qui est immuable et éternel. C'est au nom de ce droit naturel d'origine divine, c'est au nom de cette morale religieuse que Burke condamne la morale révolutionnaire qui fonde les valeurs illusoires de liberté et d'égalité sur la raison pourtant imparfaite de l'individu.

---

13. *Ibid.*, p. 123.

Une conception anti-moderne

Pour Rousseau et Locke, dans le sillage de l'école du droit naturel, l'état de nature, qui précède l'état de société, est caractérisé par la liberté et l'égalité de tous les hommes. Pour Burke, au contraire, l'homme, foncièrement inégal, vit dans une société hiérarchisée et au sein d'une tradition définissant la place et la fonction de chacun. Au peuple souverain des premiers, il oppose un peuple tendrement soumis à la direction éclairée de l'aristocratie. À la raison individuelle et aux droits de l'homme de la Révolution française, Burke oppose les préjugés, fruits de l'expérience et de la sagesse des générations précédentes.

Pour Hobbes, Locke et Rousseau, l'État est le fruit d'un pacte, d'un contrat social, par lequel les hommes libres et égaux de l'état de nature décident, pour obtenir certains avantages, de s'associer politiquement. Cette théorie est conçue spécifiquement en opposition à la tradition médiévale — dont la source remonte à saint Paul — pour laquelle tout pouvoir vient de Dieu. Burke partage cette dernière conviction et s'oppose à toute conception qui fait reposer le pouvoir sur le peuple.

Malgré ses oscillations entre la conception classique de la loi naturelle et la conception moderne des droits naturels, Locke se situe du côté de celle-ci dans son interprétation de la révolution de 1688 : le pouvoir du roi y est limité par celui du parlement et le pouvoir de celui-ci repose ultimement sur celui du peuple. Au contraire, dans son interprétation, Burke biffe l'originalité de la glorieuse révolution, en la situant au sein de la tradition monarchique anglaise et à l'intérieur d'un ordre éternel voulu par Dieu.

Burke attaque la révolution de 1789 au nom d'une conception moyenâgeuse de la tradition et de la hiérarchie. Tout en adhérant aux lois du marché libre, il défend la noblesse, la monarchie et l'Église contre l'alliance destructrice de la bourgeoisie et des hommes de lettres.

BIBLIOGRAPHIE

BURKE, Edmund, *Réflexions sur la révolution de France*, Hachette, 1989.

GANZIN, Michel, *La pensée politique d'Edmund Burke*, Librairie générale de droit et de jurisprudence, 1972.
Situant Burke dans son époque et utilisant l'ensemble de ses textes, l'auteur expose avec sympathie ses positions conservatrices et contre-révolutionnaires.

MACPHERSON, C.B., *Burke*, Oxford, Oxford University Press, 1980.
L'auteur développe, entre autres, la contradiction chez Burke entre la conception traditionnelle d'une hiérarchie naturelle et la conception moderne d'un individu égal grâce au marché.

MAGNUS, Sir Philip M., *Edmund Burke: A Life*, New York, Russell & Russell, 1973.
Réimpression d'une biographie de Burke parue à Londres en 1939.

PARKIN, Charles, *The Moral Basis of Burke's Political Thought*, New York, Russell & Russell, 1968.
Bonne introduction, publiée pour la première fois en 1956, sur les fondements moraux et religieux de la pensée de Burke.

STRAUSS, Leo, *Droit naturel et histoire*, Flammarion, 1986.
Dans le chapitre consacré à Burke, Strauss montre, entre autres, comment des conceptions classiques (par exemple, sur la vertu et la prudence) se mélangent avec des conceptions modernes (la méfiance des empiristes anglais envers la théorie).

WILKINS, Burleigh Taylor, *The Problem of Burke's Political Philosophy*, Oxford, Clarendon Press, 1967.
L'auteur étudie la place de la loi naturelle chez Burke, en partant de l'hypothèse qu'il n'y a pas de différence fondamentale, dans la conception de cette loi, entre Thomas d'Aquin, John Locke et Edmund Burke.

BENTHAM

(1748-1832)

Jeremy Bentham vit comme Edmund Burke sous Georges III[1] et assiste aux deux événements politiques majeurs que sont l'indépendance américaine (1783[2]) et la Révolution française (1789). Napoléon prend le pouvoir en France en 1799 et crée un empire — à l'écart duquel la Grande-Bretagne demeure toujours — qui s'écroule en 1815. L'industrialisation de la Grande-Bretagne se poursuit, entraînant des luttes ouvrières qui sont réprimées ou donnent lieu à des réformes: interdiction aux enfants âgés de moins de neuf ans de travailler plus de douze heures par jour dans les manufactures (1802); émeute des luddistes contre les machines créatrices de chômage (1811-1812); émeutes ouvrières contre la faim réprimées violemment avec suspension des libertés (1819); reconnaissance du droit de coalition (1824); etc. L'agitation irlandaise pour l'émancipation des catholiques se maintient. Quatre fois adopté par les Communes de 1821 à 1827, le bill pour l'émancipation des catholiques est chaque fois rejeté par la Chambre des Lords. Enfin, en 1828, les catholiques de tout le royaume obtiennent les mêmes droits électoraux que les autres citoyens pourvu qu'ils prêtent serment de fidélité au roi. Cependant, les droits électoraux continuent d'être le privilège d'une infime minorité de la population de la Grande-Bretagne.

Jeremy Bentham est conservateur (*tory*) jusqu'en 1808 où, sous l'influence surtout de James Mill, il devient démocrate radical, mettant sa confiance dans le peuple pour défendre le bonheur du plus grand nombre.

---

1. *Cf.* l'introduction à Edmund Burke.
2. La déclaration d'indépendance intervient en 1776.

Bentham a autant écrit qu'il s'est peu intéressé à la publication de ses textes. De son vivant, peu de ses écrits furent édités et certains, traduits par le Genevois Étienne Dumond, sont de libres adaptations de la pensée de l'auteur à un public français bien circonscrit. Aujourd'hui encore, nombre de ses écrits dorment sous forme de manuscrits.

Nous verrons pourquoi Bentham lie une morale du plaisir à la coercition de l'État et pourquoi sa volonté réformiste l'entraîne à préconiser le contrôle le plus complet de l'environnement de chacun.

Plaisir et douleur

Chaque homme est gouverné par le plaisir et la peine. Le plaisir, l'utilité, le bien, le bénéfice, l'avantage et le bonheur sont pour Bentham des termes interchangeables, des synonymes: «Par utilité, j'entends, au sein de tout objet, la propriété qui tend à produire un bénéfice, un avantage, un plaisir, un bien ou un bonheur (mots qui, dans ce contexte, signifient la même chose) ou (ce qui revient encore au même) de prévenir l'avènement d'un tort, d'une douleur, d'un mal ou d'un malheur au groupe dont l'intérêt est considéré[3].»

Le principe du plaisir ou de l'utilité est à la fois ce qui oriente l'action des hommes (principe de réalité), ce qui devrait l'orienter (principe moral) et ce qui doit la guider (principe de droit). Le commerçant, le politicien et le saint recherchent tous le plaisir, le premier le plaçant dans l'argent, le second, dans le pouvoir et le dernier, dans le bonheur céleste. Toute action qui procure du plaisir est vertueuse tandis que celle qui produit des peines est vicieuse. Enfin toute loi se réduit à un calcul qui promeut le bonheur du plus grand nombre en imposant des peines à ceux qui l'entravent, de sorte que la peine excède le plaisir tiré de l'infraction.

Bentham emprunte au Français Helvétius le principe du plaisir et à l'Italien Beccaria la définition de ses quatre dimensions fondamentales, soient l'intensité, la durée, la probabilité (seul le plaisir présent est d'une certitude absolue) et, enfin, la plus ou moins grande

---

3. *An Introduction to the Principles of Morals and Legislation*, Londres, The Athlone Press, 1970, p. 12. J'ai traduit ce passage ainsi que les autres extraits d'ouvrages de Bentham non traduits en français.

proximité (quel que soit son degré de probabilité ou de certitude, le plaisir peut être plus ou moins éloigné dans le temps). À ces quatre éléments ou dimensions du plaisir, Bentham ajoute la fécondité (la possibilité d'entraîner d'autres plaisirs), la pureté (le fait de ne pas entraîner des peines) et l'extension (le nombre de personnes affectées par ce plaisir).

Tout homme, même l'ignorant ou le passionné, calcule en matière de plaisirs et de peines, même si ses calculs peuvent être plus ou moins exacts. Bentham tente de préciser des règles de calcul moral qui tiendraient compte, de la façon la plus précise possible, des sept dimensions du plaisir ou de la peine. Le plus faible degré de plaisir qui puisse être ressenti peut être représenté par une intensité équivalant à un. Plus les plaisirs sont intenses, plus ils seront représentés par des nombres élevés. La limite inférieure de la durée d'un plaisir est le plus court moment — équivalant à l'unité — où il peut être ressenti. La probabilité d'un plaisir et sa proximité trouvent leur maximum dans la jouissance présente. À partir de ce maximum, la probabilité et la proximité décroissent sans cesse et se mesurent par des fractions. L'intensité et la durée d'un plaisir ne s'additionnent pas mais se multiplient. Elles peuvent être aussi multipliées par le nombre de gens affectés. La fécondité accroît le plaisir tandis que le degré d'éloignement, d'incertitude ou d'impureté le réduit lorsqu'on multiplie ce plaisir par la fraction correspondant à ce degré.

Les instruments de plaisir sont des possessions réelles, matérielles, dont le représentant universel est l'argent, ou des représentations fictives, imaginaires, que sont la réputation et le pouvoir. Or, pour Bentham, si tout plaisir doit être mesuré selon les règles du calcul arithmétique, tout instrument de plaisir et toute possession peuvent être ramenés à des termes monétaires. Le pouvoir et même la réputation peuvent être acquis, directement ou indirectement, par l'argent.

L'argent est la commune mesure de tout plaisir. Évidemment, il existe des différences entre individus (la même somme d'argent peut apporter plus de plaisir à l'un qu'à l'autre) et des différences de conjoncture (la même somme peut apporter au même individu plus de plaisir à tel moment qu'à tel autre). Il est erroné aussi de croire que les plaisirs s'accroissent dans la même proportion que l'argent (un million de dollars ne multiplie pas par un million le plaisir correspondant à un dollar). Mais, toutes choses étant égales, la proportion est la même entre deux plaisirs qu'entre deux sommes d'argent. Si un homme hésite entre deux plaisirs, ils doivent être vus comme égaux et avoir le même prix. Si quelqu'un hésite entre s'acheter une bonne bouteille de bordeaux ou aider une famille qui souffre de la faim, ces deux plaisirs, le premier, gustatif, et le second, de bienveillance, correspondent tous deux au prix de la bouteille de bordeaux. Bentham admet que la mesure des plaisirs par l'argent souffre d'imprécision, mais il n'y en a pas d'autres: «Le Thermomètre est l'instrument qui sert à mesurer la chaleur du temps; le Baromètre, l'instrument qui sert à mesurer la pression de l'air. Ceux que ne satisfait pas l'exactitude de ces instruments devront en trouver d'autres plus exacts, ou dire adieu à la Philosophie Naturelle. L'argent est l'instrument qui sert de mesure à la quantité de peine ou de plaisir. Ceux que ne satisfait pas l'exactitude de cet instrument devront en trouver un autre plus exact, ou dire adieu à la politique et à la morale[4].»

Prudence et bienveillance

Bentham distingue les plaisirs personnels (*self-regarding*) des plaisirs altruistes (*extra-regarding*). La vertu de prudence est associée aux premiers et la bienveillance, aux seconds.

La prudence est un devoir envers soi-même. Elle consiste à sacrifier un moindre plaisir à un plaisir de plus grande magnitude, à choisir le plaisir le plus grand compte tenu de ses six premières dimensions. La bienveillance est un devoir envers l'autre. Elle consiste à sacrifier son propre plaisir au plaisir plus grand de l'autre, à sacrifier son propre plaisir à un plaisir plus grand compte tenu de la septième dimension du plaisir (le nombre de gens affectés). L'éthique vise donc le plus grand bonheur des gens concernés: «L'éthique, dans son sens le plus large, peut être définie comme étant l'art de diriger les actions des hommes dans le but de produire la plus grande quantité possible de bonheur pour ceux dont l'intérêt est en question[5].»

Comment l'éthique est-elle possible? Comment amène-t-on l'homme des plaisirs égoïstes à des plaisirs altruistes? Pourquoi

---

4. «Le calcul des plaisirs et des peines», appendice II, *in* Élie HALÉVY, *La formation du radicalisme philosophique*, t. I, *La jeunesse de Bentham*, Paris, Alcan, 1901, p. 415.
5. *An Introduction to the Principles of Morals and Legislation, op. cit.*, p. 282.

l'individu sacrifierait-il son propre plaisir à celui des autres? Pourquoi l'individu sacrifierait-il le plaisir de ses proches à celui de personnes éloignées? Pourquoi l'individu devrait-il tenir compte de la septième dimension du plaisir (le nombre de gens impliqués)?

La réponse n'est pas évidente, même si Bentham semble souvent suggérer que chacun, en poursuivant rationnellement son propre intérêt, tiendrait naturellement compte du nombre de gens impliqués. Pour y voir plus clair, il faut mettre de côté les déclarations de principe de l'auteur et extraire cette réponse de ses analyses concrètes sur la législation, l'éducation, la prison...

Ainsi, dans sa description de la prison modèle, le panoptique, Bentham préfère que l'administrateur soit un entrepreneur intéressé par son profit personnel plutôt qu'un salarié. Celui-ci, toujours assuré de son émolument quelle que soit la qualité de son administration, n'assure pas facilement la liaison entre son intérêt pécuniaire et son devoir d'administrateur. L'entrepreneur est aussi préférable à un administrateur mû par la seule bienveillance. On ne peut opposer l'éthique à l'intérêt privé de l'entrepreneur: celui-ci peut aussi être motivé par la bienveillance et, de toute façon, l'intérêt pécuniaire est plus constant que les motifs extra-personnels: «On ne dit pas que des administrateurs désintéressés ne rempliraient jamais bien les devoirs de ces places: l'amour du pouvoir, de la nouveauté, de la réputation, l'esprit public, la bienveillance, sont des motifs qui peuvent nourrir leur zèle, et leur inspirer de la vigilance. Mais l'entrepreneur par contrat ne peut-il pas aussi être animé par ces différents principes? Le poids d'un nouveau motif détruirait-il l'influence des autres? L'amour du pouvoir est sujet à sommeiller; l'intérêt pécuniaire ne s'endort jamais. L'esprit public se ralentit, la nouveauté s'efface; mais l'intérêt pécuniaire devient plus ardent avec l'âge[6].»

Le travail, père de toute richesse, ne doit pas être vu par le prisonnier comme une punition. Au contraire, le travail lui permet de passer le temps, d'améliorer la cuisine pénitentiaire faite de mauvais pain et d'eau, et de se ramasser un pécule pour le moment où il sera libéré. L'entrepreneur, jouissant d'une main-d'œuvre captive, fait un surcroît de profit: «Il est bon que tout effort qu'il [le prisonnier] fait

---

6. «Mémoire», résumé du *Panoptique* par Dumond envoyé par Bentham au député Garran, *in Le panoptique*, Belfond, 1977, p. (23) B 3.

soit récompensé, mais il n'est pas nécessaire que la récompense soit aussi grande, ou presque aussi grande, que celle qu'il aurait obtenue s'il avait travaillé ailleurs. Sa détention, qui constitue sa punition, l'empêchant d'aller offrir son ouvrage sur un autre marché, le soumet à un monopole, dont l'entrepreneur, son maître, comme tout bénéficiaire d'un monopole, tire tout ce qu'il peut[7].» Mais même là, Bentham ne fait pas totalement confiance à l'intérêt privé de l'administrateur-entrepreneur: il propose trois mesures pour s'assurer que cet intérêt n'aille pas à l'encontre de la réhabilitation des prisonniers: l'administrateur recevra un montant pour chaque prisonnier qui demeurera en vie; il devra publier les comptes de son administration; la prison sera ouverte aux curieux pour que son administration soit soumise au tribunal de l'opinion publique.

De fait, l'éducation — qui est contrôle de l'environnement de l'éduqué par l'éducateur — est le moyen pour que chaque individu incorpore dans ses calculs prudents la septième dimension du plaisir, le nombre de gens impliqués. Le gouvernement et la législation viendront compléter l'éducation par un système de sanctions graduées qui contraindront l'individu à trouver son intérêt dans le respect de l'intérêt du plus grand nombre.

État et intérêt

La fin de l'État est le bonheur de tous les membres de la communauté politique. (Au niveau de l'État, on emploie, dit Bentham, le terme de bonheur au lieu de celui de plaisir, sans que l'auteur explique la raison de cette différence.) Mais la rareté des biens entraîne la concurrence des individus dans la poursuite de leurs plaisirs et rend impossible la réalisation du bonheur de toute la communauté. Aussi, Bentham se rabat-il sur une fin plus modeste: le bonheur du plus grand nombre de gens possible.

Contrairement aux Anciens, Bentham affirme que la communauté n'est pas une entité réelle, mais une métaphore, une «fiction» qui recouvre la somme, l'addition des membres qui la constituent. L'intérêt collectif, l'intérêt public est donc la somme des intérêts des

---

7. *Panopticon*, in *Le panoptique*, op. cit., p. 135.

membres qui la composent ou, encore, l'addition des plaisirs du maximum de membres.

Pour réaliser sa fin, le bonheur du plus grand nombre, l'État doit poursuivre quatre objectifs spécifiques: la *subsistance* du plus grand nombre, c'est-à-dire assurer la possession de toutes choses dont l'absence produirait directement des souffrances physiques, notamment la faim; l'*abondance* ou la richesse, instrument de bonheur d'une minorité; la *sécurité*; l'*égalité*. Le troisième objectif, la sécurité, est visé à cinq niveaux: *personne* (protection de sa vie et de son intégrité); *propriété*, matière de la subsistance et de l'abondance (1er et 2e objectifs); *pouvoir* tant domestique que politique; *réputation*, source d'amour, de respect et éventuellement de services de la part d'autrui (contre le libelle, la calomnie et le chantage); *conditions de vie* ou statut (l'individu doit être protégé dans ses relations familiales, professionnelles et publiques). Le quatrième objectif, l'égalité, doit être poursuivi dans le respect le plus total de la sécurité de la propriété. L'égalité désirée serait celle qui assurerait le maximum de degrés intermédiaires entre le plus riche et le plus pauvre de la communauté. Bentham ne dit pas vraiment comment cette égalité respectueuse de la propriété privée pourrait être réalisée par l'État, sinon en faisant confiance au libre marché.

Les objectifs spécifiques définissent les services rendus par l'État à l'individu, les droits de l'individu qui sont aussi des obligations de celui-ci par rapport aux autres, obligations sanctionnées par l'État. L'État rend ainsi le service de garantir le droit à la propriété privée: il affirme que mes propriétés m'appartiennent exclusivement; il exige des autres de me rendre le service négatif de ne pas entraver la jouissance de mes biens; il me rend le service positif de protéger mes biens en punissant ceux qui ne les respectent pas. Mon droit implique donc nécessairement une obligation de la part des autres: l'autre doit faire le sacrifice de la jouissance de mes biens. L'obligation exige la présence menaçante de la punition: le contrevenant subira une peine supérieure au plaisir tiré de l'usurpation de mon bien.

Le droit définit ma liberté, les moyens permis pour poursuivre mon propre bonheur. L'obligation limite ma liberté, en m'interdisant de poursuivre mon bonheur au détriment de tout ce qui touche la sécurité de l'autre: «Il y a deux sortes de liberté, même plus, suivant le nombre de sources d'où peut provenir la coercition, qui est absence de liberté: liberté contre la loi; liberté contre ceux dont la conduite va à l'encontre du bonheur de la société, contre les malfaiteurs sur qui s'appesantira la loi. Ces deux types de libertés sont en complète opposition. Tout ce qui augmente l'une diminue l'autre dans la même proportion[8].» La liberté de l'individu n'est pas à la base de la philosophie de Bentham. Intéressé par la sécurité de l'individu, il consacre la plus grande partie de sa vie à la réforme du code pénal et de la prison, en d'autres mots à la définition des obligations, des punitions et du contrôle que l'État doit exercer sur l'individu.

L'État pourrait entraîner l'individu à respecter ses obligations, à respecter les droits des autres, en récompensant son respect. Mais cette récompense coûterait trop cher à l'État, donc aux contribuables chez qui les montants de cette récompense seraient puisés. La récompense créerait donc plus de peine que de plaisir, car il est plus douloureux de perdre une certaine somme que plaisant de gagner la même somme. L'État fonctionne donc à la coercition: il impose des peines à ceux qui enfreignent la loi afin d'assurer le bonheur, l'absence de peine, la sécurité du plus grand nombre: «Que ce soit dans la formulation ou la pratique de la loi, tout repose sur la punition, rien sur la récompense. Prenez, par exemple, les termes *obligation, devoir, droit, titre, possession* et *transmission de propriété*, retirez la notion de punition, et vous les privez de tout sens[9].»

État et coercition

La punition, comme toute peine, est un mal. Il existe quatre sortes de punitions ou de sanctions: *naturelle*, comme conséquence directe de la nature ou de sa propre action (par exemple, les maux physiques consécutifs à une soûlerie); *politique* (définie par le code pénal et appliquée par les juges); *morale ou populaire* (condamnation par l'opinion publique); *religieuse* (la croyance dans le Jugement dernier).

8. *Bentham's Political Thought*, Bhikhu Parekh (dir.), Londres, Croom Held, 1973, p. 175-176.
9. *Ibid.*, p. 171.

Le but immédiat de la sanction politique est de contrôler l'action de l'individu qui a commis le délit, en l'excluant de la société par l'emprisonnement et en le rééduquant par l'environnement carcéral. La supériorité de la peine sur le plaisir délictueux joue un rôle d'intimidation pour contrecarrer les récidives et sert d'exemple pour le reste de la population.

La valeur de la punition doit toujours dépasser le profit, l'avantage ou le plaisir que l'homme retire ou espère retirer de son délit. Ainsi l'homme, étant guidé par le plaisir et la peine, évitera de déroger à la loi s'il agit rationnellement. Le calcul de la peine doit tenir compte des différentes dimensions du plaisir. Ainsi, alors que le plaisir tiré du délit est souvent certain et immédiat, la peine n'est que probable et plus ou moins éloignée dans le temps. Aussi pour outrepasser le plaisir du délit, la magnitude (intensité et durée) de la peine doit-elle être augmentée en conséquence.

Si la peine doit excéder le plaisir délictueux pour être efficace, il est inutile qu'elle soit excessive. La peine, étant un mal, doit respecter le principe d'économie ou de frugalité, et donc être réduite au strict nécessaire. Elle ne doit être ni trop faible ni trop forte. Bentham récuse les termes de douceur ou de rigueur de la loi. La peine relève de la raison calculatrice: elle vise l'efficacité au moindre coût.

La quantification des peines et des plaisirs, compte tenu de leurs sept dimensions, permet, dit Bentham, d'évaluer de façon mathématique, scientifique, ce que doit être la punition pour dépasser économiquement et efficacement le plaisir délictueux. Le système pénal n'est donc pas fondé sur la «nature des choses» comme chez Montesquieu, ni sur le plaisir de la vengeance qu'en tire l'offensé. La sanction politique n'est pas un bien. Comme toute peine, elle est un mal, mais un mal utile et nécessaire pour défendre le bonheur du plus grand nombre, mal qui peut et doit être quantifié.

Le principe d'économie ou de frugalité de la peine entraîne Bentham et ses amis à critiquer le caractère excessif des peines imposées à son époque: déportation des prisonniers dans des colonies, peine de mort pour plus de 200 délits, pilori, etc. Mais cette critique est moins animée par des motifs humanitaires que par un souci d'ordre et d'efficacité. De même, Bentham fut un des premiers à défendre les droits des animaux. Il accepte qu'ils puissent servir l'homme et, par exemple, être tués pour être mangés. Mais il s'insurge contre leurs souffrances inutiles. La question n'est pas, dit-il, de savoir s'ils pensent ou parlent comme nous, mais de reconnaître qu'ils sont animés par le plaisir et la douleur comme nous.

État et obéissance

L'hypothèse de l'état de nature présuppose, du moins chez Hobbes et chez Locke, que les hommes ont entretenu des relations sans lien d'obéissance, sans se constituer en sujets et en gouvernement, sans subordination des premiers au second. L'organisation de la société politique requiert, elle, des sujets qui ont l'habitude d'obéir à un gouvernement. Le pouvoir de l'État repose précisément sur cette disposition du peuple à obéir à son gouvernement.

L'État a pour objectif le bonheur du plus grand nombre, fonctionne à la coercition et repose sur l'habitude d'obéir des sujets. Cette habitude est engendrée par l'éducation, entretenue par les services rendus par l'État et renforcée par les sanctions de ce dernier.

La constitution détermine les pouvoirs et les devoirs de l'instance souveraine, mais ne la limite pas. Il n'y a aucun droit naturel, aucun droit de l'homme, aucun contrat social qui viennent limiter, comme chez Locke, le pouvoir souverain. Il n'y a aucun pouvoir au-dessus de l'instance souveraine. Or celle-ci, à l'instar de tout homme, ne saurait se punir elle-même, vouloir son propre mal. La limite du pouvoir légalement illimité de l'instance souveraine réside dans l'opinion publique qui peut juger si cette instance respecte ses devoirs, dans les sujets qui pourraient même se rebeller si elle méprise les intérêts du plus grand nombre.

Bentham espérait que la France révolutionnaire, s'étant libérée des coutumes et de la tradition, s'ouvre à ses réformes, cette France dont l'Assemblée nationale lui octroie la citoyenneté. Bentham demeure cependant opposé à sa déclaration des droits de l'homme et du citoyen qu'il juge, comme celle de l'indépendance américaine, abstraite et non utilitaire. Aucun droit n'est antérieur à l'instauration du pouvoir souverain qui fait les lois et les sanctionne. Avant l'établissement de la société politique, avant le lien d'obéissance entre les sujets et l'instance souveraine régnait la loi de la jungle, celle du plus fort, donc l'absence de loi. Affirmer des droits antérieurs à l'État, c'est attiser l'esprit de résistance contre toute loi, c'est susciter l'esprit d'insurrection contre tout gouvernement, c'est semer l'anarchie.

La déclaration des droits de l'homme affirme l'existence de quatre droits naturels: la liberté, la propriété, la sécurité et la résistance à l'oppression. Tout homme serait né libre et la liberté serait un droit inaliénable. Or tout homme est né dans la plus totale dépendance de ses parents dont relève même sa survie. La loi, soustrayant l'homme à l'hypothétique état de nature, libère l'individu de sa domination par un autre. Mais la loi, en accordant des droits, impose par le fait même des obligations et limite la liberté de chacun. La propriété serait aussi un droit naturel de l'homme. Or c'est la loi qui détermine la propriété et qui en fixe les limites en la subordonnant aux amendes, aux taxes et aux impôts. La loi assure aussi la sécurité de l'individu, tout en portant atteinte à sa sécurité s'il l'enfreint. Pour Bentham, l'État doit défendre la propriété et la sécurité de l'individu, mais ces services rendus, ces droits octroyés par l'État n'existent que par lui et ne lui sont pas antérieurs. Enfin, la résistance à l'oppression n'est pas un droit comme les autres, mais un moyen suggéré au citoyen pour défendre ses droits qu'il jugerait lésés: ce prétendu droit alimente l'esprit insurrectionnel néfaste à la paix publique.

Éducation

Après la bienveillance, le désir d'avoir une bonne réputation est un des motifs qui poussent l'individu à identifier son intérêt à celui du plus grand nombre. Ce désir soumettra l'individu au tribunal de l'opinion publique qui, par le regard et la parole, jugera sa conduite et auquel, comme tout citoyen, il participera pour condamner moralement ceux qui vont à l'encontre de l'intérêt du plus grand nombre.

Mais comment utiliser ce désir d'une bonne réputation? Comment s'assurer que l'individu identifie son opinion à celle du plus grand nombre? Comment faire pour que l'individu associe son intérêt privé à l'intérêt public? Bentham fait appel à l'éducation pour que l'individu intériorise le regard de l'autre, celui de l'opinion publique.

En bon disciple d'Helvétius, l'auteur croit que l'éducation de chacun est conditionnée par son environnement. Il s'agit de contrôler celui-ci pour façonner l'individu à l'image désirée: «Si l'on trouvait un moyen de se rendre maître de tout ce qui peut arriver à un certain nombre d'hommes, de disposer tout ce qui les environne, de manière à opérer sur eux l'impression que l'on veut produire, de s'assurer de leurs actions, de leurs liaisons, de toutes les circonstances de leur vie, en sorte que rien ne pût échapper ni contrarier l'effet désiré, on ne peut pas douter qu'un moyen de cette espèce ne fût un instrument très énergique et très utile[10].»

L'environnement décrit pour l'établissement pénitentiaire dans le panoptique est valable, selon Bentham, pour tout autre établissement: maison de travail pour les pauvres, manufacture, hôpital général ou psychiatrique, école, etc.

L'idée fondamentale du panoptique est que le directeur général, habitant un pavillon central qui surplombe les cellules placées en cercle autour de lui, puisse tout voir sans être vu, de sorte que chacun sente constamment qu'il peut être sous surveillance. Chaque individu, indépendamment du temps et de l'espace, est sous le regard de celui qui a le pouvoir de le sanctionner. Ce regard ne s'impose pas seulement aux prisonniers, mais aussi aux subordonnés du directeur. Celui-ci doit apparaître, comme Dieu, omniprésent à l'esprit de chacun.

Non seulement cette surveillance constante empêche l'individu de faire le mal, mais elle lui enlève peu à peu le désir de le faire. La soumission extérieure et forcée se mue tranquillement en une obéissance machinale. L'individu intériorise progressivement le regard du juge et devient son propre surveillant.

Peu importe à l'auteur qu'on l'accuse de transformer les hommes en machines, car cette accusation recouvre une mauvaise façon de poser le problème. Le but de l'éducation n'est pas la liberté comme dans l'*Émile* de Rousseau, mais l'utilité, le plaisir, le bonheur du plus grand nombre, auquel peut contribuer le conditionnement éducatif.

Le châtiment religieux est une autre sanction qui peut s'ajouter au tribunal de l'opinion publique pour orienter les individus vers l'intérêt du plus grand nombre. Dans cette perspective, Dieu est le Tout-Puissant qui, dans une autre vie et pour l'éternité, nous accorderait le bonheur ou nous condamnerait au malheur. L'avantage de la sanction religieuse sur celle de l'opinion publique est qu'on ne peut

---

10. «Mémoire», résumé du *Panoptique* par Dumond, envoyé par Bentham au député Garran, *in Le panoptique, op. cit.*, p. (3-4) A.

jamais, pour le croyant, échapper au regard du Créateur. Mais cette sanction, comme toute punition ou tout plaisir, doit être évaluée en tenant compte de toutes ses dimensions. L'intensité et la durée de la béatitude ou du malheur promis seraient infinies, mais cette infinité est une fiction nécessaire pour faire contrepoids à son manque de proximité et de certitude.

Du reste, le rationaliste Bentham est fort critique de la religion qui entretient la superstition, entraîne des divisions, des querelles et des haines entre citoyens, en plus de propager des privations et des souffrances porteuses d'aucun plaisir réel plus grand qu'elles. Au mieux, dit Bentham, la religion est d'une faible utilité (elle peut être avantageusement remplacée par le tribunal de l'opinion publique), au pire, elle est nuisible, en dégradant l'intelligence, en semant la zizanie et en substituant l'ascétisme à l'utilitarisme.

Démocratie

Jusqu'à sa rencontre avec James Mill, Bentham croyait que la sanction morale de l'opinion publique était le seul moyen de contraindre le pouvoir souverain à respecter les devoirs de sa charge. Mais Mill, *whig* avancé, convainc le vieux *tory* des vertus utilitaires du suffrage universel comme sanction du gouvernement.

Chacun est le meilleur juge de ses intérêts. La communauté n'étant que la somme des individus, c'est la majorité de ceux-ci qui doit déterminer ce qu'est son bonheur ou son intérêt. La démocratie a donc comme fin le bonheur du plus grand nombre, tandis que la monarchie absolue vise le bonheur du monarque, et la monarchie constitutionnelle, le bonheur de ce dernier limité par celui de l'aristocratie. La démocratie, en reposant sur la force du plus grand nombre, a aussi, sur les deux autres constitutions, l'avantage d'être la plus puissante.

Le gouvernement va poursuivre l'intérêt public si son élection et sa réélection reposent sur le suffrage public et secret. Plus fréquentes sont les élections, plus le contrôle populaire est fort: Bentham préconise des élections annuelles. Enfin, la population ne peut véritablement exercer son pouvoir électoral que dans la mesure où elle est bien informée; la liberté d'expression et de presse est donc requise.

Tout individu a droit au bonheur: chacun devrait donc théoriquement avoir le droit de vote. Bentham défend un suffrage *virtuellement* universel en défalquant de ce droit les mineurs (cette perte est temporaire: majeurs, ils obtiendront ce droit), les soldats et les marins (trop inféodés à leurs chefs et aux intérêts qu'ils représentent), les analphabètes (qui peuvent apprendre à lire en trois mois) et, enfin, les femmes.

Contrairement à James Mill, Bentham affirme qu'il n'y a aucune raison de principe d'exclure les femmes de l'éligibilité et de l'électorat. Comme les hommes, elles souffrent, jouissent et sont capables d'évaluer leurs intérêts. Elles sont aussi aptes à gouverner: Bentham donne l'exemple de l'Angleterre, jamais aussi prospère que sous le règne de deux femmes, les reines Élisabeth et Anne. L'auteur juge toutefois que la revendication de l'égalité politique des femmes ne ferait qu'entretenir de la confusion et jeter du ridicule sur le mouvement de réformes qu'il préconise. La réforme électorale de 1832 — année de la mort de Bentham — n'accordera le droit de vote qu'à moins de 10% de la population mâle adulte, ce qui était un progrès par rapport à un parlement dominé jusqu'alors par les clans et les grandes familles terriennes, mais bien en deçà des demandes de Bentham, qui ne voulait pas passer pour un révolutionnaire en incluant le suffrage et l'éligibilité des femmes dans son programme de réforme électorale.

Au niveau du droit privé, Bentham soutient la subordination de la femme à l'homme. Le principe de l'efficacité exige que l'un décide en cas de désaccord et, l'homme étant plus fort que la femme, il est normal et utile que le droit entérine ce rapport de force: «Deux personnes, qui sous quelque arrangement que ce soit, vivent ensemble, ne peuvent vivre ensemble bien longtemps avant que l'une n'opte pour telle ou telle décision, tandis que l'autre fera un choix opposé. Quand une telle situation se présente, comment la dispute peut-elle être réglée? [...] Le besoin de mettre un terme à cette compétition rend compte de la nécessité de donner le pouvoir de trancher à une partie ou à l'autre, mais il ne dit pas quelle partie doit être préférée. Comment le législateur peut-il alors procéder à ce choix? [...] Observant la réalité autour de lui, il s'aperçoit que presque partout le mâle est le plus fort, qu'il exerce déjà au plan physique le pouvoir qu'on désire conférer légalement à l'une des parties. Quelle option pourra donc être supérieure à celle de remettre le pouvoir légal entre les mains de celui qui l'exerce déjà, selon toute probabilité, au plan physique? De cette façon, peu de transgressions et peu d'appels devant la loi; dans le cas contraire, perpétuelles transgressions et perpétuelles demandes de punition[11].» L'épouse a toutefois autant le droit au bonheur que l'époux: celui-ci devrait donc exercer son autorité dans l'intérêt des deux personnes.

Du plaisir à la peine et au conditionnement

Comme Épicure et comme Hume, Bentham fonde sa morale sur le plaisir. Mais il veut défendre une conception scientifique du plaisir: celui-ci se mesure en tenant compte de ses sept dimensions, mesure réductible en dernière instance à la valeur monétaire.

Hume était conscient du hiatus entre les vertus naturelles (amour de soi et même sympathie qui nous fait partager le plaisir de l'autre) et les vertus artificielles, dont la justice. Celle-ci renvoyait à l'intérêt de chacun pour la société et à un sentiment moral qui développe la sympathie naturelle par l'artifice de l'éducation et de l'opinion publique. Bentham cherche à masquer ce hiatus en accordant au plaisir une septième dimension (le nombre de gens impliqués) et en attribuant comme fin à l'État, non pas la justice, mais le bonheur du plus grand nombre. Mais même s'il récuse la sympathie chère à Hume — elle serait un sentiment non mesurable — il doit expliquer comment l'individu devient bienveillant, pourquoi il tient compte de la septième dimension du plaisir, pourquoi il adhère au bonheur du plus grand nombre. Bentham, comme Hume, fait appel à l'éducation. Mais contrairement à ce dernier, il souligne comment, par le contrôle de l'environnement dans diverses institutions (école, manufacture, etc.), l'individu serait amené à intérioriser les normes de l'opinion publique. Il développe aussi l'aspect coercitif de l'État pour expliquer comment celui-ci, par l'usage de la peine, protège le bonheur du plus grand nombre. Bentham part donc du plaisir de l'individu et débouche sur une politique centrée sur le contrôle et la coercition.

Bentham, comme Hume, est un *tory*. Si, contrairement à ce dernier, il devient démocrate, c'est que la fin allouée à l'État (le bon-

---

heur du plus grand nombre) lui permet ce passage tandis que Hume alloue comme fin à l'État la justice, c'est-à-dire la défense de la propriété privée. Mais ce passage à la démocratie ne fait pas de Bentham un libéral: la liberté de l'individu n'est jamais pour lui un objectif.

BIBLIOGRAPHIE

BENTHAM, Jeremy, *An Introduction to the Principles of Morals and Legislation*, Londres, The Athlone Press, 1970.

——, *Le panoptique* (précédé de «L'œil du pouvoir», entretien avec Michel Foucault), Belfond, 1977.

BAUMGARDT, David, *Bentham and the Ethics of Today*, New York, Octagon Books inc., 1966.

Étude du développement de la pensée éthique de l'auteur, du *Fragment of Government* à la *Deontology*, à travers certaines œuvres marquantes. Baumgardt veut montrer, dans ce livre publié en 1952, l'importance contemporaine de l'utilitarisme de Bentham.

DUBE, Allison, *The Theme of Acquisitiveness in Bentham's Political Thought*, New York, Garland, 1991.

L'auteur critique la thèse de «l'individualisme possessif» de Macpherson et affirme que la poursuite de ses propres intérêts, sous la gouverne du plaisir et de la douleur, conduit chaque individu à désirer le bonheur du plus grand nombre.

HALEVY, Élie, *La formation du radicalisme philosophique*, t. I: *La jeunesse de Bentham*; t. II: *La révolution de la doctrine de l'utilité*; t. III, *Le radicalisme philosophique*, Félix Alcan, 1901 à 1904.

Dans ce monumental et excellent ouvrage de l'histoire des idées, Halevy situe Bentham dans son temps et montre l'apport du fondateur au courant utilitariste. L'appendice II du tome I comprend un certain nombre d'extraits de Bentham.

PAREKH, Bhiku, *Bentham's Political Thought*, Londres, Croom Helm, 1973.

Choix de textes, dont plusieurs inédits, précédé d'une bonne introduction.

KANT

(1724-1804)

Frédéric-Guillaume Iᵉʳ (1713-1740), roi de Prusse, crée un corps de fonctionnaires disciplinés et dévoués à l'État, développe une puissante armée encadrée par la noblesse terrienne, encourage l'agriculture en abolissant le servage sur les terres de la Couronne et en implantant des colons sur les terres de l'Est, enfin favorise l'économie autochtone par une politique protectionniste face à la Grande-Bretagne. Frédéric le Grand (1740-1786) continue l'œuvre de son père en renforçant la puissance de l'État prussien, tout en luttant contre son imposant voisin, l'Autriche, notamment durant la guerre de Sept ans. «Despote éclairé» célébré par les philosophes des Lumières, notamment Voltaire, il réforme le système juridique, accorde la liberté religieuse, abolit la censure et proscrit la torture. Frédéric-Guillaume II (1786-1797) s'allie avec l'Autriche contre la France révolutionnaire et doit battre en retraite à Valmy (1792). De 1791 à 1795, la Prusse quadruple son territoire en pénétrant en Allemagne centrale et en s'étendant à l'est au détriment de la Pologne.

Emmanuel Kant, dont le père est un modeste sellier, étudie puis enseigne à Königsberg[1], en Prusse orientale, ville universitaire et commerciale où il est né en 1724 et qu'il ne quittera pratiquement jamais.

Kant lutte à la fois contre les rationalistes qui, dans la foulée de Descartes, déduisent toute la réalité d'idées claires et distinctes, et contre les empiristes qui, tel Hume, réduisent la connaissance aux sensations. Chez Kant, des catégories *a priori* de l'entendement, dont

---

1. Intégrée à la Russie à la fin de la Deuxième Guerre mondiale.

l'espace et le temps, organisent ce que nous percevons par les sens, les intuitions sensibles, et permettent ainsi une connaissance scientifique de l'univers tel qu'il nous apparaît, l'univers des phénomènes, qu'il faut distinguer de l'univers nouménal, des choses en soi, qui nous demeure inconnaissable.

Kant distingue la faculté de connaître, la raison pure ou théorique, qui est en relation avec le vrai, de la raison pratique qui est en relation avec le bien. La morale ne concilie cependant pas la nature phénoménale et l'entendement comme le fait la raison théorique. Elle oppose la loi de la raison, qui détermine le devoir, à notre nature animale, aux sentiments provenant de notre corps, sur lesquels Hume fondait sa morale.

Une troisième faculté, distincte des deux précédentes, la faculté de juger, est en relation avec le beau (la finalité formelle ou finalité sans fin) et, par analogie avec l'art, avec la finalité dans la nature. La faculté de juger, appliquée à la nature, fonde une téléologie qui cherche à concilier la liberté transcendantale de l'homme avec une finalité qui existerait dans la nature, au-delà du monde phénoménal de la causalité mécanique. La faculté de juger cherche à réconcilier ce que la raison pratique avait opposé: liberté et nature.

Le devoir

La *bonne* volonté est non seulement conforme au devoir, mais accomplie par devoir, tandis que la mauvaise renferme d'autres mobiles (sentiments, plaisirs ou intérêts) que celui dicté par la raison. La moralité de l'action ne réside pas dans le but poursuivi ni dans le résultat obtenu, mais provient uniquement du respect des règles formelles de la raison pratique ou, encore, du devoir, qui est, par définition, l'obligation d'accomplir une action par respect de la loi morale. Ce devoir est absolu et demeure même si personne ne peut s'y conformer intégralement.

Une action peut être conforme à la loi, être légale, sans avoir aucun caractère moral, si elle n'a pas été accomplie dans l'intention de respecter la loi. C'est cette seule intention qui différencie la conscience d'avoir agi par devoir de celle d'avoir agi conformément au devoir: l'agir par et pour la loi morale est un impératif catégorique qui doit régir les intentions du sujet.

Kant voit dans la vertu la force de résister à nos inclinations, la force morale dans l'action accomplie par devoir, le courage de contrer notre nature animale par respect de la loi morale.

La loi fondamentale de la raison pratique est d'agir comme si la maxime d'une action pouvait devenir une loi universelle valable pour tous, quels que soient le lieu, le temps et les circonstances. L'impératif catégorique fondamental de la raison pratique est défini par son caractère d'universalité, donc par sa forme. On peut aussi l'envisager dans la manière de se comporter avec l'humanité. Chaque être raisonnable perçoit son existence comme une fin: ce principe subjectif devient un principe objectif d'où peuvent être déduites toutes les lois de la volonté: «L'impératif catégorique sera donc celui-ci: *Agis de telle sorte que tu traites l'humanité aussi bien dans ta personne que dans la personne de tout autre, toujours en même temps comme une fin, et jamais simplement comme un moyen[2].*»

Rousseau affirmait que la liberté de l'homme implique qu'il n'obéisse qu'aux lois qu'il s'est lui-même prescrites par l'intermédiaire de la volonté générale. Kant transpose au plan moral la conception politique de Rousseau. L'homme, étant une fin pour lui-même, ne peut être soumis à une législation morale extérieure dont il ne serait qu'un instrument. Il doit être l'auteur de sa propre loi morale: «La volonté n'est donc pas simplement soumise à la loi; mais elle y est soumise de telle sorte qu'elle doit être regardée également comme *instituant elle-même la loi*, et comme n'y étant avant tout soumise (elle peut s'en considérer elle-même comme l'auteur) que pour cette raison[3].» Cette autonomie de la volonté, en tant que législatrice universelle, détermine la dignité de l'être humain.

L'homme peut être considéré de deux points de vue: comme tout phénomène, il est soumis aux lois de la nature et entre dans des chaînes de causalités et d'effets; comme volonté autonome, comme être moral, il participe au monde suprasensible, au monde intelligible, celui des noumènes, et il est libre. L'éthique kantienne ne fait donc aucun emprunt à l'expérience ou à la réalité empirique de l'homme. Elle n'a aucun rapport avec l'anthropologie. Elle donne à l'homme, en tant qu'être de raison, les lois *a priori* de son devoir moral.

---

2. *Fondements de la métaphysique des mœurs*, Delagrave, 1978, p. 150.
3. *Ibid.*, p. 154.

L'autonomie de la volonté à l'égard du mécanisme de la nature, l'homme comme être de raison et de devoir, le fait qu'il soit une fin et non un simple moyen, la dignité de l'être humain, autant de formules pour dire que l'être humain est une personne et non une chose, qu'il est libre et que son agir n'est pas déterminé par la nature extérieure ou celle de son corps.

Le bonheur

Il y a deux types d'impératif, de prescription ou de commandement: l'impératif catégorique et l'impératif hypothétique. Le premier représente une action comme bonne en elle-même, comme nécessaire en soi, indépendamment de toute fin désirée ou de tout résultat atteint. L'impératif catégorique définit la loi morale. Le deuxième impératif prescrit un moyen en vue d'atteindre une fin. L'impératif hypothétique détermine des règles d'habileté («*Si* tu veux obtenir tel résultat, tu dois prendre tel moyen») ou des règles de prudence («*Si* tu veux être heureux, tu dois agir de telle manière»). L'impératif hypothétique est hors du domaine de la morale.

Le bonheur, qui relève de l'impératif hypothétique, est une fin que tous les êtres humains partagent effectivement. Le devoir comme impératif catégorique, comme loi morale, n'exige pas le renoncement au bonheur. Au contraire, tenir compte de celui-ci (de la santé, des richesses, etc.) pourrait aider la poursuite de la moralité tandis que son manque est source de tensions susceptibles de rendre plus difficile le respect de la loi morale. L'homme ne peut pas renoncer au bonheur qui est sa fin naturelle. Mais il doit absolument le subordonner au commandement du devoir. Le respect de la loi morale est toujours premier. L'être humain doit être d'abord convaincu d'agir selon l'impératif catégorique; il peut ensuite se préoccuper des moyens de concilier son aspiration au bonheur avec sa soumission à la loi morale.

La santé, le bien-être, la considération, le pouvoir, la richesse... peuvent l'un ou l'autre symboliser le bonheur selon l'individu. La recherche du plaisir, qui est le principe déterminant de certaines philosophies morales, se ramène, elle aussi, à celle du bonheur. L'humanité ne s'entend pas sur ce qu'est le bonheur et encore moins sur les moyens d'y parvenir, même si tous le recherchent: «Il n'y a donc pas à cet égard d'impératif qui puisse commander, au sens strict du mot, de faire ce qui rend heureux, parce que le bonheur est un idéal, non de la raison, mais de l'imagination, fondé uniquement sur des principes empiriques, dont on attendrait vainement qu'ils puissent déterminer une action par laquelle serait atteinte la totalité d'une série de conséquences en réalité infinie[4].»

L'amour de soi est à la base de toute philosophie eudémoniste. La prudence, vertu empirique qui conseille à l'individu les meilleurs moyens de parvenir au bonheur, n'est pas, contrairement à ce qu'affirmaient Aristote et Thomas d'Aquin, une véritable vertu dans la mesure où elle ne dépend pas de l'impératif catégorique, où elle n'est pas au service de la loi morale et où elle est la servante de l'amour de soi.

Le «cher moi», la complaisance, toutes les inclinations qui nous poussent vers le bonheur conspirent à étouffer en nous la voix de la raison, celle du devoir. Les philosophies eudémonistes, dont celle de Hume, sont les plus néfastes des philosophies morales, car elles confondent le bien avec l'agréable, le devoir avec l'utilité, le respect de la loi morale avec la prudence ou le calcul: l'eudémonisme est «l'euthanasie de toute morale».

Le sentiment, contrairement à ce qu'affirme Rousseau, ne peut être au fondement de la morale. Le sentiment, quel que soit son origine, est toujours physique. Or la morale ne relève pas du corps, mais de la raison. Un sentiment de contentement peut suivre un comportement conforme à l'impératif catégorique, comme le remords peut succéder à une infraction à la loi morale. Mais le sentiment est toujours second par rapport à la loi. Le sentiment de contentement ou la crainte du remords ne peuvent être les mobiles de la soumission à la loi morale: celle-ci doit être voulue pour elle-même, indépendamment des conséquences sentimentales (contentement ou remords) qu'entraînent son respect ou son irrespect.

Cependant, Kant accorde une importance particulière au respect comme effet de la loi morale, comme sentiment dont la causalité serait intellectuelle. La loi morale est un objet de respect dans la mesure où elle affaiblit, humilie et terrasse en nous les inclinations

---

4. *Ibid.*, p. 132.

eudémonistes. Comme effet de la loi, le respect est un sentiment positif qui devient le fondement subjectif de l'observation de la loi, un mobile qui nous porte à observer cette loi.

L'amour est un sentiment qui ne relève pas de la volonté, qui ne dépend pas du pouvoir de la raison, qui ne peut se commander. La maxime chrétienne «Aime Dieu par-dessus tout et ton prochain comme toi-même» — dont le principe déterminant n'est d'ailleurs pas l'amour de soi et le bonheur personnel — doit être interprétée comme un amour pratique, et non pas sensible, doit être comprise comme le respect des commandements de Dieu et comme le respect de la dignité de l'autre en tant qu'être raisonnable: «Aimer Dieu signifie dans ce sens: exécuter *volontiers* ses commandements; aimer son prochain: remplir *volontiers* tous ses devoirs envers lui[5].»

L'être humain doit accomplir son devoir, même s'il ne peut être jamais certain de l'accomplir effectivement, ni convaincu que l'amour de soi ne l'entache pas subrepticement: «J'accorde volontiers qu'aucun homme ne peut avoir conscience en toute certitude *d'avoir accompli* son devoir de façon tout à fait désintéressée, car cela relève de l'expérience interne, et pour avoir conscience de l'état de son âme il faudrait avoir une représentation parfaitement claire de toutes les représentations accessoires et de toutes les considérations que l'imagination, l'habitude et l'inclination associent au concept de devoir, or une telle représentation ne peut être exigée en aucun cas[6].» Pour Kant, la connaissance de soi relève du sens intime qui, comme les sens externes, est celui du monde sensible, du monde phénoménal. Or le devoir dépend de la volonté, du monde intelligible, du monde nouménal, qui nous demeure inaccessible. La connaissance de soi, comme libre volonté, demeure donc toujours hors de la portée de notre savoir.

Les croyances rationnelles

La volonté est libre dans la mesure où, en tant que législatrice morale, elle est indépendante de toute détermination extérieure, de toute

---

5. *Critique de la raison pratique*, Gallimard, coll. «Folio», 1985, p. 119.
6. «Sur l'expression courante: il se peut que ce soit juste en théorie, mais en pratique cela ne vaut rien», *in Théorie et pratique*, Vrin, 1967, p. 23.

contrainte qui relèverait du monde sensible, de la nature ou même de Dieu. Cette autonomie face aux déterminismes psychologiques, culturels, sociaux et historiques définit négativement la liberté. Positivement, cette liberté réside dans sa faculté législatrice, dans le pouvoir de se donner à elle-même sa propre loi.

La liberté est un postulat de la raison pratique, une croyance rationnelle. Pour la raison pure, la liberté — ne relevant pas du monde phénoménal, mais du monde des noumènes — demeure indémontrable. Pour la raison pratique, elle est une hypothèse nécessaire, une hypothèse subjective (valable pour tous les hommes, mais non prouvable objectivement), une croyance fondée dans l'autonomie de la volonté, un postulat de la raison pratique.

La loi morale ne dépend de rien, d'aucune fin, mais elle nous donne, *a priori*, la fin d'unir — quelle que soit l'issue de nos efforts — le devoir et le bonheur: «La loi morale, comme condition rationnelle formelle de l'usage de notre liberté, nous oblige par elle-même sans dépendre d'une fin quelconque comme condition matérielle; mais elle nous détermine aussi, et certes *a priori*, un but final, auquel elle nous oblige à tendre: et celui-ci est *le souverain bien* possible *dans le monde* par la liberté[7].» La vertu est certes la condition indispensable du bonheur, mais elle ne peut, seule, assurer le bonheur d'êtres finis et limités. L'erreur des stoïciens est d'avoir réduit le bonheur à la vertu, tandis que les épicuriens ont commis l'erreur inverse. Le souverain bien, la synthèse du devoir et du bonheur, ne dérive évidemment pas de l'expérience: il est lui aussi un postulat de la raison pratique, une croyance rationnelle.

L'entière conformité des intentions à la loi morale, c'est-à-dire la sainteté, est une condition indispensable à la réalisation du souverain bien. Or la sainteté est une perfection inaccessible pour les êtres raisonnables appartenant au monde sensible. Étant cependant une exigence de la raison pratique, elle ordonne que l'être humain s'en rapproche dans un progrès indéfini. La sainteté, condition du souverain bien, requiert donc comme postulat de la raison pratique l'immortalité de l'âme. Cette immortalité est, chez Kant, foncièrement différente de la conception véhiculée par le christianisme. Elle est une exigence de la raison pratique et n'a rien à voir avec la résurrection

---

7. *Critique de la faculté de juger*, Vrin, 1965, p. 256.

tandis que, dans le christianisme, la mort, conséquence du péché originel, est annulée par l'action rédemptrice du Christ.

Enfin, la possibilité d'un souverain bien exige l'existence, hors de la nature, du Principe de la connexion de la vertu et du bonheur, d'un souverain Bien primitif qui rende possible, pour les êtres raisonnables, le souverain bien dérivé. L'existence de Dieu est le quatrième postulat requis par la raison pratique.

Le mal

L'être humain est porté vers le mal. Kant distingue trois degrés dans cette tendance du libre arbitre à aller à l'encontre de la liberté législatrice: la fragilité, l'impureté et la méchanceté. Le premier degré se manifeste dans l'incapacité de subordonner nos inclinations à la maxime pourtant acceptée en conformité avec la loi morale. L'impureté consiste à mélanger avec le respect de la loi morale d'autres mobiles dans une action extérieurement conforme au devoir: l'action n'est pas accomplie uniquement par devoir. Enfin, la méchanceté se caractérise par la perversion de l'ordre moral: la maxime de l'action est conforme aux inclinations, dont l'amour de soi ou le bonheur, au lieu d'être soumise à la loi morale.

La méchanceté, la subordination par notre libre arbitre de la loi morale aux mobiles provenant de notre corps, définit le mal radical de l'être humain. Le mal ne provient pas de notre corps, de nos inclinations sensibles, comme le croyaient les stoïciens, mais de notre libre arbitre qui choisit irrationnellement contre notre liberté législatrice.

La volonté n'est jamais complètement pervertie. L'homme ne choisit jamais le mal pour le mal. Même dans son choix du mal radical, il reconnaît l'autorité de la loi morale qu'il viole. La volonté législatrice demeure, même lorsque notre libre arbitre nous voue à l'hétéronomie. Voilà pourquoi la déchéance morale de l'homme ne peut rendre impossible sa restauration, voilà pourquoi le progrès de l'homme vers le respect de la loi morale est possible, voilà pourquoi la loi morale peut être rétablie comme seul mobile de l'action.

La république

La société, avant l'émergence de l'État, est, chez Kant comme chez Hobbes et contrairement à Rousseau, un état de guerre ouverte ou larvée. L'État, grâce à la contrainte de ses lois et à son pouvoir de répression, masque et réfrène l'inclination réciproque des individus à la violence. D'ailleurs le passage de la lutte de tous contre tous à la volonté commune de vivre sous une même loi ne provient pas d'un consentement unanime des individus (le contrat social), mais est produit pratiquement par une violence qui unifie les volontés particulières: «À cette diversité des vouloirs particuliers de tous, il faut encore ajouter une cause qui les unifie, et qui en tire ainsi une volonté commune, ce dont aucune d'elles n'est capable, il ne faut pas compter, *pour mettre à exécution* cette idée (dans la pratique) et commencer un état de droit, sur autre chose que la *violence*[8].»

La formation d'une république, c'est-à-dire d'un État où tous les individus du peuple sont régis par un même système de lois, n'est pas le fruit d'un progrès moral de l'humanité, mais de la lutte naturelle des individus portés par leurs inclinations égoïstes: «Le problème de l'institution de l'État, aussi difficile qu'il paraisse, n'est pas insoluble, même pour un peuple de démons (pourvu qu'ils aient un entendement) et s'énonce ainsi: «Organiser une foule d'êtres raisonnables qui tous ensemble exigent, pour leur conservation, des lois universelles, dont cependant chacun incline secrètement à s'excepter, et agencer leur constitution d'une manière telle que, bien que leurs intentions privées s'opposent entre elles, elles soient cependant entravées, et ainsi, dans leur conduite publique, le résultat est le même que s'ils n'avaient pas eu de telles mauvaises intentions[9].» Mais une fois instituée, la république, en stoppant les intérêts égoïstes contraires à la loi, facilite le progrès dans la disposition morale à respecter la loi.

La constitution d'une république repose sur trois principes juridiques: la liberté de chaque membre de la société; l'égalité, comme sujet, dans leur dépendance commune envers une unique législation; l'égalité du citoyen comme colégislateur.

---

8. *Vers la paix perpétuelle*, GF-Flammarion, 1991, p. 111.
9. *Ibid.*, p. 105.

La république part de l'individu dont elle détermine, par le droit, les sphères de libertés externes de telle façon que la faculté d'agir de chacun puisse s'harmoniser, sous un système de lois commun, avec la faculté d'agir de tous les autres. Le droit, en déterminant les sphères de liberté de chacun, en fixe aussi les bornes pour que puisse s'instaurer une coexistence pacifique des volontés individuelles. La loi est contraignante et assortie de sanctions pour ceux qui l'enfreignent et violent la liberté de l'autre.

Le droit se distingue de la morale par son extériorité: le premier exige, sous peine de sanctions, la conformité extérieure des actions à la loi, tandis que la seconde requiert la conformité de l'intention à la loi morale. L'objectif de la république et de la loi n'est pas l'élévation morale des individus — même si elles peuvent la favoriser — ni son bonheur ou son bien-être. D'ailleurs, il n'y a aucun principe universellement valable qui permettrait de définir un bonheur ou un bien-être valable pour tous les individus. La loi permet à chacun la poursuite de son bonheur dans le respect des libertés d'autrui: «Personne ne peut me contraindre à être heureux d'une certaine manière (celle dont il conçoit le bien-être des autres hommes), mais il est permis à chacun de chercher le bonheur dans la voie qui lui semble, à lui, être la bonne, pourvu qu'il ne nuise pas [...] à ce droit d'autrui[10].»

Le second principe de la république est l'égalité juridique de tous les sujets, leur même dépendance devant une législation commune. Kant s'attaque ainsi aux privilèges de la noblesse dont le rang était fondé sur le sang et non sur le mérite. Il faut, dit-il, que tout sujet de la république puisse «parvenir à tout degré de condition [convenant à un sujet] où le peut porter son talent, son activité et sa chance; et il ne faut pas que ses co-sujets lui barrent la route en vertu d'une prérogative *héréditaire*[11]».

L'égalité ne supprime aucunement l'inégalité de fortune qui peut être reproduite sur des générations par la reconnaissance légale de la transmission des biens par héritage: «Cette égalité universelle des hommes dans un État, comme sujets de celui-ci, est toutefois parfaitement compatible avec la plus grande inégalité en quantité ou en

---

10. «Sur l'expression courante: il se peut que ce soit juste en théorie, mais en pratique cela ne vaut rien», *op. cit.*, p. 31.

11. *Ibid.*, p. 33.

degrés, de leur propriété [...] de sorte que le bien-être de l'un dépend beaucoup de la volonté de l'autre (celui du pauvre dépend de celle du riche), que l'un se montre obéissant (les enfants aux parents, la femme au mari) tandis que l'autre lui commande, que l'un sert (comme journalier) tandis que l'autre rétribue, etc.[12]» La loi ne met cependant pas d'obstacle à celui qui, par ses talents, son activité et son mérite, chercherait à s'élever au niveau des grandes fortunes.

Le chef de l'État, qui a le pouvoir de contraindre, n'est pas soumis à la loi et ne fait pas partie de la communauté des sujets. Le statut de souverain contrevient au principe d'égalité, le souverain n'étant pas, pour Kant, un sujet. Le souverain doit agir par pur respect de la loi: la loi ne l'y contraint pas. Les sujets sont soumis à la loi et à ses sanctions, tandis que le souverain n'a, conformément à la conception médiévale, que des devoirs moraux.

Kant reprend la distinction du penseur de la Révolution française, l'abbé Sieyès, entre citoyen passif et citoyen actif. Si tous les individus ont la liberté de poursuivre leurs intérêts économiques, leur bien-être ou leur bonheur à l'intérieur des lois communes, tous ne participent pas à la détermination de ces lois, tous n'ont pas droit de vote, tous ne sont pas citoyens: «La seule qualité qui soit nécessaire pour cela [être citoyen], hormis la qualité *naturelle* (n'être ni femme, ni enfant), c'est d'être *son propre maître* (*sui juris*), par suite, c'est de posséder quelque *propriété* (comprenant sous ce terme toute habileté, métier ou talent artistique ou science)[13].» Sont donc exclus de l'état de citoyen, en plus des enfants et des femmes, les esclaves et ceux qui louent leur force de travail pour un temps déterminé et contre rémunération (les employés, les journaliers et les domestiques). Kant admettait l'esclavage comme punition de certains crimes. Le maître pouvait, conformément à des dispositions ancestrales, vendre l'esclave, mais ne pouvait disposer ni de son corps ni de sa vie. Il devait aussi élever les enfants des esclaves comme des sujets libres, l'esclave ne transmettant pas son statut à ses enfants.

---

12. *Ibid.*, p. 32.
13. *Ibid.*, p. 36.

Le peuple

Le contrat social n'est pas un fait historique: nous avons vu que pour Kant la violence est, au contraire, à l'origine de l'État. Le contrat social est une idée régulatrice qui dit au souverain son devoir (édicter des lois représentant la volonté collective) et au citoyen, ses droits (son suffrage aurait pu concourir à former cette volonté). Le contrat social détermine la légitimité de la loi publique: «Mais ce contrat (appelé *contractus originarius* ou *pactum sociale*) en tant que coalition de chaque volonté particulière et privée dans un peuple en une volonté générale et publique (visant à une législation d'ordre uniquement juridique), il n'est aucunement nécessaire de le supposer comme un *fait* [Factum] (et il n'est même pas possible de le supposer tel) [...] C'est au contraire une *simple Idée* de la raison, mais elle a une réalité (pratique) indubitable, en ce sens qu'elle oblige tout législateur à édicter ses lois comme *pouvant* avoir émané de la volonté collective de tout un peuple, et à considérer tout sujet, en tant qu'il veut être citoyen, comme s'il avait concouru à former par son suffrage une volonté de ce genre. Car telle est la pierre de touche de la légitimité de toute loi publique[14].»

Toute constitution, quelles que soient son origine et sa légitimité, exige la soumission du peuple. Kant, contrairement à Locke, condamne toute résistance du peuple: «Cette interdiction est *inconditionnelle*, au point que quand bien même ce pouvoir ou son agent, le chef de l'État, ont violé jusqu'au contrat originaire et se sont par là destitués, aux yeux du sujet, de leur droit à être législateurs, puisqu'ils ont donné licence au gouvernement de procéder de manière tout à fait violente (tyrannique), il n'en demeure pas moins qu'il n'est absolument pas permis au sujet de résister en opposant la violence à la violence[15].» Le peuple ne dispose, ni en paroles ni en actes, d'aucun droit à la résistance.

Kant défend cependant une certaine liberté d'expression. La liberté de penser requiert la liberté de communiquer nos idées, car seul l'échange de celles-ci permet à la pensée de se développer. Le

---

14. *Ibid.*, p. 39.
15. *Ibid.*, p. 42.

progrès intellectuel de l'humanité exige un usage public de la raison dans tous les domaines.

Cependant, la liberté d'expression doit s'exercer dans le respect de la constitution existante. De plus, outil surtout du philosophe, elle sert moins à éclairer le peuple que le souverain, moins à éduquer les sujets que les citoyens: «*Éclairer le peuple*, c'est lui enseigner publiquement ses devoirs et ses droits vis-à-vis de l'État auquel il appartient [...] les annonciateurs et les commentateurs naturels en sont dans le peuple des philosophes qui précisément, grâce à cette liberté qu'ils s'accordent, heurtent l'État qui toujours ne veut que régner, et sont décriés sous le nom de *propagateurs des lumières*, comme des gens dangereux pour l'État; bien que leur voix ne s'adresse pas *confidentiellement* au peuple (qui ne s'occupe guère ou même pas de cette question et de leurs écrits), mais *respectueusement* à l'État qu'ils implorent de prendre en considération ce besoin qui se fait sentir du droit[16].»

Les positions de Kant favorables à la république et défavorables à la rébellion du peuple expliquent sans doute ses prises de position ambiguës sur la Révolution française. D'une part, il participe à cette sympathie «d'inspiration universelle» pour le progrès que marque ce nouvel État fondé sur la loi, cette nouvelle république. Et, contrairement à Burke, il légitimise la confiscation des biens de la noblesse et de l'Église par l'État: «En effet l'Église elle-même n'est qu'une institution fondée sur la foi et dès lors que par le développement des Lumières dans le peuple l'illusion née de cette opinion disparaît, du même coup s'effondre la redoutable puissance du clergé qui se fondait sur elle et l'État s'empare de plein droit de la propriété que s'attribuait l'Église [...] En effet le rang de noble est dépendant de la constitution elle-même [...] Si donc l'État change sa constitution, celui qui perd par là ce titre et ce rang ne peut pas dire qu'on lui ôte ce qui est sien, puisqu'il ne le pouvait nommer sien que sous la condition de la durée de cette forme de l'État et que l'État a le droit de la modifier (par exemple, de se transformer en république)[17].» Mais, d'autre part, il condamne l'exécution du roi ainsi que les désordres et les violences qu'entraîne révolution.

16. «Le conflit des Facultés», *in La philosophie de l'histoire*, Aubier, 1947, p. 228.
17. *Doctrine du droit*, première partie de la *Métaphysique des mœurs*, Vrin, 1971, p. 252-253.

Les femmes

Le mariage n'a pas pour objectif, comme l'affirmait la tradition philosophique et religieuse, la procréation et l'éducation des enfants, car si telle était sa fin, leur arrêt entraînerait nécessairement celui du mariage. Le but du mariage est plutôt la possession réciproque, durant toute une vie, des facultés sexuelles de l'autre.

Dans la jouissance sexuelle, chacun devient l'instrument de la satisfaction de l'autre. Or l'être humain, contrairement à tous les autres êtres de la nature, doit être considéré comme une fin et jamais comme une chose ou un moyen. La dignité de la personne humaine dans le mariage peut cependant être rétablie dans la mesure où la réciprocité de la possession permet à chacun de devenir à son tour la fin de l'autre. Cette égalité dans le rapport des époux, en tant qu'ils se possèdent réciproquement, est aussi valable pour les biens.

Toutefois, l'égalité des époux ne supprime pas la sujétion naturelle de la femme comme de l'enfant au niveau politique (la femme ne peut avoir les droits du citoyen) ni la domination naturelle du mâle dans la famille: «On posera sans doute la question de savoir si contradiction il y a en ce qui concerne l'égalité des époux, lorsque la loi dit à propos du rapport de l'homme et de la femme: il sera ton maître (il commandera, tandis que tu seras la partie obéissante)? Cette loi ne saurait être considérée comme contredisant l'égalité du couple, dès lors que cette domination a pour unique but de faire valoir dans la réalisation de l'intérêt commun de la famille la naturelle supériorité de l'homme sur la femme, et le droit de commander qui y trouve son fondement[18].»

La téléologie naturelle

La raison pratique, comme pouvoir moral législatif suprême, condamne la guerre et fait de la paix un devoir. La raison pratique serait absurde et insensée si son devoir de paix ne pouvait devenir une pratique politique. Pour Kant, la morale doit déterminer le droit et

---

18. *Ibid.*, p. 158.

celui-ci, la politique. Le devoir fonde l'espoir que, de génération en génération, l'espèce humaine progresse: l'homme, comme espèce, doit être perfectible historiquement.

La raison pratique conduit à juger qu'il existe dans la nature, au-delà du déterminisme des lois de la causalité, une finalité naturelle. Le devoir fonde une téléologie naturelle: l'univers a un sens, une fin, qui est la réalisation des pleines potentialités de l'humanité.

La nature garantit la possibilité de ce devoir de paix: c'est «l'insociable sociabilité» des hommes, c'est la guerre des hommes les uns contre les autres qui les contraindra, du fait même de leurs intérêts égoïstes, à instaurer la paix par la république, puis entre les républiques. Ce n'est pas le progrès moral de l'humanité qui la conduira peu à peu vers la paix perpétuelle: celle-ci s'impose à l'homme comme fin naturelle, comme le fruit de la Providence: «Ce qui donne cette *assurance* (cette garantie) n'est rien moins que la grande artiste, la *nature* (*natura dædala rerum*), dont le cours mécanique laisse manifestement briller une finalité qui fait s'élever, au travers de la discorde des hommes et même contre leur volonté, la concorde; c'est pourquoi, de même qu'une cause agissant de manière contraignante et selon les lois inconnues de nous s'appelle *destin*, de même si l'on considère la finalité dans le cours du monde, elle s'appelle *Providence*, parce qu'elle manifeste la profonde sagesse d'une cause supérieure, tournée vers la fin ultime objective du genre humain et prédéterminant ce cours du monde[19].» La loi, qui est contrainte extérieure, ne crée pas la moralité, qui est le fruit du libre arbitre de chaque personne. Le progrès moral n'est ni la cause ni la conséquence d'une possible paix perpétuelle. Celle-ci peut cependant, en habituant les hommes au respect de la loi et en les éduquant dans le respect du devoir, créer des conditions facilitant le progrès moral de la personne.

La paix perpétuelle repose sur trois principes: la constitution de chaque État en république, ce dont nous avons déjà discuté; l'union fédérale de ces républiques en vue de la paix; la reconnaissance d'un droit «cosmopolitique» qui permet le commerce international et la visite de non-résidents.

---

19. *Vers la paix perpétuelle, op. cit.*, p. 98-99.

Le droit des gens, le droit international, est un droit de guerre: il dit à quelles conditions un État peut déclarer la guerre, comment il doit la conduire et comment les États peuvent y mettre fin par la signature d'un contrat déterminant les conditions de paix. Les guerres — qui mènent à ces contrats, à ces paix temporaires — doivent conduire à un nouveau droit des gens, à la paix perpétuelle. La façon la plus naturelle de réaliser une paix perpétuelle serait de suivre la voie instaurée au sein d'une république où la paix entre sujets dépend de la loi appuyée par la contrainte de l'État. La paix mondiale devrait donc reposer sur la loi et la contrainte d'un État qui rassemblerait progressivement tous les peuples de la terre. Mais les peuples, divisés par la langue et la religion, ne veulent pas d'un État mondial. De plus, le respect des sujets pour les lois s'affaiblirait avec l'extension de l'État: celui-ci deviendrait, au détriment des libertés républicaines, de plus en plus despotique, despotisme qui engendrerait à son tour l'anarchie. À la place de «l'idée positive», mais irréalisable, d'une république mondiale, Kant propose «l'équivalent négatif d'une *alliance* permanente» des républiques libres en vue de la paix perpétuelle, d'une fédération d'États libres et distincts qui ne serait donc pas un État fédéré. Mais Kant ne nous dit pas comment une telle fédération serait possible sans un pouvoir de coercition qui assurerait le respect par chaque État du droit à la paix.

Le droit «cosmopolitique» accorde à l'étranger le droit de visite, qui n'est pas un droit de résidence, et l'autorisation de rechercher les conditions de possibilité d'un commerce avec les habitants. Kant n'est cependant pas sans savoir que l'esprit de commerce, qui devrait favoriser les relations mutuelles et bénéfiques entre peuples, n'a pas empêché les relations coloniales qui vont à l'encontre du «cosmopolitisme» qu'il préconise: «Si on compare à cela la conduite *inhospitalière* des États civilisés et particulièrement des États commerçants de notre partie du monde, l'injustice, dont ils font preuve, quand ils *visitent* des pays et des peuples étrangers (visite qui pour eux signifie la même chose que la *conquête*) va jusqu'à l'horreur. L'Amérique, les pays des Nègres, les îles aux épices, le Cap, etc. étaient à leurs yeux, quand ils les découvrirent, des pays qui n'appartenaient à personne; ils ne tenaient aucun compte des habitants[20].»

---

20. *Ibid.*, p. 94-95.

On ne peut affirmer avec certitude ni que l'histoire régresse, ni qu'elle stagne, ni qu'elle progresse. Le progrès historique, la paix perpétuelle, ne relève pas de la raison théorique, mais de la faculté de juger qui affirme que le devoir de la raison pratique devrait trouver sa contrepartie dans la nature comme système de fins, dans une téléologie naturelle. Ce n'est pas une vérité de la raison théorique, une vérité objective, mais une certitude pratique, une certitude subjective, une certitude de la faculté de juger découlant de la raison pratique. Nous devons agir comme si la paix perpétuelle était possible, comme si la nature y conduisait, comme si la Providence nous y destinait: «C'est de cette manière que la nature, par le biais des mécanismes des inclinations humaines elles-mêmes, garantit la paix perpétuelle; cette assurance, il est vrai, n'est pas suffisante pour *prédire* (théoriquement) son avenir, mais elle suffit dans un dessein pratique pour qu'on se fasse un devoir de travailler à cette fin (qui n'est pas simplement chimérique)[21].»

La religion

Le souverain bien, comme union de la vertu et du bonheur, l'immortalité de l'âme et l'existence de Dieu sont, nous l'avons vu, trois postulats, trois croyances rationnelles de la raison pratique. La raison pratique conduit donc à une théologie qui, elle, nous mène à la religion, c'est-à-dire à la reconnaissance des devoirs de la raison pratique comme étant des ordres divins. La raison législatrice de l'être humain est donc première (Dieu renforce l'efficacité de notre devoir comme mobile), mais l'espoir de réaliser le souverain bien commence avec la religion. Une téléologie morale est donc possible et comble les lacunes de la téléologie naturelle.

La raison impose aux hommes la tâche de s'unir sous les lois de la vertu, de former une communauté éthique. De même que l'état de nature précédant l'État est une situation de guerre généralisée de tous contre tous, l'état de nature précédant la communauté éthique est un état d'attaques incessantes et déchaînées du mal, habitant chaque homme, contre la volonté législatrice. Le progrès vers la commu-

---

21. *Ibid.*, p. 107.

nauté éthique comme idéal moral de l'humanité est la tâche de l'homme, non comme individu, mais comme genre humain.

La communauté éthique se distingue de la société politique dans la mesure où ses lois sont internes à chaque être humain tandis que les lois de celle-là sont des lois extérieures reposant sur la contrainte. Dans la république, le peuple, du moins en tant qu'idée régulatrice, est le législateur tandis que, dans la communauté éthique, Dieu est celui qui commande nos devoirs. Il faut donc clairement distinguer la république de la communauté éthique, la téléologie naturelle en vue de la paix perpétuelle de la téléologie morale en vue de la communauté éthique.

La communauté éthique, le royaume de Dieu, l'Église universelle et invisible, l'union des vertueux sous le gouvernement de Dieu est un devoir pour le genre humain, même si cette idée sublime ne se réalisera jamais complètement, étant éclatée et réduite à la dimension d'Églises particulières: «L'idée sublime impossible à jamais réaliser pleinement d'une cité éthique se rapetisse fort, dans les mains des hommes, elle devient alors en effet une institution qui en tout cas ne pouvant en représenter purement que la forme, se trouve fort limitée quant aux moyens d'édifier un pareil ensemble dans les conditions de la nature humaine sensible. Mais pourrait-on s'entendre à pouvoir charpenter avec un bois aussi tordu quelque chose de parfaitement droit[22]?»

Il existe diverses Églises, se fondant sur des révélations historiques particulières et rejoignant des peuples différents. Ces Églises sont régies par des clergés qui se posent comme représentants de Dieu auprès des hommes et qui subordonnent l'obligation morale à l'observance de formalités, de rites et de statuts particuliers. Cependant, les Églises pourraient servir de fil conducteur, de véhicule à l'avènement de l'Église universelle dans la mesure où elles n'entraveraient pas la libre recherche de la pure religion de la raison, la libre recherche de la prédominance du devoir moral sur les pratiques statutaires.

---

22. *La religion dans les limites de la simple raison*, Vrin, 1979, p. 135.

Il y a deux grands courants religieux: celui où la vertu et le bonheur humains dépendent de faveurs obtenues de Dieu; celui où ils relèvent prioritairement de la responsabilité de l'homme. Le christianisme serait de ce dernier type, une religion morale, dans la mesure où la grâce y résulterait de l'effort de l'homme pour s'en rendre digne en se conformant au devoir. Malgré leurs particularités historiques, les différentes Églises chrétiennes défendent toutes l'universalité de leur propre doctrine, une orthodoxie. Kant distingue l'orthodoxie brutale et despotique de l'Église catholique de l'orthodoxie libérale des Églises protestantes, tout en concédant qu'il y a des exemples louables de catholiques libéraux et des exemples scandaleux de protestants despotiques. Les Églises chrétiennes, en se rendant accessibles au peuple, peuvent préparer l'avènement de la religion naturelle dans la mesure où elles reconnaissent la prédominance de la raison.

La liberté religieuse fait partie de la liberté d'expression défendue par Kant. Les Églises sont soumises à la souveraineté de l'État, mais celui-ci doit reconnaître la liberté de chaque sujet de professer la religion de son choix. Seules la liberté religieuse et la tolérance réciproque entre Églises permettront, grâce aux discussions, le progrès de la religion fondée sur la raison, le progrès de cette religion naturelle que Kant semble identifier à la communauté éthique.

De la morale à la téléologie

La philosophie de Kant est avant tout morale. Elle détermine sa conception du droit, de la politique, de l'histoire et de la religion.

Kant oppose le devoir aux plaisirs et au bonheur, la loi morale aux philosophies eudémonistes dont celle de Hume. Il cherchera à réunifier en religion, en politique et en histoire ce qu'il avait dissocié en morale: la liberté transcendantale et la nature phénoménale, la vertu et le bonheur.

Au niveau de l'individu, l'immortalité de l'âme et l'existence de Dieu rendent possible l'indéfini cheminement vers la réconciliation de la vertu et du bonheur, vers le souverain bien.

Au niveau de l'espèce, Kant distingue téléologie naturelle et téléologie morale. Dans la première — indépendamment de tout progrès moral — la nature pousse l'homme, en accord avec son impératif catégorique, vers la paix au sein de la république et entre républiques. C'est la guerre, le mal, qui entraîne le genre humain vers la domination universelle du droit, même si ce progrès indéfini dans la soumission à la loi extérieure ne repose pas sur un véritable progrès moral de l'individu.

L'homme doit aussi viser, au niveau de l'espèce humaine, un progrès moral vers une religion universelle fondée sur la raison, une communauté formée de vertueux, une communauté éthique. Mais Kant ne dit pas comment l'homme pourrait y arriver compte tenu du mal radical qui l'habite. L'impossibilité de fonder cet espoir moral explique sans doute toutes les ambiguïtés de son ouvrage sur la religion.

BIBLIOGRAPHIE

KANT, Emmanuel, *Idée d'une histoire universelle au point de vue cosmopolitique*, Bordas, 1988.

——, *Fondements de la métaphysique des mœurs*, Delagrave, 1978.

——, *Critique de la raison pratique*, Gallimard, Folio, 1985.

——, *Critique de la faculté de juger*, Vrin, 1965.

——, *La religion dans les limites de la simple raison*, Vrin, 1979.

——, «Sur l'expression courante: il se peut que ce soit juste en théorie, mais en pratique cela ne vaut rien», *in Théorie et pratique*, Vrin, 1967.

——, *Vers la paix perpétuelle*, GF-Flammarion, 1991.

——, *Doctrine du droit*, première partie, et *Doctrine de la vertu*, deuxième partie, de la *Métaphysique des mœurs*, Vrin, 1971 et 1968.

——, «Le conflit des Facultés», *in La philosophie de l'histoire*, Aubier, 1947.

ALLISON, Henry E., *Kant's Theory of Freedom*, Cambridge, Cambridge University Press, 1990.

L'auteur essaie de clarifier le concept de liberté chez Kant, d'un point de vue métaphysique, par l'analyse de la *Critique de la raison pratique* puis, d'un point de vue moral.

ARENDT, Hannah, *Juger*, Seuil, 1991.

Ouvrage qui comprend trois textes d'Arendt suivis de deux interprétations du «juger» chez l'auteur. Arendt, dans ses conférences sur Kant, affirme que celui-ci oppose — notamment lorsqu'il envisage la guerre et la Révolution française — le point de vue du spectateur, qui dégage le sens d'un événement, du point de vue de l'acteur, toujours biaisé.

BOCHMAN, James et LUTZ-BACHMANN, Matthias, ed. *Perpetual Peace: Essays on Kant's Cosmopolitan Ideal*, Cambridge, Massachusetts Institute of Technology Press, 1997.

Recueil de textes dont les trois premiers examinent la pertinence de l'argumentation du projet de paix perpétuelle tandis que les six derniers, dont un texte de Jürgen Habermas, questionnent l'héritage kantien à la lumière des préoccupations contemporaines.

BRUCH, Jean-Louis, *La philosophie religieuse de Kant*, Aubier, 1968.

L'auteur, tout en comparant la théorie religieuse de Kant avec d'autre théories religieuses, la situe au sein de sa philosophie. Selon lui, la rationalité kantienne serait la lumière qui éclaire la foi chrétienne et non un ensemble d'énoncés auxquels la foi devrait se conformer pour être valide.

CARNOIS, Bernard, *La cohérence de la doctrine chrétienne de la liberté*, Seuil, 1973.

L'auteur, en mettant en rapport la volonté autonome législatrice (*Wille*) et le libre arbitre intelligible (*Willkür*) veut démontrer que les deux concepts kantiens de liberté s'articulent en un système.

GOLDMANN, Lucien, *La communauté humaine et l'univers chez Kant*, PUF, 1948.

L'auteur étudie, d'un point de vue marxiste, la philosophie «tragique» de Kant qui part de l'individu sans pouvoir atteindre la communauté à laquelle il aurait aspiré.

PHILONENKO, A., *Théorie et praxis dans la pensée morale et politique de Kant et de Fichte en 1793*, Vrin, 1968.
L'auteur montre que Kant est, dans sa conception politique, plus proche de Pufendorf que de Rousseau.

RAULET, Gérard, *Histoire et citoyenneté*, PUF, 1996.
L'auteur, en analysant les écrits engagés de Kant dont «Pour la paix perpétuelle», distingue et relie la république (État de droit), le droit des peuples (droit à la différence) et le droit cosmopolitique (libre circulation des personnes sans droit à la citoyenneté).

RILEY, Patrick, *Kant's Political Philosophy*, New Jersey, Rowman & Allanheld, 1983.
Le républicanisme et la paix éternelle — même s'ils reposent sur l'amour de soi de citoyens rationnels et même en l'absence de bonne volonté — sont des objectifs moraux qui peuvent être poursuivis par des moyens légaux.

VLACHOS, Georges, *La pensée politique de Kant*, PUF, 1962.
Étude systématique de la pensée juridique et politique de Kant qui tient compte de son évolution historique et de ses bases philosophiques.

WEIL, Éric, *La philosophie politique de Kant*, PUF, 1962.
Ce livre, qui constitue le tome IV des *Annales de philosophie politique*, comprend plusieurs contributions dont celles de Michel Villey, «Kant dans l'histoire du droit»; Pierre Hasner, «Situation de la philosophie politique chez Kant»; Noberto Bobbio, «Deux notions de la liberté dans la pensée politique de Kant»; Raymond Polin, «Les relations du peuple avec ceux qui le gouvernent dans la politique de Kant».

HEGEL

(1770-1831)

Georg Wilhelm Friedrich Hegel naît à Stuttgart dans une Allemagne non unifiée, dominée par la monarchie prussienne inaugurée par Frédéric-Guillaume Ier, puis développée par Frédéric le Grand (1740-1786) et Frédéric-Guillaume II (1786-1797)[1]. Le roi Frédéric-Guillaume III (1797-1840), craignant les visées impérialistes de Napoléon, s'allie contre lui avec la Russie. À la Prusse défaite, Napoléon impose l'humiliant traité de Tilsit: perte de la moitié de son territoire, indemnités financières considérables et occupation par l'armée française. En 1813, à la fin de la désastreuse retraite des armées napoléoniennes de la Russie, Frédéric-Guillaume III se retourne contre Napoléon et participe à son écrasement. Au congrès de Vienne (1815), la Prusse perd à l'est des territoires polonais, mais obtient en Allemagne occidentale des compensations qui la rendent voisine de la France.

Hegel s'exalte à 19 ans pour la Révolution française, puis déchante de sa destructivité, suit avec une certaine admiration la croissance de l'empire de Napoléon et assiste à son effondrement. Il se fait alors le défenseur de la monarchie prussienne. Une carrière académique mouvementée le conduit à l'université de Berlin dont il deviendra recteur. À sa mort, sa réputation philosophique, à son apogée, domine l'univers intellectuel allemand.

Hegel cherche dans l'histoire la raison, la liberté qui y est à l'œuvre. Pour ce faire, il procède du plus abstrait (le plus simple et le plus pauvre) au plus concret (le plus complexe et le plus riche).

---

1. *Cf.* l'introduction à Kant.

Ainsi, dans son principal ouvrage éthique et politique, *Principes de la philosophie du droit*, il va du droit abstrait (liberté mise dans les choses extérieures) à la morale (liberté subjective), et de celle-ci à la vie éthique (liberté réalisée dans la famille, la société civile, puis l'État). Nous suivrons Hegel dans cette démarche.

Le développement de la raison ne s'arrête toutefois pas à l'État. Il se poursuit dans la religion (particulièrement dans le christianisme luthérien) et se révèle dans la philosophie. Nous aborderons aussi comment l'Esprit, Dieu, *Geist*, se réalise à travers ses diverses manifestations.

Droit abstrait

Le droit abstrait considère la personne en tant que propriétaire: propriétaire de choses, mais aussi de son corps et de sa vie considérés comme choses. Sous le concept de droit abstrait, Hegel reprend donc la conception de l'individu-propriétaire de Locke.

La propriété est un moyen de satisfaire un besoin. Mais ce point de vue utilitaire, instrumental, est secondaire dans la perspective de Hegel. La volonté du propriétaire qui affirme que telle chose est sienne précède son usage sous forme de consommation, de transformation ou de destruction. La propriété est donc la première manifestation de la liberté, et c'est sous cet angle que Hegel l'envisage.

La liberté s'exprime dans la propriété qui est rationnelle. Tous les hommes sont égaux car ils ont tous le droit à la propriété. L'inégalité des possessions, qui dépend des capacités et du zèle différents de chacun, est juste et rationnelle dans la mesure où elle ne repose pas sur la négation du droit égal de chacun à la propriété.

Dans le contrat, deux personnes, par consentement mutuel et en maintenant leur droit égal à la propriété, permettent le passage d'une chose de la propriété de l'un à la propriété de l'autre. Dans la conscience de la plupart des individus, les relations contractuelles (échange ou don) sont poursuivies pour des motifs d'utilité et de bien-être, mais, en réalité, cette conscience est secondaire par rapport à la reconnaissance réciproque qu'elle suppose de la liberté de l'autre, comme propriétaire.

L'individu peut aliéner des choses qui lui sont extérieures. Mais, libre en soi et pour soi, il ne peut authentiquement aliéner sa vie et la liberté de sa volonté. Hegel distingue l'état d'esclavage ou de servage de l'état de serviteur ou de salarié. Je peux aliéner pour un temps déterminé et limité mes capacités physiques et intellectuelles sans aliéner la liberté de ma personne. Mais, inconsciemment ou explicitement, des hommes aliènent leur liberté personnelle dans le servage ou l'esclavage ou, encore, en soumettant leur conscience à des autorités religieuses extérieures. Chaque homme aliéné, dit Hegel, participe d'une certaine façon à sa propre aliénation et a le droit absolu de se libérer.

Le contrat relève du droit privé et non du droit public. Hegel récuse la notion du contrat social qui suppose que l'État reposerait ultimement sur le consentement de chaque individu. L'État, comme nous le verrons, est une réalité qui dépasse le libre arbitre de l'individu.

Moralité et vie éthique

Dans le droit abstrait, la liberté se réalise dans les choses extérieures; dans la morale, la liberté se prend elle-même comme objet, elle devient intérieure, subjective. La morale part de l'intention de l'individu qui veut être jugé, non pas selon les commandements moraux ou religieux d'une autorité ni en fonction de circonstances extérieures, mais selon ses propres convictions.

Le sujet est moralement libre dans la mesure où il détermine lui-même les règles de sa moralité. Cette liberté, en devenant action, en se confrontant aux circonstances extérieures, à la contingence, manifeste sa finitude dans la mesure où le résultat se révèle différent de l'intention. Le sujet est responsable de son projet, mais il ne l'est pas des résultats non conformes au projet. Cette conception de la liberté distingue les modernes des poètes grecs qui imputaient, dans une vision tragique de l'histoire, toutes les conséquences de l'action à l'acteur. Pour eux, Œdipe est coupable de parricide, même s'il ne savait pas qu'il tuait son père tandis que, pour nous, il demeure innocent de cette accusation.

Kant a fondé l'autonomie morale de l'homme: Hegel le reconnaît. Mais il lui reproche le formalisme de son devoir-être, coupé de toute détermination et de tout contenu concrets. Hegel croit trouver dans la vie éthique le contenu qui permet de dépasser les limites de la moralité en la réalisant. De plus, Kant opposait poursuite du devoir et satisfaction des désirs, tandis que, pour Hegel, il n'y a aucune incompatibilité entre ces deux objectifs, dans la mesure où le second est subordonné au premier.

La certitude relève de la morale (*Moralität*). La morale est le domaine de l'intention, de la certitude subjective, de la conscience du sujet. L'éthique est la morale telle que réalisée dans la famille, la société civile et l'État. Rousseau a tort de confondre conscience morale, certitude intérieure, avec la vérité qui est du domaine de l'éthique (*Sittlichkeit*).

La communauté éthique définit le devoir. Pour les Grecs, l'adhésion des individus à ce devoir allait de soi. Pour Hegel, qui part de l'autonomie morale de l'individu telle que formulée par Kant, l'adhésion des individus aux institutions et aux coutumes rationnelles relève de la conscience de l'individu. Le sujet dépasse l'arbitraire de sa subjectivité et réalise sa véritable liberté, en subordonnant son libre-arbitre aux devoirs de la vie éthique.

Dans le droit abstrait, le droit de l'un à la propriété définit le devoir de l'autre de le respecter. Dans la moralité, mon droit à l'autonomie morale ne définit mon devoir que sous la forme d'un devoir-être. Dans l'ordre éthique, la volonté particulière s'identifiant à la volonté universelle, droit et devoir se confondent: le sujet a des droits dans la mesure où il a des devoirs et vice-versa.

Le passage de la vie morale à la vie éthique est rendu possible par l'éducation qui, dans une perspective aristotélicienne, crée des habitudes, des dispositions morales durables, par lesquelles l'individu conforme sa volonté particulière à la raison qui est à l'œuvre dans la famille, la société civile et l'État.

Famille

La famille repose fondamentalement sur un sentiment d'amour et de confiance. L'amour est inclination vers l'autre, mais aussi conscience de l'unité que je forme avec l'autre, conscience de dépasser les limites de mon isolement, comme personne autonome indépendante, par une relation avec l'autre qui me rend plus complet et plus parfait.

L'institution du mariage, essentiellement monogamique, rend éthique ce don réciproque et total de deux personnalités, en soustrayant de l'amour tous les éléments passagers et capricieux. Reposant sur un sentiment, l'état de mariage et la fondation d'une famille sont aussi la destination objective de l'homme, son devoir éthique. Sentiment et devoir sont ici fusionnés. En instaurant une vie éthique sous la forme naturelle du sentiment, la famille dépasse ainsi la pure subjectivité morale.

Le mariage n'a pas, comme chez Locke, pour seul objectif la procréation et l'éducation des enfants; il n'est pas, comme chez Kant, un contrat pour un usage réciproque du corps de l'autre; il n'est pas non plus réductible au seul sentiment d'amour. Il est amour, confiance réciproque, dépassement de la subjectivité morale, devoir éthique, morale objectivée.

Le frère et la sœur, issus d'une même origine naturelle, de «même sang», ne sont pas reliés par le désir, ne sont pas faits l'un pour l'autre: ils sont «l'un face à l'autre des individualités libres». Mais l'égalité dans cette liberté se brise rapidement car la sœur est appelée à se réaliser, comme mère et épouse, dans la particularité de la famille tandis que le frère est appelé au dépassement éthique de la famille dans la société civile et l'État. Ce destin différent crée déjà entre eux une inégalité qui fait que la relation frère/sœur est plus importante pour celle-ci que pour celui-là: «C'est pourquoi, pour la sœur, la perte du frère est irremplaçable, et le devoir qu'elle a envers lui est le devoir suprême[2].»

Les femmes sont les gardiennes des traditions (mœurs, coutumes, lois divines) au sein de la famille. L'homme, au contraire, se réalise dans le travail, dans la vie publique (État) et dans les sciences, dont la philosophie: «C'est pourquoi l'homme a sa vie substantielle effective dans l'État, dans la science et choses semblables, par suite dans la lutte et dans le travail qui le mettent aux prises avec le monde extérieur et avec lui-même. Ce n'est qu'au prix d'une telle séparation et par son combat qu'il peut acquérir l'unité véritable avec lui-même. Dans la famille, par contre, il a le sentiment paisible de cette unité avec la vie éthique subjective sous la forme du sentiment. C'est aussi dans la famille que la femme trouve sa destination substantielle et c'est la piété qui constitue pour elle le sentiment de la vie éthique[3].»

---

2. *Phénoménologie de l'esprit*, Aubier, 1991, p. 311.
3. *Principes de la philosophie du droit*, Vrin, 1982, § 166, p. 204.

Les femmes ne doivent pas intervenir au niveau de l'État: elles le corrompraient en détournant ses fins universelles au gré de leurs inclinations, de leurs sentiments et des intérêts de leurs enfants.

Le patrimoine familial, comme possession durable et sûre, prolonge l'existence de la famille dans la réalité extérieure. Comme propriété commune à toute la famille, ce patrimoine dépasse l'égoïsme du besoin et du désir exprimé dans le droit abstrait. C'est évidemment au père, acteur de la société civile, que revient la responsabilité d'acquérir et de gérer le patrimoine auquel chaque membre de la famille a droit. Le testament ne devrait pas privilégier l'aîné par rapport aux cadets, ni les fils par rapport aux filles.

L'amour de l'homme et de la femme s'objectivise dans la relation d'amour qu'ils entretiennent avec les enfants. Les enfants, qui ne sont pas des choses, n'appartiennent à personne: ils sont libres. Ils ne doivent pas être traités comme des serviteurs: les services demandés ne doivent viser que leur éducation. Mais la liberté des enfants n'implique pas, contrairement à ce que pensait Rousseau, que l'enfance a en soi une valeur et qu'on doive préconiser une pédagogie axée sur le jeu. L'enfant a le droit d'être éduqué et, pour cela, requiert d'être soumis à la discipline: l'amour et la bonté des parents ne suffisent pas à l'éducation. Celle-ci relève conjointement du père et de la mère, même si le rôle de la mère est confiné à la famille.

Le mariage, par son but éthique qui dépasse le droit abstrait et la morale subjective, devrait être indissoluble. Mais, reposant sur l'amour et la confiance, il peut être dissous lorsque ces liens affectifs viennent à se dénouer. Si personne ne peut être contraint au mariage, aucun couple ne peut être obligé de demeurer marié si la méfiance et la haine animent ses membres. La décision du divorce ne doit toutefois pas être laissée à l'arbitraire individuel: une autorité éthique supérieure, relevant de l'État, doit se prononcer, en limitant les cas de divorce.

Société civile

Dans la société civile, chaque individu poursuit ses propres intérêts économiques égoïstes. La société civile semble donc retourner à une phase antérieure à la famille, à celle du droit abstrait. Mais il n'en est rien car dans la société civile, chacun, poursuivant ses propres intérêts, œuvre aussi, par son travail et les échanges, aux intérêts du plus grand nombre. Hegel reprend donc la conception économique libérale d'Adam Smith, la société civile recouvrant conceptuellement le champ de l'économie politique des économistes classiques.

La société civile comprend de plus le droit civil, qui protège la propriété et régularise les échanges entre propriétaires, et le droit pénal qui sanctionne ceux qui enfreignent le droit civil. En plaçant au sein de la société civile le système de protection des droits individuels et en situant la société civile entre la famille et l'État, Hegel veut se démarquer de la conception libérale de l'État qui le réduit à une association d'individus constituée en vue de la protection de leurs droits individuels.

Le «droit abstrait» envisage la possession comme moyen de satisfaire des besoins et voit sa fin dans la reconnaissance de la liberté de posséder. Dans la société civile, la possession est étudiée par Hegel sous l'angle de la liberté créatrice, sous l'angle du travail comme médiateur entre l'homme et la nature, entre la subjectivité et l'objectivité.

La multiplication des moyens de satisfaire les besoins rend possible la multiplication indéfinie de ceux-ci. La satisfaction des besoins multiples est soumise à la condition de la réciprocité dans la mesure où la multiplication des moyens dépend du travail des autres. Et la croissance réelle des besoins est mue par un désir réciproque de reconnaissance; chacun, par ses possessions, veut à la fois imiter l'autre et s'en singulariser: «Ce besoin d'égalité, le désir de se rendre semblable aux autres, l'imitation d'une part et d'autre part, le besoin de se singulariser, de se faire remarquer par son originalité constituent la source réelle de la multiplication des besoins et de leur extension[4].» Hegel refuse d'opposer, à la croissance des besoins, la liberté du bon sauvage de Rousseau qui n'aurait, dans l'état de nature, que de simples besoins à satisfaire: l'homme, comme être de besoins, et sans tenir compte du caractère libérateur du travail, serait réduit à l'état de bête dans un hypothétique état de nature.

Hegel reprend la conception du travail de Locke. La nature est la propriété commune de tous les hommes. Mais, contrairement à ce qu'affirmaient les Anciens, ce n'est pas elle qui satisfait les besoins

---

4. *Ibid.*, § 193, p. 222.

humains: les objets de consommation sont essentiellement le produit du travail et de l'effort humains qui leur donnent utilité et valeur. Par le travail, l'homme non seulement transforme la nature, mais apprend, se forme et se transforme. Cependant, la progression de la division du travail rend celui-ci de plus en plus simple et mécanique «et offre aussi finalement à l'homme la possibilité de s'en éloigner et de se faire remplacer par la machine[5]».

L'interdépendance commune des producteurs engendre la richesse générale à laquelle chacun — pour assurer sa subsistance et celle de sa famille — contribue par son travail. La possibilité de contribuer à cette richesse générale, donc la richesse particulière de chacun, dépend de la quantité et de la qualité de son travail, est conditionnée par le capital, le talent, les capacités personnelles et l'éducation dont il dispose. L'inégalité de richesse entre individus est naturelle: aucun devoir-être ne peut y remédier.

Les types de moyens utilisés pour satisfaire les besoins permettent de distinguer trois grandes classes ou états (*Stände*) au sein de la société: la classe agricole, la classe industrielle et la classe des fonctionnaires. La classe agricole tire sa richesse des produits de la terre qu'elle cultive. Dans cette classe, la nature joue le rôle essentiel et le travail lui est subordonné. Cette classe se contente de consommer ce que la nature produit et reproduit: elle n'est pas tournée vers l'acquisition des richesses. Dépendant de la nature, elle remercie Dieu de ses dons et développe un sentiment de passivité par rapport à ce qui peut lui arriver. La classe industrielle transforme, par son intelligence et son travail, les produits naturels en objets de consommation ou en moyens de travail. Elle vit dans les villes et est motivée par le goût de l'acquisition. Les individus de cette classe, ne pouvant compter que sur eux-mêmes, doivent faire appel à leur intelligence et développent un goût pour la liberté et pour un ordre fondé sur le droit. Hegel distingue trois catégories au sein de cette classe: les artisans dont le produit de travail répond à une demande précise d'un individu; les fabricants dont les produits répondent aux besoins d'une masse indifférenciée; les commerçants dont le travail consiste dans l'échange des produits par la médiation de l'argent, équivalent général. La classe des fonctionnaires, ou classe universelle, est responsable

---

5. *Ibid.*, § 198, p. 224.

du bien commun en servant l'État. Pour se consacrer à la défense des intérêts généraux de la société, les membres de cette classe doivent être dédommagés par l'État ou jouir d'une fortune privée qui les rend économiquement indépendants.

Même si la destinée de l'individu est influencée par la naissance et les dispositions naturelles, chacun est fondamentalement libre d'adhérer à la classe de son choix. Contrairement à ce qui se passait aux temps anciens, l'appartenance de classe relève du libre arbitre de chacun.

Dans sa jeunesse, l'individu se cabre devant la nécessité de choisir une profession, y voyant une limitation à sa liberté créatrice. Mais l'homme ne se réalise qu'en choisissant son travail et sa classe. Il devient alors un membre actif de la société civile, trouve son honneur professionnel dans son habileté au travail et dans sa probité, se voit reconnu par les autres.

La loi dépasse la coutume dans la mesure où elle est pensée, voulue et reconnue comme telle dans son caractère d'universalité, indépendamment des opinions, des inclinations et des intérêts de chacun. La loi s'applique également à tous: personne, même le prince, ne peut s'y dérober. Dans la société civile, la propriété étant reconnue par la loi, toute attaque contre la propriété de quiconque constitue une violation de la société civile elle-même. La défense de la propriété ne relève plus de chaque propriétaire, mais de la société qui soustrait cette défense à l'esprit de vengeance et aux injustices qui lui sont associées.

La société civile requiert, comme but moralement justifié, que la subsistance et le bien-être de chaque individu soient assurés de façon stable. Mais la variabilité des besoins de chacun, les différences économiques locales, les relations économiques entre peuples, les dysfonctionnements de l'engrenage économique et la capacité toute relative de l'individu d'obtenir sa part de la richesse générale produisent un mécanisme dont le déroulement entraîne le sacrifice des besoins des particuliers. De fait, le développement normal de l'industrie engendre deux classes (*Klasse*): l'une, riche, qui jouit de l'accumulation des gains; l'autre, dépendante, dépourvue et pauvre, réduite à un travail spécialisé et limité.

Malgré la création de ces deux classes, Hegel affirme, avec les économistes classiques, que les relations entre producteurs et consommateurs sont généralement harmonieuses. Des conflits, que la société devra réglementer, peuvent cependant surgir de leurs différences d'intérêts. Ainsi, la société doit veiller à la qualité et à la disponibilité des produits de première nécessité et exercer un certain contrôle sur le commerce extérieur.

Dans les sociétés antérieures, l'individu recevait protection de sa famille qui assurait sa subsistance par l'intermédiaire de la culture de la terre. L'industrie soustrait l'individu à la terre nourricière et le rend dépendant des contingences de son développement, tandis que la société civile extrait l'individu de la famille et le reconnaît comme personne autonome. La famille est ainsi subordonnée à la société civile dont elle ne constitue que la base. Les droits et les devoirs qui unissaient l'individu et sa famille sont transposés au niveau de la société qui doit compléter et prendre en charge les protections qu'accordait la famille, tandis que l'individu doit travailler. L'émergence de cette société civile engendre de nouveaux rapports entre droits parentaux et droits de la société qui provoquent des conflits: ainsi, des parents combattront le droit légitime de la société d'imposer l'école publique et l'instruction obligatoire.

Des individus, déracinés du sol nourricier et de leur famille, peuvent, à cause de circonstances extérieures ou par leur propre volonté, être réduits à la pauvreté. Ils sont alors privés des avantages que devrait offrir la société civile: hygiène, possibilité d'acquérir une formation, protection de la justice et même consolation de la religion. La pauvreté requiert la charité. Mais celle-ci, demeurant contingente et dépendant de la subjectivité de chacun, doit être complétée par des institutions collectives d'assistance.

La classe paysanne a comme base naturelle la famille, tandis que la classe des fonctionnaires a comme fin les intérêts généraux de la société. Seule la classe industrielle a affaire à des individus. Voilà pourquoi elle a besoin de la corporation comme médiateur. La corporation est pensée par Hegel sur le mode des vieilles corporations d'artisans: elles choisissent, forment, contingentent, réglementent et protègent leurs membres. La corporation joue en quelque sorte pour l'homme de métier le rôle que la famille exerce pour le paysan: elle lui reconnaît des droits et définit ses devoirs.

Par la corporation, l'artisan ou l'homme de métier, en travaillant pour lui-même, œuvre aussi pour la société, en se soumettant aux règles de la corporation qui définissent les qualités d'habileté et d'honnêteté requises par son travail. Mais pour élever l'activité professionnelle à ce niveau honorable et ne pas dégénérer en une caste fermée, la corporation doit être soumise à l'État.

À l'extérieur des corporations survit la populace sans métier, sans honneur professionnel, sans protection corporative, dénuée de toute intégration à la société, menée par l'envie qui peut l'entraîner aux pires excès. La populace n'est pas définie seulement par la misère physique, mais aussi par la misère morale (envie, indolence par rapport au travail, insouciance par rapport à l'honneur d'assurer sa subsistance par le travail, croyance au droit d'avoir sa subsistance assurée, etc.).

Si la société imposait à la classe la plus riche l'obligation de prendre en charge cette populace ou si l'accomplissement de cette tâche était assumé par des organismes publics, l'honneur d'assurer sa subsistance — principe sur lequel repose la société civile — serait bafoué. Si, d'autre part, la société assurait à tous la possibilité de travailler, il y aurait une surproduction d'où proviennent déjà les maux économiques. La façon de remédier à cette misère est une question qui tourmente la société qui n'a pas, en elle-même, les moyens d'empêcher «l'excès de pauvreté et la production de populace». La société cherchera donc à l'extérieur des issues à ses propres blocages: elle exportera sa surproduction dans des pays moins développés et son surplus de main-d'œuvre dans des colonies.

L'unité de la famille repose sur le sentiment. La société civile engendre une unité plus universelle par la mutuelle dépendance économique des individus et des corporations. L'État, lui, réalise directement et rationnellement l'unité. Si, dans le développement conceptuel qui va du plus abstrait au plus concret, la société civile précède l'État, dans la réalité, celui-ci est premier et fonde la société civile.

État

L'État n'a pas pour objectif premier de protéger la liberté et la propriété de l'individu. Il exerce au contraire des droits sur la propriété privée par l'imposition et la taxation, et peut exiger du citoyen le sacrifice de sa vie durant une guerre. L'État ne repose pas sur un contrat social entre individus: ceux-ci sont déjà, par nature, citoyens d'un État, lequel constitue leur destination rationnelle: «Si l'on confond l'État avec la société civile et si on lui donne pour destination la tâche de veiller à la sûreté, d'assurer la protection de la propriété privée et de la liberté personnelle, c'est l'intérêt des individus comme tels qui est le but final en vue duquel ils se sont unis et il s'ensuit qu'il est laissé au bon vouloir de chacun de devenir membre de l'État. Mais l'État a un tout autre rapport avec l'individu; étant donné que l'État est l'Esprit objectif, l'individu ne peut avoir lui-même de vérité, une existence objective et une vie éthique que s'il est membre de l'État[6].» Hegel n'est donc pas politiquement un libéral: il n'est pas un disciple de Locke.

L'État ne supprime pas les libertés exercées dans la famille et la société civile: droit à la propriété et à l'héritage, liberté de choisir son conjoint ou sa conjointe et de fonder une famille, liberté de profession, liberté religieuse et liberté d'expression. Mais l'État, puissance supérieure, limite et réglemente ces droits de telle façon que les intérêts particuliers s'identifient aux intérêts communs, les droits de l'individu à ses devoirs, le libre arbitre de chacun à la liberté véritable. L'État libère ainsi l'individu de l'arbitraire de sa volonté, de son égoïsme. La liberté vraie de l'individu se réalise dans l'institution suprême, l'État. Le patriotisme est précisément cet assentiment des citoyens à la rationalité de l'État: «Cette disposition d'esprit consiste dans la confiance (qui peut devenir une compréhension plus ou moins développée par la culture), dans la conscience que mon intérêt substantiel et particulier est conservé et contenu dans l'intérêt et les buts d'un autre (cet autre étant ici l'État), en raison du rapport où il se trouve avec moi comme individu singulier. Il en résulte immédiatement qu'il n'est pas un autre pour moi et qu'en ayant conscience de cela, je suis libre[7].»

Hegel s'oppose à l'École du droit naturel. Il n'existe pas, dans la nature et voulu par Dieu, un droit qui serait la norme pour évaluer le caractère plus ou moins arbitraire ou rationnel des législations existantes. Dans tout droit positif, comme dans tout État, œuvre la raison, même si elle est marquée par les éléments contingents de sa réalisation. Il ne s'agit donc pas d'imaginer un État correspondant au

---

6. *Ibid.*, § 258, p. 258.
7. *Ibid.*, § 268, p. 269.

prétendu droit naturel, mais de trouver la raison à l'œuvre dans les États existants. La constitution d'un État n'est pas non plus le fruit de législateurs: l'organisation et le fonctionnement d'un État ne sont que le produit de la vie et de la conscience d'un peuple, vie et esprit qui se manifestent dans ses coutumes, ses traditions, ses mœurs... Hegel étudie la monarchie constitutionnelle prussienne, fruit du peuple allemand, et en tire trois principes structurants: le pouvoir du prince, le pouvoir gouvernemental des agents publics et le pouvoir législatif des deux assemblées d'états.

Le prince n'est pas un despote: sa volonté particulière, comme dirait Montesquieu, ne fait pas la loi. Sa souveraineté s'inscrit au sein d'une constitution qui circonscrit son pouvoir par un ensemble de lois. La monarchie est héréditaire: elle ne doit pas être élective et reposer sur le bon plaisir, l'opinion superficielle, le vouloir arbitraire de la multitude.

Par son pouvoir final de décision, par son «je veux» subjectif, le prince se rend personnellement responsable du caractère objectif de la législation. La décision finale reposant dans ses mains, le prince choisit lui-même ceux qui le conseilleront dans les affaires de l'État. Toutes les relations extérieures (ambassadeurs, guerre, commandement de l'armée, traités de paix, etc.) — relevant de l'État en tant qu'il est, au plan international, un sujet individuel — dépendent directement de sa tête, du pouvoir du prince, et ne doivent pas être laissés aux mains des assemblées d'états.

Préparer les décisions du prince et veiller à leur application relèvent directement du pouvoir gouvernemental qui exerce aussi le pouvoir judiciaire et les pouvoirs dévolus à la police. Situé entre le pouvoir décisionnel du prince et le pouvoir législatif, le pouvoir exécutif, administratif et judiciaire exercé par le gouvernement veille à subsumer les intérêts particuliers au sein de l'intérêt général.

Le pouvoir gouvernemental est exercé par une classe «universelle», par des agents publics choisis par le prince parmi ceux qui ont les connaissances requises et font la preuve de leurs capacités. Chaque citoyen, indépendamment de sa naissance, peut devenir membre du pouvoir gouvernemental, s'il a les qualifications objectives de l'emploi et s'il est retenu par le prince. On devient agent public, «fonctionnaire», par vocation, pour se vouer à la défense des intérêts généraux de l'État. La rémunération versée à l'agent public a pour objectif de le rendre indépendant économiquement et de le soustraire à toute pression indue. Le bien commun est la raison d'être de l'agent public: le salaire n'est qu'un moyen.

Les agents publics sont choisis parmi la «classe moyenne» où se trouve la partie la plus instruite, la plus cultivée et la plus consciente du peuple. Les agents publics, par leur formation morale et intellectuelle, deviennent les piliers d'intelligence et d'honnêteté de l'État, si celui-ci est bien organisé, s'il a créé l'habitude de traiter les affaires publiques à la lumière de l'intérêt général. Un contrôle effectué d'en haut par le prince et d'en bas par les états empêche ces fonctionnaires de devenir une aristocratie qui utiliserait ses compétences pour exercer une domination arbitraire.

Le pouvoir législatif comprend celui du monarque (pouvoir de décision finale), le pouvoir gouvernemental (pouvoir de délibération) et enfin le pouvoir législatif proprement dit, celui des deux états ou ordres du royaume (l'assemblée des propriétaires fonciers et l'assemblée représentative des corporations). La première assemblée est formée de la classe dont la base naturelle est la famille et dont la subsistance relève de la culture de la terre. Comme le prince, la naissance définit sa position qu'elle transmet héréditairement. Les propriétaires fonciers font directement partie de leur assemblée. Ils représentent, face à la classe industrielle, l'élément de continuité et de stabilité au sein du pouvoir législatif. De leur côté, les différentes branches industrielles, commerciales et artisanales de la société élisent les députés qui constituent la deuxième assemblée. Remarquons que la classe paysanne, la populace et les femmes sont, comme les enfants, exclues de la participation à ces deux assemblées.

De la même façon que les corporations et les communes représentaient la médiation entre les individus et l'État, les états constituent, au niveau de l'État, la médiation entre la société civile et le pouvoir gouvernemental.

Dans la société civile, les individus sont en lutte les uns contre les autres. Les corporations s'orientent vers l'universalité en organisant les gens d'un même métier ou d'une même branche autour d'intérêts communs. Mais ceux-ci demeurent particuliers face à ceux de l'État. Voilà pourquoi les élections des dirigeants des corporations doivent être ratifiées par le pouvoir gouvernemental. Les corporations, en organisant la masse indifférenciée, servent donc d'intermédiaire entre les intérêts particuliers des individus et ceux, généraux, de l'État.

Mais cette médiation est insuffisante. Il faut qu'au niveau même de l'État, par le pouvoir législatif, les deux états exercent cette fonction entre le peuple et le pouvoir gouvernemental. L'essence du pouvoir législatif réside dans ce rôle d'intermédiaire entre l'opinion publique et la raison qui, elle, n'est pas l'apanage des deux états, mais bel et bien du pouvoir gouvernemental: «Le moindre effort de réflexion montre que la garantie que représentent les états pour le bien commun et la liberté publique ne se trouve pas dans l'intelligence particulière de ces états — car les fonctionnaires d'un rang élevé ont nécessairement une intelligence plus profonde et plus vaste de la nature des institutions et des besoins de l'État. Ayant également une compétence et une habitude plus grande de ces affaires, ils peuvent réaliser le meilleur sans les états. De même, il faut que ce soient eux qui constamment fassent, dans les assemblées des états, le meilleur[8].» Le rôle des états est de contrôler, d'en bas, les fonctionnaires, de représenter les intérêts particuliers auprès du pouvoir gouvernemental et de contribuer à former l'opinion publique par la publication des débats de leurs assemblées: «Comme l'institution des états n'a pas pour destination d'assurer les meilleures délibérations et les meilleures décisions, son rôle n'étant que d'apporter à ces débats une contribution supplémentaire, mais que, en raison de leur participation aux informations, aux délibérations et aux décisions, la destination qui leur est propre consiste à garantir aux membres de la société civile qui ne participent pas au gouvernement le moment de la liberté formelle, le moment de la connaissance pour tous trouvera son application dans la publicité donnée aux débats des assemblées des états[9].»

Pour Hegel, l'opinion publique est un mélange de vérités et d'erreurs: «L'opinion publique mérite donc autant d'être appréciée que méprisée, méprisée en raison de sa conscience et de son expression concrète, appréciée à cause de son fondement substantiel qui ne se manifeste que d'une manière plus ou moins confuse dans cet élément concret. L'indépendance à son égard constitue la première

---

8. *Ibid.*, § 301, p. 307-308.
9. *Ibid.*, § 314, p. 317.

condition formelle nécessaire à la réalisation de quelque chose de grand et de rationnel dans le domaine de l'action comme dans celui de la science, car elle ne contient pas en elle de critère de discrimination et encore moins la possibilité d'élever son contenu substantiel au niveau d'un savoir précis. On peut être sûr toutefois que l'opinion publique acceptera par la suite cette grandeur et cette rationalité, et qu'elle en fera l'un de ses préjugés[10].»

Hegel distingue la liberté d'opinion exprimée par la parole ou l'écrit et la liberté scientifique. La science doit pouvoir être exposée clairement, sans crainte d'être soumise à la censure de l'État. La liberté d'expression correspond à la liberté subjective de chacun. Un État fort — reposant sur une monarchie constitutionnelle, un gouvernement stable et des assemblées dont les débats sont publicisés — devrait tolérer la plus grande liberté d'expression. Mais celle-ci ne peut être totale: «Définir la liberté de la presse comme la liberté de dire et d'écrire ce que l'on veut est l'équivalent de la définition selon laquelle la liberté en général serait la liberté de faire ce que l'on veut[11].» La réelle liberté consiste plutôt à faire ce que l'on doit, défini par la raison à l'œuvre dans les institutions et les lois. Ainsi, l'État doit interdire les opinions qui calomnient des individus, discréditent des représentants de l'État, se moquent des lois, incitent à la révolte ou propagent le crime.

État grec et Révolution française

La conception de l'État chez Hegel se situe entre celle du monde grec et celle que véhicule la Révolution française. Très tôt, Hegel est fasciné par l'intégration du citoyen dans la Cité (*polis*) grecque. Mais la conception moderne de la liberté y est absente. Elle est cependant à l'œuvre dans la Révolution française qui, toutefois, devient pure destructivité. L'objectif de Hegel est de réconcilier la liberté moderne avec l'éthicité grecque.

Le citoyen grec est prêt à risquer sa vie et à mourir avec joie pour défendre l'autarcie de la *polis* car sa mort, le couvrant de gloire et d'honneur, lui permettra de survivre dans la mémoire de ses com-

---

10. *Ibid.*, § 318, p. 319.
11. *Ibid.*, § 319, p. 320.

patriotes. Montesquieu nomma vertu ce dévouement du citoyen grec à la chose publique. La vie morale du Grec se confond avec l'éthicité (*sittlichkeit*) de la *polis*, avec ses lois, ses mœurs et sa religion. Même Socrate, accusé de corrompre les jeunes en questionnant l'existence des dieux, se soumet — sans renier sa pensée — à la *Sittlichkeit* grecque, en préférant la mort à l'exil. Le citoyen grec réalise ses aspirations morales et spirituelles par et à travers la vie de la *polis*. Le sens de sa vie lui est donné par la vie commune et publique. Et ce sens n'est ni transcendant, ni imposé de l'extérieur, car la *polis* est l'œuvre de tous les citoyens.

Le citoyen grec ne connaît pas toutefois le droit abstrait apporté par le monde romain, la liberté de conscience morale, principe de la religion chrétienne expliqué clairement par Kant, la liberté de choisir l'élu ou l'élue de son cœur et de fonder, sur le sentiment, une famille, la liberté de choisir son travail et, par conséquent, sa classe sociale, bref, le citoyen grec ne connaît pas ce qu'est la liberté moderne. Hegel récuse, pour cette raison, l'État grec comme modèle.

La religion chrétienne introduit le principe de la liberté subjective. Mais ce principe ne sera reconnu clairement qu'avec Luther qui, en supprimant les intermédiaires et en mettant chaque individu face à Dieu, fonde la conception religieuse de la liberté moderne. Et cette idée de liberté ne deviendra réalité politique et ne se propagera en Europe qu'avec la Révolution française et Napoléon. Hegel, comme Kant d'ailleurs, reconnaît l'apport de la Révolution française, tout en lui reprochant son jacobinisme, dont Rousseau serait le père intellectuel.

La liberté à l'œuvre dans la Révolution française est la liberté absolue, la liberté de transformer le monde selon la raison universelle, la liberté sans aucun obstacle et détermination extérieurs, la volonté générale et universelle de tous les individus. Cette volonté générale, du moins telle que l'entend Rousseau, fonctionnerait sans système de représentation, constituerait un État homogène sans aucune différenciation, sauf entre le pouvoir législatif de la volonté générale et le pouvoir exécutif.

Cette liberté absolue et vide ne poursuit, dit Hegel avec des accents burkiens, que des abstractions comme celle d'une égalité universelle qui supprimerait toute différence. Sa positivité n'étant qu'abstraite, cette liberté ne peut s'affirmer que dans la négation de toute détermination particulière, tout contenu réel, toute limitation, toute réalité qui lui est extérieure. Cette liberté absolue ne peut que nier, détruire ce qui existe (constitution, institutions politiques, états sociaux, volontés particulières): «Une fois parvenues au pouvoir, ces abstractions nous ont offert le spectacle le plus prodigieux qu'il nous ait jamais été donné de contempler depuis que l'humanité existe: la tentative de recommencer entièrement la constitution d'un État en détruisant tout ce qui existait et en s'appuyant sur la pensée afin de donner pour fondement à cet État ce que l'on supposait être rationnel. Mais, en même temps, parce qu'il ne s'agissait que d'abstractions sans Idée, cette tentative a entraîné la situation la plus effroyable et la plus cruelle[12].»

La volonté générale étant une abstraction, ce n'est pas elle qui agit à travers le gouvernement, mais une faction triomphante qui, au nom de la volonté générale, défend ses volontés particulières et combat les autres factions. La Révolution tend ainsi, opposant une faction révolutionnaire aux autres, à dévorer ses propres enfants. De plus, chaque individu devant être une partie de la volonté générale, chacun, même s'il ne s'y s'oppose pas ouvertement, est susceptible de nourrir en son for intérieur une opposition et devient un suspect selon la loi du même nom votée pendant le processus révolutionnaire: «Ne fait face, en effet, au gouvernement comme volonté générale *effective* que la pure volonté ineffective, l'*intention. Devenir suspect* vient donc prendre la place, ou encore, a la signification et l'effet d'*être coupable*, et la réaction extérieure à cette effectivité qui réside dans l'intérieur simple de l'intention, consiste en l'anéantissement sec et brutal de ce Soi-même qui est, et auquel on ne peut rien prendre, hormis son être même[13].»

L'État grec ne reconnaît pas la liberté moderne. L'État libéral, dans la lignée de Locke, réduit le fondement et l'objectif de l'État à la défense des libertés individuelles. La Révolution française, au nom d'une volonté générale abstraite, cherche à détruire toutes les réalités sociales et politiques transmises par l'histoire. La monarchie constitutionnelle prussienne réconcilie, pour Hegel, la liberté de l'individu et l'éthicité de l'État.

---

12. *Ibid.*, § 258, p. 260.
13. *Phénoménologie de l'esprit, op. cit.*, p. 395.

État et religion

La religion relève de la liberté subjective de chacun. Mais dans la mesure où elle se pratique par un culte et s'exprime extérieurement par une doctrine, elle devient une communauté, une corporation, dont l'exercice requiert des biens, des propriétés et des individus à son service. À ce titre, en tant que corporation, elle est placée sous la protection, la surveillance et le contrôle de l'État. La religion, en tant que foi, est hors du domaine de l'État. En tant que doctrine, foi exprimée extérieurement, elle peut être en harmonie ou entrer en conflit avec la doctrine de l'État objectivée dans la constitution et dans les lois. La religion protestante de type luthérien est en accord avec l'État défini dans les *Principes de la philosophie du droit*, tandis que la religion catholique y est directement opposée.

Le luthéranisme, tout en privilégiant la relation de chacun avec Dieu, reconnaît la réalité éthique de la vie mondaine exprimée dans la famille, la société civile (la valeur du travail, le respect de la propriété, l'honnêteté dans les échanges) et l'État (obéissance aux lois et aux institutions). Il n'y a donc pas de contradiction entre le croyant et le citoyen. Dans le protestantisme luthérien, la conscience de l'Absolu est en harmonie avec la réalité du monde éthique (famille, société civile et État).

Le catholicisme considère que tout ce qui est spirituel, donc éthique, relève de son domaine, tandis que l'État serait réduit à la satisfaction des besoins physiques de l'individu. Pour Hegel, la volonté hégémonique de l'Église catholique sur la spiritualité et l'éthique est, de façon paradoxale, compatible avec une conception libérale de l'État: «Il faut tout d'abord remarquer que cette façon d'envisager les rapports de l'Église et de l'État est liée à la conception de l'État, selon laquelle celui-ci a pour destination la protection et la sécurité de la vie, de la propriété et de la liberté de chacun, dans la mesure où elles ne portent pas atteinte à la vie, à la propriété et à la liberté des autres, et selon laquelle donc, l'État n'est envisagé que comme institution du besoin[14].» Le catholicisme préconise comme modèle de vie l'idéal du religieux soumis aux trois vœux: la chasteté, la pauvreté et l'obéissance à l'Église. Ce modèle est tout à fait opposé

---

14. *Principes de la philosophie du droit, op. cit.*, § 270, p. 276.

à l'éthicité de ce monde centré sur la famille, le travail et le gain, l'obéissance à l'État. Si l'Église catholique a déjà pu, dans des temps barbares, représenter la spiritualité contre la violence et l'arbitraire de l'État, elle représente maintenant le règne de la servitude contre celui de la liberté.

La séparation de l'Église et de l'État ne constitue pas une solution car les principes de celui-ci ne peuvent trouver leur confirmation ultime que dans ceux de la religion. Il y aura toujours opposition, lutte et incompatibilité entre principes de l'État moderne et catholicisme, entre éthicité du mariage et sainteté de la chasteté, entre éthicité du travail, producteur de richesses, et sainteté de la pauvreté, entre éthicité de l'obéissance aux lois de l'État et servitude de la conscience face à l'Église. Aussi Hegel jugera-t-il comme une folie de son temps la Révolution française qui a voulu «changer un système de vie éthique corrompue», société civile et État, sans Réforme, «sans détruire l'ancienne religion et ses enseignements».

Un État fort, comme l'État prussien de son époque, peut cependant tolérer certaines communautés religieuses qui ne reconnaissent pas leur subordination à l'éthicité de l'État. Ainsi, les quakers et les anabaptistes qui, membres actifs de la société civile, refusent de porter les armes pour défendre l'État, sont tolérés s'ils compensent ce manque d'engagement par d'autres prestations. Ainsi, les juifs, communauté religieuse qui se considère comme un peuple étranger, se voient attribuer des droits civils et sont reconnus avant tout comme hommes, comme personnes juridiques, ce qui est le meilleur moyen de favoriser leur assimilation.

Esprit, peuples et histoire

Pour qu'une nation puisse accéder à l'histoire, il faut qu'elle s'organise en État. Or la constitution d'un État dépend des mœurs, des coutumes, du degré de culture et de conscience d'un peuple, le type d'État n'étant que la manifestation de l'esprit d'un peuple à une période déterminée. L'esprit d'un peuple a donc une histoire qui est, elle-même, dépendante de l'histoire des autres peuples avec qui elle entre en relation et en conflit.

La dialectique du maître et de l'esclave révèle que la liberté ne s'affirme vraiment que dans le risque de perdre sa vie. Cela est vrai pour l'individu et pour l'État. La paix réduit souvent l'individu à ses propriétés, à ses particularités et le chosifie tandis que la guerre brise ses liens de sécurité, de dépendance et le remet en mouvement. Par le courage, manifestation du patriotisme durant une guerre, l'individu sacrifie sa propre liberté à celle de l'État: il renonce à son propre jugement et se soumet à l'obéissance, tout en agissant avec la plus grande intensité et la plus grande détermination. Sa haine s'adresse au peuple ennemi et non à des individus particuliers qui demeurent impersonnels et indifférenciés, la guerre n'opposant ni des individus, ni des familles, mais des peuples.

Les guerres, en supprimant les querelles intestines, en unifiant la nation face à l'ennemi, sont aussi utiles pour renforcer le peuple. De toute façon, elles sont inévitables, étant la seule façon de régler un conflit entre États lorsqu'un accord devient impossible.

Les relations internationales sont des relations entre États indépendants. Tout droit international est un devoir-être à la merci de la volonté de chaque État, car il n'existe aucun tribunal supérieur, aucune instance supérieure ayant la puissance nécessaire pour punir les dérogations. Il faut donc distinguer le droit international, pure injonction morale, du droit interne à chaque État qui repose sur l'usage d'une force publique. Kant erre donc en imaginant qu'une fédération d'États pourrait entraîner une paix perpétuelle.

L'indépendance est le bien suprême de l'État. Et l'État, étant une réalité éthique supérieure à celle de la société civile ou à la morale de l'individu, ne peut être jugé à l'aune du droit privé ou de la morale individuelle. La distinction des scolastiques entre guerre juste et guerre injuste n'a aucun sens. La guerre est le résultat de deux États qui jugent que leurs intérêts et leurs droits sont en conflit et inconciliables. Les droits et les intérêts d'un État sont aussi valables que ceux d'un autre: la guerre, en les rendant inégaux, décidera quel droit prévaudra.

La guerre implique que le conflit ne peut pas être résolu par un traité, mais par la force militaire. Elle sous-entend aussi que les deux États se reconnaissent mutuellement, que la guerre ne sera pas perpétuelle ou ne conduira pas à l'extinction de l'autre, que la possibilité de paix est sauvegardée. Aussi, elle suppose le respect des familles, des personnes privées, des ambassadeurs, etc.

Les États, les peuples et les individus, tout en étant conscients

de leurs particularités et de leurs intérêts, sont l'instrument inconscient de l'Esprit du monde qui, à chaque période et par l'intermédiaire de l'esprit d'un peuple particulier, prépare le passage à une
étape supérieure. Un peuple peut avoir comme mission d'accomplir
une étape précise dans le développement de l'Esprit du monde, mais
il ne joue ce rôle dominant qu'une fois dans l'histoire mondiale qui
est progrès de l'Esprit. Aussi les guerres, qui sont contingentes pour
les États, ont-elles un sens pour l'Esprit du monde: chaque victoire,
qui fait dominer le droit d'un État à une période donnée, ponctue
son développement.

Philosophie et histoire de l'Esprit

La religion, en tant que communauté, est, nous l'avons vu, soumise
aux lois de l'État. Mais l'essence de la religion réside dans cette disposition intérieure qui relie l'individu avec l'Absolu, l'Esprit, Dieu,
Geist. En tant que lien avec l'Absolu, la religion est une réalité qui
dépasse et permet de comprendre, tout en fondant son éthicité, le
caractère nécessairement limité de l'État dans lequel s'incarne historiquement l'Absolu.

La religion et la philosophie ont le même contenu: Dieu. La
religion et la philosophie se distinguent par la forme de leur rapport
avec l'Absolu: la religion est le domaine du sentiment, de l'intuition,
de la représentation, tandis que la philosophie est le domaine du
concept. Thomas d'Aquin affirmait que la philosophie est la servante
de la théologie: celle-ci définit la Vérité que la philosophie cherche à
éclairer à la lumière nécessairement limitée de la raison. Chez Hegel,
au contraire, c'est la philosophie qui permet de découvrir le caractère
rationnel de la religion, de dégager le vrai de la gangue de la représentation: le concept est la mesure et le critère de la représentation;
la philosophie dépasse la religion en la comprenant.

Même si Hegel affirme que sa philosophie est la vérité du christianisme, son Dieu est fort différent du Dieu chrétien. Celui-ci crée
la nature comme quelque chose qui lui est totalement extérieur tandis
que, pour Hegel, la nature n'est pas une réalité extérieure à Dieu:
comme chez Spinoza, Dieu est substance, nature. Et, contrairement
à ce que pensait ce dernier, Dieu se réalise historiquement en devenant nature et en se faisant histoire des peuples. Dieu est en relation

réelle, nécessaire et historique avec les réalités finies: rien ne lui est extérieur.

Dieu, *Geist*, ne se réalise qu'à travers les hommes qui, par leur conscience, leur rationalité, leur volonté, demeurent son véhicule indispensable. Mais Dieu ne s'y réduit pas. Il est non seulement le principe spirituel qui anime l'ensemble de l'univers, mais, comme Esprit du monde, il est servi par les hommes qui ne reconnaissent qu'après coup les fins qu'il poursuit. Comme acteurs des transformations sociales, politiques et religieuses, les hommes sont régis par un metteur en scène qui est l'Esprit du monde; ce n'est que rétrospectivement et comme philosophes qu'ils peuvent comprendre les buts poursuivis par l'Esprit.

Réconciliation

Hegel n'est pas un disciple de Locke, un penseur libéral. Son État ne repose pas sur le consentement des individus et n'a pas pour fin la protection de leurs libertés. Mais il n'est pas non plus un anti-libéral. Son État doit comprendre, pour la dépasser, la liberté moderne: droit de propriété (origine romaine); autonomie morale (Kant); liberté, sur la base du sentiment, de choisir son conjoint et de constituer une famille; libertés économiques (gains et échanges) fondées sur le travail. Mais pour Hegel, l'individu réalise vraiment sa liberté quand, au-delà de ses libertés, il s'identifie aux fins supérieures de l'État. Hegel espère ainsi réconcilier la liberté moderne avec le sens de l'État partagé par les Grecs.

Hegel adhère à l'autonomie morale de Kant. Mais, pour Hegel, la reconnaissance du fondement rationnel et humain de la morale ne constitue qu'une étape: l'individu la dépasse et va au-delà de l'impératif formel et abstrait du devoir en s'identifiant à la réalité éthique à l'œuvre dans les institutions (famille, société civile et, surtout, État).

Hegel veut aussi réconcilier ce que des philosophes des Lumières avaient opposé: philosophie et religion. Celle-ci ne reposerait pas sur l'autorité ignorante de la tradition. Elle est représentation de l'Absolu à l'œuvre dans l'histoire, y compris dans celle des religions. Ainsi la philosophie de Hegel dégagerait la vérité du protestantisme luthérien, en le pensant rationnellement.

Dieu, *Geist*, se réalise dans la nature et dans l'histoire. La raison du philosophe, comprenant cette finalité de la Raison, réconcilie ce que Kant avait séparé: phénomène et noumène; bien, vrai et beau; individu et nature; devoir-être et finalité; liberté et nécessité; individu, histoire et Dieu.

BIBLIOGRAPHIE

HEGEL, Georg Wilhelm Friedrich, *Phénoménologie de l'esprit*, Aubier, 1991.
——, *Principes de la philosophie du droit*, traduction de Jean-François Kergévan, 1998.
——, *Principes de la philosophie du droit*, traduction de Robert Dérathé, Vrin, 1982.
——, *Écrits politiques*, Éd. Champ Libre, 1977.
> Ce dernier livre comprend «La constitution de l'Allemagne», «Actes de l'assemblée des états du royaume de Wurtemburg en 1815 et 1816» et «À propos du *Reform Bill* anglais».

CHÂTELET, François, *Hegel*, Seuil, 1994.
> Une bonne introduction à l'ensemble de la pensée de Hegel.

D'HONDT, Jacques, *Hegel, philosophe de l'histoire vivante*, PUF, 1966.
> Ce disciple d'Hyppolite veut réhabiliter les *Leçons sur la Philosophie de l'histoire* de Hegel, écrites sous la Restauration, en les situant en continuité avec la *Phénoménologie de l'Esprit*, écrite durant l'Empire napoléonien. Une même conception de l'histoire animerait ces deux œuvres écrites à deux époques différentes et selon des modalités différentes (moins philosophique et plus sociologique dans les *Leçons* que dans la *Phénoménologie*).

FLEISCHMANN, Eugène, *La philosophie politique de Hegel*, Gallimard, 1992.
> Analyse, paragraphe par paragraphe, des *Principes de la philosophie du droit* de Hegel qui serait, selon l'auteur, un partisan de la liberté de l'individu.

FOSTER, M. B., *The Political Philosophies of Plato and Hegel*, Oxford, The Clarendon Press, 1968.
> Ce classique, publié en 1939, compare très finement les conceptions politiques des deux auteurs, quoique Foster soit porté à interpréter Hegel à la lumière de Platon.

HYPPOLITE, Jean, *Genèse et structure de la phénoménologie de l'esprit de Hegel*, t. I et II. Aubier, 1946.
> Jean Hyppolite, disciple de Marx, explique comment le savoir (phénoménal) de la conscience, comme conscience des expériences, parvient, par des négations successives déterminées et nécessaires, au savoir absolu.

KOJÈVE, Alexandre, *Esquisse d'une phénoménologie du droit*, Gallimard, 1981.
> L'auteur étudie chez Hegel ce qu'est le droit, son origine et son évolution, puis l'organisation des différents types de droit.

LABARRIÈRE, Jean, *La* Phénoménologie de l'Esprit *de Hegel*, Aubier-Montaigne, 1979.
> Fruit de vingt années d'études, dont dix d'enseignement, introduction qui veut faciliter la lecture de cet ouvrage et accompagner son déploiement, en déga-

geant ses structures et son mouvement dialectique par la prise en compte, comme fil directeur, de la volonté hegelienne de réconcilier toutes les dimensions de l'expérience dans ce que l'auteur nomme un Système-en-mouvement.

PLANTY-BONJOUR, Guy (dir.), *Hegel et la religion*, PUF, 1982.

Recueil de textes sur la conception hegelienne de la religion dont je retiens particulièrement «*La philosophie de la religion* de Hegel» de Jacques d'Hondt et «Religion et politique dans la philosophie de Hegel» d'Adrien Peperzak.

ROSENFIELD, Denis L., *Politique et liberté*, Aubier, 1984.

La philosophie politique de Hegel serait centrée sur la liberté du citoyen et non sur la domination de l'État.

TAYLOR, Charles, *Hegel*, Cambridge University Press, 1975.

Interprétation d'ensemble de la philosophie de Hegel qui affirme que l'auteur cherche à répondre aux aspirations romantiques de son temps, en liant, rationnellement, l'autonomie radicale du sujet à son unité expressive avec, d'une part, la nature et, d'autre part, la société.

———, *Hegel and Modern Society*, Cambridge University Press, 1979.

Taylor reprend la démonstration de son *Hegel* — dont il a exclu trois parties: phénoménologie; logique; Esprit absolu dans l'art, la religion et la philosophie — qu'il présente de façon plus didactique, en insistant sur la pertinence actuelle de la manière hegelienne d'aborder les problèmes.

WEIL, Eric, *Hegel et l'État*, Vrin, 1950.

Ouvrage à l'origine d'une école française d'interprétation qui fait de Hegel un quasi-libéral, par opposition à une école anglaise qui en fait un conservateur.

TOCQUEVILLE

(1805-1859)

Alexis de Tocqueville a neuf ans lorsque le pouvoir des Bourbons est restauré (1815-1830). La charte constitutionnelle de la Restauration s'inspire du système anglais, en limitant le pouvoir du roi (Louis XVIII de 1814 à 1824 et Charles X de 1824 à 1830) par une chambre des nobles et par une chambre de députés élus par les riches roturiers. La restauration conserve plusieurs acquis de la Révolution française, maintient le code civil de Napoléon et avoue son incapacité à restituer aux nobles et à l'Église les terres confisquées et distribuées aux paysans. L'opposition libérale gagne les élections en 1830: Charles X suspend la constitution et suscite le soulèvement du peuple qui met fin au règne des Bourbons et installe au pouvoir le «libéral» Louis-Philippe d'Orléans dans ce qui est appelé la Monarchie de Juillet (1830-1848). Le capitalisme se développe — même s'il est très en retard par rapport à l'Angleterre et même si son rythme de croissance est plus faible que celui d'Allemagne — et engendre des conditions de vie misérables pour les ouvriers. Une opposition républicaine, qui reproche au roi Louis-Philippe d'Orléans d'avoir confisqué la révolution de 1830, se lie au mouvement ouvrier durement réprimé et obtient, lors des émeutes de 1848, la fondation de la deuxième république qui — une première — repose sur le suffrage universel (des hommes). Cette république, minée par les luttes entre bourgeois et ouvriers sur la question de l'emploi, est de courte durée et conduit au second empire, celui de Napoléon III (1852-1870).

Tocqueville, né dans une vieille famille aristocratique de Normandie, apprend de ses parents qu'ils furent emprisonnés durant la révolution de 1789 et qu'ils échappèrent de justesse à l'exécution, à laquelle furent soumis sa grand-mère maternelle et son oncle.

Après des études juridiques, il est nommé juge en 1827 et élu député à la chambre nationale de 1839 à 1848. Tocqueville ne passera pas à l'histoire comme politicien ou juriste, mais comme historien, qui veut dévoiler les origines de la Révolution française, et comme sociologue, qui cherche à comprendre la société démocratique dans son opposition à la société aristocratique.

Le processus d'égalisation, fondement de la démocratie, est inévitable: on ne peut revenir à une société aristocratique. Tocqueville, qui prise la liberté — chère, dit-il, à l'aristocratie —, se méfie des dangers inhérents à l'incontournable égalité démocratique. Il étudie la démocratie américaine, non entachée par la révolution, pure, pour découvrir ses caractéristiques, cerner ses faiblesses et proposer des remèdes à ses maux. Comment préserver la liberté malgré l'égalisation et dans la démocratie? Comment instaurer peu à peu des mœurs libres dans une France post-révolutionnaire fascinée par l'égalité? Voilà les deux questions fondamentales qui orientent ses études sur les causes proches et lointaines de la révolution de 1789, révolution qui l'impressionne par sa grandeur et sa nouveauté et qu'il méprise pour ses excès. Voilà les questions qui orientent ses comparaisons entre l'Amérique, l'Angleterre et la France, comparaisons qui lui permettront de distinguer aristocratie et démocratie et qui l'aideront à cerner les effets spécifiques de la révolution sur une société.

Société aristocratique et société démocratique

Qui gouverne le mieux, l'aristocratie ou la majorité du peuple? Tocqueville pose la question, mais refuse d'y répondre: l'aristocratie, de toute façon, est dépassée par l'histoire qui est processus d'égalisation. L'auteur compare toutefois fréquemment les deux grands types de société afin de mieux comprendre le nouveau qui émerge de l'ancien.

La société aristocratique est une société organique où chaque individu est défini par sa place et sa fonction au sein d'un des ordres; la société démocratique se fonde sur des individus égaux. Entre ceux-ci et l'État, il n'y a pas en principe de médiateur; l'aristocratie jouait le rôle d'intermédiaire nécessaire entre le peuple et le roi.

La noblesse est aussi une aristocratie: elle exerce un pouvoir politique qui constitue un rempart contre un pouvoir royal qui se voudrait absolu. Par ses privilèges de naissance, de richesse et de savoir, par ses loisirs, ses goûts raffinés et ses plaisirs de l'esprit, elle s'oppose à la masse ignorante, grossière, pauvre, laborieuse et de naissance obscure. Trop nombreux pour être soumis à une passion comme peut l'être le roi, éclairé comme ne peut l'être la masse ignorante, le corps aristocratique constitue la base ferme de la société et le garant de la liberté contre la tyrannie. Dans la démocratie, la majorité des individus exerce le pouvoir par l'intermédiaire de ses représentants. Cette majorité n'a ni le raffinement, les lumières et les richesses de l'aristocratie, ni l'ignorance grossière et la pauvreté de la masse des sociétés aristocratiques.

L'aristocratie accorderait une très grande valeur à la liberté, qui est évidemment celle de ses franchises et de ses privilèges. La position aristocratique de Tocqueville sur la liberté s'inspire ici de Montesquieu. Comme frein au pouvoir absolu du roi, l'aristocratie est garante de la liberté, du moins de la sienne. Par son pouvoir politique, en tant qu'elle est appelée à obéir et à commander, elle jouit de la liberté politique telle que l'entendaient les Anciens, c'est-à-dire du droit et du devoir de participer activement à la chose publique. Chez Tocqueville, cette liberté aristocratique acquiert de plus le sens de dignité, d'indépendance et de fierté personnelles. La démocratie n'a pas comme fondement la liberté, mais l'égalité. L'égalité démocratique devrait normalement conduire à la liberté, mais elle peut entraîner la tyrannie de la majorité sur des minorités ou des particuliers, et peut aussi amener un despotisme doux, reposant sur l'apathie d'individus qui auraient renoncé à leur liberté politique, à leurs droits et devoirs politiques. Toute la démarche de Tocqueville consiste à déterminer les conditions requises pour que la démocratie préserve la liberté dont l'origine serait aristocratique.

Tocqueville oppose le mariage aristocratique, dont l'objectif est d'unir plutôt les biens que les personnes, au mariage démocratique qui repose sur la «similitude des goûts et des idées» entre deux personnes. Mais l'auteur considère si peu la liberté comme une caractéristique de la démocratie qu'il insiste peu sur ce caractère du mariage moderne, insistant plutôt sur le libertinage auquel conduit le mariage de type aristocratique, tandis que le mariage reposant sur le libre choix assurerait, si les mœurs sont saines, une union stable dans la fidélité.

L'égalité, base de la démocratie, s'oppose à la hiérarchie, à l'inégalité aristocratique. L'égalité des conditions ou le sentiment de cette égalité conduit chacun à «vivre indépendamment de ses semblables, en tout ce qui n'a rapport qu'à lui-même, et à régler comme il l'entend sa propre destinée[1]». Cette égalité conduit facilement à l'individualisme, à la poursuite des intérêts privés dissociés du bien public, individualisme qu'il faut distinguer de l'individualité. Car si l'aristocrate cultive son individualité en entretenant des passions, des goûts, des habitudes et des idées qui le distinguent des autres, l'individu démocratique, happé par la même recherche ininterrompue et passionnée du bien-être, désire plutôt la conformité: «Lorsque les citoyens sont divisés en castes et en classes, non seulement ils diffèrent les uns des autres, mais ils n'ont ni le goût ni le désir de se ressembler; chacun cherche, au contraire, de plus en plus, à garder intactes ses opinions et ses habitudes propres et à rester soi. L'esprit d'individualité est très vivace. Quand un peuple a un état social démocratique, c'est-à-dire qu'il n'existe pas dans son sein de castes ni de classes, et que tous les citoyens y sont à peu près égaux en lumières et en biens, l'esprit humain chemine en sens contraire. Les hommes se ressemblent et de plus ils souffrent, en quelque sorte, de ne pas se ressembler. Loin de vouloir conserver ce qui peut encore singulariser chacun d'eux, ils ne demandent qu'à le perdre pour se confondre dans la masse commune, qui seule représente à leurs yeux le droit et la force. L'esprit d'individualité est presque détruit[2].»

Dans la société féodale, chaque ordre se différencie tellement des autres par ses mœurs et ses droits que ses membres sont spontanément incapables de ressentir ce que les membres des autres ordres éprouvent. Le seigneur protège son vassal et celui-ci se dévoue à son seigneur auquel il obéit respectueusement, sans qu'il y ait une communauté de sentiments entre le supérieur et l'inférieur: «Chez un peuple aristocratique, chaque caste a ses opinions, ses droits, ses mœurs, son existence à part. Ainsi, les hommes qui la composent ne ressemblent point à tous les autres; ils n'ont point la même manière de penser ni de sentir, et c'est à peine s'ils croient faire partie de la

---

1. *L'Ancien Régime et la révolution*, t. I, *Œuvres complètes*, t. II, Gallimard, 1952, p. 62.
2. *De la démocratie en Amérique*, t. II, Vrin, 1990, p. 232, note 2. (Toutes les citations du tome II proviendront de cette édition.)

même humanité. Ils ne sauraient donc bien comprendre ce que les autres éprouvent, ni juger ceux-ci par eux-mêmes. On les voit quelquefois pourtant se prêter avec ardeur un mutuel secours; mais cela n'est pas contraire à ce qui précède. Ces mêmes institutions aristocratiques, qui avaient rendu si différents les êtres d'une même espèce, les avaient cependant unis les uns aux autres par un lien politique fort étroit. Quoique le serf ne s'intéressât pas naturellement au sort des nobles, il ne s'en croyait pas moins obligé de se dévouer pour celui d'entre eux qui était son chef; et, bien que le noble se crût d'une autre nature que les serfs, il jugeait néammoins que son devoir et son honneur le contraignaient à défendre, au péril de sa propre vie, ceux qui vivaient sur ses domaines[3].» Dans la société démocratique, tous sont égaux. Aussi chacun, pouvant se retrouver dans la position de l'autre, peut éprouver ce que l'autre ressent, peut compatir, peut avoir pitié de l'autre. L'égalité démocratique ne supprime évidemment pas des rapports d'autorité, comme celui entre maître et serviteur, mais ces rapports d'autorité reposent sur des contrats par lesquels des individus se lient volontairement et librement pour un temps déterminé. Cette autorité contractuelle oblige donc deux individus qui se considèrent libres et égaux, individus qui, hors du domaine spécifié dans le contrat, demeurent entièrement indépendants l'un de l'autre.

La noblesse, pour mieux se démarquer du peuple, définit un code de vertus et de vices qui lui est propre. Telle action est vertueuse ou non selon la nature de classe (noble ou roturière) de l'acteur qui la commet ou de celui qui la subit. En général, elle vénère des vertus et des vices qui se combinent avec l'orgueil et l'amour du pouvoir, des vertus qui ont de la grandeur et des vices qui, au-delà des faiblesses à la portée de tous, ont de l'éclat. Dans la société démocratique, la morale de chacun est de suivre son propre intérêt et de comprendre que celui-ci est lié à celui des autres.

La poursuite du bien-être est la passion universelle des sociétés démocratiques: le pauvre espère sortir de sa situation, le riche craint de perdre ses biens tandis que la majorité, jouissant d'une fortune médiocre, vit en vue d'améliorer ses avoirs. Dans les sociétés aristocratiques, l'état de richesse ou de pauvreté est fixé par la naissance. Le

---

3. *Ibid.*, p. 146.

noble ne recherche pas le bien-être ni ne craint de le perdre. Il l'acquiert à sa naissance, en jouit, comme l'air, sans y penser, tandis que
le peuple s'habitue à sa pauvreté, n'imaginant pas comment il pourrait en être autrement. La richesse est, pour le noble, une manière de
vivre: elle n'est ni un but ni un objet de passion. Il est même de bon
ton de dédaigner les richesses au nom de biens supérieurs, intellectuels ou moraux. Dans les sociétés démocratiques, le bien-être est le
fruit du travail qui est valorisé. Dans les sociétés aristocratiques, le
travail manuel, en fait tout travail dont l'objectif est le gain, est
méprisé. Ainsi, un noble qui accepte une fonction rémunérée de
magistrature le fera pour l'honneur ou pour la gloire de l'État,
comme si l'appât du gain était absent de ses préoccupations. Enfin la
naissance, dans les sociétés aristocratiques, distingue les individus les
uns des autres, tandis que c'est l'argent qui crée les différences dans
les sociétés démocratiques.

La société démocratique est continuellement agitée, transformée
par la poursuite incessante du gain; un lien fixe, unissant la famille
noble à une terre, inscrit la société aristocratique dans la stabilité. Les
sociétés aristocratiques, dirigées par une classe éclairée mue par des
idéaux de gloire et d'honneur, sont mieux préparées à affronter les
guerres que les sociétés démocratiques dont le peuple, guidé par la
recherche du bien-être, sentant «plus qu'il ne raisonne», est facilement prêt à ignorer les maux qu'entraînerait une défaite au nom des
maux actuels de la guerre: «Le peuple, non seulement voit moins
clairement que les hautes classes ce qu'il peut espérer ou craindre de
l'avenir, mais encore il souffre bien autrement qu'elles des maux du
présent. Le noble, en exposant sa personne, court autant de chances
de gloire que de périls. En livrant à l'État la plus grande partie de son
revenu, il se prive momentanément de quelques-uns des plaisirs de la
richesse; mais, pour le pauvre, la mort est sans prestige, et l'impôt qui
gêne le riche attaque souvent chez lui les sources de la vie[4].» La
société démocratique, peu apte à la guerre, serait celle qui serait la
plus susceptible de promouvoir le bien-être général.

La société aristocratique est celle où fleurit, parmi la classe aristocratique, des mœurs et des manières policées, des arts éclatants,

---

4. *De la démocratie en Amérique*, t. I, *Œuvres complètes*, t. I, Gallimard, 1961,
p. 233. (Toutes les citations du tome I proviendront de cette édition.)

une certaine hauteur de l'esprit, des convictions profondes, de grands dévouements et le sens de la gloire comme enjeu de l'histoire. La société démocratique privilégie, au contraire, une raison utilitaire, une morale orientée vers le bien-être des individus et des habitudes paisibles favorisant un travail en vue du gain.

Processus d'égalisation

Le processus d'égalisation des conditions et le développement du sentiment d'égalité sont des faits universels, durables, échappant aux intentions et à la volonté humaine: tous y participent et les favorisent, consciemment ou non.

L'origine de ce processus se situerait 700 ans auparavant, au XIe siècle, avec les Croisades et la guerre des Anglais qui déciment la noblesse et divisent ses terres. Les communes, en plein Moyen Âge, et même si leurs libertés furent plus tard réduites par l'absolutisme royal, introduisent le principe démocratique au sein de la monarchie féodale et commencent déjà à la miner.

Les deux causes les plus importantes de ce processus sont l'émergence d'une nouvelle classe de riches et la centralisation du pouvoir aux mains du roi. Il existe trois biens rares (la naissance, la richesse et le savoir) qui, accaparés par un même groupe, forment la noblesse. Or l'Europe comprend de plus en plus de riches, qui ont aussi du savoir, alors que la noblesse s'appauvrit et n'a plus exclusivement pour elle que la naissance. Au XVIIIe siècle, la prospérité relève de plus en plus de ces nouveaux riches tandis que la noblesse se replie sur son passé. Les bourgeois, au nom du principe général de l'égalité, combattront peu à peu les privilèges nobiliaires, les inégalités dues à la naissance.

La noblesse, dans la plupart des pays, perd le pouvoir politique, qui faisait d'elle une aristocratie, aux mains du roi. Elle n'est plus le rempart politique contre le pouvoir absolu du roi. Elle n'a plus que des privilèges face au peuple et aux nouveaux riches: «Les privilèges qui donnent de l'argent sont donc tout à la fois moins importants et plus dangereux que ceux qui accordent du pouvoir. Les nobles français, en conservant ceux-là de préférence aux autres, avaient gardé, de l'inégalité, ce qui blesse et non ce qui sert. Ils gênaient et appauvrissaient le peuple et ne le gouvernaient pas. Ils paraissaient au milieu de lui comme des étrangers favorisés par le prince plutôt que comme des guides et des chefs; n'ayant rien à donner, ils n'attachaient pas les cœurs par l'espérance; ne pouvant prendre que dans une certaine mesure fixée invariablement à l'avance, ils faisaient naître la haine et n'excitaient point la crainte[5].»

À ces divers facteurs favorisant l'égalisation, Tocqueville ajoute l'invention des armes à feu qui, sur les champs de bataille, rend aussi efficace le roturier que le noble chevalier, l'invention de l'imprimerie qui rend le savoir accessible à tous ceux qui ne sont pas pauvres et, enfin, la réforme protestante qui transforme les mœurs en affirmant que tout homme peut également lire la Bible et entrer directement en communication avec Dieu.

Ce processus d'égalisation ne conduit pas inévitablement à une révolution, comme ce fut le cas en France, pays qui était doté du pouvoir le plus centralisé de l'Europe. Entre le roi et les sujets, il n'y avait plus de pouvoir intermédiaire: la révolution ne fera qu'accentuer cette centralisation au nom de la nation. La noblesse n'avait su, comme en Angleterre, s'allier aux nouveaux riches. Elle maintenait avec opiniâtreté son préjugé ancestral contre le commerce et l'industrie, et même les mariages, unissant nobles appauvris et riches roturières, étaient regardés de haut par les «authentiques» nobles. Les nouveaux riches, en s'opposant au pouvoir absolu du roi, ne pouvaient que rejeter les privilèges de cette inutile et prétentieuse noblesse: «La noblesse française s'obstine à demeurer à part des autres classes; les gentilshommes finissent par se laisser exempter de la plupart des charges publiques qui pèsent sur elles; ils se figurent qu'ils conserveront leur grandeur en se soustrayant à ces charges, et il paraît d'abord en être ainsi. Mais bientôt une maladie interne et invisible semble s'être attachée à leur condition, qui se réduit peu à peu sans que personne les touche; ils s'appauvrissent à mesure que leurs immunités s'accroissent. La bourgeoisie, avec laquelle ils avaient tant craint de se confondre, s'enrichit au contraire et s'éclaire à côté d'eux, sans eux et contre eux; ils n'avaient pas voulu avoir les bourgeois comme associés ni comme citoyens, ils vont trouver en eux des rivaux, bientôt des ennemis, et enfin des maîtres[6].» Les cercles litté-

---

5. *L'Ancien Régime et la révolution*, *op. cit.*, p. 41.
6. *Ibid.*, p. 189.

raires regroupaient, sur un terrain neutre et égalitaire, dans une
«sorte de démocratie imaginaire», des hommes de lettres et des seigneurs. Ces gens de lettres opposeront les règles claires et simples de
la raison aux complications bizarres des coutumes et des traditions;
ils opposeront la raison à la foi, aux traditions et à la conception
hiérarchique de l'Église. Coupés de toute expérience et de toute pratique politiques depuis des décennies, ils se dévoueront aveuglément
à des «théories générales et abstraites en matière de gouvernement»,
faisant fi, au nom de la raison, de toute la réflexion politique du
passé.

L'Angleterre sut éviter cette révolution pour les raisons suivantes: des pouvoirs intermédiaires y subsistaient; la noblesse, qui était
demeurée une aristocratie, eut l'intelligence de s'allier avec la bourgeoisie; ces deux classes dirigeantes limitèrent le pouvoir de la
royauté, en ayant l'expérience des affaires et de la politique. Malgré
cette réussite, l'Angleterre n'a pu, elle non plus, rester à l'écart de
l'égalisation: sous les façades anciennes, l'égalité démocratique, dit
Tocqueville, y a triomphé.

Tocqueville respecte dans la Révolution française l'esprit de
1789, la poursuite de la liberté dans l'égalité. Il reconnaît la nouveauté radicale de cette révolution, la première à vouloir transformer
en même temps les institutions politiques et la religion d'une société.
Mais il la condamne aussi pour ce désir irréaliste de tout changer et
pour avoir promptement sacrifié la liberté à l'égalité. Il admire au
contraire l'Amérique pour avoir fondé l'égalité sur la liberté et pour
avoir démontré que la religion — indispensable aux bonnes mœurs
— est conciliable avec l'esprit de liberté.

L'égalisation des conditions remonte, comme nous l'avons vu,
loin dans l'histoire de l'Europe et renvoie, dans les derniers siècles,
à l'émergence de la bourgeoisie et à la centralisation du pouvoir,
tandis que la liberté, développée sur la base de cette égalité, est récente et sans racine. L'égalité existe dans les mœurs et les habitudes
tandis que la liberté démocratique n'est encore qu'un goût, qu'une
opinion. Les Européens, «voulant être libres pour pouvoir se faire
égaux», étaient animés d'une grande soif d'indépendance lorsqu'ils
luttaient contre le pouvoir aristocratique (l'esprit de 1789), mais celui-ci une fois écrasé, les habitudes de centralisation et les instincts
d'égalité ont prévalu au détriment de la liberté. Les Américains, au

contraire, n'ont pas eu à combattre l'existence d'une aristocratie. Ayant importé dans le nouveau continent le goût des libertés locales, l'esprit d'indépendance et l'idée des droits individuels qu'ils tenaient de l'aristocratie anglaise, ils purent fonder leur instinct d'égalité sur la liberté.

La France post-révolutionnaire, comme l'Europe d'ailleurs, n'a conservé ni les bons côtés de l'Ancien Régime ni acquis ce qui distingue positivement la démocratie américaine: le prestige du pouvoir royal n'a pas été remplacé par l'autorité des lois; des changements constitutionnels incessants y remplacent la stabilité du royaume; le pouvoir despotique du roi est devenu celui du gouvernement; une Église respectée et respectueuse de l'égalité et de la liberté n'est pas sortie de l'Église hiérarchique et féodale; la réduction des écarts de richesse a engendré envie, haine et lutte de pouvoir entre riches et pauvres; la liberté de type aristocratique est écrasée sous le rouleau compresseur de l'égalité; etc.

Peut-on envisager qu'une démocratie de type américain, une démocratie non entachée par une révolution, puisse fonder une société stable et ordonnée, une société non agitée révolutionnairement, une société d'où ne surgirait pas une nouvelle révolution? Tocqueville le croit. Les citoyens américains, mus par la passion du bien-être et le goût de la propriété, seraient très hostiles à toute agitation, à toute passion politique, à toute révolution qui pourrait nuire à leur recherche du gain. Travaillant sans cesse, mettant toute leur ardeur dans les affaires, ils n'ont ni le temps ni le goût de s'enflammer pour de grandes idées.

Cette passion du bien-être, unie à une pensée utilitariste et à des opinions conformistes, peut cependant conduire à l'apathie politique, au sacrifice de la liberté politique, à un despotisme doux. Tocqueville distingue ce despotisme doux — plus dangereux en Amérique — du despotisme de la majorité, menace plus présente en Europe. Pour Tocqueville, l'État social démocratique, l'égalisation des conditions et le sentiment d'égalité peuvent aussi bien conduire à la liberté qu'à une de ces deux formes de despotisme.

L'égalité des conditions en Amérique

Aux États-Unis — si l'on excepte le Sud reposant sur de grandes propriétés foncières et sur l'esclavagisme —, la richesse est également partagée. Le droit de primogéniture étant aboli, la terre est morcelée et partagée équitablement entre les fils. Ainsi la loi de succession empêche l'accumulation des biens de père en fils aîné, sape la base économique de formation des grandes familles aristocratiques, entraîne un nivellement de fortune entre individus et met le droit de propriété à la portée de tous.

Comme la richesse, le savoir est également partagé. En Amérique, il y a peu de grands savants et peu d'ignorants tandis que chacun jouit d'une instruction primaire à la portée de tous. Chaque Américain est — sans la plupart du temps le savoir — cartésien, car il fait confiance à sa raison individuelle dans toutes les facettes de sa vie: «La Providence a donné à chaque individu, quel qu'il soit, le degré de raison nécessaire pour qu'il puisse se diriger lui-même dans les choses qui l'intéressent exclusivement. Telle est la grande maxime sur laquelle, aux États-Unis, repose la société civile et politique[7].»

Cette égalité de fortune et de savoir pousse chacun à rechercher le bien-être et à vouloir l'utile. Chaque individu, qu'il soit plus ou moins riche ou pauvre, aspire à conserver ce qu'il a et à acquérir un peu plus. Le travail, en vue du gain, devient l'activité valorisée et privilégiée. L'égalité, favorisant la passion de l'acquisition des biens matériels, pousse les hommes vers les activités plus lucratives du commerce et de l'industrie.

Cette égalité de fortune et de savoir, jumelée à la passion du bien-être, engendre un esprit pratique, empiriste et utilitariste. Les traditions et les formes sont dévaluées au nom du réel, du concret, du tangible. La littérature est le plus souvent ignorée. La recherche désintéressée fait place à l'engouement pour les seules «applications immédiates et utiles» des sciences. La profondeur et l'attention dans l'observation sont sacrifiées à la vitesse d'exécution. La production subordonne la qualité — recherchée par les anciens artisans — à la quantité: «Il s'efforce d'inventer des procédés qui lui permettent de travailler, non pas seulement mieux, mais plus vite et à moindres

---

7. *De la démocratie en Amérique*, t. I, *op. cit.*, p. 414.

frais, et, s'il ne peut y parvenir, de diminuer les qualités intrinsèques de la chose qu'il fait, sans la rendre entièrement impropre à l'usage auquel on la destine [...] Ainsi la démocratie ne tend pas seulement à diriger l'esprit humain vers les arts utiles, elle porte les artisans à faire très rapidement beaucoup de choses imparfaites, et le consommateur à se contenter de ces choses[8].»

L'égalité des conditions influence les mœurs. Elle les adoucit, de manière indirecte, en favorisant la passion du bien-être, dont la poursuite requiert l'ordre et la paix sociale. Elle les adoucit directement en engendrant des sentiments d'égalité: chacun peut s'identifier à l'autre, voir dans l'autre un frère, un semblable, sur les malheurs duquel il lui est possible de compatir.

Comment passe-t-on de l'égalité des conditions à l'égalité politique? D'où vient la réussite démocratique de l'Amérique? Elle ne provient pas uniquement de causes physiques ou géographiques. Les Espagnols de l'Amérique du Sud, comme les Anglais de l'Amérique du Nord, n'ont pas d'ennemis extérieurs à combattre et jouissent de vastes et riches territoires, pourtant les institutions démocratiques y sont absentes. L'attrait des grands territoires n'est d'ailleurs pas le même pour tous: les Américains quittent la Nouvelle-Angleterre pour aller chercher fortune à l'ouest tandis que, près de là, la population française du Canada se presse dans un espace trop étroit et sur des terres dispendieuses. La réussite démocratique ne provient pas non plus uniquement des lois constitutionnelles: le Mexique, comme l'Amérique, est une fédération, mais il n'a pu développer des habitudes démocratiques de gouvernement. Elle ne repose pas non plus exclusivement sur l'égalité des conditions: en Amérique du Sud, comme en Amérique du Nord, il n'y a guère de nobles et de roturiers, et les préjugés de naissance y sont généralement inconnus. La réussite démocratique de l'Amérique repose avant tout sur les mœurs que les immigrants ont importées de l'Angleterre, mœurs façonnées par l'habitude des libertés civiles, par l'expérience aristocratique des libertés communales et de la liberté politique et, enfin, par le sentiment de liberté et d'égalité propagé par la religion protestante. L'égalité politique, la démocratie, est donc la résultante de divers facteurs

---

8. *De la démocratie en Amérique*, t. II, *op. cit.*, p. 55.

qui sont, par ordre d'importance croissante, les causes géographiques, les lois, l'égalité de conditions et, enfin, les mœurs.

Tocqueville entrevoit toutefois une faille dans cette égalité de conditions en Amérique: l'émergence d'une aristocratie de grands industriels opposée à une masse d'ouvriers qu'elle opprime et réduit à la pauvreté. La distance entre ces deux classes est immense et s'agrandit par la croissance des richesses de l'une et l'appauvrissement consécutif de l'autre, par l'accaparement du travail intellectuel par l'une et la réduction de l'autre à un travail manuel, simple et répétitif.

Cette dégradation de l'homme, comme ouvrier, réduit son univers intellectuel, écrase ses aspirations et l'empêche de profiter des mœurs et des lois ambiantes qui favorisent la mobilité sociale: «Que doit-on attendre d'un homme qui a employé vingt ans de sa vie à faire des têtes d'épingles? et à quoi peut désormais s'appliquer chez lui cette puissante intelligence humaine, qui a souvent remué le monde, sinon à rechercher le meilleur moyen de faire des têtes d'épingles[9]!»

La dépendance étroite de l'ouvrier par rapport au chef de l'industrie crée une aristocratie nouvelle, différente de l'aristocratie traditionnelle. Contrairement à celle-ci, l'aristocratie industrielle forme une exception dans un état social fondamentalement égalitaire et démocratique; elle n'a pas d'esprit de corps, n'ayant ni traditions ni espérances communes; enfin, elle n'entretient que des rapports pécuniaires avec ses ouvriers.

Cette nouvelle aristocratie, «une des plus dures qui aient paru sur terre», est cependant restreinte et isolée dans un état social où de très nombreux commerçants et petits industriels, en concurrence les uns avec les autres, font face à des ouvriers dont la plupart ont des ressources qui leur permettent d'obtenir un juste salaire.

Le danger contre l'égalité des conditions, s'il en existe un, proviendrait de cette aristocratie industrielle. Mais Tocqueville ne prévoit pas, contrairement à d'autres analystes de son époque, la progression de cette aristocratie. Cet aveuglement s'explique peut-être par son incapacité de voir l'influence des facteurs économiques sur l'histoire et la société, par sa continuelle réduction des facteurs éco-

---

9. *Ibid.*, p. 141.

nomiques à des facteurs sociaux et culturels. Ainsi, pour Tocqueville, même les crises économiques trouvent leur explication, non pas dans des causes économiques, mais dans l'état des mœurs: «Je crois que le retour des crises industrielles est une maladie endémique chez les nations démocratiques de nos jours. On peut la rendre moins dangereuse, mais non la guérir, parce qu'elle ne tient pas à un accident, mais au tempérament même de ces peuples[10].»

L'égalité entre hommes et femmes

En Amérique, l'éducation de la jeune fille, influencée par le protestantisme et un état social démocratique, repose sur la reconnaissance de l'indépendance individuelle de la fille comme du garçon. L'éducation a pour fonction de renforcer cette indépendance, en affermissant l'intelligence et la volonté. Aussi la jeune Américaine n'a-t-elle pas la candeur et la grâce ingénue de la jeune Européenne. Comme celle-ci, elle veut plaire, mais elle en sait les sources et les conséquences. Plutôt qu'un esprit chaste, cette éducation produit des mœurs pures, la jeune Américaine sachant ce à quoi elle renonce. Cette éducation développe plus le jugement que l'imagination et engendre des «femmes honnêtes et froides plutôt que des épouses tendres». Il faut accepter, dit Tocqueville, que la vie privée y ait «moins de charmes» au nom des intérêts supérieurs d'une société «plus tranquille et mieux réglée».

La jeune Américaine quitte la maison paternelle, «lieu de liberté et de plaisir», et entre volontairement dans la «demeure de son mari comme dans un cloître». Ni ignorante, ni niaise, elle décide froidement de contracter ce mariage avec l'homme qu'elle a choisi et qui l'a choisie. Ayant appris d'avance ce qu'on attend d'elle, elle s'engage résolument et fermement dans le mariage, ne confondant pas le bonheur domestique avec les amusements légers et passagers de jeune fille. Elle apporte dans la vie domestique une «extrême pureté de mœurs» qui est, selon Tocqueville, la première condition, quoique non la seule, du bonheur conjugal.

L'Américain considère la femme comme son égale, tant pour l'intelligence que pour la volonté. La femme et l'homme ont, mora-

10. *Ibid.*, p. 139.

lement, les mêmes devoirs et les mêmes droits sexuels: la fidélité conjugale et la pureté des mœurs sont valables pour les deux conjoints.

Il ne faut cependant pas, dit l'auteur, confondre l'égalité avec le semblable. Les femmes et les hommes sont égaux, mais différents physiquement et moralement. Ces différences fondent la division du travail entre l'homme et la femme. Celle-ci, se devant à son mari et à ses enfants, veille de très près à l'administration domestique tandis que l'homme exerce une profession ou se consacre à une carrière politique. La femme accepte aussi que l'association conjugale, comme toute association, ait besoin d'un chef, et que ce chef naturel soit le mari.

Les femmes influencent indirectement la politique en assurant, au sein de la famille, les mœurs à la base de la société. La pureté des mœurs et l'ordre qu'elles y maintiennent constituent l'humus sur lequel croissent et se développent l'ordre et la tranquillité publics.

Les Indiens, premier cas d'inégalité

L'égalité n'existe toutefois pas en Amérique pour les Indiens et les Noirs: Tocqueville le reconnaît et condamne leur oppression.

Les Indiens d'Amérique du Nord vivent de chasse et de pêche. Fiers et orgueilleux, courageux et impitoyables durant les guerres, hospitaliers sans réserve durant la paix, l'arrivée des Européens ne fait naître chez eux ni envie ni crainte: «Quelle prise pouvaient-ils avoir sur de pareils hommes? l'Indien savait vivre sans besoin, souffrir sans se plaindre, et mourir en chantant[11].»

Les Européens créent de nouveaux besoins, en introduisant parmi eux de nouveaux produits: l'eau-de-vie, les armes à feu, des instruments en fer, des vêtements tissés... Pour se procurer ces biens, qu'il est lui-même incapable de fabriquer, l'Indien se met à chasser, non plus uniquement pour se nourrir, mais pour les fourrures, seul objet d'échange qu'il peut offrir.

Les Européens, sédentaires, s'approprient le sol par l'agriculture. Aussitôt qu'ils s'avancent, le gibier fuit. Les Indiens de l'endroit, envahis par les Blancs et affamés par le départ du gibier, rencontrent

---

11. *De la démocratie en Amérique*, t. I, *op. cit.*, p. 24.

alors des ambassadeurs du gouvernement fédéral qui, après avoir, dans des discours, opposé leur misère présente aux giboyeuses contrées où ils pourraient s'exiler, leur offrent de céder leurs terres contre différents produits européens. S'ils hésitent, on insinue qu'on ne saurait les protéger contre les nouveaux venus. À moitié convaincus, les Indiens se résignent à aller habiter de nouvelles contrées, où ils entreront en lutte avec les tribus qui y sont déjà et d'où ils seront chassés une dizaine d'années plus tard par l'avance inexorable de nouveaux agriculteurs.

Les politiques de l'Union fédérale, moins violentes et cupides que celles des États, manquent également de bonne foi: «Les États, en étendant ce qu'ils appellent le bienfait de leurs lois sur les Indiens, comptent que ces derniers aimeront mieux s'éloigner que de s'y soumettre; et le gouvernement central, en promettant à ces infortunés un asile permanent dans l'Ouest, n'ignore pas qu'il ne peut le leur garantir. Ainsi, les États, par leur tyrannie, forcent les sauvages à fuir; l'Union, par ses promesses et à l'aide de ses ressources, rend cette fuite aisée. Ce sont des mesures différentes qui tendent au même but[12].»

Acculturées par la création de nouveaux besoins, chassées de leurs territoires ancestraux par l'arrivée des Blancs et la disparition du gibier, confrontées à la guerre dans leur migration vers l'ouest, les tribus éclatent, chaque famille cherchant à survivre dans un univers devenu hostile: «En affaiblissant parmi les Indiens de l'Amérique du Nord le sentiment de la patrie, en dispersant leurs familles, en obscurcissant leurs traditions, en interrompant la chaîne des souvenirs, en changeant toutes leurs habitudes, et en accroissant outre mesure leurs besoins, la tyrannie européenne les a rendus plus désordonnés et moins civilisés qu'ils n'étaient déjà. La condition morale et l'état physique de ces peuples n'ont cessé d'empirer en même temps[13].»

Si l'Européen réussit à détruire les tribus indiennes et les Indiens, il n'arrive pas à changer leur caractère. Fiers de leur état de nomades, de chasseurs et de guerriers, ils méprisent, même réduits à la misère, le travail de l'agriculture qu'ils jugent avilissant, quoiqu'ils en reconnaissent les fruits.

---

12. *Ibid.*, p. 352-353.
13. *Ibid.*, p. 333.

Même les Indiens qui s'essaient à l'agriculture ne trouvent pas d'issue à leur oppression et à leur marginalisation: connaissant mal les techniques agricoles, vivant dans un milieu qui leur demeure étranger, ignorant à peu près tout des débouchés commerciaux de leurs produits, ils entrent nécessairement perdants dans leur concurrence avec les Blancs.

Au Sud, les Espagnols, malgré des massacres impitoyables, ne purent détruire les Indiens qui constituaient des peuples agricoles; les Espagnols épousèrent des Indiennes et les intégrèrent à leurs mœurs et à leurs religions. Au Nord, les Américains, qui — contrairement aux Français du Canada — n'épousèrent pas des Indiennes, ne partagèrent pas leurs droits avec les Indiens nomades et obtinrent leur destruction sans grand massacre. Ce génocide était réalisé en toute bonne conscience, l'Américain jugeant cette fin inévitable compte tenu de sa supériorité matérielle et intellectuelle: «Combien de fois dans le cours de nos voyages n'avons-nous pas rencontré d'honnêtes citadins qui nous disaient le soir, tranquillement assis au coin du foyer: Chaque jour le nombre des Indiens va décroissant [...] Ce monde-ci nous appartient, ajoutaient-ils; Dieu, en refusant à ses premiers habitants la faculté de se civiliser, les a destinés par avance à une destruction inévitable. Les véritables propriétaires de ce continent sont ceux qui savent tirer profit de ses richesses. Satisfait de son raisonnement, l'Américain s'en va au temple où il entend un ministre de l'Évangile lui répéter que les hommes sont frères et que l'être éternel qui les a tous faits sur le même modèle, leur a donné à tous le devoir de se secourir[14].»

Les Noirs, second cas d'inégalité

L'esclavage a arraché les Noirs de l'Afrique et les a complètement déracinés: ils ont tout perdu (famille, ethnie, langue, religion, mœurs), y compris la mémoire du pays. Réduit, comme l'animal domestique, à être un instrument au service du maître, le Noir, contrairement au fier et aristocratique Indien, a accepté sa servitude, a intériorisé l'image que lui renvoie le maître: «Plongé dans cet abîme

14. «Quinze jours dans le désert», appendice II, *De la démocratie en Amérique*, t. II, *op. cit.*, p. 292.

de maux, le nègre sent à peine son infortune; la violence l'avait placé dans l'esclavage, l'usage de la servitude lui a donné des pensées et une ambition d'esclave; il admire ses tyrans plus encore qu'il ne les hait, et trouve sa joie et son orgueil dans la servile imitation de ceux qui l'oppriment[15].»

Les États du Sud cultivent le tabac, le coton et la canne à sucre qui requièrent des soins continuels pouvant être procurés par une main-d'œuvre peu qualifiée comme celle des femmes et des enfants. Les Sudistes ont jugé que les esclaves constituaient une main-d'œuvre encore plus économique. Pourtant, dit Tocqueville, non seulement la morale chrétienne condamne l'esclavage, mais aussi le simple intérêt économique: les États américains qui ne recourent pas à l'esclavage sont plus prospères que les États esclavagistes. L'auteur compare l'État de l'Ohio et l'État du Kentucky, séparés par le seul fleuve de l'Ohio. Dans le premier, le progrès et le bien-être reposent sur le travail de l'Européen; dans le second, des Blancs oisifs tirent peu de bénéfices de l'esclavage des Noirs.

L'esclavage n'influence pas seulement le caractère de l'esclave: il façonne celui du maître. Le Blanc du Nord, obligé de gagner sa vie, se donne, comme objectif premier, le bien-être matériel et le poursuit avec toutes les ressources de son intelligence. Le Blanc du Sud, vivant d'un bien-être qu'il n'a pas lui-même produit, préfère, tel un aristocrate, les loisirs au travail, le plaisir à la poursuite de la fortune, la chasse et la guerre à l'activité productive.

La distance entre le maître et l'esclave est absolue. Afin qu'elle le demeure, les législations des États du Sud ont interdit, sous menace de peines sévères, l'enseignement de la lecture et de l'écriture aux Noirs. De plus, en multipliant les formalités, elles ont rendu pratiquement impossible leur affranchissement.

Les États du Nord affranchissent de plus en plus les Noirs. Mais, habitués à suivre la raison du maître et à être nourris par celui-ci, les Noirs n'ont ni les ressources, ni les habitudes, ni les connaissances pour jouir des possibilités d'un monde qui leur demeure, indépendamment de la loi, étranger et hostile. L'affranchissement et l'abolition de l'esclavage ne suppriment pas le préjugé et l'intolérance. Au Nord, la loi permet le mariage inter-racial, mais l'opinion

---

15. *De la démocratie en Amérique*, t. I, *op. cit.*, p. 332-333.

publique le juge infâme; au Nord, la loi accorde aux Noirs des droits électoraux, mais ceux qui votent le font au risque de leur vie. La répugnance des Blancs envers les Noirs s'accroît au fur et à mesure que les lois ségrégationnistes tombent: l'opinion des Blancs du Nord doit, seule, maintenir l'écart confirmé dans les lois du Sud.

Les Américains, dont l'origine est européenne, traitent, dit Tocqueville, les autres races comme des animaux: ils les utilisent (le cas des Noirs) ou, si cela est impossible, ils les détruisent (le cas des Indiens). La pitié s'arrête là où commence, comme chez les aristocrates, l'inégalité: ils n'ont aucune compassion pour les Indiens ou les Noirs.

Les esclaves, une fois devenus libres, s'affranchiront peu à peu de leur mentalité d'esclaves et s'indigneront d'être traités comme des parias, d'être réduits à la misère. Leurs maîtres respectés de jadis deviendront alors les ennemis blancs. L'inégalité des Noirs peut, contrairement à celle des Indiens qui sont en voie d'extermination, susciter des secousses révolutionnaires. Mais Tocqueville ne s'arrête pas sur celles-ci. Il s'interroge plutôt — par opposition à la liberté qu'il promeut — sur les trois issues despotiques sur lesquelles peut déboucher l'état social égalitaire des Blancs américains: le despotisme de la majorité, le despotisme de l'armée et, enfin et surtout, le despotisme doux.

Le despotisme de la majorité

La liberté s'est manifestée sous différentes formes à diverses époques: elle ne saurait, selon Tocqueville, caractériser l'état social démocratique qui se singularise plutôt par l'égalité. L'idéal démocratique est l'égalité de chacun vécue dans la liberté. Mais, dans la réalité, différents types d'égalité peuvent être liés à différents types de liberté ou, même, avec l'absence de liberté. Ainsi, le gouvernement élu au suffrage universel représente la majorité, mais les représentants n'ont souvent guère plus de dignité personnelle que les représentés et le pouvoir de la majorité peut s'exercer à l'encontre de la liberté de la minorité, des minorités et des individus exceptionnels.

Le suffrage «universel» en Amérique exclut — en plus des enfants, des femmes, des Indiens et des esclaves (la majorité des Noirs) — les domestiques et les indigents nourris par les communes. Ce suffrage universel — même restreint de la sorte — ne permet pas de choisir les hommes les plus dignes pour exercer le pouvoir. Tocqueville admet que le peuple, en recherchant les intérêts de la majorité, veut le bien du pays et mêle à ce désir moins de «combinaisons d'intérêt personnel» que les classes supérieures. Mais le peuple n'a pas les lumières nécessaires pour juger le caractère de ceux qui se présentent aux élections. L'obligation de travailler manuellement pour gagner sa vie et le manque de temps libre constituent la «limite nécessaire de ses progrès intellectuels». Le peuple n'a ni le loisir ni les moyens de bien juger les candidats, voilà pourquoi il se satisfait des apparences. Mais il y a un autre motif, peut-être plus fondamental, l'envie, qui enlève au peuple le goût et le désir de choisir des individus qui lui sont supérieurs: «Les institutions démocratiques réveillent et flattent la passion de l'égalité sans pouvoir jamais la satisfaire entièrement. Cette égalité complète s'échappe tous les jours des mains du peuple au moment où il croit la saisir [...] La chance de réussir l'émeut, l'incertitude du succès l'irrite; il s'agite, il se lasse, il s'aigrit. Tout ce qui le dépasse par quelque endroit lui paraît alors un obstacle à ses désirs, et il n'y a pas de supériorité si légitime dont la vue ne fatigue ses yeux[16].»

Les hommes exceptionnels ne se présentent d'ailleurs guère aux élections, sachant que l'opinion publique, celle de la majorité, leur est défavorable. Aussi les riches, voyant qu'ils ne peuvent «prendre dans la vie publique un rang analogue à celui qu'ils occupent dans la vie privée», se retirent-ils de celle-là. Leur louange de la démocratie ne serait, selon Tocqueville, que convention et obséquiosité afin de mieux masquer leur crainte et leur mépris profonds du pouvoir démocratique.

Enfin, la carrière politique, soumise aux aléas des élections, n'offre guère de sécurité. Aussi les gens dotés de grandes ambitions s'orienteraient-ils plutôt vers la poursuite de la richesse tandis que les gens modérés et ceux qui se sentent peu capables de bien réussir dans les affaires auraient plus de propension pour les carrières publiques. Les gens intransigeants sur les principes craindraient, de plus, de ne pouvoir y être eux-mêmes et de s'y avilir.

16. *Ibid.*, p. 204.

Cependant, lorsque le pays est en danger — comme lors de la guerre d'indépendance de l'Amérique contre l'Angleterre — des hommes remarquables s'offrent à prendre la direction des affaires publiques et le peuple s'avère apte à les choisir. Mais que faire en temps de paix pour que la médiocrité ne prime pas dans la direction des affaires de l'État? Des mœurs saines et une bonne éducation, qui combattent l'envie et enseignent le respect de ceux qui sont supérieurs intellectuellement et moralement, sont les meilleurs remparts contre cette faiblesse de la démocratie. Tocqueville appuie aussi la constitution américaine de l'époque où la chambre des représentants, dont les membres sont élus directement et dont la plupart seraient médiocres (avocats de village, commerçants ou individus plus modestes encore), est complétée par un sénat élu, au second degré, par l'assemblée des représentants de chaque État, sénat où serait représentée, grâce à cette élection indirecte, l'élite de la nation.

La majorité prise collectivement est un individu qui a des «des opinions et le plus souvent des intérêts contraires à un autre individu», nommé minorité. Un individu puissant, comme un roi, peut abuser de son pouvoir et opprimer le peuple: pourquoi la majorité de celui-ci ne pourrait-elle pas abuser de son pouvoir pour opprimer la minorité? Le pouvoir politique est nécessaire, mais il peut mettre la liberté en péril si aucun obstacle ne le modère. La démocratie américaine, selon Tocqueville, ne protège pas suffisamment l'individu et la minorité contre la tyrannie possible de la majorité qui, par ses représentants, fait les lois et les exécute: «Lorsqu'un homme ou un parti souffre d'une injustice aux États-Unis, à qui voulez-vous qu'il s'adresse? À l'opinion publique? c'est elle qui forme la majorité; au corps législatif? il représente la majorité et lui obéit aveuglément; au pouvoir exécutif? il est nommé par la majorité et lui sert d'instrument passif; à la force publique? la force publique n'est autre chose que la majorité sous les armes; au jury? le jury, c'est la majorité revêtue du droit de prononcer des arrêts: les juges eux-mêmes, dans certains États, sont élus par la majorité. Quelque inique ou déraisonnable que soit la mesure qui vous frappe, il faut donc vous y soumettre[17].»

17. *Ibid.*, p. 263.

Le pouvoir de la majorité s'exerce aussi dans le domaine de l'opinion. Le pouvoir de l'opinion publique se fonde sur l'idée démocratique que, l'intelligence étant également partagée, il y a plus de vérités dans la tête de plusieurs que dans celle d'un seul. Ce pouvoir intellectuel et moral s'exerce avant tout par son refus de toute opinion divergente. La majorité ne soumet pas la minorité intellectuelle à la violence physique: elle l'isole et la réduit au silence, en lui manifestant quotidiennement et de mille façons son dégoût et son mépris. Elle ne condamne pas l'opposant intellectuel et moral à l'exil: elle le rend étranger dans son propre pays: «Sous le gouvernement absolu d'un seul, le despotisme, pour arriver à l'âme, frappait grossièrement le corps; et l'âme, échappant à ces coups, s'élevait glorieuse au-dessus de lui; mais dans les républiques démocratiques, ce n'est point ainsi que procède la tyrannie; elle laisse le corps et va droit à l'âme. Le maître n'y dit plus: Vous penserez comme moi, ou vous mourrez; il dit: Vous êtes libres de ne point penser ainsi que moi; votre vie, vos biens, tout vous reste; mais de ce jour vous êtes un étranger parmi nous. Vous garderez vos privilèges à la cité, mais ils vous deviendront inutiles; car si vous briguez le choix de vos concitoyens, ils ne vous l'accorderont point, et si vous ne demandez que leur estime, ils feindront encore de vous la refuser. Vous resterez parmi les hommes, mais vous perdrez vos droits à l'humanité. Quand vous vous approcherez de vos semblables, ils vous fuiront comme un être impur; et ceux qui croient à votre innocence, ceux-là mêmes vous abandonneront, car on les fuirait à leur tour. Allez en paix, je vous laisse la vie, mais je vous la laisse pire que la mort[18].»

La loi et le pouvoir de l'opinion publique doivent, dit Tocqueville, être subordonnés à la justice. La décentralisation du pouvoir politique, l'existence d'un corps de légistes défenseurs des droits civils et, enfin et surtout, l'existence de mœurs favorables à la liberté favorisent cette subordination.

Le despotisme militaire

Dans les sociétés démocratiques, le peuple aspire naturellement à la paix, condition nécessaire pour vivre la seule passion qui l'anime, la

---

18. *Ibid.*, p. 266-267.

poursuite du bien-être, tandis que l'armée serait particulièrement encline à la guerre.

Les soldats de l'armée démocratique peuvent tous aspirer à devenir officier et à monter dans l'échelle de commandement. Ils savent bien que la guerre peut, mieux que la paix, favoriser leur promotion. Or leur rang social et leur revenu dépendent de celle-ci. L'aristocrate au contraire n'a, à part la gloire, aucun intérêt à la guerre: son rang dans l'armée, déterminé par son rang social, n'a aucune influence sur celui-ci et sur ses revenus.

Le remède contre le danger de despotisme militaire réside dans le peuple. S'il est habitué à l'exercice de la liberté et des droits civils, s'il a goûté depuis un certain temps à la paix favorable à sa passion du bien-être, il influencera l'armée et empêchera sa déviation vers le despotisme.

Le despotisme doux

Le despotisme le plus dangereux pour la démocratie n'est pas celui de l'armée, ni même celui de la majorité décrit, en 1835, dans le premier tome sur la démocratie américaine, mais le despotisme doux que Tocqueville découvre après ce dernier et qu'il analyse, en 1840, dans le deuxième tome du même livre.

L'égalité des conditions entraîne, comme nous l'avons déjà dit, le pauvre comme le riche à rechercher le bien-être et à valoriser l'utilité. L'intérêt personnel, ce qui lui est utile, devient le mobile déterminant dans l'agir des individus. La passion du bien-être, «tenace, exclusive et universelle», se manifeste dans un travail quotidien pour rendre la vie plus aisée, plus commode, plus agréable. La poursuite des jouissances permises absorbe à tel point l'individu qu'elle finit «par lui cacher le reste du monde» et quelquefois Dieu lui-même. L'amour de la jouissance est sans borne, suscitant plus de désirs qu'il n'est possible d'en assouvir: «L'habitant des États-Unis s'attache aux biens de ce monde, comme s'il était assuré de ne point mourir, et il met tant de précipitation à saisir ceux qui passent à sa portée, qu'on dirait qu'il craint à chaque instant de cesser de vivre avant d'en avoir joui. Il les saisit tous, mais sans les étreindre, et il les laisse bientôt échapper de ses mains pour courir après des jouissances nouvelles[19].»

---

19. *De la démocratie en Amérique*, t. II, *op. cit.*, p. 124.

Chacun, mettant son bonheur dans le bien-être et se sentant égal de l'autre, envie naturellement celui qui a plus que lui.

La passion du bien-être est liée à l'individualisme qui isole l'individu, rendu égal et indépendant des autres. L'individualisme, qui est d'origine démocratique, doit être distingué de l'égoïsme, qui est de l'ordre de la nature humaine: «L'égoïsme est un amour passionné et exagéré de soi-même, qui porte l'homme à ne rien rapporter qu'à lui seul et à se préférer à tous. L'individualisme est un sentiment réfléchi et paisible qui dispose chaque citoyen à s'isoler de la masse de ses semblables et à se retirer à l'écart avec sa famille et ses amis; de telle sorte que, après s'être ainsi créé une petite société à son usage, il abandonne volontiers la grande société à elle-même[20].» L'individualisme est la forme démocratique de l'égoïsme.

La passion du bien-être et l'individualisme favorisent le despotisme. Chaque citoyen, mû par ses intérêts particuliers et ses petites ambitions matérielles, isolé des siens dans la poursuite du bien-être matériel, abandonne facilement à ses dirigeants élus la direction des affaires publiques. Tocqueville, qui craignait toute passion révolutionnaire, déplore cette apathie, ce manque d'ambition et de passion politique, ce renoncement du citoyen démocratique à la liberté politique, à ce que les Anciens considéraient comme un droit et un devoir: la participation aux affaires publiques.

Dans la conception démocratique, entre les individus égaux et le pouvoir émanant du peuple, il n'y a en principe rien, aucun pouvoir intermédiaire: un pouvoir central applique uniformément les mêmes lois et les mêmes règlements à tous les individus. Les individus - démocratiques, libres et égaux, n'étant pas liés comme au temps de l'aristocratie par des droits et des devoirs réciproques, se sentent indépendants dans la sphère privée et complètement dépendants dans la sphère publique, où tous requièrent l'intervention providentielle de l'État pour les protéger des incertitudes de la vie: «Comme, dans les siècles d'égalité, nul n'est obligé de prêter sa force à son semblable, et nul n'a droit d'attendre de son semblable un grand appui, chacun est tout à la fois indépendant et faible. Ces deux états, qu'il ne faut pas envisager séparément ni confondre, donnent au citoyen des démocraties des instincts fort contraires. Son indépendance le

---

20. *Ibid.*, p. 97.

remplit de confiance et d'orgueil au sein de ses égaux, et sa débilité lui fait sentir, de temps en temps, le besoin d'un secours étranger qu'il ne peut attendre d'aucun d'eux, puisqu'ils sont tous impuissants et froids. Dans cette extrémité, il tourne naturellement ses regards vers cet être immense qui seul s'élève au milieu de l'abaissement universel. C'est vers lui que ses besoins et surtout ses désirs le ramènent sans cesse, et c'est lui qu'il finit par envisager comme le soutien unique et nécessaire de la faiblesse individuelle[21].»

Les individus isolés, exerçant leur liberté économique et civile dans la sphère privée, renoncent à leur liberté politique (dans le sens ancien du terme), pourvu que leurs dirigeants élus assurent leur bien-être. Les individus, mus par le bien-être et l'individualisme, se soumettent ainsi volontairement à un doux despotisme: «Je veux imaginer sous quels traits nouveaux le despotisme pourrait se produire dans le monde: je vois une foule innombrable d'hommes semblables et égaux qui tournent sans repos sur eux-mêmes pour se procurer de petits et vulgaires plaisirs, dont ils remplissent leur âme. Chacun d'eux, retiré à l'écart, est comme étranger à la destinée de tous les autres: ses enfants et ses amis particuliers forment pour lui toute l'espèce humaine; quant au demeurant de ses concitoyens, il est à côté d'eux, mais il ne les voit pas; il les touche et ne les sent point [...] Au-dessus de ceux-là s'élève un pouvoir immense et tutélaire, qui se charge seul d'assurer leur jouissance et de veiller sur leur sort. Il est absolu, détaillé, régulier, prévoyant et doux. Il ressemblerait à la puissance paternelle si, comme elle, il avait pour objet de préparer les hommes à l'âge viril; mais il ne cherche, au contraire, qu'à les fixer irrévocablement dans l'enfance; il aime que les citoyens se réjouissent, pourvu qu'ils ne songent qu'à se réjouir[22].» L'État prend en charge ce qui relevait — dans les sociétés aristocratiques — des particuliers, des familles, des corporations et de l'Église (l'aide charitable aux malades, aux oisifs et aux indigents; l'éducation; etc.) et étend son intervention à des domaines qui dépendaient antérieurement du seul individu. L'action uniforme de l'État prévaut ainsi contre la liberté, la diversité, les différences, les privilèges.

21. *Ibid.*, p. 243.
22. *Ibid.*, p. 265.

L'industrialisation favorise aussi l'extension de l'État en requérant des travaux que les individus, même fortunés, ne peuvent entreprendre, tels les routes, les ports et autres moyens de communication. La classe industrielle, en pleine expansion, favorise donc elle aussi le développement de ce doux despotisme de l'État.

Le despotisme contemporain ne repose donc plus, comme le despotisme traditionnel, sur la crainte des sujets comme l'affirmait Montesquieu dans la lignée des Anciens. Il se fonde sur l'individualisme et la soif de bien-être des individus. Il commande moins qu'il ne réglemente mille détails de la vie quotidienne afin de rendre celle-ci plus douce et plus paisible.

Il existe cependant des moyens de protéger la liberté contre ce despotisme doux et contre celui de la majorité: le respect de la loi et des droits civils; la liberté d'association et de presse; la décentralisation du pouvoir politique; enfin, et surtout, des mœurs favorisant la liberté politique, la prise en charge des affaires publiques par le citoyen.

Le respect de la loi et des droits

L'essence du pouvoir judiciaire est de s'occuper des intérêts particuliers et d'être à la disposition de tout individu qui se sent lésé. Les individus, trop isolés dans une société démocratique pour pouvoir compter sur l'appui des autres, ont besoin de ce pouvoir indépendant pour se protéger contre la tyrannie et le conformisme de la majorité.

Dans les sociétés démocratiques, les droits individuels, trop récents et instables, ont moins d'importance que les droits que possédait l'aristocratie dans les sociétés antérieures. Il est donc essentiel d'y défendre la dignité personnelle, le droit à l'individualité; il faut y professer qu'une atteinte à la liberté d'un individu est une attaque contre les droits de tous les individus: «C'est donc surtout dans les temps démocratiques où nous sommes que les vrais amis de la liberté et de la grandeur humaine doivent, sans cesse, se tenir debout et prêts à empêcher que le pouvoir social ne sacrifie légèrement les droits particuliers de quelques individus à l'exécution générale de ses desseins. Il n'y a point dans ces temps-là de citoyen si obscur qu'il ne soit très dangereux de laisser opprimer, ni de droits individuels si peu importants qu'on puisse impunément livrer à l'arbitraire. La raison en est simple: quand on viole le droit particulier d'un individu dans un temps où l'esprit humain est pénétré de l'importance et de la sainteté des droits de cette espèce, on ne fait de mal qu'à celui qu'on dépouille; mais violer un droit semblable, de nos jours, c'est corrompre profondément les mœurs nationales et mettre en péril la société tout entière; parce que l'idée même de ces sortes de droits tend sans cesse parmi nous à s'altérer et à se perdre[23].»

La liberté d'association

Tocqueville distingue l'association politique (le parti) de l'association civile. Le parti est un «mal inhérent» au gouvernement démocratique. Il est un mal car il divise la société, la déchirant dans les périodes révolutionnaires, l'agitant inutilement dans les périodes calmes. Il est inhérent au gouvernement démocratique qui fonctionne nécessairement sur la base des partis. Le parti minoritaire espère toujours, en regroupant ses membres, pouvoir influencer suffisamment de citoyens pour devenir le parti majoritaire aux prochaines élections. Le parti minoritaire est un moindre mal, opposant sa force morale au pouvoir potentiellement despotique du parti majoritaire.

Les associations civiles, par lesquelles les individus se regroupent, poursuivent tous les objectifs imaginables (commerciaux et industriels, intellectuels, moraux, religieux, charitables, etc.): «Les Américains de tous les âges, de toutes les conditions, de tous les esprits, s'unissent sans cesse. Non seulement ils ont des associations commerciales et industrielles auxquelles tous prennent part, mais ils en ont encore mille autres espèces: de religieuses, de morales, [intellectuelles,] de graves, de futiles, de fort générales et de très particulières, d'immenses et de forts petites; les Américains s'associent pour donner des fêtes, fonder des séminaires, bâtir des auberges, élever des églises, répandre des livres, envoyer des missionnaires aux antipodes; ils créent de cette manière des hôpitaux, des prisons, des écoles. S'agit-il enfin de mettre en lumière une vérité ou de développer un sentiment par l'appui d'un grand exemple, ils s'associent[24].»

---

23. *Ibid.*, p. 275.
24. *Ibid.*, p. 103.

Ces associations jouent un rôle essentiel pour contrecarrer, d'une part, l'individualisme et, d'autre part, le despotisme doux de l'État. Elles enseignent aux individus à reconnaître leurs intérêts communs et à s'unir. Elles empêchent l'État de contrôler la mise en commun des ressources exigée par l'industrialisation. Elles occupent des domaines qui, sans elles, tomberaient sous la coupe de l'État. Elles sont l'intermédiaire entre l'individu et l'État. Elles jouent, dans les sociétés démocratiques, un rôle analogue à celui qu'exerçait l'aristocratie dans les sociétés féodales: chaque association devient une puissance éclairée.

La liberté de presse

Tocqueville défend, sur la liberté de presse, des positions ambivalentes, similaires à celles qu'il soutient sur la liberté d'association politique: «J'avoue que je ne porte point à la liberté de presse cet amour complet et instantané qu'on accorde aux choses souverainement bonnes de leur nature. Je l'aime par la considération des maux qu'elle empêche bien plus que pour les biens qu'elle fait[25].» La liberté de presse est indispensable, même si elle peut devenir licencieuse, diffamatoire et factieuse.

La liberté de presse aide à façonner l'opinion publique et permet aux partis politiques de s'organiser autour de certains intérêts communs. Elle permet aussi aux associations civiles de se constituer en persuadant un certain nombre de lecteurs d'agir ensemble pour la défense d'un intérêt déterminé. Elle brise l'isolement en offrant à chacun la possibilité d'en appeler à tous ses concitoyens. Elle est enfin indispensable à l'exercice de la volonté populaire, la censure étant contradictoire avec le suffrage universel.

On ne peut séparer les bienfaits de la liberté de presse des maux qu'elle entraîne. Il n'y a pas de juste milieu dans la liberté de presse. La liberté et la censure ne peuvent coexister. On ne peut pas avoir un peu de liberté de presse et un peu de censure. Les biens qu'elle apporte étant supérieurs aux maux qu'elle engendre, il faut accepter le tout de cette liberté.

---

25. *De la démocratie en Amérique*, t. I, *op. cit.*, p. 185.

La décentralisation du pouvoir politique

La centralisation du pouvoir, tendance inhérente à un état social sans aristocratie et sans privilèges, est le tombeau de la liberté. Un État central qui veut tout régir impose l'uniformité aux dépens de l'initiative et de la diversité. Il peut sans doute apporter la paix, mais une paix qui repose sur la somnolence des sujets. Il peut favoriser le confort des sujets, mais un confort d'où les risques de la liberté et la liberté politique elle-même tendent à être exclus. Tocqueville défend un État décentralisé, un État où les communes et les provinces exercent des pouvoirs qui ne relèvent pas de l'autorité centrale, un État où les communes et les provinces jouent, entre celui-ci et les sujets, le rôle d'intermédiaire qu'exerçait l'aristocratie dans les sociétés féodales.

La commune, selon le modèle de la Nouvelle-Angleterre, fonctionne à l'image de la *polis* d'Athènes: les citoyens, réunis en assemblée, prennent eux-mêmes les décisions les concernant, votent les impôts et élisent leurs magistrats. Au sein de cette démocratie directe, chaque citoyen apprend à gouverner et à être gouverné, prend goût à un ordre auquel il a contribué, apprend à lier liberté et responsabilité, droits et devoirs, intérêt personnel et intérêt collectif. L'intérêt général, vu au point de départ comme une nécessité communautaire, devient, à l'encontre des instincts individualistes de chacun, un choix, une habitude et un goût personnels.

Les libertés communales peuvent facilement être envahies par un gouvernement central fort et entreprenant. Aussi, afin de contrecarrer cet appétit du pouvoir central, faut-il que les libertés communales reposent sur des mœurs engendrées par une longue habitude du pouvoir communal.

Les États américains, qui sont de petites républiques, ont transmis un certain nombre de pouvoirs précis, limités et nécessaires à l'Union fédérale, au gouvernement fédéral. Si l'Union est grande par son étendue, elle est petite par le nombre de pouvoirs qui en relèvent. L'Union jouit ainsi de la puissance d'une grande république, mais de la liberté d'une petite.

Des mœurs saines

Les mœurs américaines, «l'état moral et intellectuel» du peuple américain, se fondent sur l'intérêt. Chaque individu, étant libre et égal, poursuit dans la vie son propre intérêt. Mais cet intérêt personnel ne saurait être séparé de «l'intérêt bien entendu»: chaque individu doit comprendre que son propre bien-être dépend de celui de la société.

Le désir de bien-être favorise la stabilité politique dans la mesure où celle-ci rend plus facile sa réalisation. L'individu obéit à la société parce qu'il sait que l'union avec ses semblables est indispensable à son propre bien-être et que cette union requiert un pouvoir politique régulateur. Cette morale, qui réduit la vertu à l'utilité bien entendue, est peu ardente et peu généreuse, mais elle est rationnelle: «L'homme du peuple, aux États-Unis, a compris l'influence qu'exerce la prospérité générale sur son bonheur [...] De plus, il s'est accoutumé à regarder cette prospérité comme son ouvrage. Il voit donc dans la fortune publique la sienne propre, et il travaille au bien de l'État, non seulement par devoir ou par orgueil, mais j'oserais presque dire par cupidité[26].»

Cette morale utilitaire est enseignée dans une société où l'instruction élémentaire est obligatoire pour tous les enfants et où chaque commune doit soutenir financièrement l'école publique.

Mais peut-on réduire la justice à l'utile, fût-il bien entendu? Peut-on réduire la vertu au bien-être individuel et collectif? Tocqueville, qui semble parfois partager cette opinion, fait pourtant appel à la religion, comme Locke, même si, contrairement à celui-ci, il n'est pas croyant: il est incapable d'adhérer aux dogmes de sa religion d'enfance, le catholicisme, ou encore à celui du protestantisme, même s'il croit à la Providence et à l'immortalité de l'âme. La religion demeure, pour Tocqueville, socialement nécessaire, car l'intérêt bien entendu ne peut être un frein suffisant au despotisme de la majorité ou au despotisme doux.

Les moralistes de «l'intérêt bien entendu» enseignent que le bonheur de chacun repose sur le contrôle rationnel exercé sur les passions, les instincts et les plaisirs momentanés. La religion enseigne une même morale du renoncement, mais au nom d'une béatitude

---

26. *Ibid.*, p. 247.

éternelle et céleste, par opposition au bonheur ici-bas de la morale utilitaire. L'attrait de la religion, surtout pour le peuple, repose donc aussi sur un fond utilitaire, mais il ne s'y réduit pas: le christianisme affirme qu'il faut être charitable envers ses semblables par amour de Dieu et non seulement dans l'espoir d'accéder au Ciel. La religion cependant renforce la morale de l'intérêt terrestre car plusieurs sacrifices ici-bas ne peuvent «trouver une récompense que dans l'autre». Enfin, les prédicateurs américains insistent tout autant sur la félicité éternelle apportée par la religion que sur la liberté et l'ordre public qu'elle favorise dans le monde présent.

La plupart des immigrants en Amérique avaient déjà remis en question l'autorité du pape et toute soumission à une suprématie religieuse. Or les principes du protestantisme sont les mêmes que ceux de la république démocratique. Le protestantisme est républicain: il soumet les vérités de l'autre monde au jugement de la raison de chacun de la même façon qu'en politique l'intérêt commun est abandonné «au bon sens de tous». Il est démocratique: chaque chrétien doit lui-même trouver la voie du Ciel comme chaque citoyen a «le droit de choisir son gouvernement».

Tocqueville n'insiste pas sur la religion de la majorité[27] mais, paradoxalement, sur celle de la minorité d'origine irlandaise, sur la religion catholique. Elle serait compatible avec le républicanisme démocratique car, si elle est moins favorable à l'indépendance individuelle que le protestantisme, elle serait plus égalitaire. Sous les prêtres et, encore plus, sous le pape, tous les hommes sont égaux, et l'Église soumet chacun — indépendamment de sa richesse, de ses connaissances, de son rang social ou de son sexe — aux mêmes croyances, au même culte et au même système de récompenses et de sanctions. La situation particulière des Irlandais aux États-Unis expliquerait aussi l'intérêt qu'ils portent au républicanisme démocratique: pauvres, ils ont besoin du suffrage «universel» pour influer sur le gouvernement; minoritaires, ils requièrent le respect des droits individuels.

Tocqueville, en s'intéressant au catholicisme américain, pense évidemment à la situation française où l'Église catholique, très liée à

---

27. Tocqueville ne semble pas non plus avoir remarqué l'influence des sectes puritaines sur le protestantisme à l'origine de l'Amérique.

l'inégalité de l'ancien système, a subi, avec la royauté et l'aristocratie, les foudres de la révolution de 1789. L'Église catholique est, dit-il, compatible avec la liberté. Mais il faut pour cela, comme aux États-Unis, séparer l'Église et l'État. Les Évangiles, qui ne parlent «que des rapports généraux des hommes avec Dieu et les autres hommes», rendent théoriquement possible cette séparation, contrairement à l'Islam qui, par la parole du prophète, mariant intimement croyances religieuses et institutions civiles et politiques, imposerait à celles-ci l'immobilité qui est dans la nature de celles-là.

Le christianisme n'est pas seulement compatible avec le républicanisme démocratique, il le complète en obviant à ses défauts. Il combat la liberté extrême, la licence, danger inhérent à la liberté démocratique, en fixant des bornes à l'examen de la raison individuelle. Les dogmes chrétiens déterminent ce qu'il faut penser de Dieu et de la nature humaine. Ils contiennent aussi un certain nombre de vérités morales qui deviennent des opinions communes, des opinions partagées également parmi la masse. Les individus n'ont en général ni le temps, ni les moyens intellectuels, ni le goût de suivre la méthode cartésienne et de n'accepter comme vrai que ce qui est démontrable. Ils acceptent une foule d'opinions sur lesquelles ils fondent leurs pensées. Or cette foule d'opinions doit être commune à une société pour qu'il y ait possibilité d'actions communes, pour qu'il y ait société. La religion chrétienne apporte à l'Amérique cette opinion commune.

Le christianisme combat aussi deux défauts inhérents à l'égalitarisme démocratique: l'individualisme, par son insistance sur la vertu de charité, et la passion du bien-être, en favorisant les biens immatériels et immortels. Le christianisme ne peut détruire l'individualisme et le matérialisme démocratiques; il peut cependant les restreindre, en mettant l'accent sur l'honnêteté, la franchise et la bienveillance dans les rapports avec l'autre. Les femmes sont les gardiennes de ses mœurs chrétiennes qu'elles transmettent à leurs enfants: elle contrecarrent ainsi l'influence des hommes trop portés vers les choses matérielles.

Un point de vue aristocratique sur la démocratie

Tocqueville reprend, complète et développe un certain nombre d'observations de Burke sur la Révolution française, notamment sur le rôle révolutionnaire des gens de lettres sans aucune expérience politique et sur les différences entre la noblesse française et l'aristocratie anglaise. De fait, tous les deux jugent la Révolution française à la lumière de l'aristocratie. Mais alors que Burke condamne la Révolution française comme une aberration de l'histoire, Tocqueville constate que l'aristocratie n'a plus d'avenir, que le processus d'égalisation démocratique est inévitable. La problématique change: il ne s'agit plus de condamner la révolution au nom des valeurs aristocratiques, mais de voir à quelles conditions les libertés de type aristocratique (dignité personnelle, droit et devoir de participer à la chose publique) peuvent être sauvegardées au sein de l'égalité démocratique.

L'économie est absente des analyses de Tocqueville sur la Révolution française ou sur la démocratie en Amérique. Cette absence explique sans doute son incapacité de tirer toutes les conséquences de ses remarques sur la dichotomie ouvriers/chevaliers d'industrie alors qu'à la même époque d'autres observateurs en feront le centre de leurs analyses. La réduction de tout phénomème, y compris les crises économiques, à des facteurs sociaux, politiques ou culturels ne semble pas relever d'un choix mûrement réfléchi: Tocqueville partagerait, sans le reconnaître, le mépris de sa classe d'origine, la noblesse française, pour tout ce qui est de l'ordre bassement économique.

BIBLIOGRAPHIE

TOCQUEVILLE, Alexis de, *De la démocratie en Amérique*, 2 t., in *Œuvres complètes*, Gallimard, 1961.

Une édition critique est aussi disponible chez Vrin, 1990. (Les citations du t. II proviennent de Vrin tandis que j'ai utilisé l'édition de Gallimard pour le t. I.)

——, *L'Ancien Régime et la révolution*, 2 t., in *Œuvres complètes*, Gallimard, 1952.

ARON, Raymond, *Les étapes de la pensée sociologique*, 2 vol., Gallimard, 1967.

Dans les pages qu'il lui consacre, Aron montre en quoi Tocqueville, après Montesquieu et avant Durkheim, est un des fondateurs de la sociologie.

BIRNBAUM, Pierre, *Sociologie de Tocqueville*, PUF, 1970.

Tocqueville, s'inspirant du modèle américain, décrit, dans un sens weberien, le type idéal de démocratie. Le trait caractéristique de celui-ci est l'égalisation des conditions, qui met en péril la liberté soutenue par l'auteur. Birnbaum cherche à montrer, en confrontant Tocqueville avec d'autres auteurs, son originalité et son apport en sociologie.

DRESCHER, Seymour, *Dilemmas of Democracy*, Pittsburgh, University of Pittsburgh Press, 1968.

Analyse critique qui confronte les positions de Tocqueville — notamment ses affirmations sur le processus d'égalisation — aux réalités sociales inégalitaires créées par l'industrialisation, qui n'est pas vraiment prise en considération dans les écrits de Tocqueville.

GOLSTEIN, Doris, *Trial of Faith, Religion and Politics in Tocqueville's Thought*, New York, Elsevier, 1975.

Ouvrage qui montre que Tocqueville, quoique peu croyant, considère que la religion joue un rôle essentiel pour préserver la liberté contre les dangers de l'égalitarisme démocratique.

FURET, François, *Penser la Révolution française*, Gallimard, 1978.

Dans le chapitre consacré à *L'Ancien Régime et la révolution*, l'historien Furet affirme que Tocqueville oscille jusqu'à la fin entre deux hypothèses interprétatives, la centralisation administrative et la transformation rapide des mœurs.

LAMBERTI, Jean-Claude, *Tocqueville et les deux démocraties*, PUF, 1983.

Étudiant les deux ouvrages sur la *Démocratie en Amérique* à partir des brouillons de travail et de la correspondance qui s'y réfère, montrant les relations entre ces deux ouvrages et les activités politiques de Tocqueville, situant celui-ci par rapport à d'autres auteurs, dont Montesquieu, B. Constant et J.S. Mill, l'auteur distingue deux parties dans l'œuvre de Tocqueville: les deux ouvrages sur la *Démocratie en Amérique,* moins les chapitres politiques terminant l'ouvrage de 1840; le reste de l'œuvre, c'est-à-dire les derniers chapitres de l'ouvrage de 1840, *L'Ancien Régime et la révolution* et les *Souvenirs*. La première partie chercherait à distinguer le type pur de démocratie d'une démocratie marquée par une révolution tandis que la seconde montrerait comment le caractère démocratique et le caractère révolutionnaire coexistent dans les situations concrètes.

MANENT, Pierre, *Tocqueville et la nature de la démocratie*, Julliard, 1982.
Présentation du «libéralisme» de Tocqueville.

PIERSON, G.W., *Tocqueville and Beaumont in America*, New York, Oxford University Press, 1938.
Classique qui donne de façon très minutieuse le compte rendu du voyage des deux auteurs en Amérique, en décrivant qui ils rencontrèrent, quand, où, ainsi que leurs impressions.

Ouvrage collectif, *Tocqueville. De la démocratie en Amérique*, Éd. Marketing, coll. «Ellipses», 1985.
Ouvrage didactique dont je retiens le résumé de Jean-Paul Fenaux de la *Démocratie en Amérique*, l'analyse de Gérard Vallaux sur liberté et égalité chez Tocqueville, le commentaire de Paul-Laurent Assoun sur la quatrième partie du tome II de la *Démocratie en Amérique* et les utiles conseils bibliographiques d'André Jardin et de Françoise Mélonio.

MILL

(1806-1873)

John Stuart Mill naît sous le règne de Georges III (1760-1820) et a neuf ans lorsque Napoléon est déporté à Sainte-Hélène[1]. La réforme électorale de 1832, sous le règne de Guillaume IV (1830-1837), répond aux réclamations de la bourgeoisie et élargit la représentation parlementaire jusque-là dominée par les clans et les grands propriétaires terriens, mais elle laisse de côté 90% de la population mâle et la totalité des femmes. Le très long règne de Victoria (1837-1901) s'exerce sur une Grande-Bretagne dominant le monde et dirigeant un empire en expansion. À l'intérieur, le mouvement ouvrier se développe, s'organise (fondation du Congrès des Trades-Unions en 1868) et obtient une certaine reconnaissance légale. Le problème irlandais persiste. La maladie de la pomme de terre provoque en Irlande une famine dévastatrice (1845-1847), une émigration de deux millions d'Irlandais vers l'Amérique et l'apparition d'un mouvement armé qui réclame des terres (dont la plus grande partie appartient à des Anglais absents de leurs domaines) et l'autonomie politique. Durant le règne de la reine Victoria, le parlement, contrôlé par l'un ou l'autre des deux grands partis (*whigs* et *tories*, puis libéraux et conservateurs) dirige les affaires de l'État. Mais ce parlement est strictement bourgeois jusqu'en 1884 où, 11 ans après la mort de Mill, un suffrage quasi universel (mâle) est adopté.

Le père de John Stuart Mill est James Mill, le fidèle disciple de Bentham. Dès que le fils atteint trois ans, le père entreprend son éducation avec énergie, rigueur et discipline, en lui enseignant le grec.

---

1. *Cf.* les introductions à Burke et à Bentham.

Sous sa tutelle, John, avant d'atteindre sa 14ᵉ année, a étudié les Anciens dans le texte original, s'est initié aux mathématiques et aux sciences contemporaines, s'est confronté à la philosophie et aux recherches logiques de son époque et a lu un nombre considérable d'auteurs. Ainsi formé, John devient un défenseur orthodoxe et articulé de la vision du monde partagée par Bentham et son père.

Son père, directeur de l'office chargé de la correspondance pour la Compagnie des Indes, l'y fait embaucher lorsqu'il a 17 ans. John Stuart appréciera ce travail qui lui permet de subvenir à ses besoins, tout en lui offrant la possibilité de poursuivre ses propres recherches.

Au début de la vingtaine, John Stuart Mill traverse une crise intellectuelle, morale et affective, une crise psychologique qui l'amène à prendre conscience de l'univers des sentiments et des émotions, univers qui avait été négligé dans la formation étroitement rationaliste reçue de son père. Commence alors un long processus par lequel Mill cherche à complexifier l'utilitarisme de Bentham et à montrer les limites de la démocratie soutenue par son père, en s'inspirant, entre autres, d'Auguste Comte et d'Alexis de Tocqueville.

John Stuart Mill est élu député à Westminster durant la dernière période de son existence. Son mandat n'étant pas renouvelé par l'électorat, il retournera avec plaisir à ce qui a toujours constitué l'essentiel pour lui: la lecture et l'écriture.

La qualité du plaisir

Bentham affirmait qu'une action est bonne si elle apporte du plaisir et mauvaise si elle engendre de la douleur. Peu importe si tel ou tel individu trouve son plaisir dans tel ou tel objet ou dans telle ou telle action: à chacun son plaisir. La seule différence entre plaisirs est de l'ordre de la quantité: tous les plaisirs sont comparables quantitativement si on tient compte d'un certain nombre de critères objectifs (intensité, durée, probabilité, etc.).

John Stuart Mill adopte la doctrine de Bentham, la morale utilitariste fondée sur la recherche du plus grand bonheur entendu en termes de plaisir. Mais il introduit une différence qualitative, une différence de valeurs, entre les plaisirs: les plaisirs de l'homme ne sont pas de même nature que ceux, par exemple, d'un porc. Il existe des plaisirs de l'esprit et des plaisirs du corps, des plaisirs intellectuels ou esthétiques et des plaisirs liés à la satisfaction de besoins animaux, des plaisirs supérieurs et des plaisirs inférieurs. Chez Bentham, tout plaisir étant quantifiable, chacun peut le mesurer et l'évaluer, chacun est le seul juge de ses plaisirs. Mill introduit une hiérarchie qualitative entre les plaisirs. Quel critère peut alors permettre de juger si tel plaisir est plus désirable et précieux qu'un autre, si tel plaisir est supérieur?

Mill propose, comme critère, la décision des agents compétents. Les seuls juges compétents de la supériorité d'un plaisir sur un autre, les seuls qui peuvent évaluer, indépendamment de tout sentiment d'obligation morale, la qualité d'un plaisir sont ceux qui se sont développés intellectuellement, moralement et affectivement, ceux qui ont l'habitude et l'expérience des deux grands types différents de plaisir. Les agents compétents sont, en d'autres mots, les philosophes et les artistes qui ont développé une conscience du monde et de soi.

Il faut distinguer le bonheur spirituel du plaisir lié à la satisfaction de ses besoins physiques. Celui qui est animé par la dignité et la supériorité de l'être humain est sans doute plus exigeant dans sa recherche du bonheur et plus vulnérable à la souffrance que celui qui se complaît dans la satisfaction des besoins du corps, mais, en dépit de ces difficultés, il ne pourrait jamais se contenter des satisfactions d'une existence sentie comme inférieure. Il vaut mieux être un homme insatisfait qu'un porc ou un imbécile satisfait: le premier peut atteindre une jouissance d'une profondeur et d'une hauteur dont le second ignore même la possibilité.

Le progrès moral et intellectuel

Mill reprend l'objectif de Bentham (le but de l'utilitarisme est le plus grand bonheur possible du plus grand nombre) et l'inscrit à l'intérieur de l'idée, empruntée à Auguste Comte, d'un progrès moral et intellectuel de l'humanité. Ce progrès est pour Mill, comme pour la plupart des penseurs du XIXe siècle, un fait incontestable. Les connaissances sur l'homme, la société et la nature s'accumulent et se répandent de plus en plus, tandis que les sentiments moraux de l'humanité, remettant en question la loi animale du plus fort, s'améliorent.

Le plus grand bonheur du plus grand nombre renvoie, chez Mill comme chez Bentham, à la somme des plaisirs individuels. Mais ceux-ci étant, chez le premier, qualitativement différents, seuls les agents compétents peuvent juger le progrès intellectuel et moral de l'humanité.

Le bonheur du plus grand nombre est la somme des plaisirs des individus. Chaque plaisir acquis par un individu ajoute au bonheur de l'humanité, d'autant plus si ce plaisir est qualitativement supérieur. Partageant la morale de Bentham, Mill admet que l'individu doit parfois sacrifier son propre plaisir — sacrifice qui demeure un mal — pour le bonheur, le bien, du plus grand nombre. Un tel sacrifice du bonheur personnel orienté en vue du bonheur des autres est pour Mill la plus grande des vertus.

Pour Mill, comme pour Bentham, se pose donc le problème d'amener les individus à subordonner leurs plaisirs égoïstes à ceux des autres, de les amener à mesurer leur propre bonheur à l'aune de celui du plus grand nombre. Mill reprend la même hypothèse et débouche sur la même solution que Bentham: il n'y a pas de nature, fût-elle égoïste, de l'individu, celui-ci étant le fruit de l'environnement; il faut donc, par l'éducation et des sanctions appropriées, façonner son comportement. Aux sanctions extérieures prévues par Bentham (loi, opinion publique, Dieu), Mill ajoute la sanction intérieure du sentiment moral, sanction dont ne voulait pas tenir compte le rationaliste Bentham pour qui elle n'était que l'effet dépendant et non autonome des sanctions extérieures. Celles-ci, pour Mill, sont sans doute la cause lointaine des sentiments moraux, mais ces sentiments, une fois devenus habitude, «nature», sont la force qui anime la morale utilitariste comme d'ailleurs toute morale fondée sur la reconnaissance des intérêts d'autrui.

Les sanctions extérieures (la punition par la loi et la réprobation de l'opinion publique) ne sont valables que pour les actions qui concernent l'intérêt d'autrui (*extra-regarding area* chez Bentham). Reprenant une distinction de Cicéron sur l'injustice, Mill distingue une action qui cause directement un préjudice à autrui (par exemple, le vol) d'une inaction qui le cause indirectement (ne pas intervenir pour protéger la vie de son semblable contre un danger): «Une personne peut nuire aux autres non seulement par ses actions, mais également par son inaction, et dans les deux cas, elle est à juste titre responsable envers eux du dommage. Dans le deuxième cas, l'exercice de la contrainte requiert beaucoup plus de prudence que dans le premier.

Rendre quelqu'un responsable du mal qu'il fait à autrui, c'est la règle. Le rendre responsable de ne pas empêcher un mal, c'est, comparativement, l'exception[2].» Toutes les autres actions ne concernent que la spontanéité des individus qui ne doit être soumise, selon Mill, à aucune sanction, à aucune sujétion.

Les actions qui ne concernent que l'individu relèvent de la prudence, de la noblesse de caractère, de la dignité humaine. Elles visent le propre bien-être de l'individu par le développement de ses capacités intellectuelles, morales et affectives. Le bonheur de l'individu se réalise par l'intermédiaire des plaisirs jugés supérieurs: le plaisir de se faire, de se réaliser, de s'accomplir remplace les simples plaisirs sensuels; l'individu se réalise, conformément à la perspective romantique, en découvrant et en mettant en œuvre ce qui le distingue des autres, sa propre individualité.

L'individu ne se réduit pas à un pur calcul rationnel des plaisirs et des sanctions l'orientant vers le bien du plus grand nombre. Il est aussi, s'il s'est réalisé, désirs, impulsions et instincts qui font une volonté forte, un caractère énergique; il est aussi, s'il s'est découvert, distinct, différent et original, traçant aux autres la voie vers des progrès intellectuels, esthétiques, moraux ou affectifs. L'uniformité, si critiquée par Tocqueville, n'est pas source de progrès: l'individualité, l'originalité, l'est. La liberté est importante non seulement pour l'individu, mais aussi pour le bonheur du plus grand nombre dont elle est une condition essentielle.

Le progrès moral et intellectuel de l'humanité est donc le fruit de la libre activité d'individus originaux, dotés d'une forte personnalité: il ne provient pas du seul contrôle social de l'environnement par l'éducation, les sanctions légales et les sanctions morales d'une opinion publique réformée.

L'éducation

Mill juxtapose le contrôle social préconisé par Bentham et la liberté, l'individualité, qu'il défend dans la lignée de Tocqueville: le premier concernerait les actions qui affectent autrui et la seconde, celles qui ne se rapportent qu'à l'individu. Mais comment articule-t-il, dans

---

2. *De la liberté*, Presses Pocket, 1990, p. 42.

le même individu, la liberté à son contrôle par l'environnement social?

L'éducation exerce un pouvoir énorme dans la formation du caractère des individus: toutes les inclinations naturelles sont en grande partie le résultat de son action couplée avec celle des sanctions de la loi ou de l'opinion publique. L'éducation doit créer dans la conscience de chaque individu une «association indissoluble entre son bonheur personnel et le bien de la société» de sorte que cette association devienne un sentiment naturel, de sorte que l'individu poursuive naturellement et sereinement le plus grand bonheur possible du plus grand nombre. Cette conception de l'éducation, qui est celle de Bentham et de James Mill, laisse de côté la question de la liberté.

L'éducation transmet l'héritage du passé. Mais l'individu, une fois parvenu à maturité, doit, dit Mill, interpréter librement les «résultats acquis de l'expérience humaine» afin de les adapter à son caractère propre et à sa situation particulière. La liberté succéderait ainsi à une éducation contrôlant l'environnement de l'éduqué.

L'éducation doit transmettre les vertus sociales et les vertus privées en utilisant la contrainte, mais aussi la conviction et la persuasion. Une fois l'éducation achevée, les vertus privées, qui relèvent du domaine de la liberté, ne devraient être guidées que par la persuasion, tandis que les vertus sociales doivent continuer d'être soumises aux sanctions et aux contraintes de la loi et de l'opinion publique.

Dans son *Autobiographie*, Mill affirme que l'éducation reçue de son père consistait à former les «associations les plus solides possibles» entre, d'une part, le plaisir et l'intérêt général, et, d'autre part, la douleur et ce qui nuit à cet intérêt. Ces associations étaient créées en utilisant la louange et la récompense, mais surtout le blâme et le châtiment, et reposaient essentiellement sur l'évaluation d'un travail intellectuel (discussions avec le père sur les lectures et les écritures du fils). Le fils reconnaît que cette éducation favorisait la lucidité intellectuelle. Il lui reproche toutefois d'avoir sacrifié l'affection à la discipline, l'amour à la crainte, la culture du sentiment à des associations purement analytiques et intellectuelles. À la sortie de sa crise mentale, Mill affirme la nécessité de se tourner vers soi, vers un univers intérieur irréductible à celui qui est soumis aux sanctions extérieures: «Je donnai pour la première fois à la culture intime de l'individu la place qui lui revient dans les nécessités fondamentales du bien-être humain. Je cessai d'attacher une importance quasi exclusive à l'ordonnancement des circonstances extérieures et à la formation de l'être en vue de la réflexion et de l'action [...] La culture des sentiments devint l'un des points cardinaux de mon *credo* éthique et philosophique[3].»

Mill voit donc les limites de l'éducation fondée sur la psychologie associationniste, ancêtre du behaviorisme, et y juxtapose la liberté, sans vraiment les lier: le caractère résulte de l'action de circonstances et d'agents extérieurs, mais nos propres désirs et notre propre volonté contribuent à le former. L'opposition entre psychologie associationniste et liberté disparaît toutefois au profit de la dernière lorsque Mill traite du rôle de l'État dans l'éducation.

Les individus sont généralement des juges compétents dans le choix de leurs objets matériels de consommation, mais les incultes ne peuvent être des juges compétents en éducation: l'État doit donc rendre l'éducation obligatoire. L'État doit, de plus, défrayer le coût de l'éducation de ceux qui sont incapables de l'assumer, soit en finançant des écoles privées, soit en mettant sur pied des écoles publiques. Mais l'État ne doit en aucune façon diriger l'éducation, qui repose essentiellement sur l'initiative privée. Mill craint que, même dans un système démocratique, la majorité dominante impose son opinion despotique au détriment de la variété, de la diversité et de la liberté: «Je réprouve tout autant que quiconque l'idée de laisser la totalité ou une grande partie de l'éducation des gens aux mains de l'État. Tout ce que j'ai dit sur l'importance de l'individualité du caractère et de la diversité des opinions et des modes de vie, implique tout autant la diversité de l'éducation, et lui donne donc la même importance. Une éducation générale publique instituée par l'État n'est qu'une pure invention visant à mettre les gens dans le même moule[4].» L'éducation ne se réduit toutefois pas à l'apprentissage de la lecture, de l'écriture et du calcul: elle doit former le caractère, enseigner les vertus sociales et même les vertus privées. Mill ne nous dit malheureusement pas comment des écoles privées pourraient collectivement transmettre la

---

3. *Autobiographie*, Aubier, 1993, p. 135.
4. *De la liberté, op. cit.*, p. 176.

morale utilitariste, la subordination du bonheur personnel au bonheur du plus grand nombre.

Les libertés

La liberté civile ou sociale de l'individu est définie négativement: ce qui est soustrait au contrôle social, ce qui n'est pas au pouvoir de la société. Mill distingue, contrairement à Bentham qui ne s'intéressait pas à la liberté, les vices privés, qui sont du ressort de la liberté de chaque individu, des vices sociaux, qui relèvent des sanctions de la loi ou de l'opinion publique. Les vices sociaux — dont l'un des plus graves est le mensonge qui sape la confiance devant régner dans la société — créent activement ou passivement des dommages à autrui. Ces vices, sanctionnables par l'opinion publique, sont «la disposition à la cruauté, la méchanceté, l'envie — cette passion antisociale et odieuse entre toutes —, la dissimulation et l'hypocrisie, l'irascibilité gratuite et le ressentiment lorsqu'il est disproportionné par rapport à la provocation, l'amour de la domination, le désir d'accaparer plus que sa part de biens (la *pleonexia* des Grecs), l'orgueil qui tire satisfaction de l'abaissement des autres, l'égotisme pour qui la personne et ses intérêts sont plus importants que tout et décide de toute question en sa faveur[5]». Le reste est vice privé qui démontre de la part de l'intéressé de la bêtise, de l'imprudence ou un manque de dignité humaine et de respect de soi, mais qui ne concerne pas autrui. L'ivresse est un vice privé: si l'ivresse de quelqu'un l'entraîne à négliger sa famille, il doit être condamné pour son irresponsabilité et non pour son ivresse. On ne doit pas craindre le mauvais exemple d'une conduite marquée par le vice privé, car chacun peut apprendre des conséquences pernicieuses de ce vice pour l'agent lui-même. Mill, en insistant sur la différence entre ces deux types de vice, pense particulièrement aux puritains qui, en Nouvelle-Angleterre, ont imposé leur propre morale privée à leurs concitoyens, en supprimant les divertissements publics et privés: musique, danse, théâtre, jeux publics, etc. Évidemment, la distinction de Mill, entre morale privée et morale publique, va au-delà du cas des puritains.

---

5. *Ibid.*, p. 138-139.

L'auteur, fidèle à Tocqueville, craint le despotisme de la majorité. Ce despotisme peut se manifester au niveau du gouvernement: nous verrons plus loin les moyens qu'il préconise pour contrer ce danger. Il peut aussi se manifester par une opinion publique imposant sa propre conception des vertus privées «comme règles de conduite à ceux qui sont d'un autre avis». Ce despotisme de l'opinion nie la liberté sociale et entrave le libre développement de l'individualité.

L'opinion publique est celle de la masse, c'est-à-dire de la «médiocrité collective». Le contrepoids à cette médiocrité ne peut être que des individus exceptionnels, originaux, voire excentriques qui élèvent le niveau d'exigence en démontrant de la vigueur intellectuelle, du courage moral ou du génie artistique.

Le progrès industriel ne favorise malheureusement pas la différence, la variété et la diversité entre individus. Il tend au contraire, comme l'affirme Tocqueville, à tout homogénéiser et uniformiser. Le développement de l'industrie, offrant à la convoitise de tous les mêmes objets de consommation, rend leurs désirs semblables. Les progrès des moyens de communication soumettent les individus de classes et de pays différents aux mêmes influences, tandis que la démocratie leur offre les mêmes droits: «Aujourd'hui, ils lisent plus ou moins les mêmes choses, écoutent les mêmes choses, regardent les mêmes choses, vont aux mêmes endroits; leurs espérances et leurs craintes ont les mêmes objets. Ils ont les mêmes droits, les mêmes libertés et les mêmes moyens de les revendiquer[6].» Les individus de classes sociales, de voisinages et de professions ou de métiers différents vivent maintenant dans un même monde: la défense de l'originalité, de l'individualité et de la dignité personnelle, assaillies de toutes parts, devient donc une exigence incontournable.

Le progrès industriel et le progrès démocratique peuvent donc paradoxalement devenir des sources de stagnation, si on ne résiste pas à l'uniformisation qu'ils entraînent, si on ne soutient pas les libertés civiles protégeant les individus et les minorités contre la majorité: liberté d'opinion et d'expression, liberté de goût et d'occupation, liberté d'association.

L'individu doit avoir la liberté absolue de penser ce qu'il veut sur quelque sujet que ce soit (scientifique, moral, religieux ou poli-

---

6. *Ibid.*, p. 131.

tique). La liberté d'expression et de publication (dans le sens de rendre public) est inséparable de la liberté de penser, même si elle concerne autrui. La majorité serait injustifiée d'imposer le silence à une minorité intellectuellement dissidente, même si celle-ci n'est constituée que d'un seul individu, car seule la discussion permet de mieux cerner l'erreur et d'approfondir la vérité: «Si l'opinion est juste, ils sont privés de l'opportunité d'échanger l'erreur contre la vérité; si elle est fausse, ils perdent un avantage aussi grand: celui de la perception plus claire et de l'impression plus vive de la vérité, que produit sa confrontation avec l'erreur[7].» La certitude absolue n'existe pas. Mais même si nous étions convaincus de la fausseté d'une opinion, il serait moralement et socialement nuisible de l'étouffer, la censure empêchant le progrès intellectuel suscité par le débat et la discussion. Même les énoncés que l'on suppose vrais exigent la liberté de discussion: seule l'épreuve de la contradiction nous permet d'assumer raisonnablement d'avoir raison. Cette liberté d'expression est tout à fait essentielle pour contrecarrer le despotisme des coutumes, ennemi de tout progrès, et le despotisme de l'opinion majoritaire, fossoyeur du progrès intellectuel.

La liberté de goût implique que chacun puisse mener la vie qu'il désire — fût-elle jugée ridicule ou perverse par l'opinion publique — pourvu qu'elle ne nuise pas à autrui. La liberté de goût implique nécessairement, y compris pour les femmes, la liberté de choisir dans la vie l'occupation désirée.

La liberté d'association, dans la mesure où elle ne nuit pas à autrui, permet aux individus minoritaires de s'unir pour défendre leur liberté face au despotisme de la majorité gouvernementale ou de l'opinion publique.

Le laisser-faire

Le but du gouvernement est d'assurer le progrès dans l'ordre. Il peut y avoir un ordre sans progrès, mais le progrès économique requiert nécessairement un ordre politique et légal qui assure la protection des biens et de leurs moyens d'acquisition. Cet ordre exige toutefois une relation conflictuelle entre le pouvoir dominant et les minorités

---

7. *Ibid.*, p. 49.

dominées afin d'assurer le progrès pluridimensionnel de l'homme:
«Aucune communauté n'a maintenu durablement un cours progressiste si elle n'était traversée par un conflit entre le pouvoir le plus fort
et un pouvoir rival: conflit entre les autorités spirituelles et les autorités temporelles, entre la classe militaire ou agraire et la classe industrielle, entre le roi et le peuple, entre les tenants d'une orthodoxie et
les réformistes de cette religion, etc. Lorsque la victoire d'un des
protagonistes était si complète qu'elle mettait fin à la lutte et lorsqu'aucun autre conflit ne s'y substituait, la communauté entrait dans
une période de stagnation puis de déclin[8].» Le progrès de la société
démocratique exige, lui aussi, qu'elle soit traversée par le conflit:
nous verrons plus loin les moyens préconisés par Mill pour que les
individus puissent résister au despotisme de la majorité gouvernementale.

Le bon ordre d'une société prospère repose sur les vertus des
individus (savoir-faire et habileté dans le travail, justice et intégrité,
prudence), tandis que son progrès exige, en plus de ces vertus, l'originalité et l'inventivité des individus qui la constituent. La cause et la
condition fondamentales d'un bon gouvernement sont donc la qualité des individus qui forment la société sur laquelle s'exerce le pouvoir gouvernemental. Aussi la tâche prioritaire d'un bon gouvernement, en plus d'assurer la paix sociale, est-elle de promouvoir les
vertus et les qualités de ses citoyens.

Le gouvernement doit s'en tenir au laisser-faire, intervenir le
moins possible et encourager la libre initiative des individus pour les
trois raisons. D'abord, l'intéressé est mieux placé que quiconque
pour diriger l'affaire qui le concerne au premier chef ou pour décider
comment et par qui elle doit être dirigée. Ensuite, l'individu, en agissant, s'éduque, l'expérience étant le moyen privilégié d'éducation des
adultes, tandis que l'action, même bien menée par l'État ou ses fonctionnaires, n'apprend rien à personne. Enfin, toute action menée par
le gouvernement élargit son influence et renforce la bureaucratisation, contribuant à transformer en parasites les éléments actifs de la
population ou à réduire leurs ambitions à être admis et à progresser

---

8. *Considerations on Representative Government, in On Liberty and Other
Essays*, Oxford, Oxford University Press, 1991, p. 315-316. J'ai fait la traduction des
passages cités des livres de Mill non traduits en français.

au sein du corps des fonctionnaires. Le gouvernement doit donc encourager l'autonomie et l'indépendance des individus, les conseiller et les informer, favoriser leur compétition, bref préférer la variété des expériences individuelles à l'uniformité de ses réglementations: «Un gouvernement ne peut jamais posséder trop du genre d'activité qui, loin d'empêcher, aide au contraire à stimuler l'effort et le développement individuels. Le mal commence quand, au lieu de mettre en jeu l'activité et les pouvoirs des individus et des associations, le gouvernement leur substitue sa propre activité; quand, au lieu d'informer, de donner des conseils et à l'occasion de dénoncer, il les force à travailler dans les fers, ou leur ordonne de se tenir à l'écart pour faire le travail à leur place. À la longue [...] un État qui réduit les hommes jusqu'à en faire des instruments dociles entre ses mains, même en vue de bienfaits, s'apercevra que rien de grand ne peut vraiment s'accomplir avec de petits hommes, et que la perfection de la machinerie à laquelle il a tout sacrifié n'aboutit finalement à rien, faute de cette puissance vitale qu'il a préféré proscrire pour faire tourner régulièrement la machine[9].»

Le laisser-faire est donc la règle générale de la politique économique de tout bon gouvernement. L'application de cette règle doit tenir compte des circonstances particulières et des époques. Ainsi, dans les premières phases du développement des sociétés, l'État doit suppléer au manque de savoir et d'initiatives des individus par des activités qu'il leur cédera par la suite, le progrès d'une société étant mesuré par l'ampleur des activités qui relèvent des individus.

Dans une société développée, la règle générale s'applique «dix-neuf fois sur vingt». Les exceptions peuvent être classées en deux catégories. Dans la première, les individus connaissent moins que le gouvernement leurs intérêts et, *a fortiori*, les moyens de les satisfaire. Ainsi, le gouvernement doit imposer l'éducation aux incultes qui n'en reconnaissent pas l'importance. Dans la deuxième, l'action d'un individu entraîne indirectement des dommages à d'autres personnes. Ainsi, dans les institutions pour pauvres (*Poor House*), les maris et les épouses devraient être séparés afin d'empêcher la création d'une race héréditaire de pauvres, fardeau pour l'ensemble de la communauté.

---

9. *De la liberté, op. cit.*, p. 188-189.

Les limites du gouvernement représentatif

Le gouvernement représentatif est impraticable dans les sociétés barbares, dans les sociétés formées de «sauvages» ou d'esclaves, dans les sociétés non civilisées. Les sauvages, n'ayant jamais été soumis à un contrôle extérieur, doivent être régis par un gouvernement despotique qui leur apprenne l'obéissance, condition première de tout ordre politique. Les «esclaves», ayant toujours été soumis à la servitude, connaissent l'obéissance, mais ignorent la libre discussion entre individus égaux: un gouvernement despotique ne ferait que reproduire leur esprit de servitude tandis qu'un gouvernement représentatif demeure hors de la portée de leur esprit soumis. Ils doivent donc être dirigés par un gouvernement qui, tout en ayant la puissance militaire, ne l'utilise que rarement, par un gouvernement qui les guide paternellement vers le progrès et la civilisation. Nous verrons plus loin comment Mill applique ce schéma à l'Inde.

Dans les sociétés évoluées comme l'Angleterre, Mill préconise le gouvernement représentatif qui a l'indéniable avantage — par l'exercice du suffrage, par la proximité des pouvoirs municipaux, par l'instauration des jurys, etc. — de faire participer le maximum d'individus à la chose publique. Cette participation, liée à la discussion publique, permet à chacun, même à l'humble ouvrier, de s'évader de ses préoccupations immédiates et de lier ses intérêts à ceux de l'ensemble de la communauté: «C'est par la discussion publique que le travailleur manuel, dont l'emploi est une routine et dont le mode de vie le coupe de tout contact avec des impressions, des circonstances et des idées différentes, apprend que des causes et des événements éloignés exercent une influence sensible sur ses intérêts personnels; et c'est par la discussion publique et l'action politique collective que celui dont les occupations quotidiennes réduisent les intérêts au petit cercle qui l'entoure apprend à se sentir frère et solidaire de son concitoyen et devient un membre conscient de la grande communauté[10].»

Mill adhère au suffrage universel. Mais celui-ci devrait exclure ceux qui ne savent pas lire, écrire ou compter. L'éducation obligatoire doit précéder le suffrage universel. Si l'éducation est accessible à tous, seuls les paresseux, qui n'ont pas fait l'effort nécessaire à l'alphabé-

---

10. *Considerations on Representative Government*, op. cit, p. 328.

tisation, seront privés du droit de vote et de représentation. Le suffrage universel devrait aussi exclure ceux qui sont présentement incapables de subvenir à leurs besoins par le travail. Le précepte «pas de taxation sans représentation» a aussi son corollaire: pas de représentation pour ceux dont la subsistance dépend de la communauté. «En devenant dépendant des autres membres de la communauté pour sa présente subsistance, il abdique sa prétention à partager avec eux des droits égaux. Ceux à qui il est redevable du maintien de sa propre existence peuvent en toute justice réclamer la gérance exclusive de leurs intérêts communs, auxquels il n'apporte présentement rien ou apporte moins qu'il n'en retire[11].»

Deux dangers guettent la démocratie représentative. Premièrement, la majorité gouvernementale peut imposer à la minorité une législation de classe. Pour Mill, les communautés modernes, si on en exclut les oppositions de race, de langue ou de nationalité, sont divisées en deux: d'un côté, la majorité formée de travailleurs et de ceux qui partagent avec eux le même mode de vie et la même culture (petits patrons et petits commerçants); de l'autre, la minorité constituée des patrons et de ces professionnels qui s'assimilent à eux par leurs revenus élevés, leur mode de vie, leur éducation et leurs aspirations. Le suffrage universel risque donc de donner une majorité gouvernementale au service des intérêts exclusifs des travailleurs. Deuxième danger, la majorité, d'un bas niveau d'éducation et d'intelligence, élira une majorité représentative de son niveau. Afin de remédier à ces deux dangers, Mill préconise un certain nombre de mesures qui visent à accroître le poids de ceux qui possèdent le savoir et auraient un haut niveau de moralité.

Le véritable esprit démocratique exige la représentation des minorités. Mill propose donc une sorte de représentation proportionnelle par laquelle l'électeur peut choisir un candidat qui n'est pas de sa circonscription, de sorte que des individus de haut niveau, dont les supporteurs sont dispersés dans tout le pays, puissent être élus et défendre au parlement des positions non partagées par la médiocre majorité. Ce mode de représentation proportionnelle favorise toutes les minorités, même si Mill, dans ses commentaires, pense particuliè-

---

11. *Ibid.*, p. 332.

rement aux grands intellectuels qui pourraient alors faire contrepoids à la majorité des élus dont l'intelligence ne serait que moyenne.

La représentation proportionnelle est cependant insuffisante pour préserver les plus instruits d'une législation de classe par la majorité. Si l'esprit démocratique exige que tous aient une voix, il n'exige pas, bien au contraire, que tous aient une voix égale. Il faut compenser les faiblesses du suffrage universel qui accorde le même poids à l'opinion d'un savant qu'à celle d'un ignorant et au vertueux qu'au vicieux. Mill ajoute donc comme mesure le vote plural par lequel ceux qui ont des connaissances et une moralité élevée auraient plus d'une voix. Comment mesurer cette supériorité intellectuelle et morale? On ne peut retenir le critère de richesse, quoiqu'il soit généralement relié à celui d'éducation, parce qu'il est trop approximatif, certains riches pouvant être ignorants et certains pauvres, fort connaissants. Comme mesure de la supériorité intellectuelle et morale, Mill propose le niveau formel d'éducation et, en l'absence de normes nationales, le type d'occupation (par exemple, un vote pour l'ouvrier non qualifié, deux pour l'ouvrier qualifié, trois pour le contremaître ou le super-intendant, trois ou quatre pour un patron et cinq ou six pour les professions exigeant une formation universitaire).

Bentham proposait des élections annuelles afin d'accroître le pouvoir des représentés sur les représentants. John Stuart Mill propose un terme d'au moins cinq ans pour les pays où la démocratie est forte ou sur une voie ascendante. Une telle durée permettrait d'augmenter l'autonomie des élus, nécessairement plus cultivés que la multitude, et permettrait à l'électeur de mieux juger la performance de son représentant.

Le vote secret vise à protéger l'électeur contre l'intimidation et les tentatives de corruption. Le secret du vote prédispose toutefois l'électeur à considérer son vote comme un bien privé, un droit de défense de ses propres intérêts égoïstes, au lieu de le considérer comme un devoir public subordonné à l'intérêt du plus grand nombre. Le considérant comme un droit privé, il est logique qu'il puisse l'échanger contre des faveurs. Mill propose donc le vote public afin de contraindre l'électeur à justifier publiquement les raisons de son vote, afin de le soumettre à la critique de l'autre.

Certains demandaient qu'un salaire soit versé aux élus afin de rendre le parlement accessible à ceux qui n'ont pas de ressources financières. Mill juge illusoire l'avantage recherché. Le salariat ouvrirait le parlement à ces petits ambitieux, intéressés par l'aspect pécuniaire de cette carrière, pourtant hasardeuse, et prêts à toutes les démagogies pour capter et maintenir la faveur des électeurs. Mieux vaut, affirme Mill, que les élus soient des personnes indépendantes financièrement, mues en politique par d'autres motifs qu'un salaire.

Une assemblée représentative de la majorité n'a pas les compétences pour formuler avec rigueur des lois. Une «commission législative», formée d'experts, préparera, à la demande du parlement, les lois qui devront y être approuvées ou rejetées, sans possibilité d'amendement.

Les fonctionnaires apportent au service public leur expérience et leurs connaissances de façon permanente, indépendamment des changements d'allégeance politique. La sécurité d'emploi doit leur être assurée afin de les soustraire à la politique partisane. Des examens permettront de choisir les meilleurs candidats et leur promotion dépendra d'un régime mixte d'ancienneté et de sélection au mérite.

Enfin Mill craint, comme Tocqueville, la bureaucratisation de l'État. Comme lui, il préconise la plus grande décentralisation possible du pouvoir au niveau municipal, afin que les citoyens, en s'autogouvernant, s'éduquent et apprennent à combattre la bureaucratisation.

Partenariat et coopération

Mill part de Ricardo, mais ne partage pas son optimisme. Le capitalisme engendre nécessairement une grande pauvreté. La richesse n'est pas nécessairement liée au mérite intellectuel et moral: elle provient parfois de l'héritage (Mill proposera de le limiter), repose en certaines occasions sur l'utilisation de procédés peu honnêtes et est souvent liée à un grand égoïsme.

Mill critique particulièrement la relation salariale: elle perpétue une relation de maître à serviteur; elle engendre des conflits d'intérêts et de la haine entre classes; elle entraîne l'ouvrier à sous-utiliser ses capacités professionnelles et à être peu productif, en travaillant le moins possible pour le plus haut salaire possible.

La solution à ces problèmes n'est pas dans un socialisme étatique ou dans le communisme qui détruit deux des composantes essen-

tielles du progrès: la compétition, instrument indispensable à l'efficacité économique; les libertés civiques, que Mill défend envers et contre tous, y compris les majorités démocratiques.

Elle n'est pas non plus dans la charité par laquelle des supérieurs
condescendent à satisfaire les besoins des pauvres, ce geste entretenant leur passivité et leur dépendance. L'État ne doit pas prendre en
charge que les indigents souffrant d'incapacité physique.

La solution n'est pas non plus dans les syndicats dont Mill, à la
fin de sa vie, défend l'immunité contre les actions légales entreprises
à l'occasion de dommages créés par certains de leurs membres. Les
syndicats pourraient peut-être, à l'intérieur d'étroites limites, accroître les salaires au détriment des profits, mais ils ne peuvent remédier
à la pauvreté et aux maux inhérents à la relation salariale. La solution
renvoie à une politique inspirée de Malthus et à un nouveau partenariat entre patrons et ouvriers, partenariat qui constituerait une étape
intermédiaire avant l'avènement d'entreprises reposant sur la coopération des travailleurs.

La solution à la pauvreté réside dans le contrôle des naissances.
Mill est un disciple de Malthus: la pauvreté est causée par une croissance de la population plus grande que celle des moyens de subvenir
à ses besoins. La solution consiste à réduire la croissance démographique par le contrôle des naissances. Un État est tout à fait justifié
d'interdire la procréation à ceux qui sont incapables de subvenir aux
besoins de leurs enfants. Mais même dans les situations où de telles
lois seraient inopportunes, l'État doit promouvoir une éducation qui
forme une opinion publique éclairée, apte à condamner moralement
ceux qui contribuent à abaisser les salaires en augmentant l'offre de
travail, ceux qui accroissent la pauvreté sociale en ne contrôlant pas
leurs instincts sexuels, ceux qui font plus d'enfants que ce qui est
socialement utile: «Prendre cette responsabilité, donner une vie qui
peut s'avérer être une bénédiction ou une malédiction, est un crime
envers l'être à qui on la donne, s'il n'a pas les chances ordinaires de
mener une vie désirable. Et dans un pays surpeuplé ou en passe de
le devenir, le fait de mettre au monde des enfants au-delà d'un petit
nombre, avec pour conséquence la dévaluation du prix du travail par
leur entrée en compétition, constitue un tort sérieux à tous ceux qui
vivent de leur travail. Les lois qui, dans de nombreux pays du continent, interdisent le mariage aux couples qui ne peuvent apporter la

preuve qu'ils sont aptes à subvenir aux besoins d'une famille, n'outrepassent pas le pouvoir légitime de l'État; par ailleurs, que de telles lois soient ou non opportunes (question qui dépend principalement de la situation et des sentiments locaux), on ne peut leur reprocher d'être des violations de la liberté. Elles sont le fait de l'intervention de l'État dans le but d'empêcher un acte mauvais, un acte dommageable à autrui, qui devrait faire l'objet d'une réprobation et d'un blâme social, même si on juge inopportun de lui ajouter une punition légale[12].»

La solution au rapport conflictuel inhérent au salariat est la coopérative, c'est-à-dire la possession collective de l'entreprise par ceux qui y travaillent. La coopérative aura besoin, comme les autres entreprises, d'un directeur dont la rémunération sera fondée sur la compétence et les responsabilités. Cette coopérative sera soumise, comme les autres entreprises, au critère de la compétition, tant à l'intérieur, entre travailleurs, qu'à l'extérieur, au niveau du marché. Mill s'oppose à l'utopie moralisante de ceux qui préconisent le même travail et le même salaire pour tous. L'efficacité économique requiert la division du travail et un système de rémunération fondé sur les qualifications, les habiletés et la productivité de chacun.

La coopérative offre de nombreux avantages. Moralement, elle développe chez le travailleur les qualités d'autonomie, d'autodiscipline, d'initiative, de responsabilité et de solidarité. Économiquement, elle s'avère plus efficace que l'entreprise patronale dans la mesure où le travailleur est incité à mieux y produire, sa rémunération y étant plus équitable (les travailleurs, compte tenu de l'apport de chacun, s'y partagent les profits). Socialement, sa plus grande productivité la rend plus utile que l'entreprise patronale. Socialement encore, elle supprime l'hostilité et la haine de classes. Enfin, politiquement, elle développe l'esprit démocratique, en enseignant, dans l'entreprise, l'autogouvernement aux travailleurs.

On ne peut passer directement de l'entreprise patronale à la coopérative. L'homme, tant l'employeur que l'employé, est trop égoïste, non parce que l'égoïsme est dans la nature de l'être humain, mais parce que chacun a été accoutumé à vivre en fonction de soi. Il faut donc que, par l'éducation et l'expérience, l'homme apprenne à

---

12. *De la liberté, op. cit.*, p. 179-180.

orienter sa vie en fonction du bonheur du plus grand nombre. Le partenariat entre ouvriers et patrons peut être cette école, cette expérience transitoire, où se prépare l'avènement de la coopération entre travailleurs.

L'affranchissement de la femme

L'intérêt qu'a l'homme de posséder la femme et sa force musculaire pour s'imposer sont à l'origine de l'assujettissement de la femme. Les lois, les systèmes sociaux et politiques ne font qu'entériner ce rapport de forces préexistant.

Le monde moderne a remis en question toutes les inégalités jugées autrefois naturelles: chacun est libre et égal à la naissance, chacun peut se réaliser dans l'occupation qu'il préfère, chacun peut faire la vie qu'il veut. Comment peut-on alors justifier, dit Mill, que seule la femme soit encore soumise au principe inégalitaire du vieux monde moral et intellectuel disparu avec le Moyen Âge?

On enseigne encore à la femme que sa nature affective et morale ne se réalise que par le dévouement à son mari et à ses enfants. La reconnaissance, à laquelle tout le monde aspire, ne peut lui venir que du mari auquel elle est assujettie: «On nous dit au nom de la morale que la femme a le devoir de vivre pour les autres, et au nom du sentiment que sa nature le veut: on entend qu'elle fasse complète abnégation d'elle-même, qu'elle ne vive que dans ses affections, c'est-à-dire dans les seules qu'on lui permet, l'homme auquel elle est unie, ou les enfants qui constituent entre elle et l'homme un lien nouveau et irrévocable. Que si nous considérons d'abord l'attraction naturelle qui rapproche les deux sexes, puis l'entier assujettissement de la femme à l'autorité du mari, de la grâce duquel elle attend tout, honneurs et plaisirs, et enfin l'impossibilité où elle est de rechercher et d'obtenir le principal objet de l'ambition humaine, la considération, et tous les autres biens de la société, autrement que par lui, nous voyons qu'il faudrait bientôt un miracle pour que le désir de plaire à l'homme ne devînt pas, dans l'éducation et la formation du caractère de la femme, une sorte d'étoile polaire[13].»

---

13. *De l'assujettissement des femmes, op. cit.*, p. 33-34.

Il existe sans doute des différences entre les deux sexes, mais on ne peut attribuer à la nature les différences présentes façonnées par les coutumes et l'éducation. Ainsi on prétend que la vocation naturelle des femmes est le mariage et la maternité. Mais pourquoi, si cette vocation est si naturelle, leur bloquer toute autre issue possible? Pourquoi la société les réduit-elle au mariage?

Certaines femmes peuvent évidemment se transformer en mégères et rendre malheureuse la vie de leurs maris. Mais ce sont des femmes fortes qui exercent une «contre-tyrannie» contre des maris qui sont le plus souvent «les moins enclins à devenir des tyrans». Plusieurs femmes ont évidemment tendance à réduire l'intérêt de l'humanité à ceux de leur famille, à s'intéresser moins à la société et à la politique qu'à ce qui peut procurer à leur «mari un titre», à leur «fils une place» et à leur «fille un beau mariage». Mais ces femmes ont l'intérêt de la situation à laquelle les a réduites la société dominée par les hommes.

Mill accepte que certaines décisions doivent être prises par une personne lorsqu'elles exigent une rapidité que le processus pour atteindre un compromis ne permet pas. Mais pourquoi cette volonté devrait-elle être nécessairement, comme le postule Locke, celle de l'homme? Pourquoi n'y aurait-il pas un partage de pouvoir entre l'homme et la femme, chacun ayant le dernier mot sur la partie qu'il dirige?

La femme doit accéder à la modernité. L'égalité avec l'homme doit lui être reconnue: mêmes droits de citoyen, dont droit de vote et de représentation; même droit à l'occupation de son choix; même droit à une éducation qui rend possibles ces emplois.

Une telle égalité comporterait les quatre avantages suivants. Il supprimerait l'un des principaux fondements de l'égoïsme, l'injuste préférence de l'homme, le culte de lui-même dans son rapport avec la femme: «Songez à ce que doit penser un garçon qui passe à l'âge d'homme avec la croyance que, sans mérite aucun, sans avoir rien fait par lui-même, fût-il le plus frivole et le plus bête des hommes, il est par sa seule naissance, qui l'a fait du sexe masculin, supérieur de droit à toute une moitié du genre humain sans exception, où se trouvent pourtant comprises des personnes dont il peut, chaque jour et à toute heure, sentir la supériorité sur lui[14].» Second avantage, l'égalité

---

14. *Ibid.*, p. 160.

doublerait les capacités intellectuelles de l'humanité en ouvrant aux femmes les mêmes possibilités d'occupation que les hommes. Troisième avantage, les femmes, ayant accès à la même éducation que les hommes, pourraient partager avec eux des goûts et des désirs semblables et devenir, dans le mariage, des compagnes de vie, au lieu d'être réduites à l'état de servantes ou de maîtresses. Enfin, dernier avantage, la femme, la moitié de l'humanité, aurait accès à la liberté qui est, après la nourriture, le vêtement et le gîte, «le premier et le plus impérieux besoin de la nature humaine».

Les nations

Mill définit ainsi la nationalité: «La nationalité est une portion de l'humanité unie par des sentiments d'amitié, sentiments qui n'existent pas entre elle et d'autres peuples, qui suscitent en son sein une coopération qu'elle ne retrouve pas spontanément avec d'autres peuples et qui lui font désirer de vivre sous un même gouvernement, exclusivement dirigé par elle-même ou une partie d'elle-même[15].» Les causes de ce sentiment national sont diverses (une identité de race ou d'origine, une communauté de langue ou de religion, des frontières naturelles et, surtout, une mémoire politique commune) et aucune d'entre elles n'est déterminante, comme le révèlent les exemples différents de la Suisse, de l'Italie, de l'Allemagne ou de la France.

Le sentiment de nationalité conduit naturellement les membres de celle-ci à s'unir sous un seul et même gouvernement. En d'autres mots, un gouvernement démocratique est quasiment impossible dans un pays formé de différentes nationalités. Comment constituer une opinion publique commune, essentielle à l'exercice de la démocratie représentative, si le peuple, divisé par les sentiments, l'est en plus par les langues? Chaque nationalité aura ses propres leaders, ses propres journaux et sa propre opinion publique; chaque incident, chaque action seront interprétés comme favorisant une nationalité ou l'autre. L'État, la politique, sera l'enjeu de nationalités animées par des sentiments de méfiance, de rivalité et de haine.

---

15. *Considerations on Representative Government, op. cit.*, p. 426.

Une des conditions du gouvernement démocratique est donc la coïncidence de ses frontières avec celles d'une nationalité. Il y a toutefois deux exceptions à cette règle générale. Dans certains pays, les nationalités sont si entremêlées localement qu'il est pratiquement impossible de les séparer politiquement: mieux vaut qu'elles demeurent sous un même gouvernement. Deuxième exception, certaines nationalités, plus arriérées historiquement, ont tout avantage à être assimilées par une nationalité plus cultivée et plus civilisée, afin de partager avec les membres de celle-ci, et sur une base égalitaire, les mêmes privilèges de citoyen et le même prestige d'être membre à part entière d'une puissance respectée. Mill donne comme exemple les Bretons assimilés par la nation française et les Écossais, par la nation britannique. Les Irlandais n'ont pas jusqu'ici suivi l'exemple écossais; Mill semble estimer que, même s'ils sont assez nombreux pour vivre politiquement indépendants, ils auraient imité les Écossais s'ils n'avaient été si atrocement gouvernés. Pour Mill, tout ce qui tend à la fusion des nations constitue un progrès, en favorisant l'unité du genre humain et son enrichissement par le métissage.

La fédération d'États marque aussi un progrès en élargissant la coopération et en renforçant les petits États face aux grands. Trois conditions sont toutefois requises: les populations des différents États, désirant se fédérer, doivent partager une même sympathie, quelle que soit l'origine de celle-ci; aucun État de la fédération ne doit être assez fort pour se défendre seul face à une agression extérieure; une trop grande inégalité de forces ne doit pas exister entre les États constituants. Enfin, ces trois conditions en requièrent une autre dans le type de fédération — le meilleur — où le citoyen doit obédience aux deux paliers de gouvernement: les juridictions de chacun doivent être clairement délimitées et un arbitre indépendant doit juger de tout conflit d'interprétation.

Sur le plan colonial, Mill envisage la question des nationalités en distinguant trois cas: les petits établissements; les colonies dont la civilisation est égale à la métropole ou à l'Europe; les colonies qui leur sont inférieures.

Les petits établissements, comme Gibraltar, ont une fonction strictement militaire. Les autochtones ne peuvent participer au gouvernement du lieu, mais ils doivent jouir de toutes les libertés, y compris les libertés municipales, compatibles avec le statut militaire de l'établissement. Afin de compenser leur exclusion du pouvoir politique du pays, ils devraient être admissibles dans toutes les parties de l'empire avec des droits égaux à ceux des gens qui y vivent.

Certaines colonies, comme le Canada, ont une population dont le degré de civilisation est semblable à celui de l'Angleterre. La Grande-Bretagne, dit Mill, a heureusement accepté, à la suite de la rébellion de 1837, la principale recommandation du Rapport de Lord Durham et a concédé au Canada la responsabilité gouvernementale des affaires intérieures. L'inégalité demeure toutefois au niveau des affaires extérieures, le Canada étant lié, sans devoir être consulté, par les déclarations de guerre de l'Angleterre. Mill affirme que le Canada ne devrait pas être contraint de participer financièrement à un acte de guerre qu'il ne partage pas, sauf pour défendre ses propres frontières contre l'invasion. Mill soutient que cette union minimale entre la Grande-Bretagne et le Canada devrait être maintenue volontairement par les deux parties, car elle constitue un pas vers la coopération entre nations et la paix universelle.

Enfin, il y a les colonies qui, comme l'Inde, sont fort éloignées de l'état de civilisation de l'Angleterre et sont incapables de se gouverner démocratiquement. Les différences d'habitudes, de mentalités et de religions rendent ces colonies difficilement gouvernables par des étrangers. Ces derniers, surtout s'ils dépendent trop directement du gouvernement anglais, vont être portés à suivre, au détriment des véritables intérêts de la population autochtone, les conseils de ceux qui peuvent influencer l'opinion publique anglaise: les colons ou, encore, les oppresseurs de cette population. Afin de maintenir une saine distance face aux intérêts étroits des colons ou des classes dirigeantes autochtones et pour contrer l'ignorance du lointain gouvernement anglais, Mill défend une administration autonome formée d'experts: le développement d'une colonie comme l'Inde, son cheminement vers la civilisation dépendraient dans une grande mesure des qualités et des capacités des agents gouvernementaux d'une administration autonome.

La religion

La religion est la croyance en un objet idéal, l'Être parfait, auquel notre conduite est subordonnée. Le christianisme est la religion de l'Occident. Mais aucune personne qui réfléchit le moindrement ne peut accepter d'accorder la perfection au Créateur d'un monde aussi imparfait que le nôtre; aucune personne éprise de justice ne peut accorder la bonté à un Être tout-puissant, dont des millions de créatures sont soumises au péché et destinées à la peine éternelle.

Mill admet que la religion fut utile dans les premières phases de l'humanité en enseignant aux hommes une moralité respectueuse de l'autre. Mais il estime, influencé par Comte, que l'humanité, comme fin de l'histoire, constitue un objet idéal qui peut remplacer Dieu dans la régulation de la conduite humaine. Peu d'individus peuvent aujourd'hui s'identifier intellectuellement et affectivement à la vie entière de la race humaine. Mais Mill ne doute pas que le progrès, s'il continue, rendra cette identification accessible à la majorité.

Agir moralement en vue d'un bonheur céleste n'est pas la meilleure façon d'habituer les gens à des sentiments altruistes. La religion de l'Humanité est supérieure à toute autre religion, car elle ne rapporte pas à un futur problématique la récompense d'une conduite présente. De plus, le progrès de l'humanité, en rendant les gens plus heureux, les rendra de plus en plus indifférents à la question de l'immortalité, l'essentiel étant le Ciel pour ceux qui sont malheureux sur terre. Enfin, la récompense, si elle est nécessaire, doit venir de l'approbation réelle ou imaginée de ceux, vivants ou morts, que nous admirons ou vénérons.

Mill, vers la fin de sa vie, remettra en question sa position sur la religion de l'Humanité. On ne peut prouver ni l'existence ni l'inexistence de Dieu. On peut toutefois accepter comme probable — même si cette probabilité est très faible — qu'un Esprit intelligent, mais non omnipotent, puisse rendre compte de la création, non pas de l'univers, mais de l'ordre dans l'univers. L'immortalité devient un espoir, non une certitude, relié à cet Esprit qui veut le bien de l'humanité. Cette nouvelle religion se distingue du christianisme parce qu'elle ne renonce jamais à la raison, et elle se sépare de la religion de l'Humanité en faisant appel à l'imagination (Esprit probable et espoir de l'immortalité) qui incite à une conduite morale.

Dans cette nouvelle conception, la bonté du Créateur de l'ordre de l'univers est possible, dans la mesure où l'Esprit intelligent n'est pas omnipotent. L'être humain, en tant que créature, peut être incité à faire le bien, en sentant qu'il coopère ainsi à l'œuvre bénéfique de l'Être invisible.

Un révisionniste

Mill part de l'utilitarisme de Bentham et de son père. Mais il s'en sépare lorsqu'il institue une différence qualitative entre plaisirs, différence qui est la principale mesure du progrès intellectuel et moral de l'humanité et qui peut être jugée par ceux qui jouissent de la compétence intellectuelle et morale. Cette différence renvoie aux diverses influences — dont celles d'Alexis de Tocqueville et d'Auguste Comte — qui ont marqué Mill et suscité une révision fondamentale de l'utilitarisme.

Mill retient de Tocqueville les principales critiques adressées à la démocratie et en conserve la conception de la liberté centrée, conformément au courant romantique, sur l'importance de l'individualité. Comte, lui, apporte l'idée de progrès intellectuel et moral de l'humanité et le convainc de la place spécifique et importante qu'occupent les autorités intellectuelles et morales dans ce progrès. Presque toutes les réformes, préconisées par Mill en vue de pallier aux défauts de la démocratie, favorisent l'augmentation du poids des agents intellectuellement et moralement compétents par rapport à celui des agents qui ne le seraient pas.

Mill se distingue de Tocqueville par sa connaissance de l'économie politique, ce qui lui permet d'aller au-delà de la vague intuition de celui-ci sur l'émergence d'une aristocratie de grands industriels. Les solutions qu'il préconise, surtout celle de la coopération, l'opposent à son père, à Bentham et à Ricardo. Il ne partage non plus aucune des réticences de Tocqueville face aux libertés d'expression. Enfin, il défend, pour les femmes, une égalité que Tocqueville aurait jugée uniformisante.

BIBLIOGRAPHIE

MILL, John Stuart, *Principles of Political Economy with Some of their Applications to Social Philosophy*, t. II et III des *Collected Works*, Toronto, University of Toronto Press, 1977.

——, *De la liberté*, Presses Pocket, 1990.

——, *L'utilitarisme*, Garnier-Flammarion, 1968.

——, *Considerations on Representative Government, in On Liberty and Other Essays*, Oxford, Oxford University Press, 1991.

——, *De l'assujettissement des femmes*, Éd. Avatar, 1992.

——, *Autobiographie*, Aubier, 1993.

——, *Three Essays on Religion*, Londres, Gregg International, «Chapters on Socialism», t. V des *Collected Works*, p. 703-753, Toronto, Toronto University Press, 1967.

BOSS, Gilbert, *John Stuart Mill. Induction et utilité*, PUF, 1990.
Boss présente succinctement l'autobiographie, la morale (différence entre l'utilitarisme millien et celui de Bentham), la logique et la métaphysique de Mill. Il expose aussi les problèmes soulevés par cette philosophie et tente d'y apporter des solutions.

DONNER, Wendy, *The Liberal Self*, Ithaca, Cornell University Press, 1991.
L'auteur défend Mill en opposant au critère quantitatif de Bentham le critère qualitatif employé par les «agents compétents» pour mesurer l'utilité. Toute l'éthique de Mill aurait comme fin l'autodéveloppement de l'individu.

GLASSMAN, Peter, *J.S. Mill: The Evolution of a Genius,* Gainesville, University of Florida Press, 1985.
Étude de Mill qui utilise certains outils «psychanalytiques». Malgré une enfance et une jeunesse complètement traumatisantes, l'auteur, en apprenant à sentir et à communiquer ses émotions, s'est développé et est devenu un homme libre, rationnel, autonome, distinct et aimant.

HOLLANDER, Samuel, *The Economics of John Stuart Mill*, 2 vol. Toronto, University of Toronto Press, 1985.
Analyse systématique et très bien documentée de l'économie politique de Mill, en la mettant en relation avec les principes méthodologiques et la philosophie de l'auteur.

KURER, Oscar, *John Stuart Mill. The Politics of Progress*, New York, Garland Publishing Inc., 1991.
Mill poursuit l'objectif de rendre les gens plus intelligents et meilleurs. Le rôle «paternaliste» des «gens compétents», en éducation et dans le gouvernement, se comprend à la lumière de cet objectif.

MUELLER, Iris Wessel, *John Stuart Mill and French Thought*, New York, Books for Librairies Press, 1968.
Dans cette réédition d'un ouvrage paru en 1956, l'auteur étudie les influences françaises sur la pensée de Mill, notamment celles, déterminantes, de Tocqueville et de Comte.

Robson, John M., *The Improvement of Mankind*, Toronto, University of Toronto Press, 1968.

Analyse des trois périodes de l'évolution intellectuelle de J.S. Mill par ce spécialiste de Mill: domination «benthamienne» exercée par son père (1809-1827); transformation intellectuelle marquée par sa crise et les influences de Harriel Taylor et de Tocqueville (1827-1840); maturité (1841-1873). L'auteur veut dégager l'unité de la pensée de l'auteur sans sacrifier sa complexité.

Schwartz, Pedro, *The New Political Economy of J. S. Mill*, Londres, London School of Economics and Political Science, 1972.

Analyse soignée de l'évolution de la pensée de Mill, notamment sur les points suivants: les syndicats et les salaires; le marché et la théorie économique du laisser-faire; les différents types de socialisme; l'idéal coopératif.

KIERKEGAARD

(1813-1855)

Sören Kierkegaard est né au Danemark, dans la ville de Copenhague où il a passé la presque totalité de sa vie. Le Danemark est une monarchie qui a adhéré au luthéranisme, devenu religion d'État en 1536, et qui est absolutiste et héréditaire depuis 1665. Christian VIII (1839-1848) n'arrive pas à supprimer l'opposition libérale en octroyant des diètes consultatives aux provinces. Après l'agitation révolutionnaire de 1848, Frédéric VII (1848-1863), nouveau roi, accepte en 1849 une constitution qui limite son pouvoir. En 1861, six ans après la mort de Kierkegaard, il modifie la constitution pour créer une chambre haute, élue au suffrage restreint, qui favorise le maintien au pouvoir d'un gouvernement conservateur.

Le père de Kierkegaard, bonnetier à Copenhague, fait fortune, se retire des affaires à l'âge de 40 ans et consacre le reste de sa vie aux études et à la méditation. Sören, né lorsque son père a 56 ans, hérite d'une partie de sa fortune, ce qui lui permet de se dédier à l'écriture sans devoir se soucier de gagner sa vie. Il héritera aussi de son père son caractère mélancolique et désespéré. Le père, pour des raisons plus ou moins obscures, se croyait maudit de Dieu: Sören devait prendre sur ses épaules cette malédiction.

À l'âge de 25 ans, Sören rencontre Régine Olsen, âgée alors de 14 ans. C'est le coup de foudre. Sören se fiance, puis rompt ses fiançailles, tout en se sentant éternellement uni à Régine, même si elle en épouse un autre. Plusieurs écrits de Kierkegaard sont hantés par le besoin de justifier la rupture de sa promesse à la bien-aimée.

Enfin *Le Corsaire*, journal satirique et libéral, s'attaque de façon systématique à Kierkegaard, caricature ses défauts physiques et en fait la risée de Copenhague. Kierkegaard, plutôt conservateur et favorable à la monarchie, prend en grippe les journaux, créateurs de ces masses qui sont l'antithèse même de l'individualité.

Toutes les réflexions de l'auteur s'appuient sur l'opposition entre deux termes dont le premier est valorisé au détriment du second: existant et abstraction, individu et système, vie et spéculation.

L'existant

Kierkegaard part du sujet, comme Descartes, mais du sujet existant, non du sujet pensant: «Un penseur abstrait existe bien, mais qu'il existe est plutôt une satire sur lui-même. Qu'il prouve son existence par le fait qu'il pense est une bizarre contradiction, car dans la même mesure où il pense abstraitement il abstrait justement du fait qu'il existe. En tant qu'il abstrait, naturellement son existence ici-bas devient clairement une présupposition dont il veut s'affranchir [...] Le *cogito ergo sum* de Descartes n'a été que trop répété. Si on comprend par ce *je* du *cogito* un homme particulier, la phrase ne prouve rien: je *suis* pensant, *ergo* je suis, mais si je *suis* pensant ce n'est pas une merveille que je sois, c'est déjà dit, et, donc, la première partie de la proposition dit même plus que la dernière[1].»

L'époque de Kierkegaard, dominée philosophiquement par le système hégélien et religieusement au Danemark par un christianisme d'État, tend à nier l'existence de l'individu qui est subjectivité et intériorité. La multiplication des connaissances et des savoirs objectifs porte à négliger la seule connaissance essentielle, celle qui concerne l'existence individuelle. Il n'existe que des hommes individuels dont la pensée abstraite ne reconnaît pas les différences. L'individu n'est pas pure pensée: il est sentiment et imagination qui valent tout autant que la pensée. Le savoir historique est approximatif et le système hégélien est une fantasmagorie dans laquelle Hegel s'attribue l'omniscience divine: il ne faut pas se perdre dans ces connaissances illusoires qui n'apprennent rien sur soi-même. Le système hégélien clôt et enferme; l'existence est ouverture, choix et devenir. La pensée

---

1. *Post-scriptum aux miettes philosophiques*, Gallimard, 1949, p. 211.

objective est désintéressée et froide; la pensée subjective est intérêt passionné pour son existence, appropriation de ce qui donne sens à son existence.

Tout individu a une intériorité irréductible à un regard extérieur, y compris à celui de l'historien. Il y a toutefois des individus qui vivent leur intériorité sur le mode de l'objectivité: ils sont ceci ou cela parce que la société est ceci ou cela. Ils décident de leur vie, car ils sont libres, mais sans vraiment décider, sans passion: «Une décision qui se décide sans hésitation en continuité avec d'autres et se décide en vertu du fait que voisin ou voisin d'en face se sont aussi décidés, n'est proprement pas une décision, car je ne sais pas si on trouve une poésie de seconde main, mais une décision de troisième main n'est pas une décision[2].» Kierkegaard ne s'intéresse pas à ces individus qui s'identifient à la masse. Il s'intéresse à l'individu passionné, à celui qui choisit sa vie, à celui qui décide de sa vie.

N'importe qui peut dire «nous». Il faut fuir «l'objectivité généreuse et héroïque» de penser pour tout le monde: chacun doit choisir «pour son propre compte». Cette importance du choix de chaque individu provient, selon Kierkegaard, du christianisme: Dieu ne s'adresse pas à la masse, mais à chaque individu, lui demandant personnellement de le choisir: «Il [le christianisme] donne une tout autre importance à mon petit moi ainsi qu'à tout autre moi, si petit soit-il, puisqu'il veut rendre ce moi éternellement bienheureux s'il est assez heureux pour venir à lui[3].»

Le choix de vie s'exerce librement, dans la solitude, en s'isolant de tous les rapports qui nous relient aux autres. L'individu, en choisissant seul ce qu'il devient, assume aussi ce qu'il est comme individu précis (ses capacités, ses aspirations...) et l'entourage qui l'a fait: «Il est donc à l'instant du choix, dans l'isolement le plus complet, car il se retire de l'entourage; et, pourtant, au même moment il est en continuité absolue, car il se choisit lui-même comme résultante; et ce choix est le choix de la liberté, si bien qu'en se choisissant lui-même comme résultante, on pourrait aussi bien dire qu'il se crée lui-même[4].» Ce choix de vie n'est pas fait une fois pour toutes: l'individu

2. *Étapes sur le chemin de la vie*, Gallimard, 1975, p. 93.
3. *Post-scriptum aux miettes philosophiques*, op. cit., p. 9.
4. *Ou bien... Ou bien...*, Gallimard, 1943.

reproduit sans cesse cette décision et devient lui-même à travers cette reproduction.

Kierkegaard ne croit cependant pas que l'individu puisse se trouver devant plusieurs choix de vie fondamentaux. Il y en a trois qui sont, par ordre de valeur croissante, l'esthétique, l'éthique et le religieux. On ne passe pas de l'un à l'autre de façon continue ou par une médiation quelconque. On passe de l'un à l'autre par une rupture, un saut qui nous permet de sortir de la phase d'hésitation, de cet entre-deux où on est animé par des sentiments tragi-comiques, le tragique étant la «contradiction souffrante» et le comique, «la contradiction sans douleur».

Comment le sujet existant peut-il communiquer son intériorité, sa subjectivité, son choix, son devenir? Comment l'autre, qui est aussi pure subjectivité, peut-il s'approprier, faire sien ce qui relève de mon intériorité? Comment susciter chez le lecteur l'exigence de choisir et l'empêcher de se perdre dans l'admiration d'un modèle de vie? Kierkegaard refuse toute forme de communication directe qui ne peut transmettre que des savoirs, que des connaissances objectives. Pour placer le lecteur devant des possibles, des choix, des alternatives, Kierkegaard privilégie la communication indirecte, et on peut lui attribuer sans se fourvoyer les remarques qu'il fait sur le style de Lessing: «Et son style! Ce ton polémique, qui à chaque instant trouve le moyen de placer un bon mot [...] Cette insouciance de style qui développe une métaphore jusque dans le plus petit détail, comme si la présentation elle-même avait de la valeur [...] Cette frivolité scientifique qui n'obéit pas à la règle des paragraphes. Ce mélange de plaisir et de sérieux qui rend impossible à un tiers de savoir avec certitude de quoi il retourne — à moins que ce tiers ne le sache par lui-même. Cette astuce qui peut-être va parfois jusqu'à mettre faussement l'accent sur ce qui est indifférent...[5]» Kierkegaard manie le paradoxe, utilise le comique et le tragique, se cache sous des pseudonymes ou publie sous son propre nom, emploie différentes formes d'écriture (aphorisme, conte ou roman, lettre, essai...) afin d'amener le lecteur, non pas à l'admirer et à l'imiter, mais à choisir en toute intériorité.

---

5. *Post-scriptum aux miettes philosophiques, op. cit.*, p. 45.

Les différents choix de vie de l'auteur seront présentés sous une forme directe, ce qui constitue évidemment une trahison.

La vie esthétique

Kierkegaard trace différentes figures d'esthète. La figure la plus développée, celle de Johannès, pseudonyme sous lequel est écrit *Le journal du séducteur*, sera ici retenue.

Johannès, animé par le plaisir et la jouissance, suit ses désirs, dont évidemment celui de la femme, source des jouissances les plus intenses. Pour l'esthète, la beauté, donc la forme et l'apparence, est une valeur suprême. Johannès cherche à conquérir les jeunes filles pour leur beauté naturelle mais aussi parce que, par son intermédiaire, elles vivront leur premier amour, le seul authentique, le seul impliquant un abandon total. Johannès est galant, car la galanterie est l'hommage rendu par l'homme à la beauté de la femme, car la galanterie, ne coûtant rien et apportant tout, est la «franc-maçonnerie de la sensualité et de la volupté entre homme et femme» et la «condition de toute jouissance érotique».

Johannès ne jouit pas seulement physiquement, il jouit d'introduire le rêve et la poésie dans la réalité, il jouit de faire accéder la jeune fille à l'imaginaire amoureux. Ces deux types de jouissance, physique et poétique, comme toute jouissance, sont tournés vers soi: «Il jouissait donc égoïstement lui-même de ce que la réalité lui donnait aussi bien que ce dont il avait fécondé la réalité; dans le second cas sa personnalité était émoussée et jouissait alors de la situation et d'elle-même dans la situation[6].»

L'esthète jouit aussi de son pouvoir intellectuel dans la séduction. Il étudie bien le caractère de la jeune fille et le contexte dans lequel elle vit, pense un scénario, met tout au point et réalise son plan afin d'amener la jeune fille à croire qu'elle prend toutes les initiatives, qu'elle choisit volontairement de perdre tout de vue sauf son amour, qu'elle s'abandonne totalement, mais librement.

Le séducteur aime d'une certaine façon, mais il ne veut pas s'abandonner à son amour. Il veut se contrôler, contrôler la situation et exercer sa volonté sur l'amoureuse: «Je n'ai jamais observé un état

---

6. *Le journal du séducteur*, Gallimard, folio, 1994, p. 13.

pareil chez moi-même, cette angoisse et ce tremblement de l'amour, c'est-à-dire que je ne l'ai pas constaté à un degré tel qu'il m'ait fait perdre la contenance, car autrement je le connais bien, mais sur moi il a pour effet de me rendre plus fort. Quelqu'un dirait peut-être qu'alors je n'ai jamais dû être véritablement amoureux; c'est possible[7].»

Pour réussir à séduire, l'esthète trompe évidemment la jeune fille sur ses véritables intentions et la manipule pour réaliser ses propres fins. Le séducteur vit nécessairement dans le secret, la non-transparence, la solitude.

L'esthète refuse le temps et l'histoire. Il vit dans l'instant de l'intensité amoureuse: «Personnellement je ne recherche pas d'histoires, — il est vrai de dire que j'en ai eu pas mal; je recherche l'immédiateté. Le fond éternel de l'amour, c'est que les individus ne naissent l'un pour l'autre que dans son instant suprême[8].» Cet instant est pour lui une petite éternité où il s'envole loin de la quotidienneté, de sa monotonie, de son ennui. Évidemment, les instants sont aussi nombreux que les désirs pluriels. L'esthéticien poursuivra l'éternité à travers chaque instant amoureux, à travers chaque amour qu'il suscite, à travers chaque jeune fille qu'il séduit.

Pour Johannès le séducteur, la femme est essentiellement une jeune fille belle. Sa beauté fait sa force, sa puissance et son intérêt. L'esprit et la réflexion sont l'apanage de l'homme. Une femme qui cherche à se rendre intéressante par la réflexion nie sa nature féminine et perd tout attrait. La mission de la femme est de s'abandonner à l'amour et d'y découvrir le bonheur suprême: Johannès se flatte d'être l'accoucheur de cette passion amoureuse. Par de longs préparatifs, utilisant ses connaissances et son expérience, il permet à la jeune fille, en suscitant son imagination et les élans de son cœur, d'atteindre l'Infini qui, pour elle, «est aussi naturel que l'idée que tout amour doit être heureux».

---

7. *Ibid.*, p. 88.
8. *Ibid.*, p. 144.

L'ironie

Un désir est-il comblé qu'un autre prend sa place. Johannès le séducteur est insatiable. Constamment en mouvement, il ne trouve nulle part un repos. Il est conscient d'avoir continuellement besoin qu'une réalité, une jeune fille, lui serve de stimulant. Sentant la vanité de toutes choses que n'arrivent pas à combler les instants de jouissance, Johannès désespère. Il voit la vacuité de sa vie, aspire à une plénitude et désespère d'y parvenir. Le désespoir est aussi un choix. Il est le «doute de la personnalité» comme le «doute est le désespoir de l'esprit».

Le désespéré et désillusionné Johannès exerce son ironie contre ceux qui adhèrent à des mœurs et à des coutumes sans qu'elles répondent à des exigences intérieures, se moque des multiples mariages malheureux. Si Johannès tourne son ironie contre lui-même, voit le comique de sa situation — lui aspirant à l'Infini tout en poursuivant l'éphémère —, il peut découvrir le moyen d'en sortir, fuir le désespoir dans lequel il s'enlise par un bond, un saut vers la vie éthique.

La vie éthique

Le conseiller Wilhelm, figure de l'éthicien, part, comme Johannès le séducteur, du premier amour qui est la synthèse de la contradiction entre liberté et nécessité: «L'individu se sent attiré par une force irrésistible vers un autre individu, mais, dans cet état, il a justement conscience de sa liberté[9].» Mais Johannès se contente de l'instant où il suscite le premier amour chez la jeune fille; Wilhelm veut éterniser ce premier amour, veut transformer cet instant en avenir, ne veut pas que cet instant se réduise à un passé. L'amour conjugal inscrit le coup de foudre dans le temps, dans l'histoire; le séducteur, se réduisant à l'instant, rend irréelle cette rencontre entre liberté et nécessité. L'éthicien privilégiant l'intériorité et le séducteur l'apparence, la beauté de la femme s'accroît avec le temps pour le premier et s'use pour le second.

Pour Wilhelm, l'éthicien, le mariage n'est pas le tombeau de l'amour. Le temps est compatible avec la passion amoureuse. L'éthi-

---

9. *Ou bien... ou bien...*, *op. cit.*, p. 330.

cien refuse tout compromis. Il refuse le mariage «pour un temps», volonté pusillanime de prolonger l'instant de la rencontre amoureuse, position intermédiaire entre l'engagement conjugal et le culte de l'instant du séducteur. Il condamne le mariage de raison — quelle que soit celle-ci — qui présuppose la séparation entre amour et mariage. La volonté de prolonger l'amour dans le temps est le seul fondement de l'engagement conjugal: aucune raison extérieure à l'amour, y compris le désir d'enfants, ne peut le justifier.

L'éthicien admet l'existence de mariages ratés. Il est d'ailleurs beaucoup plus critique envers les époux non amoureux qu'envers les séducteurs ou, même, les divorcés: «Les traîtres se trouvent partout, le mariage en connaît aussi [...] Je pense [...] à ces misérables époux qui restent là, gémissant de ce que l'amour depuis longtemps se soit volatilisé de leur mariage, à ces époux [...] qui restent comme des fous, chacun dans son enclos conjugal, tiraillant les barreaux et délirant de la douceur des fiançailles et de l'amertume du mariage[10].» Ils sont pires que les divorcés, qui ont au moins eu le courage de se séparer, et que les esthéticiens, passionnés et cohérents dans leur adhésion à l'instant.

Le mariage doit combiner inclination amoureuse et décision, spontanéité et volonté. Un mariage sans amour comme sans devoir ne constitue pas un véritable mariage.

Le mariage combine la spontanéité de l'amour avec le devoir d'aimer. Le devoir ne supprime pas l'amour: il exige son inscription dans le temps. Tu l'aimes vraiment? Alors tu dois l'aimer pour la vie: «Aussi délicieux que ce soit de percevoir le chuchotement de l'inclination amoureuse, ce témoin précieux du mariage, aussi bienvenue est cette parole téméraire qui dit que tu dois aimer ta compagne[11].» Le mariage transforme ce qui est insignifiant — ce qui relève du domaine de la répétition et de l'ennui pour l'esthète — en phénomène important. Évidemment, le mariage exige la foi. La foi dans le mariage — bien plus que la fidélité — «tient lieu de tout»: elle est la vertu cardinale du mariage.

L'amour est don de soi, contrairement à la séduction qui n'est, à travers l'autre, qu'intérêt pour soi. Le mariage exige la transpa-

---

10. *Ibid.*, p. 371.
11. *Étapes sur le chemin de la vie*, Gallimard, 1975, p. 95.

rence, l'ouverture entre deux êtres, tandis que le secret et la dissimulation fondent les relations amoureuses du séducteur.

L'éthique permet au particulier (telle personne singulière rencontre et aime telle personne singulière dans telle circonstance précise) d'accéder au général, au devoir de se marier. L'éthique est le domaine du général (l'esthéticien ne vit que dans la particularité de l'instant), le domaine du bien et du mal (la catégorie du beau domine chez l'esthéticien), le domaine de l'intériorité (le séducteur dépend de ses conquêtes).

Par le mariage, Wilhelm se rend responsable de sa vie et de celle des autres. Sa tâche consiste à vivre en harmonie avec ses devoirs, à vivre vertueusement. Il est responsable de ses relations avec son épouse. Il est responsable de l'éducation de ses enfants et, par le travail, du bien-être de sa famille. Par un travail conforme à sa personnalité, il s'inscrit au sein de la communauté, le travail devenant une vocation. Toutes ces responsabilités ne sont pas vécues comme un fardeau, mais comme un moyen de se réaliser dans le temps. Le mariage lui donne de l'importance.

Wilhelm l'assesseur, comme Johannès le séducteur, attribue la réflexion et la force à l'homme tandis que la femme, faible, relèverait du domaine de la nature. Pourtant, il accuse l'esthéticien de mépriser la femme en la réduisant à l'apparence, à un objet de séduction et de manipulation. La femme, dit-il, vaut l'homme, est égale en valeur, même si elle est différente, même si elle est inégale en réflexion et en force.

La femme compense sa faiblesse en s'appuyant sur la force de l'homme. On peut même affirmer que la femme accepte sa faiblesse pour mieux soutenir la force de l'homme: «Elle aime l'homme à un tel degré qu'elle désire toujours qu'il soit celui qui domine, et c'est pourquoi il paraît si fort et elle si faible, parce qu'elle déploie sa force pour le soutenir, la déploie comme dévouement et soumission[12].» La femme manifeste particulièrement sa force en investissant avec plaisir les tâches plutôt insignifiantes qu'on lui alloue. La femme est toujours occupée, «toujours intéressée à faire quelque chose», ne trouve jamais le temps long. La perfection de la femme se trouve dans ce «talent inné» pour investir le temps, le fini.

---

12. *Ibid.*, p. 121.

La femme, même si elle n'est pas réflexion, est la conscience de l'homme. En l'aimant inconditionnellement, en lui permettant d'être tout pour elle, elle lui permet de se sentir important. Sans elle, l'homme est porté à s'égarer sur des chemins sans issue. Par elle, l'homme se trouve un lieu, s'inscrit dans le fini, se prend en charge et devient responsable.

L'éthicien ne condamne pas seulement le jugement dépréciateur du séducteur sur la femme. Il critique avec plus de virulence ces «sots» qui tiennent des «propos abominables au sujet de l'émancipation de la femme»: «Si cette contagion (de l'émancipation de la femme) pouvait se répandre et pénétrer même jusqu'à celle que j'aime, ma femme, ma joie, mon refuge, la racine de ma vie, oui, alors mon courage serait brisé, alors la passion de la liberté dans mon âme serait épuisée; mais je sais bien ce que je ferais, je m'installerais sur la place publique et je pleurerais, je pleurerais comme cet artiste dont l'œuvre avait été détruite et qui ne se rappelait même pas lui-même ce qu'elle représentait[13].»

L'humour

L'existence est contradiction entre le fini et l'Infini, le devenant et l'éternel. L'éthicien qui reconnaît l'exigence de l'Infini sans faire le saut vers le mode de vie religieux est tragi-comique: tragique lorsqu'il regarde sa contradiction à la lumière de l'Infini et comique lorsqu'il la regarde du point de vue du fini.

L'éthicien, qui refuse le saut, connaît le christianisme, la faute, la rémission et la béatitude éternelle, mais sans s'approprier les exigences essentielles du christianisme. Il poursuit le rêve de l'amour éternel, tout en sachant que l'amour d'une femme ne peut, par soi, être éternel, que seul Dieu l'est. Il veut vivre conformément au devoir, mais il ne le peut à cause de la faute, et ne prend pas les moyens d'obtenir la rémission de sa faute par Dieu. L'éthicien désespère lorsqu'il regarde sa vie à la lumière de l'Infini.

L'humoriste est l'éthicien qui reconnaît les exigences de l'éternité, mais qui, n'arrivant pas à «sauter», sourit mélancoliquement, trop amoureux de sa femme, du mariage et de l'immanence:

---

13. *Ou bien... ou bien...*, *op. cit.*, p. 577.

«L'humoriste met continuellement [...] la représentation de Dieu en connexion avec quelque chose d'autre et fait naître la contradiction — mais il ne se rapporte pas lui-même dans la passion religieuse [...] à Dieu, aimant plaisanter et pourtant profond, il se transforme lui-même en un lieu de passage pour tout ce trafic, mais il ne se rapporte pas lui-même à Dieu[14].»

La vie religieuse

Le saut de l'éthique au religieux est le saut du fini à l'Infini. L'individu, comme finitude, renonce à celle-ci et choisit cette part d'Infinitude en lui, sa finalité éternelle. Il choisit donc l'Absolu.

Ce saut est périlleux. La foi est un risque qui ne repose sur aucune connaissance objective, sur aucune certitude objective. Elle est cette passion intérieure qui ne renvoie à aucune réalité extérieure. La foi exige d'ailleurs cette incertitude pour mieux se vivre comme risque, comme passion Infinie de l'Infini. Le croyant reconnaît l'importance de la raison, mais il croit contre elle et cultive sa passion de l'éternel en luttant quotidiennement contre tous les doutes raisonnables. Cette contradiction entre vérité subjective et incertitude objective est l'envers du rapport paradoxal entre l'existant et la vérité éternelle.

Le paradoxe du rapport de l'existant avec la vérité éternelle s'éclaire à la lumière du paradoxe absolu qu'est le Christ, un Dieu qui a vécu comme chacun de nous, êtres humains, un Dieu qui est aussi un homme. La double nature du Christ est une absurdité pour la raison. Y croire est un scandale. Pourtant, l'existant saute par-dessus la raison et adhère au paradoxe absolu. La foi, la passion Infinie de Dieu, est irrationnelle, anormale, folle.

Entrer en rapport avec Dieu consiste à vivre profondément et douloureusement sa faute, s'humilier devant l'Infini, se repentir continuellement de sa faute, espérer son pardon immérité. La raison achoppe sur la rémission des péchés qui demeure incompréhensible. L'existant doit espérer le pardon même s'il est un scandale pour la désespérante raison.

---

14. *Post-scriptum aux miettes philosophiques, op. cit.*, p. 341.

L'esthéticien, qui poursuit la jouissance, et l'éthicien, qui vit en fonction du devoir, peuvent à l'occasion souffrir, mais la souffrance n'est jamais constitutive de leur rapport à la vie: elle l'est pour celui qui a choisi Dieu. La souffrance est le facteur décisif et le barème de l'intensité, de la passion, de l'intériorité, de la subjectivité de celui qui a choisi la vie religieuse. La souffrance est la détermination essentielle du pathos qui relie l'existant à la béatitude éternelle. L'existant souffre car il renonce aux plaisirs immédiats de la vie esthétique ou éthique, reconnaît sa faute, s'humilie devant Dieu, s'anéantit devant lui.

Il existe un pathos éthique et un pathos esthétique, le premier s'exprimant dans l'action marquée par le devoir de l'homme marié, le second s'exprimant dans la poésie de l'instant amoureux. Le pathos religieux est, au contraire, toute intériorité et toute souffrance. Le pathos esthétique et le pathos éthique, comme toute passion terrestre, se rapportent de façon absolue à des fins limitées et relatives. Le pathos religieux se rapporte de façon absolue à une fin absolue. Par le pathos religieux, l'existant transforme radicalement sa vie pour la rendre conforme aux exigences divines.

La passion religieuse implique le célibat. On ne peut vivre pour Dieu et pour une femme. La passion de l'Absolu ne se partage pas. Kierkegaard reconnaît l'exigence de cette passion dans le mouvement monastique du Moyen Âge. Il lui reproche cependant d'avoir eu besoin de manifester la passion absolue de l'Absolu, qui n'est qu'intériorité, dans l'extériorité, dans les cloîtres. Pour Kierkegaard, le rapport de l'existant à Dieu n'est qu'intériorité et se vit sur le mode du secret. Ce secret oppose la vie religieuse à la transparence de la vie éthique et, par sa profondeur et sa souffrance, le distingue des petits secrets calculateurs de l'esthète.

L'être religieux se promène incognito parmi les autres «comme fait par exemple un policier en civil». Le rapport absolu de l'existant à Dieu, étant toute intériorité, ne peut se communiquer directement, même entre deux êtres animés d'une même passion amoureuse. Cette passion intérieure et cachée ne fait signe à l'entourage que sur le mode de la contradiction, du comique: «C'est pourquoi même si deux personnes religieuses causaient ensemble, l'une produirait sur l'autre un effet comique, car chacune d'elles ne cesserait d'avoir son intériorité *in mente* et, donc, mettrait en connexion avec celle-ci ce qu'elle entend, et ce serait comique parce qu'aucune des deux ne pourrait exprimer directement l'intériorité cachée, tout au plus se soupçonneraient-elles mutuellement par la résonance humoristique[15].»

Aimer Dieu, c'est essentiellement se repentir de sa faute. L'amour de Dieu commande l'amour du prochain. Dieu nous fait un devoir d'aimer les autres. Ce devoir d'aimer se distingue radicalement de l'amour de l'éthicien pour sa femme: il est éternel alors que celui-ci, même s'il aspire à l'éternité, est soumis aux limitations de la terre et du temps; il s'adresse au prochain, c'est-à-dire à tous les autres également, tandis que l'amour de l'éthicien, reposant sur la prédilection, est égoïste; il vise la perfection de l'éternité, voilà pourquoi il est soumis à tant d'ingratitude ici-bas tandis que la vie conjugale, d'une exigence relative, est source de reconnaissance sociale; l'amour du prochain relève de la conscience tandis que l'amour humain est affaire d'inclination ou de sentiment.

Les institutions chrétiennes

Kierkegaard a fortement critiqué l'Église chrétienne du Danemark, religion d'État, où on devient pasteur, comme d'autres deviennent médecin ou avocat, par souci de carrière. Le pasteur ne vit pas son apostolat dans le célibat, la souffrance et la persécution — signes d'authenticité chrétienne pour Kierkegaard — mais en élevant une famille, en jouissant des plaisirs de cette vie et en obtenant la considération sociale.

Le christianisme est la passion subjective qui relie un existant à Dieu. Il n'a donc rien à voir avec les masses chrétiennes auxquelles l'Église s'adresse. La foi chrétienne, paradoxale, affirme une vérité subjective qui ne repose sur aucune vérité objective: elle ne peut être communiquée qu'indirectement. L'Église réduit pourtant le christianisme à des connaissances, des vérités objectives, une doctrine qu'elle transmet directement dans des sermons dominicaux. L'Église affirme qu'on devient chrétien, à la naissance, par le baptême, puis à l'âge de quatorze ou quinze ans, par la confirmation. Une décision aussi cruciale, qui détermine notre éternité, pourrait être ainsi imposée à notre naissance, puis confirmée par l'enfant alors qu'il est toujours sous la

---

15. *Ibid.*, p. 345.

tutelle des parents. Par sa doctrine et ses rites, l'Église déforme à tel point le christianisme qu'il est plus facile de devenir chrétien pour un païen que pour un chrétien, celui-ci vivant dans l'illusion d'être ce qu'il n'est pas, et donc incapable de prendre une décision qu'il croit avoir déjà prise.

Kierkegaard ne veut pas réformer l'Église. Toute Église tend à réduire la passion subjective de la foi à une doctrine, une institution, des mœurs et des coutumes. Il se contente d'affirmer, pour les quelques-uns qui peuvent l'entendre, l'incompatibilité de la foi chrétienne avec le christianisme tel qu'il s'est développé historiquement.

La politique

La politique est évidemment inessentielle chez Kierkegaard. Cependant, lorsqu'il en traite, il soutient, contre le libéralisme, les positions traditionnelles de l'aristocratie et de la monarchie.

Toute autorité vient de Dieu. Kierkegaard condamne non seulement le mouvement insurrectionnel de 1848, mais aussi la monarchie constitutionnelle qui en est sortie: le pouvoir du roi, venant de Dieu, ne saurait être limité par le peuple ou une constitution.

Le mouvement révolutionnaire de 1848 est en grande partie l'œuvre des journaux. Ceux-ci créent la masse, qui devient le juge de ce qui est élevé. La vérité d'une cause ne dépend plus de la connaissance, des compétences et de l'expérience, mais de la force du nombre, de la force de la majorité. Le libéralisme substitue le critère quantitatif au critère qualitatif, la masse à l'individu. L'autorité, ainsi soumise au jugement de la foule, est dévalorisée.

Les journaux attaquent les gens bien nés, suscitent contre eux l'envie des petits et répandent le sentiment d'égalité. Ces sentiments d'égalité et d'envie entraînent l'uniformité. Chacun doit être pareil: les individus qui se démarquent sont ostracisés par la foule excitée par les journaux. La tyrannie de la foule est toujours plus oppressante que celle d'un tyran: celui-ci est un individu connu, et donc contrôlable, tandis que la tyrannie de la masse s'exerce par l'intermédiaire d'individus anonymes.

Contre la masse, création des journaux, Kierkegaard choisit l'individu, et contre la démocratie, gouvernement de la masse, il choisit la monarchie.

La passion de l'existence

Kierkegaard oppose l'individu existant, non seulement au sujet pensant de Descartes, mais, et surtout, au système hégélien qui voulait tout expliquer. Hegel ne répond pas à l'essentiel: pourquoi je vis; quel est le sens de ma vie? La vérité, dont j'ai un besoin essentiel, ne relève pas de l'histoire, de connaissances objectives ou de théories: la vérité, dont j'ai besoin dans ma vie, est intérieure, subjective.

Kierkegaard ne débouche cependant pas sur des positions individualistes. «À chacun sa vérité existentielle» n'est pas de lui. Il distingue plutôt les passionnés de la masse, qui se contente d'être conforme, et propose aux premiers trois types de pathos, trois types d'existence, en les hiérarchisant.

La foi religieuse qu'il décrit le rapproche beaucoup de Pascal. Mais il radicalise l'opposition pascalienne entre certitude subjective et connaissances objectives jusqu'à opposer la foi chrétienne à la religion chrétienne, pas que n'aurait jamais franchi Pascal.

BIBLIOGRAPHIE

KIERKEGAARD, Sören, *Le journal du séducteur* (chap. 8 de la première partie de *Ou bien... ou bien...*), Gallimard, coll. «Folio», 1994.

——, *Ou bien... ou bien...*, Gallimard, 1943.

——, *Le concept de l'angoisse*, Gallimard, 1935.

——, *Étapes sur le chemin de la vie*, Gallimard, 1975.

——, *Post-scriptum aux miettes philosophiques*, Gallimard, 1949.

——, *Les œuvres de l'amour*, *Œuvres complètes*, t. XIV. Éd. de l'Orante, 1980.

——, *Traité du désespoir* (titre donné dans cette édition à *La maladie mortelle*), Gallimard, coll. «Folio», 1949.

——, *L'école du christianisme*, *Œuvres complètes*, t. XVII, Éd. de l'Orante, 1982.
Le tome XX des *Œuvres complètes* comprend un intéressant index terminologique des principaux concepts de Kierkegaard par Gregor Malantschuk.

ANNE, Chantal, *L'amour dans la pensée de Sören Kierkegaard*, L'Harmattan, 1993.
L'amour prend sa source dans l'individu comme existant singulier, marque les rapports homme/femme, constitue la trame des stades de la vie et permet de comprendre la dynamique de la communication.

CARON, Jacques, *Angoisse et communication chez S. Kierkegaard*, Odense, Odense University Press, 1992.

Après avoir situé Kierkegaard par rapport aux penseurs danois de son temps, Caron, utilisant *Crainte et tremblement* et les notations autobiographiques du *Journal*, cherche à dégager la généalogie du concept d'angoisse en montrant, entre autres, son rapport avec la mélancolie. Selon l'auteur, *Le concept de l'angoisse* permettrait d'unir affectivité et savoir, communication indirecte et communication directe.

CLAIR, André, *Kierkegaard. Penser le singulier*, Cerf, 1993.

Explorations diverses de différents textes de Kierkegaard, mettant en valeur la volonté de l'auteur de penser l'individu comme existant dans sa singularité.

CORNU, Michel, *Kierkegaard et la communication de l'existence*, Lausanne, Éd. l'Âge d'Homme, 1972.

L'auteur montre qu'aux trois étapes du devenir du moi (esthétique, éthique puis religieux) correspondent trois types différents de communication. La deuxième partie de son ouvrage étudie le style ou les formes de cette communication chez Kierkegaard.

FLETCHER, David Bruce, *Social and Political Perspectives in the Thought of Sören Kierkegaard*, Washington, University Press of America, 1982.

Kierkegaard critique la démocratie libérale (le peuple et l'égalité) au nom d'une monarchie, dont l'autorité vient de Dieu, et oppose à l'égalitarisme démocratique l'égalité des individus singuliers dans leur rapport avec Dieu.

HOHLENBERG, Johannes, *Sören Kierkegaard*, Albin Michel, 1956.

Biographie minutieuse et fort bien documentée tendant à mettre en valeur l'unité entre la vie et l'œuvre de Kierkegaard.

VERGOTE, H.B., *Lectures philosophiques de Sören Kierkegaard*, PUF, 1993.

Traduction de textes de penseurs danois, contemporains de Kierkegaard, dont certains se situent en continuité avec la pensée de Hegel. Dans une longue présentation, Vergote oppose le paradoxe christique à la pensée spéculative de Hegel qui, par médiation, fait tout découler de Dieu.

MARX

(1818-1883)

En Allemagne, où naît Marx, Frédéric-Guillaume III (1797-1840), roi de Prusse, au lieu de lutter pour l'unité de l'Allemagne divisée, préfère, par crainte des libéraux qu'il pourchasse, aligner sa politique sur l'Autriche à partir de 1815. Frédéric-Guillaume IV (1840-1861), après avoir promis une constitution libérale durant les émeutes de 1848-1849, impose en 1850 une nouvelle constitution dont les principaux traits sont: une chambre haute représentative de l'aristocratie terrienne; une chambre basse élue au suffrage censitaire; un conseil des ministres nommé par le roi et souvent en conflit avec la précédente. L'unification de l'Allemagne est l'œuvre de Bismarck (1862-1890), nommé par Guillaume Ier (1861-1888), qui réorganise l'armée, vainc l'Autriche en 1866 et la France impériale en 1870-1871. L'Allemagne, devenue le pays continental le plus développé économiquement, voit grandir un mouvement ouvrier puissant syndicalement et politiquement, qui sera le fer de lance de la IIe Internationale.

Marx étudie la philosophie à l'Université de Berlin, dominée par la pensée de Hegel. Il fréquente le milieu des «jeunes hégéliens de gauche» et devient un militant du libéralisme. Ses idées politiques lui fermant les portes du milieu de l'enseignement, il s'oriente vers le journalisme et est nommé rédacteur en chef de la *Gazette Rhénane*. Ce journal, ainsi que tous les organes de la gauche hégélienne, sont bientôt interdits par la censure. Marx va à Paris[1] où il entre en contact avec des militants et des théoriciens socialistes. Durant ce séjour (1843-1845), il découvre aussi les mérites de la science économique

---

1. Sur le contexte de la France à cette époque, lire l'introduction à Tocqueville.

anglaise, grâce à Engels, devenu son grand ami. En 1849, expulsé pour la seconde fois de Paris, il se réfugie à Londres[2], son dernier lieu d'exil, où il deviendra secrétaire général de l'Association internationale des travailleurs (la Première Internationale) et où il consacrera la plus grande partie de son temps à la recherche, au British Museum, en vue de préparer son œuvre majeure, *Le Capital*.

Les sources de la pensée de Marx sont la pensée philosophique allemande (Hegel et Feuerbach), la pratique et la pensée des socialistes et communistes français (Blanqui et Proudhon) et l'économie politique anglaise (Ricardo). À partir de ces éléments disparates, Marx construit un système philosophique et politique cohérent, qui se veut à la fois une science et l'instrument théorique de la libération du prolétariat.

Les fondements économiques

L'homme partage avec les animaux un certain nombre de besoins primaires — boire, manger et s'abriter — qui définissent ses intérêts. Il se distingue de l'animal par la production de moyens pour satisfaire ses besoins. Cette production d'instruments de production est, pour Marx, le premier facteur historique, la condition fondamentale de toute histoire. La satisfaction d'un besoin par un objet produit engendre de nouveaux besoins et requiert la création de nouveaux moyens de production, voilà le second facteur historique. Enfin, les hommes, non seulement produisent, mais — comme tous les autres animaux — se reproduisent par l'intermédiaire d'une institution spéciale, la famille. C'est le troisième facteur historique.

La production d'objets et d'instruments suppose une division du travail entre les hommes. Le degré de développement des forces productives d'une société est d'ailleurs déterminé par le degré de développement de cette division du travail. La production économique requiert des relations économiques entre les hommes, des rapports sociaux de production. Ce que les hommes produisent et les moyens par lesquels ils produisent déterminent un mode de vie qui conditionne ce que les hommes sont à telle ou telle époque.

---

2. Sur le contexte de l'Angleterre, lire l'introduction à Mill.

Les conditions matérielles d'existence des hommes, déterminées par leurs forces productives et leurs rapports de production, renvoient à la structure économique, sur laquelle s'érige une superstructure politique et juridique ainsi qu'une conscience sociale, une culture: «Le mode de production de la vie matérielle conditionne le processus de vie social, politique et intellectuel en général. Ce n'est pas la conscience des hommes qui détermine leur être; c'est inversement leur être social qui détermine leur conscience[3].»

Le moteur des grandes mutations historiques est la contradiction entre forces productives et rapports de production. Ainsi, dans le mode de production capitaliste, des forces productives de plus en plus sociales à l'échelle mondiale sont contredites par des rapports privés de production. Cette contradiction entraîne des crises de surproduction que la bourgeoisie surmonte en détruisant des forces productives et en conquérant de nouveaux marchés. Mais, ce faisant, elle prépare des crises de plus en plus profondes auxquelles le prolétariat, devenu puissant, mettra fin, en la renversant et en instaurant des rapports collectifs d'appropriation des forces productives.

La culture

Ce que les hommes pensent — leur morale, leur religion, leur idéologie et leur culture — est produit par des hommes concrets, conditionnés par un développement précis des forces productives, auquel correspondent des rapports de production déterminés. La culture humaine n'a pas une histoire indépendante de celle des rapports économiques qui lient l'homme à la nature et aux autres hommes. De fait, la classe économiquement dominante est généralement aussi la classe spirituellement dominante: la classe qui possède les moyens de production matérielle contrôle aussi les moyens de production et de diffusion des idées. Les classes économiquement dominées sont donc, du même coup, soumises à l'influence et au conditionnement de l'idéologie de la classe dominante. L'individu qui les reçoit, par la famille, le milieu culturel ambiant ou l'éducation, peut s'imaginer penser librement, peut imaginer que ses idées sont les véritables motifs de ses actions alors qu'elles sont le fruit de la classe dominante.

---

3. *Contribution à la critique de l'économie politique*, Éd. Sociales, 1957, p. 4.

Il faut distinguer dans toute classe ce qu'elle imagine être et ce qu'elle est en réalité; il faut savoir déchiffrer — à travers ses impressions, ses illusions et ses conceptions — ce que sont ses véritables intérêts, sur la base d'une connaissance des rapports entre classes, dont le fondement est économique. Cette démarche s'impose d'autant plus que chaque classe dominante représente son propre intérêt comme l'intérêt commun de tous les membres de la communauté, sa propre morale — celle qui correspond à ses intérêts — comme une morale valable universellement. Ainsi, la bourgeoisie, dont les valeurs sont différentes de celles de la classe dominante qui l'a précédée, l'aristocratie, présente la propriété, la liberté, l'égalité et la sécurité comme des valeurs universelles, comme des droits inhérents à tout homme, comme des droits de l'homme.

La propriété masque deux réalités différentes que la pensée libérale, bourgeoise, confond: la propriété des biens de consommation et celle des biens de production. Marx a toujours reconnu le caractère personnel de l'appropriation des biens de consommation. Il affirme toutefois que les rapports de consommation des individus, les rapports de consommation entre classes, sont déterminés par les rapports de production économique et dépendent de ceux qui possèdent les moyens de production.

Pour l'économiste Ricardo, dont Marx est le successeur socialiste, les coûts de production du capitaliste sont réductibles au capital fixe utilisé (mesuré par la quantité de travail qu'a coûté sa production) et par le salaire (prix du travail). Mais le capitaliste, dit Marx, n'achète pas le travail, mais la force de travail, seule marchandise capable de produire une valeur supérieure (par son travail) à ce qu'elle coûte (en salaire). Ricardo, réduisant tout coût de production à du travail passé ou vivant, ne pouvait, selon Marx, expliquer l'origine du profit. Marx le peut: le profit, plus précisément la plus-value, provient de la différence entre ce que coûte la main-d'œuvre et la valeur nouvelle produite (valeur de la production moins l'amortissement). Le profit provient donc de l'exploitation du prolétariat que masque la défense bourgeoise de la valeur «universelle» de la propriété.

Dans la société bourgeoise, et contrairement au féodalisme, chacun est formellement égal à la naissance et devant la loi — la même pour tous — chacun est libre de faire ce qu'il veut, pourvu qu'il ne nuise pas à autrui, cette nuisance étant déterminée par la loi. Marx est moderniste. Il croit au progrès. Il reconnaît la supériorité de la bourgeoisie sur l'aristocratie, y compris au niveau des valeurs. Mais cette liberté et cette égalité n'ont pas du tout le même sens pour la bourgeoisie et le prolétariat. Quelle liberté a le prolétariat qui n'obtiendra le droit de vote que dans la seconde moitié du XIXe siècle, qui n'a pratiquement pas droit à une instruction élémentaire, qui a la liberté de vendre sa force de travail à qui veut l'acheter mais qui n'a pas la liberté de ne pas la vendre sous peine de crever de faim, qui a la liberté de travailler pour mieux accroître la puissance de ses exploiteurs, qui ne peut transmettre à ses enfants que cet avenir sans horizon? Quelle égalité existe entre le fils de bourgeois qui hérite de son père richesse, pouvoir et connaissances, et le fils de prolétaire qui n'hérite que de la liberté de vendre sa force de travail à qui veut l'exploiter?

La sûreté ou la justice offre à chacun la protection de sa vie et de ses biens. Mais la protection de la vie est-elle la même pour l'ouvrier condamné à travailler dans des conditions insalubres qui mettent en danger sa santé et sa vie? Les biens protégés sont-ils les mêmes pour le bourgeois, qui possède tout, et l'ouvrier, qui n'a que le nécessaire pour se maintenir en vie?

Les droits de l'homme recouvrent donc deux réalités sociales opposées: la bourgeoisie et le prolétariat. De plus, ils considèrent l'homme comme une monade isolée, ayant des intérêts séparés des autres. Les droits de l'homme fondent cette séparation, en voyant dans chaque homme une limite à la liberté et à la réalisation de l'autre. Chacun a des intérêts, une propriété et une liberté qui l'opposent aux autres. Chacun a le droit de poursuivre ses intérêts égoïstes, de jouir de sa vie et de ses biens, sans se soucier des autres, pourvu qu'il n'enfreigne pas la loi. Les droits de l'homme consacrent le droit à l'égoïsme, le droit bourgeois: «Aucun des prétendus droits de l'homme ne dépasse donc l'homme égoïste, l'homme en tant que membre de la société bourgeoise, c'est-à-dire un individu séparé de la communauté, replié sur lui-même, uniquement préoccupé de son intérêt personnel et obéissant à son arbitraire privé[4].»

---

4. *La question juive*, U.G.É., coll. «10/18», 1968, p. 39.

La religion et la question juive

L'homme produit la religion en projetant, dans un imaginaire au-delà, ce qu'il pourrait être comme humanité. La religion est, comme l'a prouvé Feuerbach, la conscience mystifiée de l'homme. L'homme misérable y trouve justification et consolation. La religion est «l'opium du peuple».

Marx ne croit pas que l'État puisse décréter la fin de la religion. Il propose plutôt, à l'instar de la Révolution française et de la Commune de Paris, la séparation radicale de l'Église et de l'État par la nationalisation des biens du clergé et la laïcisation de l'école. La religion doit relever de la conscience privée de chacun et les prêtres devront vivre de l'aumône des fidèles.

La séparation de l'Église et de l'État permet d'assurer la liberté de conscience religieuse qui est un droit de l'homme, un droit bourgeois. Les communistes, eux, doivent, au-delà de cette séparation souhaitable et utile, libérer l'homme de toute mystification religieuse: «Le Parti ouvrier avait là l'occasion d'exprimer sa conviction que la bourgeoise "liberté de conscience" n'est rien de plus que la tolérance de toutes les sortes possibles de *liberté de conscience religieuse*, tandis que lui s'efforce de libérer les consciences de la fantasmagorie religieuse[5].»

Comment libérer les hommes de cette fausse conscience sinon par la critique de la mystification religieuse, critique qui est la condition première de toute critique? Mais pour Marx, cette critique, nécessaire, se révèle insuffisante. Il faut que les conditions économiques et sociales qui rendent l'homme misérable, qui séparent l'homme de l'homme, l'homme de la communauté, soient transformées pour que l'homme n'ait plus le besoin de s'inventer un monde céleste. Seule la société communiste libérera l'homme de ce besoin de «drogue» religieuse.

Marx, dont le père juif s'était converti au protestantisme afin de mieux réussir sa carrière d'avocat, applique à la religion juive le même schéma d'interprétation. Il est favorable à un État laïque, non religieux, non chrétien, de sorte que toute croyance religieuse, y

---

5. Marx, «Critique du programme de Gotha» *in Critique des programmes de Gotha et d'Erfurt* de Marx et Engels, Éd. Sociales, 1966, p. 48.

compris la juive, soit tolérée comme relevant de la conscience privée, individuelle, de chacun. Mais cette émancipation politique, qui «constitue assurément un grand progrès», n'est pas une émancipation de la mystification religieuse, fut-elle juive.

Le juif ne se libérera complètement de la religion que s'il se libère du commerce de l'argent, c'est-à-dire des rapports capitalistes qui façonnent le présent. Car, dit Marx — reprenant un stéréotype économique remontant au Moyen Âge et partagé, entre autres, par tous les jeunes hégéliens —, l'essence du juif, du peuple juif est le commerce de l'argent: «Ne cherchons pas le secret du juif dans sa religion, mais cherchons le secret de la religion dans le juif réel. Quel est le fond profane du judaïsme? Le besoin *pratique, l'utilité person-nelle.* Quel est le culte profane du juif? Le trafic. Quel est son Dieu profane? L'argent. Eh bien, en s'émancipant du *trafic* et de *l'argent*, par conséquent du judaïsme réel et pratique, l'époque actuelle s'émanciperait[6].» Les peuples chrétiens de la présente époque, domi-nés par le culte de l'argent, auraient été convertis à ce qui serait l'esprit pratique des juifs qui contrôleraient le marché financier. Le communisme, en libérant l'homme du capitalisme industriel, finan-cier et commerçant, libérera le juif de son opium religieux.

Forme et contenu de l'État

Marx distingue les formes de l'État (régimes) du contenu de classe de l'État. Un État peut être monarchique, aristocratique ou républicain, tout en étant dominé par la bourgeoisie. La lutte pour un régime politique, pour la démocratie, est source d'illusions si elle n'est pas interprétée en termes de luttes de classes. L'essentiel n'est donc pas la forme de l'État, mais sa nature de classe: «Il s'ensuit que toutes les luttes à l'intérieur de l'État, la lutte entre la démocratie, l'aristocratie et la monarchie, la lutte pour le droit de vote, etc., etc., ne sont que les formes illusoires sous lesquelles sont menées les luttes effectives des différentes classes entre elles[7].»

L'État repose sur l'exercice des pouvoirs législatifs, gouverne-mentaux, militaires, policiers et judiciaires. Cet État, quelle que soit

---

6. *La question juive, op. cit.*, p. 49.
7. Karl MARX et Friedrich ENGELS, *L'idéologie allemande*, Éd. Sociales, 1970, p. 49.

sa forme politique, est bourgeois s'il défend, tant à l'intérieur qu'à l'extérieur, la propriété et les intérêts de la classe bourgeoise. Marx affirme cependant que la république est la forme la plus parfaite de la domination bourgeoise dans la mesure où elle permet, par l'intermédiaire d'un parlement élu au nom du peuple, d'unifier, autour de leurs intérêts de classe communs, les différentes fractions de la bourgeoisie (capital financier, industriel et commercial) sans qu'elles renoncent à leur inévitable rivalité.

La république bourgeoise, en s'appuyant sur le suffrage universel, permet toutefois aux autres classes, et surtout au prolétariat, de s'organiser, permet aux classes intermédiaires, en les confrontant à une bourgeoisie unifiée, de prendre conscience de la communauté de leurs intérêts avec ceux du prolétariat: «Or la vaste contradiction de cette Constitution consiste en ceci: les classes dont elle doit perpétuer l'esclavage social, prolétariat, paysans et petits bourgeois sont mises par elle en possession du pouvoir politique par le moyen du suffrage universel. Et à la classe dont elle sanctionne l'ancienne puissance sociale, à la bourgeoisie, elle enlève les garanties politiques de cette puissance. Elle enserre sa domination politique dans des conditions démocratiques qui aident à chaque instant les classes ennemies à remporter la victoire et qui mettent en question les fondements mêmes de la société bourgeoise[8].»

La République ouvre au prolétariat un terrain de lutte pour affronter la bourgeoisie unifiée au sein de l'État, permet aux classes intermédiaires de perdre leurs illusions dans cette confrontation, offre au prolétariat la possibilité de transformer son émancipation politique en émancipation sociale. La bourgeoisie, évidemment, réagira — Marx ne se fait pas d'illusion — comme elle le fit lors du coup d'État de Louis Bonaparte.

Marx critique fréquemment les illusions démocratiques que comportent les droits du peuple, les intérêts du peuple. Il n'y a pas de peuple: il n'y a que des classes sociales. Il critique aussi la fraternité, cette exaltation sentimentale d'une unité illusoire qui masque les antagonismes de classes. Dans la société bourgeoise, les droits du citoyen, comme le droit de vote, sont des droits civiques subordonnés à la défense des droits de l'homme, de l'individu égoïste: le

---

8. *Les luttes de classes en France*, Éd. Sociales, 1970, p. 83.

citoyen est au service du bourgeois. Comme les droits de l'homme, les droits du citoyen — qui marquent un progrès par rapport à l'ère féodale — doivent être utilisés pour assurer l'émancipation sociale du prolétariat et, avec elle, celle du reste de l'humanité.

Bourgeoisie et prolétariat

L'histoire de toute société jusqu'à nos jours n'est pas façonnée par des grands hommes, comme le croyait Machiavel, ni par la lutte des nations comme l'affirmait Hegel, mais par la lutte de classes dont le fondement est économique.

Le passage du mode féodal de production au mode de production capitaliste s'inscrit au sein d'un changement dans la composition de la classe dominante et de la classe dominée: la bourgeoisie succède à l'aristocratie tandis que le prolétariat remplace les serfs.

La bourgeoisie joue un rôle éminemment progressiste dans l'histoire. Elle soumet la tradition au progrès et la foi à la raison instrumentale; elle remplace l'attitude chevaleresque par le travail — activité productive — et y subordonne la prière; elle substitue au code d'honneur des aristocrates la seule valeur du profit; elle remplace les liens paternalistes, qui unissent seigneurs et serfs, par de pures relations marchandes; elle réduit la culture à l'intérêt monnayable; elle clarifie dans la culture le rapport d'exploitation: «Partout où elle est parvenue à établir sa domination, la bourgeoisie a détruit toutes les relations féodales, patriarcales et idylliques. Tous les liens bigarrés qui unissaient l'homme féodal à ses supérieurs naturels, elle les a brisés sans pitié pour ne laisser subsister d'autre lien, entre l'homme et l'homme, que l'intérêt tout nu, le "paiement au comptant" sans sentiment [...] En un mot, à l'exploitation que masquaient les illusions religieuses et politiques, elle a substitué une exploitation ouverte, éhontée, directe, brutale[9].»

Contrairement à la noblesse qui consommait somptuairement — dans des fêtes ou des guerres — le produit de l'exploitation des serfs, la bourgeoisie est contrainte par la concurrence à consacrer une part importante de la plus-value à la croissance des forces producti-

9. MARX et ENGELS, *Le manifeste du Parti communiste*, Messidor/Éd. Sociales, 1986, p. 57.

ves et condamnée à transformer sans cesse les instruments de production, les rapports de production et donc l'ensemble des rapports sociaux. La permanence, la stabilité, condition de survie de l'aristocratie, est remplacée par des changements incessants, condition de survie de la bourgeoisie.

Au localisme et au régionalisme, la bourgeoisie oppose, dans chaque pays, un marché unifié et provoque la centralisation des pouvoirs aux mains d'un État. Elle subordonne la campagne à la ville, arrache une partie grandissante de la population «à l'abrutissement de la vie des champs» et multiplie la population citadine. Elle impose à toutes les nations, y compris «les plus barbares», le mode de production capitaliste. À l'étroitesse nationale, elle oppose un marché mondial où les produits matériels et intellectuels proviennent de toutes les contrées et sont consommés partout. La bourgeoisie œuvre donc à créer une économie mondiale et une culture universelle. Ces transformations des conditions de vie auxquelles tous sont soumis constituent, pour Marx, des changements positifs, utiles.

Le développement de la bourgeoisie entraîne dans son sillon celui du prolétariat, qui doit vendre sa force de travail pour survivre et qui ne trouve preneur que s'il participe à l'accroissement du capital. Plus l'ouvrier travaille, plus il augmente, par le mécanisme de la plus-value, le pouvoir économique de son exploiteur. Le développement de la machinerie et la division du travail au sein de chaque manufacture parcellisent le travail et lui enlèvent toute signification. Contrairement au serf qui contrôlait l'ensemble de son travail, l'ouvrier perd toute autonomie et devient un accessoire de la machine. L'ouvrier ne développe pas sa créativité dans le travail: il s'y abêtit. Le travail n'est pas un moyen d'expression: il n'est qu'un moyen de survivre, de satisfaire les besoins essentiels. L'ouvrier, devenant étranger à l'activité qui accapare la plus grande partie de son temps, devient étranger à lui-même et aux autres hommes.

Le prolétaire, contrairement au serf, n'a rien, même pas de contrôle sur son travail. Sa liberté de circuler et de vendre sa force de travail n'est que la condition de son asservissement au marché et au capital auquel il ne peut se soustraire. Le prolétariat, n'étant rien, étant pure négativité, est dans l'histoire la première classe sociale apte à supprimer toute domination en devenant dominante: «Toutes les classes qui, dans le passé, se sont emparées du pouvoir essayaient de consolider la situation déjà acquise en soumettant l'ensemble de la société aux conditions qui leur assuraient leur revenu [...] Les prolétaires n'ont rien à sauvegarder qui leur appartienne: ils ont à détruire toute sécurité privée, toutes garanties privées antérieures[10].»

Entre la bourgeoisie et le prolétariat subsistent des classes intermédiaires, des classes moyennes (petit industriel, petit commerçant, artisan et paysan) qui défendent leurs conditions de vie menacées par le développement du capitalisme. Dans la mesure où le développement économique les fera choir progressivement dans le prolétariat et dans la mesure où celui-ci intensifie sa lutte contre la bourgeoisie, elles seront appelées à choisir l'avenir que leur ouvre le prolétariat.

Marx distingue radicalement le prolétariat du lumpenprolétariat, pour lequel il n'a guère d'estime: le lumpenprolétariat «constitue une masse nettement distincte du prolétariat industriel, pépinière de voleurs et de criminels de toute espèce, vivant des déchets de la société, individus sans métier avoué, rôdeurs, *gens sans aveu et sans feu*, différents selon le degré de culture de la nation à laquelle ils appartiennent, ne démentant jamais le caractère de *lazzaroni*[11]». Certains de ceux-ci pourront être entraînés dans la mouvance prolétarienne, mais le plus souvent, ils se vendront au plus offrant.

Femmes et famille

Habituellement, sur cette question, on attribue à Marx les positions défendues par son ami Engels dans *L'origine de la famille, de la propriété privée et de l'État*.

Dans *L'idéologie allemande*, écrite en collaboration avec Engels, Marx affirme que la reproduction est une condition de l'histoire, que la division du travail dans l'acte sexuel est la forme la plus primitive de division du travail et que la famille est le premier germe de propriété privée, la femme et les enfants y étant les esclaves de l'homme.

Dans *Le manifeste du Parti communiste*, écrit aussi en collaboration avec Engels, Marx affirme que le mariage bourgeois engendre l'adultère, tandis que la femme prolétaire est souvent contrainte de se prostituer pour assurer la survie de sa famille. Le communisme,

---

10. *Ibid.*, p. 71.
11. *Les luttes de classes en France, op. cit.*, p. 58.

dit-il, abolira la famille ainsi que l'exploitation de la femme et des enfants par l'homme.

Marx ne développera cependant pas ces affirmations. Il s'intéresse essentiellement à l'histoire dont le fondement est économique et dont le moteur est la lutte des classes, lutte reposant sur des antagonismes issus, avant tout, de la production économique. Lorsqu'il parlera des femmes et des enfants, ce sera pour montrer que leur utilisation par l'industrie, pour remplacer les hommes dans la production, est un moyen capitaliste d'abaisser les salaires et que, ce faisant, les capitalistes sacrifient, en faveur de leurs profits immédiats, leurs intérêts à long terme, en soumettant les productrices de main-d'œuvre et leurs rejetons à des conditions de travail totalement insalubres.

L'État socialiste: du Manifeste à la Commune

Dans *Le manifeste du Parti communiste*, rédigé peu avant la révolution de 1848 en France, Marx affirme que la première étape de la révolution ouvrière est la constitution du prolétariat en classe dominante, «la conquête de la démocratie», sans préciser ce qu'il entend par ce mot. Mais il est plus précis en ce qui concerne le moyen de conquérir le pouvoir: par la violence, à l'image de la Révolution française. «En esquissant à grands traits les phases du développement du prolétariat, nous avons suivi l'histoire de la guerre civile, plus ou moins larvée, qui travaille la société actuelle, jusqu'à l'heure où cette guerre éclate en révolution ouverte, et où le prolétariat fonde sa domination en renversant par la violence la bourgeoisie[12].» Le prolétariat utilisera alors sa suprématie politique pour arracher peu à peu tout le capital à la bourgeoisie, pour centraliser aux mains de l'État tous les instruments de production.

Dans le *Manifeste*, le prolétariat n'a donc pas à détruire l'État bourgeois. Par la violence révolutionnaire, il devient le gouvernement et utilise les appareils bureaucratiques, militaires et policiers existants pour intervenir despotiquement contre la propriété économique bourgeoise.

---

12. *Le manifeste du Parti communiste, op. cit.*, p. 72.

Marx consacre un certain nombre d'écrits à analyser cette période révolutionnaire qui va, en France, de la chute du régime de Louis-Philippe d'Orléans en février 1848 jusqu'au coup d'État de Louis Bonaparte en décembre 1852, en passant par l'écrasement du prolétariat parisien en juin 1848. L'effroyable défaite de juin, dit Marx, a convaincu le prolétariat de se regrouper «de plus en plus autour du *socialisme révolutionnaire*, autour du *communisme* pour lequel la bourgeoisie elle-même a inventé le nom de *Blanqui*. Ce socialisme est la *déclaration permanente de la révolution, la dictature de classe du prolétariat*, comme point de transition nécessaire pour arriver à la *suppression des différences de classes* en général [...] L'espace réservé à cet exposé ne permet pas de développer davantage ce sujet[13].» Hélas! car on ne sait trop ce que signifie cette «dictature du prolétariat», expression que Marx utilise pour la première fois.

Dans *Le 18 Brumaire de Louis Bonaparte*, Marx, analysant la conquête du pouvoir par ce dernier, décrit l'État bureaucratique qui s'est mis en place: «Ce pouvoir exécutif, avec son immense organisation bureaucratique et militaire, avec son mécanisme étatique complexe et artificiel, son armée de fonctionnaires d'un demi-million d'hommes et son autre armée de cinq cent mille soldats, effroyable corps parasite, qui recouvre comme d'une membrane le corps de la société française et en bouche tous les pores, se constitua à l'époque de la monarchie absolue, au déclin de la féodalité, qu'il aida à renverser. Les privilèges seigneuriaux des grands propriétaires fonciers et des villes se transformèrent en autant d'attributs du pouvoir d'État, les dignitaires féodaux en fonctionnaires appointés, et la carte bigarrée des droits souverains médiévaux contradictoires devint le plan bien réglé d'un pouvoir d'État, dont le travail est divisé et centralisé comme dans une usine. La première Révolution française, qui se donna pour tâche de briser tous les pouvoirs indépendants, locaux, territoriaux, municipaux et provinciaux, pour créer l'unité bourgeoise de la nation, devait nécessairement développer l'œuvre commencée par la monarchie absolue: la centralisation, mais, en même temps aussi, l'étendue, les attributs et l'appareil du pouvoir gouvernemental. Napoléon acheva de perfectionner ce mécanisme d'État [...] Toutes les révolutions politiques n'ont fait que perfectionner

---

13. *Les luttes de classes en France, op. cit.*, p. 147.

cette machine au lieu de la briser. Les partis qui luttèrent à tour de rôle pour le pouvoir considérèrent la conquête de cet immense édifice d'État comme la principale proie du vainqueur[14].» Un peu plus loin, il affirme qu'il faut détruire cette machine, cet énorme édifice d'État, sans remettre en question la nécessaire centralisation politique requise par la société moderne.

La Commune de Paris (1871) deviendra pour Marx le modèle de destruction de l'État bourgeois et le modèle de l'appareil d'État socialiste, du nouvel appareil d'État qui n'est plus séparé du peuple, ni au-dessus de lui. Marx décrit les traits de ce nouvel État: remplacement de l'armée permanente par le peuple en armes; députés élus au suffrage universel (des hommes) et révocables en tout temps; fusion des pouvoirs exécutif et législatif; police, responsable et révocable, transformée en instrument de la Commune; juges et fonctionnaires élus et révocables en tout temps; chaque personne occupant une fonction publique payée au même niveau qu'un ouvrier; expropriation des biens de l'Église; écoles gratuites libérées de toute ingérence de l'Église et de l'État; etc. La structure de l'État socialiste n'a donc plus rien à voir avec l'État bureaucratique bourgeois.

La Commune, étendue à l'échelle de la France, représenterait le nouveau pouvoir d'État structuré sur le mode fédéral: «Le régime de la Commune une fois établi à Paris et dans les centres secondaires, l'ancien gouvernement centralisé aurait, dans les provinces aussi, dû faire place au gouvernement des producteurs par eux-mêmes [...] Les communes rurales de chaque département devaient administrer leurs affaires communes par une assemblée de délégués au chef-lieu du département, et ces assemblées de département devaient à leur tour envoyer des députés à la délégation nationale à Paris; les délégués devaient être à tout moment révocables et liés par le mandat impératif de leurs électeurs[15].» Plus loin, Marx affirme que ce sont les associations de producteurs qui doivent régler la production selon un plan commun: «Mais si la production coopérative ne doit pas rester un leurre et une duperie; si elle doit évincer le système capitaliste; si l'ensemble des associations coopératives doit régler la production nationale selon un plan commun, la prenant ainsi sous son propre

---

14. *Le 18 Brumaire de Louis Bonaparte*, Éd. Sociales, 1969, p. 124-125.
15. *La guerre civile en France*, Éd. Sociales, 1968, p. 64.

contrôle et mettant fin à l'anarchie constante et aux convulsions périodiques qui sont le destin inéluctable de la production capitaliste, que serait-ce, messieurs, sinon du communisme, du très "possible" communisme[16].» On voit cependant mal comment la nécessaire centralisation politique, que Marx avait toujours invoquée, pourrait fonctionner dans cet État organisé — conformément à l'enseignement de Proudhon — de bas en haut (et non plus de haut en bas) et où la planification économique serait l'œuvre des producteurs eux-mêmes (et non plus de l'État).

L'analyse de la Commune de Paris marque donc une rupture par rapport au *Manifeste*, non seulement par la nécessité de détruire les appareils d'État en place (position déjà évoquée dans *Le 18 Brumaire de Louis Bonaparte*) mais aussi par la nécessité de construire de nouveaux appareils d'État qui n'ont plus rien à voir avec l'État hyper-centralisé soutenu dans le *Manifeste*.

L'autodétermination du prolétariat

Dans la représentation bourgeoise de la société, l'individu ne poursuit que son propre intérêt particulier, tandis que l'État représenterait, au-dessus de lui, l'intérêt collectif. L'individu se dédouble donc: en tant qu'être de besoins économiques, il défend dans le marché ses intérêts égoïstes; en tant que citoyen, il serait mû par les intérêts collectifs. Marx montre que l'intérêt collectif de cet État est de fait celui de la bourgeoisie, l'ordre qu'il assure, l'ordre bourgeois, la domination qu'il recouvre, non celle de la collectivité, mais celle de la classe bourgeoise.

Marx reconnaît que la société bourgeoise fonctionne à l'individualisation. Tous, y compris les prolétaires, sont soumis à la concurrence par le marché. Les prolétaires sont eux-mêmes individualistes, sauf lorsqu'ils entrent en lutte avec la classe dominante: «Les individus isolés ne forment une classe que pour autant qu'ils doivent mener une lutte commune contre une autre classe; pour le reste, ils se retrouvent ennemis dans la concurrence[17].»

---

16. *Ibid.*, p. 68.
17. *L'idéologie allemande, op. cit.*, p. 89.

Comment passer de l'antagonisme inter-individuel à une conscience de classe? Par la lutte, et non par un éducateur, fût-il un parti. L'émancipation du prolétariat ne sera pas le fruit de l'éducation, comme chez Robert Owen, ni la conséquence d'un coup d'État par un petit groupe de conspirateurs, comme chez Blanqui. L'émancipation du prolétariat sera l'œuvre du prolétariat lui-même.

Les prolétaires dépasseront leur individualisme dans et par la lutte contre la bourgeoisie. C'est par leurs luttes que les prolétaires se changeront eux-mêmes, en changeant les circonstances. Le prolétariat construit son unité en s'éduquant par et dans la pratique révolutionnaire: «Une transformation massive des hommes s'avère nécessaire pour la création en masse de cette conscience communiste, comme aussi pour mener la chose elle-même à bien; or, une telle transformation ne peut s'opérer que par un mouvement pratique, par une *révolution*; elle l'est également parce que seule une révolution permettra à la classe *qui renverse l'autre* de balayer toute la pourriture du vieux système qui lui colle après et de devenir apte à fonder la société sur des bases nouvelles[18].»

Le communisme

Marx se voulait homme de science: il ne voulait pas passer pour un utopiste. Le communisme n'est pas un idéal, ni une construction imaginaire: il est le «mouvement réel» de l'histoire qui abolit la société de classes. Cependant, Marx, qui refusait de peindre ce que serait le communisme, se laisse aller à nommer certaines de ses conditions et à esquisser certains de ses traits.

Le communisme requiert comme condition fondamentale un très grand développement des forces productives. Sans ce développement, l'homme est continuellement réduit à la lutte pour le nécessaire; sans cette condition indispensable, le communisme, en abolissant la propriété privée, ne peut que généraliser la pénurie.

Les forces productives, régies par la propriété privée, dominent présentement les individus. Sous le communisme, elles seront sous le contrôle des individus associés. La dépendance universelle des hommes par rapport au marché mondial sera remplacée par la domination

---

18. *Ibid.*, p. 121.

consciente des hommes sur les puissances productives qu'ils ont créées: «La dépendance *universelle*, cette forme naturelle de coopération des individus *à l'échelle de l'histoire mondiale*, sera transformée par cette révolution communiste en contrôle et domination consciente de ces puissances qui, engendrées par l'action réciproque des hommes les uns sur les autres, leur en ont imposé jusqu'ici, comme si elles étaient des puissances foncièrement étrangères, et les ont dominés[19].»

Le travail, qui n'avait comme but que le salaire, qui n'était qu'un moyen de satisfaire les besoins élémentaires, devient lui-même une fin, ce par quoi l'homme se réalise. N'étant plus astreint à la division du travail, chacun peut, selon son plaisir et ses capacités, passer d'une activité à une autre (un jour pêcheur, l'autre, critique, ainsi de suite): «Dans une phase supérieure de la société communiste, quand aura disparu l'asservissante subordination des individus à la division du travail et, avec elle, l'opposition entre le travail intellectuel et le travail manuel; quand le travail ne sera pas seulement un moyen de vivre, mais deviendra lui-même le premier besoin vital [...] alors [...] la société pourra écrire sur ses drapeaux: "De chacun selon ses capacités, à chacun selon ses besoins"[20]!»

Jusqu'ici, la liberté de chacun, y compris sa façon de penser, sa liberté de penser, était déterminée par sa place au sein de la division du travail, par sa place et sa fonction au sein d'une classe sociale. La liberté des bourgeois, des membres de la classe dominante, était forcément beaucoup plus étendue que celle des prolétaires. L'État, au nom de la liberté universelle, défendait la liberté bourgeoise; au nom de l'intérêt collectif, il défendait l'intérêt collectif des bourgeois. Mais même cette liberté était contingente, limitée par les frontières d'une classe. Sous le communisme — les classes sociales et l'État ayant été abolis — la liberté de l'individu devient universelle, sa liberté de penser, inconditionnée.

Sous le communisme, les individus sont associés de sorte que «le libre développement de chacun est la condition du libre développement de tous». Une partie du corps social ne domine plus les

---

19. *Ibid.*, p. 56-57.
20. MARX, «Critique du programme de Gotha» *in Critique des programmes de Gotha et d'Erfurt* de MARX et ENGELS, Éd. Sociales, 1966, p. 32.

autres; le tout ne domine plus les individus: la liberté de chacun se réalise dans la communauté; l'homme est réconcilié avec l'homme. Le communisme réconcilie donc, pour la première fois dans l'histoire, l'individu et la collectivité.

Une philosophie romantique de l'histoire

Marx veut remettre Hegel sur ses pieds: les besoins économiques remplacent l'Idée, les rapports de production et les forces productives, l'État, les classes sociales, les nations, comme forces déterminantes de l'histoire. La bureaucratie n'est plus une classe universelle: elle constitue au contraire un parasite social auquel le prolétariat mettra fin en libérant l'humanité des classes sociales. Le christianisme luthérien n'est pas la religion vraie: toute religion constitue à la fois une justification de l'exploitation et son remède illusoire.

Mais, ce faisant, Marx reprend à Hegel la conception d'une philosophie de l'histoire: l'histoire est un progrès qui se construit dans la négation et qui a un terme, le communisme. Et celui-ci réconcilie, selon la visée «romantique» que poursuivait Hegel, la liberté de l'individu avec la communauté.

BIBLIOGRAPHIE

MARX, Karl, *La question juive*, U.G.É., coll. «10/18», 1968.

——, *Manuscrits de 1844*, Éd. Sociales, 1962.

——, *Les luttes de classes en France*, Éd. Sociales, 1970.

——, *Le 18 Brumaire de Louis Bonaparte*, Éd. Sociales, 1969.

——, *La guerre civile en France*, Éd. Sociales, 1968.

——, *Contribution à la critique de l'économie politique*, Éd. Sociales, 1957.

——, «Critique du programme de Gotha» *in Critique des programmes de Gotha et d'Erfurt* de MARX et ENGELS, Éd. Sociales, 1966.

——, *Le Capital*, 3 t., 8 vol., Éd. Sociales, 1960.

—— et Friedrich ENGELS, *L'idéologie allemande*, Éd. Sociales, 1970.

——, *Le manifeste du Parti communiste*, Messidor/Éd. Sociales, 1986.

ALTHUSSER, Louis, *Pour Marx*, Maspero, 1965.

Recueil de textes où Althusser oppose le jeune Marx, influencé par Hegel et Feuerbach, au Marx de la maturité qu'inaugure la coupure que constitue l'*Idéologie allemande*.

—— et coll., *Lire le Capital*, 2 tomes, Maspero, 1965.

Recueil des exposés d'un séminaire, consacré au livre 1 du *Capital*, tenu par Althusser avec un certain nombre d'étudiants à l'École Normale en 1965. Althusser et ses élèves veulent dégager de cette œuvre de maturité la philosophie inhérente au matérialisme historique, à la science de l'histoire fondée par Marx.

BIDET, Jacques, *Que faire du* Capital?, Méridiens, 1985.

Disciple d'Althusser, l'auteur montre que Marx a combattu les obstacles philosophiques que représentaient les concepts hégéliens. Mais il démontre qu'il n'a jamais dépassé le prophétisme politique, la téléologie historique du maître Hegel.

CALVEZ, Jean-Yves, *La pensée de Karl Marx*, Seuil, 1956.

Étude sympathique de Marx, centrée sur les concepts d'aliénation et de dialectique, suivie d'une évaluation critique de son œuvre faite d'un point de vue chrétien.

DERRIDA, Jacques, *Spectres de Marx*, Galilée, 1993.

Contre le triomphalisme de ceux qui se réjouissent facilement de la mort du marxisme, Derrida exhibe les «dix plaies» de nos sociétés. Au-delà du marxisme institutionnalisé dans l'ontologie du matérialisme dialectique et dans une méthode d'analyse justifiant les régimes communistes, Derrida dégage l'esprit de Marx en exposant ses idées essentielles et ses «spectres».

DRAPER, Karl, *Marx's Theory of Revolution*, t. I: *State and Bureaucracy*, 2 vol., New York et Londres, Monthly Review Press, 1977.

Ouvrage très bien documenté qui utilise tous les textes de Marx, y compris les lettres et les articles de journaux, pour étudier l'État et la bureaucratie dans ce premier tome d'une série qui devait porter sur la théorie de la révolution chez Marx. Dans le premier livre de ce tome, l'auteur étudie le développement politique du jeune Marx puis sa théorie de l'État (son autonomie). Dans le deuxième, il étudie le modèle bonapartiste, puis l'autonomie de l'État et de la bureaucratie dans les États pré-capitalistes. Ce livre comprend aussi une série d'annexes, dont une sur le stéréotype économique du juif, et une très bonne bibliographie.

HARNECKER, Marta, *Les concepts élémentaires du matérialisme historique*, Bruxelles, Contradictions, 1974.

Ouvrage didactique qui présente les principaux concepts marxistes à la lumière de Lénine, mais surtout d'Althusser et de Poulantzas.

LEFEBVRE, Henri, *La pensée de Karl Marx*, Bordas, 1966.

Très bonne introduction à la pensée de Marx, quoique son interprétation soit influencée par la pensée de Lénine. Après avoir répondu à un certain nombre de préjugés contre le marxisme, Lefebvre présente l'œuvre de Marx telle qu'elle s'élabore dans le temps.

MISHARI, Robert, *Marx et la question juive*, Gallimard, coll. «Idées», 1972.

Le livre de Marx sur la question juive est, selon l'auteur, antisémite. Cet antisémitisme n'est pas marxiste, ne se fondant pas sur une analyse historique des modes de production de la société juive. Il proviendrait du contexte doctrinal de l'époque et de la psychologie de Marx.

POULANTZAS, Nicos, *Pouvoir politique et classes sociales*, Maspero, 1968.

Poulantzas reprend certains concepts gramsciens (bloc au pouvoir, hégémonie) qu'il réinterprète à la lumière d'Althusser. Les classes seraient déterminées non seulement économiquement, mais aussi politiquement et idéologiquement. L'auteur distingue classe hégémonique, classe régnante et classe appui, en plus de différencier classe sociale, fraction sociale et couche sociale.

RUBEL, Maximilien, *Marx critique du marxisme*, Payot, 1974.

Dans ce recueil de textes, l'auteur oppose Marx au marxisme qu'aurait inauguré Engels et qu'auraient continué Lénine, Staline... Analysant en priorité les œuvres du jeune Marx, Rubel veut dégager les fondements éthiques des préoccupations scientifiques de Marx.

——, *Pages de Karl Marx*, t. I, *Sociologie critique*; t. II, *Révolution et socialisme*, Payot, 1970.

Choix de textes voulant mettre en valeur l'éthique de Marx fondée sur l'auto-émancipation de la classe ouvrière. Les textes, précédés d'une solide introduction, sont regroupés sous cinq thèmes: autobiographie intellectuelle, conception matérialiste de l'histoire, fonction historique du capitalisme, mission du prolétariat et projet socialiste.

NIETZSCHE

(1844-1900)

L'Allemagne où vit Nietzsche est celle de Guillaume Ier (1861-1888) et de Bismarck (1862-1890) réunifiée en 1870. L'Allemagne devient un État fédéral gouverné par l'empereur (le souverain héréditaire de la Prusse) et par le chancelier, nommé par l'empereur et responsable devant lui, et non pas devant le parlement (*Reichstag*) élu au suffrage universel. Bismarck œuvre pour l'unification des 25 États constituant la fédération. Le progrès de l'industrie est fulgurant ainsi que celui du Parti social-démocrate qui réussit à rassembler les forces politiques ouvrières lors du congrès de Gotha (1875). Pour contrer cette menace, Bismarck utilise la répression contre l'organisation politique du mouvement ouvrier, tout en faisant adopter une législation sociale favorable aux revendications ouvrières (assurance-maladie, assurance-invalidité, assurance-vieillesse, etc.).

Friedrich Nietzsche est né en 1844, d'une famille dont le père et les deux grands-pères étaient pasteurs. Lorsqu'il a quatre ans, son père meurt, sans doute d'une lésion cérébrale dont il héritera. Friedrich vit dans la souffrance physique et cherchera à lui donner un sens jusqu'à ce que la maladie l'emporte définitivement: il sera interné les 11 dernières années de sa vie.

Son œuvre — mélange de prose, d'aphorismes et de poèmes, où chaque affirmation semble avoir sa contrepartie, où vérités et mensonges sont des valeurs souvent interchangeables — ne se réduit cependant pas à une série de sentences lapidaires qui seraient contradictoires et ne feraient pas sens. Même si Nietzsche, plus que tout

---

1. *Cf.* l'introduction à Marx.

autre auteur, a suscité des interprétaions fort divergentes, je vais tenter de dégager une problématique cohérente de cette pensée complexe, voire ambiguë.

Des interprètes distinguent trois périodes dans l'œuvre de Nietzsche: le pessimisme romantique, influencé par Schopenhauer et louangeant Wagner (1872-1876); le rationalisme qui tire les ultimes conséquences de la mort de Dieu (1876-1882); la maturité, qui va de *Ainsi parlait Zarathoustra* à *Ecce homo* (1883-1888). Sans négliger les périodes précédentes, je centrerai mon exposé sur la dernière période.

Le rationalisme socratique

Socrate identifie le bonheur à la vertu, et celle-ci à la raison. Il est un moraliste porté par un optimisme rationaliste. Socrate, métaphysicien, oppose le vrai au faux, le bien au mal, le beau au laid: la pensée devient le juge qui mesure et restreint la vie au nom du vrai. Le socratisme est à l'origine de la décadence par rapport aux anciens Grecs dont la pensée reflétait la vie, la nature et les instincts, dont la pensée reflétait la vie tragique et dionysiaque.

L'ignorance serait cause du mal et du malheur; la connaissance serait cause du bien et du bonheur. Nietzsche refuse cette dichotomie: la vie est souffrance et jouissance, et celle-ci est indissociable de celle-là; la vie est vérité et mensonge, et celle-ci est indistinguable de celle-là; la vie est au-delà du bien et du mal. La pensée ne domine pas l'Être, n'atteint pas ses abîmes les plus profonds, ne pénètre pas ses labyrinthes, n'est pas le maître de ses instincts. Chez tout individu, y compris Socrate, l'intention n'est qu'un symptôme, un signe qui dissimule plus qu'il ne révèle. La conscience est secrètement guidée par les instincts: la morale, fondée sur la connaissance, la conscience, l'intention, sacrifie le fondamental, les instincts, à l'apparence.

La condition d'existence de l'homme moral, de l'homme bon, est le mensonge, non pas le mensonge lucide, authentique, voulu, délibéré, mais le mensonge «malhonnête», la «fausseté malhonnête», la mauvaise foi de celui qui est incapable de distinguer en lui-même le vrai du faux, de celui qui refuse lâchement de reconnaître ses propres instincts: «Seul le mensonge *malhonnête* leur convient; tout ce qui aujourd'hui se considère comme "homme bon" est totalement incapable d'entrer avec la moindre chose dans un rapport qui ne soit celui de la *fausseté malhonnête*, fausseté foncière, mais aussi fausseté innocente, fausseté ingénue, fausseté aux yeux bleus, fausseté vertueuse[2].» Aucun de ces hommes vertueux ne supporterait une autobiographie «véridique» qui dévoilerait comment ses instincts se jouent de ses principes moraux. Car il faut du courage, de la force, pour reconnaître la vérité de ses instincts, pour acquiescer à la vie dans sa surabondance et sa plénitude, dans tout ce qu'elle a de déroutant et de problématique, au lieu de la fuir dans l'«idéal», dans la morale, comme Socrate.

La vie est estimations différentes, interprétations diverses, évaluations contradictoires, conceptions relatives, perspectives divergentes. L'importance accordée à la vérité relève d'un préjugé moral qui surévalue le vrai par opposition au faux tandis que la vie, qui est nuances et contrastes, se joue de cette dichotomie radicale.

Toute chose, tout être, tout événement, toute idée, quels que soient leur origine, leur cause et leur but, doivent être interprétés selon le rapport de forces, de puissances, dans lequel ils s'inscrivent. Le caractère intelligible de tout ce qui existe, y compris nos pensées, réside dans la volonté de puissance. Toute interprétation du sens renvoie à une évaluation du rapport de forces qui structure un ensemble complexe, hiérarchisé et en mouvement. L'histoire est la variation de sens qu'apporte une nouvelle subjugation, une nouvelle domination s'emparant d'un événement ou d'une pensée, les réélaborant et le transformant. La pensée se comprend à la lumière de nos instincts et de nos passions et ceux-ci, comme toute réalité, ne sont que rapport de forces, élaboration et ramification de la volonté de puissance. La pensée n'est que le symptôme d'une volonté, consciente ou non. Les catégories fondamentales de la pensée ne sont pas le vrai ou le faux, le bien ou le mal, le beau ou le laid, mais le fort et le faible.

Le ressentiment judéo-chrétien

Le peuple juif, placé dans une situation de dominé, a su, pour survivre, créer une morale du ressentiment, une morale opposée à celle des dominants, une morale anti-aristocratique: «Le soulèvement des

---

2. *La généalogie de la morale, in Œuvres philosophiques complètes*, t. VII, Gallimard, 1971, p. 326.

esclaves dans la morale commence lorsque le *ressentiment* devient lui-même créateur et engendre des valeurs: le ressentiment de ces êtres à qui la réaction véritable, celle de l'action, est interdite, et que seul une vengeance imaginaire peut indemniser. Alors que toute morale aristocratique naît d'un oui triomphant adressé à soi-mêmes, de prime abord la morale des esclaves dit non à un "dehors", à un autre, à un "différent de soi-même", et *ce* non est son acte créateur [...] la morale des esclaves a toujours et avant tout besoin pour prendre naissance d'un monde hostile et extérieur [...] son action est foncièrement une réaction[3].» Cette morale du ressentiment serait la volonté d'un Dieu qui dicte ce que le peuple et chaque individu doivent faire: toute soumission à cette volonté est récompensée; toute désobéissance devient un péché qui est puni. Sous cette construction imaginaire et mensongère se cache un clergé qui dévalorise la vie pour mieux assurer son pouvoir, qui domine le peuple en déterminant ce qu'est la volonté de Dieu.

Le peuple juif transmet au christianisme cet imaginaire religieux, cette morale du ressentiment, défendus par un clergé au nom d'un Dieu inventé, pour mieux s'assujettir un peuple de soumis. Le christianisme approfondit cette décadence juive en remplaçant le Dieu fier et dominateur de l'Ancien Testament par un Dieu qui est «Messie», «Sauveur» et «Amour», un Dieu efféminé.

Dans le ressentiment, le faible accuse le fort d'être la cause de sa faiblesse et, pour cela, d'être le mal tandis qu'il serait, en tant que victime, le bien. L'égalitarisme chrétien — chacun, comme «âme immortelle», est l'égal de chacun — a sans doute permis au christianisme, en flattant la vanité personnelle des faibles, de gagner à sa cause tous les laissés-pour-compte de l'humanité, mais en dénigrant la vie qui est sensualité, cupidité, orgueil, volonté de dominer, désir de vengeance. Sous le masque chrétien de l'amour et de la vertu se cachent le ressentiment, la haine des faibles pour les puissants et les forts. Les faibles, impuissants à commander, se soumettent au clergé au nom de la volonté de Dieu: la croyance est convoquée là où manque la volonté.

La mauvaise conscience chrétienne, second moment du développement du ressentiment, moment d'introjection, tourne vers soi

---

3. *Ibid.*, p. 234.

l'instinct de cruauté. Le chrétien est coupable, toujours déjà coupable, de par le péché originel, d'avoir désobéi à Dieu. La souffrance humaine est un châtiment qui s'explique par la faute d'Adam et Ève. Le chrétien sera toujours débiteur de Dieu. La volonté de Dieu est le nom de la torture que s'inflige le faible au bénéfice du pouvoir des prêtres, dont la puissance repose sur la reconnaissance de la faute, sur le sentiment de culpabilité. Le chrétien convie chacun à l'imiter et convoque les forts à partager ses vertus de faible: l'humilité, le désintéressement, la pitié, le remords...

L'idéal ascétique, moment de la sublimation, est le remède chrétien à la mauvaise conscience. L'idéal ascétique, idéal «décadent» par excellence, est négation de la vie au nom d'une vie céleste et éternelle, au nom d'une vie imaginaire. Coupable, l'ascète chrétien doit s'inspirer des souffrances du Dieu crucifié, il doit expier ses fautes, se discipliner, mortifier ses sens, écraser ses désirs par des privations, le cilice ou d'autres formes de torture. Mieux vaut la volonté d'autodestruction que pas de volonté du tout: l'ascétisme chrétien est volonté de néant. Pascal est, pour Nietzsche, un des grands modèles d'ascétisme chrétien.

La morale chrétienne méprise les instincts fondamentaux (se reconnaître comme centre de gravité devient péché d'égoïsme; la sexualité est fonction basse et impure...) au nom d'une morale de la belle «âme», du désintéressement, de l'amour du prochain, du renoncement à soi-même et aux biens de ce monde. L'amour chrétien du faible, du malheureux, des pauvres trouve son fondement dans le ressentiment, dans la haine, contre les forts, les puissants, les riches, les heureux. La pitié et la commisération sont des vertus d'esclaves.

La bonté, la douceur, la modération — vertus des petits — sont opposées à la méchanceté, à la violence et à la haine des grands, comme si le faible avait le choix de ne pas se complaire dans une morale de faiblesse, comme si le faible pouvait être fort: «Le propre de l'impuissance a pris l'apparence pompeuse de la vertu de renoncement, de silence, de patience, comme si la faiblesse même de l'homme faible — c'est-à-dire son *être*, son activité, toute sa réalité unique, inévitable et ineffaçable — comme si cette faiblesse était un acte délibéré, quelque chose de voulu, de choisi, un *exploit*, un *mérite* [...] Le sujet (ou pour parler plus populairement, l'*âme*) a peut-être été jusqu'à présent le meilleur article de foi qui soit au monde, parce qu'il permet à la grande majorité des mortels, aux faibles et aux opprimés de toutes sortes de se tromper eux-mêmes par ce mensonge sublime qui interprète la faiblesse comme liberté, son être-ainsi comme *mérite*[4].»

La vie est déjà souffrance. Compatir, s'identifier aux souffrances d'autrui, amplifie la déperdition de forces vitales qu'entraînent les souffrances inévitables. Le christianisme, religion de la compassion, a donc un effet déprimant. Pire, il va à l'encontre de la grande loi de la nature qui sélectionne les forts au détriment des ratés, des déshérités et des condamnés de la vie. L'Église, en consolant et en secourant les affligés, les opprimés, les désespérés, les malades et les souffrants, a favorisé la «détérioration de la race européenne», a engendré l'Européen médiocre et grégaire d'aujourd'hui.

Le christianisme oppose au monde réel un monde imaginaire (Dieu, âme, péché, grâce, vie éternelle dans le ciel ou l'enfer...). Ce monde imaginaire se distingue défavorablement du monde du rêve qui, lui, reflète la réalité des instincts. L'imaginaire chrétien, la foi chrétienne, rejoint cependant le rationalisme socratique et l'idéalisme platonicien dans la mesure où chacun nie la vie au nom d'une morale, d'un idéal, même si la morale et l'idéal diffèrent de l'un à l'autre.

Nietzsche pose cependant, «comme hypothèse», que le ressentiment et la mauvaise conscience précéderaient l'émergence du christianisme. Le passage de l'homme-fauve à l'«animal domestique», le passage de l'homme nomade à l'homme sédentaire, a impliqué que les forts, les maîtres, les aristocrates utilisent l'État pour contraindre la multitude à retourner contre soi l'agressivité qui se manifestait auparavant librement contre les ennemis du dehors: «J'ai employé le mot "État": ce qu'il faut entendre par là, dit Nietzsche, va de soi — une horde quelconque de bêtes de proie blondes, une race de maîtres et de conquérants, qui, dotée d'une organisation guerrière et ayant la force d'organiser, pose sans hésiter ses formidables griffes sur une population peut-être infiniment supérieure en nombre, mais encore inorganisée et errante. Voilà le commencement de l'"État" sur terre: on s'est débarrassé, je pense, de la rêverie qui la faisait commencer par un "contrat"[5].» Le judéo-christianisme s'est emparé de cette

---

4. *Ibid.*, p. 242-243.
5. *Ibid.*, p. 277.

mauvaise conscience originaire sur laquelle il a fondé sa religion d'esclaves, puis l'a répandue à un point tel que sa morale du ressentiment et de la mauvaise conscience en est venue à dominer les races aristocratiques elles-mêmes, les maîtres eux-mêmes.

La décadence moderne

La relation dominants/dominés, quels que soient les noms attribués aux deux pôles de cette dichotomie (maîtres/esclaves; nobles/serfs; patrons/ouvriers), structure toute réalité. La classe des esclaves est aussi indispensable à la vie que la classe des maîtres. Les loisirs, nécessaires au développement de celle-ci, impliquent le travail de la première. Il aurait fallu une classe ouvrière qui, à l'image des «Chinois», soit, à ses propres yeux, modeste, frugale et laborieuse, une classe laborieuse qui s'accepte comme telle. Or, déplore Nietzsche, la dégénérescence des instincts de domination fait qu'il existe maintenant une «question ouvrière»: «On a fait de l'ouvrier un conscrit habilité à porter les armes, on lui a donné le droit d'association, le droit de vote politique... Faut-il s'étonner si aujourd'hui l'ouvrier ressent déjà sa condition comme une calamité (ou, en termes de morale, comme *injuste*)? Mais, que *veut*-on au fait? C'est la question que je persiste à poser. Si l'on veut une fin, il faut aussi en vouloir les moyens: si on veut des esclaves, il faut être fou pour leur donner une éducation de maîtres[6].»

L'art de dominer s'est perdu. La noblesse, là même où elle subsiste, dépend des «boutiquiers» voire, pire, des masses. L'esprit démocratique, fruit de l'égalitarisme chrétien, a vaincu. Gouverner est devenu un trafic et un marchandage avec le peuple.

Les utilitaristes anglais, dans la lignée de Bentham, soutiennent, en partant de l'égoïsme, la prospérité générale, le bien-être général, le confort du plus grand nombre, le bonheur du plus grand nombre, «avec au bout un siège au Parlement». Ils nient ainsi la nécessaire et inévitable hiérarchie entre les hommes et, donc, entre la morale du maître et celle de l'esclave; ils condamnent ainsi l'égoïsme de l'homme supérieur. Le progrès ne consiste pas, quoi qu'en disent les

---

6. *Crépuscule des Idoles*, in *Œuvres philosophiques complètes*, t. VIII, Gallimard, 1974, p. 136.

utilitaristes, à s'acheminer vers la prospérité générale; il s'exprime dans la croissance des puissants aux dépens des plus faibles: «L'importance d'un "progrès" se *mesure* même à la quantité de choses qu'il aura fallu lui sacrifier; l'humanité dans sa quantité sacrifiée au profit d'une seule espèce d'hommes *plus forts* — voilà qui *serait* un progrès...[7]»

Les institutions libérales, lorsqu'on se battait pour les imposer, ont fait progresser la liberté. Mais, une fois établies, elles minent la liberté et la volonté de puissance en favorisant les basses jouissances, «l'abêtissement grégaire», le nivellement du haut et du bas, des grands et des petits... C'est donc la lutte, la guerre pour obtenir ces institutions qui a fait progresser la liberté, et non pas ces institutions elles-mêmes. L'homme libre est un guerrier prêt à sacrifier la vie des autres et la sienne à la volonté de puissance. La liberté signifie la domination des instincts virils et belliqueux chez l'homme supérieur. La liberté pour Nietzsche est anti-libérale.

Les savants, les hommes de science, font partie de l'ère démocratique: ils proviendraient de toutes les conditions sociales et vénèrent le travail, leur travail, comme toute «race laborieuse». Les savants remplacent les prêtres mais, comme eux, comme Socrate, ils croient encore en la vérité. Leur recherche obstinée des «faits», leur quête laborieuse des «preuves», bref leur travail, est négation de la vie qui est vérités et apparences, douleurs et jouissances, agressivité et guerres. Les savants marquent même un recul par rapport au clergé, en refusant de se poser la seule question essentielle, celle du sens et de la valeur de l'existence.

Par toute sa pratique de chercheur, le savant développe un sentiment d'indifférence hautaine par rapport à la foi et aux questions religieuses. Il serait du côté de la vérité, des faits, contre les fables et les fictions religieuses. Cette indifférence a entraîné un scepticisme qui est le symptôme d'une maladie de la volonté de l'Europe moderne. L'«objectivité» et l'«esprit scientifique» recouvrent le recul craintif devant toute affirmation résolue et rude, devant toute négation agressive et décidée: elle est retranchement face à la vie, elle est négation de la volonté de puissance.

---

7. *La généalogie de la morale, op. cit.*, p. 270.

La morale aristocratique

Le jugement «bon» ne provient pas de ce qui est utile aux autres, bon pour les autres, du caractère désintéressé ou non égoïste d'une action. Le jugement moral porte sur l'être avant d'être étendu à l'acte. À l'origine, ce sont les puissants, les nobles, les aristocrates qui se sont sentis bons et ont jugé leurs actes bons par opposition à la populace. L'aristocratie est bonne; le peuple est mauvais. La morale aristocratique, par la création de valeurs, instaure une distance entre le haut et le bas, différencie selon le rang, établit une hiérarchie.

Il existe fondamentalement deux morales distinctes et opposées, une morale des maîtres et une morale des esclaves, même si on a tenté de les concilier — sans être capable de les accorder — en les mélangeant, même si elles peuvent coexister de façon plus ou moins contradictoire dans un même individu. La morale aristocratique célèbre, honore et glorifie la puissance, le courage, la fierté, la dignité et la supériorité de l'aristocrate sur un fond de mépris envers le peuple faible, lâche, humble, mesquin et étroitement utilitariste. La morale des esclaves, on l'a vu, est la morale de l'égalitarisme, la morale chrétienne de la compassion, de la pitié, de la charité, de l'amour pour les misérables.

La morale aristocratique est une morale active par laquelle le maître affirme sa force, son agressivité, sa violence, son avidité, sa soif de domination. Le mépris du peuple n'est que l'envers de cette affirmation. La morale des esclaves est essentiellement réactive. Fondée sur le ressentiment et l'esprit de vengeance contre les maîtres, elle sourd de la jalousie, de l'envie et de la haine envers les grands. Chez les maîtres, l'affirmation est première; le mépris du bas en est la conséquence. Chez les esclaves, la réaction aux maîtres, la négation est première; l'affirmation de leurs prétendues vertus n'est que réponse à l'affirmation triomphante des maîtres et mauvaise conscience. Le maître, se sentant bon, en déduit la malignité de l'esclave; l'esclave déduit sa bonté de la méchanceté du maître.

Malheureusement, dans l'Europe moderne, la morale des faibles contamine les grands, les faibles sont en train de rendre faibles les bien-portants, la morale du ressentiment domine de plus en plus les maîtres: ceux-ci devraient se sentir coupables d'être puissants, dominateurs, agressifs et heureux. L'Europe va inévitablement à sa perte si, chez les grands, le dégoût du peuple se marie avec la compassion. Les maîtres doivent rester séparés des faibles, maintenir leur distance avec le bas, mépriser sans pitié le peuple.

Dans la Grèce d'avant Socrate et dans les sociétés aristocratiques non corrompues par le judéo-christianisme, «l'homme du commun n'*était* que ce qu'il *passait pour être*; n'ayant nullement l'habitude de fixer lui-même des valeurs, il ne se conférait pas non plus d'autre valeur que celle que lui attribuaient ses maîtres (car créer des valeurs est proprement *le droit du seigneur*)[8].» Le long avènement de l'ordre démocratique, causé par le mélange des classes et des races, fait que chacun tend à s'évaluer et à penser du bien de soi. Mais, même aujourd'hui, l'homme du commun attend d'être jugé avant de s'évaluer pour, vaniteusement, se réjouir si le jugement — qu'il soit faux ou vrai — lui est favorable, et pour se désoler s'il lui est défavorable. L'instinct archaïque de soumission prévaut donc chez ce moderne homme ordinaire qui aspire à s'emparer du privilège rare et aristocratique d'attribuer des valeurs.

Le maître n'a de devoirs qu'avec ses égaux; avec les inférieurs, il peut agir à sa guise. Les faibles existent pour les forts, les esclaves pour les maîtres, le peuple pour l'aristocratie. Le peuple n'a pas, en lui-même, le droit d'exister; il n'est que la plate-forme sur laquelle se hausse l'élite. Dans son propre intérêt d'être supérieur, le maître doit rabaisser et sacrifier une foule d'êtres humains en les réduisant à l'état d'instruments. Le maître ne cherche pas à concilier sa vérité avec l'opinion publique et ne confond pas son bien avec le bien commun: il sait que ce qui est commun, public, a toujours peu de valeur.

L'aristocrate est non seulement dur avec le peuple, il est courageux, dur et intransigeant avec lui-même. Il est fort et fier de ne pas inspirer de pitié. L'aristocrate ne trouve d'ennemis et d'amis que chez des égaux: il a besoin d'eux pour affirmer sa propre vitalité, sa propre agressivité. Le maître, pour l'homme du ressentiment, est un ennemi. Le peuple n'est pas un ennemi pour le maître qui ne le hait ni ne l'aime: il le méprise.

Le monde, la vie, est soumis à la volonté de puissance. L'homme courageux est prêt à risquer sa vie pour affirmer sa force, sa puis-

---

8. *Par-delà bien et mal*, in *Œuvres philosophiques complètes*, t. VII, Gallimard, 1971, p. 186.

sance. La volonté de puissance précède l'instinct de conservation qui en est une conséquence. La morale est la science des rapports de domination dont procède la vie. La morale des forts, des souverains, des solitaires exalte la vie: «Qu'est-ce qui est bon? Tout ce qui exalte en l'homme le sentiment de puissance, la puissance même. Qu'est-ce qui est mauvais? Tout ce qui vient de la faiblesse[9].» La morale des faibles, des grégaires, des démocrates, des égalitaristes et des chrétiens est une réaction craintive à cette vie.

La décadence européenne, la décadence moderne, prend racine, nous l'avons vu, chez Socrate et dans la tradition judéo-chrétienne, mais s'explique, selon Nietzsche, par le mélange de classes et, «par conséquent», d'origines, de races et de sang qui s'est accéléré en Europe. Nietzsche, qui s'invente dans *Ecce Homo* une origine de noble polonais, croit que les qualités de l'élite, comme les tares du peuple, proviennent d'une longue chaîne de générations, sont héréditaires. Les nobles transmettent par hérédité, dans la «chair et le sang», les vertus acquises et cultivées une à une. Ils forment ainsi et façonnent l'élite. La culture populaire, l'éducation populaire, ne peut que dissimuler l'héritage de canaille inscrit dans le corps et le sang du peuple: elle ne peut, quoi que prétendent les démocrates, le transformer. Le mélange européen de classes et de races a contaminé la noblesse sans enrichir le peuple.

Le mouvement démocratique en Europe crée un type d'homme libéré des conditions sociales et géographiques particulières, un type d'homme nomade et supranational, un type d'homme de plus en plus semblable, un type d'homme défini par sa capacité d'adaptation. Mais ces conditions qui créent des êtres pareils et adaptables — ouvriers habiles, grégaires et utilisables à toute fin — sont propres à donner naissance à des êtres d'exception, des maîtres spirituels et politiques, des dominateurs dont ces ouvriers, pour s'adapter, ont autant besoin que de pain et de travail: «Bref, alors que la démocratisation de l'Europe engendrera un type d'hommes préparés à l'*esclavage* au sens le plus raffiné du mot, l'homme *fort*, qui représente le cas isolé et exceptionnel, devra, pour ne pas avorter, être plus fort et mieux doué qu'il ne l'a peut-être jamais été, et ceci grâce à une édu-

---

9. *L'Antéchrist, in Œuvres philosophiques complètes*, t. VIII, Gallimard, 1974, p. 162.

cation sans préjugés, grâce à la prodigieuse diversité de son expérience, de ses talents et de ses masques. Je veux dire ceci: que la démocratisation de l'Europe est en même temps, et sans qu'on le veuille, une école des *tyrans*, ce mot étant pris dans toutes ses acceptions, y compris la plus spirituelle[10].»

Nietzsche se donne comme tâche d'explorer les chemins de la venue de ces maîtres, de créer les conditions spirituelles, dont fait partie le renversement de valeurs, à l'émergence de ces volontés d'acier aptes à mettre fin au non-sens et au hasard du «plus grand nombre», aptes à éduquer et à sélectionner une nouvelle élite. Ou bien, dit Nietzsche, on assistera à la dégénérescence générale de l'Europe, la dégénérescence de l'humanité transformée en homme du commun ayant les mêmes droits et les mêmes besoins, transformée en bête de troupeau, ou bien on assistera à la création d'une nouvelle race de dominateurs, une nouvelle aristocratie.

Nietzsche ne voit donc pas dans le nationalisme une solution. De toute façon, les nations européennes, si mélangées, ont perdu leurs caractères raciaux. Nietzsche, toutefois, décrit les traits des nationalités française, anglaise, juive, allemande... mais ces différentes caractéristiques sont à la fois positives et négatives, quoique, pour la nationalité allemande, elles soient fort positives dans ses premiers écrits et totalement négatives dans ses derniers. La solution n'est pas recherchée dans la domination d'une nation ou d'un État. Dans la guerre, sans aucun doute, sous la menace de la Russie, sans doute, Nietzsche espère qu'une nouvelle caste régnante imposera sa volonté à l'Europe, en mettant fin à sa division en petits États velléitaires.

La guerre est la meilleure école, la seule école, pour créer une race de maîtres dominateurs, courageux, rapaces, guerriers, sans scrupule. Napoléon est d'ailleurs ce grand génie, cette volonté forte, cette synthèse «de l'inhumain et du surhumain», qui a tenté d'unifier l'Europe pour qu'elle domine le monde, mais qui a succombé sous le poids des nationalités.

---

10. *Ibid.*, p. 161-162.

L'éternel féminin

L'esprit démocratique tend à confondre, non seulement les masses et l'aristocratie, mais aussi les femmes avec les hommes. Des femmes perverties, des féministes, veulent s'émanciper de la tutelle masculine et devenir leurs propres «maîtres», exigent de l'homme l'indépendance économique et juridique, appellent progrès les luttes pour des droits égaux et une éducation identique. La dichotomie homme/femme reproduit donc, chez Nietzsche, la dichotomie aristocratie/masses, mais avec la différence suivante: les masses ne sont que l'envers vicieux des vertus aristocratiques; les femmes ont des qualités absentes chez les hommes, qualités qui rendent compte du fait que les hommes peuvent avoir pour les femmes des sentiments de crainte et de pitié, absents chez les maîtres dans leur rapport avec les esclaves.

La vocation de la femme est la procréation: «Tout chez la femme est une énigme, et tout chez la femme a solution unique: laquelle a nom grossesse. Pour la femme l'homme n'est qu'un moyen; le but est toujours l'enfant[11].» Une femme intéressée par la philosophie, la science et la politique a sans doute des problèmes de sexualité: ce sont là domaines de l'homme, «animal infécond».

L'éternel féminin, son goût de la parure (apparence, beauté et mensonges), son art et son ingéniosité à plaire, sa réserve pudique et sa soumission rusée, sa capacité maternelle d'aller chercher l'enfant-joueur caché chez l'homme suscitent chez lui crainte et pitié, éveillent sa virilité: «Ce qui dans la femme inspire le respect et bien souvent la crainte, c'est sa *nature*, plus "naturelle" que celle de l'homme, sa souplesse féline et rusée, sa griffe de tigresse sous le gant de velours, la naïveté de son égoïsme, son inéducabilité et sa sauvagerie foncière, le caractère insaisissable, démesuré et flottant de ses désirs et de ses vertus... Si, en dépit de sa crainte, l'homme éprouve de la compassion pour ce redoutable et beau félin, la femme, c'est qu'elle lui apparaît plus souffrante, plus vulnérable, plus assoiffée de tendresse, plus exposée à la désillusion que n'importe quel animal. Crainte et pitié, voilà les sentiments que jusqu'à nos jours l'homme a toujours ressentis en présence de la femme, un pied déjà dans la

---

11. *Ainsi parlait Zarathoustra*, Gallimard, coll. «Folio», 1971, p. 87.

tragédie qui déchire en même temps qu'elle ravit[12].» Le féminisme, appuyé parfois par des «ânes masculins» dont John Stuart Mill, entraîne le «désenchantement» de la femme, suscite chez l'homme l'abdication de la virilité, au plus grand détriment de la femme et de l'homme.

Il existe un antagonisme foncier, une tension irréductible entre l'être de l'homme et celui de la femme. Celui-ci est guerrier, l'autre, tendresse (le «repos du guerrier»); l'un, création intellectuelle et politique, l'autre, nature et procréation; l'un, profondeur et lourdeur, l'autre, apparence et légèreté; l'un, exigence d'être aimé, l'autre, abandon à l'amour: «Ce que la femme entend par amour est assez clair: parfait don (non pas seulement abandon) du corps et de l'âme sans restriction et sans réserve [...] L'homme, quand il aime une femme, *exige* justement d'elle cet amour-là, il est donc lui-même le plus éloigné de ce principe préalable à l'amour féminin [...] Un homme qui aime telle une femme devient ainsi un esclave; mais une femme qui aime en tant que femme, devient ainsi une femme *plus accomplie*[13].» La femme, en se faisant prendre, l'homme, en prenant, s'accomplissent mutuellement. La fidélité est donc incluse dans l'essence de l'amour féminin, qui est don, tandis que l'homme, trouvant dans l'amour la possession et non le renoncement, n'y est pas tenu.

La domination de l'homme sur la femme est donc naturelle et bénéfique aux deux parties: «Un homme [...] profond d'esprit autant que de désirs, doué par surcroît de cette bienveillance profonde capable d'une sévérité et d'une dureté qui se confondent facilement avec elle, un tel homme ne peut penser à la femme qu'à la manière d'un *Oriental*: il *doit* voir dans la femme une propriété, un bien qu'il convient d'enfermer, un être prédestiné à la sujétion et qui s'accomplit à travers elle; il doit se rallier en cette matière à l'incomparable sagesse de l'Asie, à la supériorité de l'instinct asiatique[14].»

---

12. *Par-delà bien et mal*, op. cit., p. 157.
13. *Le gai savoir*, Gallimard, coll. «Folio», 1982, p. 270.
14. *Par-delà bien et mal*, op. cit., p. 154.

La souffrance et le philosophe

La souffrance est inhérente à la vie: il est ridicule d'espérer l'abolir. L'homme courageux ne fuit pas la souffrance pourvu qu'il en sache le sens: «L'homme, l'animal le plus courageux et le plus habitué à souffrir, *ne* refuse *pas* la souffrance en elle-même: il la *veut*, il la cherche même, pourvu qu'on lui montre le *sens*, le *pourquoi* de la souffrance[15].» L'homme moderne, qui est lâche, se détourne de sa souffrance par le travail, par une activité machinale, constante et régulière, par l'occupation disciplinée de son temps, par une obéissance inconditionnelle à des règles informelles. L'homme moderne, en s'anesthésiant dans le travail, se fuit lui-même, se néglige, renonce à sa conscience.

Les utilitaristes, comme les épicuriens, ont tort d'opposer le plaisir à la souffrance. Faire souffrir est une fête, un plaisir, une grande jouissance. La cruauté est réjouissance pour celui qui l'exerce, non seulement à l'égard de l'autre, mais aussi contre soi-même: «Notre propre souffrance, la souffrance que nous nous infligeons, nous procure d'abondantes, de surabondantes jouissances[16].» La cruauté, tournée contre l'autre ou soi-même, engendre le dangereux frisson de la volupté: «Ce phénomène par lequel le plaisir s'éveille de la douleur même, et la jubilation arrache aux poitrines des accents de suppliciés, — au plus fort de la joie retentit le cri de l'épouvante ou quelque plainte s'élève, éperdue de désir, sur une perte irréparable[17].»

L'ascétisme chrétien, de type pascalien, était une façon de donner un sens à la souffrance, en l'associant au péché, à la faute. En s'imposant un surcroît de souffrance, l'ascète chrétien sortait du non-sens, voulait quelque chose, même si c'était la négation de la vie, volonté de néant: «Il est absolument impossible de se cacher ce qui s'exprime dans ce vouloir, qui tient de l'idéal ascétique sa direction: cette haine de l'humain, plus encore de l'animalité, plus encore de la matérialité, cette horreur des sens, de la raison même, cette peur du bonheur et de la beauté, ce désir d'échapper à l'apparence, au changement, au devenir, à la mort, à tout projet, au désir même[18].»

---

15. *La généalogie de la morale, op. cit.*, p. 346-347.
16. *Par-delà bien et mal, op. cit.*, p. 148.
17. *La naissance de la tragédie*, Gallimard, coll. «Folio», 1977, p. 34.
18. *La généalogie de la morale, op. cit.*, p. 347.

Il y a un autre sens à la souffrance, un autre ascétisme, qui est celui du philosophe, de Nietzsche, qui endure, interprète et exploite jusqu'au bout sa souffrance pour s'aguerrir, pour explorer les profondeurs des abîmes et la légèreté des cimes, pour dépasser l'homme. Le philosophe doit être dur, cruel, courageux, pour s'approcher de vérités qui ne plaisent pas, qui font frémir. Le philosophe, à travers mille difficultés, dans la plus grande solitude, explore ses labyrinthes. Le philosophe hait la facilité, car il doit souvent contraindre son esprit, au prix d'efforts surhumains, à connaître «contre sa pente naturelle», «contre les vœux de son cœur». Dans l'épreuve, dans la dureté et la cruauté envers soi-même et les autres, le philosophe découvre le plaisir de se dominer et de dominer, découvre le gai savoir.

Dionysos

Depuis *La naissance de la tragédie* jusqu'à ses dernières œuvres, Nietzsche propose l'idéal de Dionysos, un idéal qui ne serait pas, comme les idéaux socratiques ou chrétiens, une négation de la vie, mais son affirmation.

Dionysos symbolise la vie avant le moralisme et le rationalisme socratique, avant la morale judéo-chrétienne du ressentiment: il est le dieu de la vie, son reflet dans la pensée, son symbole.

Dionysos est le dieu de la tragédie qui est, non pas libération de la pitié et de la terreur, ni purification d'une émotion dangereuse, mais acquiescement au débordement et à la force de la vie, acquiescement à ses souffrances qui sont aussi des stimulants, à sa volonté de destruction qui est inséparable de sa volonté créatrice. Dionysos affirme — au-delà de la morale et du rationalisme — la plénitude de l'existence dans tout ce qu'elle a de problématique, d'effrayant, de terrible, de cruel.

Dionysos s'amuse de tout ce qui apparaît sérieux à l'humanité: le vrai, le beau, le bien, le sacré. La vie est un jeu qui se moque des lois, des causes, des principes, de la Providence. Dionysos est comme la vie: il ne décide pas volontairement de parodier les idéaux de l'humanité; il est, de par sa puissance exubérante et sans le vouloir, jeu, émanation de la volonté de puissance.

Sans devoir suivre le périlleux et ascétique chemin du philosophe, Dionysos est déjà dans le gai savoir, n'ayant pas eu à surmonter la morale, la culpabilité, la mauvaise conscience, le ressentiment, l'ascétisme. Léger par nature, il aime rire, même dans la souffrance, il aime danser, même à l'occasion d'événements tragiques, il aime jouer avec les hasards de la vie. Comme l'enfant, il est innocent même dans la cruauté, il est oubli et recommencement, il est l'instant qui passe et revient. Dionysos est pure affirmation de la vie; il est l'éternel retour. Le retour éternel de la vie est, au-delà de la mort et du changement, un oui triomphant à la vie, à la procréation, à la sexualité, à la souffrance de l'enfantement. Tout devenir, toute création, est douleur. La volupté éternelle du devenir inclut nécessairement la volupté d'anéantir. *Amor fati*: aimer la vie dans son éternel recommencement, dans sa création et sa souffrance, dans son essence tragique, dans sa destruction créatrice, dans sa volonté de puissance.

Dionysos est un artiste. Il crée, manifestant ses désirs et sa volonté, en mariant le vrai au faux, le beau apollinien au laid, le bien au mal. Dionysos est «un dieu-artiste, totalement dépourvu de scrupules et de moralité, ne cherchant qu'à satisfaire en toute circonstance, qu'il bâtisse ou détruise, qu'il fasse le bien ou le mal, son plaisir et sa souveraineté et qui, en créant des mondes, se délivre du dénuement de sa plénitude même, de son *excès de plénitude*, et de la *souffrance* des contradictions qui se pressent en lui[19]».

L'inversion des valeurs

L'homme moderne dégoûte Nietzsche. L'esprit démocratique et l'esprit commercial (de boutiquiers) ulcèrent l'auteur, y compris sa morale utilitariste (le bien est le plaisir ou les biens qui le procurent; le mal est la douleur ou l'absence de ces biens). Nietzsche constate la mort de Dieu, mais le christianisme prévaut encore, en ayant répandu l'égalitarisme et assujetti les maîtres à la morale de la compassion. Socrate lui-même prévaut toujours de par l'importance accordée par le monde moderne à la morale et à la raison. À travers et au-delà de la critique de la modernité, Nietzsche s'attaque à ce qui est généralement considéré comme le fondement de la civilisation occidentale: la tradition judéo-chrétienne et le rationalisme grec. Nietzsche en est

---

19. *La naissance de la tragédie, op. cit.*, p. 16.

d'ailleurs fort conscient, lui qui préfère au christianisme la religion dominant les Indes (son système de castes reconnaît la hiérarchie) et l'Islam (plus proche de la vie, notamment au sujet des femmes).

Nietzsche remet radicalement en question la morale, la valeur de la morale, la valeur des jugements de valeur: il ne voit pas pourquoi un homme bon serait préférable ou supérieur à un homme mauvais. S'il en restait à cette critique, Nietzsche serait un nihiliste. Mais il récuse cette position «veule». Si chacun, dit-il, regarde en lui-même sans complaisance et sans mauvaise foi, s'il l'imite dans l'exploration de ses propres labyrinthes, il reconnaîtra que ses instincts sont immoraux et ne poursuivent que la volonté de puissance. Tout est volonté de puissance, opposition entre les forts et les faibles. Dionysos devient le modèle d'affirmation de la vie, de celui qui vit gaiement sa volonté de puissance, sans remords et sans culpabilité.

BIBLIOGRAPHIE

Nietzsche, Friedrich, *La naissance de la tragédie*, Gallimard, coll. «Folio», 1977.

——, *Le gai savoir*, Gallimard, coll. «Folio», 1982.

——, *Ainsi parlait Zarathoustra*, Gallimard, coll. «Folio», 1971.

——, *Par-delà bien et mal*, in *Œuvres philosophiques complètes*, t. VII, Gallimard, 1971, p. 15-212.

——, *La généalogie de la morale*, in *Œuvres philosophiques complètes*, t. VII, Gallimard, 1971, p. 213-347.

——, *Crépuscule des Idoles*, in *Œuvres philosophiques complètes*, t. VIII, Gallimard, 1974, p. 57-155.

——, *L'antéchrist*, in *Œuvres philosophiques complètes*, t. VIII, Gallimard, 1974, p. 157-235.

——, *Ecce Homo*, in *Œuvres philosophiques complètes*, t. VIII, Gallimard, 1974, p. 237-341.

Boyer, Alain (dir.), *Pourquoi nous ne sommes pas nietzschéens*, Grasset, 1991.
Recueil de textes critiques sur Nietzsche, dont je retiens particulièrement l'essai d'André Comte-Sponville, qui met en évidence les caractéristiques vitalistes, sophistes et esthétisantes des positions nietzschéennes.

Brandes, George, *Friedrich Nietzsche*, New York, Haskell House Publishers, 1972.
Analyse du radicalisme aristocratique de Nietzsche, suivie de la correspondance entre celui-ci et son commentateur.

DELEUZE, Gilles, *Nietzsche et la philosophie*, PUF, 1962.

La généalogie de la morale est l'ouvrage qui permet d'interpréter l'ensemble des aphorismes et des poèmes de Nietzsche. L'homme et son histoire auraient été façonnés par des forces négatives et réactives (ressentiment et mauvaise conscience). La volonté de puissance, principe explicatif du rapport quantitatif et qualificatif des forces, permet de comprendre l'éternel retour comme revenir du devenir dans l'affirmation dionysiaque.

——, *Nietzsche*, PUF, 1965.

Dans cet ouvrage paru dans la collection «Philosophes», Deleuze résume son interprétation de Nietzsche parue deux ans plus tôt. Des extraits de Nietzsche sont précédés d'une présentation en quatre étapes: biographie de Nietzsche; sa philosophie; dictionnaire des principaux personnages de Nietzsche; son œuvre.

DETWILER, Bruce, *Nietzsche and the Politics of Aristocratic Radicalism*, Chicago, The University of Chicago Press, 1990.

L'auteur expose ce qu'il nomme le radicalisme critique de Nietzsche, l'exaltation des manifestations les plus élevées de la volonté de puissance, l'exaltation du surhomme contre le rationalisme socratique, la morale judéo-chrétienne et les prétentions égalitaires de la démocratie.

GOYARD-FABRE, Simone, *Nietzsche et la question politique*, Sirey, 1977.

La question de la politique est située au sein de la critique nietzschéenne de la civilisation, issue de Socrate, et est inscrite dans le retour, la restauration de la volonté de puissance comme affirmation vitale.

GUILLEMIN, Henri, *Regards sur Nietzsche*, Seuil, 1991.

L'auteur, après une minutieuse enquête, avoue que, contrairement aux auteurs dont il a déjà tracé le portrait, il n'arrive pas à se faire une image un peu consistante du personnage Nietzsche, de découvrir le vrai Nietzsche sous les masques dont il s'affuble. L'auteur propose humblement l'ébauche d'une esquisse biographique de Nietzsche en étudiant, entre autres, ses rapports avec Richard Wagner, avec Cosima — amante puis épouse de ce dernier — et avec Lou Salomé.

KREMER-MARIETTI, Angèle, *L'Homme et des labyrinthes*, U.G.É., coll. «10/18», 1972.

La naissance de la tragédie devrait être considéré comme une grille à partir de laquelle comprendre la pensée «labyrinthique» qui parcourt l'ensemble des textes de l'auteur.

LÉVESQUE, Claude, *Dissonance*, Montréal, Hurtubise, 1988.

Ensemble de textes qui montrent que Nietzsche — dont le livre-phare serait *La naissance de la tragédie* — invente un nouveau langage, un langage éclaté animé par des forces contradictoires, un langage qui rend compte, à l'image de la poésie et de la musique, des forces dionysiaques à la source de la vie.

LÖWITH, Karl, *Nietzsche: philosophe de l'éternel retour*, Calmann-Lévy, 1991.

Pour Löwith, la volonté de puissance doit être analysée à la lumière de l'éternel retour qui serait au fondement du système nietzschéen. Cependant, Nietzsche, dont l'œuvre majeure serait *Ainsi parlait Zarathoustra*, n'arriverait pas à concilier ce que le christianisme unit: l'homme et le monde sous le Dieu créateur. L'ouvrage comprend en plus une annexe critique des principaux auteurs qui ont analysé l'éternel retour chez Nietzsche.

RAYMOND, Didier, *Masculin, Féminin*, Éd. du Rocher, 1990.

Choix de textes de Nietzsche sur la femme, précédé d'une justification de ses positions.

SCOTT, Charles E., *The Question of Ethics*, Bloomington, Indiana University Press, 1990.

L'auteur montre comment Foucault, Nietzsche et Heidegger questionnent dans leurs œuvres, chacun à sa façon, l'éthique de la culture occidentale.

FREUD

(1856-1939)

Sigmund Freud naît en 1856, en Moravie, aujourd'hui partie de la
Tchécoslovaquie et alors partie de l'empire autrichien. François-
Joseph Iᵉʳ (1848-1916) domine l'empire d'Autriche, devenu en 1867
l'empire d'Autriche-Hongrie, qui recoupe plusieurs nationalités, dont
neuf millions d'Allemands, plus de six millions de Hongrois et plus de
cinq millions de Tchèques. L'empire occupe la Bosnie-Herzégovine
en 1878 et l'annexe en 1908. Les luttes de plusieurs nationalités, particulièrement des Tchèques, contre la domination impériale suscitent
en Autriche la création d'un mouvement pangermaniste et raciste
dont Hitler s'inspirera. L'assassinat de l'héritier de l'empereur à
Sarajevo par un Serbe en 1914 se révèle l'élément déclencheur de la
Première Guerre mondiale. La défaite militaire entraîne en 1918 le
démantèlement de l'empire d'Autriche-Hongrie et les vainqueurs,
craignant une Allemagne trop puissante, refusent le rattachement à
celle-ci de l'Autriche germanique. La nouvelle république autri-
chienne créée en 1919, paralysée par une économie chancelante, est le
théâtre de luttes s'intensifiant entre le Parti socialiste autrichien
fondé en 1888 et les chrétiens sociaux, luttes qui débouchent sur
l'écrasement armé des socialistes en 1927. Les chrétiens-sociaux, s'appuyant de plus en plus sur des formations réactionnaires, pavent la
voie à l'établissement d'un régime autoritaire, corporatif et chrétien
qui suspend le régime parlementaire en 1932. Six ans plus tard, Hitler
fait une entrée triomphale à Vienne et le rattachement de l'Autriche
à l'Allemagne est plébiscité par 99% de la population.

La famille de Freud, d'origine juive, déménage à Vienne lorsqu'il est en bas âge et, comme tout juif viennois, Freud subit les

brimades de l'antisémitisme ambiant. Élevé par un père libéral, il devient athée, sans jamais cependant renier les liens culturels profonds qui l'attachent au judaïsme.

Après une formation en médecine, Freud s'oriente peu à peu vers l'étude et le traitement des maladies psychologiques. Il montre que les sentiments, les idées et la conduite de chaque individu, bref sa vie, sont en grande partie déterminés par un inconscient dont il ignore non seulement la force, mais souvent même l'existence. La reconnaissance de processus psychiques inconscients, les mécanismes de résistance, de refoulement et de transfert, l'importance primordiale de la sexualité, le complexe d'Œdipe, enfin la technique d'associations libres fondent la cure et la théorie psychanalytiques.

En 1938, à suite de l'invasion de l'Autriche par les nazis, Freud fuit Vienne et se réfugie à Londres. Un an plus tard, après une quinzaine d'années de souffrance dans la lutte contre le cancer, il meurt, célèbre mondialement tant par les critiques virulentes soulevées par son œuvre que par les hommages qui lui sont rendus.

Nous n'étudierons pas ici la théorie psychanalytique. Nous analyserons plutôt la compréhension freudienne de l'éthique et de la politique, de la culture et de la civilisation, fondée sur la transposition au plan social des concepts élaborés dans l'étude du psychisme de l'individu.

La horde primitive

L'homme recherche les fortes jouissances et fuit les douleurs. Dominer, agresser, abuser sexuellement et tuer font partie de ses jouissances primitives. *Homo homini lupus*, Freud reprend cette formule de Hobbes et la fait sienne: «L'homme est, en effet, tenté de satisfaire son besoin d'agression aux dépens de son prochain, d'exploiter son travail sans dédommagements, de l'utiliser sexuellement sans son consentement, de s'approprier ses biens, de l'humilier, de lui infliger des souffrances, de le martyriser et de le tuer[1].» La liberté, comme l'affirmait déjà Hobbes, n'est pas un produit de civilisation; elle est un fait de nature. L'homme, dans l'état de nature, est libre de violer une femme désirable, de tuer son rival et de dérober un bien con-

---

1. *Malaise dans la civilisation*, PUF, 1971, p. 64-65.

voité; il est libre de suivre toutes ses pulsions. La liberté de chacun sera toutefois concrètement limitée par la violence du plus fort qui imposera aux autres ses propres désirs.

Freud reprend l'hypothèse darwinienne de la horde primitive, dominée par le mâle le plus âgé et le plus fort qui impose aux autres son exclusivisme sexuel. Ce mâle tout-puissant est, pour Freud, le père: «Le mâle puissant était le maître et le père de toute la horde; il n'était pas limité dans son pouvoir, dont il faisait usage avec brutalité. Tous les êtres féminins étaient sa propriété, les femmes de sa propre horde et leurs filles, comme peut-être aussi celles qui avaient été enlevées à d'autres hordes. Le destin des fils était dur; quand ils éveillaient la jalousie du père, ils étaient assommés ou châtrés ou bannis[2].»

Le meurtre du père

Un jour, les frère bannis se réunissent et entreprennent ce à quoi chacun d'eux aspire, mais qu'il est incapable de réaliser seul: ils tuent le père, le mangent — tout primitif serait cannibale — et mettent ainsi fin à la horde paternelle.

Comme tout enfant, les fils nourrissaient des sentiments ambivalents vis-à-vis du père: ils l'aimaient et le haïssaient, l'admiraient et le craignaient, l'enviaient et le redoutaient. Après avoir assouvi leur haine contre celui qui s'opposait si violemment à leurs exigences sexuelles, puis s'être identifié à lui en incorporant ses forces par le repas cannibale pris en commun, ils se sentirent coupables, éprouvèrent du repentir et idéalisèrent le père qui, mort, devint «plus puissant qu'il ne l'avait jamais été de son vivant». On substitua au père un animal puissant et redouté, un animal totémique, qui devint l'ancêtre fondateur et le protecteur vénéré du clan. On institua un jour de fête où on réserva au totem le destin du père primitif: il était tué et mangé en commun par les membres du clan. On célébrait ainsi, dans la méconnaissance, la victoire des fils primitifs sur le père.

Aucun des fils ne pouvant réaliser son désir d'occuper la place enviée du père, ils font leurs ses interdits maintenant sanctifiés: ils

---

2. *L'homme Moïse et la religion monothéiste*, Gallimard, coll. «Folio», 1986, p. 171.

désavouent leur meurtre et interdisent, sauf au moment de la fête, la mise à mort du totem ou de tout substitut du père; ils renoncent aux rapports sexuels avec les femmes libérées du désir du père et s'imposent le tabou de l'inceste. Les tabous ou le sacré ne sont donc «à l'origine que la volonté continuée du père primitif». Le tabou de l'inceste ou, vu positivement, le commandement de l'exogamie répond aussi à une exigence organisationnelle: les frères, réunis contre le père, sont rivaux dans leur désir des femmes de la horde; en renonçant à la satisfaction de ce désir, ils assurent la permanence de leur organisation sociale.

La religion totémique est donc une tentative d'apaiser le sentiment de culpabilité des fils parricides et d'obtenir une réconciliation avec le «père offensé, par une obéissance rétrospective». Toutes les religions ultérieures, y compris la religion juive qui remplace le totem par un Dieu non figuratif, sont des tentatives pour réagir au meurtre primitif et pour le refouler.

Le meurtre du père, l'introjection de ses interdits et les liens affectifs, nés entre frères durant leur bannissement, donnent vie à une organisation sociale reposant sur les éléments fondamentaux de la morale et du droit: renoncement aux pulsions primitives de meurtre, de cannibalisme et d'inceste; reconnaissance d'obligations mutuelles entre frères ayant des droits égaux; mise en place d'institutions et d'événements sacrés (totem, la fête du repas totémique, etc.).

La violence du père a été brisée par l'union des faibles fils qui avaient développé des liens affectifs durant leur bannissement. La violence des fils, fondée sur la force de leur union, remplace celle du père et s'exerce contre tout individu qui ne respecte pas les interdits, les obligations réciproques et les éléments de droit de cette société. La société repose aussi sur les liens affectifs que ses membres développent sur la base d'une même origine ancestrale et d'intérêts communs. Toute communauté est donc fondée sur des obligations, soutenues par la force ou la violence, et sur les liens affectifs créés par l'identification entre ses membres. La violence, utilisée contre le père, puis contre ceux qui contreviennent aux interdits de la communauté, peut évidemment être retournée contre toute communauté étrangère.

La vie des peuples, comme celle de l'individu, trouve son origine dans l'attitude ambivalente à l'égard du père, soit le complexe d'Œdipe. Dans la tragédie de Sophocle, Œdipe commet deux crimes:

il tue son père et épouse sa mère. Dans la vie de l'enfant, le garçon, désirant sa mère, veut prendre la place du père auprès de celle-ci et désire éliminer son concurrent. Le complexe d'Œdipe se résoudra lorsque l'enfant mâle s'identifiera au père, le prendra pour modèle et fera siens les interdits paternels. Le complexe d'Œdipe engendre donc, tant dans la vie de l'enfant que dans celle des peuples, un sentiment moral. Une différence essentielle sépare cependant le peuple et l'enfant dans le vécu de ce complexe: les fils réunis tuent réellement le père tandis que le désir parricide de l'enfant demeure à l'état de fantasme.

La vie de chacun est déterminée inconsciemment par la façon dont il a vécu le complexe d'Œdipe. La vie des peuples est aussi déterminée par ce meurtre originaire dont les hommes n'ont plus le moindre souvenir et qui ne peut donc être transmis consciemment. Des traces mnésiques de cette faute originaire persistent cependant dans une «âme collective», Freud préférant cette dénomination à celle d'inconscient collectif avancée par son ex-disciple, Carl Gustav Jung.

Le chef et la foule

Le rapport social fondamental, au-delà de celui de la famille, est celui qui lie des foules à des leaders. Freud distingue les foules naturelles, spontanées et sporadiques des foules artificielles, organisées et durables telle la foule militaire (l'armée) ou la communauté croyante (l'Église). Freud s'intéresse plus particulièrement à l'analyse des foules artificielles.

L'individu, aggloméré affectivement à une foule, voit son niveau d'intelligence et son sens des responsabilités faiblir. La foule rabaisse l'individu à son plus bas commun dénominateur: «Ce sont [...] les intelligences moindres qui rabaissent à leur niveau les plus grandes. Ces dernières sont inhibées dans leur activité parce que l'intensification de l'affectivité crée des conditions totalement défavorables à un travail correct de l'esprit, de plus parce que les individus isolés sont intimidés par la foule et que leur réflexion n'est pas libre, et enfin parce que chez chaque individu isolé la conscience de la responsabilité de ce qu'il fait se trouve diminuée[3].»

---

3. *Psychologie des foules et analyse du moi, in Essais de psychanalyse*, Payot, 1981, p. 143-144.

Des liens libidinaux, affectifs, sentimentaux ou amoureux — c'est-à-dire sexuels, mais inhibés quant au but — constituent l'essence de ce qui relie la foule au chef et les individus de la foule entre eux. Le leader représente le père auquel chacun s'identifie. Il est le modèle, ce qu'on voudrait être. Cet idéal du moi a un double visage: chacun doit être comme le chef, mais personne ne peut le devenir réellement. La foule est donc la somme des individus qui ont mis une seule personne, le chef, à la place de leur idéal du moi — leur père — respectif.

Le rapport au chef crée un rapport d'égalité entre les sujets: chacun aime le chef et s'imagine être aimé par lui, également et sans favoritisme. L'individu, dès l'enfance, doit combattre son sentiment de jalousie et doit accepter de partager ses parents avec ses frères et sœurs. Il s'identifiera à ceux-ci, dans un rapport similaire aux parents: «Ce que l'on va trouver plus tard dans la société, agissant comme esprit collectif, *esprit de corps*, etc., ne désavoue pas l'envie originaire dont il découle. Nul ne doit se mettre en avant, chacun doit être et avoir pareil. Justice sociale, cela signifie que l'on se refuse beaucoup de choses à soi-même, afin que les autres eux aussi soient contraints d'y renoncer ou, ce qui revient au même, qu'ils ne puissent les exiger. Cette exigence d'égalité est la racine de la conscience sociale et du sentiment de devoir[4].» Nul ne doit se mettre de l'avant face au père: l'exigence d'égalité repose donc sur la reconnaissance du rapport inégalitaire entre les enfants et le père, entre les individus de la foule et le leader.

Le rapport foule-leader renvoie aussi à la horde primitive où le père tout-puissant, n'aimant que lui-même, dominait tous les autres. La disparition de la personnalité intellectuelle et morale de l'individu, son intégration à des pensées et à des sentiments identiques à ceux des autres, la prédominance de mécanismes inconscients et la tendance à la réalisation immédiate de tout dessein marquent la revivescence de la horde originaire au sein de la foule, la régression de chacun à l'activité psychique primitive.

La horde primitive avait pourtant été remplacée par l'égalité démocratique des fils révoltés. Comment passe-t-on de celle-ci au rapport social foule-leader? Freud suppose qu'un fils, le «héros»,

---

4. *Ibid.*, p. 187.

s'attribue seul le meurtre du père, commis, en réalité, par la coalition des frères insurgés. Le héros n'a évidemment pas la toute-puissance du père primitif maintenant divinisé. Mais les pères, tant dans les familles que sous forme de héros ou de leader dans la société, reconquièrent leur place, imposent une société patriarcale, sans jamais recouvrer le pouvoir absolu du père primitif, devenu Dieu, et sans pouvoir supprimer les conquêtes sociales du clan fraternel.

Ces communautés patriarcales, fondées sur le rapport leader-masse, ne sont cependant pas à l'abri de conflits violents. D'une part, les leaders peuvent tenter de s'attribuer le pouvoir absolu du père primitif et remettre en question les droits acquis des sujets. D'autre part, ceux-ci peuvent lutter pour obtenir plus de pouvoir et transformer la justice inégale en justice égale pour tous: «Quand une civilisation n'a pas dépassé le stade où la satisfaction d'une partie de ses participants a pour condition l'oppression des autres, peut-être de la majorité, ce qui est le cas de toutes les civilisations actuelles, il est compréhensible qu'au cœur des opprimés grandisse une hostilité intense contre la civilisation rendue possible par leur labeur mais aux ressources de laquelle ils ont une trop faible part[5].» Mais la vie quotidienne, les intérêts communs et, surtout, les liens affectifs ambivalents qui lient les sujets au chef («malgré leur hostilité», les opprimés voient en leurs maîtres «leur idéal») permettent généralement de trouver des solutions pacifiques à ces conflits.

Il n'en va pas de même dans les relations entre communautés, qui ne reposent sur aucun lien permettant aux sujets des diverses communautés de s'identifier entre eux et de se rattacher à un leader commun. La rivalité naturelle entre communautés est au contraire affectivement soutenue par le mépris réciproque que chacune se voue au nom de ses propres idéaux culturels. Ce narcissisme culturel, unissant, au sein même de la nation, les opprimés à leurs oppresseurs dans une commune haine des autres, aide à contrebalancer leur hostilité réciproque: «Il est toujours possible d'unir les uns aux autres par les liens de l'amour une plus grande masse d'hommes, à la seule condition qu'il en reste d'autres en dehors d'elle pour recevoir les coups[6].»

---

5. *L'avenir d'une illusion*, PUF, 1971, p. 18.
6. *Malaise dans la civilisation*, op. cit., p. 68.

Le rapport social masse-leader semble à Freud indépassable. On ne peut espérer que tous les hommes soumettent leur pulsion à la domination de la raison. La majorité aura toujours besoin d'une autorité qui prendra les décisions pour elle et à laquelle elle se soumettra. On peut cependant, dit Freud, aspirer à l'éducation d'une minorité d'hommes qui seraient soumis à la raison et qui pourraient diriger dans de bonnes voies les masses dépendantes.

L'histoire ne se réduit pas à des causes anonymes et matérielles. Les grands hommes, par leur personnalité et l'idéal qu'ils incarnent, marquent l'histoire en apportant aux masses l'autorité qu'elles réclament. Cette autorité peut entraîner les masses dans une régression ou assigner de nouveaux buts à leur désir. Dans le rapport indépassable leader-masse, la personnalité et le projet du premier sont déterminants dans la mesure où ils incarnent l'idéal du moi des masses.

Le processus de civilisation

La Première Guerre mondiale, qu'au début Freud avait approuvée avec l'enthousiasme d'un patriote, l'amène rapidement à «constater avec effroi [...] que l'État a interdit à l'individu l'usage de l'injustice, non parce qu'il veut l'abolir, mais parce qu'il veut en avoir le monopole[7]». Les États, qui se comportent à l'intérieur comme gardiens de la paix et de la justice, se permettent entre eux les pires injustices et la plus grande violence. Les individus participent pleinement à ces débordements, en manifestant une brutalité de comportement dont on les aurait cru incapables.

Cette grande désillusion n'est pas balayée par la victoire du communisme en Russie, le progrès s'y combinant avec un retour à la barbarie. La Russie cherche à satisfaire les besoins matériels de chacun dans une perspective égalitaire, balaie de façon «téméraire» l'«opium» religieux et accorde sagement à l'individu «une dose raisonnable de liberté sexuelle», mais elle supprime la liberté de penser et soumet chacun au despotisme étatique. Armée jusqu'aux dents, la Russie réussit à unir le peuple par la haine qu'elle suscite contre tous les autres États.

---

7. «Considérations actuelles sur la guerre et sur la mort», *in Essais de psychanalyse*, *op. cit.*, p. 14.

Le communisme, reposant sur des fondements illusoires, est voué à l'échec. L'égalité communiste est une chimère, ne tenant pas compte de l'inégalité naturelle des capacités physiques et mentales des humains. Le communisme croit que la propriété privée est la source de tous les maux. Or, pour Freud, si la propriété privée peut être un motif d'agressivité et de violence entre êtres humains, elle n'en est pas la cause fondamentale: l'agressivité régnait dans les temps primitifs où la propriété était peu significative et elle se manifeste très tôt dans l'enfance de chacun.

Le fascisme est encore moins une source de contentement. L'ordre et un sentiment du devoir règnent sans doute en Italie, mais ils reposent, comme en Russie, sur la violence et l'oppression. En ce qui concerne l'Allemagne, Freud dit ironiquement se sentir soulagé de constater que sa «régression vers une barbarie presque préhistorique» s'accomplit «sans s'appuyer sur une quelconque idée de progrès».

Les pulsions agressives des humains constituent le principal facteur contrecarrant le processus de civilisation. Il n'est pas nécessaire d'interdire ce qui n'est pas désiré. Le caractère impératif du commandement de ne pas tuer répond à tout ce qui en nous relève de pulsions meurtrières. Qui n'a jamais désiré, même en se sentant coupable, tuer quelqu'un? «Tout préjudice, dit Freud, porté à notre moi tout-puissant est au fond un *crimen læsæ majestatis* punissable de peine de mort; notre inconscient tue même pour des choses insignifiantes[8].» La personne aimée n'est pas non plus à l'abri de sentiments ambivalents: qui n'a pas rêvé la mort de l'être aimé? Jugés à l'aune de l'inconscient, nous sommes aussi sanguinaires que les premiers hommes. La civilisation, pour se développer, doit donc limiter et réduire les manifestations de la naturelle agressivité humaine.

La civilisation repose, d'une part, sur le savoir et le pouvoir acquis par les hommes pour maîtriser la nature en vue de satisfaire leurs besoins et, d'autre part, sur la régulation des rapports des hommes entre eux, en particulier dans leurs rapports avec les femmes et les biens disponibles. Freud note un décalage croissant entre progrès technique et progrès dans les relations humaines. Pour lui, la civilisation semble avoir été imposée «à une majorité récalcitrante par une minorité ayant compris comment s'approprier les moyens de puis-

8. *Ibid.*, p. 37.

sance et de coercition[9]». La question décisive pour un progrès civilisationnel n'est pas dans le rapport à la nature. La question décisive est le moyen d'amener les hommes à soumettre le principe de plaisir qui les anime au principe de réalité, de les entraîner à renoncer à leurs pulsions destructrices et d'induire le refoulement et la sublimation de leurs pulsions sexuelles.

Une façon de satisfaire nos pulsions est de détourner la libido vers des objets plus élevés, tels l'art ou la science. Le plaisir retiré de cette sublimation ne sera évidemment pas aussi intense que la satisfaction d'une «pulsion restée sauvage», mais il aura l'avantage d'être conforme au principe de réalité. Mais, note Freud, ce type de sublimation est à la «portée d'un petit nombre seulement». Le travail peut être aussi source de sublimation, mais Freud affirme que la «grande majorité des hommes» a «une aversion naturelle pour le travail», sans chercher à expliquer, à l'instar d'un Tocqueville ou d'un Marx, d'où proviendrait cette aversion.

L'autre mécanisme de contrôle des pulsions est le surmoi, qui ne déplace pas la libido vers des objectifs plus élevés, mais réprime les pulsions asociales. Ce mécanisme a, sur la sublimation, l'avantage social d'être l'apanage de tous. C'est ce facteur psychique qui a permis le progrès de l'homme contemporain par rapport à l'homme primitif: «Il n'est pas exact de dire que l'âme humaine n'a subi aucune évolution depuis les temps primitifs, et qu'en opposition aux progrès de la science et de la technique elle est aujourd'hui encore la même qu'aux origines de l'histoire [...] Il est conforme à notre évolution que la contrainte externe soit peu à peu intériorisée, par ceci qu'une instance psychique particulière, le *surmoi* de l'homme, la prend à sa charge[10].»

Le surmoi se constitue dans la relation ambivalente avec le père. D'une part, on le hait et on veut sa mort, lui qui nous interdit la satisfaction de notre désir de la mère. D'autre part, faible et impuissant, on l'aime, on désire son amour et sa protection, et on craint son châtiment, dont la castration. Le complexe d'Œdipe se résout en s'identifiant au père, en intériorisant ses interdits et en tournant vers soi l'agressivité qu'auparavant on lui manifestait. La conscience

---

9. *L'avenir d'une illusion, op. cit.*, p. 9.
10. *Ibid.*, p. 16-17.

morale est le produit du surmoi et son envers est le sentiment de culpabilité. La conscience morale et le sentiment de culpabilité renvoient donc à une instance individuelle (le surmoi, substitut du père) et aussi à une instance phylogénétique (les traces du meurtre primitif dans la mémoire collective).

La renonciation à des pulsions est toujours source de déplaisir. Mais lorsqu'on y renonce par respect du surmoi, il est compensé, dans un degré variable, par un plaisir substitutif, d'origine narcissique: le moi «se sent élevé», «s'enorgueillit» d'avoir réussi à renoncer à la pulsion.

Comment passe-t-on du surmoi, d'origine paternelle, aux normes sociales, de la famille à la société? Freud parlera de l'éducation comme instance sociale qui développe et affermit le surmoi créé au sein de la famille. Il ne renoncera jamais non plus à la mémoire collective qui conserve les traces de l'origine de la civilisation. Mais, surtout, il transposera au plan de la société l'analyse de la formation du surmoi au plan de la famille: les grands hommes, dans leur rapport avec les masses, laisseront après eux une impression qui sera source d'un surmoi collectif. Remarquons toutefois une différence qui affaiblit l'analogie entre le processus individuel et le processus social: Freud met l'accent sur le rôle actif d'identification de l'enfant au plan familial, tandis qu'au plan social il insiste plutôt sur le rôle des leaders, des «grands personnages», comme incarnation de l'idéal du moi des masses.

La civilisation *contre l'individu*

La civilisation est fondée sur la répression des pulsions·primaires de l'individu: sans répression, pas de civilisation. Pourtant, Freud remarque qu'il y a un malaise de civilisation et que ce malaise ne renvoie ni au progrès technologique, ni à l'amour excessif de l'avoir, ni à la course à l'argent, ni à de trop fortes exigences au travail, mais à un refoulement trop grand des pulsions de l'individu, notamment des pulsions sexuelles. En plus du refoulement, la civilisation exige de l'individu la sublimation de sa libido vers des objets plus élevés et l'acquisition d'un surmoi par intériorisation des exigences de l'imago paternel.

La civilisation révèle la fragilité et l'hypocrisie des bases sur lesquelles elle repose lorsque l'individu obéit aux normes sociales non parce qu'elles ont été intériorisées par l'intermédiaire du surmoi, mais par crainte de sanctions sociales. Dans ces circonstances, l'individu reviendra à ses pulsions agressives et asociales dès que les sanctions s'éloigneront ou qu'il croira pouvoir les contourner. De plus, au sein de la civilisation, les exigences du surmoi peuvent être trop fortes et entraîner chez l'individu des comportements névrotiques ou favoriser des explosions sociales qui relâchent les tensions accumulées. Enfin, la morale sexuelle impose à l'individu des exigences trop grandes, qui sont non seulement nocives pour lui, mais ne favorisent guère la civilisation.

La civilisation repose sur la formation de surmois individuels et d'idéaux collectifs: ces surmois et ces idéaux ne doivent toutefois pas être trop rigides. Freud n'ira pas au-delà de ce principe général, sauf en ce qui concerne la sexualité où il sera plus précis.

Freud distingue trois moments dans notre rapport avec la sexualité, le premier lié au développement de l'individu et les deux autres, à des périodes historiques. Le premier moment est celui du nourrisson, moment autoérotique où la pulsion sexuelle est polymorphe, perverse et peut se fixer sur l'une ou l'autre partie du corps. Un deuxième moment, inauguré par la morale juive, affirme que tout plaisir polymorphe doit être au service de la reproduction. Enfin, la période chrétienne, où seule est légitime la sexualité génitale au sein du mariage.

La sexualité infantile doit être éduquée si on veut ultérieurement que la pulsion sexuelle soit contrôlée et utilisée. La civilisation européenne occidentale interdit «sévèrement toute manifestation de la sexualité infantile; ce premier acte est, dit Freud, tout à fait justifié, car l'endiguement des brûlants désirs sexuels de l'adulte n'a aucune chance d'aboutir s'il n'a pas été amorcé pendant l'enfance par un travail préparatoire[11]».

Le deuxième moment, orienté vers la procréation, interdit l'homosexualité et, en tant que perversions, les satisfactions extragénitales. Cette prohibition peut conduire, dans le meilleur des cas et en particulier chez les homosexuels, à la sublimation culturelle, mais elle produit généralement des conduites inhibées, des névroses ou des comportements enfreignant la morale imposée. Cette prohibition ne respecte pas les individus auxquels elle impose la même norme sexuelle, indépen-

---

11. *Malaise dans la civilisation, op. cit.*, p. 56.

damment de la diversité d'intensité et de buts de leurs pulsions respectives: «C'est une des injustices flagrantes de la société que le standard culturel exige de tout le monde la même conduite sexuelle, les uns y parvenant sans effort grâce à leur organisation, tandis que les autres se voient imposer par cela les plus lourds sacrifices psychiques[12].»

Le troisième moment, plus prohibitif, interdit tout plaisir sexuel hors du mariage. L'abstinence sexuelle est imposée à tous les individus des deux sexes avant le mariage et pour la vie à ceux qui refusent de contracter un mariage. Même au sein du mariage, la crainte de procréer trop d'enfants et des moyens contraceptifs inadéquats entraînent, après quelques années, l'insatisfaction sexuelle des époux. Le troisième moment ne réprime donc pas seulement une minorité dont le comportement est anormal, il impose à la majorité des normes qui conduisent à la souffrance, à la névrose ou à des conduites hypocrites.

La religion

La religion cherche à répondre à des souffrances provenant de trois sources: la nature qui peut nous briser et nous anéantir; notre corps destiné à une déchéance accompagnée de douleur et à la mort, précédée d'angoisse; nos rapports avec les autres marqués d'hypocrisie et d'agressivité. La religion réconforte le croyant en enseignant que la nature est sous le règne bienveillant de la Providence divine, que l'âme est immortelle et que la justice, si souvent bafouée ici-bas, sera pleinement rétablie dans l'au-delà.

Freud déniche, derrière ce réconfort apporté par la religion, des motivations plus profondes, l'une d'origine individuelle et l'autre d'ordre phylogénétique, reposant toutes deux sur le mécanisme de la projection. Dieu répond, comme protecteur, à la détresse de l'adulte, comme le père craint et admiré renvoie à la détresse infantile: «Et quand l'enfant, en grandissant, voit qu'il est destiné à rester à jamais un enfant, qu'il ne pourra jamais se passer de protection contre des puissances souveraines et inconnues, alors il prête à celles-ci les traits de la figure paternelle, il se crée des dieux, dont il a peur, qu'il cher-

---

12. «La morale sexuelle "civilisée" et la maladie nerveuse des temps modernes», *in La vie sexuelle*, PUF, 1969, p. 37.

che à se rendre propices et auxquels il attribue cependant la tâche de le protéger[13].» Dieu renvoie, de plus, comme nous l'avons déjà vu, au père primitif qui a été mis à mort.

Freud établit une analogie entre religion et névrose obsessionnelle. Le rituel religieux a les mêmes caractéristiques que le cérémonial des obsédés: l'acte rituel procède d'une compulsion à la répétition, d'une nécessité intérieure impérieuse, qui entraîne la crainte d'un châtiment et un immense sentiment de culpabilité si le rituel est omis ou accompli incorrectement. Seul le caractère collectif du rituel religieux le distingue de l'acte intime de l'obsédé. La religion est la «névrose de l'humanité». L'enfant, en grandissant, voit normalement disparaître la plupart des névroses infantiles, dont les névroses obsessionnelles. Freud espère que l'humanité, dans son évolution, verra la fin de sa névrose religieuse dont l'origine remonte au meurtre du père primitif.

La religion est une croyance, fondée sur la réalisation d'un désir de protection, et est indifférente à la réalité dont elle ne requiert la confirmation. La religion est une illusion: Freud espère, conformément à l'*Aufklärung*, que la raison réussira un jour à prévaloir contre l'ignorance religieuse.

Les juifs

Freud accorde une attention spéciale à une religion particulière, le judaïsme, qui est celle d'un peuple soumis à une discrimination dont il veut rendre compte.

Le peuple juif est le peuple le plus vieux du bassin méditerranéen qui subsiste encore aujourd'hui avec son nom et ses traditions. Il a su, malgré tous les obstacles, se maintenir avec obstination, développer ses propres traits distinctifs et susciter l'aversion de tous les autres peuples. Freud cherche à comprendre cette vitalité et cette destinée.

Moïse, noble d'origine égyptienne selon Freud, fonda le peuple juif en l'assurant qu'il était le peuple élu de Dieu. La mise à mort de Moïse, toujours selon Freud, par le peuple juif assura — répétant le scénario du meurtre du père de la horde primitive — la victoire de ce qu'il incarnait.

---

13. *L'avenir d'une illusion, op. cit.*, p. 33.

Tout peuple se juge meilleur que les autres. Mais Moïse, en affirmant qu'il était le peuple choisi de Dieu, donna un ancrage religieux à l'amour-propre des juifs qui «devint une partie de leur foi religieuse». De plus, le monothéisme rigoureux de Moïse et son interdiction de représenter Dieu élevèrent le degré de spiritualité de ce peuple. (L'apparition du christianisme — qui fait du Christ un Dieu et un homme, qui affirme l'existence d'un Dieu en trois personnes, qui représente Dieu et qui multiplie les intermédiaires entre Dieu et les hommes — confirme les juifs dans leur foi: ils se sentent tout à fait étrangers à cette religion, trop imprégnée par le polythéisme du monde environnant.) Enfin, leur dispersion politique leur apprit à apprécier «la seule propriété qui leur fût restée», une propriété spirituelle, leur Écriture.

Le peuple juif a ainsi acquis une confiance particulière, une haute opinion de lui-même et un sentiment de supériorité par rapport aux autres, dont il se sépare aussi par nombre de ses usages. Les «peuples d'accueil» réagirent à la «particularité juive» de manière envieuse, «comme s'ils croyaient eux aussi à la primauté que le peuple d'Israël revendiquait pour lui».

Une haine du juif si intense et si persistante chez tous les peuples ne peut évidemment se réduire à ce seul motif. Freud cherche à identifier les autres motifs.

Les chrétiens accusent le peuple juif d'avoir tué Dieu. Ils ont raison, mais pour une mauvaise raison. Le peuple juif a tué Moïse, répétant le meurtre du père primitif, dont tous relèvent, y compris les partisans du Christ.

Le sentiment de communauté a besoin d'être renforcé par la confrontation avec des exclus: le fait que les juifs vivent en tant que faibles minorités parmi les autres peuples permet l'expression de l'hostilité des masses dont ils deviennent les exclus. Deux autres «particularités des juifs» encouragent l'antisémitisme. Différents, mais semblables aux autres peuples de souche méditerranéenne, leurs petites différences suscitent, plus que par exemple les dissemblances fondamentales des Asiatiques, l'intolérance des masses. La seconde particularité «exerce, dit Freud, une action encore plus grande, à savoir qu'ils défient toutes les oppressions, que les plus cruelles persécutions n'ont pas réussi à les exterminer, davantage encore: qu'ils montrent plutôt la capacité de s'affirmer dans la vie économique et, là où on les y autorise, celle d'apporter des contributions de valeur à toutes les activités culturelles[14]».

De plus, une coutume par laquelle les juifs «s'isolent», la circoncision, rappelle aux autres une peur primitive et ancestrale, celle de la castration, qu'on tente de refouler.

Enfin, les peuples actuellement antisémites, comme les Allemands, sont devenus chrétiens tardivement et y furent souvent contraints sous la menace des armes: «On pourrait dire, note Freud, qu'ils sont tous "mal baptisés"; sous une mince teinture de christianisme ils sont restés ce qu'étaient leurs ancêtres épris d'un polythéisme barbare. Ils n'ont pas surmonté leur aversion contre la religion nouvelle, la religion qui leur était imposée, mais ils l'ont déplacée sur la source d'où leur est venu le christianisme. Le fait que les évangiles racontent une histoire qui se passe entre juifs et ne traite au fond que de juifs a facilité pour eux cette sorte de déplacement. Leur antisémitisme est au fond de l'antichristianisme, et il n'est pas étonnant que dans la révolution nationale-socialiste allemande cette relation intime des deux religions monothéistes trouve si nettement son expression dans le traitement hostile dont l'une et l'autre sont l'objet[15].»

La femme

Freud fonde l'analyse de l'individu sur le complexe d'Œdipe: la relation enfant-mère, précédant la formation de ce complexe, est négligée. La civilisation commencerait, on l'a vu, avec le meurtre du père par les fils associés. Freud mentionne l'existence d'une période matriarcale, mais il ne va jamais au-delà de cette mention. La mère, dans le complexe d'Œdipe comme dans la horde primitive, n'est qu'objet de désir: elle n'a pas de désir propre, si ce n'est d'aimer son enfant de façon non sexuelle.

Œdipe est un garçon. L'application à la fille du complexe révélé par l'étude des garçons soulève un problème: «Au début la mère était, pour l'un comme pour l'autre, le premier objet et nous n'avons pas à nous étonner du fait que le garçon la conserve pour son com-

---

14. *L'homme Moïse et la religion monothéiste, op. cit.*, p. 184.
15. *Ibid.*, p. 185.

plexe d'Œdipe. Mais qu'est-ce qui amène la petite fille à y renoncer et à prendre pour cela le père comme objet[16]?»

La petite fille découvre très tôt le clitoris comme source de plaisir. Elle remarque chez le garçon «le grand pénis bien visible», le reconnaît «comme la réplique supérieure de son propre petit organe caché» et développe dès lors «l'envie du pénis». La petite fille résoudra son complexe d'Œdipe lorsqu'elle renoncera au désir du pénis, le remplacera par celui d'avoir un enfant du père et prendra celui-ci comme objet d'amour. Dans son développement sexuel, la femme devra aussi renoncer à sa première zone génitale, le clitoris, au profit du vagin.

Le complexe de castration n'est pas vécu de la même façon par la fille et le garçon. Le garçon, craignant d'être castré par le père, renonce à la mère comme objet sexuel et s'identifie au père: le surmoi deviendra l'héritier du complexe d'Œdipe. La petite fille, naissant sans pénis, est déjà castrée. Sa castration précède la situation œdipienne. La petite fille devra accepter sa castration, reconnaître la supériorité de l'homme et accepter sa propre infériorité. Le complexe d'Œdipe sera lentement liquidé chez la petite fille et son surmoi n'aura jamais l'intransigeance de celui du garçon.

Ces différences dans la façon de vivre le complexe d'Œdipe et le complexe de castration expliquent pourquoi l'homme, doté d'un fort surmoi, investira la société et la civilisation tandis que la femme, moins apte à la sublimation, soutiendra «les intérêts de la famille et de la vie sexuelle».

Freud affirme que la constitution psychique bisexuelle de chacun fait que la masculinité et la féminité à l'état pur existent rarement, que chaque individu possède dans des proportions variées des traits de l'une et de l'autre. Il utilisera cet argument à l'encontre des féministes et des analystes féminins qui lui reprochaient ses positions sur les femmes. On doit toutefois remarquer que Freud cherche toujours à comprendre le féminin à la lumière du masculin: celle-là est l'envers de celui-ci; celui-ci permet d'expliquer celle-là.

---

16. «Quelques conséquences psychiques de la différence anatomique entre les sexes», *in La vie sexuelle, op. cit.*, p. 126.

Éros et pulsion de mort

Dès 1920, dans «Au-delà du principe de plaisir», Freud, sans doute en réaction à son ex-disciple Adler, développe la relation duelle Éros et pulsion de mort afin de rendre compte de la pulsion à la répétition chez le patient. Cette relation lui permet aussi d'expliquer le débordement d'agressivité manifesté entre «nations civilisées» durant la guerre de 1914-1918.

Le principe de plaisir serait mis en échec par une pulsion à la répétition qui fait que le névrosé, par exemple, reproduit des situations traumatisantes au détriment de son propre plaisir. Cette tendance à la répétition procéderait d'une tendance universelle des êtres animés à retourner à l'état inanimé, le non-vivant précédant le vivant et la vie de chacun n'étant qu'un détour vers la mort. À cette pulsion de mort s'oppose Éros qui renvoie non seulement à la pulsion sexuelle proprement dite, mais aux pulsions sexuelles inhibées, déplacées ou sublimées ainsi qu'à la pulsion d'auto-conservation du moi que Freud opposait, antérieurement, aux pulsions sexuelles. Éros tend à compliquer la vie en rassemblant, en «unités toujours plus grandes», la substance vivante éclatée tandis que la pulsion de mort tend à désagréger ces unités, en les ramenant «à leur état primitif».

Ces deux pulsions antagonistes peuvent se combattre ou s'intriquer de façon variée. Dans le sadisme, Éros se lierait avec la pulsion de destruction tournée vers l'autre tandis que dans le masochisme, cette même union aurait la pulsion de destruction tournée vers soi. La pulsion de mort peut aussi se lier avec un but non sexuel, se concilier avec le plaisir narcissique du moi cherchant à réaliser ses désirs infantiles, dont celui de «toute-puissance». Dans une telle orientation, la pulsion de destruction, niant tout ce qui n'est pas image de soi, se révèle «l'entrave la plus redoutable» au processus civilisationnel. Toutefois, une fois modérée et canalisée, cette pulsion permet au moi de se conserver contre les agressions extérieures et permet aux hommes de maîtriser la nature.

Auparavant, Freud affirmait que l'amour entre deux êtres excluait tous les autres et ne favorisait pas la socialité. Maintenant, Éros cherche à tout unir, des individus isolés jusqu'aux nations. Cette vaste unité, œuvre d'Éros, est une tendance dont nous ne «savons rien». Dans sa réponse à Einstein sur les raisons de la guerre, Freud identifie la pulsion de vie à l'Éros platonicien et à l'amour tandis que la pulsion de mort est liée à l'agressivité et à la haine.

Freud maintient jusqu'à la fin de ses jours l'existence de la relation pulsion de vie/pulsion de mort, qui n'est pas sans rappeler, malgré les différences, le couple destruction-création inhérent à la vie que soutenait Nietzsche. Mais il n'a jamais développé sa conception ni ne l'a fondée sur le riche matériel analytique à sa disposition.

Le désir et l'inconscient

Descartes, fondateur de la modernité philosophique, part du *cogito ergo sum*. Freud montre que la conscience se développe sur un fond d'inconscient, que le moi dans son rapport avec le monde extérieur est soumis aux exigences internes et contradictoires du ça et du surmoi. Il remet ainsi en question la conception rationaliste du sujet de Descartes.

Freud affirme, d'une part, que le moi ne doit pas être le représentant du surmoi (il y va du bonheur de l'individu) et, d'autre part, que la civilisation requiert la répression, le déplacement et la sublimation d'une grande partie de la libido. Toutes les positions éthiques et politiques de Freud se situent à l'intérieur de ce paradoxe.

Contrairement à Marx, il accorde peu d'importance aux rapports des hommes avec la nature, aux rapports de travail, à l'univers des besoins. Chez lui, l'analyse de l'individu part du complexe d'Œdipe et celle de la civilisation, de la horde primitive: tout a son origine dans le désir de l'homme pour la femme. Cette orientation permet à Freud de saisir dans l'histoire ce qui est, en deçà de la rationalité économique des besoins, son fond affectif, son soubassement irrationnel.

Marx insiste sur les classes sociales en examinant les rapports que les hommes entretiennent avec les instruments de production. Freud part de la famille qui relie les enfants et l'épouse-mère au père dominant. Il retrouve une semblable relation hiérarchique, fondée sur la libido, entre les minorités dirigeantes et les masses.

BIBLIOGRAPHIE

FREUD, Sigmund, «Lettre à Martha», 15 nov. 1883, *in Correspondance (1873-1939)*, Gallimard, 1979.

——, «La morale sexuelle civilisée et la maladie nerveuse des temps modernes» (1908), «Quelques conséquences psychologiques de la différence anatomique entre les sexes» (1925) et «Sur la sexualité féminine» (1931), *in La vie sexuelle*, PUF, 1969.

——, *Totem et tabou*, Payot, 1965.

——, «Considérations actuelles sur la guerre et sur la mort» (1915), «Au-delà du principe de plaisir» (1920), *Psychologie des foules et analyse du moi* (1921) et «Le moi et le ça» (1923), *in Essais de psychanalyse*, Payot, 1981.

——, *L'avenir d'une illusion*, PUF, 1971.

——, *Malaise dans la civilisation*, PUF, 1972.

——, «Why War» (1932) et «Feminity» (1933), Standard Edition, vol. XXII, Londres, The Hogarth Press, 1964.

——, *L'homme Moïse et la religion monothéiste*, Gallimard, coll. «Folio», 1986.

ABEL, Donald C., *Freud on Pulsion and Morality*, Albany, State University of New York Press, 1989.
Après avoir étudié le développement des positions freudiennes sur les pulsions, l'auteur cherche à en dégager la morale philosophique qui y serait implicite: un hédonisme individualiste.

ASSOUN, Paul-Laurent, *Freud et la femme*, Calmann-Lévy, 1983.
Analysant au plan clinique, métapsychologique puis social la féminité dans l'œuvre de Freud, l'auteur veut révéler l'essence et les contradictions de la conception freudienne de la *Kultur*.

——, *Freud et les sciences sociales*, Armand Colin, 1993.
L'auteur étudie, en mettant l'accent sur les problèmes épistémologiques, comment Freud transpose les procédés d'investigation des processus psychiques, mis au point dans le traitement des névroses de l'individu, à l'étude de la société et de la *Kultur* ou civilisation.

ENRIQUEZ, Eugène, *De la horde à l'État*, Gallimard, 1983.
Dans la première partie du livre, l'auteur étudie le cheminement de la pensée freudienne en analysant, de façon chronologique, ses ouvrages sur la société. Il en dégage une interprétation qu'il développe par la suite, puis applique à l'État moderne.

MARCUSE, Herbert, *Éros et civilisation*, Minuit, 1971.
L'auteur, réinterprétant librement Freud et Marx, affirme que la civilisation, traversée par la lutte entre Éros et Thanatos, peut accoucher d'une civilisation où prévaudrait Éros.

MOSCOVICI, Serge, *L'âge des foules*, Fayard, 1981.
Interprétant librement G. Le Bon, G. Tarde puis Freud, Moscovici cherche à dégager la psychologie des masses dans leur relation avec le chef charismatique.

Roazen, Paul, *La pensée politique et sociale de Freud*, Bruxelles, Éd. Complexe, 1976.

Après avoir présenté les principaux concepts psychanalytiques et les problèmes que soulève leur application dans les sciences sociales, l'auteur expose de façon didactique l'apport freudien à l'analyse de la religion, de la politique et de la civilisation.

Robert, Marthe, *La révolution psychanalytique*, Payot, 1964.

Étude biographique claire et accessible centrée sur l'œuvre de Sigmund Freud et publiée en 1963.

Springnether, Madelon, *The Spectral Mother*, Ithaca, Cornell University Press, 1990.

Tout en reconnaissant l'apport de Freud à l'analyse de l'inconscient et à la thérapie des névroses, l'auteur lui reproche d'avoir rationalisé et idéalisé le patriarcat par l'intermédiaire de sa théorie de l'Œdipe, en négligeant et en lui subordonnant — dans ses analyses de cas comme dans ses réflexions sur la société et la culture — la période pré-œdipienne du rapport enfant-mère.

WEBER

(1864-1920)

Max Weber naît dans une Allemagne dominée par Guillaume Ier (1861-1888) et Bismarck (1862-1890)[1]. Guillaume II (1888-1918) conduit, au plan international, une politique de plus en plus revendicative. À l'intérieur se consolide la Ligue pangermanique fondée en 1891 et regroupant des industriels, des généraux et des professeurs d'université, se constitue un mouvement raciste (fondation du *Gobineau-Vereinigung* en 1894) et se développe le mouvement syndical et politique social-démocrate (parti le plus important au *Reichstag* en 1912). La Première Guerre mondiale oppose la France, l'Angleterre et la Russie à l'Allemagne et à l'Autriche-Hongrie. Dans presque tous les pays, les partis sociaux-démocrates, au nom de «l'union sacrée pour la défense de la patrie», s'allient aux partis bourgeois pour faire face à l'ennemi extérieur. La guerre se termine par le démantèlement de l'empire austro-hongrois, la défaite de l'Allemagne, l'apparition d'une Russie soviétique (1917), l'émergence des États-Unis comme première puissance économique mondiale et la fondation de la Société des Nations (1920).

Dès 1916, de grandes manifestations de masse sont organisées en Allemagne par des sociaux-démocrates minoritaires. L'agitation continue après la défaite et conduit à l'instauration d'une république en novembre 1918. Les forces de gauche désunies, les spartakistes partisans de la révolution sont écrasés par l'union des sociaux-démocrates avec des militaires nationalistes. En août 1919, la constitution de la république de Weimar est adoptée. République fédérale et par-

---

1. *Cf.* l'introduction à Nietzsche.

lementaire, elle accorde au président élu par le peuple tous les sept ans de larges pouvoirs, dont ceux de suspendre les droits fondamentaux et d'autoriser le chancelier à gouverner par des décrets. Le traité de Versailles (juin 1919), par sa dureté face à l'Allemagne, donne le champ libre au développement des forces militaristes et nationalistes revanchardes.

Weber commence ses études universitaires en 1882, à Heidelberg. Il apprend le droit, l'économie politique, l'histoire et la philosophie. Dix ans plus tard, en 1892, il est engagé comme *privatdozent* à l'Université de Berlin où il enseigne le droit commercial. En 1894, il obtient la chaire d'économie politique à l'Université de Fribourgen-Brisgau et, trois ans plus tard, la même chaire à l'Université où il avait commencé ses études.

En 1903, après avoir traversé des périodes cycliques d'exaltation et de dépression qui ne l'abandonneront jamais totalement, Max Weber, qui peut subvenir à ses besoins grâce à l'héritage de son père, quitte l'enseignement où il ne retournera qu'à la fin de sa vie, à l'Université de Munich.

Max Weber enseigna donc peu et n'embrassa pas, comme son père, la vocation politique, même s'il s'engagea en faveur de la puissance de l'État allemand. Il choisit plutôt la vocation scientifique en consacrant sa vie à chercher à comprendre, dans une perspective multidisciplinaire, dirions-nous aujourd'hui, la société et le monde dans lesquels il œuvrait.

Le sens et l'idéaltype

La société est un ensemble de relations sociales dans lesquelles le comportement de plusieurs individus se règle, «par son contenu significatif», sur celui des autres. La relation sociale renvoie donc toujours à l'*activité* d'agents qui, d'après le *sens* visé, se rapporte à l'activité ou au comportement d'*autrui*. Aussi la tâche de la sociologie est de «comprendre par interprétation les actions orientées significativement».

Les relations sociales ne sont pas fondées sur la solidarité mais, avant tout, sur la lutte et la concurrence pour les chances de vie ou de survie (sélection biologique) et pour les places à occuper dans la société (sélection sociale).

Seul l'individu est porteur de sens. Aussi tout le social (l'État, le droit, la nation, la famille...) doit-il être ramené, pour être compréhensible, aux activités, orientées significativement, de «personnes singulières». La compréhension du social renvoie donc au sens visé dans l'activité individuelle; elle passe par l'individu et se fonde sur lui.

Weber distingue cependant le sens vécu par les individus du sens visé par les sociologues: «Dans la grande masse des cas, l'activité *réelle* se déroule dans une obscure semi-conscience ou dans la non-conscience du "sens visé". L'agent le "sent" imprécisément plus qu'il ne le connaît ou "ne le pense clairement"; il agit dans la plupart des cas en obéissant à une impulsion ou à la coutume. Ce n'est qu'occasionnellement qu'on prend conscience du sens (qu'il soit rationnel ou irrationnel) de l'activité, et dans les cas de l'activité similaire d'une masse, c'est souvent le fait de quelques individus seulement. Une activité effectivement significative, ce qui veut dire pleinement consciente et claire, n'est jamais en réalité qu'un cas limite[2].»

La tâche du sociologue est d'élaborer conceptuellement le sens visé possible, tout en reconnaissant qu'il diffère du sens vécu par les individus. L'idéaltype est précisément la rationalisation utopique de ce sens vécu. L'idéaltype substitue au sens vécu un sens formellement rationnel et cohérent. L'idéaltype est la construction d'un comportement qui obéit à des règles formelles et nous permet ainsi de mieux comprendre «l'activité réelle, influencée par des irrationalités de toute sorte».

L'idéaltype n'est donc pas l'image de la réalité. Il est une création sociologique qui permet de mieux comparer des réalités qui débordent toute appréhension. L'idéaltype ne permet pas non plus de juger la réalité: on ne peut condamner la réalité au nom d'une cohérence formelle. Max Weber a retenu l'enseignement de Kant: l'être, le savoir et les valeurs constituent des univers distincts.

La sociologie est une science interprétative qui, par la construction d'idéaltypes, apporte des connaissances nécessairement hypothétiques et fragmentaires.

---

2. *Économie et société*, Plon, 1971, p. 19.

Les quatre types d'activité

Weber distingue quatre idéaltypes d'activités humaines: traditionnelle, affective, rationnelle en valeur et rationnelle en finalité.

Le comportement traditionnel, face à des «excitations habituelles», répète, par croyance, une attitude acquise autrefois tandis que le comportement affectif ou émotif réagit avec passion «face à une excitation insolite». Ces deux types de comportement se ressemblent dans la mesure où ils se situent «également à la limite et souvent au-delà de ce qui est orienté de manière *significativement* conscient[3]». Vus à la lumière des comportements rationnels en valeur ou en finalité, ils se caractérisent par un faible niveau de conscience et un caractère non rationnel.

Le comportement rationnel en valeur accorde la priorité à la «cause» qu'il poursuit, indépendamment des résultats qu'il produit. Ce comportement ressemble au comportement émotif dans la mesure où le sens de l'activité ne se trouve pas dans les résultats. Il s'en distingue par la manière méthodique et conséquente avec laquelle est poursuivie une fin ultime et inconditionnelle dont la nature peut être religieuse, éthique, esthétique ou autre.

Le comportement rationnel en finalité vise l'efficacité, trouve son sens dans les résultats et cherche donc à coordonner moyens et fins: «Agit de façon rationnelle en finalité celui qui oriente son activité d'après les fins, moyens et conséquences subsidiaires et qui *confronte* rationnellement les moyens et la fin, la fin et les conséquences subsidiaires et enfin les diverses fins possibles entre elles[4].» Du point de vue de la rationalité en finalité, la rationalité en valeur implique toujours une irrationalité proportionnelle au caractère plus ou moins inconditionnel ou absolu de la valeur poursuivie.

Ces quatre idéaltypes n'embrassent évidemment pas toutes les orientations possibles de l'activité humaine et n'existent jamais à l'état pur dans la réalité qui constitue toujours une combinaison variable de différents types d'activités.

Ces quatre idéaltypes d'activités permettent à Weber de distinguer deux idéaltypes de relations sociales qui renvoient à la distinc-

---

3. *Ibid.*, p. 22.
4. *Ibid.*, p. 23.

tion de Tönnies entre communauté et société: la «communalisation» qui regroupe les deux premiers types d'activités et la «sociation» qui regroupe les deux derniers.

La «communalisation» est une relation sociale dont l'orientation repose «sur le sentiment *subjectif* (traditionnel ou affectif) des participants d'*appartenir à une même communauté*». Une relation amoureuse, la famille ou une nation sont des exemples de relation sociale dont le fondement est affectif ou traditionnel. La «sociation» est une relation sociale dont l'orientation se fonde sur un «compromis» ou une «coordination» d'intérêts motivés rationnellement en valeur ou en finalité. L'échange sur le marché repose sur un compromis d'intérêts et l'association économique à but déterminé, sur une coordination d'intérêts, tous deux répondant à la rationalité instrumentale. Une association basée sur des convictions, comme une secte religieuse, est une «sociation» relevant de la rationalité en valeur. Évidemment, dans la réalité, «communalisation» et «sociation» se mêlent de façon complexe et variée.

Les «sociations» ne suppriment pas la lutte: elles la réglementent, cherchent à exclure certains moyens et laissent subsister une concurrence. La «communalisation», par le sens visé, semble réfractaire à la lutte. Pourtant, on sait que s'exercent des violences de toutes sortes au sein des «communalisations» les plus intimes, telle la famille. Aucune relation sociale n'est exempt de lutte et de concurrence. Lutte et communauté sont donc deux concepts relatifs.

Les types de domination légitime

Les quatre idéaltypes d'activité humaine permettent à Weber de distinguer trois idéaltypes de domination légitime: la domination légale qui regroupe l'activité rationnelle en finalité *et* en valeur, la domination charismatique qui correspond à l'activité émotionnelle et, enfin, la domination traditionnelle.

La domination légale peut être orientée vers la rationalité en valeur (par exemple, le «droit naturel» ou les droits de l'homme), la rationalité en finalité ou une combinaison des deux. Elle est établie par entente entre les intéressés ou par soumission effective à un pouvoir de domination. La légitimité de cette domination repose sur «la croyance en la *légalité*, c'est-à-dire la soumission à des statuts *formel-*

lement corrects et établis selon la procédure d'usage[5]». Les individus obéissent non à des personnes — comme dans les deux autres idéaltypes de domination (traditionnelle et charismatique) — mais à des règles légales, abstraites et impersonnelles.

La domination légale requiert deux types d'autorité, l'une «constituée» et l'autre «administrative». La première a un pouvoir de commandement et d'exécution fondé sur des moyens de coercition et d'application strictement délimités. La seconde, soumise à l'autorité constituée, forme un corps de fonctionnaires, c'est-à-dire une «organisation d'autorités précises de contrôle et de surveillance» dans laquelle chaque fonctionnaire exerce une tâche précise au sein d'un ensemble hiérarchisé, réglementé et discipliné. L'administration rationnelle exige une séparation radicale entre moyens administratifs et budget domestique, entre activité de fonction (bureau) et vie privée. Le fonctionnaire, choisi pour sa qualification professionnelle attestée par un diplôme et un examen, reçoit un traitement fixe.

La domination traditionnelle s'appuie sur la «validité de ce qui a toujours été», sur le caractère sacré de ce qui est transmis par le temps. Le maître jouit d'une autorité personnelle conférée par la tradition. Les sujets n'obéissent pas, comme dans la domination légale, à des règles écrites et formelles, mais à un *seigneur* personnel dont le pouvoir plus ou moins arbitraire est cependant généralement limité par la tradition. La domination traditionnelle ne dépend pas, contrairement à la domination légale, d'une administration compétente et hiérarchisée. Ceux qui servent le pouvoir sont liés personnellement au seigneur et relèvent de son pouvoir arbitraire limité par la tradition. Ils exerceront sur les sujets un pouvoir similaire à celui du maître.

La domination charismatique renvoie à une foi d'ordre affectif ou émotionnel dont la validité dépend d'une révélation (le caractère sacré du prophète) ou de l'héroïsme, de la qualité extraordinaire, de l'exemplarité du leader. Les appelés et les élus par le chef charismatique deviennent des adeptes ou des disciples qui s'abandonnent, pleins de foi et d'enthousiasme, aux mains du leader. Les adeptes ne sont donc pas choisis en fonction de leur compétence, comme dans la domination légale, ni en fonction des liens personnels qu'ils

---

5. *Ibid.*, p. 36-37.

auraient eus avec le leader, comme dans la domination traditionnelle, mais uniquement sur la base de leur dévotion au chef. Les disciples et leur leader, sur la base de la dévotion personnelle des premiers pour le second, forment une communauté émotionnelle.

La domination légale et la domination traditionnelle s'exercent dans le quotidien; la domination charismatique authentique a un caractère extraordinaire. La domination légale repose sur des règles impersonnelles; la domination charismatique, comme la domination traditionnelle, est personnelle et irrationnelle. La domination traditionnelle révère le passé; la domination charismatique est révolutionnaire. La domination rationnelle peut aussi avoir ce caractère face à la domination traditionnelle, mais la domination charismatique est la seule à imposer, toujours de l'intérieur, des transformations révolutionnaires: «Le charisme est la grande puissance révolutionnaire des époques liées à la tradition. À la différence de la puissance, également révolutionnaire, de la "ratio", qui agit soit directement de l'extérieur en changeant les conditions et les problèmes de vie, et par là, indirectement, la position adoptée à leur égard, soit aussi par intellectualisation, le charisme peut consister en une transformation de l'intérieur. Née de la nécessité ou de l'enthousiasme, celle-ci signifie en général changement de direction de l'opinion et des faits, orientation entièrement nouvelle de toutes les positions envers toutes les formes particulières de vie envers le "monde"[6].»

La domination charismatique n'existe, à l'état pur, que *statu nascendi*. Elle est hors du quotidien social et économique. Pour durer, elle doit se routiniser et prendre une forme traditionnelle ou rationnelle, c'est-à-dire perdre son caractère charismatique, l'intérêt idéal et économique des adeptes exigeant la permanence de la communauté, c'est-à-dire sa réinscription au sein du tissu social et économique qu'elle rejetait.

Ces trois idéaltypes n'existent jamais à l'état pur et se combinent de façon variée dans la réalité. Max Weber accorde une importance particulière à la domination plébiscitaire qui entremêle domination charismatique et légitimité démocratique. La domination charismatique du leader doit ici être reconnue par le vote de la masse (légitimité démocratique et antiautoritaire) tandis que dans le type

---

6. *Ibid.*, p. 252.

pur de domination charismatique, la reconnaissance des adeptes est une conséquence du charisme (légitimité autoritaire). Dans la domination plébiscitaire, la domination charismatique est confirmée librement par les individus dominés; dans la domination charismatique autoritaire, la reconnaissance du leader par les adeptes est un devoir et ne fonde donc pas la domination qui repose exclusivement sur la révélation ou l'exemplarité.

L'État

L'État est une «*entreprise* politique de caractère *institutionnel*» qui revendique «de façon continue à l'intérieur d'un territoire *géographique*» déterminé «le *monopole* de la contrainte physique *légitime*». L'État se distingue ainsi de l'Église qui exerce une domination *psychique* ou spirituelle sur les hommes par l'intermédiaire de la distribution ou du refus des biens spirituels du salut.

Contrairement à la majorité des penseurs politiques qui l'ont précédé, Weber rejette toute définition finaliste de l'État (le bien-être des citoyens, leur sécurité, leur bonheur, etc.). Les États ont tous poursuivi telle ou telle fin à un moment ou l'autre de leur existence. Une fin ne peut donc permettre de distinguer l'État des autres institutions humaines. Seul le moyen le peut, et le moyen «spécifique» de l'État, son *ultima ratio*, est la violence, qui doit être élevée, «le cas échéant, à la hauteur d'une fin en soi», même si ce n'est pas son «unique» moyen et même si ce n'est pas son moyen «normal».

L'État moderne est doté de quatre caractéristiques: «une réglementation administrative et juridique, modifiable par des lois»; un appareil administratif qui applique ses lois; l'autorité sur un territoire donné; le monopole de la violence légitime. Weber insiste généralement sur les deux derniers traits, caractéristiques de tout État. La légitimité de ce monopole renvoie aux trois sources précédemment étudiées: la légalité (en finalité ou en valeur), la tradition et le charisme (autoritaire ou plébiscitaire).

La politique ne se réduit pas à l'économie. La politique et l'économie constituent deux niveaux différents et irréductibles de la réalité sociale, la fin rationnelle de l'économie étant la satisfaction des besoins tandis que la «fin» rationnelle de l'État est la domination par le monopole de la violence légitime. Cependant, lorsque Weber lie ces deux termes, lorsqu'il parle d'économie politique, c'est pour prôner la subordination des forces économiques aux «intérêts permanents de la politique de puissance de la nation», à la «raison d'État», à l'État.

Au sein des États contemporains, les partis modernes jouent un rôle déterminant dans la conquête du pouvoir. Le parti se caractérise par l'adhésion libre (principe volontariste) de gens qui y sont intéressés pour des raisons diverses. Les partis sont des «sociations reposant sur un engagement (formellement libre) ayant pour but de procurer à leurs chefs le pouvoir au sein d'un groupement et à leurs militants actifs des chances — idéales ou matérielles — de poursuivre des buts objectifs, d'obtenir des avantages personnels, ou de réaliser les deux ensemble[7]». Les partis de masse contemporains sont «avant tout des organisations constituées pour la recherche des suffrages». Weber distingue trois types de personnes impliquées dans cette relation parti/masse: les dirigeants qui visent la conquête du pouvoir politique; les partisans, les membres du parti, les citoyens actifs qui sont avant tout des «acclamateurs», mais peuvent, à l'occasion, exercer une fonction de discussion, de prise de décision et de contrôle des dirigeants; les citoyens passifs, les électeurs, dont le parti tient compte durant les périodes électorales.

Les partis de masse ont remplacé les partis de notables qui contrôlaient le parlement et, par cet intermédiaire, l'ensemble de la vie politique. Les notables — personnes économiquement indépendantes, jouissant d'une estime sociale et qui pouvaient «vivre *pour* la politique sans devoir vivre d'elle» — sont remplacés par des politiciens professionnels qui vivent de la politique et qui contrôlent les partis de masse dotés d'une forte bureaucratie, partis devenus essentiels à la conquête de la faveur électorale au sein des démocraties reposant sur le suffrage universel.

La rationalisation

Le capitalisme s'inscrit au sein d'un vaste processus de rationalisation qui caractérise l'histoire de l'Occident. Ce processus est multiforme et marque tous les domaines (scientifique, moral, économique, poli-

---

7. *Économie et société, op. cit.*, p. 292.

tique...). Avant d'aborder la question spécifique de la rationalisation bureaucratique et avant d'explorer le fondement religieux de la rationalisation occidentale (du judéo-christianisme à l'éthique puritaine protestante), nous allons tenter de cerner ce que Weber entend par ce mot et comment il l'applique à divers domaines.

La rationalisation est, chez Weber, polysémique. Elle recoupe l'activité rationnelle en finalité (adéquation des moyens à une fin) et l'activité rationnelle en valeur (conduites régies par une valeur). La première activité porte sur le monde des objets et des moyens matériels (rationalisation objective); la seconde concerne l'intériorité de chacun (rationalisation subjective). La rationalité en finalité, s'intéressant aux résultats de l'action, porte sur les moyens (rationalité instrumentale); la seconde, centrée sur la valeur, accorderait peu d'importance aux résultats objectifs des actions entreprises (rationalité de conviction). On peut aussi mettre à part la rationalisation conceptuelle qui vise la cohérence logique d'une proposition ou d'un ensemble de propositions. La rationalisation conceptuelle, logique ou formelle se distinguerait de la rationalité substantielle qui renvoie à une réalité autre que la rationalité formelle. Enfin, dernière signification retenue, la rationalisation des connaissances — qui peut être nommée, positivement, intellectualisation, et, négativement, désenchantement — tend à invalider les objets de foi, sans pouvoir répondre aux questions fondamentales de l'existence dont la religion s'occupe (par exemple, le sens de l'existence).

La science, développée en Occident, remonte aux Grecs qui sont les premiers, selon Weber, à fonder les mathématiques sur une démonstration rationnelle et à élaborer, à la suite de Socrate, une logique de l'argumentation, reposant sur la clarification des concepts. Weber reconnaît que d'autres civilisations possédaient des connaissances mathématiques, logiques et scientifiques, mais la civilisation grecque est celle qui les a formalisées et systématisées de la façon la plus complète. La Renaissance ajoute aux connaissances rationnelles des Anciens la méthode expérimentale, ancêtre du laboratoire moderne. Les mathématiques et l'expérimentation rationnelle ont favorisé les développements scientifiques dont dépendent les utilisations techniques, à la fois nécessaires au capitalisme et encouragées par son émergence.

Des éléments de la structure sociale de l'Occident ont stimulé, en fonction des avantages économiques qui y étaient attachés, l'utilisation technique de la science. Un de ces éléments est le droit, car le capitalisme nécessite une prévision qui s'appuie, entre autres, sur des règles formelles au sein de l'entreprise et sur des contrats liant les partenaires. Le capitalisme n'a pas créé le droit: il a tiré profit de ce qui s'était développé en Occident.

Weber, dans *Sociologie du droit*, distingue quatre étapes dans le processus de rationalisation du droit: les dix commandements de Yahvé, révélés (donc irrationnels) par Moïse et imposés à tous les juifs, indépendamment du sentiment de justice de chacun (droit charismatique)[8]; le droit, de caractère empirique et casuistique, développé par les jurisconsultes romains, puis les juges anglais; le droit, dépendant d'une rationalité en valeurs, élaboré pour un pouvoir théocratique ou princier; enfin, le droit répondant à une rationalité formelle qui devient l'outil de juristes formés et spécialisés. Weber insiste sur le caractère formel de la rationalité du droit moderne, tant pour ce qui est des règles (rigueur déductive) que pour la procédure. Chacun est égal devant la loi, indépendamment des inégalités substantielles, par exemple la richesse. Ce droit formel, dont Weber fait remonter l'origine au droit romain, est un des éléments qui favorisent le développement du capitalisme et de la bureaucratie moderne.

Un autre élément de la structure sociale occidentale favorable à la rationalisation est l'existence, au Moyen Âge, de communes autonomes, dont Saint-Simon avait déjà montré le rôle déterminant dans le processus d'industrialisation. Les communes, protégées par une fortification, sont constituées de citoyens qui doivent eux-mêmes se doter d'armes et veiller à leur formation militaire. Cette autonomie militaire des communes occidentales n'a pas d'équivalent ailleurs où les villes demeurent dominées par le pouvoir militaire des princes. Chaque commune est formée d'un marché et de corporations professionnelles qui organisent les artisans. Chaque commune possède un tribunal propre et, en partie, un droit propre qui distingue ses citoyens des paysans des campagnes environnantes soumis aux us et

---

8. Le décalogue de Yahvé relève de l'*éthique* dans la mesure où il est une norme intérieure au juif (croyance rationnelle en valeur), d'une *convention* dans la mesure où son non-respect entraîne la réprobation du peuple juif, et du *droit* dans la mesure où sa validité est garantie extérieurement par une instance spécialisée de contrainte (psychique dans le cas de cette religion, mais physique dans le cas d'un État).

coutumes. Enfin, il y règne une nette séparation entre la ville et la campagne, contrairement, par exemple, à la Chine, où le citadin demeure lié à son village natal de par sa lignée. Cette séparation a éloigné le citoyen des pratiques magiques et favorisé le développement d'une rationalité instrumentale: «Il est clair que la vie des petits bourgeois, surtout celle des artisans des villes et des petits commerçants, était moins assujettie à la nature que celle des paysans, si bien que la magie dont ces derniers dépendaient pour influencer les esprits irrationnels de la nature ne pouvait jouer le même rôle auprès des premiers. Inversement, leurs conditions d'existence économique étaient essentiellement plus rationnelles, en ce sens qu'elles étaient plus accessibles au calcul et à l'influence de ce qui est rationnel en finalité[9].»

Le moteur du développement du capitalisme — qui présuppose, comme chez Marx, la séparation des travailleurs des moyens de production au sein d'un marché libre — n'est pas la main invisible de Smith, ni le processus d'extraction de la plus-value de Marx, mais l'entreprise, qui requiert cette séparation, pour devenir un agent économique rationnel en finalité, en instrumentalité, en calculabilité, grâce à une technique rationnelle, «mécanisée» et «calculable», à un droit rationnel, «là aussi calculable», et à la comptabilité qui chiffre la rentabilité.

La bureaucratisation

L'administration bureaucratique moderne est la plus rationnelle du point de vue formel (elle est une organisation, adaptable à toutes les tâches, dont l'action est continue, disciplinée et prévisible) et du point de vue technique (sa division du travail repose sur des savoirs spécialisés, complétés par des connaissances de faits acquises dans le cours du service ou «issues des dossiers»).

La bureaucratie a existé dans d'autres civilisations (en Chine, notamment) et en Occident avant l'ère moderne (dans l'Église, par exemple). Toutefois, la bureaucratie moderne se distingue de tous les autres types d'organisation bureaucratique par les deux traits suivants: elle repose sur des savoirs spécialisés; elle a pénétré partout

---

9. *Économie et société, op. cit.*, p. 503.

(État, armée, parti, entreprise économique, syndicat...), est devenue indispensable dans l'administration de masse des biens et des personnes, et fait dorénavant partie intégrante de l'ordre social.

La bureaucratie s'est développée en Occident corrélativement à d'autres types de rationalisation, notamment celle du droit, du marché et de la comptabilité. Elle est liée à la rationalisation de l'entreprise capitaliste (séparation du budget familial du bilan comptable de l'entreprise) et à la rationalisation de l'État (séparation, contrairement à la royauté, du bien public et du bien privé). Elle est aussi liée au développement de la démocratie, fondée sur l'égalité formelle de tous devant la loi, égalité qui se substitue aux rapports humains antérieurs basés sur des privilèges de naissance, des décisions arbitraires de dirigeants et la personnalisation des relations. Enfin, elle est corrélative des partis de masse, dotés d'une forte bureaucratie, qui remplacent, dans les démocraties de masse, les partis de notables qui dominaient la vie parlementaire lorsque le suffrage était limité aux hommes les mieux nantis.

La domination bureaucratique, soumise à des règles formelles, est impersonnelle et opposée à l'arbitraire: «La domination de l'*impersonnalité* la plus formaliste: *sine ira et studio*, sans haine et sans passion, de là sans "amour" et sans "enthousiasme", sous la pression des simples concepts du devoir, le fonctionnaire remplit sa fonction "sans considération de personne"; formellement, de manière égale pour "tout le monde", c'est-à-dire pour tous les intéressés se trouvant dans la même situation de fait[10].» La domination bureaucratique implique aussi que la carrière bureaucratique est ouverte à tous, indépendamment de l'origine sociale ou de la richesse de chacun; la seule, et nouvelle, condition d'accès à cette carrière est une formation académique appropriée.

Le judéo-christianisme

Toutes les religions tentent de répondre à la question du sens de l'univers et, à l'intérieur de celui-ci, à la question du sens de la vie humaine. Au cosmos, perçu comme un ensemble ordonné et significatif, correspondra une conduite à laquelle les individus devraient se

---

10. *Ibid.*, p. 231.

conformer pour vivre de façon signifiante. Les religions proposent des «voies de salut» qui exigent toutes de l'individu un dépassement des désirs, des passions et des états affectifs primaires, les religions divergeant sur le pourquoi, le comment et l'état affectif précis à surmonter.

La magie constitue la réponse première et quasi instinctive à ces questions: l'univers est habité par des Esprits bénéfiques et maléfiques qu'on peut contraindre à nous servir en utilisant les moyens appropriés. Weber attribue déjà des éléments de rationalisation aux pratiques magiques, dans la mesure où elles impliquent un degré d'abstraction par rapport aux réalités purement empiriques. La rationalisation s'approfondit lorsque la religion se substitue à la magie et que le destin de l'homme n'est plus déterminé par des pratiques magiques, mais par une conduite conforme au sens de l'univers.

Le magicien, qui contraint les Esprits par des moyens magiques, est remplacé par le prophète qui, en vertu d'une révélation personnelle, proclame la vérité et la voie du salut. Les prophètes, dominant de façon charismatique et irrationnelle, contribuent paradoxalement à la rationalisation du monde: «Pour couper court à la magie et rationaliser le mode de vie, il n'y a jamais eu à travers les époques qu'un seul moyen: les grandes *prophéties rationnelles* [...] Ce sont les prophéties qui sont parvenues à sortir le monde de la magie (désenchantement du monde) et qui créèrent par là même aussi les bases de notre science moderne, de la technique et du capitalisme[11].» La routinisation du pouvoir charismatique entraînera le remplacement des prophètes par des clercs, c'est-à-dire par des fonctionnaires professionnels, dispensant les biens du salut aux fidèles et influençant Dieu par la vénération.

Le judaïsme, dont le grand prophète est Moïse, est au fondement religieux de la rationalisation de l'Occident. Un Dieu unique se substitue aux Esprits magiques et aux dieux multiples des religions polythéistes. Ce Dieu unique est si lointain qu'il ne peut être représenté. À ce Dieu correspond un univers dont le sens provient de son origine divine. La généralisation (un seul Dieu remplace toutes les forces spirituelles non humaines), l'abstraction (ce Dieu est hors de

11. *Histoire économique*, Gallimard, 1991, p. 379.

portée de nos sens) et l'universalisation (tout vient de Dieu) caractérisent la rationalisation apportée par le monothéisme judaïque.

Yahvé exige des juifs, le peuple qu'il a choisi et élu, la soumission à un code de conduite morale devant imprégner la vie quotidienne de chacun. Ce code de comportement, opposé à toute magie (on ne peut commander à Dieu) et à tout mysticisme (on ne peut communier avec ce qu'on ne peut représenter), est donc hautement rationnel.

La morale juive contient un aspect ascétique dans la mesure où elle exige «un contrôle de soi vigilant et une maîtrise de soi absolue». Mais elle est, par opposition à la morale chrétienne, anti-ascétique par son éthique sexuelle naturaliste (les plaisirs sensuels n'y sont pas condamnés comme chez saint Augustin) et par sa position à l'égard de la richesse (elle est un don de Dieu et non un obstacle au salut comme dans les évangiles).

L'éthique judaïque préconise deux comportements sociaux différents: l'un, tourné vers l'intérieur, qui requiert l'extension de l'assistance fraternelle — au-delà de la famille, du clan et du voisinage — à l'ensemble de la communauté juive; l'autre, tourné vers les communautés étrangères, motivé par la recherche du gain: «Le dualisme, universel à l'origine, de la morale interne et de la morale externe fut conservé par le judaïsme, dualisme qui permettait de manière déterminante de prendre des intérêts à quiconque ne faisait pas partie des frères du clan ou des compagnons d'élection[12].»

Dès la période de l'exil, les juifs deviennent un peuple paria, c'est-à-dire un peuple sans État, vivant en communauté fermée, caractérisée, selon Weber, par la prohibition de l'exogamie, le refus de «la commensalité avec les groupes extérieurs», un comportement économique axé sur le commerce et le prêt (les obligations rituelles du judaïsme rendraient impossible le travail agricole) et, enfin, par sa discrimination sur le plan social et politique. Plus la situation des juifs est oppressante, plus ils s'attachent à l'accomplissement des devoirs religieux et plus ils espèrent que cet accomplissement apportera, à eux ou à leurs descendants, le royaume messianique promis par Yahvé, une terre de «lait et de miel». Aussi, toujours selon Weber, le rejet du peuple juif par les autres communautés est-il la consé-

---

12. *Ibid.*, p. 377.

quence de leur propre exclusion: «La diffusion générale de l'"anti-sémitisme" dans l'Antiquité est une réalité. Il faut pourtant noter que ce rejet graduel des juifs se développa exactement au même rythme que le refus de plus en plus prononcé des juifs eux-mêmes d'établir des liens avec des non-juifs [...] En allant au fond des choses il apparaît que l'on reproche essentiellement aux juifs "la haine des autres hommes", leur refus fondamental du *connubium*, de la commensalité et de toute espèce de fraternisation ou de contact étroit, même sur le plan des affaires, avec le reste des hommes. On ne saurait non plus sous-estimer le fait que la *hevra* permettait à chaque juif pharisien de trouver un appui illimité après des autres membres de la confrérie; les conséquences économiques de ce facteur ne pouvaient échapper à l'attention de la concurrence païenne[13].»

Le judaïsme est la source d'où surgissent les deux autres religions d'origine méditerranéenne: le christianisme et l'Islam. Weber prévoyait poursuivre sur celles-ci des recherches similaires à celles qu'il avait conduites sur leur ancêtre commun. La mort l'en a empêché. Des annotations dispersées qu'il a laissées, nous pouvons cependant dégager les hypothèses qu'il aurait sans doute développées.

Le christianisme et l'Islam, comme le judaïsme, sont monothéistes. Ce dernier l'est en toute rigueur. L'Islam l'est aussi, quoique atténué par le culte des saints introduit particulièrement dans le chiisme. Le premier, sans doute pour convaincre les peuples polythéistes, l'a dilué: un homme qui est aussi Dieu, trois personnes en Dieu, archanges et anges, puis saints. Vu sous l'angle du monothéisme, le christianisme marquerait donc un recul par rapport à la rationalisation apportée par le judaïsme.

Du point de vue formel, mais non substantiel, la morale islamique, par son double standard et par son caractère non ascétique, serait similaire à celle des juifs. L'Islam séparerait l'univers en deux mondes, celui des croyants et celui des incroyants. Les peuples conquis peuvent conserver leur religion et leur propre genre de vie pourvu qu'ils paient leur «tribut en toute humilité». Le but de la guerre religieuse ne serait pas de convertir les incroyants, mais de se faire entretenir par eux. La morale islamique, anti-ascétique, promet-

---

13. *Le judaïsme antique*, Plon, 1970, p. 543-545.

trait au soldat le bien-être matériel ici-bas et un paradis sensuel dans l'au-delà.

La morale chrétienne, en prônant l'amour universel, dépasse les attitudes morales liées à la famille ou à la communauté. Elle est, de plus, ascétique dans la mesure où elle critique les plaisirs sensuels, condamne l'avidité et la cupidité et promeut l'espérance d'un paradis spirituel. Par son universalisme et par son ascétisme, le christianisme favorise davantage la rationalisation que les deux autres religions monothéistes. Cependant, l'Église catholique, grâce à «un système de confession et de pénitence unique au monde», distribue en permanence une grâce qui, soulageant le pécheur de sa faute, ne l'incite guère à développer une conduite morale rigoureuse et entraîne un niveau éthique plutôt bas: «Car le pécheur sait qu'il peut toujours obtenir l'absolution de tout péché par un acte religieux occasionnel [...] Par conséquent, on ne sent pas la nécessité de conquérir la *certitudo salutis* par ses propres forces, et cette catégorie, si efficace sur le plan éthique, perd de son importance[14].» Regardé à la lumière de la seule confession, le christianisme serait moins exigeant, moins ascétique, donc moins favorable à la rationalisation que le judaïsme.

L'Islam et le judaïsme primitifs n'auraient pas soulevé de grands problèmes dogmatiques: ils exigeaient simplement la foi au Dieu unique et dans son ou ses prophètes. Les chrétiens au contraire, dès l'*Épître aux Romains* de saint Paul, défendent des dogmes complexes auxquels il faut croire: «Ce n'est que chez les chrétiens que s'est constituée une dogmatique de caractère théorique, systématiquement rationalisée, impérative et formant un vaste ensemble englobant les choses cosmologiques, le mythe sotériologique (christologie) et le pouvoir des prêtres (sacrements). Elle s'est épanouie tout d'abord dans la moitié hellénistique de l'Empire romain puis, au Moyen Âge, en Occident, et là bien plus fortement que dans les Églises orientales[15].» Le christianisme, jugé du point de vue de la théologie, va plus loin dans la rationalisation que le judaïsme et l'Islam.

Ce haut degré de rationalisation dogmatique n'était toutefois accessible qu'aux virtuoses de la connaissance religieuse — théologiens, prédicateurs et prêtres — de qui l'Église exigeait la *fides expli-*

---

14. *Ibid.*, p. 571.
15. *Ibid.*, p. 485.

cita. À la masse des fidèles n'était requise que la *fides implicita*, c'est-à-dire l'entière soumission de «toute conviction personnelle à l'autorité religieuse normative» de l'Église. La foi, comme celle du charbonnier, devient un acte d'obéissance et perd ainsi tout caractère intellectuel. Les juifs, au contraire, étaient tous entraînés très jeunes à un effort intellectuel continu et systématique pour étudier les Écritures. Cette formation a développé chez le juif, contrairement au simple chrétien, la rationalisation et l'intellectualisation. L'Islam, lui, dont l'idéal est le guerrier et non le lettré, n'aurait pas développé ce rationalisme: «Si l'on compare l'islamisme au judaïsme, le premier manque de l'exigence d'une connaissance étendue de la Loi et de l'entraînement casuistique de la pensée qui a nourri le "rationalisme" du second[16].»

Ces trois grandes religions nées au Moyen-Orient se distingueraient par plusieurs traits, dont fondamentalement le théocentrisme, des deux grandes religions de l'Asie (l'hindouisme et le bouddhisme auxquels Weber ajoute la morale confucéenne) qui sont cosmocentriques.

Dieu ordonne à ses sujets de devenir ses instruments ici-bas. Le croyant doit agir conformément à la volonté de Dieu s'il aspire au salut. Le christianisme et, à un moindre niveau, le judaïsme exigent de leurs adeptes une conduite ascétique au sein du monde. Les religions cosmocentriques de l'Asie, au contraire, proposeraient essentiellement un salut dans la contemplation. Il faut non pas agir dans le monde conformément à la volonté de Dieu, mais fuir le monde. Il faudrait refuser toute finalité en vue d'une fin pour atteindre l'illumination: «La voie qui mène à l'illumination passe par le concentration de la pensée et, éventuellement, par d'autres moyens méthodiques de salut. L'illumination consiste exclusivement dans la qualité unique du sentiment, c'est-à-dire, en fait, dans l'unité ressentie du savoir et de la conviction pratique, unité qui fournit au mystique l'assurance décisive de son état de grâce religieux [...] C'est pourquoi le bouddhisme primitif recommandait l'inaction comme condition préalable au maintien de l'état de grâce, et en tout cas enjoignait d'éviter toute activité de type rationnel ("agir en vue d'une fin") comme étant la forme la plus dangereuse de la sécularisation[17].»

16. *Ibid.*, p. 626.
17. *Ibid.*, p. 558-559.

Le judaïsme et le christianisme sont deux religions qui cherchent à donner un sens à la souffrance. Le premier promet au peuple paria, s'il se soumet à la loi de Dieu, la fin de ses malheurs ici-bas. Le second promet le bonheur dans l'au-delà à ceux qui sont animés par la foi et affirme que le royaume de Dieu est plus accessible aux misérables qu'aux riches. Ce sont deux religions plébéiennes (Dieu, par l'intermédiaire de Moïse ou du Christ, s'adresse au peuple et lui promet le bonheur s'il lui obéit), la tendance plébéienne étant toutefois renforcée dans le christianisme, dans la mesure où les misérables y ont plus de possibilités d'accès au paradis que les riches.

Le bouddhisme, au contraire, n'est porteur ni d'une mission divine ni d'une éthique imposée au peuple: le prophète, le guru ou le saint, par sa vie exemplaire, ne fait que montrer la voie du salut à ceux qui le désirent. Le chemin du nirvāna n'est pas imposé à tous par Dieu: il est un choix qu'effectuent certains intellectuels, la masse étant réduite à les admirer et à les nourrir: «Le résultat fut que la prophétie indienne n'a eu de signification immédiate que pour les classes intellectuelles [...] On vit alors apparaître des saints dont on disait qu'ils faisaient des miracles et qu'on se mit à alimenter en suffisance afin que ce bienfait fût récompensé par la garantie d'une meilleure réincarnation [...] Le bouddhisme demeura, par conséquent, dans sa forme pure, limité à un groupe de moines, peu nombreux. Le laïc n'y trouva aucune prescription éthique selon laquelle il aurait pu façonner sa vie, car le bouddhisme possède bien un décalogue, mais à la différence du décalogue juif, il ne délivre aucun commandement ayant force de loi, il se borne à des recommandations. La prestation la plus importante était et demeure d'assurer la subsistance physique des moines. Une religiosité de cette nature ne fut donc jamais à même de refouler la magie, tout au plus la remplaça-t-elle par une autre[18].»

La religion indienne du karma affirme que la vie de chacun est déterminée par la conduite plus ou moins méritoire ou plus ou moins fautive de notre vie antérieure et que la conduite présente de chacun déterminera de la même façon le lieu de transmigration de notre âme (tel ou tel animal, un homme de telle ou telle caste, tel ou tel dieu). Chaque individu crée son destin au sein d'un processus cosmique

---

18. *Histoire économique, op. cit.*, p. 380.

de rétribution qui rend inutile l'existence d'un Dieu juste et tout-puissant. Chaque caste a sa façon de vivre sa sphère d'activités et d'occupations, son karma: l'individu adhérant fidèlement aux rituels de sa caste peut espérer une meilleure réincarnation. Chaque caste a son code moral: l'hindouisme présuppose donc un pluralisme moral qui s'oppose à l'universalisme chrétien. Il implique aussi, pour chaque caste, des types d'activités professionnelles dont l'accomplissement est confirmé par la qualité de produit artisanal: le passage à la rationalisation capitaliste — où le gain est l'objectif indifférent à toute occupation particulière — y est donc rendu difficile.

En Chine, le confucianisme, qui est la morale des grands, ferait bon ménage avec le bouddhisme, religion du peuple. Le confucianisme n'est pas une morale ascétique, préconisant la fuite du monde sur la voie du nirvāna ou obligeant chacun, comme dans le christianisme, à agir conformément à la volonté de Dieu: il faut respecter, affirme-t-il, l'ordre social et ainsi s'ajuster à l'harmonie cosmique. Le disciple de Confucius, lui aussi, se contrôle et maîtrise ses passions, mais c'est pour remplir adéquatement ses fonctions civiques, observer scrupuleusement les cérémonials et les conventions liés aux différentes circonstances de la vie et, enfin, pour satisfaire les diverses obligations traditionnelles, dont les plus importantes sont liées à la famille. Des avantages terrestres sont attachés à cette conduite: santé, revenu confortable, une longue vie et des descendants à qui léguer ses biens, dont un nom ayant une bonne réputation. Aussi par son acceptation du monde, son respect des traditions et la prédominance accordée aux liens familiaux, le confucianisme entraverait-il le processus de rationalisation du monde.

L'éthique puritaine

Les promoteurs de la nouvelle économie capitaliste en Hollande, en Angleterre et aux États-Unis ont fréquemment été des puritains protestants. Il existerait donc, à l'origine, une affinité élective entre éthique protestante puritaine et éthique capitaliste, entre le comportement du puritain protestant et le comportement de l'entrepreneur capitaliste[19].

---

19. Max Weber s'oppose ainsi à Werner Sombart qui liait l'apparition du capitalisme au judaïsme.

Pour Weber, le capitalisme n'est pas caractérisé par la recherche avide et cupide du gain ou du profit, mais par la recherche *rationnelle* du profit, l'insistance étant mise non sur la fin, mais sur la méthode d'acquisition reposant sur la rationalité instrumentale (comptabilité moderne, organisation rationnelle du travail, gain pacifique dans l'échange, etc.). Il est aussi caractérisé par un travailleur qui, comme le capitaliste, poursuit rationnellement le maximum de gain et est donc prêt à subordonner sa vie au travail productif: il travaillera plus longtemps, plus durement et s'adaptera à de nouveaux rythmes de travail en vue de cet objectif commun. L'éthique capitaliste est ainsi animée par une rationalité utilitariste au service du gain.

Luther, en réaction à l'ascèse monastique privilégiée par l'Église du Moyen Âge, met l'accent sur le devoir moral de chaque individu d'accomplir les tâches temporelles assignées par sa place dans la société. Mais la notion de profession (*Beruf* en allemand et *calling* en anglais), impliquant chez Luther une soumission aux conditions d'existence, recèle encore une signification traditionnelle. C'est chez les calvinistes et les autres sectes puritaines que la profession, comme travail, prend son sens moderne, favorable au développement du capitalisme, sans que cet effet ait été désiré ou poursuivi par les réformateurs: «Le salut des âmes — et lui seul — tel fut le pivot de leur vie, de leur action. Leurs buts éthiques, les manifestations pratiques de leurs doctrines étaient tous ancrés là, et n'étaient que les *conséquences* de motifs purement religieux. C'est pourquoi nous devons nous attendre à ce que les effets de la Réforme sur la culture, pour une grande part — sinon, de notre point de vue particulier, la part prépondérante — aient été des conséquences imprévues, *non voulues*, de l'œuvre des réformateurs, conséquences souvent fort éloignées de tout ce qu'ils s'étaient proposé d'atteindre, parfois même en contradiction avec cette fin[20].»

Dans la conception calviniste, Dieu, totalement libre, omnipotent et absolument insondable, régit l'univers dont nous sommes. Reconnaître une liberté humaine impliquerait logiquement une limitation de l'omniscience et de la toute-puissance de Dieu. Aussi le calviniste nie-t-il que notre conduite puisse influencer notre destinée, prédéterminée de toute éternité. L'homme, radicalement seul face à

---

20. *L'éthique protestante et l'esprit du capitalisme*, Plon, 1964, p. 105.

Dieu et à son destin, voyant partout dans l'univers l'intervention de la divine Providence, ne peut que chercher à lire le «jeu divin» afin d'y déceler un signe de son élection.

Rien ne peut distinguer les élus des réprouvés, sauf toutefois la foi absolue d'être parmi les choisis: le moindre doute à ce sujet signifie une «insuffisante efficacité de la grâce». Pour dissiper le doute et s'assurer de cette grâce, un travail sans relâche est recommandé: «Le travail en tant que *vocation* (*Beruf*) constitue le meilleur, sinon l'*unique* moyen de s'assurer de son état de grâce[21].»

La charité ne consiste plus, comme dans le catholicisme, dans la relation personnelle d'un plus riche donnant à un plus pauvre; elle est aide impersonnelle à la collectivité par le travail: «L'amour du prochain — au service exclusif de la gloire de Dieu, non à celui de la créature — s'exprime en premier lieu dans l'accomplissement des tâches professionnelles données par la *lex naturæ*; il revêt ainsi l'aspect proprement objectif et impersonnel d'un service effectué dans l'intérêt de l'organisation rationnelle de l'univers social qui nous entoure[22].»

Le travail, dont le résultat objectif est le gain, est valorisé tandis que la jouissance des biens acquis est condamnée comme tentation de la chair, source d'oisiveté, gaspillage condamnable du temps. Cette course au gain, par le travail continu et systématique, liée au refus de toute consommation dépassant la satisfaction des besoins nécessaires, dégage l'épargne nécessaire au développement du capital.

L'ascétisme au sein du monde est radical: refus de tous les plaisirs des sens qui sont glorification du corps; rejet des sentiments, telle l'amitié, qui tendent à idolâtrer les hommes; condamnation des arts et du théâtre. Seul le désir du gain par le travail est rationnel et juste. L'individu doit «contrôler méthodiquement son propre état de grâce» en travaillant systématiquement, tout en refusant plaisirs et sentiments.

Les sectes puritaines, par leur ascétisme et leur rationalisme, se distinguent radicalement du catholicisme. Le Dieu y est si étranger qu'on ne peut communier émotionnellement et mystiquement avec lui et encore moins se l'incorporer magiquement sous la forme d'une

---

21. *Ibid.*, p. 246.
22. *Ibid.*, p. 128-129.

hostie. À la vie ascétique du moine qui requérait sa sortie hors de la vie courante et mondaine, les puritains opposent le modèle d'une vie rigoureuse, méthodique et ascétique au sein même du monde. Le réformé ne peut espérer le salut de la confession ou des indulgences; toute sa vie doit être consacrée systématiquement à Dieu: «Le catholique avait à sa disposition l'absolution de son Église pour compenser sa propre imperfection. Le prêtre était un magicien accomplissant le miracle de la transsubstantiation et il disposait du pouvoir des clés. On pouvait se tourner vers lui dans le repentir et la contrition; en administrant les sacrements il dispensait le rachat, l'espoir de la grâce, la certitude du pardon, assurant par là la *décharge* de cette monstrueuse *tension* à laquelle son destin condamnait le calviniste, sans évasion possible ni adoucissement aucun [...] Le Dieu du calvinisme réclamait non pas des bonnes œuvres isolées, mais une vie tout entière de bonnes œuvres érigées en système. Pas question du va-et-vient catholique, authentiquement humain, entre péché, repentir, pénitence, absolution, suivis derechef du péché[23].»

L'esprit du puritanisme se distingue aussi de l'esprit du judaïsme. Le premier est radicalement ascétique tandis que le second soutient une morale qui ne rejette pas les plaisirs sensuels. Le puritanisme défend une morale commerciale axée sur une rigoureuse honnêteté (prix fixe et juste, indépendamment du caractère impie de l'acheteur) tandis que le judaïsme est porteur d'une double morale. Enfin, le puritanisme favorise un capitalisme fondé sur l'«entreprise bourgeoise rationnelle» et l'«organisation rationnelle du travail» tandis que la situation des juifs encouragerait un capitalisme aventurier axé sur la politique et la spéculation: «Les ultimes raisons de cet état de choses sont en corrélation avec le caractère particulier des juifs en tant que peuple paria et avec celui de leur attitude religieuse. En premier lieu, les difficultés purement extérieures s'opposent à leur participation à l'organisation du travail industriel; la situation précaire des juifs — en fait et en droit —, situation qui tolère probablement le commerce — principalement le commerce bancaire —, mais ne souffre pas d'entreprise industrielle rationnelle permanente à capital fixe. Mais la situation éthique intérieure s'y oppose également.

23. *Ibid.*, p. 144-145.

En tant que peuple paria, les juifs conservaient la double morale qui est naturelle au trafic économique de toute communauté[24].»

Les sectes puritaines ont effectué la dévaluation la plus radicale de tous les moyens magiques de se procurer la grâce; elles ont, au sein de la religion, procédé au désenchantement du monde. Ce processus va être mené à terme par le développement des techniques et des sciences lié à l'expansion du capitalisme. La foi est remplacée par le calcul, la prévision rationnelle et l'organisation méthodique. À la rationalisation du monde, comme processus objectif de connaissance et d'action, correspond l'intellectualisation, intériorisation subjective de ce processus. Dieu est mort, affirmait Nietzsche, que Weber avait bien lu; il est remplacé par un polythéisme des valeurs dont aucune ne peut être fondée scientifiquement, polythéisme des valeurs qui renvoie à une pluralité scientifique d'idéaltypes. Dans ce monde désenchanté et pluriel, Weber propose une éthique du savant qu'il distingue de celle du politique.

L'homme de science

Le progrès scientifique est la plus récente et la plus importante étape du processus d'intellectualisation dont l'origine remonte au judaïsme. L'intellectualisation signifie le remplacement de la foi en la magie par la croyance qu'il n'existe pas d'Esprits contrôlables magiquement, pas de «puissance mystérieuse et imprévisible» et que tout serait en principe maîtrisable par la prévision scientifique.

Le progrès scientifique est indéniable, continu et indéfini. Mais ce progrès entraîne le désenchantement du monde, en extirpant, à la racine même, toutes les croyances traditionnelles en une signification du monde. Les Lumières, dans leur optimisme naïf, célébraient la science comme la voie du bonheur: la critique «dévastatrice» de Nietzsche, sur les «derniers hommes» qui ont «découvert le bonheur», convainc Weber de l'inanité de cette espérance. La science nous dit comment on pourrait maîtriser le monde; elle ne nous dit jamais pourquoi: «Toutes les sciences de la nature nous donnent une réponse à la question: que devons-nous faire si nous voulons être *techniquement* maîtres de la vie? Quant aux questions: cela a-t-il au

---

24. *Économie et société, op. cit.*, p. 616.

fond et en fin de compte un sens? devons-nous et voulons-nous être techniquement maîtres de la vie? elles les laissent en suspens ou bien les présupposent en fonction de leur but[25].» La science détruit les significations religieuses du monde et laisse la place vide. La vie du civilisé, soumise au progrès constant des sciences et des techniques, devient un événement sans signification. À l'époque moderne, la vie, comme la mort, n'a plus de sens.

Un scientifique poursuit ses recherches pour la science elle-même, indépendamment de ses retombées techniques et pratiques. Il exerce, avec passion («rien n'a de valeur» pour l'homme que ce qui peut être fait «avec passion»), un travail nécessairement spécialisé, espérant qu'une intuition nouvelle surgira de ce travail passionné. Mais même les découvertes que peut apporter ce travail vieilliront inévitablement et seront dépassées par de nouvelles connaissances. Quel peut alors être le sens de cette pratique scientifique spécialisée, qui contribue à détruire les significations du monde, sans pouvoir répondre aux grandes questions sur la destinée humaine, et dont les résultats sont toujours hypothétiques, partiels et provisoires?

La science constitue indéniablement un apport à la vie de chacun. Elle met à notre service des connaissances qui permettent, tant au plan de la nature qu'à celui de l'activité humaine, de «dominer techniquement la vie par la prévision». Elle nous donne des méthodes de pensée rigoureuse. Elle contribue à une œuvre de clarté, en montrant les relations nécessaires, dégagées de l'expérience, entre une fin, les moyens requis en vue de cette fin et les conséquences subsidiaires de ce choix (rationalité en finalité), sans pouvoir toutefois affirmer si la fin justifie les moyens ou ses conséquences subsidiaires (rationalité en valeur). Enfin, elle fait aussi œuvre de clarté, en montrant que telle ou telle prise de position relève de telle ou telle vision fondamentale du monde. Ces résultats du travail scientifique ne peuvent cependant prouver que la science est, elle-même, «importante», qu'elle a une valeur en soi: la science, portant sur l'étant et non sur le devoir-être, est incapable d'évaluer les valeurs plurielles et concurrentielles, dont évidemment la sienne.

---

25. «Le métier et la vocation de savant», *in Le savant et la politique*, Plon, U.G.É., coll. «10/18», 1963, p. 78.

La science ne pouvant fonder un devoir-être, l'homme de science devrait, tant dans ses enseignements que dans ses écrits scientifiques, distinguer ce qu'il avance comme homme de science de ce qui relève de son propre engagement politique, le maximum de malhonnêteté consistant à suggérer qu'une prise de position, nécessairement personnelle, découle naturellement des faits. Cette démarcation n'est pas toujours facile à tracer. Les écrits de Weber, parfois très engagés, ne sont pas toujours clairement séparés de ses études scientifiques. De plus, deux de ses cours inauguraux à l'Université (Fribourg en 1895 et Munich en 1919) présentent ses propres positions politiques, quoique, dans celui de Munich, il annonce que cette prise de position sera absente de ses prochains cours. Weber réitère néanmoins que la probité intellectuelle requiert la reconnaissance de cette difficile séparation, c'est-à-dire «l'obligation de reconnaître que d'une part l'établissement des faits, la détermination des réalités mathématiques et logiques ou la constatation des structures intrinsèques des valeurs culturelles, et d'autre part la réponse aux questions concernant la *valeur* de la culture et de ses contenus particuliers ou encore celles concernant la manière dont il faudrait agir dans la cité et au sein des groupements politiques, constituent deux sortes de problèmes totalement *hétérogènes*[26]». Cette distinction est d'autant plus requise dans l'enseignement que le rapport maître/élève soutire pratiquement à celui-ci le pouvoir de critiquer le maître et parce que les prises de position du maître ne sont pas, comme dans l'espace public, soumises à la critique des autres.

Cette morale de probité intellectuelle ne peut, comme toute morale, être fondée scientifiquement, mais elle seule rend possible la douloureuse et progressive reconnaissance de ce qui contredit ses propres désirs: «La tâche primordiale d'un professeur capable est d'apprendre à ses élèves à reconnaître qu'il y a des faits inconfortables, j'entends par là des faits qui sont désagréables à l'opinion personnelle d'un individu; en effet il existe des faits extrêmement désagréables pour chaque opinion, y compris la mienne[27].»

---

26. *Ibid.*, p. 81.
27. *Ibid.*, p. 83.

Éthique de responsabilité

La politique est essentiellement une question de pouvoir — entre divers groupes sociaux au sein d'un État ou entre États — dont le moyen spécifique est la violence, violence légitime lorsqu'elle est acceptée par ceux qui sont dominés. Faire de la politique consiste à lutter pour participer au pouvoir ou pour influencer sa répartition. Les motifs qui poussent des hommes à aspirer au pouvoir peuvent être subsumés en trois grandes catégories: avantages économiques attachés au pouvoir; cause à défendre qui donne un sens à la vie; jouissance du prestige ou du sentiment de puissance attaché au pouvoir. Dans le premier cas, les hommes vivront de la politique tandis que dans les deux autres, ils vivront pour la politique. Évidemment, ces motifs ne sont pas exclusifs.

Dans les démocraties modernes, des militants et surtout des fonctionnaires du parti attendent parfois de la victoire de leur chef une récompense de leurs bons et loyaux services sous forme d'emplois. La possibilité de satisfaire ce désir est cependant limitée par l'existence d'une fonction publique qui repose sur des travailleurs qualifiés, nommés à vie et jouissant donc d'une autonomie face aux changements de gouvernements. Weber juge important de dissocier le fonctionnariat de la partisanerie politique. La vocation du fonctionnaire n'est pas, comme le croyait Hegel, de faire de la politique, mais d'administrer de façon non partisane: «L'honneur du fonctionnaire consiste dans son habileté à exécuter consciencieusement un ordre sous la responsabilité de l'autorité supérieure, même si — au mépris de son propre avis — elle s'obstine à suivre une fausse voie. Il doit plutôt exécuter cet ordre comme s'il répondait à ses propres convictions[28].»

L'homme politique doit avoir d'autres qualités que celles du fonctionnaire. Weber s'intéresse particulièrement à ceux qui vivent pour la politique, et non de la politique, et centre sa réflexion sur le dirigeant. Celui-ci doit être doté de qualités similaires à celles du savant: la passion (rien de grand ne se fait sans elle); le sentiment de responsabilité (qui est le pendant moral de la rationalité en finalité

---

28. «Le métier et la vocation d'homme politique», *in Le savant et le politique*, *op. cit.*, p. 129.

développée par le savant) et le coup d'œil (*intuition* du politique capable de laisser parler les faits, en tenant à distance hommes et choses). Parmi ceux qui vivent pour la politique, Weber opte pour les défenseurs d'une cause contre les amants du sentiment de puissance, ces derniers étant trop enclins à manquer de sens des responsabilités: «D'un côté, le refus de se mettre au service d'une cause le conduit à rechercher l'apparence et l'éclat du pouvoir réel; de l'autre côté, l'absence du sens de la responsabilité le conduit à ne jouir que du pouvoir pour lui-même, sans aucun but positif[29].»

La cause, quelle qu'elle soit, donne sens à l'action politique, même si le résultat est très souvent contraire à l'intention qui animait l'action: «On peut même affirmer qu'en règle générale il n'y répond jamais et que très souvent le rapport entre le résultat final et l'intention originelle est tout simplement paradoxal. Mais cette constatation ne peut servir de prétexte pour s'abstenir de se mettre au service d'une cause, car l'action perdrait toute consistance interne[30].»

L'*ethos* de la politique, comme cause à poursuivre, demande toutefois qu'on reconnaisse les moyens de la politique: la force et la ruse. La différence entre l'éthique de conviction (poursuivre une cause indépendamment de ses résultats), qui relève de la rationalité en valeur, et l'éthique de responsabilité (tenir compte des résultats de son acte), qui relève de la rationalité en finalité, ne renvoie pas essentiellement aux résultats — de toute façon contraires la plupart du temps aux intentions — mais aux moyens utilisés: la première, non la seconde, reconnaît que les moyens de la politique et parfois ses résultats sont en contradiction avec la morale: «Il n'existe aucune éthique au monde qui puisse négliger ceci: pour atteindre des fins "bonnes", nous sommes la plupart du temps obligés de compter avec, d'une part des moyens moralement malhonnêtes ou pour le moins dangereux, et d'autre part la possibilité ou encore l'éventualité de conséquences fâcheuses. Aucune éthique au monde ne peut nous dire non plus à quel moment et dans quelle mesure une fin moralement bonne justifie les moyens et les conséquences moralement dangereuses[31].» En choisissant ainsi l'éthique de responsabilité contre l'éthique

---

29. *Ibid.*, p. 164-165.
30. *Ibid.*, p. 165.
31. *Ibid.*, p. 173.

de conviction, Weber se situe dans la lignée de Machiavel contre celle de Cicéron.

La cause ou la fin poursuivie relève de l'arbitraire, de la conviction de chacun, tandis que le choix des moyens, la prise en compte de la compatibilité des moyens et de leurs conséquences prévisibles avec la fin, dépend d'une éthique de responsabilité. Aussi, l'éthique de conviction et l'éthique de responsabilité ne sont pas nécessairement contradictoires et doivent se compléter chez l'homme politique que Weber qualifie d'authentique.

La conviction politique de Weber

Weber — de ses écrits de jeunesse aux derniers; avant, pendant et après la guerre de 1914-1918 dont il a admiré la grandeur — a toujours défendu avec constance, tant à l'intérieur que sur la scène internationale, la puissance de l'État allemand. Comment fonde-t-il cette conviction et quelles en sont les conséquences subsidiaires?

Weber affirme, nous l'avons vu, que la politique ne peut être définie par la fin qui varie selon les individus, les groupes concernés et les circonstances. La politique ne peut être définie que par le moyen, la violence, qui la distingue des autres activités humaines, même si, dit-il, ce n'est pas le seul moyen ni le plus normal. Cependant, l'auteur fait de ce moyen la *fin* de la politique dans la mesure où elle devrait viser la puissance de l'État. La raison d'État devient ainsi «l'étalon ultime des valeurs». Weber sait bien, en bon lecteur de Kant, qu'on ne peut fonder sur la science la transformation d'un moyen en une fin ou celle d'un fait en valeur. Cette transsubstantiation relève de la conviction. Weber esquivera toutefois le caractère arbitraire de celle-ci, en mettant l'accent sur le caractère arbitraire de l'État choisi, dans son cas, l'État allemand.

Weber est favorable au parlement qui exerce une triple fonction utile: il est un moyen de contrôler la bureaucratie, particulièrement par des enquêtes; un moyen de former des chefs politiques, notamment par la participation aux commissions parlementaires; un certain moyen de contrôler le chef politique issu de ses rangs. Weber réagit ainsi à deux expériences allemandes négatives: l'État bismarckien où, entre Bismarck et la bureaucratie, n'existait aucun parlement de type anglais où auraient pu se former des leaders aptes à remplacer

Bismarck lors de sa disparition; la république de Weimar où les dirigeants politiques sont choisis parmi les bureaucrates, effaçant le fossé que Weber veut maintenir entre ceux qui exécutent loyalement les directives (les fonctionnaires) et ceux qui doivent se sentir personnellement responsables des directives dictées (les leaders).

Ces trois fonctions mises entre parenthèses, le parlement n'est qu'une institution où les parlementaires votent ce que le leader décide: «Le parlementaire n'a rien d'autre à faire que de voter et de ne pas trahir son parti. Il doit faire acte de présence lorsque le *whip* l'appelle et exécuter ce que, suivant les circonstances, le chef du cabinet ou le *leader* de l'opposition ont ordonné[32].» Tout dépend donc de la volonté du leader. Ce leader peut être un «politicien de métier», sans vocation, qui vit de la politique, ou un leader charismatique qui vit pour la politique. Weber préfère ce dernier qui peut dominer la «machine» du parti, rouage essentiel de la démocratie électorale, et peut dominer les masses en s'adressant prioritairement à leur émotivité.

Nous entrons, dit-il, dans l'ère de la démocratie plébiscitaire où celui qui détient le pouvoir, grâce à son charisme, reçoit sa légitimité de son élection par les dominés ou les gouvernés: «La "démocratie plébiscitaire" — principal type de démocratie dirigée par des chefs — est, sous son aspect authentique, une espèce de domination charismatique qui se cache sous la forme d'une légitimité issue de la volonté de ceux qui sont dominés et qui n'existe que par elle[33].» Ce leader charismatique antiautoritaire — car élu par la masse des dominés — combattra les pouvoirs autoritaires et traditionnels, en utilisant «la formalisation et la légalisation du droit», «l'économie formellement rationnelle» et un corps de fonctionnaires tant au sein du parti qu'au sein de l'État.

Weber espère l'émergence en Allemagne d'un tel leader dont le motif premier ne serait pas le sentiment subjectif de puissance, mais la *cause* de l'État allemand, sa puissance tant à l'intérieur que sur la scène internationale.

---

32. *Ibid.*, p. 148.
33. *Économie et société, op. cit.*, p. 276.

Ni marxiste ni démocrate

Weber part du sens visé de l'individu, distingué du sens vécu, pour construire des idéaltypes qui permettront de mieux comprendre la société, tandis que Marx part de la structure économique, puis des classes sociales, pour tenter d'expliquer la société et ses transformations. La rationalisation, dont l'origine remonte au judaïsme et dont Weber pourchasse les traces un peu partout dans l'histoire de l'Occident, est le phénomène marquant de la modernité, tandis qu'elle est déterminée par le développement du capital pour Marx. Le premier affirme que les idéaltypes ne sont que des rationalisations formelles qui apportent une connaissance fragmentaire et hypothétique de l'activité humaine, tandis que le second, fidèle au maître Hegel, croit atteindre le fondement de la société et de l'histoire.

L'opposition de Weber à Marx n'en fait cependant pas un démocrate ni un libéral. Weber, comme Marx, ne s'intéresse guère au problème constitutionnel, celui-ci portant attention au contenu de classe de l'État, celui-là se préoccupant du mode de sélection et de la modalité de domination des chefs (domination légale, charismatique ou traditionnelle). Pour Weber comme pour Marx, la démocratie et les libertés bourgeoises ne sont pas une fin, mais un moyen en vue de la puissance de l'État allemand pour le premier, en vue de la dictature du prolétariat puis du communisme pour le second.

BIBLIOGRAPHIE

WEBER, Max, *L'éthique protestante et l'esprit du capitalisme*, Plon, 1967.

——, *Le savant et le politique*, Plon, U.G.É., coll. «10/18», 1963.

——, *Histoire économique*, Gallimard, 1991.

——, *Le judaïsme antique*, Plon, 1970.

——, *La ville*, Aubier Montaigne, 1982.

——, *Sociologie du droit*, PUF, 1986.

——, *Économie et société*, 2 vol., Plon, Presses Pocket, 1995.

——, *Essais sur la théorie de la science*, Plon, Presses Pocket, 1992.

BENDIX, Reinhard, *Weber, Max: An Intellectuel Portrait*, New York, A Doubleday Anchor Book, 1962.
L'auteur étudie minutieusement la sociologie de Weber en mettant l'accent sur ses analyses empiriques. L'étude est divisée en trois parties: la société allemande et l'éthique protestante; l'étude comparée des religions; les trois types de domination légitime.

FREUND, Julien, *Études sur Max Weber*, Genève, Droz, 1990.
L'auteur, à qui nous devons *La sociologie de Max Weber* publié chez Plon en 1966, présente ici un recueil de textes analysant certains thèmes spécifiques, dont la rationalisation, l'ascétisme puritain, le polythéisme des valeurs et la bureaucratie.

GIDDENS, Anthony, *Politics and Sociology in the Thought of Max Weber*, Londres, Macmillan, 1972.
À la suite des débats soulevés par la publication en allemand de l'ouvrage de Mommsen, *Max Weber et la politique allemande*, Giddens, dans un petit livre dense et bien articulé, étudie l'influence de l'engagement politique de Weber sur ses travaux académiques, puis l'influence de ceux-ci sur celui-là.

ISTAS, Michel, *La morale selon Max Weber*, Cerf, 1986.
L'auteur étudie la morale à l'œuvre dans les trois formes élémentaires de communalisation (domestique, lignage et voisinage) puis au sein de trois grandes religions (judaïque, catholique et protestante), avant d'affirmer que la sociologie étudie *les* morales situées dans le temps et l'espace tandis que la morale relève du choix de chacun.

MOMMSEN, Wolfgang, *Max Weber et la politique allemande*, PUF, 1985.
Traduction d'une biographie de Weber parue en allemand en 1959. L'auteur montre qu'une position nationaliste impérialiste et une crainte de la bureaucratisation déterminent la démocratie hégémonique plébiscitaire que soutiendra Weber lors de l'effondrement de l'Allemagne en 1918.

——, *The Political and Social Theory of Max Weber*, Chicago, The University of Chicago Press, 1989.
Ce livre reprend et développe des conférences données à l'Université de Cambridge. L'auteur y étudie différentes facettes de la pensée de Weber, entre autres son rapport avec Roberto Michels, un de ses étudiants, et avec le marxisme.

PRADES, J. A., *La sociologie de la religion chez Max Weber*, Louvain, Éd. Nauwelaerts, 1966.

Analyse plutôt formaliste de la sociologie de la religion centrée sur *L'éthique protestante et l'esprit du capitalisme*.

RAYNAUD, Philippe, *Max Weber et les dilemmes de la raison moderne*, PUF, 1987.

L'auteur présente l'épistémologie wébérienne dans son opposition à Hegel et à Marx, puis expose sa sociologie compréhensive fondée sur un individualisme méthodologique non utilitariste, avant de confronter l'orientation rationaliste de sa démarche scientifique à son relativisme au plan des valeurs.

ROTH, Guenther, et Wolfgang SCHLUCHTER, *Max Weber Vision of History*, Berkeley, University of California Press, 1979.

Trois essais de Roth sur l'histoire chez Weber sont précédés de deux textes de Schluchter, celui-ci comparant, au plan des valeurs, la vocation scientifique et la vocation politique de l'auteur tandis que le premier étudie l'opposition entre les religions fondées sur le rejet du monde et celles qui reposent sur la maîtrise de celui-ci.

DURKHEIM

(1858-1917)

Émile David Durkheim a 11 ans lorsqu'est écrasée la Commune de Paris (1871). Peu après, en 1875, est fondée la IIIe République. Les années 1880 sont inscrites à l'ordre des libertés laïques et républicaines: école laïque, gratuite et obligatoire, liberté de presse et de réunion, droit d'association et de grève, etc. La IIIe République développe son entreprise coloniale, notamment en Afrique, et laisse croître à l'intérieur un nationalisme anti-allemand axé sur la reconquête de l'Alsace-Lorraine perdue en 1871. Ce nationalisme, lié à un antiparlementarisme et à un militarisme antisémite et xénophobe, mènera à l'affaire Dreyfus (1894-1899). Le mouvement ouvrier s'élargit et la réunification des socialistes dans la SFIO (1905) permet leur croissance sous la direction du pacifiste Jean Jaurès, assassiné par un nationaliste la veille du déclenchement de la Première Guerre mondiale[1].

Destiné à poursuivre une tradition familiale qui remonte à plus de huit générations et à devenir lui-même rabbin, Émile David Durkheim entreprend des études à l'école rabbinique. Cependant, très jeune et donc sans doute avec l'acceptation du père, il quitte cette école, entre dans la filière scolaire française qui le conduira à l'École Normale Supérieure. Durkheim ne s'expliquera jamais sur cette mutation qui fera de lui un Français dont toute trace de judaïsme semble disparue.

Agrégé de philosophie, Durkheim commence une carrière d'enseignement au lycée, accède ensuite à l'Université de Bordeaux, avant de monter à Paris et d'enseigner à la Sorbonne.

---

1. Sur cette guerre, voir l'introduction à Weber.

Vivant dans une société qu'il juge en crise, Émile Durkheim veut l'étudier scientifiquement en vue de la réformer moralement et politiquement. La poursuite de ce projet fera de lui le fondateur de la sociologie en France.

Le fait social

Le phénomène social est un fait aussi réel que le monde matériel. S'inspirant de Saint-Simon, Durkheim s'oppose à tout dualisme entre l'homme et la nature, à toute coupure épistémologique entre les sciences de la nature et celles de l'homme. Il faut envisager le phénomène social comme un fait, comme une donnée extérieure à la conscience individuelle, avec la même objectivité et les mêmes méthodes scientifiques que celles du physicien étudiant la nature.

Le tout est plus grand que la somme de ses parties. La société, même si elle n'existe que dans des individus, est irréductible à ceux-ci. Elle forme un «être psychique» dont la manière propre de sentir et de penser conditionne celle des individus. La société exerce une «action coercitive» sur les consciences individuelles dont elle est une réalité extérieure: «Voilà pourquoi, quoique la société ne soit rien sans les individus, chacun d'eux est beaucoup plus un produit de la société qu'il n'en est l'auteur[2].»

Durkheim s'oppose ainsi à toutes les conceptions visant à comprendre la société à partir de l'individu. Les intérêts de l'individu, son égoïsme, ne peuvent expliquer la société: celle-ci, au contraire, socialise, moralise et solidarise les individus. Les contrats économiques entre individus ne peuvent fonder que des ententes provisoires et instables entre intérêts individuels égoïstes: elles ne peuvent expliquer la permanence de la société dont la réglementation est un prérequis à la confiance accordée par les individus aux contrats. La société ne repose pas non plus sur un prétendu contrat politique entre individus libres et égaux: la liberté et l'égalité sont des valeurs imposées aux individus au sein de certaines sociétés bien délimitées. Durkheim rejette ainsi toutes les conceptions libérales, utilitaristes ou psychologisantes de la société. L'individu n'est pas avant tout un

---

2. *De la division du travail social*, PUF, 1978, p. 342.

moi instinctuel, économique ou rationnel: il est un moi social, un moi compréhensible par la société dont il est le fils.

La société, formée d'une population plus ou moins dense occupant un territoire déterminé, a un aspect matériel, tout en étant essentiellement une réalité psychique constituée d'idées, d'idéaux, de croyances et de normes communs. La société est «conscience collective». La morale vient de la société: elle ne provient jamais des intérêts individuels et ne peut donc être fondée sur le respect des intérêts personnels d'autrui. La société borne les désirs des individus et les modère: la moralité est subordination de l'intérêt privé à l'utilité commune.

Le droit et la morale, tous deux définis par des «règles de conduite sanctionnées», ont comme fonction d'attacher les individus à la société et donc les uns aux autres. Le droit et la morale énoncent ainsi «les conditions fondamentales de la solidarité sociale». Les sanctions n'ont pas comme objectif premier — contrairement aux affirmations des utilitaristes — de corriger le coupable ou d'intimider ses imitateurs possibles: elles visent fondamentalement à réaffirmer la conscience commune et la cohésion sociale face à l'acte perturbateur. La société est l'autorité qui exerce sur les individus l'ascendance morale qu'ils lui reconnaissent.

Les jugements de fait sont valables s'ils représentent adéquatement les faits empiriques; les jugements de valeur seront valables s'ils représentent de la même façon les normes et les idéaux collectifs. Durkheim croit donc possible non seulement une science de la société, mais aussi une science de la morale qui cherche les lois des faits moraux que le savant peut observer, décrire et classer.

Société mécanique et société organique

La société mécanique est fondée sur la similitude de sentiments, de valeurs et de comportements entre les individus. Ceux-ci sont solidaires parce qu'ils sont pareils et interchangeables. Durkheim emploie le qualificatif «mécanique» pour indiquer que les individus indifférenciés de ces sociétés sont solidaires comme les molécules d'un corps inorganique. La société organique, au contraire, repose sur la solidarité fondée sur la différenciation fonctionnelle des individus.

Dans le premier type de société, l'individu dépend directement de la société. Dans le second, l'individu, grâce à la division du travail, est relié à la société par l'intermédiaire de la fonction spécifique qu'il y exerce et qui l'individualise: «Il en est tout autrement de la solidarité que produit la division du travail. Tandis que la précédente implique que les individus se ressemblent, celle-ci suppose qu'ils diffèrent les uns des autres. [...] En effet, d'une part, chacun dépend d'autant plus étroitement de la société que le travail est plus divisé, et, d'autre part, l'activité de chacun est d'autant plus personnelle qu'elle est plus spécialisée[3].»

La division sociale du travail n'est pas le produit de motifs individuels (recherche de l'utilité, du bonheur...): elle est engendrée par des causes sociales. La croissance du volume de la population en densité matérielle (nombre d'individus sur une surface donnée) et en densité morale (intensité des communications et des échanges entre individus) est la cause de la division sociale du travail. Les villes sont précisément ces lieux où la division du travail se ramifie, avec la croissance des moyens de communication et avec l'accélération de la mobilité des individus au sein d'une population de plus en plus concentrée.

Cette causalité de la densité de la population sur la division du travail s'explique par la lutte pour la vie décrite par Darwin. L'intensité de cette lutte croît avec l'augmentation de la densité de la population: pour survivre, comme le montre le règne animal, il faut éliminer le surplus de population sur un territoire donné. Chez les hommes, la division du travail est la solution pacifique à cette concurrence. Elle permet à un plus grand nombre d'individus de survivre sur un même territoire, non par l'extermination des autres, mais en se différenciant et en contribuant, par une tâche spécifique, à la vie de l'ensemble.

La distinction de Durkheim entre solidarité mécanique et solidarité organique recoupe celle de Tönnies entre communauté et société. Mais contrairement à celui-ci, il refuse d'accepter que l'égoïsme individuel soit, dans les sociétés modernes, le fondement des liens interpersonnels.

---

3. *Ibid.*, p. 100-101.

Certains affirment que la division du travail replie nécessairement l'individu sur lui-même, en l'isolant des autres, et d'autres, comme Marx, qu'elle les aliène inéluctablement. Certains préconisent la transmission d'une culture générale comme remède adéquat à cet isolement et à ce travail parcellisé. Durkheim juge que ce «remède» ne peut que créer de l'insatisfaction et nuire à la solidarité organique de la division du travail: «Si l'on prend l'habitude de vastes horizons, des vues d'ensemble, des belles généralités, on ne se laisse plus confiner sans impatience dans les limites étroites d'une tâche spéciale. Un tel remède ne rendrait donc la spécialisation inoffensive qu'en la rendant intolérable et, par conséquent, plus ou moins impossible[4].»

Durkheim croit plutôt que le jeu normal de la division du travail fait que le travailleur, au lieu d'être une machine qui répète mécaniquement des mêmes mouvements, sent qu'il sert à quelque chose, que son travail acquiert une signification en s'inscrivant au sein d'un ensemble dont il fait partie. La division du travail, source objective de la solidarité sociale, devient la base d'un ordre moral où chacun, assumant sa tâche spécifique, se sent professionnellement solidaire de tous les autres: «On peut donc dire à la lettre que, dans les sociétés supérieures, le devoir n'est pas d'étendre notre activité en surface, mais de la concentrer et de la spécialiser. Nous devons borner notre horizon, choisir une tâche définie et nous y engager tout entiers, au lieu de faire de notre être une sorte d'œuvre d'art achevée, complète, qui tire toute sa valeur d'elle-même et non des services qu'elle rend[5].»

La division du travail entraîne des progrès intellectuels et matériels, mais ces derniers demeurent étrangers à la vie morale, c'est-à-dire à la subordination de l'intérêt privé à celui de la collectivité. C'est la division du travail en tant que telle qui, en différenciant les individus, rend possible leur solidarité morale. La société organique, même si elle affaiblit la conscience collective, n'entraîne donc pas sa disparition. En fait, dit Durkheim, les anciennes normes seraient remplacées par une nouvelle conscience collective, une nouvelle solidarité morale, qui «n'a pas encore tout le développement» requis. La croissance, dans les sociétés modernes, du suicide égoïste et

---

4. *Ibid.*, p. 364.
5. *Ibid.*, p. 396.

anomique serait un symptôme d'un malaise social, d'une crise morale, d'un développement moral non parvenu à son terme.

Le suicide

Durkheim observe que l'augmentation du taux de suicide suivrait le progrès intellectuel et matériel de la civilisation, progrès dont la condition est la division du travail. Durkheim refuse toutefois d'imputer cette augmentation à celle-ci. Les deux phénomènes seraient concomitants. Quelle serait alors la cause de cette augmentation du nombre d'individus qui désespérément choisissent la mort à l'encontre de leur instinct de vie?

Durkheim affirme que le taux de suicide serait plus élevé chez les protestants que chez les catholiques. Or ce qui distingue essentiellement les premiers des seconds est le libre examen. Celui-ci serait, selon l'auteur, le symptôme d'une crise des croyances religieuses: «Le libre examen n'est lui-même que l'effet d'une autre cause. Quand il fait son apparition, quand les hommes, après avoir, pendant longtemps, reçu leur foi toute faite de la tradition, réclament le droit de se la faire eux-mêmes, ce n'est pas à cause des attraits intrinsèques de la libre recherche, car elle apporte avec elle autant de douleurs que de joies. Mais c'est qu'ils ont désormais besoin de cette liberté. Or, ce besoin lui-même ne peut avoir qu'une seule cause: c'est l'ébranlement des croyances traditionnelles[6].» Ce dernier désintègre moralement la société et laisse l'individu à lui-même.

Le faible penchant des juifs pour le suicide est au contraire le produit d'une communauté compacte et cohérente, engendrée par l'animosité et l'intolérance de l'environnement chrétien dans lequel ils baignent, mais aussi par le ritualisme de leur religion: «D'ailleurs, l'ostracisme qui les frappe n'est que l'une des causes qui produisent ce résultat; la nature même des croyances juives y doit contribuer pour une large part. Le judaïsme, en effet, comme toutes les religions inférieures, consiste essentiellement en un corps de pratiques qui réglementent minutieusement tous les détails de l'existence et ne laissent que peu de place au jugement individuel[7].»

---

6. *Le suicide*, Quadridge/PUF, 1993, p. 157.
7. *Ibid.*, p. 160.

Durkheim note aussi que le taux de natalité baisse en concomitance avec la croissance des suicides. Malthus n'avait pas prévu, dit-il, que sa politique de restriction des naissances diminuerait le désir de vivre. La densité de la famille, en augmentant l'intensité de la vie collective, favorise, dit l'auteur, l'intégration de l'individu et combat les tendances suicidaires.

Enfin, Durkheim remarque que les grands conflits politiques, comme les guerres, coïncident avec une baisse des suicides. Le conflit ne serait pas la cause de celle-ci, mais en engendrant l'union de tous face à l'ennemi, il favoriserait l'intégration des individus à la société.

Le suicide varie donc en raison inverse de l'intégration de l'individu aux groupes sociaux (domestique, politique, religieux...) dont il fait partie. L'individu, psychologiquement désorienté par la désintégration de la vie collective, perd le sens de direction, se replie sur lui-même, ne reconnaît que ses intérêts privés comme règle de conduite et devient suicidaire. Durkheim qualifie d'égoïsme ce type de suicide engendré par une «individuation démesurée».

Durkheim distingue aussi le suicide «anomique» qui se produit dans les périodes de perturbation de l'ordre collectif, de rupture d'équilibre économique et d'importants réarrangements du corps social. Ce type de suicide serait engendré par les souffrances causées par les dérèglements sociaux qui accroissent l'écart entre les attentes de l'individu et ce que la réalité offre; le suicide égoïste, lui, résulte d'une absence de raison de vivre. Aussi ce dernier serait-il plus présent dans les milieux intellectuels; celui-là fleurirait dans les milieux «économiques».

Le suicide égoïste et le suicide anomique semblent liés à un état de civilisation marquée par l'individualisme d'une société mal intégrée et par l'anomie d'une société en constants changements.

Durkheim juge cependant que la croissance des suicides n'est pas due à la nouvelle civilisation, mais à un passage désordonné de la société mécanique à la société organique, au fait que les croyances et les institutions du passé n'ont pas encore été adéquatement remplacées par de nouvelles croyances et institutions.

Mais, avant d'aborder ces nouvelles croyances et institutions, l'effet de la division du travail sur le faible taux de suicide chez les femmes nous retiendra.

Les femmes

À l'origine, l'homme et la femme se différenciaient faiblement au plan tant anatomique que fonctionnel. Les deux sexes, dotés d'une ossature et d'une musculature similaires, avaient une force équivalente, alors qu'aujourd'hui le progrès aurait transformé la femme en une faible créature. Même le cerveau avait un volume semblable: la civilisation aurait accru celui de l'homme, et donc son intelligence, au détriment de celui de la femme. Les deux sexes partageaient une vie semblable, la femme participant à la politique et à la guerre, alors que de nos jours la différenciation du travail ferait de la douceur un des attributs distinctifs de la femme.

À l'époque primitive de l'indifférenciation, les liens conjugaux étaient instables et indéterminés. Aujourd'hui, la stricte division du travail entre la femme, qui «s'accapare» les fonctions domestiques et affectives, et l'homme, qui prend charge des fonctions sociales et intellectuelles, multiplie les obligations réciproques et rend possible une solidarité conjugale intime et durable au sein du mariage. Pour l'auteur, l'effet le plus remarquable de cette division sexuelle du travail n'est pas l'augmentation du rendement et de la productivité, mais la solidarité conjugale qu'elle entraîne.

Pourquoi l'homme se suicide-t-il plus que la femme? Pourquoi le suicide s'attache-t-il plus aux divorcés qu'aux divorcées? Pourquoi le nombre d'épouses qui se suicident augmente-t-il dans les sociétés où le divorce est impossible tandis qu'il régresse dans les autres?

L'homme est plus socialisé, la femme plus proche de la nature; l'homme, plus mental et intellectuel, la femme plus instinctive. L'homme a besoin que le mariage monogamique borne ses instincts sexuels, ses passions, ses sentiments affectifs et amoureux, source d'inquiétude et de tourments, tandis que le mariage oblige la femme sans compensation: «En effet, les besoins sexuels de la femme ont un caractère moins mental, parce que, d'une manière générale, sa vie mentale est moins développée [...] Parce que la femme est un être plus instinctif que l'homme, pour trouver le calme et la paix, elle n'a qu'à suivre ses instincts. Une réglementation sociale aussi étroite que celle du mariage et, surtout, du mariage monogamique ne lui est pas nécessaire [...] L'homme lui-même n'est pas sans souffrir de cette immutabilité; mais le mal est pour lui largement compensé par les bienfaits qu'il en retire d'autre part. D'ailleurs les mœurs lui accordent certains privilèges qui lui permettent d'atténuer, dans une certaine mesure, la rigueur du régime. Pour la femme, au contraire, il n'y a ni compensation ni atténuation[8].»

Durkheim propose de limiter le droit au divorce pour réduire le nombre de suicides chez les hommes. Mais, pour que cette mesure n'accroisse pas celui des épouses, il suggère que la femme soit socialisée en lui attribuant, comme cela se pratique dans certains milieux bourgeois, les fonctions littéraires et artistiques: «Pourquoi, par exemple, à mesure que l'homme, absorbé de plus en plus par les fonctions utilitaires, est obligé de renoncer aux fonctions esthétiques, celles-ci ne reviendraient-elles pas à la femme? Les deux sexes se rapprocheraient ainsi tout en se différenciant. Ils se socialiseraient également, mais de manière différente[9].»

La corporation

La corporation est un des principaux moyens proposés par Durkheim pour favoriser l'intégration sociale et combattre le suicide. La corporation n'est pas liée à un régime socio-économique précis et sa promotion ne consisterait pas en une position rétrograde. La corporation correspond, dit Durkheim, à des besoins humains; elle a existé non seulement au Moyen Âge mais aussi chez les Romains et même chez les Grecs. Il s'agit seulement de l'adapter aux temps modernes, en substituant aux organisations communales du Moyen Âge des organisations nationales.

L'organisation parallèle de syndicats de travailleurs et de syndicats de patrons ne supprime pas les intérêts égoïstes qui les opposent. Les contrats signés par patrons et syndicats ne font d'ailleurs qu'entériner un rapport de forces, en instituant entre les deux belligérants une trêve qui ne change pas la nature de leur rapport hostile et antagonique. Seule l'organisation professionnelle ou corporative, réunissant obligatoirement employés et employeurs, peut permettre de résoudre solidairement trois types de problèmes: contrat et durée de travail, rétribution des salariés, salubrité industrielle, travail des fem-

---

8. *Le suicide, op. cit.*, p. 306.
9. *Ibid.*, p. 443-444.

mes et des enfants; règlements des conflits de travail; caisses de retraite, de prévoyance et d'assistance. Ces tâches doivent être résolues
par les corporations car, selon l'auteur, l'État est trop éloigné des
conditions spécifiques de chaque industrie et trop surchargé de fonctions diverses pour pouvoir y répondre adéquatement.

Les corporations jouent un rôle économique utile. Mais leur
indispensabilité vient de la fonction morale qu'elles exercent en empêchant l'application brutale de la loi du plus fort, en contenant les
égoïsmes et en entretenant chez chacun un vif sentiment de solidarité. À côté de la famille, de la société politique et de la religion, la
corporation — recouvrant tous les instants de la vie professionnelle
sur tout le territoire national — possède les attributs nécessaires pour
bien intégrer l'individu à la société.

Une société composée d'un État hypertrophié, qui chercherait à
organiser une pluralité d'individus atomisés, serait une monstruosité.
La société est trop complexe pour que l'État puisse l'exprimer et
celui-ci, trop éloigné des individus pour pouvoir les socialiser. Entre
l'État et les individus doivent s'intercaler des organisations intermédiaires dont le rôle essentiel n'est pas de préserver la liberté de l'individu comme l'affirmait Tocqueville, mais de le socialiser et de l'intégrer à la société. La corporation, chez Durkheim, est l'organisation
intermédiaire appelée à jouer ce rôle.

L'organisation corporative doit, de plus, devenir la base électorale de l'État, à la place des districts électoraux qui ne reflètent plus
de différences sociales significatives.

Égalité et propriété privée

Le développement économique, laissé à lui-même, ne peut entraîner
qu'anarchie et crises. La société, notamment par l'intermédiaire de la
corporation, doit limiter les désirs insatiables de chacun. Le rôle des
corporations est précisément de faire comprendre à chacun «jusqu'où
peuvent aller ses ambitions» et qu'il doit s'y limiter: «Il y a, par
exemple, une certaine manière de vivre qui est regardée comme la
limite supérieure que puisse se proposer l'ouvrier dans les efforts
qu'il fait pour améliorer son existence, et une limite inférieure au-
dessous de laquelle on tolère difficilement qu'on descende, s'il n'a
pas gravement démérité. L'une et l'autre sont différentes pour

l'ouvrier de la ville et celui de la campagne, pour le domestique et pour le journalier, pour l'employé de commerce et pour le fonctionnaire, etc.[10]»

Un travail parcellaire est injuste s'il ne correspond pas à la capacité et aux aptitudes de celui qui l'occupe. Une inégalité sociale est injuste si elle ne correspond pas à une inégalité naturelle. La hiérarchie des fonctions, le type de travail offert et les revenus qu'il apporte sont justes dans la mesure où les conditions d'accès à ces fonctions sont considérées comme justes. Jadis, la naissance était le principe exclusif de différenciation sociale tandis que, de nos jours, elle relève de l'inégalité naturelle, de l'inégalité de fortune ou du mérite de chacun.

Il est impossible de supprimer les inégalités héréditaires d'aptitudes physiques et intellectuelles. La différenciation sociale ne peut relever exclusivement du mérite. Cependant, du moins dans *De la division du travail social*, Durkheim souligne l'injustice engendrée par la transmission héréditaire des richesses et approuve les efforts de la présente société en vue de l'atténuer: «La société s'efforce de la réduire autant que possible, en assistant par divers moyens ceux qui se trouvent placés dans une situation trop désavantageuse, et en les aidant à en sortir. Elle témoigne ainsi qu'elle se sent obligée de faire la place libre à tous les mérites et qu'elle reconnaît comme injuste une infériorité qui n'est pas personnellement méritée[11].» Cette égalité dans les conditions extérieures de lutte et de concurrence rend possible et favorise, dit Durkheim, la solidarité organique.

L'État

L'État, dont la base électorale devrait reposer sur les corporations, doit rendre l'appartenance à celles-ci obligatoire et ne devrait pas s'immiscer dans les fonctions de régulation économique et de sécurité sociale qui relèvent d'elles. Il doit, cependant, défendre l'utilité générale, les droits et les intérêts de la collectivité totale, les nécessités de l'équilibre organique contre le «particularisme» des corporations.

---

10. *Le suicide, op. cit.*, p. 276.
11. *De la division du travail social, op. cit.*, p. 372.

La société politique est constituée de différents groupes secondaires, dont les corporations, chapeautés par l'autorité de l'État. Celui-ci est cet organe spécial qui pense et décide par et pour la société. Cette fonction et ce pouvoir de «représentation collective» lui permettent de contrer les tendances des corporations à se renfermer sur elles-mêmes et assurent, contre celles-ci, la défense des individus, dans la mesure toutefois où son propre pouvoir trouve lui-même un contrepoids dans les corporations.

L'État a défendu les droits de l'individu contre les résistances des institutions médiévales. L'histoire montre, dit Durkheim, qu'il n'y a aucune opposition entre développement de l'individualisme et développement de l'État. Il faut distinguer le pouvoir archaïque et absolu du despote, qui était fort simple et qui ne respectait aucune liberté individuelle, du pouvoir de l'État moderne, étendu et complexe, fondé sur la liberté individuelle. Dans les sociétés mécaniques, l'État exerçait de façon despotique les seules fonctions de justice et de guerre; dans les sociétés organiques, ces fonctions se différencient et les champs d'intervention étatique s'élargissent, tout en respectant les libertés individuelles.

L'individualisme et l'étatisme sont tous deux le fruit de la Révolution française: «Le premier a eu pour effet de faire admettre comme évident que la place des individus dans le corps politique devait être exclusivement déterminée par leur valeur personnelle, par suite, de faire rejeter comme injustes les inégalités établies par la tradition. Le second a eu cette conséquence que les réformes qui étaient jugées nécessaires furent considérées comme réalisables, parce que l'État fut conçu comme l'instrument naturel de leur réalisation[12].»

L'État, qu'il soit ou non respectueux de l'individu, est toujours aux mains d'une minorité. Du point de vue du nombre, aucun trait essentiel ne distingue les constitutions. Ce qui les distingue fondamentalement est le type de communication qu'entretient la minorité gouvernante, l'État, avec la société. En général, l'État monarchique ou aristocratique développe une conscience isolée du reste de la société, tandis que la communication avec celle-ci est étroite au sein d'un État démocratique. Il y a rétroaction entre ce qui se passe ou se dit dans les milieux politiques et la façon dont la population réagit à

---

12. *Le socialisme*, Quadrige/PUF, 1992, p. 93.

cette information. La fonction représentative du gouvernement sera aussi grande que sera étendue cette rétroaction. Grâce aux échanges constants d'informations, l'État n'est plus une réalité extérieure à l'individu. Celui-ci peut comprendre les contraintes de l'État et s'y plier volontairement. La grandeur «morale» de la démocratie réside dans cette nécessité devenue liberté.

L'État démocratique ne doit toutefois pas représenter la volonté des gouvernés. Une telle conception de l'État conduit à des changements constants et superficiels. L'État, organe minoritaire, doit représenter la lucidité face aux sentiments changeants des masses. Le suffrage à deux degrés — par lequel est introduite, entre l'État et les individus, la corporation — permet précisément à l'État de ne pas être soumis étroitement aux fluctuations de l'opinion publique. Les corporations, en favorisant l'autonomie de l'État face à la foule inconstante, protègent de plus l'individu contre la mainmise de celui-ci, tout comme l'État le protège contre le particularisme des corporations.

La morale est ce qui rattache l'individu à la réalité sociale qui le dépasse. Durkheim hiérarchise les groupes qui vont du proche au lointain, de la famille à l'humanité.

Le patriotisme correspond à la solidarité organique d'une collectivité reposant sur la division du travail. Mais celle-ci, étendue au niveau international, ne peut créer une solidarité de groupe, une société, l'humanité étant formée de types sociaux trop diversifiés intellectuellement et moralement. Le patriotisme, pour devenir compatible avec le cosmopolitisme, doit se tourner vers l'autonomie intérieure, au lieu de viser l'expansion extérieure: «Pour que toute contradiction disparaisse, pour que toutes les exigences de notre conscience morale soient satisfaites, il suffit que l'État se donne comme principal objectif, non de s'étendre matériellement au détriment de ses voisins, non d'être plus fort qu'eux, plus riche qu'eux, mais de réaliser dans son sein les intérêts généraux de l'humanité[13].» Aussi, durant la guerre de 1914-1918, Durkheim reprochera aux intellectuels allemands de refléter la mentalité «pathologique» de leur collectivité, en valorisant l'expansion extérieure au lieu de l'autonomie

---

13. *L'éducation morale*, PUF, 1963, p. 65.

interne, en mettant la puissance de leur État au-dessus des intérêts de l'humanité.

L'État, en étant en interaction communicative avec la société, est représentation collective. Mais Durkheim, au-delà de cette représentation fonctionnelle et instrumentale des intérêts de la collectivité, défend une représentation idéale et normative qui trouve son expression symbolique dans la religion.

La religion

La religion est un ensemble de croyances et de rites portant sur le sacré et structurant une communauté.

Les croyances, l'un des quatre éléments constitutifs de la religion, sont l'ensemble des représentations (doctrine, dogmes et théologie) qui définissent l'origine de l'homme, son rapport aux autres hommes et au cosmos, sa finalité ou le sens de sa vie, son mode de conduite, etc. La religion a ainsi comme fonction de rendre le monde intelligible et significatif. Pour ce faire, elle délimite une frontière entre le sacré et le profane.

Les rites, deuxième élément, sont des modes d'action déterminés, des règles de conduite qui réactivent la foi des croyants et la communauté qu'ils constituent, en démarquant les choses sacrées des choses profanes et en prescrivant le mode de comportement de l'homme envers celles-là.

L'opposition entre le sacré et le profane constitue le troisième élément et distingue la religion de toute autre forme de représentation collective: «Mais ce qui est caractéristique du phénomène religieux, c'est qu'il suppose toujours une division bipartite de l'univers connu et connaissable en deux genres qui comprennent tout ce qui existe, mais qui s'excluent radicalement. Les choses sacrées sont celles que les interdits protègent et isolent; les choses profanes, celles auxquelles ces interdits s'appliquent et qui doivent rester à distance des premières[14].» La magie partage avec la religion cette polarisation du monde entre sacré et profane.

Enfin, la religion a pour fonction de lier les uns aux autres les croyants et de les unir en une communauté, en un même groupe

---

14. *Les formes élémentaires de la vie religieuse*, Le Livre de Poche, 1991, p. 99.

ayant une même vie, une même église. Ce quatrième et dernier élément, qui soude prêtres et fidèles en une seule communauté morale, manque à la magie dans laquelle les disciples et le magicien sont liés par un rapport de clientèle.

La religion, qui a occupé une place si considérable dans l'histoire, n'est pas, en tant que système de croyances et de représentations collectives, un tissu d'illusions. Au contraire, la connaissance scientifique, avant de se construire contre la religion, est née de celle-ci et lui a emprunté ses principales catégories mentales. «Il existe, à la racine de nos jugements, un certain nombre de notions essentielles qui dominent toute notre vie intellectuelle [...] notions de temps, d'espace, de genre, de nombre, de cause, de substance, de personnalité, etc. [...] Elles sont nées dans la religion et de la religion; elles sont un produit de la pensée religieuse[15].»

La religion n'est pas une hallucination: elle représente, de façon métaphorique et symbolique, le rapport obscur, intime, essentiel et réel qui lie l'individu à la société. Le fidèle se représente Dieu comme une réalité supérieure dont il dépend et qui lui prescrit un code de conduite: la société impose à ses membres des règles de comportement contraires aux penchants égoïstes de chacun. Cette autorité morale supérieure de la religion ou de la société est intériorisée de telle sorte qu'elle suscite, dans une perspective kantienne, le respect comme sentiment serein, tandis que la désobéissance entraîne le remords. Mais Dieu et la société ne sont pas seulement une autorité morale dont les hommes dépendent et qui les contraint, ils sont aussi une force morale qui les anime, leur donne confiance et les stimule.

Les rites religieux les plus importants se distinguent en négatifs et en positifs. Les rites négatifs séparent les êtres, les choses et les occupations dans l'espace (temples et sanctuaires) et dans le temps (jours de fête), en démarquant le sacré du profane. L'homme ne peut entrer en contact avec les choses sacrées qu'en se dépouillant de ce qu'il y a de profane en lui. Dans un tel lieu ou dans tel moment sacré, l'homme doit renoncer aux activités quotidiennes qui satisfont ses besoins et s'abstenir de consommer telle ou telle chose agréable. Sur cette base se développent des pratiques ascétiques par lesquelles l'homme, en subordonnant sa vie à des idéaux moraux, sacrifie ses

---

15. *Ibid.*, p. 51-52.

instincts égoïstes, se rend maître de sa nature et affirme ainsi sa maîtrise sur les choses. La société, comme la religion, a besoin de telles pratiques ascétiques afin que l'homme, en faisant violence à ses appétits naturels, puisse s'élever au-dessus de lui-même.

Les cultes positifs ont pour objet de faire communiquer les êtres profanes avec les êtres sacrés, en maintenant en vie, non seulement les hommes mais aussi les dieux. Durkheim s'oppose donc à la distinction wébérienne entre religion et magie (celle-ci chercherait à se soumettre les dieux tandis que la religion affirmerait la totale dépendance des hommes envers les dieux). Chez Durkheim, l'existence même des dieux dépend des hommes. Le rapport entre le profane et le sacré est similaire à celui qui lie individus et société: ceux-là ne peuvent exister sans celle-ci et celle-ci ne peut exister que dans les consciences individuelles. Les cultes positifs réaffirment périodiquement l'adhésion au groupe, en liant le présent au passé et en réveillant en chacun les sentiments provenant des croyances, des traditions et des mythologies communes. Les cultes positifs ont pour objet, en rapprochant les individus, de recréer le sacré ou la société, et ont comme fonction de recréer moralement et spirituellement les croyants et la communauté religieuse, les individus et la société.

Durkheim, contrairement à Weber, ne cherche pas à expliquer comment se développe le processus de rationalisation tendant à faire disparaître la religion, ni pourquoi ce processus se réalise en Occident et non ailleurs. Il prend toutefois note de ce processus. À l'origine, dit-il, dans les sociétés mécaniques, les types individuels rudimentaires se ressemblaient et l'être collectif prenait toute la place. L'être collectif y était, à la fois et indistinctement, social et religieux. Pourtant, dès le passage des «sociétés inférieures» aux peuples chrétiens, la religion commence à se retirer de la vie publique de telle sorte que, de nos jours, les fonctions économiques, politiques et scientifiques se sont affranchies de la religion qui n'embrasse plus qu'une part réduite de la vie sociale.

Durkheim juge normale l'émergence de l'individu comme personne humaine au sein de la société organique. Il juge aussi normal que la morale, n'étant plus dépendante d'un être éternel et immuable, s'adapte à une société en changement et devienne plus fluide. Toutefois, il juge pathologique la crise morale entraînée par le passage de la société mécanique à la société organique; ce passage produit un tel bouleversement de la représentation collective qu'il laisse les individus à eux-mêmes, désorientés, sans idéaux collectifs, sans le sens de la solidarité sociale.

Durkheim constate, comme Weber, que la science remplace les spéculations religieuses dans l'explication du rapport de l'homme avec la nature et avec les autres hommes. La religion perd sa «fonction représentative» aux mains des savants. Cependant, la science, fragmentaire, incomplète et inachevée, si elle explique le réel, ne dit pas, comme la foi, pourquoi et comment vivre. La science ne pourra donc pas remplacer complètement la représentation religieuse, quoique les spéculations sur le sens et la conduite de la vie devront tenir compte et partir des découvertes scientifiques.

La religion est plus que représentation: elle est rites qui règlent la conduite des individus, en les entraînant à combattre leurs instincts égoïstes au nom d'idéaux collectifs. Durkheim, contre ce qui semble l'interprétation de Weber, affirme la pérennité du phénomène religieux. La crise morale de la civilisation réside dans le fait que les croyances religieuses anciennes n'ont pas été remplacées par de nouvelles remplissant les mêmes fonctions essentielles: «Il y a donc dans la religion quelque chose d'éternel qui est destiné à survivre à tous les symboles particuliers dans lesquels la pensée religieuse s'est successivement développée. Il ne peut pas y avoir de société qui ne sente le besoin d'entretenir et de raffermir, à intervalles réguliers, les sentiments collectifs et les idées collectives qui font son unité et sa personnalité. Or, cette réfection morale ne peut être obtenue qu'au moyen de réunions, d'assemblées, de congrégations où les individus, étroitement rapprochés les uns des autres, réaffirment en commun leurs communs sentiments; de là, des cérémonies qui, par leur objet, par les résultats qu'elles produisent, par les procédés qui y sont employés, ne diffèrent pas en nature des cérémonies proprement religieuses[16].»

Quelle serait cette nouvelle religion? Quels seraient ses rites négatifs et positifs? Quelle serait son église? Durkheim ne le dit pas. Il affirme cependant qu'au plan de la représentation collective, le culte de la personne humaine est devenu une chose sacrée, une sorte de dieu auquel on doit le respect.

---

16. *Ibid.*, p. 709.

La personne humaine

La société mécanique est fondée sur la similitude des individus. Le progrès de la division du travail au sein de la société organique développe la personnalité de chacun en le spécialisant. Durkheim affirmera aussi que les religions théocentriques favorisent l'individualité, contrairement aux religions panthéistes ou cosmocentriques. Il dira aussi que le christianisme, privilégiant la foi intérieure par rapport aux pratiques extérieures, sera un terrain propice à la croissance de la liberté de pensée, ingrédient fondamental de l'individualité.

Très tôt, Durkheim cherche à opposer à un individualisme égoïste, tourné vers soi, un individualisme qui correspondrait à la solidarité organique et objective fondée par la division du travail, un individualisme qui serait respect, par rapport à soi et dans l'autre, de la personne humaine. Ce culte de l'homme, de la personne humaine, deviendrait une chose sacrée à laquelle aucun individu, aucune société ou aucun État ne pourraient attenter: «Ce culte de l'homme est donc tout autre chose que cet individualisme égoïste [...] Car l'homme qui est ainsi proposé à l'amour et au respect collectifs n'est pas l'individu sensible, empirique, qu'est chacun de nous; c'est l'homme en général, l'humanité idéale [...] Il s'agit donc, non de concentrer chaque sujet particulier sur lui-même et sur ses intérêts propres, mais de le subordonner aux intérêts généraux du genre humain. Une telle fin le tire hors de lui-même; impersonnelle et désintéressée, elle plane au-dessus de toutes les personnalités individuelles[17].»

Durkheim éclaire aussi ce qu'il entend par personne humaine en recourant à l'opposition religieuse entre l'âme, domaine du sacré, et le corps, lieu du profane. La personne humaine serait constituée de ces deux réalités: l'âme dont la nature serait collective et impersonnelle; le corps, principe d'individuation de cette âme.

De ces deux éléments de la personne humaine, l'âme, l'aspect impersonnel, est beaucoup plus important que le corps, qui n'est que la façon propre à chacun de voir et d'exprimer cette réalité psychique commune. Durkheim se réfère à Kant: la dignité et la liberté de l'être humain consistent dans sa volonté d'agir conformément aux lois

---

17. *Le suicide, op. cit.*, p. 382-383.

prescrites par la raison: «Car la raison n'est pas ma raison; c'est la raison humaine en général. Elle est le pouvoir qu'a l'esprit de s'élever au-dessus du particulier, du contingent, de l'individuel, pour penser sous la forme de l'universel. On peut donc dire, de ce point de vue, que ce qui fait de l'homme une personne, c'est ce par quoi il se confond avec les autres hommes, ce qui fait de lui un homme, et non tel homme[18].»

Il n'est donc pas étonnant que Durkheim ramène l'éducation du caractère moral de l'enfant aux trois éléments suivants: l'esprit de discipline, l'attachement aux groupes sociaux et l'autonomie de la volonté. Le premier apprend à l'enfant à suivre avec constance les règles prescrites par les figures d'autorité. L'enfant s'habitue ainsi à dominer ses impulsions, ses désirs et ses passions, acquiert la maîtrise de soi, qui lui permettra plus tard d'assumer sa tâche au sein de la solidarité organique créée par la division du travail. Le second, l'attachement aux groupes, inculque à l'enfant la subordination de ses instincts égoïstes aux idéaux sociaux. Le dernier enfin, inspiré de Kant, enseigne l'autonomie, apprend à l'enfant à accepter librement les règles dictées par la raison, parce qu'on les lui aura expliquées.

Individu et société

Weber part de l'individu pour tenter de comprendre la société. Au contraire, Durkheim part de la société qui, bien qu'elle n'existe que dans les consciences individuelles, n'en est pas moins une réalité qui les dépasse et les conditionne. Cette position épistémologique et méthodologique n'entraîne pas Durkheim à déprécier l'individu ou la personne humaine. Tout à l'opposé, Durkheim, tant dans ses interventions politiques lors de l'affaire Dreyfus que dans ses développements théoriques, est un partisan articulé et cohérent de la liberté de

---

18. *Les formes élémentaires de la vie religieuse, op. cit.*, p. 466. Durkheim s'aperçoit que son insistance sur le caractère sacré de la personne l'a entraîné à remettre en question l'individuation défendue dans *De la division du travail social*. Aussi, dans une note de la page 469, il rectifie: «Si l'élément essentiel de la personnalité est ce qu'il y a de social en nous, d'un autre côté, il ne peut y avoir de vie sociale que si des individus distincts sont associés, et elle est d'autant plus riche qu'ils sont plus nombreux et plus différents les uns des autres. Le facteur individuel est donc condition du facteur personnel. La réciproque n'est pas moins vraie, car la société elle-même est une source importante de différenciation individuelle.»

l'individu et de la dignité de la personne humaine, alors que la défense de l'individu chez Weber paraît instrumentale et souvent subordonnée à la puissance de l'État qu'il soutient avec intransigeance.

Pour Durkheim comme pour Weber, le pouvoir d'État est toujours celui d'une minorité. L'un et l'autre accordent peu d'importance aux mécanismes démocratiques (parlement, plusieurs partis, suffrage universel...) et à leurs justifications idéologiques (pouvoir représentant la volonté majoritaire ou générale, pouvoir fondé sur des individus libres et égaux, etc.). Weber s'intéresse aux mécanismes assurant la légitimité du pouvoir (pouvoir traditionnel, charismatique ou légal), tandis que Durkheim préconise les corporations pour assurer un meilleur échange d'informations entre la minorité gouvernante et les individus.

Durkheim est favorable aux différences et aux libertés individuelles, dont il trouve le fondement dans la division du travail. Le problème qu'affronte l'auteur, du début de ses écrits au dernier, est la liaison de l'individualisme aux idéaux sociaux: comment empêcher que celui-là renferme l'individu sur lui-même? Au début, il espère que l'organisation corporative pourra promouvoir cette solidarité fondée objectivement dans la division du travail. Par la suite, sans jamais rejeter cette solution, il insistera sur la nécessité d'une nouvelle religion, dont le credo serait la personne humaine dans un sens kantien, pour recréer cette société intégrée à laquelle il aspire.

Durkheim ne s'est jamais expliqué sur son abandon radical du judaïsme. Parfois, la lecture de ses écrits donne l'impression que, s'il a adhéré avec force aux libertés conquises par son intégration à la société française, il a toujours conservé la nostalgie de la chaude et forte communauté dont il s'est exclu. Le rêve de Durkheim aurait alors été de concilier la communauté perdue avec la liberté découverte.

BIBLIOGRAPHIE

DURKHEIM, Émile, *De la division du travail social*, PUF, 1978.

——, *Le socialisme*, Quadridge/PUF, 1992.

——, *Le suicide*, Quadridge/PUF, 1993.

——, *Leçons de sociologie*, PUF, 1950.

——, *L'éducation morale*, PUF, 1963.

——, *Les formes élémentaires de la vie religieuse*, Le Livre de Poche, 1991.

ARON, Raymond, *Les étapes de la pensée sociologique*, Gallimard, 1967.

Dans le chapitre qui lui est consacré, Aron présente les principales thèses de Durkheim en montrant leurs limites qui seraient dépassées par Pareto et surtout par Weber.

FENTON, Steve, *Durkheim and Modern Sociology*, Cambridge, Cambridge University Press, 1984.

L'auteur présente une synthèse de la sociologie durkheimienne en opposant son radicalisme à ses préoccupations conservatrices. Il cherche à démontrer son actualité en exposant comment certains de ses thèmes inspirent des auteurs contemporains.

GIDDENS, Anthony (dir.), *Durkheim on Politics and the State*, Stanford, Stanford University Press, 1986.

Différents textes de Durkheim introduits par Anthony Giddens, à qui on doit *Capitalism and Modern Social Theory* (Cambridge, Cambridge University Press, 1971) et qui combat l'interprétation d'un Durkheim conservateur.

JONES, Robert Alun, *Emile Durkheim*, Beverly Hills, Sage, 1986.

L'auteur présente un résumé détaillé des quatre ouvrages fondamentaux de Durkheim: *De la division du travail social*, *Les règles de la méthode sociologique*, *Le suicide* et *Les formes élémentaires de la vie religieuse*.

LACROIX, Bernard, *Durkheim et le politique*, Paris, Presses de la Fondation nationale des sciences politiques, et Montréal, PUM, 1981.

Lacroix, après avoir montré les préoccupations politiques qui animent Durkheim dans ses premiers écrits, présente l'année 1895 comme le lieu d'une coupure épistémologique (problématique althussérienne) renvoyant à la mort du père (problématique freudienne), puis expose la sociologie politique de l'auteur dont il exclut les propositions normatives.

LUKES, Steven, *Emile Durkheim: His Life and Work*, Stanford, Stanford University Press, 1985.

Biographie intellectuelle exhaustive où est évaluée la contribution sociologique de l'auteur. Paru en 1973, cet ouvrage a favorisé le renouvellement des études sur Durkheim en montrant que son conservatisme était limité par des positions réformistes.

PICKERING, W.S.F., *Durkheim's Sociology of Religion*, Londres, Routledge & Kegan Paul, 1984.

L'auteur, se fondant sur l'ensemble des textes de Durkheim, montre l'évolution et la complexité de ses positions sur la religion.

Prades, José A., *Persistance et métamorphose du sacré*, PUF, 1987.

L'auteur présente, explicite et défend les thèses religieuses de Durkheim, puis expose, en les réfutant ou en montrant leurs limites, les principales critiques qui leur ont été adressées.

——, *Durkheim*, PUF, coll. «Que sais-je?», 1990.

Introduction à la pensée de Durkheim présentée de façon chronologique.

Wallwork, Ernest, *Durkheim Morality and Milieu*, Cambridge, Harvard University Press, 1972.

La sociologie de Durkheim est, selon Wallwork, inséparable de sa philosophie morale. En étudiant l'ensemble de l'œuvre de Durkheim, dont les articles de journaux et les comptes rendus de lectures, l'auteur analyse de façon exhaustive l'évolution de sa pensée morale.

ARENDT

(1906-1975)

Hannah Arendt a 12 ans lorsque son pays, l'Allemagne, perd en 1918 la Première Guerre mondiale. En 1929, la crise économique frappe de plein fouet l'économie allemande, multiplie le nombre de chômeurs et répand la misère. Le Parti national-socialiste, fondé en 1920, appuyé par une organisation paramilitaire (les SA) qui s'attaque aux organisations syndicales et politiques, voit son nombre de sièges au *Reichstag* augmenter et son chef, Adolf Hitler, appelé à la chancellerie par le président de la république en 1933. Arrivé au pouvoir légalement, Hitler agit avec célérité et en six mois pose les bases essentielles de sa dictature: vote des pleins pouvoirs par le *Reichstag*; épuration des universités, de l'administration et du système judiciaire; grands autodafés de livres pacifistes, marxistes ou juifs; suppression des syndicats remplacés par le Front du travail; dissolution des partis politiques au profit du mouvement national-socialiste; boycott des commerçants juifs et vote des premières lois sur la sélection raciale; création de la Gestapo... La signature du concordat par Pie XI, la même année, consacre la légitimité de ce régime. Une mobilisation totale des masses par la propagande (Goebbels), un vaste système policier (Himmler) et un dirigisme économique qui vainc le chômage par des grands travaux et la militarisation de l'économie assurent à cette dictature la base populaire nécessaire à son maintien et à sa lutte contre les socialistes, les communistes et les juifs. En politique intérieure, l'antisémitisme sa radicalise et vise à partir de 1942 la «solution finale» par l'extermination de tous les juifs. En politique étrangère, Hitler veut réunir en un seul État tous les Allemands et conquérir un «espace vital» au détriment de la Pologne et de l'Ukraine. Cette politique conduit à la Deuxième Guerre mondiale.

Hannah Arendt entreprend des études universitaires avec Heidegger, dont elle devient la maîtresse, puis avec Jaspers qui sera le directeur de sa thèse de doctorat sur saint Augustin, puis un correspondant intellectuel tout le long de sa vie.

Les parents d'Hannah Arendt, d'origine juive, sont assimilés et ne pratiquent pas; c'est l'antisémitisme du milieu ambiant qui confrontera Hannah Arendt à sa judaïté. En 1933, elle quitte l'Allemagne nazie pour la France où elle sera internée, avec les autres réfugiés juifs, en 1940. Un an plus tard, elle prend un bateau pour les États-Unis où elle obtiendra la citoyenneté américaine en 1951. Durant ces années d'exil, Arendt, condamnée au statut d'apatride, s'engage dans des organisations sionistes. Attaquée comme juive, elle se défend en assumant sa judaïté. Elle militera pour l'organisation d'une armée juive afin de lutter contre le nazisme et soutiendra la création en Palestine d'un État fédéral bi-national qui serait intégré au Commonwealth britannique.

Face à l'antisémitisme et au totalitarisme, Hannah Arendt veut réhabiliter le politique comme espace public où les hommes agissent et actualisent leur liberté. L'agir politique, avec le travail et l'œuvre, fait partie de la *vita activa* qui était subordonnée à la contemplation de la Vérité par les philosophes grecs, et à celle de Dieu par les théologiens médiévaux. Arendt reprend aux Anciens le terme de *vita contemplativa*, en lui enlevant toute signification contemplative et en mettant l'accent sur la vie de l'esprit (la pensée, le vouloir et le jugement). Nous présenterons son analyse de la vie de l'esprit puis celle de l'action avant d'aborder l'éclairage qu'elle apporte à la compréhension de situations politiques concrètes.

La pensée

L'esprit et l'âme, qu'Arendt oppose, se disputent la vie intérieure, invisible, de chacun. Tandis que le premier est pure activité de la raison ou de l'intellect, la seconde est le ramassis chaotique de passions, de sentiments et d'émotions dont chacun est le patient.

La vie de l'esprit est un dialogue silencieux avec soi-même, un état de solitude où on se tient compagnie. Le deux-en-un est l'essence de la pensée. La pensée est duelle: l'unité est rétablie seulement lorsque le penseur est interpellé et le processus de pensée, interrompu. Arendt distingue cette solitude, où je tiens compagnie à moi-même, où je suis à la fois celui qui questionne et celui qui répond, de la désolation où je suis privé, non seulement de la compagnie des autres, mais de «ma propre compagnie potentielle».

La vie de l'esprit rend présent ce qui est absent par la faculté de l'imagination. Elle re-présente intellectuellement le monde présent aux sens, mais absent de la vie mentale. Cette faculté ne se limite pas «aux images mentales d'objets absents», mais elle anticipe ce qui n'est *pas encore*, ce que pourrait être le futur, et, sous forme de mémoire, «emmagasine et tient à la disposition du souvenir, ce qui *n'est plus*».

Les deux grandes facultés de l'esprit, la raison et l'intellect, se distinguent par le type d'activité mentale et par le type de préoccupation; la pensée et la signification pour la première, le savoir et la vérité pour le second. L'intellect veut savoir si une choses existe et ce qu'elle est; la raison veut comprendre la signification ou le pourquoi de son existence. L'intellect veut saisir, soit par le sens commun — le sixième sens — soit par la science, ce qui est donné aux cinq sens. L'intellect recherche des vérités irréfutables, aptes à contraindre l'esprit humain.

Avec Leibniz, Arendt distingue les vérités de raisonnement (par exemple, les propositions mathématiques) des vérités de faits. Les premières, ayant la même évidence pour tous les êtres doués d'une intelligence égale, sont universellement contraignantes; les secondes ne le sont que pour les témoins directs, les autres devant se fier à ce que racontent ceux-ci et se représenter les faits par l'imagination. De plus, les vérités de raisonnement sont nécessaires; les vérités de faits sont, comme tout fait, contingents et auraient pu ne pas exister. Le contraire de la vérité de raisonnement est l'illusion des sens ou l'erreur de raisonnement; le contraire de la vérité des faits est le mensonge délibéré.

L'auteur différencie les mensonges politiques traditionnels des mensonges politiques modernes. Les premiers protégeaient des secrets authentiques, comme dans certaines activités diplomatiques, ou portaient sur des intentions qui ne sont que des potentialités face à la certitude des faits accomplis. Les mensonges politiques modernes portent sur des faits, non sur des intentions, et sur des faits connus publiquement. Arendt distingue deux grands types de mensonges modernes: la réécriture de l'histoire contemporaine (Staline faisant disparaître Trotsky de l'histoire de la révolution russe ou de Gaulle affirmant que la France est un des vainqueurs de la dernière grande guerre et donc une des grandes puissances) et la fabrication d'images (les spécialistes du Pentagone camouflant, triturant et niant les faits pour préserver l'image des États-Unis lors de la guerre du Vietnam[1]). Ces mensonges organisés peuvent conduire les trompeurs à se duper eux-mêmes, à croire à l'image fabriquée et à perdre tout contact avec la réalité. Ils peuvent mener à la violence dans la mesure où ils portent à détruire ce qu'ils nient, comme l'a montré l'expérience des gouvernements totalitaires. Ils conduisent le plus souvent au cynisme, c'est-à-dire à l'incapacité de s'orienter à travers les informations et les images véhiculées.

La négation délibérée de la réalité — le mensonge moderne — et la possibilité de changer la réalité — l'agir politique — procèdent toutes deux de la même faculté, l'imagination, qui nous offre la possibilité de dire oui ou non aux faits. C'est pourquoi le mensonge moderne est si dangereux pour l'exercice de la liberté politique.

L'imagination joue aussi un rôle chez l'historien ou le romancier qui rend présent ce qui est irrémédiablement disparu, en lui donnant une signification qu'il n'avait évidemment pas pour l'acteur, signification jamais définitive et toujours à revoir. Par l'histoire, les faits et les événements perdent leur contingence et deviennent compréhensibles humainement.

Le vouloir

La volonté ne se réduit pas au désir comme le laissait entendre Hobbes, ni à la raison comme l'affirmait Spinoza. La volonté est la faculté de l'esprit qui peut refuser un désir ou le transformer en intention, refuser l'objet du désir ou le transformer en projet: «Ainsi, pour vouloir, l'esprit doit prendre ses distances vis-à-vis des exigen-

---

1. Voir l'excellente analyse d'ARENDT, «Du mensonge en politique. Réflexions sur les documents du Pentagone», *in Du mensonge à la violence*, Calmann-Lévy, 1972, p. 9-54.

ces immédiates du désir qui, sans réfléchir et en dehors de toute réflexivité, tend la main pour s'emparer de l'objet convoité; car la volonté ne se préoccupe pas d'objets, mais de projets, par exemple de la disponibilité future d'une chose qu'elle peut, selon les cas, désirer ou pas dans l'immédiat. La volonté transforme le désir en intention[2].» De la même façon que pour l'objet désiré, la volonté peut accepter ou refuser ce que lui présente l'intellect ou la raison.

Au contraire de la mémoire qui est tournée vers le passé, la volonté est une faculté animée par des projets et orientée vers le futur. Et si le passé se présente sous les traits de la certitude, l'avenir, quel que soit son degré de probabilité, est toujours incertain. Les actes volontaires sont nécessairement contingents, car ils auraient pu ne pas être accomplis. L'événement, fruit de l'agir, est contingent, mais une fois réalisé, il se présente à l'esprit comme un fait, une nécessité. La contingence est à la volonté ce qu'est la nécessité à l'intellect: la vérité est contraignante, nécessaire; l'acte volontaire est libre et aurait pu ne pas être.

La volonté est généralement posée comme libre arbitre, comme choix entre divers moyens potentiels en vue d'une fin ou comme choix entre certaines fins possibles. La volonté, comme libre arbitre, peut transformer le deux-en-un de la faculté de pensée en un duel où, comme le décrivait saint Augustin, le je-veux entre en lutte avec un je-ne-veux-pas.

La volonté, comme libre arbitre, peut être perçue comme une faculté d'actualisation d'un possible déjà donné. Après Duns Scot, Arendt insiste plutôt sur la capacité de la volonté d'entreprendre, de commencer ce qui, sans elle, n'aurait pas existé. Ce commencement est radical, absolu et imprévisible: il ne saurait être précédé d'une potentialité que certains pourraient envisager comme cause de l'acte accompli. La volonté est la faculté de cette liberté spontanée, de ce commencement radical qui s'enracinerait dans la naissance quotidienne d'hommes nouveaux et différents.

La volonté, par sa série d'actes de volition séparés, rend possible le «je qui dure», le caractère du moi, qui aurait donc pu être différent. La volonté, comme *principium individuationis*, prendra tout son sens, comme nous le verrons plus loin, au sein de l'agir. La liberté

---

2. *La vie de l'esprit*, t. I: *La pensée*, PUF, 1981, p. 93.

philosophique du je-veux, la pure spontanéité de la volonté, se transforme en liberté politique du je-peux lorsqu'elle devient un agir au
sein d'une pluralité humaine.

Le juger

L'agir politique implique le jugement. Pourtant, après l'affaire Eichmann, la condamnation d'Arendt, par la majorité des porte-parole de
la communauté juive, pour avoir affirmé une vérité de fait (la participation de la plupart des Conseils juifs à la politique antisémite des
nazis, du moins dans les étapes qui précèdent les camps d'extermination), l'amène à opposer le jugement du spectateur, qui peut atteindre
l'impartialité, à celui de l'acteur engagé dans la communauté. Arendt
meurt en 1975, au moment même où elle entreprend son ouvrage sur
la troisième importante faculté de pensée, le jugement. Nous tente-
rons de dégager ce qu'elle entendait par ce terme à travers des indices
dispersés dans divers textes, notamment dans ses conférences sur
Kant.

L'acteur n'est jamais seul; l'action politique est nécessairement
plurielle tandis que le spectateur est seul à contempler le spectacle,
même s'il est généralement entouré d'autres spectateurs. L'acteur
confronte son jugement à ceux des autres acteurs du domaine public
tandis que le spectateur rend présents à son esprit les jugements
potentiels d'interlocuteurs absents.

Le jugement n'est pas un dialogue de soi avec soi-même comme
dans la pensée. Le jugement implique que le spectateur puisse, par
l'imagination, se mettre à la place des autres interlocuteurs, non par
empathie, non pour en extraire une opinion statistiquement majoritaire, mais pour mieux comprendre l'agir des acteurs, en développant
ce que Kant appelait une «mentalité élargie». Dans le jugement, je
suis en communication imaginaire avec les autres en vue de dégager
un accord potentiel, représentatif et valide: «Je forme une opinion en
considérant une question donnée à différents points de vue, en me
rendant présentes à l'esprit les positions de ceux qui sont absents;
c'est-à-dire que je les représente. Ce processus de représentation
n'adopte pas aveuglément les vues réelles de ceux qui se tiennent
quelque part ailleurs d'où ils regardent le monde dans une perspective différente; il ne s'agit pas de sympathie comme si j'essayais d'être

ou de sentir comme quelqu'un d'autre, ni de faire les comptes des voix d'une majorité et de m'y joindre, mais d'être et de penser dans ma propre identité où je ne suis pas réellement. Plus les positions des gens que j'ai présentes à l'esprit sont nombreuses pendant que je réfléchis sur une question donnée, et mieux je peux imaginer comment je sentirais et penserais si j'étais à leur place, plus forte sera ma capacité de pensée représentative et plus valides seront mes conclusions finales, mon opinion[3].» La «mentalité élargie» requiert donc comme condition que je me libère de mes intérêts privés et de ceux du groupe auquel j'appartiens, que je transcende mes limites individuelles, que je sois désintéressé.

L'imagination est la faculté qui offre à chacun la possibilité de se mettre à la place des autres et de devenir ainsi critique des jugements partiaux, y compris des siens. Le jugement se situe au plan de l'opinion, du sens commun, du bon sens, et non au plan de la vérité. Le jugement donne sens à des événements politiques, il n'en dit pas la vérité. La politique, domaine de l'opinion et du jugement, ne peut être jugée à l'aune d'une vérité transcendantale comme le voulait Platon. Elle ne tombe pas pour cela dans le domaine du mensonge ou de la tromperie. Elle relève du sens commun dont la validité repose sur le respect de trois maximes: «penser par soi-même (maxime des lumières); penser en se mettant à la place de tout autre (maxime de la pensée élargie); et la maxime de la pensée conséquente (être en accord avec soi-même, *mit sich selbst einstimmig denken*)[4]».

Pour atteindre l'impartialité, le témoin, le découvreur de fait, le reporter ou l'historien doit demeurer extérieur à ce dont il veut rendre compte, il doit en être d'une certaine façon étranger. Arendt oppose le spectateur à l'acteur. L'acteur joue un rôle dans une pièce: il est nécessairement partial. Le spectateur, contrairement à celui-ci, voit toute la scène, le jeu de tous les acteurs et le déroulement de leurs inter-relations. Il peut donc, en se mettant à l'écart de toute participation directe, en se plaçant hors jeu, saisir le sens de la pièce qui échappe à ceux qui y sont directement impliqués. Le jugement requiert donc un retrait par rapport à l'engagement. Mais ce retrait ne renferme pas l'individu dans un dialogue avec lui-même: pour bien

---

3. *La crise de la culture*, Gallimard, coll. «Folio», p. 307.
4. *La vie de l'esprit*, t. II: *Le vouloir*, PUF, p. 264.

juger, le spectateur doit se mettre à la place des autres, doit être capable, utilisant son imagination, de représenter le sens commun, celui du public. Autre différence entre l'acteur et le spectateur, celui-là, mû par un désir de renommée, dépend de l'opinion, du jugement de celui-ci. L'acteur, contrairement au spectateur, n'est pas son propre maître: il est tributaire du jugement de l'autre.

C'est la même faculté de jugement qui, chez Arendt s'inspirant de Kant, dit le beau des œuvres d'art et le sens des événements politiques, œuvres et événements relevant de deux types d'activités différentes, l'œuvrer pour les premiers et l'agir pour les seconds.

L'animal laborans *et l'*homo faber

Marx, après Locke d'ailleurs, ne distinguait pas le travail (*labor*) de l'œuvre (*work*), l'homme comme animal de travail de l'homme comme artisan. Arendt insiste sur cette distinction et oppose à ces deux types d'activité l'activité la plus élevée, l'agir politique.

Le travail est lié au cycle naturel et répétitif dans lequel les produits, visant la satisfaction des besoins vitaux, sont détruits par la consommation qui en requiert le constant renouvellement. Le travail est un moment du processus biologique de tout animal où, entre la naissance et la mort, s'intercale une période de croissance suivie d'une période de déchéance. Le travail, qui assujettit l'homme au processus naturel et à l'empire de la nécessité, ne distingue donc en rien l'homme de l'animal. Il est peine et fatigue pour satisfaire les nécessités biologiques du corps et assurer la survie de l'espèce.

L'œuvre brise ce cycle et instaure une permanence et une stabilité par la production d'objets durables. À la nature dont dépend le travail, elle oppose un monde artificiel, un monde d'objets créés par l'homme, un monde objectif qui survit à l'individu. Les produits de l'œuvre servent non pas à la consommation, mais à l'usage. Évidemment, l'usage use les objets, mais ce qu'il use, c'est la durabilité, la durée distinguant essentiellement ceux-ci des objets de consommation.

La distinction entre *animal laborans* et *homo faber* renvoie à la différence entre esclaves et artisans chez les Grecs. Les premiers useraient leur corps, dépenseraient leur énergie physique au service des maîtres, tandis que les seconds utiliseraient leurs mains pour produire des œuvres, dont les outils et les instruments de travail de *l'animal laborans*. L'œuvre, comme l'affirmait Aristote, existe en puissance dans l'esprit de l'artisan. La forme, l'idée de ce qui sera actualisé par les mains de l'artisan, existe préalablement dans son esprit, contrairement au travail qui ne requiert aucune image mentale, qui n'est que réaction répétitive et monotone à la pression incontournable des nécessités naturelles. Il y a un abîme entre, d'une part, les sensations physiques et privées, les désirs, les peines et les satisfactions liées au cycle vital de production/consommation et, d'autre part, les images mentales qui doivent précéder toute fabrication d'œuvre.

L'*homo faber* est maître de soi et de ses actes, contrairement à *l'animal laborans* soumis aux nécessités vitales et à l'homme d'action dont l'agir est, comme nous le verrons plus loin, toujours dépendant de ses semblables. L'*homo faber* produit le monde commun dont la possession privée d'une parcelle est désignée sous le terme de propriété. Celle-ci est une condition nécessaire pour participer à la vie politique, quoique, contrairement à Locke, Arendt distingue clairement propriété de richesse.

La fabrication s'inscrit dans une logique instrumentale de moyens et de fins. Le produit final détermine tout le processus de fabrication: matériaux, outils et activités de l'artisan. L'utilitarisme — idéal produit sur la base de ce processus de fabrication — n'a évidemment pas de sens en soi: «C'est "en raison de" l'utile en général que l'*homo faber* juge et fait tout en termes d'"afin de" [...] Il n'y a évidemment pas de réponse à la question que Lessing posait aux philosophes utilitaristes de son temps: "Et à quoi sert l'utilité?" Le problème de l'utilitarisme est de se laisser prendre dans la chaîne sans fin de la fin et des moyens, sans pouvoir arriver à un principe qui justifierait la catégorie de la fin et des moyens, autrement dit de l'utilité elle-même. L'"afin de" devient le contenu du "en raison de"; en d'autres termes, l'utilité instaurée comme sens engendre le non-sens[5].» Certains ont cru dépasser cette logique en posant l'humanité comme fin suprême de l'utilité, ce qui a engendré la dégradation de la nature et du monde commun au rang de simples moyens. L'*homo faber* ne dépasse les limites de la logique utilitariste que par l'œuvre d'art qui — bien qu'elle contribue, avec l'œuvre de l'artisan, à la

---

5. *Condition de l'homme moderne*, Calmann-Lévy, 1983, p. 173.

création du monde commun permanent — n'est strictement d'aucune utilité, dont le critère est le beau et qui relève, comme l'agir, de la faculté de jugement.

L' *homo faber*, l'artiste comme l'artisan, rejoint toutefois l'*animal laborans* dans son apolitisme: «Ils inclinent à traiter la parole et l'action d'occupations oiseuses, de bavardages, d'agitation stérile; en général, ils jugent les activités publiques d'après leur utilité à l'égard de fins supposées plus hautes: dans le cas de l'*homo faber*, embellir le monde et le rendre mieux utilisable, dans le cas de l'*animal laborans*, prolonger la vie en la rendant plus facile[6].»

L'agir

L'agir présuppose une pluralité d'individus égaux et distincts, aptes à produire, par la parole et l'action, de l'événement, de la nouveauté, en créant et en maintenant un espace public commun.

Contrairement à l'œuvre qui est généralement le fruit d'*un* - artisan et contrairement au travail qui est solitaire, même lorsque le travailleur est juxtaposé à d'autres sur une chaîne de montage, l'agir est toujours la création d'une pluralité d'individus directement en inter-relations, sans requérir, comme les deux autres activités, la présence d'objets tirés de la nature: «L'action, la seule activité qui mette directement en rapport les hommes, sans l'intermédiaire des objets ni de la matière, correspond à la condition humaine de la pluralité, au fait que ce sont des hommes et non pas l'homme, qui vivent sur terre et habitent le monde. Si tous les aspects de la condition humaine ont de quelque façon rapport avec la politique, cette pluralité est spécifiquement *la* condition — non seulement la *conditio sine qua non*, mais encore la *conditio per quam* — de toute vie politique[7].»

La tyrannie, qui isole le tyran de ses sujets craintifs et qui isole ceux-ci les uns des autres par la suspicion, est la négation même du politique par la destruction de la pluralité. Cette pluralité, fondatrice du politique, ne peut se ramener à aucune unité, fût-elle celle de la Raison du philosophe.

---

6. *Ibid.*, p. 234.
7. *Ibid.*, p. 15-16.

La pluralité permet aussi de distinguer la politique de la morale, le «bon citoyen» de «l'homme bon». La morale relève de la conscience individuelle de chacun tandis que la politique implique la prise en compte de la décision prise par d'autres citoyens. Aussi Arendt opposera-t-elle l'objection de conscience à la désobéissance civile, même si toutes deux défient une loi ou une politique gouvernementale soutenue par la majorité: la première est la protestation d'une conscience individuelle, morale, tandis que la seconde est une décision d'une minorité organisée de citoyens partageant les mêmes opinions politiques.

La politique est faite par une pluralité de citoyens, au sein d'un même espace public, où tous participent également au pouvoir et où la loi est identique pour chacun. Cette égalité politique compense l'inégalité naturelle (les hommes naissent avec des aptitudes inégales) et l'inégalité économique. Étant tous pareils, c'est-à-dire humains, nous pouvons, égaux dans la parole et l'action politiques, nous comprendre les uns les autres, comprendre les générations qui nous ont précédés et tenter de préparer l'avenir pour celles qui nous succéderont.

L'égalité dans un espace commun rend possible la reconnaissance par chacun de la différence de l'autre. La distinction de chaque être humain de tout être présent, passé ou futur fait que les hommes ont besoin de la parole pour se comprendre, contrairement aux animaux qui peuvent communiquer leurs besoins vitaux identiques par des signes: «Chez l'homme l'altérité, qu'il partage avec tout ce qui existe, et l'individualité, qu'il partage avec tout ce qui vit, deviennent unicité, et la pluralité humaine est la paradoxale pluralité d'êtres uniques. La parole et l'action révèlent cette unique individualité[8].» L'égalité instaurée dans l'espace public se situe donc à l'opposé de l'uniformité: le citoyen se distingue de son égal, en lui révélant son identité profonde par ses paroles et ses actions. Dans la *polis* grecque, chaque citoyen, mû par un «esprit de compétition farouche», participait aux affaires publiques en vue de montrer «ce qu'il était réellement» et «ce qu'il avait d'irremplaçable», en vue de se révéler «comme le meilleur de tous». Arendt déplore cette perte des vertus politiques, cet abandon de l'excellence en vue du bonheur politique,

---

8. *Ibid.*, p. 198.

excellence qui méritait l'éloge, la gloire et l'immortalité dans la mémoire des humains.

L'espace public n'est pas un lieu physique, même si l'agir a besoin d'un monde fabriqué par l'homme comme support physique. Il est le système de règles qui sépare, protège et lie les citoyens entre eux; il est le système de règles préalables au jeu politique de citoyens parlant et agissant, d'une pluralité d'êtres égaux et distincts. La loi, la constitution, détermine ce système de règles et assure un élément de stabilité et de permanence en tempérant le changement et l'innovation qui sont inhérents à l'agir humain, en aménageant des voies de communication entre les générations, en empêchant que l'infinie diversité des affaires publiques soit livrée au tourbillon de la vie.

La constitution, comme fondation de l'espace de liberté politique, entraîne une adhésion qui ne relève ni de la contrainte ni de la persuasion. Elle tire son autorité d'un passé inaugural qu'on se remémore, qui vivifie l'espace public et prépare l'avenir. La constitution, en tant qu'autorité, fonde la liberté politique en la balisant, en la limitant. Arendt s'inspire ici du rôle sacré de la fondation de Rome par Romulus dans l'histoire romaine: «La tradition préservait le passé en transmettant d'une génération à la suivante le témoignage des ancêtres, qui, les premiers, avaient été les témoins et les créateurs de la fondation sacrée et l'avaient ensuite augmentée par leur autorité à travers les siècles. Aussi longtemps que cette tradition restait ininterrompue, l'autorité demeurait inviolée; et agir sans autorité et sans tradition, sans normes et modèles admis, consacrés par le temps, sans l'aide de la sagesse des pères fondateurs, était inconcevable[9].»

Agir signifie entreprendre, mettre en mouvement, commencer, inaugurer. L'action politique d'une pluralité est liberté, capacité de créer de l'inattendu, du nouveau, du jamais vu. Elle est liée à la natalité dans la mesure où le nouveau venu possède la «faculté d'entreprendre du neuf, c'est-à-dire d'agir». Cette liberté déploie toute sa grandeur dans la fondation politique et dans l'action qui la maintient. En tant que liberté, l'agir est tout à fait opposé au travail relié au processus nécessaire et impersonnel de la vie biologique.

De cette liberté découle l'imprévisibilité de l'événement qu'engendre l'action politique. L'événement a un caractère miraculeux qui

---

9. *La crise de la culture, op. cit.*, p. 163.

défie le poids des statistiques et les lois de la probabilité. Les paroles et l'action de chaque citoyen s'insèrent au sein d'un espace public où parlent et agissent d'autres citoyens, de sorte que l'événement produit échappe aux acteurs qui sont, en tant qu'acteurs et patients, sujets de l'histoire, mais qui n'en sont jamais les producteurs, les auteurs: «Les hommes ont toujours su que celui qui agit ne sait jamais bien ce qu'il fait, qu'il sera "coupable" de conséquences qu'il n'a pas voulues ni même prévues, que si inattendues, si désastreuses que soient ces conséquences il ne peut pas revenir sur son acte, que le processus qu'il déclenche ne se consume pas sans équivoque en un seul acte ou un seul événement, et que le sens même n'en sera jamais dévoilé à l'acteur, mais seulement à l'historien qui regarde en arrière et qui n'agit pas[10].»

La liberté humaine exclut la souveraineté: les hommes, contrairement à Dieu, ne sont pas maîtres du résultat irréversible de leurs actes. Dans la conception occidentale provenant de la religion juive, Dieu, à la fois libre et souverain, est omnipotent parce que, à l'opposé des conceptions polythéistes, il est unique. Arendt condamne toute conception qui attribue à des représentations politiques (le monarque, puis son substitut, l'État-nation) la souveraineté, attribut du Dieu judéo-chrétien.

L'événement est imprévisible. Mais une fois produit, il devient irréversible. L'irréversibilité de l'action trouve son complément dans le pardon ou le châtiment, tandis que l'imprévisibilité de ses résultats trouve son remède dans la promesse qui engage l'avenir. Le pardon sert à supprimer les «fautes» du passé dont hérite chaque génération. Le pardon est fruit de l'amour, comme l'enseigne le christianisme, Arendt le reconnaît. Mais elle préfère reléguer au domaine privé cette expression trop affective, utilisant, pour exprimer le même phénomène dans le domaine public, l'expression kantienne de «respect» qui correspondrait à l'amitié «sans intimité et sans proximité» d'Aristote. L'envers du pardon est le châtiment qui vise lui aussi à mettre un terme au passé. Le pardon et le châtiment sont si liés que les hommes seraient «incapables de pardonner ce qu'ils ne peuvent punir» et incapables de punir ce qu'ils jugent impardonnable.

---

10. *Condition de l'homme moderne, op. cit.*, p. 262.

Face à l'imprévisibilité du processus déclenché par leur agir, les hommes cherchent, en se liant par des promesses, à se créer des zones de sécurité dans l'incertitude du lendemain. La promesse est non seulement un gage sur l'avenir, elle tente d'obvier à l'imprévisibilité du parcours de chaque être humain. La promesse, si elle peut limiter, ne peut cependant abolir l'incertitude qui est le prix de la liberté et de la pluralité: «L'imprévisibilité que l'acte de promettre dissipe au moins partiellement est d'une nature double: elle vient simultanément des "ténèbres du cœur humain", c'est-à-dire de la faiblesse fondamentale des hommes qui ne peuvent jamais garantir aujourd'hui qui ils seront demain, et de l'impossibilité de prédire les conséquences d'un acte dans une communauté d'égaux où tous ont la même faculté d'agir. Si l'homme est incapable de compter sur soi ou d'avoir foi en lui-même (ce qui est la même chose), c'est pour les humains le prix de la liberté, et l'impossibilité de rester les seuls maîtres de ce qu'ils font, d'en connaître les conséquences et de compter sur l'avenir, c'est le prix qu'ils paient pour la pluralité et pour le réel, pour la joie d'habiter ensemble un monde dont la réalité est garantie à chacun par la présence de tous[11].»

Le domaine public est le lieu où les hommes agissent essentiellement par la parole. Les hommes, en discutant et en se révélant les uns aux autres, dégagent peu à peu une opinion commune, représentative du sens commun. La politique n'a donc rien à voir avec le savoir ou la vérité: elle est affaire d'opinions, fruit d'un débat sans fin entre hommes.

L'agir, par lequel se crée et se recrée l'espace politique, est une activité distincte des deux autres types d'activité humaine (travailler et œuvrer). Il se distingue aussi de toute forme d'activité violente. Entre égaux, on ne peut chercher qu'à se persuader. L'utilisation de la violence nous exclut de ce rapport d'égalité et nous projette, selon Arendt, hors du pouvoir politique. Le *pouvoir politique* se distingue de la *puissance physique*, attribut de l'individu même lorsqu'elle est collective, de la *force*, simple déploiement d'énergie physique s'exerçant sur la matière, et de la *violence*, moyen de remplacer le pouvoir communautaire par la domination de quelques-uns. Le pouvoir, résultant de l'accord incertain et fragile d'une pluralité de citoyens,

---

11. *Ibid.*, p. 274.

est la seule alternative à la violence des quelques-uns qui peuvent acquérir et posséder le monopole des instruments de violence.

La consommation détruit le produit du travail et l'œuvre implique aussi la destruction des matériaux qui la constituent. L'utilisation de la violence entre hommes consiste à y introduire une logique instrumentale, à transformer les êtres humains en moyens en vue d'une fin, à penser le politique sous le mode de la fabrication, donc du détruire pour construire autre chose. Le pouvoir politique, tel que l'entend Arendt, n'existe que lorsque les hommes agissent ensemble, n'a de sens que dans cette liberté assumée collectivement et s'évanouit lorsque la domination y apparaît.

Le travail, qui répond aux nécessités biologiques, ne distingue pas l'homme des autres animaux. L'œuvre, qui crée un monde humain, objectif et durable, témoigne d'un sens donné par l'homme à sa vie. Mais l'œuvre s'inscrit facilement dans une logique utilitariste, et même l'œuvre d'art risque d'être happée par le monde de la consommation et de se dégrader en simple valeur marchande. Seul l'agir crée un espace public de liberté qui a son sens en lui-même.

L'agir crée de l'imprévisible, de l'événement. Celui-ci ne peut donc être prévu, ni compris comme l'effet d'une série de causes. Les écoles historiques, qui veulent expliquer l'événement par la causalité, réduisent — quelle qu'en soit la complexité et qu'elle que soit la cause en dernière instance — l'agir au fabriquer, la liberté de créer du nouveau à une mécanique de moyens et de fins. Arendt ne condamne cependant pas l'histoire. L'historien, dans la mesure où il reconnaît le caractère irréductible de l'événement, peut lui donner un sens en prolongeant, par la narration, les paroles et les actions qui en sont à l'origine. Il peut d'ailleurs mieux comprendre le sens des événements que les acteurs impliqués, car son statut de spectateur lui offre la possibilité d'être impartial, c'est-à-dire de tenir compte des points de vue opposés des protagonistes. L'histoire sert ainsi à immortaliser les actes, les paroles et les acteurs qui, sans elle, tomberaient dans l'oubli.

Révolution et fondation

La révolution, comme commencement, comme nouveauté radicale, comme résultat spontané, imprévu et imprévisible de l'agir, comme événement, est une idée relativement récente dont l'origine remonte aux deux grandes révolutions du XVIIIᵉ siècle, la révolution américaine et la révolution française.

Toute révolution est marquée par deux moments: un de libération du passé, de l'oppression ou de la tyrannie, l'autre de fondation d'un espace de liberté politique. La majorité des historiens ont mis l'accent sur le premier moment, souvent marqué de violence, alors que pour Arendt, la fondation est le moment essentiel de la révolution, de telle sorte que sans elle la libération perd tout son sens. La plupart des historiens ont aussi pris comme modèle la révolution française tandis que, pour Arendt, la révolution américaine se démarque de la française par sa capacité de fonder constitutionnellement la liberté politique. La révolution américaine (1776) est essentiellement politique tandis que la Révolution française (1789), happée par la question sociale, amalgamant libération politique avec libération sociale et économique, est incapable de dépasser l'étape de la libération, s'enferme dans un processus de violence et ne réussit pas à fonder durablement la liberté politique.

Les masses françaises descendent dans la rue sans y être invitées. Les révolutionnaires français, dirigés par Robespierre, posent alors la misère comme garante de la vertu, transforment la masse des *malheureux* en *enragés* et cherchent à émanciper le peuple, non en tant que futurs citoyens, mais en tant que *malheureux*. Ce faisant, ils libèrent une violence où la force de l'individu enragé est multipliée par la multitude mise en mouvement, violence qui conduit la révolution française — en tant que fondation de la liberté politique — à sa perte. La première leçon de cette révolution est que toute tentative de résoudre la question de la misère des masses par la révolution conduit à la terreur et à l'échec de la révolution. Pour Arendt, c'est la technique moderne, et non les idées modernes de révolution sociale, qui peut libérer les masses de la misère et faire en sorte qu'elles puissent participer à la vie politique, tandis que, dans les époques précédentes, la liberté politique de quelques-uns reposait nécessairement sur la domination et la violence exercées sur une multitude soumise à l'esclavage ou au servage. La seconde leçon de la révolution française — corollaire de la précédente — est qu'aucune révolution, comme fondation d'un espace politique de liberté pour tous, n'est possible là où les masses sont accablées par la misère.

Aux États-Unis, aucune question sociale ne vient entraver la fondation d'un nouveau corps politique: la déclaration d'Indépendance est le signal de la rédaction d'une constitution pour chacune des 13 colonies d'Amérique, rédaction entérinée par des délégués provenant de corps constitués subalternes, dont les communes. Ce sont les délégués de ces 13 États qui, formant le pouvoir constituant de la nouvelle Union fédérale, fondent les États-Unis.

Jefferson, un des pères fondateurs de l'Amérique, introduit dans la déclaration d'Indépendance la poursuite du bonheur (*pursuit of happiness*), à la place de la propriété, comme un des droits fondamentaux de l'homme. Arendt sait bien l'ambiguïté de ce terme qui peut aussi bien signifier, y compris dans la pensée de Jefferson, le bonheur familial et le bien-être privé que le bonheur public. Mais elle le réinterprète uniquement dans le second sens, insistant, après Tocqueville, sur la filiation entre la nouvelle constitution et la participation des premiers colons aux affaires publiques de la commune, comme si elle voulait montrer aux Américains le sens caché et véridique de la fondation de leur pays, comme si elle voulait refonder, dans l'imaginaire contemporain, les États-Unis: ceux-ci reposeraient fondamentalement sur la liberté politique du citoyen, sur le bonheur de participer directement aux affaires publiques.

Avec l'acte d'Indépendance, les Américains fondent une nouvelle alliance, une nouvelle société, reposant sur un contrat mutuel entre égaux et sur la promesse mutuelle de le respecter. Cette nouvelle Union permet aux États américains, à la grande surprise de toutes les puissances d'alors, de remporter la guerre contre l'Angleterre. En Amérique, la fondation de la liberté politique, s'appuyant sur plus d'un siècle de participation aux affaires publiques, a donc précédé, contrairement à ce qui s'est passé en France, la période de libération. Pour les révolutionnaires américains, le pouvoir repose sur des hommes qui s'engagent mutuellement par des promesses rédigées sous forme de constitution, tandis que, chez les révolutionnaires français, le pouvoir aurait été fondé sur la violence des masses, violence qui n'est pourtant que l'envers de celle des aristocrates ou du roi.

La loi constitutionnelle, comme toute loi d'ailleurs, devrait être comprise, dit Arendt, à la lumière des Romains, comme ce qui relie, contrairement à la conception hébraïque selon laquelle la loi est commandement de Dieu. La loi, comme relation, comme rapport, est compatible avec l'existence d'individus — ou d'États — politiquement égaux qui se lient par des promesses, des contrats, tandis que la loi comme commandement implique nécessairement un rapport de dominants à dominés. Par la déclaration d'Indépendance, les treize États s'allient ensemble et déterminent les règles du jeu: ils n'établissent pas entre eux un rapport de dépendance et de domination.

La constitution américaine a aussi, selon Arendt, l'avantage de distinguer le pouvoir de l'autorité. La constitution a prévu que l'autorité constitutionnelle n'est pas laissée aux mains des citoyens ou de ses représentants à l'un ou l'autre niveau, mais est exercée par la Cour suprême, seule interprète légitime de la constitution. Cette séparation, en soustrayant la constitution aux aléas de l'agir, permet d'assurer sa permanence.

Arendt reconnaît toutefois que la fondation purement politique de l'Amérique a été pensée et s'est réalisée en excluant radicalement de la citoyenneté américaine ceux qui n'avaient pas le privilège de jouir de l'égalité et du bien-être, les Amérindiens et les Noirs réduits à la misère: «Rien, dans la Constitution et dans l'intention de ses auteurs, ne pouvait permettre d'inclure la population esclave dans le pacte originaire. Même les participants de l'émancipation à terme songeaient à une ségrégation des Noirs ou, de préférence, à leur expulsion. Tel était le cas de Jefferson [...] et de Lincoln[12].»

Arendt reconnaît aussi que les colons américains étaient animés par le bonheur privé, par la soif du bien-être, et non seulement par le bonheur *public*, la liberté *politique*, qui aurait été à la base de la fondation de l'Amérique. La «question sociale» était donc présente sur la scène américaine, non sous la forme désespérante du besoin des malheureux comme en France, mais sous celle de la passion du bien-être, comme l'avait déjà observé Tocqueville. Les vagues successives d'immigrants qui envahissent l'Amérique aux XIXe et XXe siècles contribueront à rendre prédominante cette passion: ils n'y vont pas à la recherche d'un espace public de liberté, mais à la poursuite «d'une terre promise où coulent le miel et le lait».

Au-delà de cette passion du bien-être privé qui vicie la recherche du bonheur public, Arendt voit la faille politique fondamentale de la constitution américaine dans son système de représentation:

---

12. *Du mensonge à la violence*, Calmann-Lévy, 1972, p. 97.

seuls les représentants du peuple, et non le peuple lui-même, jouissent de la liberté politique, de la possibilité de discuter et de décider des questions politiques. La participation des colons aux affaires publiques des communes fut malheureusement reléguée dans l'ombre, dit-elle, lorsqu'il fut question de la constitution des États et de l'Union fédérale. En tant que système politique fondé sur la représentation, les États-Unis ressemblent aux autres démocraties modernes, démocratiques par la fin poursuivie, oligarchiques par leur mode de fonctionnement: «Ce que nous appelons aujourd'hui la démocratie est une forme de gouvernement où le petit nombre gouverne, au moins en principe, dans l'intérêt du plus grand nombre. Ce gouvernement est démocratique dans la mesure où le bien-être du peuple et son bonheur privé sont ses buts principaux; mais on peut l'appeler oligarchique dans le sens que le bonheur et la liberté publiques sont redevenus le privilège du petit nombre[13].»

La *polis* grecque et tout ce qui lui ressemble (les communes de la Nouvelle-Angleterre, la Commune de Paris et les expériences de conseils révolutionnaires) sont les seuls exemples de démocratie authentique, les citoyens y décidant eux-mêmes des affaires publiques. Tout au long des XIXe et XXe siècles, la fondation spontanée par le peuple de conseils, de *soviets* ou de *Räte* crée, au sein même du processus révolutionnaire, des espaces nouveaux de liberté politique. Ces conseils sont importants, non en tant qu'*instruments* en vue de la *libération*, mais parce qu'ils rendent possible, même de façon provisoire et en dehors même des partis révolutionnaires, l'exercice de la *liberté politique*.

La plupart des conseils ont échoué parce qu'ils n'arrivaient pas à dissocier le *management*, dont dépend la vie économique, de la participation politique. L'économie, qui répond à une logique instrumentale et productiviste, relève de la technique, de la gestion, de l'administration, tandis que le politique consiste en la libre discussion et les libres décisions des citoyens réunis. Réduire l'un à l'autre, conseil politique et organisme d'autogestion économique, rend inefficace l'organisation économique et détruit la vie politique en y introduisant une logique qui lui est étrangère. Arendt insiste particulièrement sur les conseils mis sur pied durant la révolution hongroise de

---

13. *On Revolution*, Londres, Penguin Books, 1965, p. 269 (ma traduction).

1956, dont l'enjeu n'était pas de rétablir le régime précédent ni de contester l'ordre économique, mais de fonder la liberté politique. Ils furent écrasés violemment par l'armée rouge, mais ils inscrivirent dans l'histoire la marque des aspirations purement politiques du peuple à la liberté publique.

Le véritable choix n'est pas entre un système politique reposant sur un seul parti et un système fondé sur la concurrence de plusieurs partis, même si Arendt préfère la démocratie moderne, la démocratie oligarchique, à la tyrannie du parti unique. L'alternative fondamentale est entre le système des partis ou celui des conseils. Arendt privilégie ce dernier même si, historiquement, les partis ont toujours réussi, durant les périodes révolutionnaires, à vider les conseils de toute expression autonome.

Le projet de conseils est uni, comme chez Proudhon, à celui de fédération, les conseils se liant les uns aux autres par l'envoi de délégués à des conseils supérieurs. Arendt admet que la fédération introduit la forme pyramidale et autoritaire de tout gouvernement, mais cette autorité ne viendrait pas d'en haut, mais émanerait de chaque niveau de la pyramide: «Une fois élu, une fois envoyé dans un conseil plus important, le délégué se trouvait encore une fois parmi ses égaux, puisqu'à n'importe quel niveau du système les délégués étaient les hommes qui avaient reçu la confiance de leurs camarades. Nul doute que si cette forme de gouvernement s'était trouvée pleinement développée, elle aurait pris elle aussi la forme d'une pyramide, qui, bien sûr, est celle du gouvernement essentiellement autoritaire. Mais alors que, dans tout gouvernement autoritaire connu, l'autorité émane du haut, dans ce cas l'autorité ne naissait ni au sommet ni à la base, mais à chaque niveau de la pyramide[14].»

Le système des conseils ne repose pas sur le suffrage universel: ne participent aux conseils que ceux qui sont intéressés par les affaires publiques. Chacun est libre de participer aux conseils ou de préférer son bien-être privé. Les membres des conseils s'autorecrutent sur la base d'une même aspiration au bonheur public et nomment au niveau supérieur ceux qu'ils jugent les plus qualifiés, tandis que ceux qui s'excluent des conseils jouissent de la liberté négative de s'abstenir de toute participation. Une élite politique, issue du peuple, se

---

14. *Essai sur la révolution*, Gallimard, 1963, p. 412-413.

constitue ainsi spontanément: «Il n'est nullement nécessaire que tous les habitants d'un pays fassent partie de tels conseils. Certains n'en ont pas le désir ou ne veulent pas s'occuper des affaires publiques. Ainsi pourrait s'instaurer un processus de sélection qui permettrait, dans un pays donné, de dégager une véritable élite politique. Tous ceux qui ne s'intéressent pas aux affaires publiques devraient simplement laisser les autres décider sans eux. Mais la possibilité de participer devrait s'offrir à tous[15].»

Arendt voit aussi dans le système des conseils la possibilité de dépasser l'État-nation et sa souveraineté. Les conseils, se reliant ensemble sur une base horizontale, ouvrent la possibilité d'aller au-delà de l'ordre *supra*-national, d'un ordre mondial reposant sur la nation la plus forte, par une fédération véritablement *inter*-nationale.

Le social

Arendt oppose l'espace privé à l'espace public. Le premier est de l'ordre du vécu, de l'intime, de l'affectif, de l'amour ou de l'amitié entre deux individus; l'autre relève de ce qui est commun à une pluralité d'individus qui débattent, décident et agissent ensemble. Le premier repose sur l'inégalité naturelle des individus (la différence des dons intellectuels et physiques reçus à la naissance) et sur leur inégalité économique, tandis que le second requiert l'égalité politique des individus. Le premier est au service du processus vital de l'individu et de l'espèce. (Pour Arendt, qui s'inspire d'Aristote, l'économie fait partie de la sphère privée.) L'autre recoupe le monde commun fabriqué par l'artisan (objets d'usage de longue durée) et par l'artiste (œuvre d'art) ainsi que l'espace public continuellement recréé par l'action politique des hommes.

Pour les Anciens, la *vita contemplativa* (contemplation de la vérité chez les philosophes grecs et de Dieu chez les théologiens chrétiens du Moyen Âge) avait priorité sur la *vita activa* et, dans celle-ci, l'agir politique prédominait sur le fabriquer et celui-ci, sur le travailler. La société moderne renverse complètement cette hiérarchie. La pensée, comme recherche de signification et de savoir, et, surtout, la pensée comme jugement sont subordonnées, dit Arendt,

---

15. *Du mensonge à la violence, op. cit.*, p. 254-255.

à la pensée comme processus de fabrication. Dans le domaine de la *vita activa*, l'agir est soumis au fabriquer qui est lui-même absorbé par la vie laborieuse. Ce renversement de la hiérarchie traditionnelle conduit à la confusion de la vie privée et de la vie publique.

La modernité est liée à la fabrication d'outils et d'instruments de plus en plus complexes, dont dépend le progrès scientifique fondé sur l'expérimentation. L'expérimentation produit ou fabrique elle-même les phénomènes à observer. On ne s'intéresse plus à ce qu'est une chose ou au pourquoi elle est telle qu'elle est, mais au comment elle a été produite, l'expérimentation ne visant qu'à répéter les processus naturels. On ne connaît que ce qu'on fait: ce leitmotiv des temps modernes réduit l'*animal rationale* à l'*homo faber* dont les attitudes typiques sont «l'instrumentalisation du monde», la souveraineté sur la nature vue comme simple matériau, «la foi en la portée universelle de la catégorie de la fin-et-des-moyens», l'utilitarisme ou la soumission de «toutes les motivations humaines au principe d'utilité», la perception de toute réalité comme processus et, enfin, l'identification de l'action politique à la fabrication et donc à la violence, dans la mesure où toute fabrication implique destruction.

La vision, par l'*homo faber*, de chaque réalité comme processus envahit tous les domaines et détermine le rapport de l'homme avec la nature et avec sa propre histoire: «Pour la mentalité de l'homme moderne [...] un autre changement devait être au moins aussi décisif: c'est que l'homme a commencé à se considérer comme une partie intégrante de deux processus surhumains, universels, de la Nature et de l'Histoire, condamnés l'un et l'autre à progresser indéfiniment sans jamais atteindre de *telos* inhérent, sans jamais approcher d'idée pré-établie[16].»

L'*homo faber* lui-même tombe sous la coupe de l'*animal laborans*. L'œuvre, comme création d'un monde objectif commun, est dégradée au niveau des objets de consommation; la stabilité de l'œuvre, idéal de l'*homo faber*, est sacrifiée à l'abondance des objets de consommation, idéal de l'*animal laborans*: «La solution consiste à traiter tous les objets d'usage comme des biens de consommation, de sorte que l'on consomme une chaise ou une table aussi vite qu'une robe, et une robe presque aussi vite que de la nourriture. De tels

---

16. *Condition de l'homme moderne*, op. cit., p. 346.

rapports avec les objets du monde correspondent d'ailleurs parfaitement à la manière dont ils sont produits. La révolution industrielle a remplacé l'artisanat par le travail; il en résulte que les objets du monde moderne sont devenus des produits dont le sort naturel est d'être consommés, au lieu d'être des produits de l'œuvre, destinés à servir[17].»

La productivité du travail libère l'homme et lui procure des loisirs, auparavant privilège d'une minorité. Mais ces loisirs ne sont pas consacrés à la pensée, à la culture (le spectacle des œuvres d'art) ou à l'agir: les loisirs de l'*animal laborans* ne sont qu'activités de consommation. Le critère de nouveauté, par lequel on juge les loisirs, est du même type que celui de fraîcheur pour la nourriture. Ce critère distingue ces objets de consommation de l'œuvre dont le critère est la durée (et la beauté pour l'œuvre d'art) et de l'agir dont le critère est la liberté. Les loisirs ne servent ainsi que le processus biologique, vital, de l'individu: «Les produits nécessaires aux loisirs [*entertainment*] servent le processus vital de la société, même s'ils ne sont peut-être pas aussi nécessaires à sa vie que le pain et la viande. Ils servent, comme on dit, à passer le temps[18].»

Dans ce processus où toute œuvre tend à être transformée en objet de consommation, la propriété, cette parcelle du monde commun qui aurait été la condition d'appartenance à l'espace public chez les Grecs, est dissoute dans le flux de la richesse, dans la conversion progressive des biens immobiliers en biens mobiliers, dans la mutation de tout objet en «argent à dépenser et à consommer». La permanence du monde moderne se mesure donc paradoxalement au processus d'accumulation du capital (on parle de crise lorsque ce processus est temporairement interrompu).

Le monde de l'*animal laborans* est celui de l'uniformité, chacun étant réduit à un moment d'un processus de travail qui le domine et chacun se ressemblant dans un même appétit de consommation. Le comportement se substitue ainsi à l'action politique et peut alors être analysé en terme de probabilité statistique.

L'espace public, lieu de la liberté, est devenu le lieu où des bureaucraties nationales gèrent les affaires sociales et économiques.

17. *Ibid.*, p. 140.
18. *La crise de la culture, op. cit.*, p. 263.

La vie privée, dont relevaient les nécessités économiques chez les Grecs, s'étend à tout et perd son étanchéité. Le champ social confond la vie privée et la vie publique, en réduisant le politique à l'économique[19].

Cette confusion du privé et du public entraîne l'individu à se complaire dans l'introspection comme s'il pouvait s'y retrouver et y découvrir une personnalité qui ne peut plus se réaliser dans l'agir politique. Dans l'introspection — comme le révèle la vie de Rahel Varnhagen — la situation politique réelle est dissoute dans un état d'humeur tandis qu'une aura d'objectivité est donnée à ce qui est intime et subjectif.

Arendt rejette fortement cette abolition des frontières entre le privé, lieu obscur des sentiments (amour, amitié, pitié, compassion, fraternité...) et le public, espace libre que les hommes créent par leurs paroles et leurs actions. Le respect dans le sens kantien et la *philia politike* aristotélicienne, interprétée comme solidarité rationnelle et non affective, peuvent être employés pour comprendre ce qui se joue dans l'espace public: y employer des termes relevant des sentiments et des passions ne peut que produire de la confusion.

L'antisémitisme

Arendt décrit différents éléments à l'origine du totalitarisme: développement de l'impérialisme centré sur l'expansion pour l'expansion; déclin de l'État-nation; développement du racisme; extension de l'antisémitisme; alliance entre le capital et la plèbe; réduction de l'homme à l'*animal laborans*, au consommateur, à l'individu atomisé d'une masse... Le totalitarisme est un événement qui a des origines, mais pas de causes. Pour Arendt, l'événement éclaire son passé et ses origines, mais il ne peut en être déduit comme s'il était l'effet d'un système de causalités. Aussi l'auteur ne cherche pas à déterminer de façon précise les origines du totalitarisme: elle se contente de les décrire librement. De plus, dans les deux premières parties de la trilogie consacrée au totalitarisme, Arendt s'intéresse aux origines du totalitarisme hitlérien. C'est seulement dans la troisième partie

---

19. Hannah Arendt semble ici s'inspirer de la critique de l'État social par Karl Schmitt.

qu'elle élargira son champ d'investigation pour y intégrer le totalitarisme stalinien. Aussi ne m'arrêterai-je pas aux origines du totalitarisme. Mais avant d'aborder le thème même du totalitarisme, je me pencherai sur la question juive qui a marqué non seulement le xxᵉ siècle, mais toute l'histoire de l'Occident.

La question juive remonte au tout début du christianisme. Après Weber, Arendt affirme que la séparation des juifs et des chrétiens ne dépend pas avant tout de l'hostilité et de l'oppression manifestées par ces derniers, mais est voulue par le peuple juif lui-même en vue de maintenir, malgré les dangers considérables de sa dispersion, son identité. La foi en son élection par Dieu et l'espoir dans la venue d'un messie, qui le sauverait de l'exil, font que ce peuple dispersé s'isole des autres peuples et s'exclut, par son imaginaire, du politique, c'est-à-dire d'un espace public d'action qui lui aurait permis d'entrer en relation avec les autres peuples.

L'antisémitisme, qui se développe au xixᵉ siècle et prévaut au xxᵉ, ne saurait être compris à la lumière de la vieille hostilité religieuse des chrétiens envers les juifs. Non seulement Arendt refuse d'expliquer les uns par les autres, les phénomènes religieux et les phénomèmes politiques, posant une séparation étanche entre les deux, mais elle ne peut accepter que cette hostilité puisse être à l'origine d'un antisémitisme qui se développe alors même que le peuple juif perd sa cohérence religieuse, se séparant entre orthodoxes et réformistes, tandis qu'une autre partie s'émancipe et s'assimile aux peuples environnants.

La théorie du bouc émissaire n'est pas non plus satisfaisante, car il faut expliquer pourquoi ce peuple a été choisi comme bouc émissaire. Arendt, dans son analyse de l'antisémitisme, veut répondre à deux questions: pourquoi une multitude de gens ont-ils cru à l'authenticité du texte des «Protocoles des Sages de Sion» alors qu'il était manifestement un faux? pourquoi la populace manifeste-t-elle une telle hostilité envers les juifs? La première question trouve une réponse dans l'histoire des rapports des juifs, comme groupe séparé, avec l'État; la deuxième, dans la discrimination sociale qui croît avec la progression des juifs vers l'égalité.

Arendt distingue trois étapes dans l'histoire moderne du rapport des juifs avec l'État. À partir de la fin du xviiᵉ siècle, les États-nations, sous la houlette de la monarchie absolue, se développent et requièrent de plus en plus de capitaux. Aucun groupe ne veut ou n'est en mesure de leur en fournir, sauf les juifs habitués aux transactions financières. L'État accorde alors aux juifs de la cour des privilèges (liberté du lieu d'habitat, liberté de voyager et droit au port d'armes) qui les distinguent de l'ensemble de la population, y compris de la masse des juifs soumis aux restrictions d'une législation quasi médiévale. Ces juifs de la cour se distinguent même des bourgeois par un niveau de vie supérieur. Les juifs de cour, privilégiés, ont tout intérêt à préserver cette distinction. L'État a le même intérêt pour un tout autre motif: «Pour ses nouvelles activités économiques, l'État avait tout intérêt à accorder aux juifs certains privilèges et à les traiter comme un groupe à part. L'État ne pouvait en aucun cas les laisser s'assimiler complètement à une population qui refusait de prêter à l'État, qui répugnait à prendre part à ses entreprises et à les développer, et qui se cantonnait dans l'entreprise capitaliste privée traditionnelle[20].»

Après la Révolution française, dont l'influence politique s'exerce sur toute l'Europe, l'État-nation, se libérant de la monarchie, est posé comme indépendant de la société, au-dessus de toutes les classes et seul représentant de l'ensemble de la nation. Les besoins économiques de l'État s'accroissent tandis que la bourgeoisie repousse l'intervention de l'État dans le marché et refuse de participer au financement de ce qui lui apparaît comme une entreprise improductive. L'État fait alors appel aux couches les plus riches des populations juives de l'Europe occidentale et centrale, étend les privilèges des juifs de la cour aux juifs riches qui se sont installés dans les centres urbains, puis, pour les États les plus évolués, élargit l'émancipation à l'ensemble de la population juive. La caste de juifs privilégiés, qui domine l'ensemble de la communauté juive tenue jusqu'alors à l'écart, ne manifeste en général aucune propension à appuyer l'émancipation de ses coreligionnaires, égalité qui ne peut signifier que la perte de son caractère d'exception, lié à son statut privilégié.

À la fin du xixe siècle, la bourgeoisie — «seule classe, jusque-là dans l'histoire, a avoir obtenu la domination économique sans briguer l'autorité politique[21]» —, poussée par les besoins expansionnis-

---

20. *Sur l'antisémitisme*, Calmann-Lévy, 1973, p. 40.
21. *L'impérialisme*, Fayard, 1982, p. 12.

tes du capital, s'empare de l'État et soutient une politique impérialiste: «L'impérialisme naquit lorsque la classe dirigeante détentrice
des instruments de production capitaliste s'insurgea contre les limitations nationalistes imposées à son expansion économique. C'est par
nécessité économique que la bourgeoisie s'est tournée vers la politique: en effet, si elle refusait de renoncer au système capitaliste —
dont la loi première implique une croissance économique constante
—, il lui fallait imposer cette loi à ses gouvernements locaux et faire
reconnaître l'expansion comme but final de la politique étrangère[22].»

Les juifs riches perdent alors leur fonction politique auprès de
l'État et leur richesse devient l'objet d'un ressentiment grandissant.
Arendt applique aux juifs de la fin du XIXe siècle l'analyse que Tocqueville avait consacrée aux aristocrates qui — privilégiés, mais ayant
perdu toute fonction politique — deviennent objet de haine durant
la Révolution française: «La persécution de groupes sans pouvoir, ou
en train de perdre leur influence, n'est sans doute pas un spectacle
agréable à contempler, mais la lâcheté humaine n'est pas ici seule en
cause. Si les hommes obéissent au pouvoir réel ou le tolèrent et si, par
contre, ils haïssent les personnes qui possèdent la richesse mais non
le pouvoir, c'est qu'il existe un instinct rationnel qui justifie le pouvoir par une certaine fonction et une utilité générale. Même l'exploitation et l'oppression servent à faire fonctionner la société et à y
établir un certain ordre. Mais la richesse sans pouvoir et une attitude
hautaine sans influence politique sont ressenties comme des privilèges de parasites, inutiles et intolérables[23].»

L'antisémitisme d'origine politique se double d'un antisémitisme social lorsque les juifs obtiennent l'égalité. La philosophie des
Lumières, qui guide la politique d'émancipation et d'égalité, considère tous les humains comme des être doués d'une égale raison.
L'existence du peuple juif, d'un peuple de parias, exclu de l'histoire,
lui apparaît comme un scandale: «On veut humaniser les juifs; qu'il
y ait des juifs, c'est grand dommage; il ne reste plus rien que d'en
faire des êtres humains, autrement dit: des hommes des lumières[24].»
L'autonomie de la raison et de la pensée émancipe peut-être l'indi-

22. *Ibid.*, p. 16.
23. *Sur l'antisémitisme, op. cit.*, p. 27.
24. *Rahel Varnhagen*, Tierce, 1986, p. 25.

vidu, mais elle ne le met pas à l'écart d'une société qui a ses propres préjugés. L'égalité de conditions — qui a fondamentalement un sens politique — devient dangereuse lorsqu'on l'étend au plan social, lorsqu'on la voit comme une qualité innée de l'individu. Car, alors, tout ce qui est inégal, non conforme, différent, devient anormal: «Il y a au contraire toutes les chances pour qu'on y voie, à tort, une qualité innée de chaque individu, que l'on appelle "normal" s'il est comme tout le monde et "anormal" s'il est différent. Cette déviation du concept d'égalité, transféré du plan politique au plan social, est d'autant plus dangereuse si une société ne laisse que peu de place à des groupes particuliers et à des individus, car alors leurs différences deviennent encore plus frappantes[25].» L'égalité obtenue par les juifs accroît donc, dans la mentalité des autres, leurs différences, ce qui suscite à la fois attirance trouble et ressentiment.

Face à l'égalité accordée aux juifs par l'État, aucune classe n'accepte de les reconnaître comme égaux. Ainsi, chez les non-juifs cultivés, ils ne sont acceptés qu'à titre d'exceptions: il faut qu'ils soient juifs, sans ressembler aux juifs. Les juifs suffisamment éduqués pour ne plus ressembler aux juifs ordinaires sont acceptés pour leur exotisme et leur attrait d'étrangers: provenant d'un peuple méprisé et opprimé par le christianisme, leur humanité en serait plus exemplaire. Le juif cultivé se sent ainsi différent des autres hommes hors de sa famille, parce qu'il est juif, et différent des juifs ordinaires dans sa famille, parce qu'il est cultivé. L'antisémitisme social repose sur cette opposition entre l'individu juif, qui peut être exceptionnel, et le juif en général.

Le juif cultivé peut aspirer à briser ce caractère d'exceptionnalité en devenant chrétien et en s'assimilant. Pour ce faire, il ne doit pas seulement rejeter son propre passé et celui de son peuple: il doit faire sienne l'histoire de l'autre, porter sur le peuple dont il est issu le regard de l'autre et devenir antisémite. Cette entreprise n'assure cependant pas son acceptation par l'autre comme un semblable, ainsi que le révèle la vie de Rahel Varnhagen: «Une fois qu'on partage ainsi l'opinion d'un monde hostile sur ses propres origines, son appartenance à "une nation, objet d'un mépris mérité", une fois qu'on s'est assimilée à ses ennemis sans être admise par eux, accueillie au point

---

25. *Sur l'antisémitisme, op. cit.*, p. 126.

que le passé soit oublié, il ne reste plus, en vérité, que l'espoir d'un miracle, en vertu duquel ce cri: "moi, je ne suis *pas* comme cela" puisse être exaucé — avec l'amertume de constater qu'on ne l'entend jamais[26].»

L'égalité juridique et politique ne supprime donc pas le caractère de paria qui a marqué, selon Weber, l'histoire du peuple juif au sein de la chrétienté. Mais ce caractère est maintenant uniquement social, ne relève que de la ségrégation sociale. Être juif consiste — quels que soient sa profession, son revenu et son niveau d'éducation — à n'être intégrable à aucune classe sociale.

Les préjugés, engendrés par les liens que les juifs riches avaient entretenus avec l'État, et la discrimination sociale, qui réduit le peuple juif à l'état de paria, forment l'humus sur lequel se développe la politique antisémite d'Hitler. La politique de l'État nazi suit trois étapes: expulsion des juifs, dépouillés de leurs droits juridiques; leur enfermement dans des camps de concentration; puis la solution finale, leur extermination. De toute cette période horrible, Arendt retient comme motif d'espoir que certains gouvernements européens ont refusé de participer à la politique antisémite des nazis, que certains individus ont résisté à la terreur: «Car la leçon de ces histoires est simple, à la portée de tous; elle est que la plupart des gens s'inclinent devant la terreur, mais que *certains ne s'inclinent pas*. La leçon que nous donnent les pays où l'on a envisagé la Solution finale est la même: "Cela a pu arriver" dans la plupart d'entre eux, mais *cela n'est pas arrivé partout*. Humainement parlant, il n'en faut pas plus, et l'on ne peut raisonnablement en demander plus, pour que cette planète reste habitable[27].»

La politique nazie a eu une autre conséquence, habituellement ignorée: les centaines de milliers de juifs chassés de leur patrie, devenus apatrides, ne reçurent généralement pas, dans les États européens, le droit d'asile reconnu dans la déclaration des droits de l'homme. Aux camps d'extermination nazis répondirent en Europe les camps d'internement. Les droits de l'homme, fondements et fins de tout gouvernement démocratique, n'étaient donc valables que pour les «nationaux»: «Les Droits de l'Homme, en principe inaliéna-

---

26. *Rahel Varnhagen*, *op. cit.*, p. 266.
27. *Eichmann à Jérusalem*, Gallimard, coll. «Folio», 1991, p. 337.

bles, se sont révélés impossibles à faire respecter, même dans les pays dont la constitution se fondait sur eux, chaque fois qu'y sont apparus des gens qui n'étaient plus citoyens d'un État souverain[28].» Ce qui est sans précédent dans l'histoire, dit Arendt, est non pas la perte de résidence, mais l'impossibilité d'en trouver une autre; ce qui est sans précédent est non pas la perte de son statut juridique dans son propre pays, mais la perte de tout droit dans tous les pays. Il ne peut donc, dit-elle, y avoir reconnaissance des droits de l'homme que pour ceux qui sont citoyens d'un pays.

Attaquée comme juive, Arendt devient une paria consciente politiquement, luttant pour que son peuple se donne un espace public où il pourrait exercer ses droits et par lequel il pourrait collaborer avec les autres peuples.

Le totalitarisme

Le totalitarisme est un phénomène politique entièrement nouveau. Son système organisationnel, son mode de fonctionnement et ses visées font qu'il est incompréhensible à la lumière des traditions juridiques (le rapport à la loi), politiques (les différents régimes politiques, dont les définitions remontent à Aristote) et morales (chrétienne, utilitaire ou de simple bon sens) de l'Occident.

Tout régime totalitaire est régi par une idéologie, c'est-à-dire par la «logique d'une idée», quelle que soit cette idée. Trois éléments caractérisent l'idéologie totalitaire: elle déduit de l'idée, de façon cohérente, systématique et inflexible, le processus qui serait à l'œuvre dans la nature ou dans l'histoire; elle appréhende une réalité cachée «plus vraie» et plus profonde que ce que l'expérience ou les cinq sens peuvent apprendre; elle a l'explication totale de tout, du passé, du présent comme de l'avenir.

L'idéologie totalitaire légitime toute action (qu'elle soit ou non utile et profitable, rentable économiquement ou pas, favorable ou non à l'intérêt national et au bien-être du peuple, juste ou injuste, favorable ou pas à la liberté) dans la mesure où elle accomplirait la loi de la nature (pour l'hitlérisme) ou la loi de l'histoire (pour le stalinisme). La correcte application de cette loi aux individus produirait

---

28. *L'impérialisme, op. cit.*, p. 276.

à terme une humanité dominée par la pure race aryenne chez les nazis ou fabriquerait l'homme nouveau d'une société sans classes chez les staliniens.

Dans la pensée juridique traditionnelle, les lois positives, tirant leur autorité de Dieu ou d'une loi naturelle inchangeable, assuraient, malgré leurs variations, une certaine permanence dans le flux des actions humaines. Dans la pensée totalitaire, toutes les lois deviennent des éléments du processus naturel et vital des races ou des moments du processus dialectique et historique des classes. Il n'y a plus de permanence: il n'y a que la Loi de la nature ou de l'histoire qui, prenant la place de Dieu ou de la loi naturelle, réduit toute réalité à devenir un élément d'un processus.

Sous le totalitarisme, la terreur prend la place des lois positives et a pour fonction de réaliser la Loi de la nature ou de l'histoire, en y conformant toute réalité humaine et tout individu: «Par régime légal, nous entendons un corps politique où les lois positives sont requises pour traduire et réaliser l'immuable *jus naturale* ou les éternels commandements de Dieu sous forme de normes du bien et du mal. C'est seulement dans ces normes, dans le corps des lois positives de chaque pays, que le *jus naturale* ou les commandements de Dieu parviennent à leur réalité politique. Dans le corps politique du régime totalitaire, cette place des lois positives est prise par la terreur totale à laquelle revient de donner réalité à la loi du mouvement historique et naturel[29].»

L'instrument spécifique de la terreur totalitaire est constitué des camps de concentration qui visent non seulement à éliminer des individus, non seulement à les faire tomber dans l'oubli, mais à tuer en eux toute spontanéité, c'est-à-dire le fondement même de la liberté de l'action politique. Les camps de concentration sont donc le laboratoire indispensable de la domination totale exercée sur la société: «Les camps ne sont pas seulement destinés à l'extermination des gens et à la dégradation des êtres humains: ils servent aussi à l'horrible expérience qui consiste à éliminer, dans des conditions scientifiquement contrôlées, la spontanéité elle-même en tant qu'expression du comportement humain et à transformer la personnalité humaine en

---

29. *Le système totalitaire*, Seuil, coll. «Politique», 1972, p. 209.

une simple chose, en quelque chose que même les animaux ne sont pas[30].»

Arendt utilise la distinction faite par Montesquieu entre nature et principe d'un gouvernement pour bien démarquer le totalitarisme des différentes formes de tyrannie. Si la nature de celle-ci repose sur son affranchissement à l'égard des lois, l'essence du totalitarisme est la terreur substituée aux lois positives. La terreur qui conduit à la société concentrationnaire suit trois étapes. La première consiste à supprimer la personne juridique, en amalgamant criminels et politiques, coupables et innocents. La seconde consiste à tuer la personne morale, en demandant, par exemple, à l'accusé de choisir entre l'aveu et l'accusation d'autres innocents ou la persécution des membres de sa propre famille. La dernière réside dans la destruction de l'individualité en supprimant la spontanéité. La terreur totalitaire ne porte pas seulement contre les ennemis réels, comme dans toute tyrannie, ni contre les suspects, comme dans la Révolution française sous Robespierre: elle frappe les innocents et abolit la frontière entre coupable et non-coupable.

Le principe d'action de la tyrannie est la crainte que le tyran a du peuple et la crainte que le peuple a du tyran. La peur ne peut servir de guide d'action sous le totalitarisme, car la terreur y «choisit ses victimes sans tenir compte des actions et des pensée individuelles»: «Dans la situation totalitaire, la peur est certainement plus répandue qu'elle ne le fut jamais auparavant; mais elle a perdu son utilité pratique lorsque les actions qu'elle inspire ne sont plus d'aucun secours pour écarter les dangers redoutés par l'homme[31].» Le principe d'action du totalitarisme est l'idéologie qui détermine *a priori* — et indépendamment de ce que pense, dit ou fait l'individu — le «coupable objectif», le juif pour le régime nazi, l'individu d'origine bourgeoise ou aristocratique pour le stalinisme.

La terreur totale se combine avec l'idéologie pour briser toute relation spontanée des hommes entre eux et toute relation des hommes avec la réalité: «De la même façon que la terreur, même dans sa forme pré-totale, simplement tyrannique, ruine toutes relations entre les hommes, de même l'auto-contrainte de la pensée idéologique

---

30. *Ibid.*, p. 173-174.
31. *Ibid.*, p. 214.

ruine toutes relations avec la réalité. La préparation est couronnée de succès lorsque les gens ont perdu tout contact avec leurs semblables aussi bien qu'avec la réalité qui les entoure; car en même temps que ces contacts les hommes perdent à la fois la faculté d'expérimenter et celle de penser. Le sujet idéal du règne totalitaire n'est ni le nazi convaincu, ni le communiste convaincu, mais l'homme pour qui la distinction entre fait et fiction (i.e. la réalité de l'expérience) et la distinction entre le vrai et le faux (i.e. les normes de la pensée) n'existent plus[32].»

La tyrannie, en ne respectant pas les lois, supprime l'espace entre les hommes délimité par les lois et abolit ainsi l'espace nécessaire à l'exercice de la liberté. Le totalitarisme ne supprime pas seulement cet espace, mais élimine le «désert de la peur et de la suspicion» qui pouvaient encore orienter les individus sous la tyrannie. La tyrannie isole l'individu et le rend impuissant; le totalitarisme le «désole», en lui donnant le sentiment d'être coupé et à l'écart de toute relation humaine authentique: «Tandis que l'isolement intéresse uniquement le domaine politique de la vie, la désolation intéresse la vie humaine dans son tout. Le régime totalitaire comme toutes les tyrannies ne pourrait certainement pas exister sans détruire le domaine public de la vie, c'est-à-dire sans détruire, en isolant les hommes, leurs capacités politiques. Mais la domination totalitaire est un nouveau type de régime en cela qu'elle ne se contente pas de cet isolement et détruit également la vie privée. Elle se fonde sur la désolation, sur l'expérience d'absolue non-appartenance au monde, qui est l'une des expériences les plus radicales et les plus désespérées de l'homme[33].»

Cette désolation totalitaire aurait été rendue possible par le processus de massification d'une société dont la structure de classes se fragmente et s'atomise sous le poids d'une compétition de plus en plus féroce: «La révolte des masses contre le "réalisme", le sens commun, et toutes "les plausibilités du monde" (Burke) était le résultat de leur atomisation, de la perte de leur statut social. En même temps que celui-ci, elles avaient perdu tout ce domaine de relations communautaires qui donne son sens au sens commun. Dans leur déracine-

---

32. *Ibid.*, p. 224.
33. *Ibid.*, p. 226.

ment spirituel et social, une vue balancée de l'interdépendance de l'arbitraire et du prévisible, de l'accidentel et du nécessaire, n'avait plus de place. La propagande totalitaire ne peut insulter outrageusement le sens commun que lorsque celui-ci n'a plus de valeur. L'alternative était de faire face à une croissance anarchique et à l'arbitraire total de la décadence, ou de s'incliner devant une idéologie à la cohérence extrêmement rigide et fantastiquement fictive: les masses choisiront probablement toujours le second terme, prêtes à en payer le prix par leur sacrifice individuel — non qu'elles soient stupides ou perverses, mais parce qu'au milieu du désastre général, cette évasion leur accorde un minimum de respect pour elles-mêmes[34].» Aussi, pour Arendt, le totalitarisme constitue-t-il un danger toujours présent, quoique évitable.

Pour un nouvel espace public

À la politique définie par la violence comme chez Marx, Nietzsche ou Weber, Arendt oppose le pouvoir politique reposant sur le débat et la persuasion parmi des citoyens libres et égaux. À la politique soumise à la vision unitaire de l'homme ou à la vérité comme chez Platon, Arendt oppose les opinions, fruit du débat au sein d'une pluralité d'individus guidés par leurs cinq sens, le sens commun (le sixième sens) et leurs expériences diversifiées. À la politique libérale dont la fin se trouve à l'extérieur du politique (dans l'économie et la vie privée), Arendt oppose le modèle de la *polis* grecque où la fin du politique se trouve en lui-même, dans l'exercice de la liberté politique.

La valorisation du politique, comme espace public créé et maintenu par des hommes libres et égaux, et la définition de la loi comme lien permanent créé par des hommes — au lieu de la définition usuelle de la loi comme commandement d'une minorité sur une majorité — visent toutes deux à contrer l'antisémitisme et le totalitarisme, dans lesquels la vérité de l'histoire ou de la nature est substituée au domaine des opinions, dans lesquels la terreur remplace la loi et les camps de concentration, l'espace public.

---

34. *Ibid.*, p. 79.

Hannah Arendt, contrairement à Raymond Aron, ne croit pas que la solution à l'antisémitisme et au totalitarisme soit le libéralisme. Les régimes libéraux préparent plutôt le sol d'où peuvent naître ces deux fléaux du xxᵉ siècle, en valorisant l'économique au détriment du politique et la vie privée à la place de la vie publique, en atomisant la société et en réduisant l'homme à l'animal travaillant et consommant, bref en supprimant l'espace public où des hommes habitués à l'exercice de la liberté se seraient nécessairement opposés à ce qui nie leur qualité d'hommes libres.

BIBLIOGRAPHIE

ARENDT, Hannah, *Le concept d'amour chez Augustin*, Éd. Deux temps Tierce, 1991.
——, *Sur l'antisémitisme*, Seuil, coll. «Points», 1984.
——, *L'impérialisme*, Fayard, 1982.
——, *Le système totalitaire*, Seuil, coll. «Politique», 1972.
——, *Condition de l'homme moderne*, Calmann-Lévy, 1983.
——, *Rahel Varnhagen*, Éd. Tierce, coll. «Agora», 1994.
——, *La crise de la culture*, Gallimard, coll. «Folio», 1972.
——, *Essai sur la révolution*, Gallimard, 1967. Traduction de *On Revolution*, Londres, Penguin Books, 1965.
——, *Eichmann à Jérusalem*, Gallimard, coll. «Folio», 1991.
——, *Du mensonge à la violence*, Calmann-Lévy, 1972.
——, *Penser l'événement*, Belin, 1989.
——, *La tradition cachée*, Éd. Christian Bourgois, 1987.
——, *La vie de l'esprit*, I: *La pensée*, PUF, 1992.
——, *La vie de l'esprit*, II: *Le vouloir*, PUF, 1993.
——, *Juger*, Seuil, 1991.

COLLIN, Françoise, *L'homme est-il devenu superflu? Hannah Arendt*, Éd. Odile Jacob, 1999.
Françoise Collin introduit le lecteur à l'œuvre d'Hannah Arendt en montrant que le monde commun, création d'une pluralité d'individus, est la seule réponse au mal mis en évidence par le totalitarisme.
COURTINE-DENAMY, Sylvie, *Hannah Arendt*, Belfond, 1994.
Courtine-Denamy présente Hannah Arendt comme femme non féministe, comme juive non judaïque, comme Allemande de langue et non de nationalité, puis comme citoyenne américaine. Elle propose ensuite une lecture des différents ouvrages de l'auteur, en les regroupant sous quatre grands thèmes: la question juive, le totalitarisme, la modernité et l'Amérique.

ENÉGREN, André, *La pensée politique de Hannah Arendt*, PUF, 1984.

L'auteur présente une excellente synthèse de la pensée politique d'Arendt, en opposant l'espace politique aux espaces économique et social, le pouvoir au gouvernement, la domination à la violence. Il montre aussi comment les expériences historiques des Conseils révolutionnaires ont inspiré sa pensée.

LEIBOVICI, Martine, *Hannah Arendt, une Juive*, Desclée de Brouwer, 1998.

Martine Leibovici étudie l'ensemble de l'œuvre d'Hannah Arendt en l'interrogeant à travers le rapport qu'elle entretenait avec son identité juive.

PITKIN, Hannah Fenichel, *The Attack of the Blob. Hannah Arendt's Concept of the Social*, Chicago, Chicago University Press, 1998.

Hannah Arendt actualiserait l'agir politique, en inventant des concepts, dont le «social», qui évacuent toute prise de l'agir sur ce que ces concepts représentent.

YOUNG-BRUEHL, Elisabeth, *Hannah Arendt*, Anthropos, 1986.

Excellente et minutieuse biographie qui permet de comprendre le cheminement intellectuel de Hannah Arendt.

Index

A

Abraham 100

Adam 88-92, 190, 199, 483

Adler, Alfred 516

administration, bureaucratie 319, 320, 365, 366, 430, **471-472**, 476, 526, 528, **532-533**

Albert le Grand 105

Alexandre le Grand, roi de Macédoine 31, 45, 49

Alexandre VI (pape) 123, 124, 127, 128

amitié **40-42**, 52, 55, 56, 77, 97, **159-162**, 542, 589, 597

amour 21, 80, **94-102**, 108, 111, **158-162**, 170, 171, 196, 204, 207, 262, 265, **289-290**, 336, 356-358, 447-452, 455, 482, 483, 516, 517, 533, 537, 542, 597

amour-propre, amour de soi **94**, 98, 189, 193, 195, 196, **265-266**, **279-280**, 335, 336, 513

anabaptistes 372

angoisse 209, 512

Antonin 75

Arendt, Hannah **577-612**

aristocratie (*v.* noblesse) 15, 23, 25-27, **35**, 37, 38, 40, 42, 43, 45, 61, 63, 80, 148, 171, 214, 248, 305, **380-381**, **384-385**, 388, 391, 396, 401, 456, 487-490

Aristote **31-47**, 49, 55, 60-62, 64, 65, 68, 77. 78, 95, 97, 105-110, 117, 125, 126, 143, 149, 156, 159, 178, 181, 204, 206, 209, 225, 232, 250, 252, 278, 279, 300, 335, 356, 585, 589, 597, 606

Aron, Raymond 611

artisans 15, 18, 19, 21, 25, 32, 37, 233, 360, 389, 469, 531, 532, 584-586

ascétisme 327, 483, 493, 536, 537, 569

Ashley, lord, comte de Shaftesbury 221, 222

Association internationale des travailleurs (Ire internationale) 460

athéisme 24, 235, 291

Aufklärung (*v.* Lumières) 500

Auguste (empereur) 75

Augustin, saint **87-104**, 106-108, 118, 119, 160, 162, 166, 176, 181, 187, 188, 193, 195, 199, 201, 308, 578, 581

autarcie 39, 52, 77, 287, 368

autonomie 49, 279, 337, 356, 392, 425, 426, 432

Averroès 106

avidité 267, 487, 537, 541

B

Beccaria, Cesare Bonesana 316

Bentham, Jeremy 172, **315-330**, 415-422, 429, 485

bien commun 107, **112-114**, 117, 120, 163, 224, 249, 284, 286, 361

bienveillance 80, 223, 318, 319, 325

Bill of Rights (*v.* droits de l'homme) 222

Bismarck, Otto 459, 479, 521, 549, 550

Blanqui, Auguste 460, 474

Bodin, Jean **139-151**, 153, 157, 170, 177, 180, 181, 232, 241, 250, 285

bonheur 24, 25, **32**, **33**, 37, 38, 40, 52-55, 67, 77, 78, 84, 94, **96**, 102, 106, 112, 117, 125, **171**, **189-192**, 207, 218, 226, **320**, **321**, 334-338, 340-341, 347-349, 408, 409, 417-419, 422, 425, 480, 587, 593-594

bonté 253, 356, 483

Borgia, César 123, 124

Bossuet, Jacques Benigne   117
bouddhisme   538-540
bourgeoisie   139, 155, 300, 301, 385, 375, **461-469**, 532, 602
bureaucratie   (*v.* administration)
Burke, Edmund   **299-313**, 315, 343, 411, 608

C

Calvin, calvinisme   144, 153, 165, 203, 216, 217, **540-544**
capitalisme   360, 379, 430, 469, 540, 541, 600, 602
catholicisme   144, 153, 165, 169, 221, 222, **235**, 271, 292, 315, 349, 371, 372, **409, 410, 542, 543**, 560
César, Jules   59, 60, 75
charité   **95, 96**, 112, 163, 180, 195, 196, 216, 225, 306, 362, 410, **431**, 487, **542**
Charles Ier (roi d'Angleterre)   169, 183, 302
Charles II (roi d'Angleterre)   169, 221, 222, 229
Charles IX (roi de France)   139
Charles X (roi de France)   379
Charles Quint (empereur d'Allemagne)   139
chasteté   273, 371, 392
Christian VIII (roi du Danemark)   443
Chrysippe   49, 185
Cicéron   **59-73**, 81, 93, 95, 97, 101, 110, 117, 125, 126, 129, 130, 132, 135, 146, 159, 247, 248, 260, 418, 549
Cléanthe   85
coercition   97, 100, 211, **321-324**, 526, 567
commerçants   15, 25, 26, **32, 37, 38**, 346, 360, 532
communisme   21, 39, **474, 475, 506, 507**, 551, 577
Comte, Auguste   416, 417, 438
concupiscence   **90-93**, 98, 199, 193-198
concurrence, luttes   172, 208, 223, 281, 320, 357, 362, **424-426**, 431, 467, **468**, 473, 522, 525
conformisme   382, 388, 404
Confucius, confucianisme   538-540
Conrad IV (empereur d'Allemagne)   105

Constantin   88
contrat social   176-179, 209-212, **227-239**, 256, 283-286, **312**, 324, **344**, 355, 363-365
convoitise   17, 19, 90, 91, 93, 98, 99, 133, 172, 195
corporations   362, 363, 366, 531, 563-565
cosmopolitisme   348, 567
courage   16-19, 23, 25, 34, 50, 68, 69, 83, 110, 111, 128, 373, 393, 481, 487
Croisades   105, 118, 385
Cromwell, Oliver   169, 183, 221, 222
cruauté   97, 164, 210, 422
cupidité   191, 225, 279, 537, 541
curiosité   171, 193, 195

D

Darwin, Charles   501, 558
de Gaulle, Charles   580
démocratie   **15, 16**, 23, 24, 26, 40, **42-45**, 147, 212-214, **229-232**, 246-248, 327-329, **380-385**, 388, 390, 399-402, 407, 409, 421-423, 428-430, 456, 465, 470, 489, 529, 533, 547, 550, 567, 595, 596
Démocrite   77
Descartes, René, cartésien   184, 187, 189, 192-196, 200, 201, 204, 206, 217, 227, 310, 331, 389, 410, 444, 517
désirs (*v.* passion)   18-19, 21, 34-35, **52-53**, 77, 78, 94, 127, 132, 252, 316-318, 357-358, 416-417, 419, 421, 435, 447-449, 480, 484-495, 487, 492-492, 500-504, 506, 508, 510-512, 514-515, 517, 580
despotisme (*v.* tyrannie)   62, 230-231, 242-243, **250, 251**, 252-253, 381, 388, 385, 401-404, 406, 423-424, 577
Deuxième Grande Guerre   578, 580
devoir (*v.* responsabilité)   16, 70, 71, 78, 80, 85, 174-176, 208, 223, 239, 311, 324, **332-338**, 345-348, 356-357, 362-364, 383, 450-451, 533, 541
dignité   333, 334, 344, 381, 404, 417-419, 422, 487, 572
Dionysos   494, 494
divertissement   190, 191
dominicains   105

Dreyfus, Alfred 555
droit des gens 107, 113, 244, 364
droits de l'homme 302, **307-309**, 312, 324, 323, **462-464**, 466, 467, 525, **605**, **606**
droits naturels 119, **171-176**, 208-211, 213, 222-233, 229, 236, 237, 239, 244, 305, **311**, **364**, **365**, 525
Dumond, Étienne 316
Durham, lord 437
Durkheim, Émile 256, **555-576**

E

égalité 16, **19**, 24, 39, 40, 44, 63, 65, **66**, **67**, 80, 98, 99, 107, 148, 156, 157, **172**, **173**, 180, **184**, 222, 225, 231, 246-248, **279-285**, 302, 304, 306, 308, 311, 321, 340-341, 344, 354, 357, **380-398**, 401-403, 433-434, 456, 462-463, 495, 504, 531, 533, 564, 565, 587, 590, 593, 597, **601-605**
Église, Églises 88, 95, 97, 99-100, 105, **120**, **143**, **144**, 177, 181, 182, 203, 215, 216, **233-235**, 238, 254, 300, 301, 343, 344, 348, 349, 371, 372, 379, 387, 388, 455, 456, 464, 465, 483, 484, 528, 532, 537, 538, 543
Église anglicane 169, 303
égoïsme 266, 267, 318, 358, 402, 418, 422, 432, 463, 483, 556, 561, 564, 573
Eichmann, Karl Adolf 582
Einstein, Albert 516
Engels, Friedrich 460, 469
ennui 191
envie 78, 132, 210, 264, **280-282**, 363, 393, 398, 402, 422, 456, 487
Épictète 75, 85, 189, 190
Épicure **49-58**, 69, 77, 156, 158, 159, 171, 190, 192, 195, 196, 204, 207, 329, 338, 493
esclavage, esclaves 15, 16, 20, 25, 32, **36**, **37**, 55, **97**, **98**, **107**, **141**, 144, 224, 236, 250-252, 341, **355**, 389, **395-397**, 427, 584
état de nature **171-174**, 179, 180, 208-212, 222-227, 235, 236, 238, 256, **278-283**, 324, 348, 359, 500
Ève 88-90, 92, 199, 483

F

fanatisme 271, 291
fascisme 499, 507, 514, 577, 578, 590, 601, 605-610
femmes 20, 21, **26**, **35-37**, 41, 42, 55, 69, 80, **89**, **90**, 107, 131, 140, 148, **159-162**, 172, **183**, **184**, 214, 232, 233, 236-238, 252, 253, 272-274, 290, **292-296**, 328, 329, 341, 344, 356-358, 392, 393, **433-435**, 447-452, 469, 470, 491, 492, 514, 515, 562, 563
Feuerbach, Ludwig 460, 464
fidélité 93, 162, 273, 393
Filmer, Sir Robert 222
foi 99, 106, 111, 164, 165, 194-196, 234, 253, 254, 371, 387, 453-455, 526, 527
force (*v.* coercition, violence) 123-127, 197, 198, 234, 237, 269, 548
franchise 81, 160, 163
franciscains 105, 110
François Ier (roi de France) 139
François-Joseph Ier (empereur d'Autriche) 499
Frédéric II (empereur d'Allemagne) 105
Frédéric-Guillaume Ier (roi de Prusse) 331, 353
Frédéric le Grand (roi de Prusse) 331, 353
Frédéric-Guillaume II (roi de Prusse) 353
Frédéric-Guillaume III (roi de Prusse) 353, 459
Frédéric-Guillaume IV (roi de Prusse) 459
Frédéric VII (roi du Danemark) 443
Freud, Sigmund **499-519**
frugalité 248, 306

G

George Ier (roi d'Angleterre) 259
George II (roi d'Angleterre) 259
George III (roi d'Angleterre) 259, 299, 315, 415
gloire (*v.* honneur)
Goebbels, Joseph Paul 577
Gournay, Marie Le Jars de 159
Grégoire VII (pape) 105
Grotius, Hugo De Groot 272, 273, 283

guerre 65, **98-100**, **172-175**, **178**, 211, 212, 233-238, 244, 281, **345-347**, 365, **372-374**, 384, 396, 400, 401, 490

Guillaume Iᵉʳ (empereur d'Allemagne) 459, 479, 521

Guillaume II (empereur d'Allemagne) 331, 531

Guillaume III d'Orange (*stathouder* des Pays-Bas et roi d'Angleterre) 203, 221, 303, 310

Guillaume IV (roi d'Angleterre) 415

H

Habeas Corpus Act 209

Hadrien 75

haine **108**, 170, 171, 204, 207, 210, 262, 358, 533

Hegel, Georg W. F. **353-377**, 444, 459, 460, 467, 476, 551

Heidegger, Martin 578

Helvétius, Claude-Adrien 316, 325

Henri II, roi de France 139

Henri III, roi de France 153

Henri IV, roi de France et de Navarre 153

Héraclite 77

hérétique 88, 99, 117, 118, 187, 253

Hésiode 19, 23, 130

Himmler, Heinrich 577

hindouisme 538, 540

Hobbes, Thomas **169-186**, 204, 208, 209, 211, 222, 223, 229, 232, 236-238, 245, 264, 266, 278, 279, 283-295, 308, 312, 324, 339, 500, 580

honnête homme 188, 198

honneur 23, 32, 38, 78, 82, **90, 91**, 95, 97-99, 128, 163, 171, 172, **248-250**, 280, 288, 290, 368, 384, 587, 588

Hôpital, Michel de l' 144

Hume, David **259-275**, 280, 309, 310, 329, 331, 332, 335

humilité **88**, 102, **128**, 215, **261, 262**, 272

hypocrisie (**v.** mensonge, ruse) 422, 509

I

IIᵉ Internationale 459

impérialisme 600, 603

Indépendance américaine 315, 324, 399, 588, **592-595**

individu 55, 102, **154, 155**, 166, **184**, 222, 223, 236, **311**, 473, 576, 557, 572, 573

individualisme 382, 401-404, 406, 410, 473-474, 561, 566, 571, 572, 574

Innocent IV (pape) 105

Islam 410, 496, 536-538

J

Jacques II (roi d'Angleterre) 221, 222, 229, 303, 310

Jansénius, jansénisme 187, 199, 241

Jaspers, Karl 578

Jaurès, Jean 555

Jean, saint 100, 195

Jefferson, Thomas 593, 594

judéo-christianisme 481-485, 488-489, 530, 533-540, 589

juif, judaïsme 88, **100-102**, **117-120**, 199, 200, 203, 218, 464-465, 471-482, 499, 500, **512-514**, 531, **533-540**, 543, **544**, 551, 555, 560, 574, 577, 578, 589, 593, 594, **600-606**, 698

Jung, Carl Gustav 503

justice 17-21, 25, 27, 39-42, 50, 53, **65-68**, 78, 80, 81, 83, 97, 101, **110-114**, 141, 148, 179, 180, 197, 198, 208, 212, 216, 228, 231, **264-269**, **279-284**, 462, 463, 506, 564, 565

K

Kant, Emmanuel **331-352**, 355, 357, 369, 373, 523, 569, 572, 573, 582, 584

Khabour, Ibn 241

Kierkegaard, Sören **443-458**

L

La Boétie 158, 159

Law, John 241

Leibniz, Gottfried Wilhelm 579

Léon XIII (pape) 120

Lessing, Gotthold Ephraïm 446, 585

libéralisme **173**, 232, 233, **236**, **237**, 359, 364, 371, 379, 444, 456, 459, 462, 463, 485, 486, 556, 557, 609, 610

liberté **16**, 24, 49, 52, 132, 155, 156, 161, 163, **171-173**, **182-184**, 203, 208, **211-213**, **216**, 222, 226, 227, 233, 234, 236, 238, 239, 241, **254**, 271, 279, 283, 284, **296**, 307-311, 321, 322, 325, 333, 337, 340, 343, 349, **353-364**, **368-372**, 380, 381, 387, 388, 390, 392, 397-401, **401-404**, 404-411, **419**, 422-424, **426**, 431, 432, 436, 449, **461-463**, 468, 500, 501, 541, 574, 578, 580-582, 586-597, 599, 602, 607, 609

libertin 188

licence 131, 406, 410

Lincoln, Abraham 12, 594

Locke, John **221-239**, 245, 253, 256, 260, 267, 278, 281, 283, 285, 303, 312, 324, 342, 354, 357, 364, 370, 408, 584, 585

loi naturelle **64**, 71, 107, **113**, **114**, 141, 145-147, 149, **157**, **174-176**, 180, 223-227, 235, 237, 239, 245, **274**, 301, 307, 311, 607

Louis XIII (roi de France) 187

Louis XIV (roi de France) 117, 203, 221, 241, 300

Louis XV (roi de France) 277

Louis XVIII (roi de France) 379

Louis-Philippe d'Orléans (roi de France) 379, 471

loyalisme (*v.* patriotisme) 269, 270, 306

Lumières (*v. Aufklärung*) 241, 278, 288, 289, 296, 307, 309-311, 331, 343, 375, 555, 603

lumpenprolétariat 469

Luther, luthéranisme 165, 176, 354, 369, 371, 443, 541

M

Machiavel, Nicolas **123-137**, 146, 150, 163, 236, 247, 467, 549

Magna Carta 221

magnanimité 37, 68

magnificence 37, 38

Malthus, Thomas Robert 431, 561

Marc Aurèle 50, **75-86**

Marx, Karl 224, **459-478**, 508, 517, 532, 551, 559, 584, 610

Matthieu, saint 100

méchanceté 264, 338, 422, 483

mensonge (*v.* hypocrisie, ruse) 23, 68, 81, 210, 287, 480, 579, 580, 583

mépris 210, 280, 281

métèques 15, 20, 25

Mill, James 315, 327, 328, 415

Mill, John Stuart **415-441**

modération 34, 109, 158, 160, 188, 207, 241, 242, 245, 248, 254, 483

Moïse 512, 513, 531, 534, 539

monarchie, royauté **42-45**, 61, 62, 115-117, 128-131, 134, 146-149, 178, 179, 214, 215, 229-232, 242, 243, 248-250, 302-304, 365, 456

Montaigne, Michel de **153-168**, 184, 187-191, 195, 196, 200, 201, 243

Montesquieu, Charles Secondat, baron de **241-245**, 365, 369, 381, 404, 608

musulmans 106, 117, 118, 218, 254

N

Napoléon Ier 353, 369, 379, 415, 471, 490

Napoléon III 379, 466, 471

nation, nationalité 307, 308, 372-374, 435-438, 490, 516, 597

nationalisme 490, 521, 549, 555

nazisme (*v.* fascisme)

Newton, Isaac 246

Nietzsche, Friedrich **479-498**, 517, 544, 610

noblesse (*v.* aristocratie) 139, 146, 169, 234, 242, 249, 250, 255, 300, 304, 305, 379, **380-390**, 411, 485

O

obéissance 19, 91, 92, **98-100**, 114, 144, 164, 215, 245, 251, 269, 270, 306, **324-327**, 371-374, 427, 438

Œdipe 355, 500, 502, 503, 514, 515

oisiveté 17, 542

oligarchie 23, 24, 40, 42, 43, 595

opinion publique 213, 273, 324-327, 367, 368, 396, **397-399**, 406, 410, 418-424, 431, 435, 461, 462, 583

orgueil **88-90**, 93, 102, 190, 191, 195, 196, 205, 249, **261-264**, 272, 279, 281, 282, 288, 381, 383, 393

ouvriers, prolétariat 272, 315, 379, 381, 415, 428, 430-433, 462, 463, **466-469**, 473, 474, 485, 551, 555

Owen, Robert 474

P

paix 94, 97-99, 101, 115, **172-175**, **179**, 197, 211, 212, 223, 234, 235, **345-347**, 365, **372-374**, 400, 401

parlement 222, 229-232, 254-256, 302-304, 550

Parménide 27, 32

parti 405, 529, 533, 550, 577, 596

Pascal, Blaise **187-202**, 483, 493

passion (*v.* désirs) 50, 53, 69-70, 78, 82, **89-95**, 97, 101, 102, **107-109**, 111, 154-161, 163, **169-174**, 188-191, 193-197, 204-214, 217-218, 223, 228, 242, 247-248, 250, **260-267**, 272, 274, 278-281, 289-295, 381-383, 388-390, 400-402, 408, 410, 445, 448-449, **453-457**, 524, 545

patriotisme (*v.* loyalisme) 64, 65, 124, 364, 373, 567, 568

Paul, saint 82, 85, 89, 100, 101, 200, 312, 537

paysans 15, 19, 37, 157, 232, 233, 360, 362, 366, 379, 469, 532

Petition of Right 221

Pétrarque, François 124

Philippe d'Orléans (régent de France) 241

Philippe II (roi de Macédoine) 31, 49

Pie XI (pape) 577

piété 17, 18, 24, 68, 78, 79, 81, 91

pitié 207, 279, 282, 383, 397, 483, 487

Platon **15-30**, 31-32, 39-41, 45, 49, 55, 60, 61, 68, 69, 83, 93, 101, 110, 125, 126, 142, 293, 484, 583

Plotin 88, 93, 94, 101, 106

politia 42-45

Polybe 62, 63, 65, 68, 130, 146

populace 363, 487, 601

Première Guerre Mondiale 499, 506, 516, 549, 555, 567, 577

presbytériens 169

probité 253, 546

prolétariat (*v.* ouvriers)

protestantisme 139, 150, 153, 154, 165, 254, 271, 349, 371, 386, 390, 392, 409, 530, 540, 560

Proudhon, Pierre-Joseph 460, 596

Providence 54, 77, 78, 80, 83, 85, 98, 100, 156, 270, 301, 308, 345-347, 389, 408, 512, 542

prudence 33, 110, 111, 172, 310, **318-320**, 334-336, 419

Ptolémée 49

Pufendorf, Samuel 245, 272, 272, 283

puritanisme 169, 222, 271, 277, 422, **540-544**

pyrrhonisme 260

Q

quakers 372

R

raison 18-19, 24, 25, 30, 34, 45, 64, 70, 71, 77-85, 100, **101**, **102**, 106, 107, 112, 120, 124, 125, 154, 156, 157, 164, 165, 170, 173, **184**, 189, 191, 194, 196, 197, 200, 205-213, 217-218, 222, 223, 226-228, 231-232, 237, 238, 252-253, 260, 261, 270, 278-279, **288**, **289**, 290-292, 296, 309-311, 323, 327, 331-338, 347, 349, 353, 354, 364-365, 389, 416, 418, 438, 444, 445, 453, 467, 480, 481, 495, 506, 512-513, 517, 524-526, **529-538**, 541, 544, 562, 579-580, 603

Réforme 150, 165

religion 128, 164, 165, 181, 215-217, 253, 254, 270, 271, 291, 292, 347-349, 371, 372, 438, 439, 464, 465, 511, 512, 568-571

Renaissance 120, 123, 124, 156, 530

république **62-64**, 76, 126, 128-130, 132, 133, 140-149, 170, 176-183, 241-243, 246-248, **339-342**, 346, 348, 409 responsabilité (*v.* devoir)   358, 407, 432, 547-549

ressentiment   422, 481-485, 487, 488, 503

Révolution française   299, 300, 302, 304, 312, 315, 343, 353, 368-370, 372, 379, 380, 387, 464, 470, 471, 566, 592, 602, 603, 608

Ricardo, David   224, 430, 460, 462

Richelieu (cardinal)   187

Robespierre, Maximilien   592, 608

Romulus   588

roturier   146, 153, 290, 383, 386, 390

Rousseau, Jean-Jacques   **277-297**, 308, 312, 326, 333, 335, 339, 356, 358, 359, 369

royauté (*v.* monarchie)

ruse (*v.* mensonge, hypocrisie)   **67, 68,** 123, **125-127,** 172, 209, 282, 548

S

sagesse   **17-23,** 33, 38, 50, 53, **67,** 77-85, 94, **101, 102,** 109, 172, 207, 208, 212

Saint-Barthélemy (massacre)   139, 153

Saint-Cyran (abbé)   187

Saint-Simon, Claude Henri de   531, 556

Schmitt, Karl   600

Schopenhauer, Arthur   480

Scipion, Paul-Émile, l'Africain et Émilien   60

Scot, Duns   581

sécurité   50, **53-56,** 126, **172-176,** 211, 234, 268, 308, 321, 322, 325

Sénèque   85, 101

sentiment, affection   56, 90, 287-288, 302, 309, 357, 374, 382, 416-410, 433, 435, 444, 446, 491, 501-502, 505, 507, 509, 513, 525-526, 531, 557, 579, 597, 600

serviteurs   141, 224, 355

Shaftesbury, comte de (*v.* Ashley, lord)

Sieyès (abbé)   341

Smith, Adam   224, 305, 359, 532

socialisme   224, 460, **470-473,** 479, 499, 521, 555, 577

Socrate   15, 70, 82, 166, 188, 369, 480, 484, 486, 488, 489, 530

solidarité   432, 522, 557-560, 564, 565, 567, 572, 573

Solon   15, 247

Sophocle   502

souveraineté   **140-146,** 176-181, 349, 589

Spinoza, Baruch de   **203-220,** 238, 374, 580

stalinisme   601, 606

stoïcisme   49, 50, 54, 60, 61, 64, 67, 70, 71, 75-86, 91, 94, 101-102, 110, 156, 158, 188, 189, 191, 192, 195, 196, 218, 260, 287, 337, 338

sympathie   262-265, 268, 306, 436

syndicats   415, 431, 521, 533, 563, 577

T

tempérance   **17-23,** 25, 34, 50, 53, 69, 72, 83, 110-112, 306

Theodosius le Grand   88

Thomas d'Aquin, saint   **105-122,** 124, 126, 132, 142, 145, 147, 149, 166, 164, 166, 171, 182, 192, 204, 206, 223, 225, 229, 236, 239, 335, 374

Tiberius Gracchus   60

Tocqueville, Alexis de   **379-413,** 416, 419, 430, 508, 564, 594

tolérance   **144,** 149, 157, 216, 233-235, 254, 291, 292, 307, 349, 396

Tönnies, Ferdinand   525, 558

tory   221, 222, 270, 299, 315, 327, 329, 415

totalitarisme   578, 600, 601, **606-610**

Trotsky, Isaac   580

tyrannie (*v.* despotisme)   **23, 24,** 26, 42, 43, 62, 116, 134, 148, 212, 234, 404, 586, 592, 608

U

Urbain VIII (pape)   187

utilitarisme   **316-319,** 327, 335, 336, 385, 388, 389, 401, 408, 409, 416-419, 422, 439, 487, 493, 541, 556, 557, 585, 586, 591, 598, 606

V

vanité   154, 156, 164, 188, 189, 279-282
vengeance   228, 281, 482, 487
Vico, Jean-Baptiste   241
Victoria (reine)   415
violence   22, 63, 126, 142, 172, 236, 339,
    483, 487, 502, 525, 528, 549, 570, 590-
    592, 598, 610
Voltaire, François   331
volonté   70, 82, **88-89**, 92, 97-102, **107-
    110**, 206, 229, 283-284, 288, 369-370,
    373, 375, 419, 447, 450, 481, 483, 486,
    486-490, 493-496, 538, **580-582**

volupté   69, 91, 92, 158

WXYZ

Wagner, Richard   480
Watt, James   259
Weber, Max   **521-553**, 570, 571, 601, 610
whigs   221, 222, 259, 269, 299, 300, 302,
    327, 415
Yahvé   531, 535
Zénon de Cittium   49, 85
Zeus   44, 76, 77, 80

TABLE

Remerciements   9

Présentation   11

PLATON   15

ARISTOTE   31

ÉPICURE   49

CICÉRON   59

MARC AURÈLE   75

SAINT AUGUSTIN   87

THOMAS D'AQUIN   105

MACHIAVEL   123

BODIN   139

MONTAIGNE   153

HOBBES   169

PASCAL   187

SPINOZA   203

LOCKE   221

MONTESQUIEU   241

HUME   259

ROUSSEAU   277

Burke   299

Bentham   315

Kant   331

Hegel   353

Tocqueville   379

Mill   415

Kierkegaard   443

Marx   459

Nietzsche   479

Freud   499

Weber   521

Durkheim   555

Arendt   577

Index   613

Achevé d'imprimer sur les presses de
Quebecor World L'Éclaireur
Beauceville en 2002